PAPER-COLLECTION OF THE 7TH ANNUAL NATIONAL PETROLEUM ECONOMICS RESEARCH CONFERENCE

第七届全国石油经济学术年会精选论文集

中国石油学会石油经济专业委员会
中国石油集团经济技术研究院 ◎ 编

石油工業出版社

内容提要

本书汇集了主题为“大变局与能源大转型”的第七届全国石油经济学术年会的精选论文，从“十四五”发展形势分析和战略规划思路、新冠肺炎疫情和低油价形势下油气企业应对策略、能源转型与油气企业的新机遇与新挑战、油气技术经济和数字化、智能化创新发展，天然气产供储销协调发展等方面反映了石油经济工作者对相关问题的分析与思考。本书可为政府、行业、企业以及研究机构了解石油天然气经济焦点及热点问题提供参考，促进石油经济研究成果的交流与分享。

图书在版编目（CIP）数据

第七届全国石油经济学术年会精选论文集 / 中国石油学会石油经济专业委员会，中国石油集团经济技术研究院编. —北京：石油工业出版社，2021. 9

ISBN 978-7-5183-4870-1

Ⅰ. ①第… Ⅱ. ①中… ②中… Ⅲ. ①石油经济—学术会议—文集 Ⅳ. ①F407. 22-53

中国版本图书馆CIP数据核字（2021）第187368号

第七届全国石油经济学术年会精选论文集

中国石油学会石油经济专业委员会
中国石油集团经济技术研究院　编

出版发行：石油工业出版社
（北京市朝阳区安华里二区 1 号楼　100011）
网　　址：http://www.petropub.com
编 辑 部：(010) 64523766　图书营销中心：(010) 64523633
经　　销：全国新华书店
印　　刷：北京中石油彩色印刷有限责任公司

2021年9月第1版　2021年9月第1次印刷
787 × 1092 毫米　开本：1/16　印张：39.5　插页：9
字数：949千字

定　价：190.00元
（如发现印装质量问题，我社图书营销中心负责调换）

覃伟中　广东省深圳市委副书记、市人民政府市长、党组书记

陈志英　广州市委常委、市人民政府党组副书记、常务副市长

侯启军　中国石油天然气集团有限公司董事、总经理、党组副书记

刘跃珍　中国石油天然气集团有限公司党组成员、总会计师，经专委高级顾问

张少峰　中国石油化工集团有限公司党组成员、总会计师

温冬芬　中国海洋石油集团有限公司党组成员、总会计师

杨　华　中国石油天然气集团有限公司总经理助理兼人事部总经理，经专委名誉主任

于明祥　中国石油学会副理事长兼秘书长

谢　军　中国石油天然气集团有限公司发展计划部总经理，经专委主任

张品先　中国石油国际勘探开发公司高级副总经理，经专委副主任，统专委主任

俞　进　中国海洋石油集团有限公司规划计划部总经理，经专委常务副主任

赵忠勋　国家石油天然气管网集团有限公司战略与执行部总经理，经专委常务副主任

刘会友　中国石油化工集团有限公司发展计划部副主任，经专委副主任

李建青　中国石油集团经济技术研究院原院长，经专委常务副主任

郭卫军　中国石油化工集团有限公司发展计划部首席专家

贾秀东　中国国际问题研究院特聘研究员

高　虎　国家发展改革委能源研究所能源战略中心主任、研究员

陈凤英　中国现代国际关系研究院世界经济研究所原所长、研究员

王　震　中国海油集团能源经济研究院党委书记、院长，经专委副主任

姜学峰　中国石油集团经济技术研究院副院长

葛雁冰　中国石油规划总院副院长，经专委副主任

参会代表聆听报告

《第七届全国石油经济学术年会精选论文集》

编　委　会

前 言

全国石油经济学术年会作为中国石油学会石油经济专业委员会（以下简称“经专委”）的品牌学术活动，已成功举办七届。第七届年会的主题为“大变局与能源大转型”，于2020年10月28日在广州市召开。国家石油天然气管网集团有限公司董事、总经理、党组副书记侯启军（现任中国石油天然气集团有限公司董事、总经理、党组副书记），中国石油天然气集团有限公司党组成员、总会计师、经专委高级顾问刘跃珍，中国石油化工集团有限公司党组成员、总会计师张少峰，中国海洋石油集团有限公司党组成员、总会计师温冬芬莅临会议并致辞。广东省政府副省长、党组成员覃伟中，广州市委常委、市人民政府党组副书记、常务副市长陈志英，中国石油学会副理事长兼秘书长于明祥专程到会表示祝贺。三大石油公司和国家管网公司规划计划部门领导就如何高质量推进油气行业转型发展，保障国家能源安全作了主题报告。与会专家学者就后疫情时代世界经济前景、大变局下的中美关系、新形势下油气行业发展趋势进行了分析和探讨。来自三大石油集团和国家管网公司等石油企业以及国内知名研究机构的领导、专家、学者近200人参与现场研讨，线上30000人参加。

围绕本届学术年会主题，年会具体议题分为：“十四五”发展形势分析和战略规划思路；新冠疫情和低油价形势下油气企业应对策略；能源转型中油气企业的新机遇与新挑战；油气技术经济和数字化、智能化创新发展；天然气产供储销协调发展等方向。

本届学术年会征文活动于2020年4月启动，得到了各相关单位和广大石油经济工作者的大力支持，共收集征文305篇，内容涉及石油经济的多个领域，其中不乏对油气领域焦点热点问题的深入分析和对策探讨。在此，秘书处对广大作者的积极参与和各相关单位的大力支持致以崇高的敬意和衷心的感谢！

经专委秘书处根据《石油经济专业论文评审委员会工作办法》和年会征文评分标准，组织相关专业40多位专家，对收到的征文进行了严格的分类交叉盲审及专家组讨论复审，共精选出优秀论文90篇，委托石油工业出版社汇集成此文集正式出版，并收录到中国石油学会论文库，以此鼓励所有投稿作者，也便于研究成果的交流与分享。

本届全国石油经济学术年会征文活动时间紧，任务重，我们的工作难免有疏漏。欢迎广大作者和读者提出宝贵意见和建议，以便我们在今后的年会征文活动中加以改进提高。

中国石油学会石油经济专业委员会秘书处

2021年9月

目 录

国际大石油公司应对能源转型的经验及启示

刘月洋　吴谋远　刘　畅
（中国石油集团经济技术研究院）

摘　要：随着能源变革与转型发展提速，传统能源公司的生产经营环境正在发生深刻变化，来自行业内外的竞争压力与日俱增。国际大石油公司积极应对能源转型挑战，将绿色低碳发展作为转型的主要方向，对外发布能源转型相关报告，明确了绿色低碳发展目标、发展路径和保障措施；通过改变运营模式、加强除碳技术推广应用、积极争取政府部门支持等举措，加强传统业务减排脱碳；战略性布局电力、高级移动出行等新兴业务，打造低碳商业模式；综合运用多种投资方式，有选择地探索发展具有协同效应的新领域。国际大石油公司转型发展实践给中国油气企业带来启示，建议中国油气企业借鉴国际大石油公司的做法，一是主动应对能源转型，制定绿色低碳发展战略；二是积极布局新兴领域，利用低碳技术减排脱碳；三是充分利用收购与投资，培育转型发展新动能。

关键词：国际大石油公司；低碳转型；碳捕捉、利用及封存（CCUS）；新能源业务；风险投资

1　国际大石油公司转型动机及发展实践

1.1　国际大石油公司转型的内外部环境

随着《巴黎协定》的签署，世界各国对环境问题的重视促使新能源与可再生能源在能源消费结构中的比例不断上升。当前，能源发展正处于第三次转型过渡期，趋向低碳化、高效化与多元化发展。根据多家机构的预测，一方面，到2040年，全球将呈现石油、天然气、煤炭、可再生能源、核能等相对均衡的多元能源结构，虽然石油和天然气依然占据半壁江山，但油气消费强度与需求增速已经放缓；另一方面，近几年，政策驱动及技术创新使新能源及相关产业的发展不断提速，市场竞争力持续提升，能源变革与转型发展提速，传统能源公司的生产经营环境正在发生深刻变化，来自行业内外的竞争压力与日俱增。2020年新冠肺炎疫情暴发以来，全球经济增长放缓，社会去碳化趋势加快，预计全球石油需求的结构性转变将加速，而新冠肺炎疫情的蔓延进一步加速了国际大石油公司转型的进程。无论对于减少经营风险还是顺应市场需求而言，积极投身能源转型、培育清洁能源业务对于石油公司都极为必要。

1.2 国际大石油公司转型的战略实施

面对能源需求快速增长和绿色低碳生产双重挑战，国际大石油公司积极应对，制定绿色低碳发展路线图，过去两年，纷纷对外发布能源转型报告或应对气候变化报告，明确了发展目标、路径和保障措施[1-5]。

1.2.1 确定严苛的减排目标

国际大石油公司均对生产运营过程中的温室气体排放制定了明确的减排目标。例如，壳牌、BP和道达尔承诺，2025年前将甲烷排放强度控制在0.2%以下，埃克森美孚和雪佛龙也设立了甲烷排放与现场燃烧减量目标。近期，BP、壳牌和道达尔进一步宣布，将在2050年前成为“净零碳排放”公司，助力世界向净零碳排放的目标迈进，其中，道达尔公司到2030年将能源产品碳排放强度相比于2015年降低15%，2040年降低25%～40%；BP公司到2025年减少温室气体排放350万吨二氧化碳当量；壳牌到2035年将所销售的能源产品净碳足迹（指壳牌出售的不同能源产品生命周期内二氧化碳强度的加权平均值，包括与将这些能源产品带到市场相关的所有排放，以及客户使用这些能源产品所产生的排放）减少30%，2050年净碳足迹减少65%。

1.2.2 制定绿色低碳发展路径

国际大石油公司制定的转型路径主要体现在3个方面：一是通过信息化、燃料优化、装备升级、碳捕捉、利用及封存技术等手段，减少生产过程中的碳排放；二是通过改善产品结构和性能，帮助用户减少使用过程中的碳排放，例如向客户提供更多天然气和生物燃料、更高效率的化工产品；三是拓展新的低碳商业模式，积极发展新能源业务，投资低碳初创企业等。

1.2.3 提供低碳发展投资保障

多数国际大石油公司为绿色低碳发展制定了明确的投资保障计划。目前，道达尔每年把10%的总资本支出投入低碳电力领域，该比例预计在2030年前提高至20%。壳牌计划2021—2025年每年在低碳电力业务投入20亿～30亿美元，2025年该业务投资将占到总资本支出的8%[6-7]。BP计划每年向低碳业务投资5亿美元。

1.2.4 完善低碳发展指标考核机制

近年来，国际大石油公司已将低碳发展战略分解至绩效管理的指标中，低碳发展目标的实现与高级管理人员薪酬挂钩，并逐年加大绿色发展指标比重，促进低碳发展战略有效推进。例如，壳牌从2016年起修正了绩效考核中可持续发展考核项的关键绩效指标，增加了“温室气体管理”指标，占有10%的比重。BP在2017年首次将低碳业务发展纳入占有20%权重的战略考核指标中，主要考核4个方面，分别为向天然气转型发展、下游市场发展、风投及低碳领域发展、气电及可再生能源的市场增长。2020年，壳牌和BP在“净零”愿景中均提出，将低碳发展指标作为公司全员的绩效考核指标，并与薪酬挂钩，激励全体员工为

“净零”目标努力。

1.3 国际大石油公司转型的主要做法

1.3.1 多举措加强传统业务减排脱碳

国际大石油公司将传统业务减排作为绿色发展的重点领域，通过改变运营模式，推动新技术应用等多种举措减排脱碳。

首先，改变企业运营模式。国际大石油公司十分重视整个生产环节的减排管理，并围绕减排脱碳对传统业务进行转型升级，具体做法包括：提高天然气在油气产量中的比重，推动油品升级；改善生产中的燃料供应，利用清洁能源或电力替代燃油提供动力；提高能源利用效率，采用更加高效的装备和先进生产技术减少碳排放。

其次，加强除碳技术推广应用。国际大石油公司积极应对气候变化，为碳捕捉、利用及封存示范项目（CCUS）提供商业机遇，大力开展碳捕捉、利用及封存项目建设和技术研发。壳牌在加拿大的奎斯特项目是世界上正在运行的最大规模碳捕捉、利用及封存项目之一，项目设计规模为每年封存100万吨二氧化碳，公司还计划在2050年前再建20个相同大小的碳捕捉、利用及封存项目。BP已在阿尔及利亚、苏格兰彼得海特、澳大利亚、美国加利福尼亚州等项目中陆续开展碳捕捉、利用及封存项目实践，阿尔及利亚的艾因萨拉赫（In Salah）项目二氧化碳年储存量约为100万吨。埃克森美孚在二氧化碳捕获环节拥有独特的专利技术，制定了碳运输管理计划，2017年捕获了近700万吨二氧化碳。道达尔与其他专业公司合作，开展了多个国内外碳捕捉、利用及封存研究项目，每年科研经费约有10%投入碳捕捉、利用及封存研发。

最后，积极争取政府部门的支持。由于除碳技术成本较高，获得政府部门资金和政策支持是国际大石油公司的普遍做法。例如壳牌奎斯特项目中，政府资金占项目总投资的64%，且享受10年碳排放配额分配优惠。

1.3.2 战略性布局新兴业务，打造低碳商业模式

近年来在多重因素影响下，国际大石油公司不断加码发展新能源业务，呈现出一些规律性、趋势性特点。

第一，高度重视二次能源布局，全产业链布局电力业务。目前能源行业的电气化趋势越来越快，向电力业务转型是国际大石油公司看好的成为综合性能源供应商转型途径，特别是壳牌公司，对于电力业务的前景非常乐观，计划将电力业务发展为继石油、天然气和化工之后的第四大支柱，提出2030年之后电力业务要占总体业务的30%。BP、壳牌和道达尔等公司对电力业务实行发电、售电、存储等全业务链布局战略。在发电环节，3家公司都涉足了风电和光伏发电业务。光伏发电主要包括生产太阳能板、开发太阳能电站等多个方面；在售电环节，通过收购或签署协议等多种形式，布局未来交通充电网络及居民终端售电网络；在储存和技术环节，通过收购、风险投资、与高校合作等方式，研发锂电池、固态电池、燃料电池以及高压充电技术等[8]。

第二，看好出行需求，多领域布局高级移动出行。面对越来越多元化的移动出行方

式，国际大石油公司利用成熟的销售网络和品牌优势，从充电技术、储能技术、充电终端、智能出行等多方面布局高级移动出行。BP公司尤其看好以电动汽车为代表的交通出行方式，2018年以来已投资多家电动汽车快充技术公司，推动开发“超极速充电”技术，同时积极扩张电动车充电终端网络。壳牌和道达尔认为，电力和氢能都将是未来交通出行的重要能源，开始新建充电站或结合现有的加油站扩展充电业务，同时布局建立加氢站，研究氢燃料电池技术。

1.3.3 综合运用多种投资方式，有选择地探索发展具有协同效应的新领域

2019年以来，国际大石油公司在新能源领域的投资和布局正在全球有条不紊地进行。对重点国家或地区前景广阔的新能源业务，一是选择收购或控股在特定领域领军的公司或成立合资公司，对象公司包括在太阳能发电厂、电力供应商、海上风电等领域已有成熟平台、网络或技术的公司，从而获得快速进入多个新市场的机会。

二是通过全资控股型风险投资基金，进行新能源产业的前瞻性技术布局。寻求新技术和成长性业务的投资机遇，进行“小规模、多领域”的培育，为新兴低碳技术的研发注资或孵化有创意的新能源创业公司，例如雪佛龙设立了1亿美元的未来能源基金投资突破性技术。在投资方式上，坚持以参股为主，尽量避免干预技术决策。投资金额和股权比例与项目发展前景和确定性呈正相关。

国际大石油公司风险投资基金所涉及的领域十分广阔，涵盖新能源技术、管理及商业模式等诸多领域。在技术方面，涉及储能、充电、藻基生物燃料、智能电网、碳捕捉、利用及封存、自动驾驶等技术。在管理及商业模式方面，包括数字化转型、区块链、共享出行等领域[8]。

2 国际大石油公司转型的启示

2.1 能源转型势不可挡，绿色低碳是转型发展的主要方向

随着能源转型不断加速，国际大石油公司承受着越来越大的股东压力，要求其披露如何实现《巴黎协定》目标。因此，国际大石油公司在战略上高度重视转型发展，将绿色低碳作为转型发展的主要方向，对外发布能源转型报告或应对气候变化报告，宣布2050年前实现“净零”碳排放，向外界展示公司转型的决心。同时对外公布公司的绿色低碳发展路线图、减排目标和具体实施方案，例如增加对低碳技术的投资、将高级管理人员及员工薪酬与温室气体排放绩效挂钩等，促使绿色发展战略落地。公司业务趋向低碳、高效和多元发展，从而保证公司长久的竞争力、吸引和留住人才的能力，争取投资者的资金支持。

2.2 碳捕捉、利用及封存技术是低碳转型发展的重要技术

现阶段，国际大石油公司大多参与了碳捕捉、利用及封存技术的研发及相关项目建设，争取政府配套性政策支持，开展国际间合作，以加快推动碳捕捉、利用及封存商业化

进程。二氧化碳排放大多来自化石能源开发利用，在目前非化石能源还不能安全高效保障能源供应的转型期，化石能源结合碳捕捉、利用及封存技术是能源体系绿色低碳发展的重要措施，也是国际大石油公司未来低碳发展的重要环节。一旦该技术具备规模推广的商业可行性与经济性，将在极大程度上解决传统能源工业的碳排放问题。

2.3 发展电力业务和布局高端移动出行是转型发展的重要途径

电力在全球能源消费中的比重逐步增加，壳牌、道达尔等国际大石油公司认为，低碳电力是应对气候变化、实现向“综合能源公司”转型的关键，已将低碳电力业务作为新兴业务的投资重点，全力打造从生产端到用户终端的低碳电力全价值链。

在高端移动出行领域，壳牌、BP等公司将充电业务视为分布式能源系统的切入点。充电业务将不限于作为公司现有业务的次要补充，公司旨在借力充电业务成为虚拟电力生产商，从而优化分布式能源利用。在电动汽车充电、分布式能源发电、电动汽车入网技术（V2G）、储能及智能化充电之间，创建全新的本地能源系统，这也是国际大石油公司向“大能源”转型的主要途径之一[9]。

2.4 收购与投资是转型发展的重要手段

从国际大石油公司的发展策略看，各公司正在利用收购与投资获得转型发展的机会。主要做法是通过直接投资、风险投资、技术并购、产学研合作、战略联盟或合资等方式，获取其他新能源公司的最新前沿技术或者进入他国市场的渠道，降低投资风险，提早布局新能源技术、管理及商业模式。

2019年以来，国际大石油公司收购与并购的步伐明显加快，分布的国家和区域逐步增加。这与国际大石油公司在该领域的支出增加相一致，例如道达尔已将10%的资本支出用于低碳电力投资，壳牌每年低碳电力投资金额从10亿～20亿美元提高至20亿~30亿美元。国际大石油公司均成立了能源风险投资基金或公司，帮助其快速寻找发展机会并减少失败成本。风险投资基金获得的收益可以进一步服务公司未来新能源业务的发展，在风险隔离的同时，以金融促业务，实现公司业务的优化升级[10]。

3 中国油气企业转型的对策建议

3.1 主动应对转型发展，制定绿色低碳发展战略

中国油气企业应从战略高度重视绿色低碳发展，一是制定绿色低碳发展规划，从企业层面进行统筹，提出明确的碳排放管理目标和实施路径，以及近期低碳发展的投资计划；二是建立低碳管理绩效考核机制，将绿色发展列入高管考核甚至全员的重点考核内容之一，并建立相应的激励措施；三是向社会发布绿色发展报告或能源转型报告，公开绿色发展成果，表明绿色发展的决心，树立企业的低碳发展形象。

3.2 积极布局新兴领域，利用低碳技术减排脱碳

中国油气企业应当结合自身特点，择机发展电力业务或布局高端移动出行领域。例如对于拥有一体化优势的油气企业，可以探索推广“油—气—氢—电”的综合能源加注站模式，加快布局以电、氢两种二次能源为核心的能源网络。此外，对于传统业务，中国油气企业可以加大力度开展碳捕捉、利用及封存等低碳技术研发和攻关，推进碳捕捉、利用及封存示范工程建设，促进碳捕捉、利用及封存商业化推广，从而助力传统业务减排脱碳。

3.3 充分利用收购与投资，培育转型发展新动能

中国油气企业应借鉴国际同行的做法，每年在总投资中安排一定比例的低碳发展专项资金，有重点地开展低碳项目或企业的收购与投资，以获取重点地区的新能源市场和低碳领域关键技术，推动企业转型发展，提升低碳技术发展速度。同时，充分发挥风险投资基金的作用，提前布局低碳领域的前瞻引领性技术，为企业转型发展寻找和培育新动能。

参考文献

[1] BP. Advancing The Energy Transition [R]. 2018–04.

[2] Total. Integrating Climate Into Our Strategy [R]. 2017–05.

[3] Chevron. Climate Change Resilience—a framework for decision making[R]. 2018–03.

[4] Royal Dutch Shell. Shell Energy Transition Report [R].

[5] Exxon Mobil. 2020 Energy & Carbon Summary [R], 2021.

[6] Royal Dutch Shell. Responsible Investment Annual Briefing 2020 [R]. 2020–04.

[7] Royal Dutch Shell. Management Day Presentation 2019 [R]. 2019–06–04.

[8] 刘月洋，余岭，石洪宇，等. 国际大石油公司发展新能源业务的做法及启示[J]. 国际石油经济，2018，26（7）：7–11，30.

[9] ROB WEST, BASSAM FATTOUH. The Energy Transition and Oil Companies' Hard Choices[R]. 2019–07.

[10] CAROLYN SETO, CHRIS DELUCIA. Oil and gas company low–carbon M&A 2019 review: Total deal count surges to a record high[R/OL]. 2020–02–07. https://ihsmarkit.com/research–analysis/oil–and–gas–company–low–carbon–ma–2019–review.html.

物资采购对标评价中的管理问题及对策分析

黄 运 周思旻 曾 理
（中国石油西南油气田公司物资公司）

摘 要：国务院国资委明确要求中央企业全面开展采购管理提升对标工作，中国石油天然气集团有限公司在此基础上构建了第一版《集团公司采购管理提升对标指标》体系，并经过几年的不断总结和完善，最终形成了更具科学性和操作性的20个评价要素和66项指标体系。本文介绍了采购管理对标体系的形成背景和采购管理对标体系的发展特点，重点对影响对标评价结果的四个主要扣分指标进行分析，最后针对这些主要扣分指标，提出四个方面的对策：加强物资标准化设计，提高物资采购标准化程度；加强二级集中物资管理，规范采购方式；加强物资选商管理，严格选商原则和程序；加强物资目录采购管理，提高集中采购执行力。

关键词：对标评价；集中采购；制造商直采率；招标率

1 采购管理对标体系的形成

2015年，国务院国资委下发了《关于开展采购管理提升对标工作有关事项的通知》，决定进一步规范中央企业采购活动，引导中央企业深入开展集中采购，降本增效，建立采购管理提升长效机制，并从企业采购管理体制、采购管理机制、集中采购、招标规范管理、供应商管理、采购管理基础工作六个方面，全面开展采购管理提升对标工作。

中国石油天然气集团有限公司（以下简称“集团公司”）物资采购管理部参照国资委《采购对标指标》，按照“先进水平”“良好水平”“达标水平”三个等级，“集团公司”和“所属企业”两个层级，对国资委要求的六个方面评价要素进一步进行了细化分解，形成16个评价要素，27项指标体系，构建了第一版《集团公司采购管理提升对标指标》体系。

集团公司经过近几年对采购对标工作的开展、总结和研究，对标管理的体系、内容和指标都在不断丰富和完善，截至2019年，对标管理体系已经形成了“国内企业”和“境外项目”两大板块，采购管理体制、机制、集中采购、招标、供应商、物资质量、基础工作等七个管理方面，20个评价要素和66项指标体系，评价方法也从原来“先进水平”“良好水平”和“达标水平”三个等级评价，改为总分值为150分的评估分值评价方法，进一步有效提高了指标体系的科学性和可操作性。

2 采购管理对标体系的发展特点

集团公司经过近几年对采购管理与提升对标工作的开展，在对标管理方面已形成以下三大特点。

2.1 对标管理对象方面，形成了竞争机制，促进了企业“内功”的提升

集团公司通过内部企业之间采购管理的横向对比，提高了内部企业之间的竞争性，促使内部企业以对标评价管理为手段，通过不断建立、完善和强化内部采购管理，逐步形成集团公司内部标准化、规范化和专业化的采购管理体系，从而实现集团公司整体采购管理水平的提高。表1是2019年集团公司油田企业采购管理对标评价结果。

表1 集团公司油田企业采购管理对标评价结果（2019年）

序号	企业名称	管理体制	管理机制	集中采购	招标管理	供应商管理	采购质量管理	采购基础管理	总分合计
		15分	21分	39分	32分	15分	15分	13分	150分
1	大庆油田	15	21	38	32	15	14	12	147
2	长庆油田	15	21	37	32	15	14	12	146
3	辽河油田	15	19.4	39	31.39	15	14	12	145.79
4	华北油田	15	21	37	31.85	15	14	11	144.85
5	青海油田	15	21	36.5	31.26	15	13	12	143.76
6	吐哈油田	15	21	36.8	29	15	14	12	142.8
7	大港油田	15	21	35	32	14	14	11	142
8	冀东油田	15	21	37	27.9	15	14	12	141.9
9	新疆油田	14.9	21	33	32	15	14	12	141.9
10	吉林油田	15	21	32.85	32	14	14	12	140.85
11	塔里木油田	15	21	31.1	32	15	13	12	139.1
12	西南油气田	15	21	29	32	15	13	12	137
13	玉门油田	15	21	34.5	24.42	13.1	12.65	12	132.67
14	浙江油田	15	21	31.6	25.91	13.65	11	12	130.16
15	煤层气	14.7	17	30	28.57	14	13	11	128.27
16	南方石油勘探	14.1	16.7	30.5	23.42	12.1	8.6	12	117.42

2.2 对标管理内容方面，评价内容细化，定量要素增加，体系实用性提高

集团公司在符合国资委的总体要求下，结合石油企业的采购特点，按照“定性”与“定量”相结合的原则，适时增加和细化对标内容，加大“定量”评价力度，在2015年对标管理评价体系27项指标中，定量评价指标仅有4项，到2019年对标管理评价体系66项指标中，定量评价指标达到了29项，其中17项直接从信息管理系统或报表中读取或计算，进一步提高了对标管理的内容科学性、指标合理性和评价可操作性，促进了集团内部企业整体

采购管理水平的提高。

2.3 对标评价要素的分值设置和评价效果方面，定量指标分值逐步提高且成为评价的关键要素

在集团公司对标评价体系中，总共66项评价指标、150分评价值中，定量指标为29项，评价分值为80分，占比较大（表2）。

表2 集团公司油田企业采购管理对标评价指标数量及分值配置情况

项目	总评价项目		定性项目		定量项目	
	数量	比例	数量	比例	数量	比例
数量（项）	66	100%	37	56%	29	44%
分值（分）	150	100%	70	47%	80	53%

根据集团公司依照对标评价体系对16家油田企业2018年实施对标评价情况，66项评价指标标准总分2400分，涉及扣分34项，扣分总计178.5分。在34项扣分项中，定量指标20项，扣分151.5分，占总扣分的85%，定性指标14项，扣分27分，占总扣分的15%（表3），因此定量指标项目成为对标评价的关键、重要内容。

表3 集团公司油田企业采购管理对标评价扣分指标数量及分值情况

项目	扣分项目		定性扣分项目		定量扣分项目	
	数量	比例	数量	比例	数量	比例
数量（项）	34	100%	14	41%	20	59%
分值（分）	178.5	100%	27	15%	151.5	85%

3 对标评价结果主要扣分指标分析

根据集团公司2018年对标管理扣分评价要素分析（表4、图1），属于A类关键评价要素占7项，扣分累计百分比为58.9%，属于B类一般评价要素占12项，扣分累计百分比为30.5%，属于C类可忽略评价要素占15项，扣分累计百分比为10.6%。

表4 集团公司油田企业2018年对标评价要素扣分分类表

序号	指标名称	评估项序	指标简化评价要素	指标性质	扣分合计	扣分累计	累计百分比	指标类型
1	采购质量管理	6.2.1	制造商直采率（%）	量	22	22	12.32%	A
2	集中采购	3.1.5	二级物资集中采购招标率（%）	量	19	41	22.97%	
3	集中采购	3.1.3	一级采购物资集中采购结果执行率（%）	量	15	56	31.37%	

续表

序号	指标名称	评估项序	指标简化评价要素	指标性质	扣分合计	扣分累计	累计百分比	指标类型
4	采购基础管理	7.2.1	统一物资编码应用率（%）	量	15	71	39.77%	A
5	招标管理	4.4.5	专业化招标率（%）	量	12.15	83.15	46.57%	
6	集中采购	3.2.3	库存周转次数（次）	量	12	95.15	53.30%	
7	集中采购	3.2.4	期末库存三年以上物资占比（%）	量	10	105.2	58.90%	
8	集中采购	3.3.1	集团或区域协同采购程度	性	9.1	114.3	63.99%	B
9	招标管理	4.4.2	电子招标率（%）	量	8.81	123.1	68.93%	
10	管理机制	2.4.2	上网采购率（%）	量	5.6	128.7	72.07%	
11	招标管理	4.4.6	可不招标事项公示率（%）	量	4.8	133.5	74.75%	
12	招标管理	4.4.1	总体招标率（%）	量	4.33	137.8	77.18%	
13	集中采购	3.1.4	一级物资带量计划上报率（%）	量	4	141.8	79.42%	
14	供应商管理	5.2.4	二级物资供应商中贸易商比例（%）	量	4	145.8	81.66%	
15	招标管理	4.4.3	国内公开招标率（%）	量	3.49	149.3	83.62%	
16	采购质量管理	6.2.5	采购物资质量抽检合格率（%）	量	3	152.3	85.30%	
17	采购质量管理	6.1.3	设备全生命周期质量管理	性	2.85	155.1	86.89%	
18	集中采购	3.3.2	集团外承包商物资集中采购	性	2.45	157.6	88.27%	
19	供应商管理	5.2.5	新准入二级供应商现场考察率（%）	量	2	159.6	89.39%	
20	采购基础管理	7.1.2	统计年报上报及时性	性	2	161.6	90.51%	C
21	采购基础管理	7.3.2	集团公司统建系统应用程度	性	2	163.6	91.63%	
22	管理机制	2.3.2	监督机制健全、全流程监督	性	1.8	165.4	92.63%	
23	管理机制	2.4.1	公开采购率（%）	量	1.8	167.2	93.64%	
24	集中采购	3.2.1	储备供应集中、共享	性	1.8	169	94.65%	
25	集中采购	3.2.5	代储代销率（%）	量	1.8	170.8	95.66%	
26	供应商管理	5.1.1	框架协议采购占比（%）	量	1.8	172.6	96.67%	
27	供应商管理	5.2.3	考核结果应用情况	性	1.35	173.9	97.42%	
28	采购质量管理	6.1.2	对供应商质量进行管控	性	1	174.9	97.98%	
29	采购管理体制	1.2.2	采购资源共享	性	0.9	175.8	98.49%	
30	采购质量管理	6.2.2	驻厂监造目录执行率（%）	量	0.9	176.7	98.99%	
31	管理机制	2.1.3	岗位分离和专业化分工	性	0.7	177.4	99.38%	
32	招标管理	4.2.4	内控流程完整	性	0.7	178.1	99.78%	
33	采购管理体制	1.1.3	一个单位实施	性	0.3	178.4	99.94%	
34	采购管理体制	1.2.1	统一制度、标准和信息系统	性	0.1	178.5	100.00%	
扣分合计					178.5	—	—	—

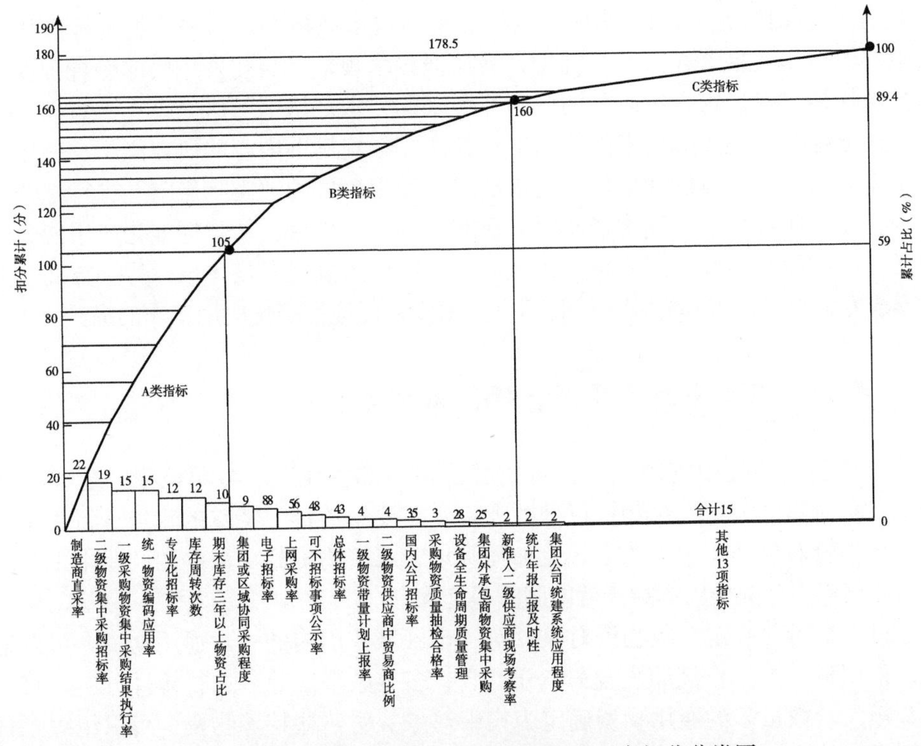

图1　集团公司油田企业2018年对标评价要素扣分分类图

7项A类评价要素均属于定量评价要素，其中扣分排名第1～4项评价要素为最大扣分项，扣分在总扣分中占比为39.77%，该4项评价要素均与供应商选择和采购过程管理等采购业务直接相关。制造商直采率与采购过程选商原则和目录制造商所占的比例两个因素密切相关；二级物资集中采购招标率反映了二级物资目录采购和招标采购程度；一级采购物资集中采购结果执行率主要是通过对一级物资采购结果执行情况的考核，要求各单位严格按照一级物资目录采购；统一物资编码应用率是对采购物资技术标准化进行控制的指标。

4　主要扣分指标的采购管理对策分析

从对标结果中主要扣分项目分析，4项主要扣分指标在采购过程中反映了四方面存在薄弱环节，即：基础管理、集中采购管理、采购过程选商管理、结果执行管理。建议采取以下措施，提高对标指标的采购管理水平。

4.1　加强物资标准化设计，提高物资采购标准化程度

加强集中采购，首先必须夯实基础工作。物资编码管理就是物资身份管理，是重要的基础工作之一。目前普遍存在个性化需求太多，造成物资编码过多，致使整个集团公司统一物资编码应用率较低，因此必须减少个性化需求，提高物资标准化设计能力。

目前集团公司已经发布了306项一级物资采购技术规格书，为采购物资标准化提供了一定基础，但使用效果差强人意。首先，需加强技术规格书与物资编码的融合程度，按照“编制技术规格、确定物资编码”的原则开展采购技术规格书的研究工作，将需求普遍性和特殊性充分融合，提高规格书的使用度；其次，在规格书内容的研究组织、使用要求、效果评价等方面，还需与设计单位、技术部门、使用单位的“实际需求”进行综合平衡和深度融合，逐步实现整个石油物资使用的标准化能力；最后，加强标准化应用能力的体制机制建设，一方面对设计、使用单位建立标准化应用的监督考核体系，另一方面对非标准化需求形成专家技术评审和专业部门管理审批制度，促进标准化应用工作的提升。

4.2 加强二级集中物资管理，规范采购方式

二级采购物资的集中管理主要针对集团公司内部各地区、各单位生产建设实际情况和生产特点，对集团公司一级物资以外的大宗、重要、关键、特殊的物资进行集中采购，如果在二级物资对象和集中采购方式上加强管理，二级物资集中采购的“集中采购度”和“集中采购招标率”两个关键指标就能同时得到保证。

一是科学分析、确定二级物资对象。对一定区域范围内的一般通用物资，可以通过历史数据，采用科学方法，例如复合ABC分类法、多维象限法等，进行统计分析，将采购频率高、金额大、数量多的通用物资确定为集中对象。对一些特殊物资，可以组织工程技术专家共同进行综合评价，确定技术含量高、对安全环保质量影响大、技术先进的重要、关键、特殊的物资集中对象。

二是采用“招标为主、其他为辅”的集中采购方式。一般情况，二级物资集中采购根据估算采购金额，主要有招标采购、竞争性谈判、询价比价3种采购方式，但从提高集中采购招标率、降低采购成本及合规性来讲，招标无疑是首选的采购方式。同时，对于采购频次较高、金额较大的物资也有必要纳入集中采购，通过竞争性谈判、询价比价等方式来实施，以此进一步提高集中采购度这一指标。

4.3 加强物资选商管理，严格选商原则和程序

在采购实施过程中，选商管理非常重要也非常关键。对集中采购对标管理和考核、加强采购物资供应商管理也决定了“制造商直采率”指标的程度。

一般情况，选商管理包括“潜在供应商”（也称“供应商短名单”）管理和“签约供应商”（也称“定商”）管理两阶段。

“潜在供应商”管理主要是科学合理制定“选商原则、条件和方法”。管理内容体现在采购管理制度和采购方案制定方面，主要包括供应商选择数量、市场准入、供应商地位、供应商性质、业绩信誉、地理位置、售后服务等内容，其中供应商性质和比例控制直接决定了集中采购中“制造商直采率”指标。

“签约供应商”管理主要是科学合理制定“供应商确定方式、程序及内容”以及与物资买卖相关的合同管理要求，管理内容体现定商方式（包括目录、招标、竞谈、询价等）

过程，以及与物资供应相关的合同约定内容，主要包括技术条件、质量水平、成本价格、交货方式与时间、付款条件、权利义务、违约条件与责任、争议解决方式等内容。

在这两个阶段中，“潜在供应商”管理状况决定了“签约供应商”管理水平，二者关系及主要内容如图2所示。

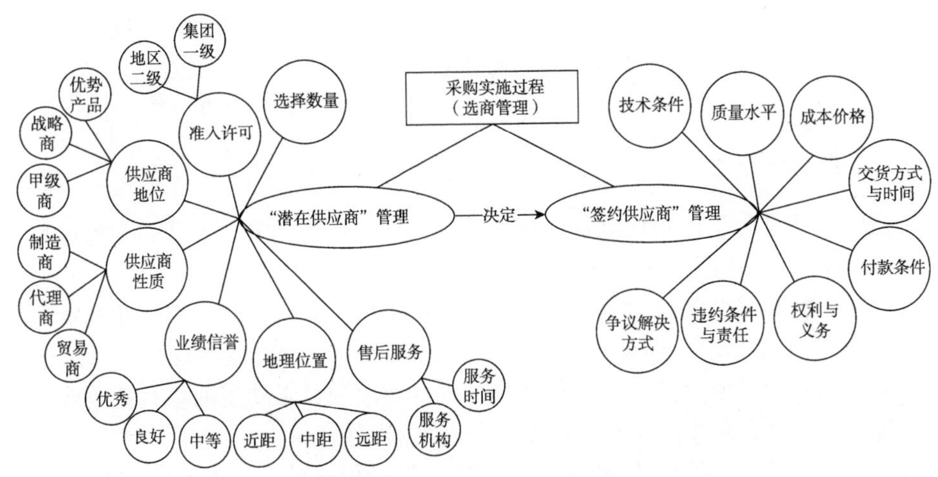

图2 “潜在供应商”与“签约供应商”关系及影响因素图

4.4 加强物资目录采购管理，提高集中采购执行力

集中采购物资目录的建立是为了更好地使用。严格按照目录物资确定的供应商、价格等要素实施有效采购，是集中采购的“最后一千米”，为此，要提高集中采购物资目录执行力度，就必须在以下四个方面建立管理的基础和条件。

4.4.1 信息应用性

根据物资采购“标准化程度决定设计选型，设计选型决定生产水平，生产水平决定采购效果”的因果关系，集中采购物资目录的建立不仅是为了采购人员的使用，同时也是标准化建设、设计选型、生产使用等工作需要，因此必须在一定范围内，公开建立系统、完整、专门的一、二级目录物资信息数据库，并最大限度满足标准化研究、设计、生产和采购各个环节使用主体的查询、使用和评价功能，从而保证物资目录从需求开始就能应用。

4.4.2 制度严肃性

管理制度的设计应系统、科学、合理、适用，特别是在物资选型、设计、生产、采购等各环节，建立科学的目录物资选择程序、检查考核内容，同时加大处罚力度，维护目录物资需求和采购的强制性和严肃性。集团公司层面重点在管理办法中明确目录采购管理原则、要求、检查、处理等主要环节和管理内容，各地区公司重点在实施细则中明确目录采购管理流程、内容、表单、数据统计、分析和处理等操作层面的细化管理内容。

4.4.3 例外救济性

集中采购本质就是实现规模、集约和标准化采购的一种方式，在实际生产建设中，目录物资存在两种特殊情形，无法满足生产建设需求。一是目录物资覆盖程度不完整、也不可能全覆盖，必定发生非目录物资采购；二是由于新工艺、新技术的升级和创新，导致新产品无目录采购，因此就必须建立特殊例外事项的处理方式，形成物资采购例外“救济”渠道，即在特殊情形下，对非目录物资采购建立专家评估和行政审批制度，满足生产建设实际需求。

4.4.4 实施可操作性

目录物资最终是为生产建设进行选择和应用，因此在集中采购管理和实施过程中，对物资目录管理和应用必须提高其可操作性。

首先，建立科学规范的目录价格构成体系。在确定目录价格时，应当在一定范围内，弹性考虑“出厂价+配套费+运杂费”等综合“到岸”价格，避免在现行的目录物资选型或采购实施中，利用“配套费”或“运杂费”，变相改变目录物资的物料性质或者目录价格，从而堵住目录物资选型和目录价格执行过程中的管理漏洞。

其次，建立适应市场的价格动态调价机制。目录价格的稳定性在一定时期内是相对的，但在物资供应链各个环节中，各种因素影响物资市场价格波动是绝对的，因此，一方面对外部供应商，在确定目录价格“合同关系”的同时，应当确定价格变量因素和价格变动条件；另一方面对内部各单位，在价格变动管理上，应当建立“组长单位谋划支撑、决策发布集中统一、价格变动按约及时”的动态调价管理模式和机制。

最后，建立非目录采购的监控实施体系。强化集中采购中执行效果，就必须建立和严格实施强有力的目录物资使用考核体系，特别是应用信息系统和大数据，加大各单位对非目录物资的适时监控，采取行政通报、绩效挂钩、典型案例等多手段，与各单位的切身利益密切挂钩，促进各单位采购物资的标准化、设计选型前端目录化、采购实施过程规范化等工作，提高整体集中采购水平，真正实现规模化物资采购应有的效率和效益。

5 结束语

对标管理，已成为集团公司提升整体管理水平的一项重要工作和一种重要手段，随着集团公司向创建世界一流示范企业的目标迈进，对标管理的重要性将更加凸显。就我们而言，通过对集团公司对标管理体系的研究，可以清晰地看出影响对标水平的几个关键指标，通过对这几个指标的解析，为我们下一步提升对标管理水平找准了方向和找出了对策。希望本文的研究成果能够为公司在提升对标管理水平上提供一些思路和参考。

天然气在清洁能源体系中的关键支撑作用及发展建议

朱兴珊[1]　陈　蕊[2]　潘继平[3]
（1.中国石油天然气集团有限公司；2.中国石油集团经济技术研究院；3.自然资源部油气战略研究中心）

摘　要：天然气是中国着力培育的现代清洁能源体系的主体能源之一，关系美丽中国建设、人类命运共同体构建和人民美好生活需要。受新冠肺炎疫情及国际油价暴跌的影响，2020年上半年国际天然气价格深度下跌，为中国天然气产业加快发展提供了难得机遇。预计“十四五”中国LNG综合进口成本将比“十三五”低20%以上。建议抓住低气价机遇，瞄准天然气产业发展中资源供应保障能力不足、用气成本过高、气电发展支持不力等问题，坚持既定的天然气发展目标，在提高资源保障程度、降低全产业链成本、推进天然气与新能源融合发展等方面，加大工作力度，强化政策支持，促进天然气在构建清洁能源体系和实现碳中和目标中更好发挥关键支撑作用。

关键词：清洁能源；能源体系；天然气；发展建议

1　背景

世界天然气资源极为丰富，不仅本身是可负担的清洁低碳能源，还可弥补可再生能源在稳定性方面的不足，支撑可再生能源规模发展。“四个革命、一个合作”能源安全新战略提出形成煤、油、气、核、新能源、可再生能源多轮驱动的能源供应体系，天然气将在这个体系中居于重要位置。《能源生产和消费革命战略（2016—2030）》等多份文件指出，2030年前非化石能源占比要达到20%，天然气占比要达到15%，新增能源需求主要依靠清洁能源满足，CO_2排放力争提前达峰，构建清洁低碳、安全高效的能源体系。党的十九大报告在“加快生态文明体制改革，建设美丽中国”这章中，将“推进能源生产和消费革命，构建清洁低碳、安全高效的能源体系”作为推进绿色发展的重要任务，将“积极参与全球环境治理，落实减排承诺”作为着力解决突出环境问题的重要内容；在“坚持和平发展道路，推动构建人类命运共同体”这章中提出，要“合作应对气候变化，保护好人类赖以生存的地球家园”。习近平主席在第75届联合国大会上宣布，中国“CO_2排放力争于2030年前达到峰值，努力争取2060年前实现碳中和”，并在气候雄心峰会上进一步提出，“到2030年，中国单位国内生产总值CO_2排放将比2005年下降65%以上，非化石能源占一次能源消费比重将达到25%左右，森林蓄积量将比2005年增加60亿立方米，风电、太阳能发电总装机容量将达到12亿千瓦以上”。《加快推进天然气利用的意见》提出，逐步将天然气培育成为中国现代清洁能源体系的主体能源之一，明确了天然气的定位。这些目标和定位是符合中国国情实际和富有远见的。我们一定要保持战略定力，坚持天然气主体能源定位，加大政策和措施力度，努力实现天然气发展目标，从而保障非化石能源目标和碳排放控制目标的实现。

2 清洁能源体系中天然气的关键支撑作用

2.1 天然气清洁低碳优势突出，是清洁低碳的基础能源

与煤炭相比，天然气净化后几乎不含硫和粉尘，其完全燃烧后不产生固体废料，仅有少量NO_x排放，而且CO_2排放也要低40%。天然气替代散煤的环保效果已得到公认。然而，目前在超低排放煤电和气电的环保效果比较方面，还存在一些模糊认识，有必要澄清。

众多学者的研究结果显示，在中国，目前气电的环保效果仍大大高于超低排放煤电（表1和表2）。第一，燃煤电厂超低排放燃煤机组的烟尘、SO_2的实际排放仍显著高于气电，排放浓度是气电的7～19倍。气电采用新型低氮燃烧器和脱硝后，NO_x排放浓度可以稳定在15毫克/立方米以下，较超低排放煤电低约50%。发达国家气电NO_x排放浓度已基本达到10毫克/立方米甚至5毫克/立方米[1]，中国个别先进电厂也已达到10毫克/立方米以下。因此，所谓超低排放煤电达到气电排放水平的说法并不准确，只能说超低排放煤电达到了规定的气电排放标准，同时也说明气电排放标准定得过于宽松。如果标准从严制定或修订，气电的优势必然大幅度显现。第二，超低排放煤电还存在SO_3等可凝结颗粒物的排放，目前既没有标准，也不受监控，在这方面有专家认为其可能与雾霾形成有关[2]。第三，超低排放煤电还存在汞等重金属污染、粉煤灰的处置与利用、脱硫过程产生的大量石膏的处置与利用、脱硫废水排放、放射性污染等问题，对生态环境甚至人的健康造成重大风险[3]。2020年中国新冠肺炎疫情最为严重的时期，在工业、交通等生产和社会活动处于较低水平情况下，京津冀及周边地区仍持续出现大范围重雾霾天气，说明中国大气污染物排放量仍显著高于环境容量，仅靠燃煤超低排放措施还不能解决煤炭燃烧造成的环境污染问题，必须加大限煤力度。

表1 燃气发电与超低排放燃煤发电污染物实际排放对比[4-6]

电厂类型		机组所在地区及数量（台）		常规污染物指标	浓度范围（毫克/立方米）	均值（毫克/立方米）
超低排放燃煤电厂		99	江苏（43）广东（27）山东（29）	烟尘	1～5	2
				SO_2	8～24	16
				NO_x	22～44	33
燃气电厂	E级	17	8	烟尘	0.11～1.87	0.85
				SO_2	1.0～3.1	2.2
				NO_x	23～40	30
	F级		9	烟尘	0.46～1.97	1.11
				SO_2	0.48～1.84	0.84
				NO_x	40.0～43.3	42
			北京（加装脱硝装置）	烟尘	<3	
				SO_2	<5	
				NO_x	<15	
			长三角、珠三角（未加装脱硝装置）	烟尘	<3	
				SO_2	<5	
				NO_x	<50	
			深圳（加装脱硝装置）	NO_x	<15	

表2　实际运行下的燃气发电与超低排放燃煤发电单位发电量排放的污染当量对比[3-4]

电厂类型		标准干烟气排放量（立方米/千瓦时）	常规污染物排放量（毫克/立方米）			非常规污染物排放量（毫克/立方米）		单位发电量（1千瓦时）污染物排放当量①
			烟尘	SO_2	NO_x	Hg	SO_3	
超低排放燃煤电厂		2.97	2	16	33	0.0015	5.44	0.227×10^{-3}
燃气电厂	E级	5.2	0.85	2.2	15	0	0	0.096×10^{-3}
	F级	5.2	1.11	0.84	15	0	0	0.089×10^{-3}

2.2　气电与可再生能源发电良性互补，是最佳灵活性电源

可再生能源发电具有间歇性、随机性、反调峰特性，现有电网的灵活性尚不能支撑其大规模并网。目前，中国灵活性电源装机比例只有6%，而可再生能源比例较高的国家灵活性电源比例均在20%以上，美国高达47%。中国灵活性电源发展严重滞后于风电、光电的发展。截至2020年7月底，中国风电装机2.18亿千瓦，太阳能发电装机2.19亿千瓦，分别占总发电装机的10.5%和10.6%。根据中国石油天然气集团有限公司发布的2020版《世界与中国能源展望》，在中国2060年实现碳中和的情景下，2035年和2050年中国风、光发电装机占比将分别达47%和65%，需要更大的灵活性支撑，对“源—网—荷—储”等灵活性资源协调发展提出了更高要求。目前储能技术尚不成熟，抽水蓄能资源又十分有限，而且二者均难以承担灵活调节的重要责任。有人认为在役燃煤机组灵活性改造和气电均可承担主要调峰责任，实际上，燃煤机组灵活性改造的调峰能力、性能远不及燃气机组，而且深度调峰会大大降低机组运行安全性、环保性和经济性（例如效率降低、污染物和碳排放增加）。燃气机组调峰能力强、调峰速度快、清洁低碳，是理想的灵活性电源（表3）。同时，作为灵

---

① 污染物排放当量是指根据污染物或者污染排放活动对环境的有害程度以及处理的技术经济性，衡量不同污染物对环境污染的综合性指标或者计量单位。表中单位发电量（1千瓦时）排放的污染当量（M_i）计算方法引用自文献[4]，即在综合考虑燃煤/燃气电厂的三种常规污染物（烟尘、SO_2、NO_x）及非常规污染物（Hg和SO_3）的排放水平与污染程度基础上，通过计算得到的综合污染物排放水平，计算公式如下：

$$M_i = N_i \times \left(\frac{\rho_{i\text{dust}}}{a_{\text{dust}}} + \frac{\rho_{i\text{SO}_2}}{a_{\text{SO}_2}} + \frac{\rho_{i\text{NO}_x}}{a_{\text{NO}_x}} + \frac{\rho_{i\text{Hg}}}{a_{\text{Hg}}} + \frac{\rho_{i\text{SO}_3}}{a_{\text{SO}_3}} \right)$$

式中：

M_i为超低排放燃煤电厂/燃气电厂实际运行情况下单位发电量（千克/千瓦时）排放的污染当量，千克/千瓦时；

N_i为标准状态下燃煤（基准含氧量6%条件下）/燃气（基准含氧量15%条件下）电厂单位发电量排放的干烟气量，立方米/千瓦时；

$\rho_{i\text{dust}}$、$\rho_{i\text{SO}_2}$、$\rho_{i\text{NO}_x}$、$\rho_{i\text{Hg}}$和$\rho_{i\text{SO}_3}$分别为超低排放燃煤电厂/燃气电厂实际运行情况下排放的烟尘、SO_2、NO_x、Hg和SO_3质量浓度，毫克/立方米；其中，烟尘、SO_2、NO_x排放数据引用自本文表1，Hg和SO_3排放数据引用自本文文献[4]；

a_{dust}、a_{SO_2}、a_{NO_x}、a_{Hg}、a_{SO_3}分别为烟尘、SO_2、NO_x、Hg和SO_3的污染物当量值，千克，依据《排污费征收标准管理方法》查表得到。

活性电源，气电的低碳环保效果也大大好于煤电。因此，气电应是支撑可再生能源的规模化发展的首选灵活性电源[7]。另外，可再生能源的利用以电为主，在满足居民炊事、采暖及工商业终端等用热需求方面，天然气仍具有优势[8]。

表3 灵活性电力资源的优缺点比较[7]

项目	煤电深度调峰改造	气电	抽水蓄能	电源侧储能
优点	技术手段成熟、普遍适用。改造后的机组最小出力可达到额定出力的20%～30%	1）起停快，全负荷启动需9～10分钟；2）占地少，用水量少；3）适合在可再生能源富集区对系统进行调节；4）适合在负荷中心建设	全负荷启动需2～3分钟	1）响应速度快，充放电时间为毫秒级；2）可多次调节
缺点	1）响应调节速度慢，冷启动需5小时；2）改造后的机组煤耗增加，寿命缩短，污染增加	1）建设投资成本高；2）燃料成本高	受选址条件约束和经济性限制，建设规模有限	1）受技术条件限制，目前尚不具备大规模建设条件；2）建设投资成本高

在能源体系的视角下，天然气由于具有清洁、低碳、灵活性的特征，并且应用场景广泛，决定了其在清洁能源体系中必然发挥类似球类比赛中“自由人”的关键支撑作用，从而承担重要角色。

2.3 发挥天然气在清洁能源体系中关键支撑作用的有利条件

2.3.1 充足的全球资源和灵活的贸易方式

全球天然气探明储量197万亿立方米，按目前的产量可开采50年以上，其中“一带一路”沿线国家探明储量占全球天然气探明储量比例达76%。全球天然气可采资源量达3800万亿立方米，按目前的消费量可用数百年。发达国家天然气消费已进入平台期或开始下降，天然气消费增长主要来自中国、印度等发展中国家，而印度天然气消费量和价格承受能力较低，在进口天然气竞争中中国具有较大的优势。

随着天然气液化和储运技术的进步，近些年全球LNG贸易量迅速增长，天然气越来越成为全球性的贸易商品。同时，LNG贸易灵活性也日益增加，天然气进口来源越来越多，进口天然气的风险大大降低。10余年的实践证明，境外出口商对中国客户的信誉非常认可，与中国企业签署LNG贸易协议的意愿较强。加上中国是天然气需求大国，更是最主要的天然气需求增长国，很多项目都瞄准中国市场。

2.3.2 进口天然气的采购成本有望大幅降低

“十二五”高油价时期，有关企业签订了一批与油价挂钩的高价长贸协议，成为中国天然气产业发展的痛点。2019年以来，全球主要市场天然气价格呈下行趋势，2020年受新冠肺炎疫情及国际油价暴跌等因素影响，国际气价继续深度下跌，东北亚LNG现货单日报价最低跌至2美元/百万英热单位以下。近两年新签的与油价挂钩的天然气进口合同，斜率已由原先的15%左右降到10%左右。“十四五”期间，预计国际油价难以突破65美元/桶，与油价挂钩的进口LNG长贸到岸价格将降至7美元/百万英热单位以下；与气价挂钩的长贸到岸价将降至6美元/百万英热单位左右；东北亚现货均价4.8～8美元/百万英热单位；综合进口成本6～7美元/百万英热单位，与“十三五”期间9～10美元/百万英热单位的综合进口成本相比，降幅可达20%以上。

2.3.3 天然气产供储销体系的基础保障能力增强

近几年来，中国加快了油气市场化改革步伐，成立了国家石油天然气管网集团有限公司（以下简称“国家管网公司”）。同时加大了油气勘探开发和天然气产供储销体系建设力度。主要油气生产企业制定了油气勘探开发七年行动计划，计划2025年天然气产量达到2200亿立方米。《关于加快储气设施建设和完善储气调峰辅助服务市场机制的意见》指出，按照总调峰能力达到消费量的15%分别对供气企业、地方政府和燃气企业设定了储气能力的考核指标，并强调要加强互联互通建设。

一是天然气勘探成效显著，产量较快增长。截至2020年5月底，“十三五”累计探明8个千亿立方米级气田（区），获得了37个新发现。二是储气调峰能力持续提升。截至2019年年底，中国累计建成26座地下储气库，调峰能力达到140亿立方米，LNG接卸能力达7615万吨/年，另外还有大量在建和规划建设的LNG接收站。三是基础设施互联互通程度显著增强，初步形成了全国一张网，实现了南气北调，海气西进，未来地区间管输瓶颈将彻底打通，互补互济的能力显著提升。四是“X+1+X”市场化模式即将形成，即供气主体多元、销售市场充分竞争，储运设施公平准入，形成“管住中间，放开两头”格局。五是进口多元化程度显著提升。2019年年底，中俄东线正式运营，标志着中国西北、西南、东北、海上四大油气战略通道全部建成，还有多条进口天然气管道在规划和论证之中，将有助于降低供应风险。

3 存在的问题

2015年以来，在“煤改气”政策的推动下，中国天然气消费快速增长，而国内天然气产量增长相对较慢，造成中国天然气对外依存度快速升高，尤其是2017年冬季发生“气荒”，引发了各界对天然气供应安全的担忧，天然气利用政策也出现了摇摆，这在一定程度上妨碍了天然气发展目标的实现，也对构建清洁低碳、安全高效的能源体系产生了不利影响。实际上，造成“气荒”的原因并非真正的资源短缺，而主要是由于“煤改气”推进过快、调峰能力不足和基础设施欠缺等因素造成。

按照2030年天然气在一次能源消费结构中占比15%的目标，届时天然气消费量将在目前基础上至少翻一番，达到6000亿～7000亿立方米。根据挪威船级社《能源转型展望——面向2050年的全球和地区预测》[9]，在2060年中国实现碳中和的情景下，2030年中国天然气消费量为5000亿～6000亿立方米。就目前对天然气和煤炭环保性的认识、舆论环境和政策措施来看，这一目标实现难度很大。从前文分析来看，全球天然气资源充足，供需长期宽松，价格将长期保持低位。中国天然气处于勘探早期阶段，陆上常规资源仍有较大潜力，非常规（含煤炭地下气化）和深海资源潜力巨大，通过产供储销体系建设的不断加强，以及改革的不断深化和科技进步，天然气供应保障条件将持续改善。因此，一定要坚定发展天然气的信心，不要被短期的困难和问题干扰。

目前制约天然气快速发展的主要问题有：一是对发展天然气的重要性和必要性认识不足，对供应安全缺乏足够信心，天然气的主体能源定位不够坚定，具体实现路径不明确，且相应的配套政策支持力度不够。二是目前对天然气供应安全的关注，过多放在了对外依存度增加和冬季供应紧张上，而应对的措施又主要放在了限制消费上。缺乏在充分满足消费需求的前提下的保障供应安全的长远部署和政策措施，这与已经确定的天然气定位和目标是不相符的，可以说是应对短期矛盾的措施影响了长期目标的实现。三是天然气市场化改革任重道远。目前的进展主要解决了基础设施公平开放的体制和政策问题，更重要的基础设施能力和调节能力缺乏问题仍尚待解决。如果没有充足的基础设施能力，也难以真正满足第三方公平准入需求。缺乏应对季节性波动和突发事件的调节和调度能力与机制，冬季用气紧张的问题仍难以解决。冬季用气紧张不是资源供应总量不足，而是缺乏调节能力和机制。冬季用气紧张始终是制约天然气发展的关键因素，一定要尽快解决。此外，还有如何使上游主体真正形成竞争，地方管网如何改革、如何监管，如何理顺产业链价格关系，如何降低终端价格等问题。四是从中国现行政策看，对气电发展的定位不够准确，缺乏以碳中和为目标的公平政策环境，气电的低碳环保和灵活性价值得不到充分体现，对气电发展形成了制约。发电是未来天然气消费增长的主要领域，2030年前发电用气增量将占天然气总消费增量的35%以上，气电能否发展至关重要。

4　清洁能源体系建设视角下加快天然气发展的相关建议

4.1　坚持天然气主体能源定位不动摇，充分发挥其在清洁能源体系中的关键支撑作用

充分认识并大力宣传天然气在环境污染治理和控制碳排放方面的优势，以及对于可再生能源发展的关键支撑作用，并在能源规划中进一步予以明确；在能源、电力和天然气等相关规划中进一步体现天然气的主体能源定位，按照既定目标细化部署。

4.2　坚定资源自信，多途径加强天然气供应安全保障

4.2.1　坚定资源自信

在不考虑深海天然气资源开发和天然气水合物、煤炭地下气化等领域技术突破等潜在增长因素的情况下，中国天然气自主供应能力可以长期满足包括民生、公共服务及关键工业用气的“底线需求”（2030年为2100亿立方米，2035年为2350亿立方米），未来对外依存度最高不会超过53%。如考虑上述领域的技术突破，自主供应能力还有较大提升空间，对外依存度将明显降低。而且，未来全球天然气供需长期宽松，需求增量主要来自中国，利用国外天然气资源的条件总体有利，天然气中长期供应安全风险整体可控。

4.2.2 进一步提高国内资源保障程度

继续加大对国内天然气勘探开发的支持力度，在努力完成七年行动计划的基础上，力争到2030年国内产量超过2700亿立方米、2035年超过3200亿立方米，夯实保障中国天然气供应安全的基础。应加大上游改革开放力度和政策支持力度。例如，参照致密气补贴标准，给超深层（埋深7000米以上）、深海（水深大于500米）天然气予以补贴；从国家层面加快推动中深层煤炭地下气化、深海油气和天然气水合物开发商业化；加强对勘探开发技术的考核；探索各油田作为独立矿权人参与矿权竞争以及增产天然气量自由进入市场、价格放开的相关政策等。

4.2.3 强化基础设施和应急调峰能力建设，完善产供储销体系

明确国家管网公司的首要任务是满足天然气发展对基础设施的需要，要加快基础设施能力建设，加强互联互通，尽快使能力超前并有富余。如果不能满足用户需要，要允许有运输需求的企业和其他企业独资或合资建设并拥有基础设施，建立完善国家管网公司、省管网公司和油气企业分级分类多元化建设模式。

积极落实已出台的鼓励储气设施建设的有关措施，尽快解决储气设施的商业性问题，调动多方参与储气设施建设积极性。支持企业将气田直接转为储气库，可考虑将其所有费用纳入抵扣项或给予其他财税方面的支持。建立以资源和产能储备为主的国家天然气战略（应急）储备体系。建议由自然资源部统筹油气田以外储气库资源的调查和勘查，并提供专门渠道供查阅勘查成果。

加强应急法规体系建设，加快制定出台《油气储备法》《天然气调度条例》等法规，规定天然气储备的责任和义务及在紧急情况下的合法断供次序。鼓励油气企业的气田和进口通道留有富余能力以备应急之用，并给予财政支持。

4.2.4 继续完善进口多元化部署，降低进口风险

按照海陆平衡、长短结合、留有余量、分散多元的原则，有序推动引进俄罗斯和中亚天然气的管道建设，深化论证新增引进俄罗斯和中亚天然气的管道的市场竞争力，优先建设市场竞争力较强的通道。研究通过建设LNG接收站和发展在缅甸的业务增加中缅油气管道供气量的可行性，在经济合理的前提下实现进口通道多元化。加强LNG采购合作，尽量降低采购成本，通过建立资源池和做大贸易来保障供应安全。LNG合同条款要灵活，合同期要中短结合，价格公式要多样（例如，与油价挂钩、与HH价格挂钩、与国内天然气交易价格挂钩、与国内煤炭和电力价格挂钩等）。海外勘探开发项目在有经济效益的前提下，优先开发进口管道沿线和能将份额气运回国内的项目。

4.3 进一步营造公平竞争的发展环境

逐步取消门站价格管制，让市场决定价格。鉴于目前中国尚缺少多元化的市场主体，很难形成多对多的交易，可以选择广东、江苏、浙江等经济发达、承受力强、供应多源的

省份作为完全市场化的试点先行先试[10]。可以根据各省的实际情况分别借鉴美国模式或欧洲模式进行试验，根据实际效果再形成一套成熟的改革方案进行推广。过渡期可以放开所有进口气和新增国产气非居民用气门站价格，同时扩大居民用气基准门站价格上浮范围，并对特殊群体居民用气实施精准补贴。

另外，应强制地方管网进行运销分离改革。目前的油气体制改革还没有涉及地方管网，下一步要从国家层面强制要求地方管网实行运销分离（生产和消费重叠的川渝地区除外），并对其管输费和公平准入实施监管，允许收益率应低于长输管道。

4.4 多措并举降低成本，提高天然气竞争力

一是按照产业链各环节风险和收益关系理顺天然气产业链各环节价格。参照电网的准许收益率确定输配管网的准许收益率，同时加强成本监审及信息公开。

二是以法规形式明确向大用户直供的合法性。建议国家从法规层面明确上游供气企业对大用户进行直供（含LNG点供）的合法性和不可剥夺性，地方政府也应出台相应文件给予支持和保护。

三是降低进口LNG成本。通过价格复议、合同再谈判等方式降低已签合同价格和照付不议量；国家有关部门牵头研究原有长贸合同分担机制；为企业充分利用现货创造条件，例如增加油企上产考核弹性，加快LNG接收站建设，强制要求LNG接收站富余能力对第三方公平开放等。

4.5 加大政策支持力度，加快推进天然气利用

一是大力支持天然气发电。在“十四五”能源发展规划中尽量不新增煤电机组，并明确气电在灵活性电源中的优先地位，通过“气电+储能+可再生能源”满足用电需求增长。取消限制气电发展的相关政策，大力支持气电与可再生能源融合发展。制定统一的、更加严格的火电排污标准，加大排污收费力度，加快构建和完善全国碳市场，建立电力辅助服务市场机制，加快电价市场化改革，充分体现天然气的灵活性价值和低碳环保价值。将SO_3、重金属、放射性等非常规污染物纳入污染物排放控制范围。加大对重型燃机科技攻关的支持力度，尽快突破发电用重型燃气轮机关键技术，形成自主完整的重型燃气轮机产业体系。允许油气企业将发电作为主业自主或合作开展气电业务，推动油气企业与发电企业之间的重组并购等，促进油气电一体化发展。

二是坚持积极稳妥推进煤改气和冬季清洁供暖。扩大煤炭消费减量控制的区域范围和力度，强化约束机制。在扩大资源供应、降低供应成本的前提下，在继续推进“2+26”城市煤改气的基础上，积极推进东北和西北地区的煤改气。加大力度推进南方冬季清洁供暖，因地制宜推进农村清洁取暖。

三是消除交通用气和LNG运输的政策障碍，包括危化品管理、海事管理有关规定、标准等。积极推进罐箱运输、铁路运输、江海联运、近海与内河运输；扩大交通用气规模，重点发展LNG在长途公路重载运输和水运交通中的应用。

参考文献

[1] LECOMTE Thierry, et al. Best available techniques (BAT) reference document for large combustion plants: Industrial emissions directive 2010/75/EU (Integrated pollution prevention and control) [M]. Luxembourg: Publications Office of the European Union, 2017.

[2] 张原. 忽视SO_3的减排脱硫对治理雾霾的贡献将打折[J]. 节能与环保，2014（3）：68–69.

[3] 樊慧，段天宇，朱博骐，等. 燃气电厂与超低排放燃煤电厂环境及生态效应对比[J]. 天然气工业，2020（7）：147–150.

[4] 徐静馨，朱法华，王圣. 超低排放燃煤电厂和燃气电厂综合对比[J]. 中国电力，2020，53（2）：164–172.

[5] 刘志坦，舒喜，杨爱勇，等. 固定式燃气轮机大气污染物排放标准限值的选择[J]. 中国电力，2020，53（8）：117–124.

[6] 刘志坦，王文飞. 我国燃气发电发展现状及趋势[J]. 国际石油经济，2018，26（12）：43–50.

[7] 袁家海教授课题组. 中国电力系统灵活性的多元提升路径研究[R]. 绿色和平组织. 2020–10. https://www.greenpeace.org.cn/wp–content/uploads/2020/10/%E3%80%90%E6%8A%A5%E5%91%8A%E3%80%91%E7%BB%BF%E8%89%B2%E5%92%8C%E5%B9%B3%EF%BC%9A%E4%B8%AD%E5%9B%BD%E7%94%B5%E5%8A%9B%E7%B3%BB%E7%BB%9F%E7%81%B5%E6%B4%BB%E6%80%A7%E7%9A%84%E5%A4%9A%E5%85%83%E6%8F%90%E5%8D%87%E8%B7%AF%E5%BE%84%E7%A0%94%E7%A9%B6.pdf.

[8] 陈蕊，朱博骐，段天宇. 天然气发电在我国能源转型中的作用及发展建议[J]. 天然气工业，2020（7）：121–125.

[9] DNV GL. Energy Transition Outlook 2020[R/OL]. https://eto.dnvgl.com/2020/index.html.

[10] 戚爱华，杨雷. 关于我国天然气产业市场化发展模式的几点思考[J]. 中国能源，2020（8）：16–20.

LLL框架下中国石油海洋物探公司的国际化转型与发展

张海波[1]　贾森森[2]
（1.中国石油集团油田技术服务有限公司；2.中国石油集团东方地球物理勘探有限责任公司）

摘要：以Mathews提出的资源联接（linkage）、杠杆（leverage）和学习（learning）"LLL"框架，探讨新兴市场跨国企业国际化背后的竞争优势与发展路径，并通过中国石油海洋物探公司的全球化实践进行分析。海洋物探公司的国际化转型和发展不仅印证了LLL框架的合理性，而且从实践层面阐释了资源联接、杠杆和学习的动态演进过程，对油田技术服务企业的国际化具有一定的参考价值。

关键词：海洋物探；油田技术服务；国际化；LLL框架

中国石油集团油田技术服务有限公司旗下东方地球物理勘探有限责任公司（以下简称"BGP"）所属海洋物探分公司（以下简称"海洋物探公司"）是中国石油海洋物探业务的主要承担者和开拓者。传统国际化研究往往集中在对外投资、产品制造与对外承包领域，工程技术特别是油田技术服务领域关注比较少。对油田技术服务发展战略、国际化经营对策等方面进行了一些讨论，但理论阐释的文献数量不多。本文运用LLL（Linkage，Leverage，Learning）框架等理论试图对海洋物探公司国际转型与发展进行简要分析。LLL框架理论是Mathews于2006年提出的，框架试图解释新兴市场企业竞争优势的来源问题。Mathews认为，这些企业的国际转型是由资源联接（linkage）、杠杆（leverage）和学习（learning）驱动的。

作为国际市场的后来者和新来者，企业首先与行业内目标企业在世界范围内通过服务外包、合资合作、战略联盟、协议安排、跨界联合等方式进行联接以获得机会，基于互补性原则对目标企业的资源进行杠杆化利用，继而通过重复联系和杠杆效应向目标企业学习，积累资源获得内生性优势，不断提高自身竞争力。由于资源联接、杠杆和学习可形成自我加速的过程，因此对新兴市场跨国企业加速国际化的现象具有较强的解释力。然而，LLL框架并没有指出企业运用"LLL"的过程与方法，虽然强调了学习的重要性，但并没有充分阐述LLL框架下企业如何学习的路径。

中国作为新兴市场国家，在陆海内外联动、东西双向互济的开放格局下，国内企业积极响应"一带一路"倡议走出去。过去10年，中国企业"走出去"步伐明显加快，更广更深参与国际市场开拓，产生越来越多世界级企业。海洋物探公司的国际化转型和发展不仅印证了LLL框架的合理性，而且从实践层面阐释了资源联接、杠杆和学习的动态演进过程，对油田技术服务企业的国际化具有一定的参考价值。

1 海洋物探公司的国际化实践

1.1 联接

1.1.1 人力资源联接：面向全球配置人力资源，队伍建设与国际接轨

海洋物探公司坚持“不求所有、但求所用”的用人理念，按照“操作人员本土化，高端人才国际化”的思路，在全球范围内聘请具有专业领域知识、高层次的外籍雇员担任关键岗位，他们在深海作业、船舶管理、市场开发、海上HSE管理等方面具有丰富的实践和管理经验，有力地促进了海洋物探市场的开拓与公司运营水平。

2019年年底，海洋物探公司海外业务人员本土化率超过90%，在一线随队伍转战全球海域、长期雇佣的技术人员将近600名。行业低谷期国际上大批物探公司裁员、破产或倒闭，海洋物探公司运用市场化机制灵活引才引智，揽入行业精英，其中5名进入管理层，10多名进入总部业务管理部门，数十名成为船队技术和管理关键岗位人员，实现了队伍的全面国际化。

1.1.2 技术资源联接：面向全球配置技术资源，技术研发与国际同步

面向油气科技前沿，海洋物探公司坚持“人无我有、人有我优”的创新理念，加快技术创新步伐，竞争能力全面提升。2019年承担国家重大科技专项课题3个，公司级科研课题5个。在浅水领域，拥有浅水放缆船和震源船；在滩涂和潮间带，拥有升降式钻井艇和轻型履带车；在环保极其严格的地区，拥有泥枪震源和二氧化碳震源。这些自主研发的特色装备，连同QC软件系统、Dolphin导航系统、机械化Node收放系统等核心技术构成了海洋物探公司在海底节点（以下简称“OBN”）勘探领域的竞争优势。

2019年9月，在圣安东尼奥举行的第89届国际勘探地球物理学家协会（SEG）年会上，BGP与西方物探行业老牌劲旅Sercel公司宣布推出联合研发的新型海底节点GPR，标志着全球新一代高质量、高性能、高集成化节点的诞生。与常规节点相比，GPR具备更轻巧的外观和较传统节点作业时间更长的优势。其采集的高质量地震信号将更有利于精确地震成像及储层特征刻画，可为客户提供更高的数据质量，有利于现有高效数据采集解决方案的使用和融入。GPR节点的研发与发布，进一步确立了海洋物探公司在全球OBN勘探业务中的主承包商地位[1]。

1.1.3 市场资源联接：面向全球配置市场资源，规模市场完成国际布局

近5年来，海洋物探公司以市场和效益为导向，矢志打造拖缆、海底地震仪（OBS）、多用户、船舶管理和国内服务保障5大核心业务，形成“国际反哺国内、国内保障国际”的业务格局，构建了海洋物探领域全过程、全链条的整体竞争优势。

突出全球视野，发挥东方地球物理公司综合一体化优势，形成了中东、西非、里海、亚太、拉美5大规模生产基地。在新冠肺炎疫情和低油价双重挑战下，海洋物探公司继2020年5月成功中标英国北海四维拖缆项目，首度进入欧洲油气核心勘探市场后，于7月再次中

标MCG挪威三维拖缆+节点采集项目[2]。在BGP Offshore品牌战略引领下，5大主营业务有机融合，5大规模基地竞相发展，实现了全球市场的互联互通。

1.2 杠杆

1.2.1 锚定战略支点，抢抓战略机遇，实现“弯道超车”

拖缆技术是20世纪60年代兴起的海洋物探技术，经过不断发展趋于成熟。但缺点是横向一次覆盖，方位角窄，解决不了复杂构造的成像问题。OBN技术的产生是海洋物探领域的革命，能够实现“高覆盖、高信噪比、大偏移距、全方位”，成像质量得到质的飞跃。由于成本很高，行业内几家大型海洋物探公司出现了2～3年的观望期。海洋物探公司敏锐瞄准这个窗口期，准确研判拖缆—海底电缆（OBC）—OBN不同勘探方式的技术优劣以及三者的迭代关系，以巨大的战略勇气和果敢的战略抉择，率先组建业内最早的OBN勘探队伍，站在了新一轮行业竞争的制高点。传统拖缆向新兴OBN业务的转型，成为海洋物探公司跳跃式发展并嵌入全球高端价值链的战略支点，改变了海上勘探市场的全球竞争格局，奠定了海洋物探公司全球领先者的行业地位。

海洋物探公司的OBN业务于2015年在泰国湾成功起步；2016—2017年在印度尼西亚、沙特阿拉伯触点蝶变；2018—2019年在俄罗斯、尼日利亚、阿拉伯联合酋长国（以下简称“阿联酋”）、阿塞拜疆、文莱等市场全面开花，成为BGP分量重、体量大并极具成长性的板块业务。特别是2018年7月习近平主席访问阿联酋期间，与阿联酋国家石油公司（ADNOC）签订的价值16亿美元全球最大三维陆海勘探项目，比合同要求提前10天生产并进入高效作业模式，成为中国石油集团参与中阿“一带一路”建设的品牌合作项目。即使在2020年新冠肺炎疫情全球大流行期间，该项目仍保持高效稳产态势，成为海洋物探公司业务增长的“压舱石”。

1.2.2 突出管理创新，优化资源配置，产生“乘数效应”

海洋物探公司对内深化改革，合并原深海物探处和大港物探处，整合海上勘探技术、设备、人才等资源，集中管理，统一运作，消除了体制机制障碍，实现了业务优势互补、协同发展。

对外通过灵活方式控制战略资源，通过自有、购买、租赁等不同方式运营的OBN节点资源占全球的60%，牢牢控制了这一关键稀缺资源。在里海市场、西非市场与客户合资合作，通过精巧的条款设置与商务模式创新，控制市场开发、经营管理与生产组织等关键环节，防范法律风险的同时确保了市场竞争的优势地位。2020年5月竣工的文莱OBN项目，采用轻资产运行模式，整支队伍8000个节点、7条作业船舶，仅有东方勘探二号是自有资源，充分展示了BGP海洋勘探队伍的国际化运营管理水平和全球化资源配置能力。

1.2.3 巩固业务优势，“出口转内销”撬动国内蓝海市场

海洋物探公司自2015年进军OBN业务至今，已累计获得OBN勘探合同24亿美元，是BP、壳牌、雪佛龙、沙特阿美和阿联酋国家石油公司主要承包商，一跃成为全球作业实力最强的

OBN勘探公司，树立了OBN勘探行业内的优势地位，取得了显著的品牌、经济和市场效应。

2019年5月，海洋物探公司基于雄厚的技术实力及全球优异的OBN业绩，赢得中国海油渤海湾旅大项目，这是国内首个OBN项目。这个项目融入了国内“三桶油”的元素，即中国海油的甲方、中国石油的队伍以及中国石化的震源船，海上高精度勘探备受各方瞩目。在国内全面加大油气勘探开发力度的背景下，该项目的成功运作，带动了国内OBN技术的应用热潮，必将推动油公司OBN勘探部署，从而撬动中国OBN勘探蓝海市场。

1.3 学习

1.3.1 与国际大油公司同频共振：管理变革与流程再造

海洋物探公司在与国际大油公司合作过程中，自身得到锻炼，能力大大提升。秉持“世界眼光、一流标准、海洋特色、高点定位”，对标国际标准和规范，将人力资源、市场、财务税收、合同法律、项目运作、HSE体系、质量体系等多项管理进行体系融合，在行业内率先打造了符合IOGP510标准的BMS（Business Management System）体系和FLAG信息化管理平台（File Locally Access Globally）。

体系和平台通过了BP、道达尔、壳牌、埃克森美孚、DNV挪威船级社的资格审查，构建了国际大油公司普遍采用和高度认可的管理体系，成为国际高端市场的敲门砖和通行证。

1.3.2 与国际一流油服公司同台竞技：取长补短与行业重塑

海洋物探公司作为行业内的后来者和新来者，学习和借鉴行业翘楚西方地球物理公司（WGC）的管理经验，对市场开发实行分类量化考核，将电话沟通、客户拜访、项目投标等指标设置不同分值，调动了市场开发人员的积极性。按照客户和竞争对手分布情况，合理布局全球市场，在英国伦敦、挪威奥斯陆、美国休斯敦、澳大利亚佩斯等石油公司聚集地建立市场营销网点，在公司5大规模生产基地派驻市场开发人员，形成了覆盖全球的市场开发网络。

面对全球市场竞争，海洋物探公司坚持开放式创新与包容式发展。公司获评2016—2017年度沙特阿拉伯优秀中资项目的S78红海项目，作业人员来自27个国家，是沙特阿美石油公司在红海部署的第一个大道数、宽方位深水节点三维采集项目。海洋物探公司调配全球资源，主导联合行业内特色服务企业，发挥各自比较优势形成合力，采用无线系统+多条震源船联合施工模式，实现连续四期工作量追加，彰显了其在全球特大型复杂项目中的行业主导地位和资源整合能力。

1.3.3 苦练内功构建企业数字化生态：经验沉淀与自我提升

安全管理方面，海洋物探公司开展深层次多角度风险评估，践行有感领导与承诺，培育企业安全文化，HSE-SMS体系得到严格执行。船舶管理方面，广泛运用TM-MASTER管理系统，建立船舶和物探装备信息数据库，装备维修和采购实现了智能管理。信息管理方面，建立IOMS远程生产指挥系统，实现了高效生产数据分析；引入船舶自动跟踪系统，实现了对全球物探船舶的实时动态跟踪；开发VTS船舶跟踪系统，有效确保了工区船舶作业安全。

作为全球勘探有史以来最大的ADNOC三维陆海勘探项目，海洋物探公司承担海上部分，投入5支队伍、近100条大型船舶联合施工作业。基于项目需求开发的DMS智能化平台，涵盖生产、质控、HSE、海洋信息观察等八大功能模块，公开透明、先进高效，实现了海量数据的整合、分析与共享。

2 结论及建议

海洋物探公司的国际化实践表明，联接和杠杆是融入国际市场网络不可分割的战略手段，而学习是提高竞争力的必由之路。总结海洋物探的发展经验，主要有以下几个方面。一是团队国际化。外籍高管与行业精英的加盟，不仅带来管理理念的革新，更重要的是加强了与国际高端客户的全方位联接。二是资产轻量化。突出管理创新，丰富发展了合资、合作、租赁等国际商务运营模式，资产创效能力持续提升。三是生产智能化。以风险管理为核心，打造了业内领先的商业运营体系和信息管理平台，引领行业数字化、智能化发展方向。四是业务高端化。传统拖缆业务向新兴OBN业务的成功转型，不仅抢占了行业发展先机，融入全球产业高端价值链，更重要的是以此为重心发挥杠杆效应带动公司业务全方位发展。

然而，“企业的全球化”到“全球化的企业”，仍有很长的路要走。当前，新冠肺炎疫情和超低油价对全球油气行业的冲击前所未有，石油公司海上业务投资更加关注成本控制和勘探精度，推动海上勘探加快向高精度、高效率、低成本方向发展，海洋物探面临更激烈的全球市场竞争。

习近平总书记指出，海洋是高质量发展战略要地。建设海洋强国，必须进一步关心海洋、认识海洋、经略海洋，加快海洋科技创新步伐[3]。作为油田技术服务公司，海洋物探公司要降低成本、提高技术装备水平，由服务型向技术型公司转变，技术创新是关键。LLL框架是一个层级递进的演进过程，最为核心的环节是杠杆和学习，海洋物探可利用全球资源，最大限度地积累知识和技能，在细分市场和关键领域获得内生性优势。另外，可通过LLL的成长路径到目标市场进行逆向投资或并购，获取发展急需的创造性知识资产，在资源整合中提高组织学习能力，厚植新的竞争优势，从而成为真正意义上的“全球化企业”。

参考文献

[1] 徐朝红，张纯，宋志天.东方物探发布全新一代海底节点GPR[N].中国石油报，2019-09-25.

[2] 包勇，谭晔.把“卖场”搬上“云端”东方物探海外新签市场同比增长12.5%[N].中国石油报，2020-07-28.

[3] 习近平.习近平谈治国理政第三卷[M].北京：外文出版社，2020：243-244.

石油石化企业积压物资调剂的思考及建议

宋光君
（中国石油物资有限公司）

摘　要：物资库存管理是石油石化企业共同面临的一大难题，特别是积压物资调剂更是难上加难。本文重点以中国石油为例，分析积压物资库存现状、形成原因、存在的问题，创新性地提出利用第三方资金撬动积压物资买卖双方并达成交易等方法和措施建议，为石油石化企业积压库存处理提供决策参考。

关键词：物资积压库存；调剂；杠杆资金

库存管理是连接采购管理和生产管理的桥梁，物资库存为石油石化企业保生产、促发展发挥了积极作用，同时因各种因素导致库存积压，影响公司整体效益。国资委近几年组织的央企采购管理提升对标结果显示，中国石油、中国石化、中国海油三家央企[①]物资库存截至2018年年底分别为192亿元、74亿元、71亿元。积压物资处置是库存管理的重要工作内容之一，也是当前困扰石油石化企业物资管理人员的一大难题。本文重点以中国石油为例，研究如何推进石油石化企业积压物资处置。

1　积压物资库存现状

1.1　积压物资定义

按照中国石油《物资仓储技术规范》（Q/SY 1123—2012）定义，积压物资是指已办理入库手续3年及以上且无明确使用去向的物资，以及装置停产、工艺改变、已经完工的工程项目剩余的库存物资（在用进口设备的备损件等特殊储备物资除外）。2017年更新版《物资仓储技术规范》（Q/SY 13123—2017）调整定义为：在库时间超过1年且无明确使用方向的物资；已完工工程项目不再使用的剩余库存物资；以及因装置停产或工艺改变，主装置已报废或主设备已更新造成无使用方向的备品备件。

1.2　积压物资概况

从财务角度看，物资库存以“存货”“库存商品”等科目体现，但财务系统上的存货概念远大于物资实物库存，统计口径与物资系统有差异。物资管理部门在例行年度统计

① 三家央企全称分别为中国石油天然气集团有限公司、中国石油化工集团有限公司、中国海洋石油集团有限公司，本文采用简称。

工作中涵盖了库存总额、库存账龄、库存周转等相关内容，除2015年以外，近期没有针对《物资仓储技术规范》中严格定义的“积压物资”开展专项摸底统计。中国石油物资管理部门2018年统计分析年报数据显示，截至2018年年底，1年以上（含1年）库存金额95.79亿元，3年以上（含3年）库存金额65.61亿元。根据2016—2018年度对比情况（表1），期末库存总额、1年以上和3年以上库存金额均呈逐年下降趋势。

表1 期末库存及3年以上账龄情况对比　　单位：亿元

序号	板块名称	2018年			2017年			2016年		
		库存金额	1年以上库存金额（含1年）	3年以上库存金额（含3年）	库存金额	1年以上库存金额（含1年）	3年以上库存金额（含3年）	库存金额	1年以上库存金额（含1年）	3年以上库存金额（含3年）
1	油气田企业	58.99	22.76	13.61	61.36	31.07	17.79	70.36	32.37	18.18
2	炼化企业	48.39	37.66	26.59	50.89	41.2	22.82	58.52	39.17	23.84
3	销售企业	4.22	0.05	0.03	2.6	0.1	0.08	1	0.11	0.02
4	天然气与管道	27.09	19.11	15.72	24.81	20.25	14.95	29.64	20.28	12.58
5	工程技术企业	25.04	9.38	6.07	29.29	13.44	7.36	34.24	16.02	7.53
6	工程建设企业	4.62	0.54	0.11	5.6	0.71	0.17	4.01	1.94	0.75
7	装备制造企业	23.06	6.19	3.47	23.4	9.67	4.85	25.13	16.12	8.82
8	其他	0.84	0.11	0.01	0.89	0.21	0.13	0.78	0.23	0.13
总　计		192.24	95.79	65.61	198.85	116.66	68.33	223.68	126.24	71.85

物资管理部门于2015年6月下发《关于开展中国石油物资库存情况调查的通知》，严格按照《物资仓储技术规范》2012年版本中“积压物资”的定义标准，对所属各企事业单位展开物资库存情况摸底调查。调查结果显示，截至2014年年底，积压物资44.5亿元，可对外调剂25.02亿元（表2）。因积压物资定义范围的变更，2018年年底数据与2015年统计数据无法对应分析动态变化情况，以下分析是以2014年年底数据为主。

表2 物资库存及库龄结构情况（截至2014年年底）　　单位：亿元

	0～1年		1～3年（含1年）		3年以上（含3年）	
库龄结构	147.49		56.38		57.32	
	56.47%		21.59%		21.95%	
库存结构	状态良好可正常周转物资库存	无动态物资库存	积压物资库存	可报废物资库存	积压物资中可对外调剂物资库存	应急物资库存
	175.65	115.45	44.5	6.28	25.02	3.95
	67.25%	44.20%	17.04%	2.4%	56.22%	1.51%

1.3 积压物资形成的原因

2012—2014年投资规模、物资采购额和期末库存总体呈下降趋势。从期末库存来看，2012—2014年呈下降趋势，但与投资规模、物资采购额相比降幅并不明显，积压库存与投资规模和物资采购规模没有直接线性关系。积压物资是在众多因素共同作用下，多年累积而成。一是在需求计划管理环节，基层企业计划管理水平参差不齐，计划上报不及时、不准确，为保生产而多储备的思想仍然存在。二是需求标准化程度低，物资编码管理机制不健全，导致从源头出现个性化设计多，采购物资多样性，储备物资不能相互替代。三是工程项目规划以及设计变化更多，特别是上游勘探开发领域，由于各地区地层条件不同，客观上造成物资需求的多样性和不可预测性，部分设备技术更新换代较快，装置工艺改变等导致已有备品备件无法使用。四是积压物资调剂机制不健全，可调剂资源信息难共享，操作流程烦琐，配套考核激励机制有待完善。五是采购人员能力水平有待提高，从业人员知识结构偏向于商务和劳务，高端采购、库存管理人才稀缺。

2 积压物资处置进展

2.1 前期工作成果

在国家经济改革要求“去产能、去库存、去杠杆、降成本、补短板”五大任务背景下，2016年，国资委下发《关于印发〈2016年中央企业“两金”压控方案〉的通知》，对中国石油存货压控工作提出目标要求。国资委近年来开展的央企采购管理提升对标工作中，将物资库存共享作为一项重要指标。

为鼓励各企业处置不良存货，由资金部门牵头，采取了一系列措施，包括制定“两金”（应收账款、存货）压控“三挂钩”（与业绩考核、资金计划、各级领导班子薪酬挂钩）机制以及存货绩效考核实施细则，建立存货管控目标完成情况月度通报机制，在公司门户网站设立“闲置资产调剂公告”专栏等。

物资管理部门牵头制定了《库存物资管理办法》《仓储技术规范》《仓储管理规范》等规章制度，明确了积压物资处置的方法、流程等。为盘活闲置物资，在门户网站建立了可调剂物资信息发布渠道，在人事部年度考核所属企业主管领导指标中加入了积压物资处置率的指标。在《库存物资管理办法》中明确，鼓励所属企业在保证质量，满足工艺、技术要求的条件下，充分利用闲置物资，物资管理部门将积极与相关部门协调，对调剂双方单位给予一定的政策支持。

所属企业各尽所能，加强存货管理，积极促成积压物资处置。2013年年底，某企业针对本部及地区公司积压石油专用管库存，采取让供应商以回购的方式处置。过程中邀请第三方评估机构，供应商按照当时集中采购价格下浮200元/吨回购，经过翻新改制后再销售。部分所属企业探索采用第三方专业化市场平台，促进积压物资对外转让，例如大港油田委托第三方资产管理有限公司通过上海联合产权交易所，挂牌交易悬挂器、扶正器、筛管等积压物资，转让底价630万元，目前正处于产权交易信息披露公示期。

通过集团和所属企业层面共同努力，降库存取得了一定成果，物资管理部门2018年统计分析年报数据显示，通过近两年与前一年同期对比，库存整体呈下降趋势。2018年一年以上库存金额同比下降17.89%，油气田企业下降幅度达26.75%；3年以上库存金额下降3.98%，油气田企业下降幅度达23.5%。降库存方式很多，但通过集团内部跨企业实现积压物资调剂的很少。据粗略统计，2010年至今仅有几笔，金额较小。

2.2 面临的困难

积压物资跨企业调剂有了星星之火，但并未形成燎原之势，实施调剂仍然面临重重难关。一是思想认识方面，物资使用单位都有“能用新不用旧”的观念，也存在“新官不愿理旧账”现象，加上部分积压物资在财务上已逐步采取减值计提处理，企业缺少调剂处置动力。二是政策方面，2018年首次印发了《库存物资管理办法》，制定了积压处置的宏观举措，各所属企业正在制定或更新相应的具体实施办法，执行效果有待检验。现有操作流程复杂，集团层面的其他配套政策需要整体协同推进，包括财务、法律、税务等。三是信息和数据方面，信息共享是实现调剂的前提，目前没有专门的积压物资信息共享平台，只能靠手工统计上报，调剂调度过程也没有信息系统支持，流程无法电子化。财务部和物资管理部门掌握的物资积压信息不对称，口径不一致，积压物资数据基础质量不高。四是质量方面，不管是使用方自己的技术专家评定，还是聘请第三方专业机构评定，旧物利用都存在一定质量风险，给使用方造成未来损失和承担责任的压力。特别是在当前企业安全压力普遍较大的情况下，谁也不愿冒这个风险。五是价格方面，由于质量认定存在不确定性，价值评估更缺少参照标准，价格的确定存在审计监察、税务管理等风险。六是管理方面，采购管理水平有待进一步提升，综合性人才稀缺，没有从需求端解决标准化等根本问题，导致新的积压还会持续产生。

3 利用杠杆资金，创新积压物资调剂模式

通过少量杠杆资金，买卖双向驱动，既降低卖方库存，又减少买方新购，双倍实现集团整体利益。方案一：卖方以市场评估价上浮一定比例销售，买方以市场评估价下浮一定比例采购，中间的差价即为杠杆资金。方案二：卖方以市场评估价销售（不上浮比例），买方以市场评估价下浮一定比例采购，实现与方案一相同的效果。

以方案一为例，按照2014年年底统计的25亿元可调剂物资计算（表3），假设以账面价值折价50%计算市场评估价为12.5亿元，卖方在此基础上上浮10%以13.75亿元销售，买方以市场评估价下浮10%即11.25亿元购买，双方积极达成交易。以上计算表明，只需杠杆资金2.5亿元，实现卖方库存减少25亿元，买方减少新购25亿元，带来集团整体效益合计50亿元，不管折价和浮动比例的大小，都能实现以小撬大的杠杆效果。

表3　杠杆资金促调剂模型测算　　单位：亿元

<table>
<tr><th>可调剂物资</th><th>市场评估价（50%折价）</th><th>卖方销售价</th><th>买方购买价</th><th>卖方库存降低</th><th>买方减少新购</th><th>杠杆资金</th><th>集团整体效益</th></tr>
<tr><td rowspan="4">25</td><td rowspan="4">12.5</td><td>方案一：评估价上浮10%</td><td>评估价下浮10%</td><td rowspan="4">25</td><td rowspan="4">25</td><td rowspan="2">2.5</td><td rowspan="2">50</td></tr>
<tr><td>13.75</td><td>11.25</td></tr>
<tr><td>方案二：评估价（不上浮）</td><td>评估价下浮10%</td><td rowspan="2">1.25</td><td rowspan="2">50</td></tr>
<tr><td>12.5</td><td>11.25</td></tr>
</table>

4　积压物资处置其他措施建议

4.1　把控源头，畅通调剂渠道

物资采购主管部门要积极发挥已成立供应链委员会的作用，协同研究，从计划源头把控。例如，规划计划部审批投资计划时可增加对库存利用的审查环节，在质量、技术标准满足要求的基础上，已有库存的物资不予审批新购，相关库存数据由物资管理部门协助提供。物资管理部门督促《库存物资管理办法》的宣贯执行，牵头组织商讨财务、法律、税务、审计纪检等配套解决方案，理顺并简化工作流程，做到源头把控、依法合规、简单易行，减少各企业的顾虑和操作难度。

4.2　建设平台，共享调剂信息

物资、财务、信息部门紧密配合，大力推进ERP使用以及库存共享、积压物资调剂专业平台建设，解决现有数据系统之间不畅通等问题。通过应用共享和调剂平台，企业根据自身情况填报需要调剂的物资种类、型号、数量、单价和图片等信息，实时实现内部企业间可调剂物资信息共享，并支持企业开展划拨调剂工作。针对企业现有积压物资库存的准确情况，建议由物资管理部门、财务部共同牵头，制定统一标准和口径，真正摸清积压物资的情况，再与企业上下结合，针对不同物资制定调剂使用和处置的专项实施方案。

4.3　奖惩分明，增强工作积极性

丰富奖励措施，研究出台针对积压物资处置单位、团队和个人的奖励政策，包括考核加分、设立管理效益奖项、树先进典型、给予突出贡献团队或个人物质奖励等，多措并举，提高积压物资处置工作的积极性。

4.4 加强管理，严控积压增量

一是强化顶层设计，加快仓储集团化研究。物资管理部门牵头，积极开展仓储集团化和储备科学化等相关课题研究，通过课题研究，要建立物资储备体系，不断优化完善库存策略，做到因企施策，因物施策。

二是狠抓需求管理。首先，要加强需求计划的全过程控制，物资供应部门要业务重心前移，从“等需求计划”向主动“促需求计划”转变。其次，采购部门要积极主动牵头，负责搭建工作平台，由各专业板块主导，设计人员、采购人员、仓储管理人员等共同参与，形成物资需求和采购标准，减少个性化需求。

三是建立科学合理的库存考核体系。深入研究供应链库存管理理论，把握公司整体和企业库存特点，围绕管理目标和需求，从质量、效率和效益几个方面综合衡量，合理设置库存指标，建立考核评价体系，以引导企业真正提升库存管理水平。

四是督促责任追究机制执行。针对积压物资已经建立“谁产生，谁负责”的责任追究机制，关键在落实，层层严肃追责，把考核和经济责任与薪酬挂钩，做到实考核，硬兑现，真正形成制度威慑。

五是充分运用物资大数据。整合企业运行的各项业务指标、物资消耗、市场需求、原材料价格、国际油价等数据，通过“大数据”分析进行预测和动态管理，为各层面管理和业务操作决策提供有力支持。

参考文献

[1] 中国石油物资仓储技术规范（Q/SY 1123—2012）.

[2] 中国石油天然气集团有限公司库存物资管理办法（中油物装〔2018〕44号）.

[3] 中国石油天然气集团有限公司2018年物资统计年报分析报告. 物资装备部.

对新冠肺炎疫情和低油价形势下企业文化建设的分析和探讨

马伟什
（中国石油西南油气田物资分公司）

摘　要：2020年油气行业面临新冠肺炎疫情和低油价形势的外部环境。在此环境下，中国石油天然气集团有限公司通过提质增效应对挑战。本文通过对集团公司人力资源现状的分析，揭示在提质增效工作中建设企业文化的必要性，并提出推进企业文化工作的思路。

关键词：提质增效；企业文化；市场型文化；企业文化实施

纵观世界企业管理的历史，大致经历了经验管理、科学管理和文化管理三个阶段，其总体趋势是管理的“软化”。可以看到，每一个国际化的公司都有其独到的企业文化，既可以激励本企业员工，也可以向企业外部传达企业的正面信息。为应对新冠肺炎疫情和低油价形势的不利局面，固然要通过一定的管理手段和措施，但企业文化建设方面的功夫也必不可少。因此，本文结合中国石油天然气集团有限公司（以下简称“集团公司”）人力资源管理现状，盘点集团公司企业文化特点，并提出当前形势下企业文化建设的一些建议。

1　企业文化建设的必要性

1.1　企业文化的定义和特征

企业文化是什么？管理学家斯本德的观点是：组织文化是组织成员共有的信念体系。那么企业文化也可以这样定义：企业文化就是企业所有员工共有的信念体系。按照中国人通常的说法，企业文化是一个企业的精神，一个企业的灵魂。企业文化具有客观性、稳定性和个异性的特征。客观性指的是企业文化是在一个企业的建立和发展过程中形成的，无论人们是否意识得到，企业文化必然会对每名员工产生一定的影响，从而影响企业的发展变化。稳定性指的是企业文化的形成是一个长期的过程，一旦形成就具有稳定性，不容易发生变化。个异性指的是没有两个企业有完全相同的企业文化，每个企业都有其特别的企业文化。对于集团公司而言，这几个特点就意味着集团公司在数十年的发展过程中必然已经形成了自己独特的企业文化，它可能没有用文字或符号表示出来，但它确实已经在影响每位员工的思想行为，而且这样的影响将会长期存在。对集团公司的所属单位而言，其文化也呈一种向心力的态势，即各所属单位都能够承行并体现集团公司的企业文化。另外，由于集团公司作为国有企业，其企业文化不能脱离中国共产党的领导，更不能逾越社会主义核心价值观，一切有关企业文化的建设都必须遵循习近平新时代中国特色社会主义思想的指引，同时集团公司的企业文化必然有它自己的特点，和其他的国有企业显著区别开来。

需要说明的是，讨论集团公司的企业文化，既不是否定“奉献能源、创造和谐”的企业使命，也不是推翻“爱国、创业、求实、奉献”的企业精神。众所周知，集团公司在推行企业文化建设方面一向是不遗余力，这一点更不需要赘述，这里所讨论的是在当前形势下，集团公司可以在企业文化建设方面开展哪些工作。

1.2 集团公司人力资源可能面临的局面

通过对企业文化的定义和特征进行解读，可以看出企业文化影响的是“人”，通过对“人”的作用影响公司的发展。因此本节主要对“人”（即人力资源）的情况做出一些分析。由于形势的不断变化，人力资源也体现出很多新的特征，自然也会带来一些潜在的局面。下面从三个方面来分析这些问题。

1.2.1 员工思想多元化

因为一些历史原因，整个集团公司的平均年龄较大，部分老员工已经到了即将退休的年龄，特别是目前因为新冠肺炎疫情和低油价的双重影响，工作量增加，收入减少，自然会影响他们工作的积极性，且因为他们在企业工作的时间长，有一定影响力，他们的负面情绪对工作团队的影响不能忽视。当然这里并不是说老员工都有这种思想，这个观点也许只是一个假设，但是从理论上说，不能避免这种假设。

另一方面，如果注意一下这几年新进入的员工，很容易发现他们大多数都有研究生学历，有些人甚至还有出国留学的背景。虽然新员工占集团公司的比重不高，但是因为他们的素质和能力比较高，自然会受到各级管理人员的重用，他们也会很快成长为业务骨干，甚至在领导岗位上独当一面。但是反过来说，他们的思想也与他们的前辈有很大不同。

越来越多高素质人才的涌入，对每个公司都是求之不得的。但是从另一方面看，由于每个人都有自己的思想，那么会存在这样一种可能：由于大家的思想有差别，难免就会有碰撞，特别是在当前形势下，这种思想差别将会体现得更加明显。员工之间有可能会相互掣肘，反而使一部分工作能力强、素质高的人发挥不出才干，导致团队的战斗力大打折扣。

1.2.2 人才流失的可能性

随着中国市场经济发展程度不断加深，中国的许多国有企业也渐渐开始进行市场化运作，因此培养出来的人才在社会各界都能发挥作用。但因为国有企业激励手段仍有很大局限性，对于国有企业员工来说，特别是年富力强的年轻员工，通过在国有企业的磨砺，其自身的素质和能力有了较大进步，而企业又无法满足自己的更多诉求，因此离开国有企业另谋高就的员工这几年越来越多。但是对国有企业而言，受制于其人事制度，在一个有一定经验的人员离职之后，很难从社会上招聘到有同等水平的人员进行补充，只能内部挖潜，或重新培养。这种进出不对等使得不少国有企业开始面对人才留用的课题。集团公司作为一家大型国有企业，这种情况也不可避免。特别是在目前的形势下，收入减少以及各项生活成本居高不下的矛盾将会越来越突出，难免会造成人心浮动，让一些有能力的员工另谋高就。

1.3 通过企业文化建设解决上述问题

企业文化可以起到导向作用、约束作用、凝聚作用、激励作用、辐射作用等。导向作用指的是企业文化要为企业发展的目标服务；约束作用指在制度之外所起的约束，对规章制度起补充作用，同时能够使企业的每一员更加自觉地遵守规章制度；凝聚作用指的是企业文化可以将员工凝聚起来为一个共同的目标而奋斗；激励作用指的是企业文化能够使企业成员从内心产生一种情绪高昂、奋发进取的效应；辐射作用是指企业文化不仅仅在企业内部起作用，也通过各种渠道对企业外部产生影响。

针对上文所描述的一些潜在的可能，加强企业文化建设，可以使这些问题得到解决。通过企业文化所体现出来的导向作用，可以使有思想的员工更好地理解企业文化，并以企业的目标和导向作为最大的奋斗目标，使员工的思想得以统一。企业文化的凝聚作用可以把员工全部团结在本单位周围，而本单位又形成对集团公司的整体向心力，以克服环境的变化所带来的不适。同时约束作用又可以使员工不管在哪个单位受何种制度的约束，都能够管好自己，变被治为自治。激励作用可以让更多的有志青年克服困难持续为集团公司效力。辐射作用则意味着集团公司可以通过企业文化建设，向党中央和全国人民展现出自己的精神面貌，以体现企业的社会责任和国有企业的示范引领作用。

2 对当前形势下企业文化建设的探讨

2.1 对集团公司企业文化的盘点

2.1.1 Quinn和Cameron的竞争性文化价值模型

竞争价值模型是从文化的角度考虑影响企业效率的问题。Quinn和Cameron提出了竞争性文化价值模型，认为“组织弹性—稳定性”“外部导向—内部导向”这两个维度能够有效地衡量企业文化的差异对企业效率的影响（图1）。

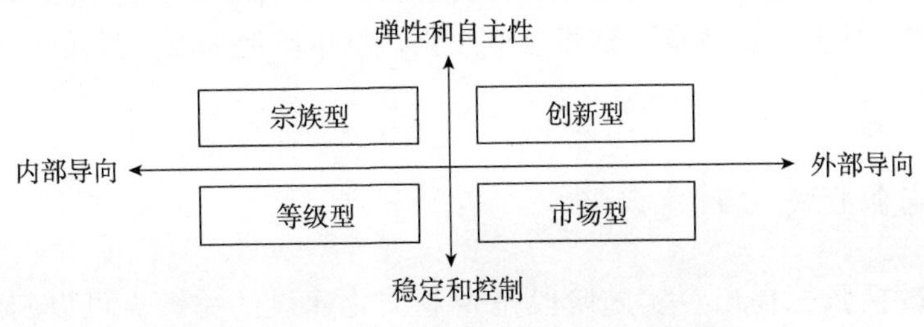

图1 Quinn和Cameron的竞争文化价值模型

虽然在当前环境下，集团公司的工作重点以提质增效为主，但不可否认的是，集团公司仍然是一个外部导向企业，仍然致力于一些新项目的开发，与国外石油公司的竞争仍旧无法避免，通俗地讲就是靠市场吃饭。而且由于是一个国有企业，受国家政策及内部相关约束较多，弹性和自主性不强，更倾向于稳定和控制，因此通过这个模型可以分析出整个集团公司的企业文化是一种市场型文化。市场型文化指企业的运作方式依赖于市场的情况，企业要在市场中生存，只有不断提升自己的竞争优势。因此市场型文化往往有一个明确的发展目标和主动进攻的战略态势。以西南油气田公司为例，在当前形势下仍然提出了“全面决胜300亿、加快上产500亿”的目标，并制定了2030年天然气产量达到800亿立方米的远景规划。

2.1.2 市场型文化在集团公司的体现

有明确目标和采取进攻战略态势下，集团公司对企业文化建设也非常重视。在新冠肺炎疫情和低油价形势下，集团公司强化提质增效工作。提质增效是应对不利外部环境的一种积极的应对措施，这正好符合这种市场型文化的特征。提质增效工作除了集团公司的引领外，在各所属单位予以贯彻和落实，各所属单位都在提质增效工作方面做足了功夫。可以预见的是，在相当长的时间内，提质增效都会成为集团公司的主旋律。

在发展的过程中，注重青年的作用。青年员工充满朝气和活力，他们愿意尝试和追求更多的挑战，并注重实现自身价值与实现企业价值的统一。集团公司各所属单位都不遗余力，搭建了广阔的平台给青年们发展。以笔者所在的西南油气田物资分公司为例，物资分公司自2008年开始，每年举办“五四”青年论坛，该论坛已经成为西南油气田公司、甚至四川省团委的一个响亮的品牌，这个品牌的价值除了展现物资公司青年的风貌，最重要的就是激励青年员工努力成才。在各条战线上，集团公司大力发挥青年员工的作用，每个业务板块都有不少青年员工成为业务骨干，有些青年员工甚至已经成长为领导角色，这与整个集团公司大力注重青年的成长与发展是分不开的。

为保持相当的竞争力，集团公司及其下属单位近年来大力开展各种业务培训，组织员工多批次参加各种考试，同时也鼓励员工自学成才，对在岗位上取得学历和资格的同事予以奖励和表彰，并开展多种岗位技能竞赛，使公司上下充满一种重视学习的氛围。重视学习可以使员工通过自我学习的方式解决在岗位中遇到的困难，提高自身的业务水平。

2.1.3 对企业文化的概括

前文已有描述，企业文化一经形成，将会在长时间内保持稳定，并影响着企业的所有相关组织甚至每一个员工。因此，建设企业文化，从本质上来说，就是进一步强化这些理念对员工们的影响。

2.2 实施企业文化的建议

清华大学教授张德提出：实施阶段是企业文化建设的关键，可以归纳为“四大工程”，即“价值观工程”“行为工程”“凝聚力工程”和“企业形象工程”。它们之间相互联系，相互作用，其运作模式各有侧重。

2.2.1 价值观工程

根据2.1的结论，集团公司的价值观已经清晰可见，那么对价值观的塑造，方向十分明确。集团公司应该从战略高度上重视提质增效的相关宣传工作，继续强化鼓励青年争先，继续创造重视学习的氛围。在对内宣传中，应该加大对这几个因素宣传的比重。对于新进企业的员工，建议印刷并发放企业文化相关读本；在入职培训中，应加强形势政策的教育，使每一名员工从参加工作的第一天起，就能够对集团公司的企业文化予以更多的认同和理解。此外，可以通过推出的期刊、网刊、微信公众号等，将企业文化的推广由抽象的精神层面转变到可以看得见的层面。

2.2.2 行为工程

价值观要通过行为来表现，行为反过来影响价值观。笔者认为能否顺利实施企业文化建设，三级管理干部起着最为关键的作用。

集团公司目前实行的是三级管理制，三级单位是最小的战术单位，在这些单位担任领导的三级正、副干部都是各二级单位甚至一级单位的中坚力量，既是一、二级单位战略意图的执行者，又是在战术执行过程中的领导者。同时，笔者认为他们还有另外一重身份，他们是基层单位员工、特别是年轻员工的老师。不管他们自己是否察觉得到，他们自己一定会被当成大家学习和模仿的对象。可以预想，如果一个三级单位的经理是一个热爱学习并刻苦钻研工作的人，他的下属们也会养成热爱学习并刻苦钻研的好习惯。因此在当前形势下，三级管理干部们对企业文化的承行，就是推动员工承行企业文化的最好助力。提质增效工作的开展，特别需要三级管理干部承担更多的责任。

2.2.3 凝聚力工程

企业文化建设只有领导者的重视是不够的，它需要全体员工积极参与。在企业文化实施过程中，不能把员工看作被动接受的客体，而应将其视为企业文化建设的主体。通过各种形式吸引、组织员工参与到企业文化建设中。这方面除了需要领导的身体力行，还要积极在员工当中发现、宣传模范人物。这样的模范人物除了各级单位的劳动模范和先进工作者外，更应该在每个基层当中发掘出每个基层的典型。其他公司的劳动模范和先进工作者在别的基层单位未必能够让人感知得到他们的优秀之处，但是自己基层中发掘出来的典型就更容易被人认知。另外，在各级单位举办各种活动供大家参与的同时，各个基层单位也应该根据本单位的特点，举办一些适合自己的活动，以贯彻企业的理念，让每位员工都参与到企业文化建设中。目前更应该深挖一些在战疫工作及在提质增效方面有突出贡献的典型，结合前文的结论，如果能挖出一些青年榜样，将会起到非常好的效果。

2.2.4 企业形象工程

企业形象包括领导者形象、员工形象、产品形象、服务形象等。这些形象往往通过对外宣传得以让外界了解自己的企业。集团公司近年来积极推进企业形象塑造，因此这一部分笔者就不过多赘述了。

这一部分内容用表格概括如表1所示。

表1　集团公司企业文化的实施

四大工程	侧重方面	实施思路
价值观工程	塑造	从战略上重视，做好对内宣传
行为工程	执行	重视三级管理干部的垂范作用
凝聚力工程	参与	对基层典型人物的挖掘，基层开展活动
企业形象工程	宣传	对外宣传

3　总结

重视和加强企业文化建设，并不意味着可以忽略其他方面的因素。虽然现在的管理趋势逐渐软化，但是科学管理仍然是必不可少的，以此推之，制度建设也必不可少。企业文化所起的作用，是与科学管理及制度约束互相补充、互相依赖的。打个比方来说，如果科学管理解决问题的思路是“让员工不能迟到”，那么企业文化解决的问题就是“让员工不想迟到”。“不能迟到”是基础，“不想迟到”则是境界的一种升华。没有这样的基础，任何的升华都会华而不实；在这样的基础上做到升华，则明显是一种进步。

参考文献

[1]　张德，潘文君. 企业文化[M]. 北京：清华大学出版社，2013.
[2]　陈维政，余凯成，黄培伦. 组织行为学高级教程[M]. 北京：高等教育出版社，2001.

低油价下资源国对外合作政策调整趋势分析①

尚艳丽　任重远　李博媛
（中国石油集团经济技术研究院）

摘　要：20世纪80年代以来，国际油价分别于1985年、1997年、2008年、2014年和2020年经历了5次暴跌，跌幅均超过60%。从前4次油价暴跌后资源国对外合作政策调整来看，总体上只有2008年油价暴跌后大部分资源国仍维持高油价时期收紧的对外合作政策，其余3次均放松对外合作政策，也有部分资源国对外合作政策受油价波动的影响不大。受新冠肺炎疫情和石油供应严重过剩的影响，预期本轮油价暴跌后，大部分资源国将调整对外合作政策，既可能扩大对外开放，放宽对外合作政策，也可能收紧对外合作政策，拖欠应付款项，甚至对合作方大开罚单。未来一段时期，油气资源依然是世界能源供应的主要来源之一，中国石油公司面临一定的机会和风险，需积极采取应对措施。

关键词：低油价；资源国；对外合作；政策调整

2020年，受新冠肺炎疫情叠加世界石油供应严重过剩的影响，国际油价经历了第5次暴跌。本文分析20世纪80年代以来4次油价暴跌后资源国政府对外合作政策调整情况，预判新一轮低油价下资源国对外合作政策调整方向。

1　低油价下资源国对外合作政策调整的主要内容

20世纪80年代以来，受石油危机、海湾战争、金融危机和政治动荡等多种因素的影响，国际油价分别于1985年、1997年、2008年、2014年和2020年经历了5次暴跌，跌幅均超过60%。油价暴跌对不同的资源国的影响不同。石油出口国的出口收入大幅下滑，蒙受的经济损失最大，部分石油出口国经济形势恶化，财政赤字加剧，债务压力加重，违约风险上升；既产油又进口的资源国石油出口收入下滑，但进口成本下降，喜忧参半；纯石油进口国则受益于进口成本大幅下滑[1]。不管哪种情况，许多资源国都纷纷调整对外合作政策，以应对低油价带来的危机。资源国的对外合作政策通过本国油气法规和油气合同来体现，涉及对外开放相关政策和具体合同条款等。本文利用对比分析法和实证研究法，在研究全球60多个主要油气资源国（表1）历次低油价时期的对外合作政策调整情况后发现，在油价暴跌后，资源国政府通常会扩大对外开放，放宽对外合作政策，也可能收紧对外合作政策，拖欠款项甚至开出巨额罚单。

① 本文荣获2020年度中国石油学会石油经济专业委员会第七届全国石油经济学术年会征文一等奖。

表1 历次低油价时期调整对外合作政策的国家

地区	国家
中亚—俄罗斯	俄罗斯、哈萨克斯坦、土库曼斯坦、乌兹别克斯坦等
中东	伊朗、伊拉克、阿拉伯联合酋长国、阿曼、沙特阿拉伯、科威特、卡塔尔、巴林、以色列、黎巴嫩、塞浦路斯等
非洲	阿尔及利亚、埃及、埃塞俄比亚、安哥拉、刚果、索马里、加纳、加蓬、喀麦隆、肯尼亚、利比亚、莫桑比克、南非、南苏丹、尼日尔、尼日利亚、塞内加尔、苏丹、坦桑尼亚、突尼斯、乌干达、赞比亚、乍得等
美洲	美国、加拿大、墨西哥、阿根廷、巴西、玻利维亚、厄瓜多尔、哥伦比亚、秘鲁、特立尼达和多巴哥、委内瑞拉等
亚太	澳大利亚、巴基斯坦、菲律宾、柬埔寨、马来西亚、孟加拉国、缅甸、泰国、新加坡、印度、印度尼西亚、越南
欧洲	英国、挪威等

1.1 扩大对外开放，吸引外资

油价下跌后，资源国为了吸引外资发展本国的油气工业，扩大对外开放区域或出售油气资产，为外国公司提供投资机会。

一是扩大对外开放区域。例如，自1989年后，印度尼西亚政府除了在西部老探区内继续提供新的合同区之外，还逐步开放了东部地区一些勘探程度较低的盆地[2]。世界金融危机发生后，委内瑞拉等资源国经济结构单一和外部融资能力不足问题暴露，于是放宽了外资进入的领域。2008年10月，委内瑞拉宣布对奥利诺科产油带Carabobo地区的7个油田进行招标，取消了以往对超重油开发采取的特许经营模式[3]。2009年，由于面临国内经济困难、技术落后，亚太地区部分资源国需要依靠外国资金和技术发展本国的油气工业，开放地区大都是技术难度大或资源潜力欠佳的区域。2010年6月，俄罗斯石油公司（Rosneft，以下简称“俄油”）与雪佛龙签署协议，共同开发俄罗斯黑海Val Shatskovo油田[4]；9月，俄罗斯自然资源部通过修订案，增加了合法开发海上油气田的公司名单，允许国内的非国有石油公司甚至外国石油公司开发俄罗斯海上油气田，打破了只有俄油和俄罗斯天然气工业股份公司（Gazprom，以下简称“俄气”）两家国有公司才有资格进行海上开发的局面，俄罗斯逐步恢复了海上、大陆架、北极等区域的对外合作。

二是出售资产或国有公司股份。2014年，俄油向印度石油天然气公司海外投资公司（OVL）出售了10个勘探区块股份，向中国石油天然气集团有限公司（CNPC）出售了万科油田10%股份[5]。2015年，俄罗斯累计出售油气资产超过100亿美元，包括部分战略性资产，改变了不对外出售战略资产的政策，不但开放上游战略资产，而且转让大型项目的股权等。2016年12月8日，俄罗斯将政府持有的俄油19.5%股权出售给卡塔尔国家主权基金以及大宗商品交易商嘉能可（Glencore），作价为102亿欧元（约合110亿美元）。

1.2 放宽对外合作政策，促进石油工业发展

油价下跌后，为了促进本国石油工业发展，资源国政府一般会从增加优惠条件的角度出发，放宽对外合作政策，并取得了一定进展。

一是改善财税条款。例如，20世纪八九十年代油价暴跌后，为吸引外资，印度尼西亚在1988年、1989年两次修改产品分成合同条款，给予外商更多的优惠。1989年年初，该国出台的新政策提高了外国石油公司的产量分成比例，对勘探边远困难地区，印度尼西亚国营石油公司与外国石油公司的产量分成比例（下同）从85：15调整为75：25；常规地区从85：15调整为80：20等。另外，为鼓励外国投资，对尚未获得油气产量的外国石油公司免征增值税。苏联政府在20世纪80年代油价暴跌后规定，在远东经济区对拥有外国股份的合资项目给予特殊优惠，3年内免征所得税（其他地区为2年），同时所得税率降低到10%（其他地区为30%），苏联与美国新奥尔良麦克德莫特（Mcdermott）国际公司达成开发鄂霍茨克海的油气合作协议。2014年油价暴跌后，委内瑞拉公布了新的石油暴利税政策，将暴利税起征点由2013年的55美元/桶提高至60美元/桶，税率不变；降低部分重油带矿区使用费，由30%降至20%。秘鲁将油气产量矿区使用费由20%降至5%。2008年7月和2014年7月油价暴跌后，俄罗斯、哈萨克斯坦等国通过降低特定地区和特定资源的开采税、收益税和取消部分税费来减轻企业负担。为吸引外资并使外国石油公司能以较快的速度获取服务费，2009年，伊拉克在第一轮招标活动中调整了合同条款，将外国石油公司在联合油田作业公司中的持股比例由49%提高至75%，并把伊拉克国家石油公司的持股比例降至25%。

二是出台优惠政策。2015年，俄罗斯针对一些急需引资发展的区域出台了优惠政策。俄罗斯联邦地下资源局修订《地下资源法》，延长地质勘探许可证的期限，将陆上远东和东西伯利亚地区的勘探期限从5年延长至7年，将大陆架区块的勘探期限延长至10年。

三是放松外资投资限制。2016年，为突破困境，巴西政府解除了巴西国家石油公司在海上区块最低持股30%的限制及其作为海上区块唯一作业者的限制。

四是简化程序，提高政府办事效率。2009年，印度尼西亚油气上游管理机构出台新规定，简化油气开采许可审批手续，延长外国人在印度尼西亚工作的许可年限。2015年、2016年，哈萨克斯坦通过简化矿产资源使用程序和简化许可证发放程序等促进油气工业的发展[6]。

1.3 收紧对外合作政策，以缓解低油价时期资金短缺的压力

历史上，油价暴跌后，为缓解财政和债务压力，部分资源国政府采取各种手段缓解资金压力，个别国家甚至出台了一些对吸引外资有负面影响的政策。

一是增加税收以筹措资金渡过难关。20世纪90年代初，厄瓜多尔开始征收所得税，规定承包商勘探和开发油气所获利润按44.4%的单一税率缴纳所得税。如果所获利润继续在本国投资，所投资部分的税率减少到25%；征收1%的研发税，承包商必须缴纳纯服务费的1%用于科研；设置篱笆圈条款，规定如果同一个承包商参与一个以上的服务合同，该承包商不能用一个合同的利润来冲抵另一合同的损失[7]。2009年5月，伊拉克政府批准了向在伊拉

克作业的外国石油公司征收35%所得税的议案，高于之前的15%。2015年，俄罗斯将国内矿产资源开采税由776卢布/吨增至950卢布/吨。2016年，莫桑比克修改勘探开发合同法规，开始征收天然气生产税，税率为6%，且须以现金支付。

二是修改对外合作合同模式或合同条款。2009年，哈萨克斯坦、厄瓜多尔和俄罗斯弃用产品分成合同，改用合资公司模式或服务合同等开展对外合作，从而压缩外国公司的利益空间，提高政府收益。利比亚国家石油公司修改埃尼、加拿大石油公司、西方石油公司和雷普索尔石油公司的产品分成合同条款，将其分成比例降低了10～15个百分点，由此使利比亚政府增加收入54亿美元。

三是加强政府对油气资源的管控。2009年，委内瑞拉颁布相关法律，对石油领域的39家公司实施国有化，国家石油公司接管60家私有服务公司。俄罗斯修改《地下资源法》，规定国际石油公司在战略性资产项目中的参股比例不得超过10%，境外国家石油公司参股比例不得超过5%，外国公司不得参与海上油田开发。2015年，伊拉克政府和外国公司重新谈判合同，将伊拉克本土公司的持股比例由5%调整至25%。

四是提高本土化要求。2009年，尼日利亚政府严格控制油气领域外籍劳务人员的使用比例，所有在油气领域拟使用外籍劳务的申请，在递交内务部申请工作配额前，须事先得到能源部的批准。2015年8月，肯尼亚能源和石油部出台新的石油法修正案，新法案提高了石油公司使用当地员工、资源和设备的比例，规定石油公司在开始油气作业的10年内使用当地商品和服务的比例为60%～90%，管理层和技术工人的当地员工比例为70%～80%。

五是通过拖欠款项或罚款等措施缓解资金压力。2014年油价暴跌后，委内瑞拉和伊拉克等法律不完善国家出现拖欠合作伙伴服务费和应收款事件。2016年，乍得和尼日利亚等国以环保问题、未申报石油出口或交纳足够税款等经营不规范为由，对外国石油公司开出巨额罚单。2016年，埃克森美孚公司受乍得法院指控，要求埃克森美孚支付拖欠乍得政府8.19亿美元的矿税费，并对其处以740亿美元的巨额罚款[8]。

2 低油价下资源国政府对外合作政策调整的窗口期

本文的窗口期定义为：油价下跌后，资源国政府对外合作政策从宽松到重新收紧的时间，即外国公司的机遇期。油价暴跌后，资源国政府对外合作政策调整受到不同因素的影响，包括油气资源禀赋、石油工业发展阶段、地缘政治、经济发展对石油收入的依赖程度以及经济发展多元化程度等，不同类型资源国政府随油价波动调整对外合作政策的窗口期各异，主要有以下不同特点。

2.1 中亚—俄罗斯和拉美地区资源国对外合作政策极不稳定，受油价波动的影响较大，窗口期较短

中亚—俄罗斯和拉美地区资源国油气资源丰富，油气产量较高，对外合作较为活跃。总体来看，这两个地区的对外合作政策复杂多变，法律法规和对外合作政策缺乏稳定性、系统性和完整性，受油价波动影响较大且经常随油价波动而调整，窗口期较短。这些资

源国所有重要的资源均由国家控制，受民族文化等因素的影响，其对外油气合作中的民族主义体现了实用主义，在对外经济活动中强调自身利益，运用丰富的油气资源作为重要武器，以谋求政治和经济利益最大化。独联体国家国内政治局势不稳定导致其对外合作政策剧变，窗口期短至1～5年。土库曼斯坦是独联体国家中油气政策最为摇摆不定的国家。1996年，土库曼斯坦对里海归属权所持态度前后不一，导致该国与俄罗斯和伊朗签订的联合开发里海大陆架相关协议最终以失败告终[9]，该国对外合作陷入困境。2014年上半年油价高企，哈萨克斯坦接连收紧油气对外合作政策，包括提高本土化比例以及对外国公司接连罚款等。2014年7月油价暴跌后，哈萨克斯坦议会下院通过了旨在完善该国投资环境的部分修改补充法案，放松了合作条款，出台企业所得税、土地税各免税8年，以及财产税免除8年的优惠政策等，以吸引外资。签订投资合同后，在投资项目建设期间，以及投运后的1年内，投资者有权享受免于对外籍员工的用工限制。

在拉美地区，油气对外合作政策经常因油价波动而调整。例如，2009年油价稍有上涨后，拉美国家再启国有化进程，以期加强对油气资源的掌控，缓解资金压力。10月，巴西政府签署4份有关深海石油勘探和开采的法律草案，通过巴西国家石油公司（Petrobras）控制2007年以来发现的巴西深海油田的全部开发权。2010年，巴西国有化步伐进一步加快并深化。8月，巴西总统签署法令，将组建一家新的国有石油公司，负责监管尚未签约许可证的盐下油区，并管理新签的合同。2016年，面对日益恶化的政治经济形势和萎靡不振的油气生产，巴西通过了石油法修正案，放松对盐下区块的管制；解除巴西国家石油公司在海上区块最低持股30%的限制，并解除巴西国家石油公司作为海上区块唯一作业者的限制。值得一提的是，拉美地区是资源民族主义的发源地，地区资源国的油气政策除常随油价变化而调整外，还随政府领导人执政的需要而更改。例如，2013年，马杜罗上台执政后，委内瑞拉逐步放松税收条款，鼓励外资进入，改变了前任总统查韦斯1999年以来的国有化政策。

2.2 中东地区部分资源国对外合作政策受油价影响较小，对外合作政策窗口期各异

中东地区油气资源丰富，对外合作以下游领域为主。历史上，中东地区部分资源国的对外油气合作政策受国有化、战争和制裁等多种因素的影响。该地区资源国政治、安全、社会形势和法律法规各异，窗口期不同。中东地区资源国的对外油气合作政策可分为3种类型。一是石油上游领域不对外开放，主要包括沙特阿拉伯和科威特。这两个国家的石油上游领域全部由本国的国家石油公司垄断开发，下游领域也基本由本国公司控制，但外国资本可以参与。二是石油上下游对外开放，主要包括伊朗、伊拉克、叙利亚、也门、阿曼、阿拉伯联合酋长国、卡塔尔、巴林和约旦等国。三是天然气上游领域对外开放，主要包括沙特阿拉伯、科威特、伊朗、伊拉克、卡塔尔、阿曼、阿拉伯联合酋长国等国，但主要目的是利用外国资本和技术开发本国暂时无力开发的天然气资源、非常规资源和伴生气收集等。

为保护本国油气资源，获得更多的石油收入，20世纪八九十年代，中东地区油气资源国对外合作政策的窗口期一般在5～10年。相对而言，海湾阿拉伯国家合作委员会（以下简

称“海合会”）成员国的法律法规较为健全，对外合作政策较为稳定，受油价波动的影响较小，窗口期相对较长。油价暴跌后，海合会资源国也出台了提高本土化比例的政策，以保护本土利益。例如，20世纪80年代油价暴跌后，沙特阿拉伯的第四个五年计划（1985—1990年）提出，到1989年末裁减120万外籍劳工等。此后，在各国本土化政策以及世界石油价格波动等因素的影响下，1995年、2006年，海合会成员国外籍员工比例一度分别下降至34.2%和37.5%，低于1985年的48.2%。2014年油价暴跌后，为增加收入，6个海合会成员国仅对税收政策进行了局部调整，推出了增值税，并于2018年1月及以后陆续生效。伊朗自1995年油气行业对外开放以来，受制裁影响，持续放松对外合作政策以吸引外资，政策受油价影响不大，窗口期较长，但对外合作受阻。伊拉克经济结构单一，受油价下跌的冲击较大。该国全产业链对外开放，窗口期长，但石油法规缺失，政府经常根据自己的意愿重新与外国石油公司谈判合同条款，对外合作政策多变。目前，伊拉克已经和外国石油公司重新签署了多个大油田的项目合同。

中东地区其他一些刚获得巨大油气发现、有待吸引外资的资源国，包括东地中海地区以色列、黎巴嫩、塞浦路斯和巴林等国，预期将持比较宽松的对外合作政策吸引外资，窗口期长。2019年，巴林通过政府法令，允许外国公司持有油气开发项目100%的股份[10]，以吸引外资。受国内局势动荡的影响，叙利亚和也门安全形势恶化，大批外国公司撤离，对外油气合作受到严重影响，有待持续吸引外资，窗口期长。黎巴嫩的油气行业虽然对外开放，但政府内部争端影响了行业发展和对外合作，加之经济形势不佳，2017年9月，为增加政府收入，黎巴嫩议会通过了新的石油税法，将油气企业所得税从15%提高至20%，影响了外国公司的收益。

2.3 非洲和亚太的资源国持续吸引外资，传统资源国对外合作政策的窗口期较长，新兴资源国对外合作政策受油价影响小，窗口期较短

非洲和亚太地区的油气资源并不丰富，产量呈现下滑态势。20世纪八九十年代油价暴跌后，一些非洲和亚太地区发展中国家持续放宽对外合作政策，窗口期长达10～15年。这些资源国资金短缺，技术落后，但石油勘探活动已进入海洋、沙漠和丛林等边缘地区，受低油价的不利影响严重，迫切需要放宽对外合作政策，以吸引外资和先进技术来发展国内石油工业。

2008年以来，亚太地区油气勘探程度总体较高，增储上产难。为缓解产量下滑趋势，资源国政府大多持续奉行积极的对外合作政策。这些国家的对外合作政策持续放松，窗口期较长。例如，缅甸持续推出上游招标活动，积极改善油气投资环境，简化相关审批手续等。2015年，印度尼西亚实施简化LNG审批手续，提升投资者在油气区块中的分成比例。泰国取消油气勘探土地税，修改油气合同模式，试行产品分成合同。

近年来，非洲传统资源国陆续公布油气领域法规，通过改善税收条款、减少石油公司义务等优惠政策来吸引外资，以期重振经济，窗口期较长。例如，2015年，埃及向外籍投资者开放油气开发领域；修订油气财税法案，区别于上游40.55%的所得税，规定中下游油气经营所得税为22.5%，免除5%的个人所得附加税等。利比亚在联合国与美国相继取消对其

制裁后，实施了新的对外开放政策，对外资进入给予更多的优惠政策，窗口期较长。东非等新兴资源国处于石油工业发展初期，由于缺少技术和资金，普遍采取较为宽松的油气对外合作政策，吸引了大量国际风险勘探资金。2006年以来，随着油气资源的开发和外国石油公司的大批进入，非洲新兴资源国部分新项目即将投产。为保护本国的油气资源利益，增加政府的财政收入，这些国家通过修改法律和财税政策、调整合同条款等方式和手段，将对外合作政策由最初的较为宽松转向持续收紧，且窗口期较短。2016年，莫桑比克修改勘探开发合同法规，规定天然气生产税为6%，且以现金支付；2018年，通过《石油法》修正案，对持有许可证且投资不低于1亿美元的公司给予10年税收稳定期（之前的税收稳定期没有最低投资要求），对直接或间接转让石油权利的公司征收32%的资本利得税，撤销对供应本地的油气运营商50%的税收优惠。坦桑尼亚等新兴资源国与东非国家在油气政策上保持一致，均将提高门槛、加强监管力度、提高政府收益作为政策调整的主旨。

2.4　在北美地区，美国和加拿大对外合作政策相对稳定，受低油价影响较小，窗口期长；墨西哥对外合作政策多变

美国和加拿大油气行业全产业链对外开放，法律体系健全，政策相对稳定，对外国投资或重大投资审查严格，但经济发展对石油收入依赖程度较小，对外合作政策受油价暴跌的影响较小，窗口期长。低油价时期，主要出台财税优惠措施，保护本国的石油上游行业发展。20世纪80年代油价暴跌后，美国政府自1987年以来出台了一系列财税优惠政策，对油气勘探减免一定的税收；恢复石油公司保留期总收入的27.5%作为枯竭津贴，取消原油暴利税等。加拿大则采取减免税费，提供优惠信贷等措施。该国1986年10月1日削减10%的油气所得税，并对低产井、新油藏和深层油井减免矿区使用费等。

墨西哥石油工业在逐步扩大对外开放，但对外合作政策受到政府更迭的影响，窗口期受政府更迭的影响较大。1986年油价暴跌导致墨西哥石油工业陷入困境，而该国于1989年上半年公布的新的投资条例，仅允许外国投资者在钻井、油气管线建设和海洋工程等油服行业的投资可以达到100%，石油天然气勘探开发、基础石油化工等8个领域仍禁止外国投资。截至1999年，墨西哥仍只允许私营资金进入天然气领域和石化领域，外国投资者投资油气上游领域只限于服务合同或全承包合同。2012年，该国新总统培尼亚·涅托主张，以巴西国家石油公司为样板，吸引外资进入本国能源行业。2013年12月，墨西哥参议院全体大会通过能源改革法案，允许境外资本进入本国能源产业，结束了墨西哥国家石油公司对本国油气资源长达75年的垄断。2019年，墨西哥新总统奥夫拉多尔反对前政府的能源改革，实施资源民族主义，修订油气勘探开发合同，暂停油气对外招标。

3　低油价下资源国对外合作政策调整的影响因素

低油价下资源国对外合作政策调整受资源国经济对石油收入依赖程度、石油工业发展阶段、油气法规健全程度和地缘政治等因素低油价持续时间和外汇储备水平等影响。综合来看，低油价下影响资源国对外合作政策调整的因素主要体现在以下3个方面。

3.1 低油价持续时间和世界石油供需关系决定了资源国对外合作政策的变化趋势

除2008年油价暴跌后大多数资源国仍维持之前的对外合作政策外，其他3次油价下跌后，多数资源国的对外合作政策呈放松态势。影响资源国对外合作政策调整的主要因素有两个。一是低油价持续时间。2008年油价暴跌后迅速大幅反弹，其他3次则至少维持了两年以上的低位震荡。二是世界石油供需关系。油价暴跌时，世界石油供需平衡状态不一。2008年油价暴跌时，世界石油依然供不应求，2008年和2009年，世界石油供应缺口分别为2898万吨和6233万吨。油气资源国仍看好未来油价，认为油价将在短期内上涨。而1985年、1997年和2014年油价暴跌后，世界石油供大于求，1986年、1998年和2015年，世界石油供应过剩分别为2480万吨、4251万吨和1221万吨。

3.2 低油价下资源国对外合作政策变化方向与其石油工业发展阶段密切相关

以石油产量作为划分指标，资源国石油工业发展可分为初期、上升期、成熟期和衰退期4个阶段，其石油产量分别呈现尚未形成规模、上升、平稳和下滑的态势。在石油工业发展初期，外资尚未大规模进入，资源国对外合作政策总体呈宽松态势，油价高低对合作政策影响不大，如20世纪90年代初期的苏丹、2010年前后的莫桑比克等。在石油工业处于上升期时，随着外资大规模进入，在低油价冲击下，资源国为获取更多利益，对外合作政策呈收紧态势。例如，20世纪90年代初，厄瓜多尔在外资大量进入后开始征收利润税，设置篱笆圈。2016年，莫桑比克开始征收天然气生产税，取消石油生产税减免优惠政策。当石油工业处于成熟期和衰退期时，由于开发难度增大，需引进外国先进技术和资金，在低油价冲击下，对外合作政策呈放宽趋势。例如，20世纪80年代，印度尼西亚和马来西亚取消所得税并提高勘探补贴；20世纪90年代委内瑞拉出台资本投资免税法，开始向外资开放石化产品生产和经营；2014年后，俄罗斯、哈萨克斯坦向国际投资者出售国有企业股份并减轻企业税负。

3.3 资源国的经济抗压能力决定了其对外合作政策放宽的窗口期

经济抗压能力主要由经济多元化程度、油气出口水平和外汇储备水平决定。资源国经济抗压能力越弱，低油价冲击下，会越早放松对外合作政策。例如，1985年油价暴跌后，最先调整对外合作政策的是阿尔及利亚和伊朗等国。抗压能力越强，放松政策的时间越晚。例如，伊拉克直到1990年年初才实质性放宽对外合作政策，石油出口量大幅增长的沙特阿拉伯、经济多元化程度较高的海合会成员国等则保持了对外合作政策的稳定。经济抗压能力很弱的资源国，更容易在低油价冲击下通过各种手段盘剥外资，如2014年油价暴跌后的伊拉克和委内瑞拉等。

4 资源国政府应对本轮低油价可能的对外合作政策调整方向预判

根据历史数据统计，油价暴跌后恢复至暴跌前水平的时间一般长达3～15年。1985年油价暴跌后，直至2000年油价才上涨至28.5美元/桶，达到且超过1985年油价暴跌前27.56美元/桶的水平，耗时长达15年；1997年和2008年油价暴跌后的恢复时间均长达约3年。2014年油价暴跌以来的低油价时期，类似于1985年油价暴跌后的情形。2014年油价暴跌后，国际油价迄今尚未恢复至暴跌前约100美元/桶的水平。

受新冠肺炎疫情、石油供应严重过剩和世界能源转型等多种因素的影响，本轮油价暴跌的影响将较为严重，世界石油市场将面临较长时间的中低油价时期，中国公司在海外投资将面临较长时间的窗口期。除少数资源国对外政策保持稳定，略有微调外，多个境外资源国政府对外合作政策已出现了以下调整动向，验证了本文的研究结论。

4.1 扩大对外开放

中亚—俄罗斯、拉美、中东、非洲和亚太地区大部分资源国扩大对外开放。

一是扩大对外开放领域。例如，俄罗斯俄气石油（Gazprom Neft）公司与壳牌签署协议，双方将成立合资公司开发位于格丹半岛（Gydan Peninsula）的莱斯金斯基（Leskinsky）区块和普胡齐亚赫斯基（Pukhutsyayakhsky）区块，进一步对外开放该国北极地区未开发的油气资源。俄罗斯政府外国投资委员会批准中国石油化工集团有限公司参与俄罗斯西布尔（SIBUR）石化公司主导的阿穆尔天然气化工项目，进一步加深了两国能源合作。继石油贸易商托克（Trafigura）收购东方石油项目10%的股份后，俄油正与维多（Vitol）和嘉能可（Glencore）等全球主要的石油贸易商就投资俄罗斯东方石油项目进行谈判。通常情况下，石油贸易商不会直接投资石油生产项目，但东方石油项目极具吸引力，可以为石油贸易商长期提供大量资源，供应需求不断增长的亚洲市场。哈萨克斯坦计划吸引具有实力的外国投资者参与油气勘探，以促使该国保持油气产储量稳定。土库曼斯坦与来自欧洲和远东地区的投资者合作，尤其与国际大公司在油气领域的合作动作频频，特别是对天然气化工、天然气基础设施建设和里海沿岸地区开发等方面的合作态度十分积极。卡塔尔对北方气田及LNG产能扩建项目进行招标，以巩固其世界领先的LNG供应国地位。伊拉克政府寻求外国石油公司投资开发本国的非伴生气资源，以减少对进口伊朗能源的依赖。埃及石油总公司（EGPC）与埃克森美孚和雪佛龙等6家国际大石油公司签订了9项油气勘探协议，将在地中海东部和西部海上以及红海地区钻探17口探井。圭亚那寻求投资建设油气深水港、出售原油交易权，以吸引埃克森美孚和壳牌等众多大型石油公司参与竞标。印度尼西亚欢迎石油和天然气投资商对巴淡岛等项目投资[11]。

二是出售资产或国有公司股份。沙特阿美公司考虑出售其管道部门的部分股权等。阿布扎比国家石油公司拟出售价值100亿美元的天然气管道资产等。根据巴基斯坦国家私有化倡议，巴基斯坦政府考虑出售巴基斯坦油气开发公司（OGDCL）10%的股份。印度启动该国第二大炼油和成品油零售公司巴拉特石油公司（BPCL）的私有化进程，政府拥有该公司53%的股权[11]。

4.2　放宽对外合作政策

中东、拉美和亚太地区部分资源国放宽对外合作政策。

一是改善财税条款。索马里联邦政府改善油气对外合作政策，规定任何油气项目投产5年后，政府最高可获得10%的权益，之前规定为30%；提高利润油比例，从之前的70%提高至90%。印度尼西亚推出新版产品分成合同，规定承包商在石油和天然气生产中的利润分配比例分别为43%和48%，分别高于旧版合同的15%和30%等[11]。

二是出台优惠政策。缅甸投资委员会2020年4月规定，想要在该国获得投资许可的国内外公司可享有减免一半申请费的优惠政策。巴基斯坦批准油气勘探开发激励方案，以鼓励勘探与生产公司在高风险的俾路支省和部落地区开展作业，规定在勘探许可证延期及续签时，放宽2012年出台的石油政策的部分条款等[11]。

三是放松外资投资限制。巴西石油部门推动产品分成模式向特许经营模式转变。近期提出的几项改革措施包括：（1）取消盐下多边形概念，弃用产品分成合同；（2）终止巴西国家石油公司对盐下多边形未授予区块及其他战略地区的优先权；削减巴西国家石油公司在桑托斯盆地深海盐下石油权益转让（Transfer of Rights，TOR）合同区70%的权益等。委内瑞拉计划取消委内瑞拉国家石油公司在合资企业中必须占有多数股份的限制，但在与俄油组建的Petromonagas公司、与雪佛龙组建的Petropiar公司、与中国石油天然气集团有限公司组建的Sinovensa公司等效益较高的合资企业中，限制保持不变，仅委内瑞拉国家石油公司独资运营的领域向外国投资开放，在46家合资企业中，将近一半的国际合作伙伴将获得多数控制权等[11]。

四是简化程序，提高政府办事效率。巴西简化老油田勘探开发设施的流转程序；澳大利亚西澳洲矿产、工业法规和安全部从2020年7月1日起，将油气勘探审批时间从30个工作日缩短到15个工作日等[11]。

4.3　少数资源国收紧对外合作政策

收紧对外合作政策的资源国主要包括对外合作政策极不稳定的国家，例如中亚—俄罗斯地区的哈萨克斯坦和俄罗斯，拉美地区的委内瑞拉和厄瓜多尔以及中东地区的伊拉克等。历史上，油价暴跌后，这些资源国采取各种手段增加财政收入，收紧对外合作政策，包括提高税收、债务违约、拖欠款项、巨额罚款、提高本土化比例等，甚至修改对外合作合同模式，或干预外国资产交易等，以加强对本国油气资源的控制。已经有新的迹象表明，这些资源国可能故技重演。

一是增加税收以筹措资金渡过难关。例如，2020年3月，厄瓜多尔颁布第1021号行政令，提高对石油公司征收的所得税，预提税增加1.5%。自2020年7月1日起，俄罗斯石油出口关税从之前的8.3美元/桶提高至37.8美元/桶。沙特阿拉伯增值税税率于2020年7月1日起从

5%上调至15%[11]。

二是修改对外合同模式或合同条款。伊拉克重新谈判与国际石油公司签订的部分上游项目合同，削减石油产量目标，同时寻求降低生产成本。2020年10月29日，马古富力在坦桑尼亚总统大选中以绝对优势获得连任，考虑到他的资源民族主义倾向，坦桑尼亚政府将继续对现有合同进行重新谈判，谋求获取更大利益。马古富力在第一届总统任期内，曾于2017年对产品分成合同条款重新审查，废除了稳定条款和投资者诉诸国际仲裁的权力，到2018年，坦桑尼亚政府虽已完成了对产品分成合同的初步评估，但仍与投资者继续谈判[11]。

三是加强政府对油气资源的管控。2020年7月，墨西哥新总统奥夫拉多尔表示，为实现政府的更高目标，不排除修改宪法，以恢复墨西哥政府对国家石油和电力行业的控制权。墨西哥政府将继续支持墨西哥国家石油公司在该国石油上游和下游业务的主导地位。墨西哥涅托政府的能源私有化政策，给该国的经济和油气行业发展带来希望，本届政府坚持逆转私有化进程，可能再次拖累国家经济发展，导致其油气行业发展出现倒退。2020年12月，经巴西国家石油局批准，巴西国家石油公司接管BP公司位于福斯杜亚马孙盆地（Foz do Amazonas）FZA-M-59区块的作业权，原因是巴西绿色和平组织以环保等理由反对在该盆地海域进行油气勘探开发活动。同年9月，因相同的原因，道达尔将其在该盆地的5个区块的经营权全部转让给巴西国家石油公司[11]。

四是提高本土化要求。阿曼财政部要求政府部门及所有企业在2021年7月前，将其外籍雇员替换为本土员工。哈萨克斯坦政府要求雇主以本国雇员替代外籍雇员，2020年哈萨克斯坦外籍劳务配额从2019年的4.9万名减至2.9万名[11]。

五是拖欠款项或开具罚款等以缓解资金压力。厄瓜多尔一笔3.2亿美元的债务于2020年3月到期，厄瓜多尔国会要求政府停止支付债务。2020年9月，乍得政府致信嘉能可公司及其他债权人，要求暂停偿还该国于2020年年底到期的1亿美元债务。10月，圭亚那政府准备对埃克森美孚主导的投资财团发起惩罚措施，原因是该财团未对海上Stabroek区块回注水进行处理，并放空燃烧天然气。12月，俄罗斯亚马尔环境检察办公室以违规运营为名，对该国战略型项目——北极LNG 2项目开出70万卢布（约1万美元）的罚单[11]。

5 认识和建议

前4次低油价时期，油价恢复至暴跌前的水平耗时长达3～15年，受新冠肺炎疫情、世界石油需求低迷以及世界能源转型等多种因素影响，预期国际原油年均价格恢复至暴跌前的70美元/桶以上水平仍需一定时间，资源国政策仍将面临调整。基于这一基本判断，以及对低油价下资源国对外合作政策调整的影响因素的分析，加之未来一段时期油气资源仍然是世界能源供应的主要来源之一，建议中国石油公司把握资源国放松对外合作政策、改善财税条款、延长合同期等机会，积极与资源国政府进行谈判，争取有利条款，改善公司收益；利用资源国放松外资投资限制、扩大对外开放的时机，择机扩大对外合作。同时，要防范资源国的投资风险，包括拖欠款项等，严格项目管理，规避资源国以环保或经营不规范等为由施加罚款，促进海外业务发展。

参考文献

[1] 中国石油天然气总公司情报研究所. 国际低油价形势下的对策研究[R]. 1990-06.

[2] 中国石油天然气集团公司外事局，信息研究所. 世界产油国（亚太地区）[R]. 1998-08.

[3] 中国石油集团经济技术研究院. 2009年国内外油气行业发展报告[M]. 北京：石油工业出版社，2010.

[4] 中国石油集团经济技术研究院. 2010年国内外油气行业发展报告[M]. 北京：石油工业出版社，2011.

[5] 钱兴坤，姜学峰，等. 2014年国内外油气行业发展报告[M]. 北京：石油工业出版社，2015.

[6] 孙贤胜，钱兴坤，姜学峰，等. 2015年国内外油气行业发展报告[M]. 北京：石油工业出版社，2016.

[7] 中国石油天然气总公司信息研究所，外事局. 世界主要产油国系列资料（南美地区）[R]. 1995-10.

[8] 刘朝全，姜学峰，等. 2016年国内外油气行业发展报告[M]. 北京：石油工业出版社，2017.

[9] 中国石油天然气集团公司外事局，信息研究所. 世界产油国（独联体地区）[R]. 1998-08.

[10] 刘朝全，姜学峰，等. 2019年国内外油气行业发展报告[M]. 北京：石油工业出版社，2020.

[11] 中国石油集团经济技术研究院海外投资环境研究所. 海外油气投资环境（周报，内部资料）[R]. 2020～2021.

新冠肺炎疫情和低油价形势下油气企业节能减排应对策略

孟祥涛
（中国石化中原油田分公司）

摘　要：2020年是国家“十三五”和“十四五”承上启下的关键之年，年初突遇疫情，国际原油价格大幅巨跌，油田企业面临前所未有的巨大挑战。本文结合油田生产实际，从能源消耗总量、结构、单耗分析入手，对标行业同类油田，分析存在的问题和节能减排的潜力，制定节能管理和技术应对策略，以促进油田企业在低油价下完成扭亏脱困，实现高质量可持续发展。

关键词：节能减排；能耗；效率；标准煤

1　引言

中原油田分公司作为国有特大型能源生产企业，2019年生产原油124万吨，天然气70.68亿立方米，油气当量达687.2万吨；同时，也是能源消耗和温室气体排放大户，全年综合能耗82.22万吨标准煤，CO_2排放总量428万吨。随着油气田开采进入中后期，产量递减、含水上升的矛盾日益突出，能源消耗和温室气体排放量呈上升趋势，节能减排的压力越来越大。从2020年2月底开始，国际原油价格大幅度波动，呈断崖式下跌，每桶最低跌至20美元以下。因此，油田企业应积极研究和制定应对策略，以促进实现可持续高质量发展。

2　必要性分析

当前，党中央、国务院对节能减排高度重视，将生态文明建设纳入中国特色社会主义事业“五位一体”总体布局，对践行绿色发展理念、改善生态环境、建设美丽中国提出了更高的要求。

2.1　国家对节能减排的要求和考核越来越严格

2018年，国家发展改革委下发《关于开展重点用能单位百千万行动有关事项的通知》，已经将能源消耗总量和强度“双控”指标分解下达给各企业，中原油田分公司被纳入“万家企业”考核。当前在低油价背景下，2020年中原油田分公司预计消耗天然气5亿立方米，用电量12亿千瓦时，综合能耗将超过85万吨标准煤，CO_2排放总量435万吨，消耗能源的总价值约13.9亿元，占油田油气操作成本的25.9%。“十四五”期间，在油田产量和能耗总量将进一步提高，但如果综合能耗、CO_2排放总量进一步增加的情况下，按照国家用能总量、单耗“双控”的考核要求，中原油田分公司将无法完成节能减排目标。

2.2 节能减排是实现扭亏脱困和可持续发展的内在需要

中原油田分公司开发进入中后期，能耗控制难度大。一是东濮老区地面系统能力过剩，油气处理装置负荷率仅为14%，运行效率低、能耗大，造成单位产品能耗上升；油气产品结构发生变化造成单位产值单耗上升。二是普光气田天然气产量将达峰，设施逐渐老化，后期集输、处理及环保治理等能耗增加。三是通南巴区块后续产能地面配套建设的相应用能工艺和设备增加，造成能源消费总量随之增加。

3 开展能耗调查，找准节能减排切入点

结合油气产能变化情况，从能源消耗总量、产值单耗、产品单耗及能耗结构等全方位、全过程分析能耗指标变化趋势和工作侧重点。

3.1 产能与能耗总量

2019年中原油田油气当量687.2万吨，综合能耗82.22万吨标准煤，与2015年相比分别上升6.2%和6.1%，产能与能耗总量基本保持同比例增加。

3.2 产品与产值单耗

2019年单位油气综合能耗为119.65千克标准煤/吨，与2015年相比持平；万元产值综合能耗为0.6吨标准煤/万元，与2015年相比上升11.3%，呈上升趋势。万元产值综合能耗上升的主要原因是产品结构变化，与2015年相比，原油产量下降31.5%，天然气产量上升20.8%。相同油气当量下，原油产值是天然气产值的2.75倍。

3.3 能耗品种结构

主要能源消费品种为天然气、电力。2019年，天然气消耗4.99亿立方米，占能耗总量的73.8%；电力消耗12.23亿千瓦时，占能耗总量的18.3%。

3.4 系统能耗状况

从机采、注入、油气集输、天然气处理、辅助生产及损耗等个6主要耗能系统分析，天然气处理系统能耗53.28万吨标准煤，占总能耗的68.08%。

3.5 综合分析

中原油田分公司用能总量与产能总量变化趋势一致，由于“气升油降”导致产品结构发生变化，万元产值综合能耗呈上升趋势，单位油气综合能耗随着产能的增加会稳中有降，因此，评价油田能效水平时，采用“单位油气综合能耗”比“万元产值综合能耗”指标更为合理和科学，更加有利于油田完成地方政府的考核目标。

4 开展系统分析，明确挖潜增效潜力点

与中国石油化工集团有限公司10家油田企业进行对比分析，中原油田分公司用能总量、产值单耗、产品单耗分别处于第3、8、7位，能耗指标处于落后状态。选取产能规模和产品结构相近的油气田进行对标分析，找出存在的薄弱环节。因此，原油生产能耗与某油田进行对标、天然气生产能耗与某气田进行对标。

4.1 天然气生产能耗对标

普光气田与某气田均为国内高含硫气田，生产工艺相同，进行对标可比性强。通过历史数据对比，在相近天然气处理量下，普光气田每万立方米天然气处理能耗比某气田低40%以上，能耗指标更加先进，详见表1。由于普光气田每年能耗总量占油田总能耗的70%，其能耗的波动对油田整体能耗影响最大，因此必须保持普光气田高效运行。

表1 普光气田与某气田对标数据表

项目类别	某高含硫化氢气田（H_2S含量：5.43%）			普光高含硫化氢气田（H_2S含量：16.4%）			
年度	2016	2017	2018	2016	2017	2018	2019
能源消耗总量（吨标准煤）	338626	371889	402177	306497	440538	506404	551104
井口气年产量（万立方米）	278100	366800	381000	495882	765534	851167	912524
处理单耗（千克标准煤/万立方米）	1218	1014	1056	618	575	594	604

4.2 原油生产能耗对标

中原油田分公司原油生产主要集中在东濮老区，与某油田产能规模相近，进行对标可比性强。根据原油生产的实际情况，从机采和注水两大耗能系统的电耗情况进行对标，具有更加直观的效果。

4.2.1 机采系统对标

两个油田原油产量、油井开井数、吨液单耗接近。虽然含水相差4.6%，但是两者产液量相差83.8%，吨油电耗相差73.3%，详见表2。因此，油田进入高含水开发期，原油含水率的高低直接影响原油生产能耗的高低。

表2　中原油田分公司与某油田机采系统产能与能耗对标数据表

项目	某油田	中原油田分公司	差异	差异百分比（%）
油井开井数（口）	3167	3125	–42	–1.30
产液量（万吨）	1219	2240	1021	83.80
综合含水率（%）	90.5	94.6	4.1	4.50
原油产量（万吨）	116.4	121.7	5.3	4.60
平均泵挂深度（米）	1454	1920	466	32.00
机采耗电量（万千瓦时）	18674	33832	15158	81.20
吨液单耗（千瓦时/吨）	15.3	15.1	–0.2	–1.30
吨油耗电（千瓦时/吨）	160.4	278	117.6	73.30

4.2.2 注水系统对标

为了评价注水的经济性，新设计增加吨油注水量和吨油注水耗电两个评价指标。虽然两个油田注水量相差1507万立方米，但是中原油田吨油注水量和吨油注水耗电分别比某油田高112%和255%，详见表3。因此，控制注水量，减少低、无效注水量，是中原油田节能减排的重点。

表3　中原油田分公司与某油田注水系统能耗对标数据表

项目	某油田	中原油田分公司	差异	差异百分比（%）
水井开井数（口）	1035	1958	923	89
注水量（万立方米）	1243	2750	1507	121
原油产量（万吨）	116.4	121.7	5.3	5
吨油注水量（立方米/吨）	10.7	22.6	11.9	112
平均注水压力（兆帕）	10.1	19.3	9.2	91
注水耗电量（万千瓦时）	7692	28566	20874	271
注水单耗（千瓦时/立方米）	6.19	10.4	4.2	68
吨油注水耗电（千瓦时/吨）	66	235	169	255

5 措施与对策

5.1 深化节能减排管理，实施四个创效

主要从“系统优化、科技节能、运行优化、结构调整”四个方面深化管理。

5.1.1 实施系统优化创效

以“能效提升”计划为平台，东濮老区按照地上地下一体化、地面系统集约化、现场生产信息化、生产管理扁平化的建设路线，实施东濮老区地面整体优化，破解地面系统能力过剩问题；优化调整注采结构，精细水驱开发；优化工艺措施结构，降低无效产液量和无效注水量；做好国家明令淘汰设备治理，确保油田合法合规用能；普光气田严格主体增压工程可研、设计审查，能耗设计指标达到行业先进水平。

5.1.2 实施科技节能创效

普光气田加大气田一体化能量优化研究，深化高含硫气田能效提升关键技术应用，主要指标达到国际领先或先进水平；应用数字孪生技术，推动能源管控中心建设，建立主要耗能装置全生命周期的能量优化系统，提高能源生产和利用的管控水平；推广应用火炬节气新技术，降低放空天然气损耗。东濮老区承担中国石油化工集团有限公司抽油机节能增效技术研究与应用科研项目，研发三相异步电动机伺服控制技术，实现“机—杆—泵”同步运行，消除冲击载荷，减小冲程损失，解决生产瓶颈问题；同时，加大智能新型抽油机、柱塞式油气混输泵、对置式柱塞泵等新技术应用。内蒙古探区增产增效，集成、融合东濮老区和普光气田现有成果和经验，重点实施天然气回收利用工程和新能源开发，开展核证自愿减排量（CCER）减碳项目开发，形成有经济效益的碳资产价值链，实现绿色低碳油田与生态草原和谐共建。

5.1.3 实施运行优化创效

普光气田运用特大型高含硫气田一体化能效优化管控、湿气集输与深度净化工艺用能优化、大型高耗能关键设备及工序能效提升等技术，持续优化装置“8+1”或“7+2”能耗最低运行模式，提高大型净化装置运行效率，实现不同处理量下，采集输高效配产，净化装置合理安排，公用工程动态匹配。东濮老区优化生产运行管理，实施油水井动态间开间注，控制原油外输加热温度等措施，降低系统能耗，实现节约能量1万吨标准煤。

5.1.4 实施结构调整创效

中原油田分公司大力实施新能源发展战略，提高新能源在能源结构中的占比。充分利用油田闲置场地和废弃井场等闲置资源，开发光伏、风力发电项目。初步调研和评估，可以利用油田闲置场地4.9万平方米、废弃井场37个，建设光伏、风力电站78.9MW，预计年发电总量1.56亿kW·h，折合标准煤2万吨，年经济效益9050万元，年减少二氧化碳8.2万吨。

5.2 调整考核政策，建立能源管控倒逼机制

调整和细化考核内容，加大经济技术指标考核权重，将原“指标完成+节能管理”的“1+1”考核模式，调整为“指标先进性、指标进步性、节能贡献性”+“节能管理”的“3+1”考核模式，加大经济技术指标的考核权重，进一步突出和体现节能对经济效益的促进作用。

5.2.1 贡献性考核

按照当年综合能耗大小，分为1万吨标准煤及以上、小于1万至1000吨标准煤、小于1000至200吨标准煤、200吨标准煤以下四个级别，将油田所有用能单位分成两类四档。年初油田根据各单位上一年度能源消耗情况，结合当年生产计划，统一下达年度能耗指标计划，年末根据各单位计划完成情况，按照节能量大小进行排名考核，突出对油田整体节能降耗的贡献性。

5.2.2 进步性考核

根据各单位工作性质，制定单位产品能耗、单位工作量能耗等经济技术指标。如采油厂制定单位油气综合电耗，采气厂制定每万立方米天然气集输综合能耗，天然气净化厂制定每万立方米天然气处理综合能耗，采油气工程服务中心制定标准井下作业井次耗柴油，车辆管理中心制定百千米油耗等经济技术指标，考核期将各项指标的完成情况与上年度同期进行对比，实行“节奖超罚”，调动落后单位节能降耗积极性。

5.2.3 先进性考核

同类单位之间进行能效测试指标评比。根据当年度节能监测报告，对各单位“机采、注水、集输、电力”等主要耗能系统效率、设备效率情况进行评比。如：安排采油厂之间开展抽油机平衡度合格率、电动机功率合格率、机采系统效率等关键能源绩效参数进行排名，评出第一名为标杆指标，得满分，名次每降低一名扣10分，以激发基层岗位树标对标的内在动力。

5.2.4 管理考核

主要内容包括节能组织体系、规章制度、目标考核、能源计量、能源统计、能耗定额、重点耗能工艺及设备、能效监测、节能投入、“能效倍增”计划、项目管理、节能准入、碳资产管理、宣传培训、激励机制、专项活动等方面，根据考核评价标准，结合日常检查考核，对各单位节能管理情况进行量化评价。

6 预计成效

通过强化节能减排管理，实施积极有效的应对策略，努力降低能耗、物耗，提升能源利用效率，争取低油价期的发展竞争力，推动企业全面可持续高质量发展。

6.1 主要耗能系统效率提升预测

与2019年相比，2025年的机采、注水、集输及电力等四大系统效率将进一步提升。机采系统效率可由32.3%提升到33%，提升0.7%；注水系统效率将由54.8%提升到57%，提升2.2%；集输系统站能量利用率将由87%提升到90%，提升3%；电网功率因数将由0.9提升到0.91，提升0.01，主要耗能系统变化情况详见表4。

表4 主要耗能系统效率提升预测表

耗能系统	2019年	2020年	2021年	2022年	2023年	2024年	2025年
机采系统	32.30%	32.40%	32.60%	32.70%	32.80%	32.90%	33%
注水系统	54.80%	55%	55.60%	56%	56.30%	56.70%	57%
集输系统站能量利用率	87%	88%	89%	89.50%	90%	90%	90%
电网功率因数	0.900	0.902	0.903	0.905	0.906	0.908	0.910

6.2 主要能源品种消耗预测

与2019年相比，2025年主要能源品种仍将是天然气、电力、原油等三种，占综合能耗的97%，其中：天然气消耗及损耗将由49953.8万立方米增加到55150万立方米，增加10.4%；电力消耗将由122335万千瓦时下降到120000万千瓦时，下降1.9%；原油损耗将由25788吨增加到26000吨，增加0.8%，详见表5。

表5 主要能源品种消耗预测表

年度	电力	原油		天然气	
		自用	损耗	自用	损耗
	万千瓦时	吨	吨	万立方米	万立方米
2019	122335	0	25788	49953.8	2368.7
2020	118050	0	26000	51960	0
2021	117050	0	26000	52960	0
2022	118050	0	26000	53700	0
2023	120000	0	26000	54430	0
2024	120000	0	26000	54700	0
2025	120000	0	26000	55150	0

6.3 用能总量和单耗预测

与2019年相比，2025年原油产量基本保持在125万吨，天然气将由70.68亿立方米增加到

81.17亿立方米，增加14.8%，油气当量将由687.19万吨增加到771.77万吨，增加12.3%；综合能耗将由82.22万吨标准煤上升到88.25万吨标准煤；万元产值综合能耗将由0.6吨标准煤/万元下降到0.595吨标准煤/万元，下降0.8%；单位油气综合能耗将由119.65千克标准煤/吨下降到114.35千克标准煤/吨，下降4.4%；单位油气综合电耗将由178.02千瓦时/吨下降到155.49千瓦时/吨，下降12.7%。生产及能耗指标变化情况详见表6。

表6　生产及能耗指标预测表

年度	原油产量（万吨）	天然气产量（万立方米）	油气当量（万吨）	综合能耗（万吨标准煤）	单位油气综合能耗（千克标准煤/吨）	万元产值综合能耗（吨标准煤/万元）	单位油气综合电耗（千瓦时/吨）
2019	124	706800	687.19	82.22	119.65	0.600	178.02
2020	125	727000	704.28	84.20	119.56	0.604	167.62
2021	125	750000	722.61	85.21	117.91	0.601	161.98
2022	125	770500	738.94	86.20	116.65	0.599	159.75
2023	125	789500	754.08	87.35	115.84	0.598	159.13
2024	125	798800	761.49	87.69	115.16	0.597	157.58
2025	125	811700	771.77	88.25	114.35	0.595	155.49

由此可见，实施积极的节能减排应对策略，在年综合能耗随产量增加的情况下，中原油田分公司主要产品、产值单耗，如单位油气综合能耗、万元产值综合能耗、单位油气综合电耗均呈下降趋势，年节能3.91万吨标准煤，相当于节能降耗1.02亿元，减排19万吨CO_2，经济效益和社会效益十分明显。

7　结束语

节能减排是一项庞大的系统工程，油田企业有着特殊的生产经营特点，以“技术节能、管理节能和结构节能”为中心，从精细化攻关、精细化创新、精细化管理上着手不断提高总体能源利用水平，以节能降耗减排、提质上产增效为工作方针，全员参与，全员担责，大力开展“创新、创效”攻关，不断摸索节能减排、提质增效的有效措施，在完成国家和集团公司节能减排任务的基础上，积极履行社会责任，实现能源利用最优化，确保油田可持续高质量发展。

大数据产业下维保智能化服务体系综合研究

刘文新　崔东明　甄　洁
（中国石油华北油田公司）

摘　要：通过对维保理论的研究，构建了维保决策模型，在明确维保工作流程的基础上，建立了维保大数据产业平台，促进了维保决策智能化；根据油田公司的实际情况，综合对比上市业务、未上市业务和多元开发业务，各企业形成以天成集团新达公司为运营平台的维保智能化服务体系，不断地创新管理体制，健全管理机制，完善管理制度，实现了油田公司维保管理集中化；通过全面实施维保"管家式"服务，推进了维保业务运作市场化。通过项目的实施，油田公司维保现场管理水平显著提升，企业合规管理再上新台阶，项目近期效益和远期效益显著，符合油田公司发展战略和多元开发业务提质增效的现实需要。

关键词：大数据；智能化；服务体系

1　引言

中国石油华北油田公司（以下简称"油田公司"）是中国石油天然气集团有限公司（以下简称"集团公司"）所属集油气勘探开发、综合服务和多元开发于一体的国有特大型油气田企业。为有效提升油田经济总量、转变油田经济发展方式，油田公司及时明确了勘探开发、综合服务和多元开发三大业务一体化协调发展的战略定位，多元开发业务成为油田公司战略发展的重要组成部分。

油田公司现有装备1.5万台（套），总体上装备种类多、数量大、分布广，生产运行成本高，2017年仅润滑油消耗达0.8万余吨，1600万元，设备维修费用达1.4亿元。华北驻矿单位，包括华北石化、运输公司、渤海钻探、渤海装备等多家单位，仅以华北运输为例，具有移动设备约1300台，年使用润滑油百余吨，设备维修费用达900万元。社会市场方面，仅任丘地区有机动车近10万辆，年更换润滑油费达3亿元，市场潜力巨大。

2　研究背景

2.1　符合集团公司对维保业务发展定位的需要

集团公司明确要求各专业分公司对润滑油集中采购，装备润滑精细管理工作把握方向、研究问题、制定措施，明确装备润滑管理阶段性目标、任务及保障措施。油田公司在装备润滑管理工作中超前谋划，积极研究适合本企业的管理举措，对维保业务采用专业化、集中化的统筹管理模式，在组织机构、人员配置、制度建设、基础设施投入等方面进行全面梳理，克服下属各单位设备维护保养方式多样、缺乏统一标准、废油未能统一回收利用等问题，构建基于大数据的维保智能化服务体系，符合集团公司对维保业务的发展定位。

2.2 符合油田公司高质量发展的需要

国际油价在低位徘徊，油田公司面临控成本、求生存的压力。实行自主经营后，油田公司经营成本压力进一步加大，通过公司制企业的市场化运作，科学谋划业务发展方式，践行“维保经济”理念，在满足油田生产需要的基础上，开拓油田外围和社会市场，形成维保产业，打造油田公司新的利润增长点，符合油田公司的发展战略。

2.3 符合多元开发业务开拓市场的需要

国际油价震荡运行，影响整个石油行业及其相关产业链的发展，油气主营业务盈利空间逐步缩小，也制约了油气业务链上业务的发展空间。利用大数据、互联网+、云计算等信息技术，以多元开发企业作为运营平台，充分利用混合所有制等经济形式，实现装备管理集中化，由油田公司市场逐步拓展到社会市场，符合多元开发业务高质量发展的现实需要。

3 主要做法

3.1 借势混合所有制，搭设维保产业体系

3.1.1 注重科学谋划，优选平台公司

油田公司涉及上市、未上市和多元开发三大业务，上市和未上市业务受体制机制的限制较多，多元开发业务体制机制较为灵活，股权结构拓展性强，经过业务、市场、控制力等情况分析，选定多元开发业务中天成集团下属新达公司作为维保业务运营的平台公司。

新达公司成立于2000年8月，注册资本650万元，是集体和国有混合所有制企业，其中：天成集团持股比例70%、华北石油管理局持股比例30%。公司主营业务为抽油机、发电机组、车辆维修保运等；服务市场分布在油田公司、渤海钻探、长城钻探等单位。该公司是沃尔沃华北地区服务代理商，维保技术力量雄厚。

3.1.2 坚持精准施策，组建专业队伍

业务开展初期，新达公司按照业务类型实行项目部管理模式，原有业务不变，公司领导班子定员3人，设立综合办公室（数据平台）、市场开发部、财经部、生产运行部（安全环保），下设润滑项目部、维修保养项目部等部门。业务运行成熟后，按照市场划分设立相关项目部。

根据业务发展实际，适时补充了专业人员，组建专业化维保队伍。先期组建一支60人的专业润滑油加注队伍，根据保运业务的进展情况，逐步建立起一支300人的专业维修保养队伍。其中：管理人员12人，高端专业技术人员52人，操作人员236人。

3.1.3 引入战略投资，拓展社会市场

随着维保业务运营成熟，在市场延伸至华北矿区友邻单位（渤海钻探、华北运输等单位）并向社会市场拓展时，根据需要适时与国内具有雄厚实力的大型油料供应商、全国知名设备制造商和维保业务行业领先企业开展战略合作，引入战略投资者，进一步拓展业务，提高市场综合竞争力，全力打造现代维保公司模式。

3.2 搭建大数据平台，实现维保决策智能化

3.2.1 研究维保理论，建立维保决策模型

维保是指通过对系统或装备进行科学的、适时适度的维护保养，保障设备处于规定的可工作状态，维持设备的可靠性、安全性和生产质量，延长设备使用寿命，减少停工损失以及维保费用，使系统或设备保持或恢复到规定状态所进行的全部活动。

（1）JMI现代库存维保管理模型。

运用JMI现代库存管理模型，供应链上的各个节点在统一的协调管理机制下，通过对应的信息系统进行沟通和协作，最终通过供应链协调管理中心来完成供应链库存管理。

（2）维保决策评价指标。

维保方式的确定需要在分析维保需求和维保资源的基础上，制定维保方式选择的决策指标，并对各指标进行分析量化，建立维保方式选择模型并进行分析研究，通过多属性决策指标评价，寻求最佳方案的决策过程。

在对设备进行关键度衡量的基础上，采用逻辑决断图（图1）。首先，将各设备按照综合指标值分为A、B、C三类。其中：A类为重点设备，约占所有设备的6%；B类设备是次重要设备，约占11%；C类重要程度不高，但数量约占83%。最后，按照逻辑决断图中通过各种回答完成决断过程，最后确定出最佳的维保方式[1]。

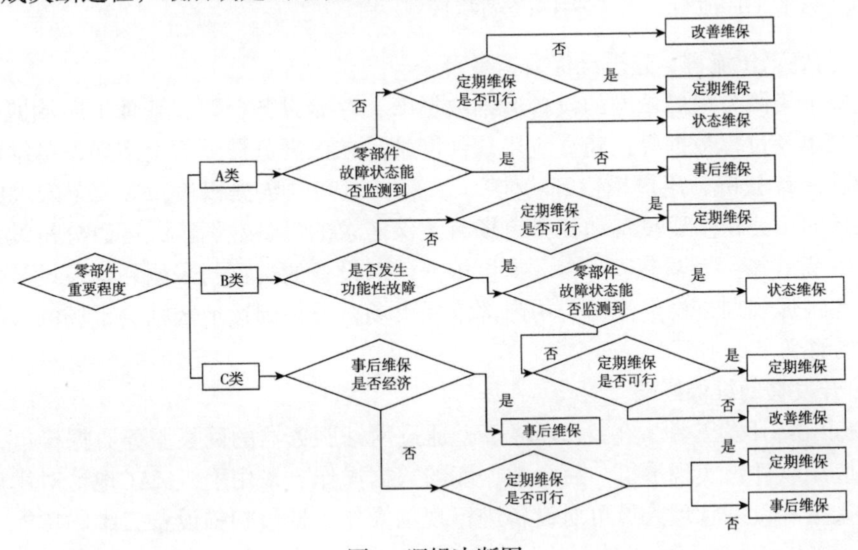

图1 逻辑决断图

（3）维保设备分析管理。

以多目标优化方法理论为基础，系统分析思想为指导，可用度最大、费用最小为目标，建立了目标优化模型。

$$A = \frac{\mathrm{MUT}}{\mathrm{MUT} + \mathrm{MDT}}$$

式中，A表示可用度，MUT为平均能工作的时间，MDT为平均不能工作的时间。

设$\overline{\tau_{\mathrm{p}}}$为预防维保所需的平均时间，$\overline{\tau_{\mathrm{f}}}$为故障维修所需的平均时间：

$$\mathrm{MDT} = \overline{\tau_{\mathrm{p}}} + \overline{\tau_{\mathrm{f}}}\int_0^T \lambda(t)\mathrm{d}t$$

$$\mathrm{MUT} = T - \mathrm{MDT} = T - \overline{\tau_{\mathrm{p}}} - \overline{\tau_{\mathrm{f}}}\int_0^T \lambda(t)\,\mathrm{d}t$$

式中，$\lambda(t)$为设备故障率，则可用度为：

$$A = \frac{\mathrm{MUT}}{\mathrm{MUT} + \mathrm{MDT}} = \frac{T - \overline{\tau_{\mathrm{p}}} - \overline{\tau_{\mathrm{f}}}\int_0^T \lambda(t)\,\mathrm{d}t}{T}$$

最大可用度条件下的预防性维保周期：

$$T\lambda(T) - \int_0^T \lambda(t)\,\mathrm{d}t = \frac{\overline{\tau_{\mathrm{p}}}}{\overline{\tau_{\mathrm{f}}}}$$

维保模型的确定，使维保在经济性和可靠性的基础上，形成较为完整的备件库存分析和故障诊断，制定出完善的维保规划。

3.2.2 明晰工作流程，开发维保终端软件

（1）明确工作流程，建设维保数据平台。

建设基于集团公司局域网的设备运维数据库，存储设备台账、管理工序数据、维保数据、维修工单及过程数据等；建立应用软件网站，在IE浏览器页面上实现设备维保管理、数据查询、统计分析、用户授权等功能[2, 3]。经长时间的数据积累，形成了宏大的产业数据库（包括油田公司主要设备和社会市场有维保需求的设备数据），可以分析设备故障原因，制定防范措施，为调整运行参数提供依据，对设备的选型与采购和延长设备使用寿命周期，制定维保规划，稳定油田公司内部维保市场，开拓周边地区社会市场的大数据分析具有重要的意义。

（2）开发移动维保终端。

采用Eclipse开发工具，在Java环境下，通过网站服务器的网页服务数据接口，开发出安卓手机应用软件，实现手机与后台数据库的数据操作。采用手机MAC地址对用户授权方式，维修人员和设备管理人员可对设备进行现场操作：通过扫描设备二维码功能查看现场设备资料，操作维保工序，上传照片。

3.2.3　依托信息平台，科学智能决策预警

为了保障设备的稳定运行，降低设备故障率，根据不同设备的情况，以及该设备的历史故障数据，进行大数据分析，把碎片化的海量数据点连成线，形成智能决策信息，从海量维保数据中发现规律、趋势和问题，预测每个设备在不同使用频率、设备年限等条件下的实际状况，实现设备巡检计划智能预测、设备配件更换智能预测和设备智能报废预测[4, 5]。通过大数据分析处理，识别出不同设备的运行状态并准确预测未来的故障趋势，通过趋势与规律分析，实现信息数据化、状态在线化、决策智能化。

3.3　创新管控模式，实现维保管理集中化

3.3.1　利用平台公司，统一维保管理模式

依托天成集团下属子公司新达公司，成立华北油田装备运维中心，具体负责油田公司和任丘地区维保业务的开展与实施，业务成熟后，将为天成集团和多元开发业务带来极大效益。

3.3.2　关联数据分析，创新维保管理体制

（1）引入二维码识别技术，提高管理效率。

以设备台账管理为核心，以设备编号为设备的唯一标识账号，将设备编号制作成为二维码，将设备的台账信息、维保记录、零配件信息、点检记录等相关信息建立起二维码数据库，加密存储在云端。通过手机或其他设备现场扫描二维码，访问云端数据库，就可立即显示设备的型号、功能、用途及使用管理人等消息，为运行、操作及管理人员能及时准确地掌握设备的关键信息，提供了一种更为有效的管理手段。

（2）推行“三包”管理，实现维保责、权、利对等。

将责、权、利对应的任务、成本、薪酬实行“三包”制管理，即推行以“包工作任务、包运维成本、包薪酬激励”为主要形式的维保责任承包管理，明确目标责任，匹配成本资源，实现企业效益与员工收益的双赢。

（3）建立外委供方评价体制，拓展社会市场规模。

由于工业物业企业设备具有数量大、种类多，以及涵盖大量特种设备的维保特点，仅仅依靠专业维修队伍不能满足设备维保需求。为此，引入了外部维保资源，根据他们的维修范围、能力等建立起了设备维保供方名录。在供方管理上，根据对方资质、能力，建立了外委供方评价体系，以动态管理维修供方，保证了维保工作的全面、及时与顺利运行，为拓展维保业务社会市场打下了坚实基础。

3.3.3　完善体系制度，强化维保管理机制

（1）修订体系文件。

完善并修订了《设备管理办法》体系文件，明确润滑油品的选用、采购、验收、储存、使用与处置等全过程管理程序；制定了各类设备润滑检测标准，由专业机构定期检

测，并将设备润滑检测率和不合格油品更换率纳入设备专项审核标准。通过持续完善体系文件，规范了维保业务运行标准。

（2）编制管理手册。

编制了《华北油田公司设备润滑冷却管理手册》，对抽油机、注水泵、修井机、压缩机、发电机等20类30种主要生产设备润滑部位、推荐油品、品牌型号、加注用量、加注周期进行说明，促进了各单位科学合理进行维保。

（3）完善维保作业标准。

编制了多套设备维保过程标准化作业书，将设备维保按照顺序分解，每个过程所需要的物资、详细步骤、判断方法、过程关键点及失效后的后果均详细列出。特别是制定了抽油机、发电装备精细润滑管理标准及规章制度；设备润滑操作规程、业务流程、润滑油（脂）使用替代标准和各油气生产单位设备精细润滑服务实施方案。通过完善维保作业标准，延长了装备维保周期和使用寿命，降低了装备全生命周期运行成本。

3.4 实施“管家式”服务，推进维保运作市场化

3.4.1 注重服务品质，打造企业核心竞争力

在明确企业经营战略、充分利用互联网+等高端技术和加强维保人员专业化程度基础上，维保业务运营平台公司首先与华北区域范围内集团公司企业结合，然后逐步延伸业务，重点开展渤海钻探公司、渤海装备、中油测井等单位钻机、大型制造、施工机械精细润滑服务，逐步丰富维保服务内容，为用户提供检测、滤油、净化、换油、处置一条龙服务，打造企业核心竞争力。

3.4.2 挖掘数据价值，实现外部经营特色化

随着维保业务市场化程度的提高，本着合作、开放的思维，共享数据产品，充分利用集团公司品牌优势、昆仑润滑油产品、技术优势，利用互联网技术，提供免费检测、按质换油、运维保养服务，打破传统4S店垄断模式，构建新型服务业态；利用油田公司土地优势，选择地理位置优越的核心区域，建设新型高端小型汽车维保站；选择高速、国道周边区域或与华港加气站合作，建设新型高端大型车辆维保站，深度拓展业务市场。

3.4.3 运用金融手段，推进维保业务市场化

针对目前维保平台公司规模小、实力弱、经营模式单一等问题，按照社会化思维，通过社会化、市场化途径，按照管作分离的模式，平台公司只做维保业务的组织者和监管者，逐步引入各种金融手段，通过企业合作、商业银行、其他金融投资机构与企业的联合投资，实现平台公司融资的多元化，推进维保业务向产业化方向发展。

4 效果评价

4.1 应用效果

4.1.1 利用智能数据平台，贯彻集团公司业务定位

利用大数据产业平台信息，梳理闲置、低效设备，制定集中管理方案，非安装设备适时实行实物集中管理，安装设备实行信息集中管理、调剂租赁，促进设备资源的合理配置和有效利用；通过大数据分析，分析设备运行效率状况，优化运行参数，改善技术状况，实现了设备节能降耗，油田公司优化了资源配置，贯彻了集团公司对维保的业务定位。

4.1.2 强化维保经济理念，助力油田公司战略实现

通过制定油田公司装备用油整合方案，明确了各类设备润滑部位、用油品牌、型号、用量，为基层使用单位规范、科学、精确用油提供了技术保障。对使用量较大的抽油机（123.1吨）和注水泵（109.2吨），使用昆仑润滑油设计的专用油和润滑脂，有针对性地改善设备润滑状况，提高了设备可靠性，延长了设备换油周期，降低了维保成本，“维保经济”理念深入人心，促进了油田公司战略目标实现。

4.1.3 精细管理稳步推进，实现多元业务提质增效

通过对油田公司36个单位、11大类设备、2567项设备用油进行梳理，利用大数据分析精细管理业务，与润滑油公司结合，优化润滑油品牌，压缩使用型号，将公司在用15个品牌润滑油整合为5种、94个型号整合为30种。同时，为各单位配备便携式润滑油检测设备80余套，根据监测结果，分析设备运转状态，优化调整设备运行参数，打破按照千米或者时间换油的传统用油理念，实现了“按质换油”，促进了维保业务健康发展，使其成为油田公司多元开发业务新的经济增长点，实现了业务的提质增效。

4.1.4 业务管控集中高效，合法合规管理成效显著

将维保统一出口、集中管理，彻底摒弃了传统的设备维保一事一招标的管理模式，从源头杜绝了设备维保招标过程中的串标、围标现象，也彻底杜绝了基层管理人员虚假维修等不合规行为。同时，与具备废油处置资质的企业建立长期、稳定的合作关系，坚持废油处置的合法化；积极探索废油再利用科技攻关和废弃润滑油简易处理后的降级使用，合规管理成效显著。

4.2 经济效益计算

根据相关因素合成计算法（PCP）计算经济效益：

$$E_{\mathrm{p}} = \sum_{a=1}^{n} S_{\mathrm{a}} - F - H - \left(\sum_{b=1}^{n} C_{\mathrm{b}} + I \right)$$

E_p：按“PCP”计算的各相关多因素的合成效益，以现行价格计算的价值量表示。

$\sum S_a$：按单项因素直接测定法计算的各种因素的经济效益之和。该成果的效益因素分为两项，效益分别为：

S_1：2018年比2017年维保业务净利润增加128.16万元；

S_2：因减少包装费用、节约维修费用、延长换油周期增加的效益235万元；

F：非本成果实施产生的效益，该项费用为零；

H：各因素之间重复计算的效益，该项费用为零；

$\sum C_b$：在单因素计算中未包含的各种综合性实施费用之和，该项费用为120.8万元；

I：在单因素计算中未包含的综合性损失费用，该项费用为零；

E_p=（128.16+235）-0-0-（120.8+0）=242.36万元

5 结语

实践证明，基于大数据的维保智能化服务体系的综合研究，在机遇与挑战并存的宏观环境下，以搭建集中化管理平台公司、打造立体化服务体系为方向，能够快速响应多样化的市场需求，提升维保精细管理能力，是顺应行业发展趋势、适应市场竞争，实现维保业务产业化发展的必然选择。

参考文献

[1] 陈朝旭，方华京. 基于数据的复杂工程系统故障预测[J]. 上海应用技术学院学报，2016（1）：36-46.

[2] 李瑞琴，郑建国. 大数据研究：现状、问题及趋势[J]. 现代商业，2013，26（36）：107-108.

[3] 李杰. 工业大数据——工业4.0时代的工业转型与价值创造[M]. 北京：机械工业出版社，2015：6-15.

[4] 袁静. 面向设备故障诊断的数据挖掘关键技术研究与实现[D]. 西安：西安电子科技大学，2012.

[5] 常征. 机械设备管理及维修保养技术[J]. 四川水泥，2015（2）：211.

北斗卫星导航技术在油田勘探开发中的应用

王守认　马世防　吕　强
（中国石化中原油田分公司信息化管理中心）

摘　要：本文阐述了北斗卫星导航技术在油田勘探开发业务中的应用情况，结合中国石化①中原油田分公司（以下简称“中原油田”）内蒙古探区恶劣的地理及自然环境，重点介绍在该地区开展井场踏勘、老井复查、应急救援及生产指挥等勘探开发业务活动中的应用及取得的社会和经济效益。该成果未来可拓展到其他无手机信号的偏远勘探开发区域，具有较大的推广前景。

关键词：北斗导航；定位；油田勘探开发

1　引言

北斗卫星导航系统（BeiDou Navigation Satellite System，BDS）是中国正在实施的自主研制开发的独立运行的卫星定位与通信系统，是继美国的全球定位系统（GPS）、俄罗斯的格洛纳斯卫星导航系统（GLONASS）之后第三个成熟的卫星导航系统。中国为北斗卫星导航系统制定了“三步走”的发展规划，从2012年起正式提供卫星导航服务，2019年已经服务亚太地区，可在全球范围内全天候、全天时提供高精度、高可靠的定位、导航、授时服务，并具备特有的短报文通信能力，其定位精度为10米。使用北斗卫星导航技术具有不受地域限制、数据传输稳定、后期维护费用低等优点。中国石化中原油田内蒙古探区地处沙漠腹地，恶劣的环境给油田在该地区的勘探开发工作带来了诸多困难。根据内蒙古探区的地理环境、通信条件等因素，应用北斗卫星通信导航技术将是该油田开展油气勘探开发工作的必要补充手段。

2　内蒙古探区勘探开发现状

中原油田作为东部老油田，已有40多年的发展历程。近年来，随着油田勘探开发力度的加大，内蒙古探区成为重要资源接替阵地。内蒙古探区包括查干凹陷、白音查干、银额新区三个主要区块。

2018年，白音查干勘探见良好油气显示；查干凹陷潜山评价获积极进展；银额新区拐4井、拐6井、拐7井、拐8井均钻遇多套油气显示，其中拐6井获日产油211立方米、日产气10.7万立方米的高产油气流，拐子湖凹陷累计上报三级石油地质储量6000万吨，落实圈闭资源量1.4亿吨。总面积达5万多平方千米，勘探面积是东濮老区近10倍的内蒙古探区正处处涌

① 中国石化全称为中国石油化工集团有限公司，此处用简称。

动生机，内蒙古探区产能建设和效益开发的基础正日益坚实，内蒙古探区建成油田资源接替阵地的条件已十分有利。

同时，内蒙古探区的勘探开发工作遇到很多困难，探区现有拐子湖、务桃亥、芨芨海子三个油气勘探区域，位于巴丹吉林沙漠腹地。巴丹吉林沙漠是中国第三大沙漠，地表以流动沙丘为主，是世界上最高沙山所在地。那里气候干燥，人烟稀少，交通困难，多沙尘暴，且基岩潜山油藏地层压力大，井控风险高，应急救援难度大，这些都严重制约了高质量勘探。自2014年中原油田进入银额新区施工以来，克服重重困难，先后部署实施二维地震1304千米、三维地震370平方千米，各类探井12口，发现了苏红图组、巴音戈壁组和基岩潜山三套油气层，拐参1井、拐6井在巴音戈壁组、基岩潜山实现勘探突破，获高产工业油气流，为打造油田战略资源接替阵地奠定了资源基础。

3 北斗卫星导航技术的优势

3.1 导航定位

北斗卫星导航系统可以在服务区域内任何时间、任何地点，为用户确定其所在的地理经纬度，并提供双向通信服务。系统可以为船舶运输、公路交通、铁路运输、野外作业、水文测报、森林防火、渔业生产、勘察设计、环境监测等众多行业以及其他有特殊调度指挥要求的单位提供定位、通信和授时等综合服务，例如在西部和跨省区运营车辆，沿海和内河船舶的监控救援，水利、气象、石油、海洋和森林防火的信息采集，通信电力、铁路网络的精确授时，公安保卫、边防巡逻、海岸缉私和交通管理的导航通信等。

3.2 短报文传输

北斗卫星导航系统是主动式双向测距的询问—应答系统，其具备的“星地短讯通信”能力具有用户机与用户机、用户机与地面控制中心间双向数字报文通信功能，一般的用户机单次可传输36个汉字，申请核准的可以达到传送120个汉字或240个代码。短报文不仅可点对点双向通信，而且其提供的指挥端机可进行一点对多点的广播传输，为各种平台应用提供了极大便利，具备定位和通信双重作用。

4 北斗卫星导航技术在勘探开发中的应用实例

应用北斗卫星的精准导航定位和短报文通信技术，中原油田探索建设了北斗综合监控应用平台，从而解决油田在沙漠腹地等外部环境恶劣区域开展井场踏勘、管线巡查、数据采集等勘探开发业务活动中面临的人员车辆安全、生产数据传输等难题，同时将现场数据及时回传到油田生产指挥中心，实现实时监控，极大地提高了生产管理效率。

4.1 井场踏勘

内蒙古探区地处无信号无公路的沙漠腹地，踏勘线路选择、踏勘资料保存、人员通信极为困难，但井场踏勘、井场的实际位置选择又特别重要，应用北斗卫星导航技术，建立了以“踏勘前、踏勘中、踏勘后”为业务主线的全业务链井场踏勘管理体系。

野外工作中，地质人员可能会遇到迷路失踪、恶劣天气、交通意外等各种突发情况。同时，对于指挥中心来说，野外勘查人员身处野外，工作地偏远，交通通信不便，无法及时获取项目进展情况，难以进行项目管理。勘查人员一旦遭遇突发情况时，更无法及时与驻地及项目单位取得联系，获得救援。

4.1.1 井场导航

勘查人员在踏勘前，通过移动终端平台下载设计井位的坐标位置，并下载目标区域的地图、影像、图件及设计的勘查路线等数据，明确目标井位的地理位置以及路线规划。

携带北斗终端的踏勘人员，利用无线蓝牙连接设备进行实时北斗位置定位，基于北斗移动端地图基础平台，对自身位置实时定位，依靠地图影像中的道路进行导航，及时纠正行进路线，保障踏勘和巡查工作安全有效进行。勘查人员的位置数据同步实时传输到指挥中心平台，实现对勘查现场的位置监控追踪。

北斗卫星监控中心指挥平台接收到现场传回的短报文汇报内容，及时获知项目现场进展情况，并将踏勘小组成员位置基于地理信息系统（以下简称“GIS”）二三维图形导航平台定位，实现指挥中心对野外踏勘进展、踏勘进度动态及时监控管理，极大地增强了踏勘工作人员的安全保障。

4.1.2 踏勘队员位置共享与通信

井场踏勘有时是一组人员同时进行，在分配任务后，出发之前，通过手机或平板设置配置北斗终端的好友通讯录；在踏勘中通过北斗卫星移动端APP查看获取队友的实时位置。

进行同一踏勘任务的踏勘人员，可以通过短报文进行工作进展的实时沟通，保障了小队踏勘进度和成果的及时沟通。

4.2 管线巡查

内蒙古探区位于乌拉特中旗和乌拉特后旗，地处戈壁滩，手机信号差，在老井复查和巡线中，一是战线长，巡线难度大；二是人员迷失方向，易造成失联；三是报废井损坏及管线穿孔后发现不及时，易造成草原污染。

在老井巡查过程中，由于多年废弃井位的地面原貌已经破坏或者发生重大改变等，通过人工查找的传统方式很难找到老井。北斗应用系统可以定位井位和探查人员的实时位置，探查人员可根据手持终端与目标井的相对位置去查找，大大加快查找的效率。

在各个油气田，巡线工作是确保地下管网安全运行的重要手段，管线的运行安全是油田重要的安全风险及隐患管理内容。通过巡查来判断埋地管网是否泄漏、被人为破坏和压占违规建设等，过去的工作方式主要是凭记忆巡线等，这些技术人员不在岗位的时候其他人就很难找到管线；过去采用开放式的巡检工跑线巡检模式，对巡线人员行走轨迹也无从定位监控；同时，巡线工作量管理仍处于手工统计阶段，由于信息化支撑不足，信息采集手工记录不全面，反馈也不够及时，分析评判能力不足，已越来越不能适应管线的安全管理要求。

基于北斗卫星导航通信技术，利用北斗卫星系统定位通信功能，实现以巡查任务为核心的精细化、智能化的综合管理，实现野外工作的科学管理。

工作人员在巡查前，通过移动终端平台下载井位及管线的坐标位置，目标区域的地图、影像、图件以及历史井场路线等数据，提前熟悉目标的坐标位置以及路线规划。

携带北斗终端的巡查人员，利用无线蓝牙连接设备进行实时北斗位置定位，基于北斗移动端地图基础平台，对自身位置实时定位，依靠地图影像中的道路进行导航，及时纠正行进路线，保障巡查工作的安全有效进行。同时，巡查人员的位置数据同步实时传输到指挥中心平台，实现对巡查进度的监控追踪。

4.3 生产指挥及生产数据传输

通过北斗卫星导航系统传回来的信息最终接入油田生产指挥大屏，作为油田实时监控、应急指挥的重要数据来源。特别是在动态报警提醒、危情分析、救援力量的应急调度指挥中，可以应用大屏“多级监视、信息共享、统一平台”的特有优势，对整个业务应用的系统资源管理、油气勘探过程控制、人员及车辆安全保障工作起到重大作用，助力科学高效安全的勘探部署及管理工作。

4.3.1 实时定位监控

按照健康、安全、保障、环境（HSSE）工作要求，进入沙漠腹地的人员、车辆，通过配备的北斗车载设备、手持设备，实现与指挥中心的通信，使在无网络信号覆盖区域的人员、车辆信息能实时显示在生产指挥大屏上。

GIS系统接入北斗终端设备实时坐标位置，通过GIS的坐标投影统一机制进行标准化处理后，车辆和人员的位置坐标点可以空间定位显示在地图中；针对北斗终端设备位置更新频率，利用实时刷新技术，实现实时位置的更新与追踪。

基于北斗指挥机对下属用户车辆的实时位置监控功能，对特别选定的终端设备进行全程重点追踪，以实时监控并避免车辆或人员在出行途中发生偏离目标方向的情况。

还可以通过设置电子围栏自定义区域坐标以设定禁区，实时定位监控车辆坐标位置，避免进入国家军事禁区等重点或危险区域，实现围栏报警功能。

4.3.2 精准找车

通过北斗终端设备关联信息（北斗卡号、车牌号等）关键字信息进行车载终端全库搜索，搜索结果以列表形式展示，供用户进一步找到目标并进行坐标位置查看。

4.3.3 行驶轨迹回放

基于北斗授时功能，对过去时间段的行车历史位置坐标进行入库存储，以时间为线索、以路线可视化技术为支撑，实现历史行车轨迹回放、管理功能，结合GIS平台地理地貌、周边环境、地势起伏综合分析，为过去时间段内的行车事件因果关系的分析提供数据支持。

4.3.4 中心发送通信指令

基于北斗指挥机设备的单发、群发短报文的功能，实现通过选择一辆或多辆车，或选择车队小组进行指令发送，达到远程监控指挥的目的。

4.4 应急指挥调度

建立突发事件应急指挥体系是应急管理体系的重要内容，良好的通信系统是应急指挥的有力补充及保障，通过北斗导航系统健全应急指挥保障体系，确保遇到突发事件时的有效通信与救援力量的调度。

在遭遇突发情况时，随车人员通过手机或平板移动APP的“一键求救”功能按钮，向北斗卫星发送短报文求救信息。求救信息在指挥平台中进行动态显示，同时通过钉钉、短信、电话通知到关键人员。地面指挥所收到该信息后，将闪烁并配合语音提示，以便指挥人员及时进行处置。

4.4.1 动态警报

在车辆遇险、踏勘遇险、井场突发事件等危急时刻，启动“紧急求救模式”，发送短报文求救信号，指挥中心平台接收后在GIS平台中实时定位，并以动态图形闪烁报警。

针对报警内容级别不同，设定不同的报警声音，通过外接播放声音设备，引起监控指挥人员的关注。对特别重大的、紧急的事项还同步发送通知信息到设定人员的手机短信、邮箱或钉钉应用中，可实现和社会救援体系的融合。

4.4.2 指挥平台发送指令

在指挥中心平台接收到终端发来的警报信息后，通过结合GIS高精度影像、三维高程的地理地貌，以及集成的业务数据和资源，同时应用平台提供的地理分析工具、标绘工具、数据分析图表，快速做出决策；基于北斗指挥机独有的“单发、群发指令报文”的通信指挥特点，将决策指令以短报文方式传达给各方配备北斗终端的救援人员，从而实现总指挥平台对人员和车辆的安全保障。

4.4.3 精准查询

基于后台的设备管理、人员管理及其关联关系的建立，并利用GIS平台大数据集成及空间检索功能，实现“模糊搜索”功能。可通过北斗终端设备关联信息（北斗卡号、车牌号、携带人员等）、勘探业务元素名称（井、矿权、图件等）关键字信息进行全库搜索，搜索结果以列表形式展示，供用户进一步找到目标并进行坐标位置查看。

4.5 应用情况

中原油田自2019年10月起在内蒙古探区所在的内蒙古拐子湖、额济纳旗现场应用北斗综合监控应用平台，及时传回了每天的勘探日报，实时沟通勘探现场发生的生产信息，为及时了解行进在沙漠深处的人、车信息提供了有效工具，得到用户的认可。

4.6 效益分析

本项目实现沙漠腹地无手机信号区域人、车位置在GIS三维地图实时显示，为后方基地确定人车的坐标位置、周边地貌提供了工具，提高了安全生产系数，成为中国石化第一个北斗卫星传输技术服务油田勘探开发的范例，达到行业领先水平。

“中原油田北斗短报文管理系统”的功能开发，成为内蒙古银额新区拐子湖油田信息传递的重要工具，为沙漠深处现场施工人员、车辆进出沙漠提供实时坐标，为安全应急和紧急救援提供保障，创效90万元。

生产信息短报文的快捷传递和层级管理，加快了勘探开发生产信息快速流转，实现了前线、后方交互决策，年创造效益40万元。

一点对多点信息传递，使后方指挥中心、指挥部具有了“下达指令给前线生产单元”的手段，加快生产运行节奏，年创造效益30万元。

参考文献

[1] 张栋，陈圣波，李健. 基于北斗卫星的油田管网巡检系统的设计与实现[J]. 吉林大学学报（信息科学版），2015（6）：694-699.

[2] 王锦，曹谢东，茹黎南，等. 北斗卫星系统在国家能源建设战略重点——石油、天然气田开发中的应用探讨[J]. 中国航天，2010（3）：15-18.

[3] 余江南，李洪林，房胤. 基于RTU技术的计量站远程监控系统[J]. 自动化仪表，2008（5）：71-72.

边际油气田一体化评价模式创新与实践

郭　飞　洪　宇　郑　洁
（中海石油（中国）有限公司深圳分公司）

摘　要：珠江口盆地南海东部已有众多油气发现，除去已开发和已有明确开发计划的油气田，以及储量规模极小、近期难以动用的含油气构造以外，还存在一些介于二者之间的边际油气田，需要创新思维，用一体化理念推动勘探、开发进程。新的评价模式始终以经济效益为导向，坚持价值投资，引领滚动勘探评价扩大地质储量基础、指导地质油藏方案优化提高经济可采储量、引导工程方案不断完善降低投资成本等，形成技术与经济多维度闭合的评价循环。通过在新区新发现油田和深水小气田勘探开发评价中实践，有效推动了油气资源开发利用进程，加速地质储量转换为产量。对于类似的边际油气田的勘探开发评价，一体化评价新模式具备良好的借鉴与推广意义。

关键词：边际油气田；一体化理念；推动勘探开发；技术经济

1　背景

近几年来，中国经济转型发展带来了能源结构持续优化和消费升级加快[1]，石油和天然气需求增速迅猛，对外依存度高，原油对外依存度达到72%，天然气对外依存度达到43%。为贯彻国家关于“加大石油勘探开发力度”重要批示精神，南海东部提出“2025年上产2000万吨”的目标要求，按照产量规划，急需后备储量和产量接替。珠江口盆地南海东部经过近40年勘探开发，油气生产管网日趋完善，勘探发现的油气田大部分已成功得到了开发，但也存在一些已探明但长期无开发计划的难动用油气田，主要原因在于储量规模小、品质低、零散、距在生产设施远及投资成本高等，开发经济效益边际，导致诸多已发现油气资源难以快速转变为产量。

截至目前，边际油气田和含油气构造的探明地质储量超过1亿吨，远景资源潜力亦十分巨大，是理想的夯实、扩大储量基础及快速转变为产量的重要来源。随着石油企业的发展，油气勘探开发工作将按市场规律和经济效益原则进行运作，而边际油气田开发的经济效益常常难以达到投资决策的要求[2]。常规油气田开发可行性评价主要先技术可行性评估后经济效益分析，即从勘探发现地质储量出发，历经地质油藏方案研究、开发工程方案设计，到最后的工程投资估算与经济评价，工作流程单向[3]，各专业融合深度不够，无法满足边际油气田推动需求。为此，在新的形势下，急需探索边际油气田一体化评价模式，推动油气资源开发进程，保障公司油气地质储量接替和产量持续增长。

2 油气田开发动用的决策因素

从油气田开发可行性评价来看，投资决策的影响因素大体上可以分为技术和经济两大类，技术类主要包含勘探发现地质储量、地质油藏方案和开发工程方案，经济类主要包含项目投资与成本估算、油气价格预测、通货膨胀率、经济评价方法以及相关财税政策等。

勘探发现地质储量是油气田开发的根本，地质储量规模及其品质直接决定技术上开发的可行性。边际油气田大多属于小型油气田，储量丰度低，为实现经济有效开发，最直接的办法即在油气田周边进行滚动勘探评价，扩大地质储量基础。

地质油藏方案为油气田开发可行性评价的核心，主要包含可动用地质储量分析、钻井计划和技术可采储量预测等，具体开发指标有地质储量动用率、开发井数和井型、初始产能、采油（气）速度、技术可采储量以及采出程度等。边际油气田的开发原则主要为少井高效，即用尽可能少的开发井获得尽可能多的可采储量。

开发工程方案依据地质油藏方案设计，主要包含工程和钻完井，大体上可分为独立开发和依托开发。独立开发方案的工程量大、投资额大，适合大、中型油气田，依托开发方案的工程量相对小、投资额相对小，适合中、小型油气田。边际油气田开发需充分依托周边在生产设施，简化工程量，在保证安全的前提下最大幅度降低投资成本[4，5]。

经济评价方法与参数：经济评价主要采用动态的现金流法，衡量项目盈利能力的指标主要有内部收益率（IRR）、净现值（NPV）及投资回收期（TP）；主要评价参数包含油气价格、通货膨胀率、利率、汇率及基准收益率，其中价格直接影响项目经济效益的有无和大小，基准收益率是判断项目可行性和方案比选的基本指标，税收相关政策则需遵从国家规定[6]。

3 边际油气田一体化评价新模式

边际油气田开发经济效益一般甚至较差，按照常规工作模式，勘探、开发、工程以及经济等各专业研究成果相对分离，难以有效推动油气资源开发利用。结合油气田开发动用的决策因素，基于勘探开发一体化理念[7]，创新提出边际油气田评价模式，如图1所示，评价对象把油气勘探开发视为一个系统的项目，在项目执行过程中，始终以经济效益为导向，坚持价值投资，经济评价贯穿全过程，通过经济与勘探、开发以及工程等各专业深度融合，联合研究，引领滚动勘探评价扩大地质储量基础、指导地质油藏方案优化提高经济可采储量、引导开发工程方案优化降低投资与成本等，形成技术经济多维度闭合的评价循环，多专业联合提升油气资源开发经济性，推动边际油气田开发满足投资决策要求，加速地下油气资源向产量转化的进程。

引领滚动勘探评价，扩大地质储量基础。滚动勘探的目的是为了开发，而开发又必须要有较高的经济效益，因此滚动勘探应牢固树立起“开发”和“效益”的观念[8]，以经济评价为手段，给出周边找到多大地质储量开发才有经济效益的界限，对滚动勘探工作进行宏观指导，更具针对性地进行井位部署，一旦评价成功，地质储量基础得以扩大，可直接有效盘活边际油气田。

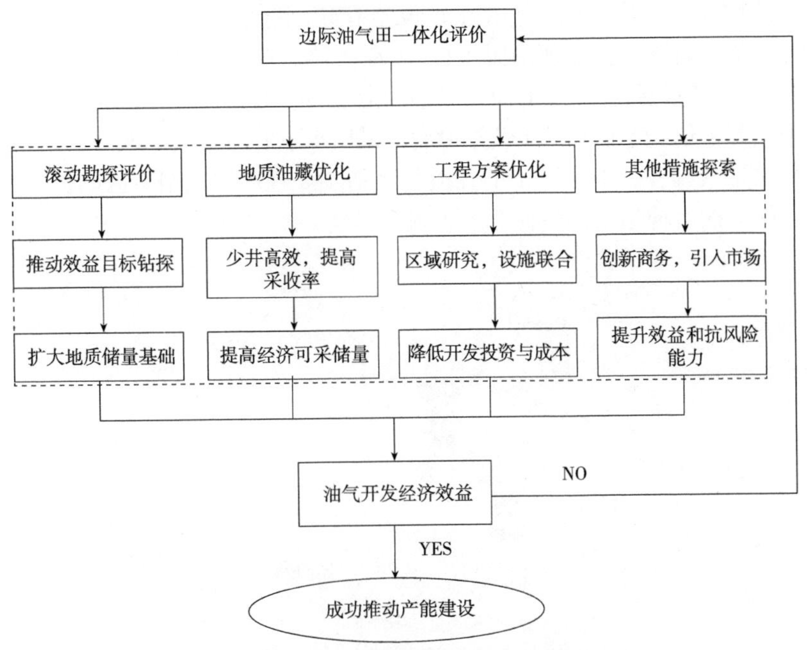

图1　边际油气田勘探开发评价模式

指导地质油藏优化，提高经济可采储量。对于边际油气田开发，地质油藏研究应该秉持“用尽量少的开发井，采出尽量多的油气储量”的观念，基于经济评价分析如地质储量动用率、初始产能、采油（气）速度以及采收率等重要开发指标的底界或敏感度，在宏观上更有效指导地质油藏方案优化，更具针对性调整经济敏感的开发指标，给工程经济等专业提出可供选择的多个方案，以进行工程技术经济评价。

引导开发工程优化，降低开发投资成本。工程方案设想的原则以提高经济效益为中心，努力降低开发投资成本，结合油气地质储量分布特征、工程区域研究，在保证安全的前提下，尽可能利用附近可依托设施等现有资源，相关设备设施充分利旧，新建工程设施简单化，实现最大限度的国产化以及智能化或无人化等。

探索其他创新措施，降低开发经济风险。探索其他创新措施主要围绕“经济效益”和“抗风险能力”，大胆尝试不同商务模式，例如融资租赁、经营租赁，提升项目抗风险能力；工程设施订单打包谈判，扩大议价空间，提升项目效益；引入市场化资源，采用“风险共担，利益共享”与油价挂钩的合作模式等。

4　实践与效果分析

4.1　引领新区滚动勘探评价，快速推进项目投资决策

截至2017年年底，南海东部某地区共发现6个油田，其中在生产油田有3个（A/B/C），二次开发油田1个（D），新区勘探新发现油田2个（E/F）。老区在生产油田均处于开发的

中后期，采出程度高，产量递减快，在服役设施有4座平台和1艘油轮（图2）。二次开发油田（D）地质采收率偏低，新发现油田（E/F）地质储量规模中型、丰度低，但产能较高，由于距离老区在生产设施远，单个油田开发经济效益均较差。基于地质储量区域分布特征，工程上采用新区依托老区联合开发，D油田采用水下井口形式二次开发，E油田和F油田均采用固定平台形式开发，新区产出的井流物经初步处理后输送至老区B油田平台进一步处理，处理为合格原油后输送至油轮储存、外输及销售。

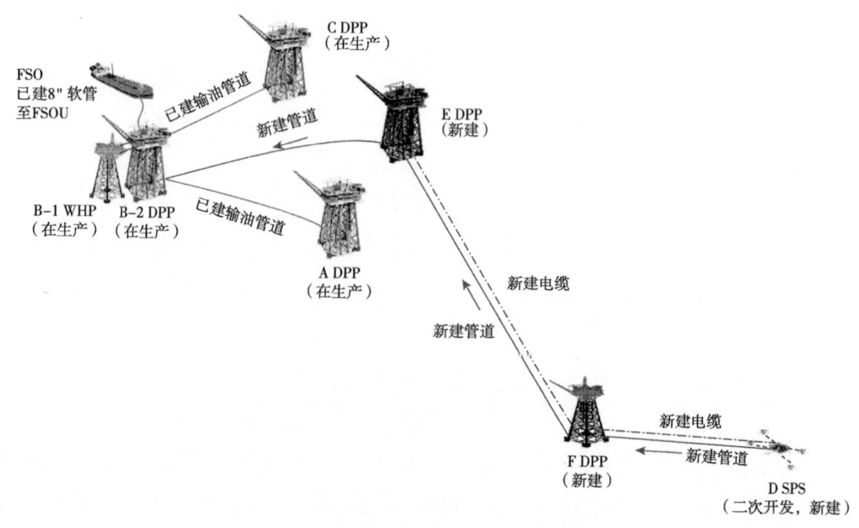

图2　老区和新区联合开发工程示意

由于新建平台、水下设施以及生产管线等工程量大，开发投资额大，加之原油价格低迷，新区油气资源开发的经济效益未达到投资决策的基本要求，因经济性原因项目几乎停滞，新区滚动勘探陷入低谷。为了快速开发动用油气资源，基于勘探开发一体化的思路，始终以经济效益为导向，分三步引领滚动勘探评价。

第一步，区域经济评价，测算地质储量底界，指导新区滚动勘探评价。基于新区油田和二次开发油田进行区域经济评价，经分析项目原油经济可采储量缺口约160万立方米，按照20%～30%采收率计算，需新发现530万～800万立方米探明地质储量。基于上述测算结果，结合勘探认识，初步筛选出6～8个有利的勘探目标。

第二步，“勘探目标+新油田”联合评价，推动勘探效益目标上钻。为充分利用新建工程设施，控制增量投资，采取勘探目标和新区油田联合开发的思路经济评价，优选勘探目标上钻。根据勘探目标G构造钻前认识，平面上与新区E油田距离近，适合共建平台，储层物性也好于E油田，预测资源量足以弥补新区开发的地质储量缺口。综合考虑地质风险和勘探经济效益，优先推动勘探目标G构造上钻，钻后仅1井区为新区新增原油地质储量约540万立方米，直接将项目内部收益率（IRR）提升约4.5个百分点，初步满足投资决策要求。

第三步，“含油构造+新油田”联合评价，助力盘活设施周边难动用地质储量。随着G油田发现，工程上新建联合平台，而平台的存在能大幅降低周边含油构造的开发投资，盘活由经济性差导致的难动用储量。含油构造K于2003年钻探发现，探明地质储量仅60万立方米，但储层物性较好，工程上可利用新建联合平台直接实施大位移井经济开发，有效提升项目内部收益率（IRR）约1.5个百分点。

随后，该地区的滚动勘探又有一系列发现，成就了目前新区探明石油地质储量超3000万立方米，技术可采储量超1000万立方米的油田群。通过勘探、开发、工程以及经济各专业共同努力，基于一体化评价模式，使得新区开发项目在不足1年时间内顺利通过公司投资决策，预计2021—2022年陆续投产，为该地区油气可持续生产奠定了坚实基础。

4.2 指导开发方案不断优化，加速深水小气田开发动用

珠江口盆地白云凹陷已发现多个小气田，由于储量规模小、深水（大于300米）投资成本高等，地下天然气资源长期难以有效开发动用。最具开发潜力的L小气田探明天然气地质储量不足60亿立方米，平面上分为两个井区，纵向上分为两个气层，如图3所示。1井区gas1为岩性—构造控制的边水驱动气藏，储量丰度约为5亿立方米/平方千米；1井区gas2为岩性—构造控制的底水驱动气藏，储量丰度约为2亿立方米/平方千米；2井区gas2为岩性—构造控制的底水驱动气藏，储量丰度约为4亿立方米/平方千米。总体来说，该小气田储量分散、丰度低，但优势在于储层物性好（中孔隙度、高渗透率），非均质弱，气层流动性好，评估气藏无阻流量超过1000万立方米/日。

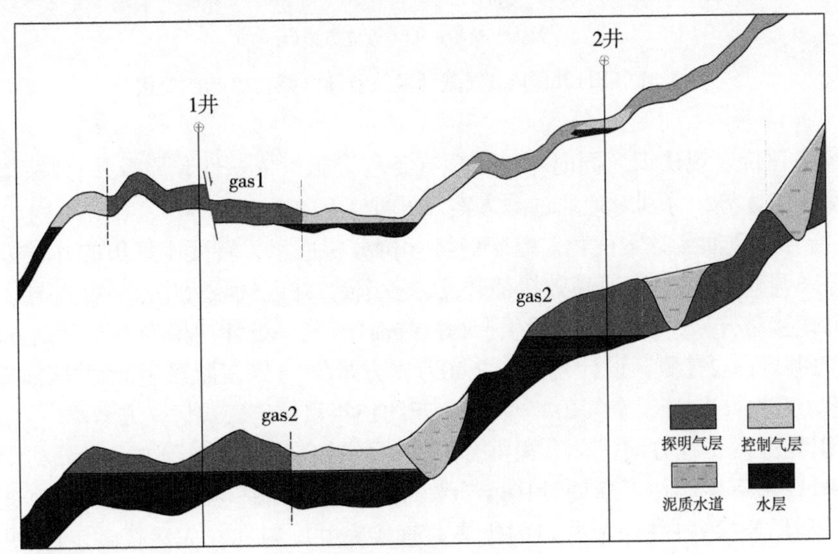

图3 L气田气藏剖面

研究初期计划两口井开发，1井区采用1口定向井合采，2井区采用1口水平井开发，为保证一定稳产期，单井平均初产50万立方米/日，10年累计产气约25亿立方米。深水气田开发主要采用“水下井口→浅水中心平台→陆地终端”形式开发，L小气田的开发工程设想为新建两口水下生产井，由于工程上受限，新铺设10余千米的海底管线至附近H气田和70多千

米的脐带缆至浅水中心平台进行依托开发。由于新建设施工程量大，开发投资额高，方案初步评价的经济效益较差，未能满足投资决策的要求。

对于边际油气田开发，秉持“用尽量少的投入，获取尽量多的产出”的观念，基于经济评价手段详细分析初始产能、采气速度以及技术可采储量等重要指标敏感性，图4为对L气田1井区gas1气藏分别采用不同初始产能（40万～120万立方米/日）开采的经济效益对比，分析认为，提高初始产能（提高高峰年产能或提高采气速度）对提升项目经济效益显著，当单井初始产能达到55万立方米/日时，开发才初步具备一定的经济效益。

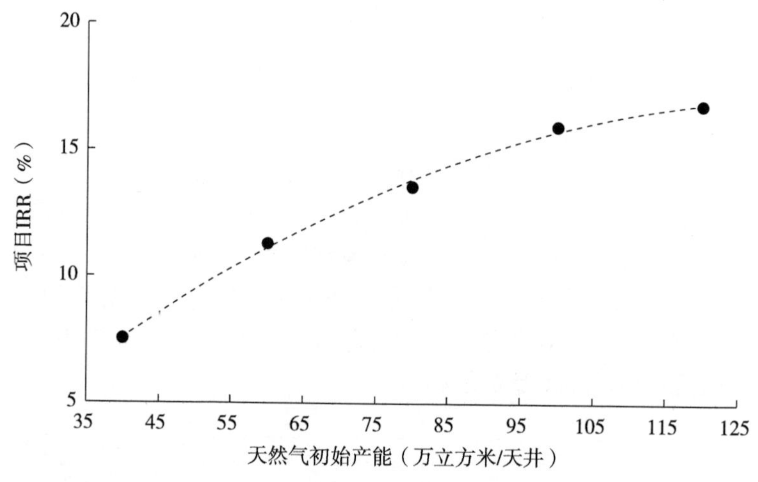

图4　L气田1井区gas1气藏开发效益随气藏初始产能变化

基于经济评价宏观认识，同时考虑到现有工程设施可依托性和原探井1井保留的井口可直接转开发井的优势，分别对地质油藏方案和开发工程方案进行优化。

（1）指导地质油藏方案优化。基于经济评价分析成果，转变小气田的开发策略，由两口井同时开采调整为1口井高速高效接替开发，考虑到1井区气藏边底水特征差异，将合采调整为分层高速接替开采，即第一阶段生产1井区gas1气藏，设计初始产能70万立方米/日；第二阶段生产1井区gas2气藏，设计初始产能40万立方米/日；第三阶段生产2井区gas2气藏，设计初始产能70万立方米/日，全气田3个阶段生产约13年累计产气27亿立方米。

（2）引导开发工程方案优化。根据开发策略的转变，开发工程方案充分利用现有设施资源，新建1口水下生产井，新铺设10余千米的海底管线和脐带缆至附近H气田进行依托开发。同时，利用原探井1井保留井口的优势，直接完井、射孔，先后接替生产1井区gas1和gas2气藏，待1井区开采完，基于井口侧钻或新钻开发井生产2井区gas2气藏。

由于采用分层高速接替开采的策略，一方面保证了开发方案在一定周期内天然气可采储量变化不大，甚至由于1井区合采变为分层开采使得技术可采储量略有增加；另一方面充分利用周边在生产的工程设施、简化新建工程量以及利用原探井1井保留井口等，降低开发投资约三分之一。在开发方案优化后，项目内部收益率（IRR）大幅提升，项目经济临界气价下降约20%，加速推进了该深水小气田的开发动用进程。

5 结论

边际油气田由于储量规模小、投资成本高等因素，导致由于经济性难以满足投资决策门槛，使得已发现油气资源长期得不到开发利用。常规工作模式为先技术可行性评估后经济效益分析，适合大、中型油气田开发，难以满足边际油气田推动需求。一体化评价新模式把油气勘探开发视为一个系统的项目，在项目执行过程中，基于勘探开发一体化理念，始终以经济效益为导向，坚持价值投资，把“尽量少的投入，尽量多的产出”的经济效益理念深入贯彻滚动勘探评价、地质油藏研究和开发工程设计等各相关专业。

在滚动勘探评价方面，牢固树立起开发和效益的观念，基于扩大地质储量基础的目的，优选勘探效益目标，针对性定评价井井位，提升勘探投资的经济效益。地质油藏研究坚持“少井高效”的开发原则，在经济评价工作的实践中，影响经济效益的重要因素为技术可采储量（采收率）和采油（气）速度，对于提升边际油气田开发经济效益，在保证技术可采储量不变的前提下，应该尽量提高采油（气）速度，采用高速高效开采策略显得尤为重要。开发工程方案方面，以提高经济效益为中心，努力降低投资成本，对于边际油气田开发，开发投资对项目经济性尤为敏感，在保证安全的前提下，尽量利用可依托设施资源、设备设施利旧以及新建工程设施简单化，实现最大限度的国产化、智能化或无人化等。关于其他措施，例如创新商务模式和利用市场引入资源，主要围绕“经济效益”和“抗风险能力”进行探索与实践。

新评价模式已在南海东部某新区和深水小气田勘探开发评价中进行了成功实践，通过经济与勘探、开发、工程等多专业深度融合，推动滚动勘探评价扩大了储量基础、指导开发调整了开采策略以及优化工程降低投资等，有效提升了油气田开发的经济性，对于类似的油气田勘探开发推动具有很好的借鉴与推广意义。

参考文献

[1] 国家发展和改革委，国家能源局. 能源生产和消费革命战略（2016—2030）[R]. 2016-12.

[2] 焦方正. 油气勘探开发项目风险分析[M]. 北京：石油工业出版社，1999.

[3] 匡建超，周娟. 论我国油气资源经济评价的现状与发展趋势[J]. 国土资源科技管理，2004（6）：46-48.

[4] 杨培兰，张庆旭，张作启. 经济有效地开发好边际油气田[J]. 中国海上油气（工程），1995，7（2）：56-60.

[5] 喻发令，罗振钦，邹道标. 工程创新技术在南海西部边际油气田开发中的应用[J]. 中国海上油气，2018，30（3）：170-175.

[6] 中华人民共和国住房和城乡建设部. 石油建设项目经济评价方法与参数[M]. 北京：中国计划出版社，2010.

[7] 谢玉洪，蔡东升，孙晗森. 中国海油非常规气勘探开发一体化探索与成效[J]. 中国石油勘探，2020，25（2）：27-32.

[8] 杨培兰. 技术经济评价应贯穿于勘探开发油气资源的全过程[J]. 中国海上油气（工程），1998，10（2）：51-55.

基于国际标准的石化产品碳足迹评价研究与实践

田　涛[1]　朱明璋[1]　姜　晔[2]
（1.中国石化炼化工程（集团）股份有限公司；2.国家信息中心中经网数据有限公司）

摘　要：本文在介绍碳足迹概念和相关国际标准基础上，分析了目前石化行业产品碳足迹研究进展和国际石油石化公司开展碳足迹评价的现状。依据PAS 2050、ISO 14067等标准原则，提出石化行业开展产品碳足迹评价的方法和典型应用。以航煤为例介绍石化产品碳足迹不仅包括生产过程直接消耗能源和工艺产生的CO_2排放，对辅助材料生产导致CO_2排放也计入产品碳足迹中；以对二甲苯为例介绍带有循环物流过程的碳足迹评价的迭代方法；以聚丙烯为例介绍了炼油、化工物流交叉流程碳足迹评价方法；以已内酰胺为例介绍副产物分配方法。对未来开展石化产业低碳转型以及绿色低碳产品生产提供借鉴。

关键词：碳足迹；生命周期评价；对二甲苯；PAS2050；全球暖化潜值

1　碳足迹及其在石化行业应用现状

碳足迹主要是指一项产品或服务在生命周期内产生的直接和间接温室气体排放总量，最早由“生态足迹”（Ecological Footprint）概念演化而来。目前学术界开展的碳足迹相关研究，主要针对碳足迹作为测度消费侧温室气体排放的指标[1]，例如个人生活碳足迹、产品碳足迹、家庭碳足迹、组织机构碳足迹等。石化产品作为重要工业基础原材料，众多学者也开展了石化产品碳足迹研究。马玉莲[2]等以1吨PVC产品为功能单位，选择从商业到商业（B2B）的评价模式，即从原材料进厂到生产出产品运输到下一个组织为止，计算每吨PVC产品碳足迹约为1765.3千克CO_2（二氧化碳）排放当量，其中原材料消耗占CO_2排放量最大，为72.4%；其次是能源消耗，占CO_2排放量的8.9%；其余排放所占比例较小。孙潇磊[3]研究了沥青产品碳足迹，以某企业生产的沥青产品为评价对象，计算每吨沥青产品碳足迹为2.9575吨CO_2，但该结果中的沥青生产环节碳排放结果偏小，甚至小于沥青配送环节，这与一般经验判断有一定差距。于涵[4]研究了CO_2-DMC（碳酸二甲酯）生命周期碳足迹，选用“从摇篮到大门”确定项目边界，对比了常规反应塔、膜反应塔和反应精馏塔三种不同工艺碳足迹影响。同时，许多国际石油石化公司也尝试开展自身产品的碳足迹评价，BP于2019年首次在可持续报告中评估其能源产品平均碳强度为79.7克CO_2/兆焦（其中炼油能源产品93.7克CO_2/兆焦，生物燃料产品28.8克CO_2/兆焦，天然气产品71.6克CO_2/兆焦），该数据包括消费者使用能源环节[5]；道达尔公司披露其2018年平均产品碳排放强度为67.30克CO_2/兆焦[6]；壳牌公司披露其能源产品碳足迹为78克CO_2/兆焦[7]；但是埃克森美孚认为LCA评价对于核算产品生命周期排放具有重要科学价值，但范围三核算则存在较大不确定性，因此并未在其可持续年报中披露该数据；雪佛龙公布了其范围三温室气体排放量达3.76亿吨[8]。上述研究虽然针对石化产品进行了生命周期碳足迹评价，但不同文献之间对系统边界设定仍有区别，研究方法也存在差异[9]。

2008年英国碳基金（Carbon Trust）公司、英国标准协会（BSI）以及环境、食品和农村事务部（Department for Environment，Food and Rural Affairs，DEFRA）共同发起《PAS 2050：商品和服务生命周期温室气体排放评估规范》，推动了产品（或服务）碳足迹评价在商业领域的标准化和推广应用，碳足迹概念和定义逐渐清晰。众多非政府组织、咨询公司和政府部门陆续制定碳足迹评价标准，包括：世界可持续发展工商理事会（World Business Council for Sustainable Development，WBCSD）和世界资源研究院（World Resource Institute，WRI）共同发起的温室气体核算体系（The Greenhouse Gas Protocol）标准（以下简称“核算体系”），其中范围三标准和产品标准都采用寿命周期方法，但范围三标准以企业为基础，在企业层面核算价值链温室气体排放，而产品标准在单个产品层面核算寿命周期温室气体排放[10, 11]。国际标准化组织（ISO）发布了ISO14067：《产品的碳足迹第二部分：信息交流》，日本经济产业省于2009年公布了TSQ 0010标准：《产品碳足迹评估和标示通则》以及相关细则等。

2 石化产品碳足迹评价方法

石化行业是国民经济的支柱性产业，为工业和居民消费提供大量原材料和终端产品，包括汽油、煤油、柴油、燃料油等道路交通燃料，以及乙烯、丙烯、丁二烯、芳香烃、聚合物等化工产品，但目前针对石化产品碳足迹评价尚未制定相关方法标准。针对石化行业生产特点并遵循相关国际标准基础，开展石化产品碳足迹评价包括以下过程（图1）：确定评价对象和边界，搭建企业总加工流程，分析各环节物料平衡，建立温室气体排放清单，研究共生产品排放分配，计算各环节碳足迹排放，编制产品碳足迹评价报告等。

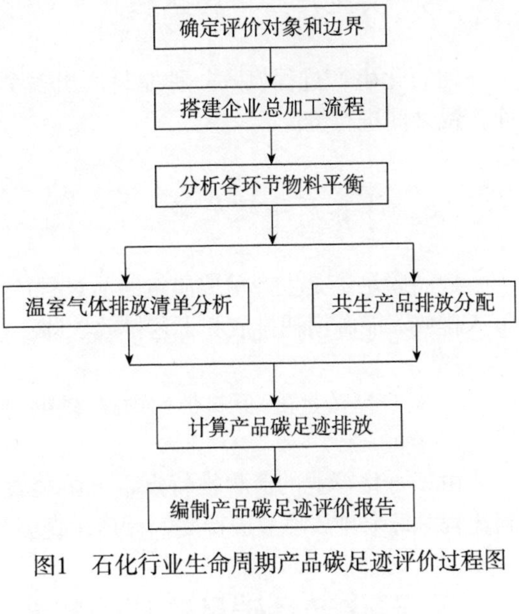

图1 石化行业生命周期产品碳足迹评价过程图

2.1 确定评价对象和边界

选取评价产品、基准年份，定义功能单位，设定系统边界。系统边界设定分为：从企业到企业（B2B），即原料入厂、生产，到产品出厂，再到下游工业企业；从企业到消费者（B2C）的产品生命周期，包括原料获取、运输、生产、销售、使用和报废等各个阶段。

2.2 搭建企业总加工流程

石化生产过程流程长，物料之间存在相互交叉，搭建企业总加工流程的目的是在遵循产品物料来源的基础上，自下游向上游逐一追溯构成产品的物料流程，按照原料/辅助材料—中间产品—产品的演化过程建立产品生产流程。对于由边界外部供入的其他物料，应要求供应商提供其排放数据或通过计算获取。

2.3 分析各环节物料平衡

按照石化企业基准年的生产数据完成各环节的物料平衡分析，对投入装置的原料、辅助材料编制物料平衡，对各环节产生的主要产品和副产品进行统计汇总。

2.4 温室气体排放清单

温室气体排放包括燃烧排放、工艺排放、能源间接排放和辅助材料生产环节产生的温室气体排放，按照其排放量或消耗量计入产品生产链系统。

2.5 共生产品排放分配

对石化生产过程投入一种原料产出多个产品的情形，需要对共生过程产生的排放在多个产品之间进行分配。

2.6 计算产品碳足迹

产品碳足迹是生产单位质量产品过程产生的CO_2排放量，包括原料带入排放、辅助材料带入排放、能源消耗排放和工艺排放，即：

产品碳足迹=原料带入排放+辅助材料带入排放+能源消耗排放+工艺排放

由于石化行业的流程性特点，上游装置的产品会成为下游装置原料，因此需要按照物料流程对每个排放环节进行逐一计算，直至产品流出企业边界为止。

3 石化产品碳足迹评价实践

3.1 航煤产品

某炼厂航煤产品来源包括直馏航煤和加氢裂化航煤。航煤生产过程涉及的工艺装置包括：常减压装置、加氢裂化装置、航煤加氢装置、制氢装置等，上述装置存在CO_2排放。以加氢裂化装置为例说明碳足迹计算过程。

加氢裂化装置生产煤油的装置物料平衡如表1所示。

表1 加氢裂化装置物料平衡表

序号	进料	加工量（吨）	出料	产量（吨）
1	加裂蜡油原料	2364033	加氢干气	50458
2	焦化蜡油	22990	酸性气	37084
3	催化柴油	7333	液化气	90267
4	直馏柴油	5429	加裂轻石脑油	196168
5	低分气	15244	加裂重石脑油	386271
6	中压氢气	82843	加裂煤油	706258
7	—	—	加裂柴油	278256
8	—	—	加裂尾油	744655
9	—	—	装置污退油	7061
10	—	—	装置损失	1394
11	合计	2497872	合计	2497872

对于加氢裂化装置，投入原料中焦化蜡油、催化柴油、直馏柴油和低分气所占比例较小，同时上述原料获取过程导致的温室气体排放较少，因此暂不计上述原料的碳足迹排放。对原料中的中压氢气生产过程能耗和温室气体排放量较大，应考虑在内。该企业加氢裂化装置所耗氢气由4.65兆帕管网提供，而该管网的氢源是煤制氢装置。制氢装置的CO_2排放包括使用燃料、蒸汽、电等能源排放，以及煤气化反应过程产生的工艺排放。由能耗计算的能源排放量如表2所示。

表2 煤制氢装置能耗及CO_2排放量

序号	耗能工质	能耗（吨）	CO_2排放量（千克）
1	新鲜水	110752	65975
2	循环水	169138932	67165070
3	除盐水	1853548	16930863
4	电	80529143	74272029
5	输入3.5兆帕蒸汽	148299	51828380
6	输入1.0兆帕蒸汽	267224	80655846
7	输出0.35兆帕蒸汽	−36515	−9571104
8	合计	70667	281347059

煤制氢装置产生的工艺排放可以由装置碳平衡数据计算，如表3所示。

表3 煤制氢物料平衡表

序号	原料	投入量（吨）	产出	产出量（吨）
1	原料煤	603246	煤制氢氢气	71031
2	石油焦	1988	煤制氢酸性气	3380
3	氧气	447890	CO_2	43489
4	—	—	粗煤渣	41684
5	—	—	煤滤饼	23582
6	原料合计	1053124	产出合计	183166

注：原料煤含碳量69.53%，粗煤渣含碳36.06%，煤滤饼含碳33.86%，石油焦含碳89.22%，其中CO_2是捕集后用于销售的统计量。

采用物料平衡法，由表3计算煤制氢装置工艺CO_2排放量＝（603246×69.53%+1988×89.22%−41684×36.06%−23582×33.86%）×44/12−43489＝1416558吨。

由能耗排放量和工艺排放量计算制氢装置制取吨氢气的CO_2排放量＝$\frac{1697905059}{71031}$＝23903.719千克。

对于加氢裂化装置的碳排放主要包括使用能源导致，如表4所示。

表4 加氢裂化装置能耗及CO_2排放量

序号	耗能工质	能耗（吨）	CO_2排放量（千克）
1	循环水	15376780	6106119
2	除盐水	346710	3166953
3	电	78736367	72618551
4	输入3.5兆帕蒸汽	457160	159770883
5	输入1.0兆帕蒸汽	−349984	−105635181
6	工艺炉燃料气	13889	36844295
7	合计	45202	172871620

加氢裂化装置碳足迹包括常减压装置生产加裂蜡油原料的排放、加氢裂化装置排放以及生产过程所需制取1吨氢气过程导致的CO_2排放

$$=26.357+\left(\frac{172871620}{2497872}+\frac{82843\times 23903.719}{2497872}\right)$$

$$=26.357+69.208+792.777=888.342\text{千克。}$$

按照上述方法分别对该企业常减压装置、航煤加氢装置等进行计算，并按照航煤产品的调和构成计算碳足迹评价，其结果为298.132千克（图2）。

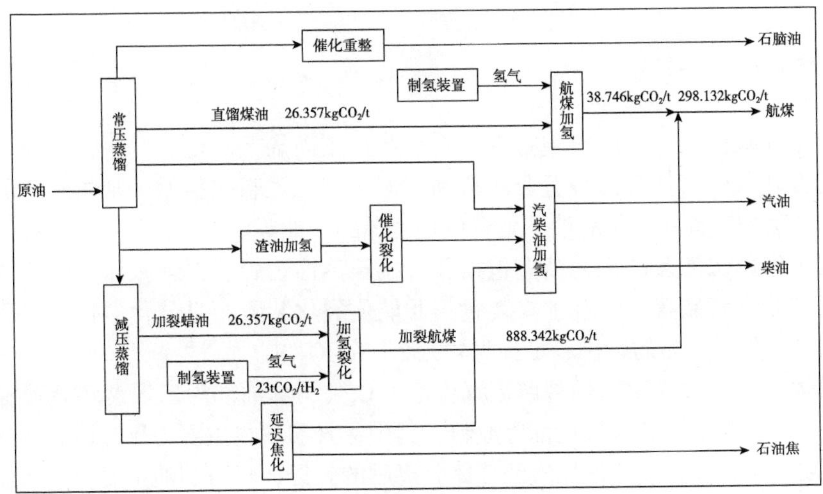

图2 航煤产品碳足迹结果图

3.2 对二甲苯产品

某炼化企业具有800万吨/年原油加工能力和60万吨/年对二甲苯产能，芳香烃部生产对二甲苯，同时副产抽余油、苯、重芳香烃等产品，生产装置包括二甲苯分馏装置、吸附分离装置、异构化装置、歧化烷基转移装置和芳香烃抽提装置。

对二甲苯产品碳足迹评价中，原料带入排放是指原料获取阶段产生的CO_2，炼油部生产脱戊烷油为芳香烃部提供对二甲苯生产原料，因此原料带入排放即脱戊烷油生产阶段产生的CO_2。

在炼油总流程中，涉及脱戊烷油生产的装置主要包括常减压装置、加氢裂化装置、轻烃回收装置、预加氢装置、异构化装置和连续重整装置。脱戊烷油生产过程排放可按照“3.1航煤产品”分析，其结果为374.61千克CO_2/吨。

对二甲苯生产过程碳足迹需要根据各装置数据计算，但由于芳香烃联合装置存在大量物料循环，主要包括：异构化单元C_8芳香烃→二甲苯精馏单元C_8芳香烃→吸附分离单元的抽余液→异构化单元C_8芳香烃；歧化烷基转移C_8芳香烃→二甲苯精馏单元C_9→歧化烷基转移单元→B/T精馏单元C_8芳香烃。在计算上述循环物料作为原材料带入排放时，需要已知循环物料的碳足迹数据，而该数值通常需要完成下游装置的碳排放足迹计算后才能得到，因此需要在设定初值基础上，进行循环迭代。其评价的最终结果如图3所示。

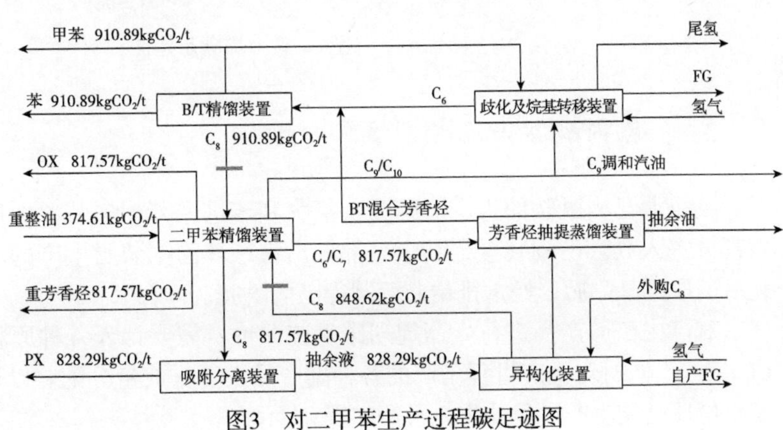

图3 对二甲苯生产过程碳足迹图

3.3 聚丙烯产品

某炼化企业聚丙烯生产原料包括炼油丙烯和化工丙烯及乙烯，其中，炼油丙烯由催化裂化装置的液化气经气体分馏装置分离得到，催化裂化原料包括蜡油加氢装置的产品——加氢蜡油和Ⅱ蒸馏装置的常压渣油、延迟焦化装置的汽油等。

炼油部生产丙烯涉及的工艺装置包括Ⅱ常减压蒸馏装置、Ⅳ常减压蒸馏装置、延迟焦化装置、丙烷脱沥青装置、蜡油加氢装置、Ⅱ催化裂化装置、Ⅲ催化裂化装置和气体分馏装置，计算得到丙烯产品的碳排放足迹为400.52千克CO_2/吨。

化工丙烯及乙烯主要由乙烯裂解装置生产，该公司炼油部为乙烯裂解装置提供轻裂解料、C_3液化气、轻石脑油和加裂尾油等原料。其中，轻裂解料主要为Ⅳ蒸馏装置的初顶油；C_3液化气主要为催化裂化装置液化气经气体分离后的轻烃；轻石脑油主要为中压加氢裂化、高压加氢裂化和连续重整装置的轻石脑油；加裂尾油主要为高压加氢装置所产尾油。

经过装置逐一计算后，丙烯产品碳足迹为770.13千克CO_2/吨。由炼油丙烯和化工丙烯计算该企业聚丙烯产品碳足迹为934.16千克CO_2/吨，如图4所示。

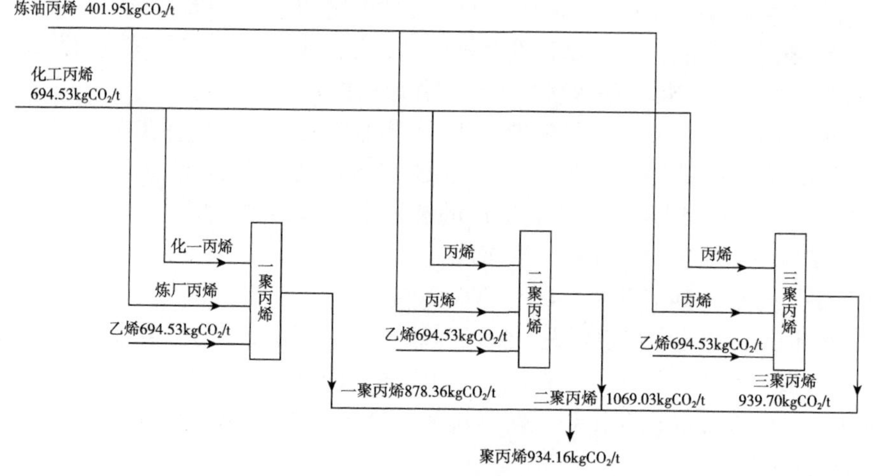

图4　聚丙烯碳足迹图

3.4 己内酰胺产品[11]

某企业己内酰胺的生产流程为：氢气和苯进入苯加氢装置，反应生成环己烷，环己烷大部分进入到环己酮装置，其余一部分出售；环己酮装置生产的环己酮经氨肟化和羟胺肟化后制取环己酮肟，经重排精制后制得己内酰胺。

对己内酰胺产品进行生命周期碳足迹评价，需要计入各种原料、辅助材料使用产生的CO_2排放，同时对生产过程副产的各种副产品进行排放量分配。以环己酮生产为例，该企业某年份环己酮生产过程的物料平衡如表5所示。

表5 环己酮区域物料平衡

序号	进料	加工量（吨）	出料	产量（吨）
1	环己烷	72616	环己酮	82336
2	外购环己烷	12780	轻质油	861
3	液碱	28804	X油	2243
4	—	—	纯碱	9777
5	—	—	碱渣	10598
6	—	—	损失	8384
7	进料合计	114200	出料合计	2497872

环己酮生产过程的排放主要包括辅助材料带入的排放、使用各种能源介质产生的能耗排放以及副产物对排放的分配，其计算结果如表6所示。

表6 环己酮生产过程排放量汇总

项目	排放类型	排放量（千克CO_2）	占比
CO_2排放	能耗排放	242603876	0.88
	辅助材料带入排放	84776797	0.31
	小计	327380673	1.18
副产物分配	纯碱、渣碱	26656816	0.10
	轻质油、X油	23899588	0.09
	小计	50556404	0.18
合计排放量		276824269	1.00

由表6中数据，可以计算环己酮生产过程中吨环己酮的CO_2排放量

=276824269 ÷ 82336=3362.13千克。

吨环己酮的生命周期排放量=3922.38+3362.13=7284.51千克。

按照上述方法分别对苯加氢过程、环己酮生产过程、羟胺肟化过程、氨肟化过程和精制过程进行碳足迹分析，最终得到己内酰胺产品生产阶段的碳足迹为12485千克，其结果如图5所示。

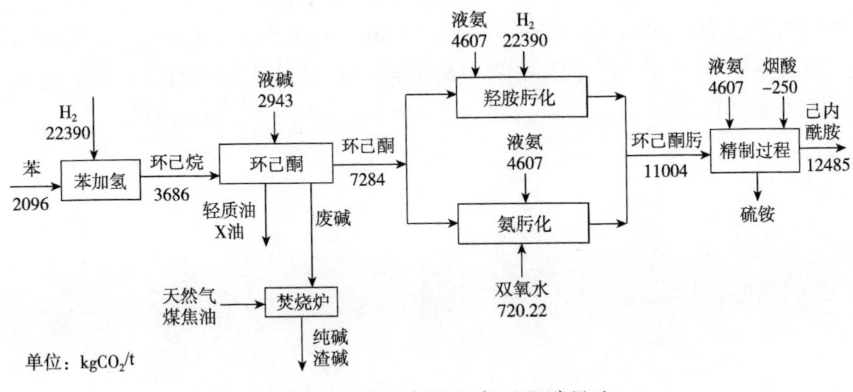

图5 己内酰胺产品生产过程碳足迹

4 结论及展望

一是基于PAS 2050的石化产品碳足迹B2B评价模式，在建立石化生产总流程基础上，对各生产工艺环节进行温室气体排放清单分析，同时计入各种辅助材料生产导致的温室气体排放，因此石化产品碳足迹不仅包括生产过程直接消耗能源和工艺产生的CO_2排放，对与产品生产相关辅助材料生产导致CO_2排放也计入产品碳足迹中。

二是对于具有循环物流的石化生产过程，进行产品碳足迹评价需要已知中间循环物料的碳足迹，通常可以通过迭代方法并假定中间循环物料碳足迹与原料碳足迹一致，由此可确定中间循环物料及最终产品的碳足迹。

三是石化产品碳足迹评价中，各种能耗介质的CO_2排放因子（例如蒸汽的CO_2排放因子）可以通过热值及默认的CO_2排放因子确定。但未来碳足迹评价，宜根据全厂工艺及蒸汽动力系统平衡情况综合确定。

参考文献

[1] 樊杰，李平星，梁育填. 个人终端消费导向的碳足迹研究框架——支撑我国环境外交的碳排放研究新思路[J]. 地球科学进展，2010，25（1）：61-68.

[2] 马玉莲，忻仕海. 碳足迹评价方法学在PVC产品中的应用[J]. 氯碱工业，2011，47（1）：1-6.

[3] 孙潇磊，张志智，尹泽群. 沥青产品的碳足迹研究[J]. 石油炼制与化工，2017，48（12）：88-92.

[4] 于涵，蒋庆哲，宋昭峥，等. CO_2-DMC产业链碳足迹分析[J]. 现在化工，2017，37（3）：9-13.

[5] BP. BP可持续发展报告[R]. 2019.

[6] ExxonMobil. ExxonMobil Energy & Carbon Summary[R]. 2020.

[7] 壳牌. 壳牌可持续发展报告[R]. 2019.

[8] 雪佛龙. 雪佛龙合作可持续发展报告[R]. 2019.

[9] Wiedmann T.，Minx J. A Definition of Carbon Footprint [J]. ISA Research Report，2007：1-7.

[10] WRI，WBCSD. GHG protocol：Product Life Cycle Accounting and reporting Standard. 2011.

[11] 田涛，韦桃平，王北星. 石化产品全生命周期碳足迹评价研究[J]. 石油石化绿色低碳，2016，1（2）：12-18.

新冠肺炎疫情和低油价形势下油气企业应对策略研究

杨 涛 王江顺 管金涛
（中国石化中原油田分公司）

摘 要：2019年年底以来，由于新冠肺炎疫情全球蔓延叠加沙特阿拉伯、俄罗斯大打价格战，导致国际油价最低下探至20美元/桶，期货价格狂跌至-37.63美元/桶，出现了前所未有的崩盘走势。低油价给石油石化业带来全链条、深层次的巨大冲击，首当其冲的是油气开采业，受地质条件等因素影响，中国开采成本在50美元/桶左右，油气开采完全处于亏损状态。低油价给国内石油企业生产经营、效益提升、深化改革等带来巨大考验。本文坚持效益优先的原则，通过近期方略、中期策略、长期战略加以应对，探索新冠肺炎疫情和低油价下油气企业可持续高质量发展之路。

关键词：疫情；低油价；方略；策略；战略

1 油气行业现状

1.1 从国际国内趋势看

世界正经历着百年未有之大变局，风险挑战明显增多。特别是新冠肺炎疫情暴发至今，已席卷200多个国家和地区，根本性地改变了世界总体稳定的架构，很有可能导致一场全球性的经济危机，促使国际关系格局深刻调整。中国在危机中育新机，于变局中开新局，成功控制疫情，迅速展开复工复产，巩固了在世界经济中的地位，增强了世界对中国发展的信心，《2019年国内外油气行业发展报告》显示，中国原油生产增速由负转正，天然气生产快速增长。

1.2 从能源安全形势看

“石油，10%是经济，90%是政治”。谁控制了石油，谁就控制了所有国家。2020年，预计中国一次能源需求总量为49.2亿吨标准煤，而一次能源生产总量却为40.5亿吨标准煤，油气自给形势非常严峻。2016—2019年，中国原油对外依存度从65.3%增至72.2%，天然气对外依存度从35.7%增至43.7%，能源安全还未从根本上解决，需要大力提升油气勘探开发力度，才能保障国家能源安全。

1.3 从油气行业发展看

能源公司发展都面临着制约因素，以中国石油化工集团有限公司上游企业为例，一是资源瓶颈制约了可持续发展。据统计，截至2018年年底，油气储采比只有5.4和7，远低于国际同行水平；2019年，油气SEC储量比有所提高，但资源接替不足的矛盾未得到根本解决；2020年油气储采比要分别达到6.1和8，才能实现全面盈利；2023年储采比要分别达到8和10，盈利能力才能得以持续提升。二是矿权不足制约了勘探潜力，使发展空间日益受限。国家宣布将全面开放油气勘查开采市场，上游行业格局将面临深刻调整。三是科技瓶颈制约了大发现大突破。在油气勘探开发上，没有理论认识和重大技术突破，难动用储量经济开发等关键技术有待攻克。

1.4 油气企业发展中存在的主要矛盾

纵观油气行业现状，有效益发展的挑战依然突出，主要表现在以下几个方面。一是疫情影响呈全方位态势。国际油价断崖式下跌，导致勘探开发工作量大幅压减，地面工程一度全部停工，给生产经营秩序带来了巨大影响，完成年度生产经营目标任务难度更大、压力更大。二是矿权面积大幅减少。以中原油田为例，由高峰期的7.3万平方千米，减少到目前的2.55万平方千米，减少了65%。三是可持续高质量的发展基础不牢。储量接替少、生产规模人、用工人数多，资源优化、结构调整难度大，本质安全环保的基础薄弱。四是专业化高端化的业务结构不优。以上问题，制约了油气开采行业可持续发展。

2 疫情下油气行业发展策略

中原油田隶属中国石油化工集团有限公司，经过40多年的勘探开发，油田已步入勘探开发特殊时期，制约企业发展的问题逐步凸显。如何在新冠肺炎疫情和低油价形势下实现油气增产降本盈利，保持可持续高质量发展，以近期方略、中期策略、长期战略破旧立新，攻坚创效，可谓破解之法。

2.1 近期方略

控疫情，抢复产。2019年年底新冠肺炎疫情暴发进而席卷全球，国际油价下跌，勘探开发措施工作量大幅压减，地面工程停工，深层次影响逐步显现，低油价导致油气开采行业面临严峻挑战。要扭转不利局面必须采取“短、平、快”的举措，既要做好新冠肺炎疫情防控，又要复工复产，以多产效益油应对低油价，以低成本应对低油价。

2.1.1 全力实施疫情防控及安全生产

守住“不发生聚集性疫情，不发生安全环保事故”的底线，严抓复产复工的疫情防控与安全环保条件确认，严格落实“方案和预案不细化不开工、责任和措施不落实不开工”的要求，高度警惕麻痹思想、侥幸心理、松劲心态，复工复产率竭力达到疫前水平。

2.1.2 全力实施调整优化及产能提升

兼顾当前与长远，统筹原油产量规模与经营效益，立足“五压减、四优化、四不减”原则，加强区块目标管理和“三线四区”模型应用，实施“一块一策、一井一法”，分类优化调整原油产量和产能结构，实现存量硬稳定、增量有效益。

2.1.3 全力实施增产增气及提产提效

天然气开发对标全年产量目标不动摇，在抓好老井稳产的同时抓好新产能建设进度，做好产销协调，按最大能力安排生产，全力弥补疫情造成的影响。

2.1.4 全力实施降本增效及全面挖潜

在降本创效上下功夫，采取革命性措施，强化“左右不了油价，但可以控制成本”的意识，针对低油价成立油气勘探、油气开发、电力、井下作业、非生产性费用等挖潜增效项目组，细化目标措施，明确责任分工，强化全员、全要素、全过程的挖潜降本。

2.2 中期策略

深挖潜，保上产。在疫情受控下，中央经济会议提出“六保”“六稳”，其中“保能源安全、保产业链供应链稳定”“稳预期”为石油石化企业提出了要求。各油气生产企业都有年度既定任务，需要油气行业聚焦资源价值，大力实施低成本战略，以油增气升应对低油价，以科技创新应对低油价，以集输系统优化应对低油价，以细化经营应对低油价，以机制改革应对低油价，实现低油价下成本不增、高油价下扭亏为盈。

2.2.1 开发见效，瞄准增储上产创效

油气开采行业“SEC储量不提升”，发展根基就难以保证；“效益上不去”，就丧失持续发展的机遇。因此，要追求高效益、可持续、有保障的持续稳产，原油、天然气开发成本必须控制在25.2美元/桶、180元/千立方米以内。抓住资源接替这个根本，加强地质基础研究，创新关键理论，创新关键技术，确保增量创效；抓住增量创效这个重点，强化井网优化部署设计，强化经济评价，确保产能建设工程优质高效；抓住存量创效这个关键，围绕“两提一稳（提高单井产量、提高井网完好率、稳定开井率）”，做好单井效益评价，推动无效变有效、有效变高效、高效再提效。

2.2.2 工艺提效，突出科技应用创效

突出成熟技术应用，提升增油能力。进一步探索“深层低渗油藏高效降压增注工艺技术”，丰富有效提液配套手段，利用深抽减载增效技术代替部分电泵提液措施，达到增油目的；突出新型工艺应用，创新技术手段。开展2D智能纳米黑卡提高采收率技术试验，提高低渗油藏调驱效果，实施科技增油；突出技术优化应用，减少成本投入。进一步完善以防偏、防腐、防砂、防气、防蜡、防盐为主的“六防”配套工艺，推进低成本作业一体化

技术，优化作业工序，缩短作业周期，节约作业费用。

2.2.3 精简显效，优化集输系统创效

按照“井串、站撤、线合、岗并”方针，持续推进地面运行系统精简优化。例如中原油田文留采油厂，2020年年底撤销30%以上站库及工艺设施，对文一联合站、文二联合站实行油气集中处理，优化合并部分工作岗位，降低运维费用。按照“一区一线一分离器”原则，优化单井和干支线运行模式，2020年年底减少管网、加热单井、单拉罐数量40%以上，停运、合并采油站50%，有效压缩地面系统运行规模，缩短生产流程，实现集输系统的安全、高效、低成本运行。

2.2.4 降本增效，细化经营管理创效

细化全面预算管理，进一步强化成本过程管控。梳理各项成本费用消耗节点，细化预算指标分解，明确责任部门及责任人，优化各项工作措施，充分发挥预算的价值引领和约束引导作用；细化经营环节管控，进一步完善项目运行机制。深化项目管理方、运行方、使用方“三位异体”监督，确保项目运行的共同参与、协调运作、相互制约、高效运行；细化内部效能挖潜，进一步利用“三线四区”模型指导经营。实施“一井一策”治理，开展厂、区、单井效能指标分析和无边际效益单井分析，实现低、无效井占比减少。

2.2.5 改革促效，完善体制机制创效

推进管理机制、管理方式创新变革，建立适应现代企业发展的管理模式，用新模式提高发展水平。在创新实践中，提能力、提质量、提效益。实施石油公司体制机制建设，完善内部市场运行机制，按照“一体化统筹、专业化管理、市场化运作”原则，健全内部市场价格体系，坚持人员、设备、资产统筹使用、科学配置，实现内部市场化运作。开展“油公司模式”自主经营，明确采油管理区自主经营、自主决策的经营主体地位，推动油气主业扭亏为盈。推进采油管理区管理模式创新，探索推行“管理+技术”岗位设置模式，优化岗位人员配置，促进采油管理区减员增效、降本减费，实现油气主营单位人工成本降低。

2.3 长期战略

定规划，谋发展。疫情终将会过去，以战略眼光观大势、谋全局，后疫情时代应坚定不移推进企业高质量发展，落实国家“十四五”发展规划和能源安全战略，统筹平衡储量、产量、效益、成本、可持续发展之间的关系，科学编制三年开发规划，持续加大油气勘探开发力度，提升国有资本运营效率，稳中求进迈上全面可持续高质量发展之路。

2.3.1 围绕油气资源，打造能源保障企业

国际能源机构预测，中国2030年的油气对外依存度将达到75%，保障国家的能源安全成为中国所面临的重大挑战。习近平总书记深刻指出：“当今世界，能源问题是各国国家安

全的优先领域”“我国需要大量进口原油、天然气，一多半石油来源在我们掌控之外，就不敢说我国能源是安全的”。这些论断充满忧患意识，昭示国家能源安全的基石就是国内自产。中国石油化工集团有限公司全面实施“七年行动计划”，以能源资源为基础，以新能源和合成材料为两翼，以新能源、新经济、新领域为重要增长点的“一基两翼三新”发展战略，其中“一基”就是夯实油气勘探开发基础。加大油气勘探开发力度，确保油增气升，保障国家能源安全。

2.3.2　围绕效益油气，打造高质高效企业

不断提升矿权面积，加快储量接替。积极推广先进的新工艺、新方法，降低油气勘探、开发、集输等成本，着力做好增产提效、降本增效各项工作，尤其是在低油价时期，应以效益为导向，合理控制产量。实施必要的收缩性调整战略，对低效率、高成本油气井采取关井压产措施，选择性增开高效率、低成本井，淘汰落后产能，优化产业结构。加大改革调整力度，推进油公司、工程公司一体化协同运行，提高施工质量效率，降低采油厂、采油区盈亏平衡点。优化体制调整，推进职能职级改革，实现“小机关、大服务”。加快勘探局转型，完成“四供一业”移交社会化管理。

2.3.3　围绕外部市场，打造增收创效企业

紧跟国家“一带一路”和重大区域战略布局，做精油气开发队伍，发挥人力资源服务中心“蓄水池”作用。做强油气服务队伍，开展价值对标，支持全产业链专业化建设，培养新业务拓展实力，提高整体创效能力。做优公共服务队伍，坚持社会化方向，调整业务结构，消化富余人员。打造集成、高端、规模项目，提升外部市场贡献率，实现外部市场创收目标最大化。

2.3.4　围绕安全环保，打造绿色健康企业

把安全、绿色、低碳发展作为高质量发展的基础工程，推动本质安全、本质环保水平提升，守住“三个零”目标底线，探索建立全过程节能型生产企业，深入推进“绿色企业行动计划”，以绿色企业创建工作为抓手，积极培育绿色发展理念，切实提高生产作业现场环保水平，杜绝环境污染事件发生，让绿色发展成为企业核心竞争力。

2.3.5　围绕长远发展，打造党建领航企业

保证国企党建对企业发展的政治引领，就是对政治方向、政治原则、重大决策的领导，坚持“党管国企”和“国企姓党”，确保国企在发展中的正确方向。打造忠诚可靠的石油“铁军”，必须旗帜鲜明讲政治，树立“在经济领域为党工作”的理念，及时分析形势和发展变化，坚持问题导向、目标导向、结果导向，提升应对低油价能力，提升油田创新能力、创效能力、治理能力、执行能力、合规经营能力，提升油田的资源质量、生产质量、经营质量、队伍质量，以能力提升保证工作质量，以工作质量保证经营效益，永葆油气企业基业长青。

3 结语

面对新冠肺炎疫情和低油价，通过提升产能、降本增效、效益优先的原则，近期方略、中期策略和长期战略组合的实施，为应对打好疫情防控阻击战、生产经营突围战、科技攻关攻坚战、安全环保保卫战，化困难为潜力，化挑战为优势，积极化解疫情和油价暴跌带来的双重压力，探索出油气企业发展的新理念，闯出新路子。

3.1 油气产能回升，外部市场回暖

结合中国石油化工集团有限公司“百日攻坚创效”活动，中原油田将前期自主开展的“战疫情、保安全、提效能、踏步子”会战相结合，狠抓降本提质增效，全力推进油气增储增产和专业化队伍外闯市场工作，截至2020年6月，油田老区井口日产油能力提升240吨，油井措施有效率提高3.8%。362个外部市场满负荷运作，近期方略应对效果明显。

3.2 战略不断调整，企业实力提升

在低油价下，油气企业转型面临思想观念滞后、资产管理效率低、经营机制转变不到位等问题。近期方略、中期策略和长期战略组合深入挖潜增效，提高劳动生产率，促进了经营发展环境、思路、模式的转变。通过不断的战略实施，油气企业逐步适应石油市场的多种变化，在不同油价状态下竞争优势不断提升。

3.3 策略结合得当，平衡互补有效

国际能源署（IEA）预计2021年石油需求将强劲回升，日需求量回升幅度将达到创纪录的570万桶，目前国际油价已回升到38美元/桶。辩证地看，只有石油市场需求增长，才能刺激供给；也只有市场需求扩大了，石油价格才能回升。在没有革命性替代能源出现的情况下，国际油价仍将回归上升通道。近期方略、中期策略和未来发展的长期战略保持着有效平衡和互补，无论新冠肺炎疫情肆虐消减，还是油价涨跌，油气企业仍就按照全面可持续高质量发展之路前行。

参考文献

[1] 宋磊. 世界石油市场再平衡：中国的机遇和挑战[J]. 国际石油经济，2016（1）：50–59.

[2] 王寿平. 聚焦目标任务勇于拼搏进取全力打赢决胜全面可持续发展攻坚战[R]. 2020-03-30.

[3] 张红梅. 推动“一带一路”能源合作高质量发展的路径[J]. 中国石化. 2020（2）：75–79.

[4] 马世鹏. 国际油价下跌的成因及其对中国经济的影响[J]. 学术交流. 2015（3）：20–22.

[5] 定明明，耿长波，王曦. 近年国际大石油公司重大战略调整及其对中国石油企业的启示[J]. 国际石油经济，2013（4）：38–44.

党建工作融入生产经营的实践研究

李建雄　王宝柱　吴　晶
（中原油田技术监测中心）

摘　要：国有企业要树立“在经济领域为党工作”“融入中心抓党建、抓好党建促发展”的理念，坚持党建工作融入生产经营，从组织设置、领导体制、参与决策、运行过程、队伍建设、思想文化六个方面融合，做到目标同步制定、活动同步开展、保障同步跟进、考核同步实施，互促共进，协调发展，建立与企业战略目标相一致、与企业发展模式相匹配、与经营管理机制相协调的党建工作体系，实现党的政治优势转化为企业的发展实力。

关键词：党建；生产经营；融入；探索

党建工作融入生产经营是指党建工作在融入经济工作的过程中要形成统一的核心价值观，并以此为基本工作思路，运用系统的工作方法开展工作，从而取得明显的工作成效。紧紧围绕“融入中心抓党建、抓好党建促发展”的理念，做到党建工作与生产经营在目标上相一致、思路上相呼应、措施上相协调、成效上相促进，共同向提高企业核心竞争力聚焦。

1　党建工作融入生产经营的重要性认识

1.1　党建工作融入生产经营是新时代党的建设伟大工程的新要求

党的十九大报告明确了新时代党的建设总要求，就是坚持和加强党的全面领导。在新时代坚持和发展中国特色社会主义的十四条基本方略中，摆在第一条的就是坚持党对一切工作的领导。新《党章》第三十三条指出：“国有企业党委（党组）发挥领导作用，把方向、管大局、保落实，依照规定讨论和决定企业重大事项。”“国有企业和集体企业中党的基层组织，围绕企业生产经营开展工作。保证监督党和国家的方针、政策在本企业的贯彻执行；参与企业重大问题的决策……”给企业党建工作指明了方向，为新时代建设党的伟大工程提出了新要求。必须把党的建设贯穿、融入生产经营中，充分发挥党委（党组）领导作用、基层党组织战斗堡垒作用和党员先锋模范作用，不断提升企业核心竞争力，推动企业又好又快地发展。

1.2　党建工作融入生产经营是国有企业加强党建工作的现实需要

习近平总书记在全国国有企业党的建设工作会议上强调，坚持党的领导、加强党的建设，是中国国有企业的光荣传统，是国有企业的“根”和“魂”，是中国国有企业的独特优势。坚持服务生产经营不偏离，把提高企业效益、增强企业竞争实力、实现国有资产保值增值作为国有企业党组织工作的出发点和落脚点。中共中央办公厅《关于在深化国有企业改革中坚持党的领导加强党的建设的若干意见》中指出，在协调推进“四个全面”战略布局的伟大进程中，必须毫不动摇地坚持党对国有企业的领导，毫不动摇地加强国有企业党的建设。推进党建工作融入生产经营，还可以保证国有企业在追求经营效益最大化的同时，有效化解发展弊端、不断校准发展目标，不偏离中国特色社会主义发展方向。

1.3 党建工作融入生产经营是强化基层党支部建设的必然选择

中国石油化工集团有限公司（以下简称“中国石化”）党组在基层党支部建设工作会议上要求，各级党组织尤其是基层党支部要发挥直接联系党员、联系群众的优势，找准服务生产经营、凝聚党员群众的着力点，建强基层班子，带好基层队伍，把基层广大党员和群众充分动员起来、组织起来。因此，作为基层党组织，必须站在“把中国石化打造成贯彻和实践习近平总书记治国理政新理念、新思想、新战略的重要阵地”的政治高度，推进党建工作融入生产经营，把全面从严治党向基层延伸的要求落到实处。

2 党建工作与生产经营“六个融合”的实践探索

2.1 坚持组织设置融合，增强党组织建设的有效性

合理设置基层党组织。探索建立与生产经营管理相适应的党组织设置体系，推动党组织设置规范化，坚持“支部建在连上”不动摇，本着有利于党内工作开展、有利于党支部和党员作用发挥、有利于促进中心任务完成的原则，依托行政单位（项目）设置党支部，把党组织（支部或党小组）建在企业的项目上、生产线上、车间班组上，构建起“党组织建在一线、优势发挥在一线、先进体现在一线”的工作格局。

发挥群团组织作用。按照党组织设置和行政隶属关系建立健全工会、共青团、女工委以及各种协会等群团组织，强化党组织对工青妇等群团组织的领导，形成“党建带群建、一体共建”的工作机制。群团组织在党组织的领导下，围绕企业中心目标和企业生产经营，组织职工开展劳动竞赛、提合理化建议、搞技术革新等经济技术创新活动，充分发挥职工的主力军作用。

成立相应领导组织机构。根据工作需要，成立HSSE管理委员会、精神文明建设委员会、民主公开委员会等；围绕生产经营中心工作，成立“战寒冬、求生存、谋发展”攻坚战领导小组、“转观念、勇担当、创一流”讨论领导小组等；成立党政同级联席会议组织、企业对外联合协调组织，探索党组织和企业管理层共同学习、集体研讨、协商恳谈的工作模式，推动党组织参加企业管理，促进优势互补。

2.2 坚持领导体制融合，增强权力运行公信力

完善“双向介入”领导体制。推行“双向进入、交叉任职”的领导体制，健全党组织与行政班子相互衔接协调的议事规则体系，使党组织成为企业管理的有机组成部分。实行“双向进入、交叉任职”，原则上党组织书记兼任行政副职，行政正职兼任党组织副书记。严格按照同级正职配备基层党组织书记，在职称评聘、职级晋升、薪酬待遇等方面同等对待。

实行党建工作责任机制。厘清党组织及班子成员党建工作责任界面，分层分类细化职责内容，构建党组织履行主体责任、书记履行第一责任、担任副书记的行政正职履行重要领导责任、党群副职履行主管责任、领导班子中的其他党员干部履行“一岗双责”的责任链条。遵循“谁主管、谁负责，管业务必须抓党建”的原则，聚焦“保增长、谋发展、强基础、抓党建”工作主线，签订《党建工作目标责任书》，建立和完善职责分工、目标责任、定期通报、分析整改、工作报告、述职评议等工作制度，保障党建工作责任落实。

建立党建工作考评问责机制。按照《中国共产党问责条例》和中国石化《党建工作考核办法》，对党组织及班子成员落实党建工作责任制情况进行严格监督考核，发挥上级党组织的监督、指导和帮助作用，形成党组织统一领导、党政齐抓共管，一级抓一级、层层抓落实的党建工作良性发展态势。

2.3 坚持参与决策融合，提升决策管理科学化

完善参与重大问题决策制度。坚持观大势、谋全局、干大事，修订完善“三重一大”议事决策制度。按照“集体领导、民主集中、个别酝酿、会议决定”的原则，将企业重大事项决策、重要干部任免、重要项目安排、大额资金使用，列入党组织参与决策事项清单，实行源头参与、深度介入、调研论证、集体研究，党组织重点把好方向关、政治关、政策关。

强化党政组织的互补功能。提升党组织与行政领导班子职能融合互补的决策咨询功能，建立领导碰头、务虚研讨、稳定风险评估、督促检查、监督报告等五项机制，促进党政工作全过程、全方位深度融合，保证党组织参与重大决策的质量和效果。

探索党组织参与经营决策的途径。运用沟通提醒，把党政之间的意见和主张通过日常沟通，融入决策的思维之中；运用会议参与，用好党政联席会议，以及党组织书记参加有关生产会议等形式，党政相互通报情况，提出科学决策依据，对工作做出统筹部署；运用过程监督，积极参加决策部署会议和各种生产经营会议，代表党组织提出意见和建议，保证正确决策的思想引导、过程监督和落实执行。

2.4 坚持运行过程融合，切实做到“四个同步”

目标同步制定。党建工作计划、活动方案要紧紧围绕企业发展目标来制定，广泛开展征求党内外群众意见活动，发动党员职工提出意见建议，提高活动的针对性。党建、生产

经营年度工作总体目标，应分解落实到基层单位及党支部，建立自上而下的党建思想政治工作、生产经营目标体系，实现目标任务同步下达，推动企业各项工作的扎实开展。

活动同步开展。发挥党组织的政治优势，围绕生产经营，开展节能降耗、帮带竞赛等活动；围绕技术创新，组建党员攻关小组，破解技术难题；围绕管理创新，深化党员公开承诺、项目领办等党员管理制度，将党的工作融入企业日常管理的各个环节。

保障同步跟进。加强企业党组织活动场所规范化建设，建立“六有”党员活动室，做到有标识、有党旗、有入党誓词、有制度规定、有学习书籍、有电教设施；加强经费保障，落实党建活动经费规定，确保开展党员“创先争优”“党员示范岗”“党员责任区”等凝聚力工程的经费保障。

考核同步实施。采取对上述职与对下述职相结合、上级点评与党员群众测评相结合的“双述双评”制度，每年在职代会上，向党员职工代表述职并接受评议；在年度干部考核中，向上级党组织述职并接受评议；开展民主评议党支部班子及成员、民主评议党员“双评议”活动，对党支部书记、班子及成员、普通党员进行综合评价考核，分类定格。

2.5 坚持队伍建设融合，完善人才选拔培养机制

完善干部成长机制。围绕企业转型发展，将“信念坚定、为民服务、勤政务实、敢于担当、清正廉洁”的好干部标准具体化，坚持政治、道德、能力、业绩并重，及时把忠诚、干净、担当的干部用起来。注重实践锻炼，有计划选派优秀干部到改革发展主阵地、维护稳定第一线、服务群众最前沿接受锻炼，加大党务与行政、生产与经营、基层与机关干部轮岗力度，促进其尽快成长成才。

完善人才“双培养”机制。将培养党员人才与打造企业核心技术人才结合起来，把党员培养成人才，把人才培养成党员，把优秀党员人才推向企业中层管理岗位，把党员中层管理骨干推向管理决策层，不断提高党员人才占党员总量、人才总量、职工总量比重，并建立后备人才库，使党员人才成为企业发展的中坚力量。

建立党员“双推”工作机制。发展党员推优“六优先”，即：技术骨干优先、岗位标兵优先、劳动模范优先、爱岗敬业优先、遵纪守法优先、突出贡献优先。优秀党员推荐“六优先”，即：提拔任用优先、学习培训优先、评先表彰优先、奖励激励优先、推荐代表优先、职称考评优先。

2.6 坚持思想文化融合，助推全面可持续发展

发挥党员在生产经营管理中的先锋作用。党组织要积极推行党员“三先”制度，即上级党组织的重大部署、企业的重要决策让党员先知道、让党员先讨论、让党员先行动，使党员统一思想、提高认识，先行一步，带动和影响广大员工，使党的路线、方针、政策和企业的决策、决议得到有效地贯彻落实，使党员在企业的生产经营管理中发挥先锋示范作用，并通过这种个体上的高度融合，实现党组织与企业中心工作的深度融合。

引领员工对企业生产经营目标认知。为提高员工对企业的归属感、责任感，党组织

应以“战寒冬、求生存、谋发展”“转观念、勇担当、创一流”“讲形势、明任务、做贡献”为主题，与行政领导一起深入开展形势任务教育，引导员工爱企业、做贡献，激发员工投身生产经营和发展建设的工作热情。同时，还要加强企业文化建设，让员工明确企业的目标，深刻认知工作的意义，让员工自觉地按照企业要求去做，并为此不懈努力和奉献，从而把企业与个人的远景统一起来，促进企业发展壮大。

增强企业文化品牌效应影响力。加大对“爱我中华、振兴石化”“精细严谨、务实创新”“为美好生活加油”等核心价值理念的宣贯力度，推动创建“为社会创造财富、为企业创造效益、为员工创造价值”“创业创新创效，建设和谐油田”“油气并举，拓展市场，效益优先，科学发展”等企业文化，着力打造“中原文化”品牌，提升全员认知度和认同感。同时，进一步完善与企业文化品牌相适应的管理规定、操作规程、工作流程，修订员工岗位说明书、工作标准等行为规范，将“严细实”等理念有机融入制度和工作中，使其成为每名干部员工的行为自觉。

3 党建工作融入生产经营的体会启示

一是实现深度融合，行政支持是前提。行政领导的主观认知态度对党建工作影响至关重要。要坚持“到位不越位、有为不乱为、服从不盲从、引导不干预”的原则，积极向行政领导宣传党的方针政策，使其了解党组织在企业中的任务和作用；要尊重行政领导生产经营活动的指挥决策权，支持企业依法开展生产经营活动，以实际行动赢取行政领导的信任与支持，为更好地开展工作打下坚实的基础；要依靠制度约束，坚持民主集中制原则，认真落实《议事决策制度》《“三重一大”制度》等，实现党政深度融合。

二是实现深度融合，党务队伍是保障。以“政治强、业务精、作风正、肯奉献”为基本条件，突出政治标准和综合素质，配齐配强党组织书记和党务人员。要加强党建政工干部队伍素质建设，发挥组织员、宣传员、纪检员、政工员、信息员、通讯员、党风廉政建设监督员的作用，常态化开展培训，不断增强其履职能力，从而保证企业党建工作有人做、做得好。

三是实现深度融合，以人为本是关键。党组织要把尊重理解党员和关心厚爱员工作为工作根本出发点，从思想、工作、生活等各个方面，为每一位员工提供帮助，让他们切实感受到党组织的温暖；要敢于坚持原则，在职工群众的合法权益受到侵害时，能够挺身而出、坚决维护，确保职工群众切身利益不受损失；要领导和支持工会、共青团等群团组织开展工作，发挥其联系职工的桥梁和纽带作用，夯实群众基础，才能获得事半功倍成效。

四是实现深度融合，创新载体是重点。要注重创新企业党建工作载体，以文化建设为抓手，把准全体职工的思想脉搏，构建共同的价值理念，培育积极向上、与时俱进的企业精神，大力建设活动阵地，积极倡树先进典型，精心开展主题活动，使党组织更好地发挥鼓舞人、凝聚人、激励人的作用，打造富有企业特色的党建文化。

五是实现深度融合，助推发展是根本。企业党建工作乃至党建文化的创建都必须紧贴企业发展这个中心，才能保持旺盛的生命力。因此，党组织必须把围绕中心、推动发展作为工作的立足点，积极为企业发展出谋划策，帮助企业解决发展过程中的各种难题。要充分发挥党组织的思想政治优势，团结并凝聚广大党员职工，教育并引导他们共同致力推动企业发展，以企业发展成果检验党建工作的实际成效。要坚持新发展理念，落实高质量发展要求，遵循“四个坚持”兴企方略和“四化”运营准则，推进实施“两个三年、两个十年”发展规划和“2+5”行动计划，提升从严管控、政治优势转化两个水平，实现油气增产降本盈利，决胜全面可持续发展，加快打造千万吨级一流油气田进程，为中国石化建设世界领先的洁净能源和合成材料公司做出积极贡献。

基于智能化创新发展　打造国际化新型队伍

罗天成　张春雨　张　昊
（大庆油田有限责任公司井下作业分公司）

摘要：2017年以来，井下作业分公司作业一大队开始进行智能化操作平台的研发试验工作，三年来，从初期试验到全面升级，从专业化推进到智能化施工，每一步发展正在改变着作业系统传统运营模式、组织架构，涵盖人员定岗、设备定型、考核定量等全要素。与此同时中国石油天然气集团有限公司、大庆油田有限责任公司、井下作业分公司进入高质量发展阶段，更需要从顶层设计、从试点推广。本文重点描述了企业推进智能化施工的实施背景、运行现状、效果评价、思想认识，旨在通过这种模式助力油田高质量振兴发展。

关键词：智能施工；组织模式；队伍架构；高质量发展

近年来，石油行业正处于“百年未有之大变局”。以智能化、一体化、数字化、低成本为主要特征的技术革命正加速产业化、规模化，大量智能前沿技术要素正融入井下行业生产经营中，业务模式、成本变化将要发生颠覆性改变。大庆油田有限责任公司井下作业分公司作业一大队（以下简称“大队”）围绕中国石油天然气集团有限公司（以下简称“集团公司”）、大庆油田有限责任公司（以下简称“油田公司”）、井下作业分公司（以下简称“分公司”）高质量发展目标，以打造“井下智能化施工前沿大队”为发展愿景，综合集成自动控制、智能施工、无人值守等多种工业先进技术，探索自动化、智能化、数字化为一体全方位创新实践体系，率先实现了千支作业队伍、万名作业工人“穿白大褂”的施工梦想。

1　实施背景

围绕油田需求变化和分公司发展实际，传统粗放的作业模式、管理方式与新时期高质量、高效益要求不匹配，日趋成熟的专业化模式、智能化配套、数字化管理是作业行业的发展方向。2017年，大队着力打造“两新两高”新型作业队伍，即通过新突破新跨越，实现高质量高效益，以施工作业自动化、设备设施集成化、搬迁转运一体化等《三个一体化》方案为抓手，大力开展全自动智能化操作平台试验工作，努力打造国际化新型作业队伍。

1.1　优化业务结构

随着工作重点逐渐转型为大型压裂，分公司的业务结构发生变化，新型智能化施工设备适应性更强，应用面更广，工厂化施工是大势所趋。特别是2020年新冠肺炎疫情蔓延、油价暴跌、“黑天鹅”叠加而至，分公司的作业工作模式需要改变，经营方式需要创新，成本控制需要加强，谁率先采用新技术、新设备、新工艺，谁将在科技与效益齐头并进的过程中占据先机。

1.2 强化安全管控

近两年，工业生产事故还时有发生，亡人事故仍没有根本杜绝，最根本的原因是一些高危环节、关键工序还需人力操作。普及智能化操作平台应用是解决施工本质安全必经之路，更为作业行业安全施工提供了新路径、新想法。

1.3 提高幸福指数

实施专业化以来，平台吊装、起下管柱这类工作强度大、工作环境差的关键工序依然由人力操作。智能化施工的应用从根本上降低了劳动强度，改善了工作环境，实现平台智能自走、井口无人值守，更提高了员工的幸福指数。

1.4 增强发展动力

近几年，施工收入和成本构成已经发生变化，如果沿袭传统惯用的经营管理方式，已经不再适合当前发展。在完善管理体制、优化队伍结构的过程中，需以增强发展动力、推进企业创新为前提，从专业化、智能化、数字化方向寻找突破口。

1.5 提升核心能力

随着专业化道路走向深远，队伍发展处于关键节点上，为进一步释放生产力、提高创效水平、解决制约专业化发展的难题，就需要研发智能高端设备，探索科技发展新路，进一步打破施工模式、组织方式，不断以科技换资源，向创新要效益，提升队伍整体核心竞争能力。

2 实施目标

大队围绕《三个一体化》方案总体规划，以高质量高效益为根本要求，明确现在及未来一段时间的工作目标：把握一个总体要求、分三大实施阶段，走出一条技术领先、竞争优势明显的创新发展之路，走出一条结构优化、业绩贡献一流的内涵发展之路，走出一条高质高效、对标国际标准的持续发展之路，全力打造高水平高效益的国际化新型作业队伍，为高质量服务油田振兴发展、高质量推进世界水平再做新的贡献。

一个总体要求：配套数字智能高端设备，优化升级组织运行模式，执行精准合理施工标准，构建精细明晰考核机制，夯实技术人才培养根基，实现作业数字智能施工。

三大实施阶段：试验推进，加快设备调试，筑牢推行基础；运行成熟，扩大试点队伍，打造配套框架；全面推广，实现整体覆盖，构建智能格局。

三条发展之路：创新发展之路，以“知难不难、知难而进”工作状态，研发智能高端设备，探索作业数字领域，通过创新施工方式、创新运行模式，持续推进跨越发展进程，打造世界水平新型队伍。内涵发展之路，以“居安思危、思危无危”思想意识，构筑精密协作团队、执行标准施工规范，通过推进提质增效、实行平台管理，勇于构建精细管理路径，实现队伍优质高效发展。持续发展之路，以“把握全局、做精靠实”实干精神，推进国际标准植入，加快智能施工步伐，通过三大阶段发展、整合升级业务，形成队伍独特发展模式，逐步跻身世界先进行列。

3　主要做法

近两年，依托于全自动智能化操作平台，大队按照方案规划，不断夯实基础建设，在设备研发、组织方式、体系建设、考核机制、培养载体、数字管理等方面亮点纷呈。

3.1　升级设备设施

两年来，通过攻关研发、系统升级，实现全自动智能化操作平台1.0到6.0的跨越。升级井口起下系统，集成作业机、全自动智能化操作平台，增加单项功能集成，结构相连、功能对接；升级大钩提升功能，一键提升、机械开合、智能翻转。集成配合辅助系统，研发机械支臂，自动抓放管杆，由人力操作改变为机械操作；研发井口溢流自动收集设施，实现密闭收集，避免污油污水飞溅落地。创新平台自走系统，与平台电脑连接，按钮操作，根据井场需求，调节平台高度，内外支腿升降，实现智能自走、自行对中，只需连接螺栓，即可完成平台安装，彻底打破了传统吊装模式，实现质的飞跃。构建生活保障系统，探索“产品+服务”外委方式，打造生活一体化保障模式，全部配备浴房、营房、餐房、卫生间、资料室，配备专业厨师、保洁，进行营养烹饪、打造星级服务，全面改善一线生活环境，进一步提高了员工幸福感、获得感。

3.2　创新运行模式

依托全自动智能化操作平台，创新实行平台制管理模式。升级组织架构，打破传统单队单机形式，实现双平台运行，推行平台制管理，设定平台经理、平台监理、平台工程师、平台机械师、平台机械手等29人。优化运行模式，以全自动智能化操作平台为依托，在“三班制大倒班”基础上，创新实行“小班组”运行模式，即3个班组轮流倒班，白班缩短、夜班取消，单班人员由原来5人减至3人。打造专业班组，组建大学生试验班组，成立技术攻关团队，将传统操作工种转变为管理技术工种，推进岗位职责升级、管理职能上移，班组人员即可实现现场盯班、技术交底、施工操作等全部工序。

3.3 打造标准体系

依托专业化作业队伍《两册》及智能设备工作标准，打造了系统完善的工作标准和管理流程。重新梳理岗位职责，理清工作内容，制定平台制作业队《两册》，明确了平台经理、平台监理、平台工程师、平台机械师、平台机械手、会计师、营养师等岗位职责78项，新增岗位说明书10个，职责更加清晰，分工更加明确。修订操作标准，按照目前岗位配置及设备配套，对所有操作标准进行梳理，对逃生、应急演练程序进行修订，合计修订135个，形成主体工序5个、辅助工序13个，应急响应程序6个，完善操作标准32个，推动基础管理工作更加规范。规范基础管理，推进“线上线下”管理体系双化运行，线上融入数字化媒介，引入电子大屏、iPad等移动终端，既可完成班报表、管杆记录填报，又可录制班前会、交接班视频。线下实现目视化管理，改版“五色”资料，定制内容模板，大幅提高书写效率，实现了为基层减负目的，双化模式打造了智能工作独有现场资料管理体系。

3.4 实施量化考核

大队实行“六四制”月度奖金考核。考虑到平台制作业队人员数量、生产能力等因素，根据前线奖金总额60%计算人均奖金，按照岗位定员，将奖金分配到小队，作为考核基础奖金；另外40%奖金，以井次、盈余、管理等3项指标为要素进行浮动考核。针对季度绩效考核，突出效益监控与管理考评，签订绩效合同，设定内控指标，合理分配权重，季度打分评比，严格考核兑现。针对年度绩效考核，重点将人均创效等纳入考核范围，强化平台制作业队“减员增效”成效。同时，还对干部进行KPI考核。在当月奖金总额中抽取8%作为平台制队伍绩效奖金，针对平台制试验专家团队、管理骨干，将工作量、现场管理、突出贡献等7大类指标纳入考核要素，确保劳酬对等。

3.5 构筑培养体系

传统的操作、管理技术水平不能适应平台制作业队的管理，两年来，大队全力推进“五年三训”工程。打造比武擂台，以智能平台试验操作大赛为抓手，开展见习干部、技术能手、金牌班长选聘活动，激发员工工作积极性、主动性。打造展示讲台，打造新模式、新平台技能提升学堂、导师带徒课堂，开展专项培训，实行平台操作、技能授业定向培训，大幅提升干部业务素质，提高履职能力。打造才华舞台，通过委托式培养、订单式培训，全方位、多维度开展基层岗位实践，并以基层岗位轮训、平台借调专训等方式，加快专项人才培养进度，为智能施工全面推广提供人才保障。

3.6 配套数字系统

数字化管理是队伍发展终极目标，按照《井场数字化研究》方案，大力开展试验工作。升级管理平台，利用已经成熟的专业化管理平台系统，在内部网络打造管理和传输系统，构建设备调试、问题反馈、智能操作为一体的综合型数字平台。探索智能模式，加装设备监控探头，内置无线芯片，通过无线通信协议和智能网络终端结合，实现可视勘查路线规划、实时施工计划管控、现场监察监测等功能，实现无人值守。推行数字管理，打造智能大屏，通过无线终端与电子大屏连接，进行动态输入，将生产经营、安全管控、设备维保、技术交底等内容进行集中展示，实现职能上移，大幅度提升智能化工作水平，实现无纸化操作。

4　实施效果

“两新两高”队伍建设以来，队伍整体发展形势大好，在劳动强度、施工效率、降本增效、生产环境、安全管控等方面实现新突破。

4.1　劳动强度大幅降低

工作时间降低，采用“小班组”倒班模式，取消夜班、只上白班，平均单班工作12小时，人均月工作120小时，较“三班制大倒班”月减少49小时。

工作内容减少，继续剥离辅助工序，将原有29道工序剥离11道，单人工作量分离出37%，主体作业劳动强度降低。

自动化程度提高，智能化操作平台试验应用，彻底颠覆传统作业模式，实现井口无人值守，仅需要司机一键操作即可完成井口起下工序，劳动强度降低43%。

人员创效能力提高，采用平台制管理模式，单套队伍由原来27人缩减到13人，同比2016年专业化队伍，人均创效由46.3万元增至55.6万元，人均创效能力大幅提高。

单井利润大幅提高，2016年作业102队完成油水井压裂92口，实行平台制管理后，2018年完成油水井压裂102口，单井利润由0.45万元上升至0.56万元，同比上升24%。

搬迁转运费用降低，搬迁转运由原先1吊5平1卡，降至1吊3平1卡，单井节省费用2700元，单队年节省费用26.73万元，单井施工成本大幅降低。

4.2　生产环境全面改善

工作环境改善。使用智能平台后，劳动强度最大、工作环境最差的工序取消，彻底避免施工人员与污油污水接触，员工工作场所更加清洁、幸福指数大幅提高。

生活质量提高。配备冰箱、空调、咖啡机，引进电气炉灶，电磁加热，便捷卫生，环保清洁，使用方便；实行统一配餐，半成品配送，菜品丰富，营养均衡，一线生活环境得到改善，员工幸福感显著增强。

员工收入提升。实行平台制管理后，班组人员大幅缩减，队伍施工能力稳中有升，目前已经接近常规作业队生产能力，2019年，人均年收入提升13%，员工满意度上升，归属感增强。

4.3 管控水平整体增强

安全根基不断夯实。针对智能化操作平台，建立风险矩阵，进行风险评估，逐一梳理隐患，明确风险因素，新增风险点源46项，制定井控、应急等防控措施6项。2019年，平台制作业队伍的不安全状态问题比率降低2.7%。

安全监管能力提升。强化正职干部盯班，关键工序把控，特殊情况靠前指挥，实行全过程升级管理；推进队内副队长日例会制度，强化监督监管职能；开展HSE监督员奖励机制，强化员工责任意识，提高工作热情。2019年，平台制作业队人员的不安全行为问题比率下降1.7%。

环保控制持续有效。全自动智能化操作平台与锅炉环保一体化装置密切配合，聚氨酯集油池辅助使用，实现污油污水密闭回收。2019年，平台制作业队污染隐患问题发生比率为0。

4.4 核心能力优势明显

随着《三个一体化》方案中智能化平台的升级改造，按照“一年试验推进、两年运行成熟、三年全面推广”规划，通过大力推进专业化、智能化、数字化发展，实现了“四个转变”，向国际化迈出了坚实的一步。

由此可见，大队成功实现了由传统模式向平台模式转变、资源与生产最佳配置，使施工方式、业务结构全面升级，实现资源结构、队伍结构科学匹配，队伍科技施工能力大幅提升，还实现了人力服务向科技服务转变，施工服务优质高效，核心技术快速突破，安全环保管控有力，劳动强度大幅度降低，国际竞争能力得到增强。此外，实现由规模增长向效益质量转变，规范化、标准化、精细化管理持续深入，资产创效、人均创效能力大幅提升，整体效益持续向好；实现由操作工种向技术工种转变，员工与队伍和谐共进，技术水平得到提高，队伍素质整体提升，国际化发展根基更加夯实。

中国油气行业甲烷排放管控政策研究

宋　磊[1]　翁艺斌[1, 2]
（1.中国石油集团安全环保技术研究院有限公司；
2.石油石化污染物控制与处理国家重点实验室）

摘　要：甲烷排放管控问题已成为制约天然气行业发展的瓶颈因素。中国油气行业甲烷排放管控还存在一些亟待解决的问题。在国家政策层面，甲烷排放管控政策还有待进一步完善；在油气公司管理层面，以应对气候变化为战略目标的系统性甲烷排放管理机制尚不完善，甲烷排放管控需进一步精细化。建议国家加强对甲烷排放管控政策的完善与细化；加强甲烷排放管控的顶层设计；强化基础研究工作，加强自主创新，坚持集成创新，针对瓶颈和薄弱环节组织重点攻关。

关键词：气候变化；天然气；甲烷；排放管控；油气行业；清洁能源

联合国政府间气候变化专门委员会（IPCC）指出，甲烷排放是加快气候变暖的主要因素之一，有效减少甲烷排放是短期内减缓全球升温最有效的手段。油气行业甲烷减排因其更易实现，且具备显著社会效益和一定经济效益，受到国际油气公司的普遍重视。天然气作为清洁、绿色、低碳的“三可”（可靠、可承受、可持续）能源已在国际上达成共识，但是伴随天然气产业的快速发展，生产和利用过程中的甲烷排放成为业界关注的焦点，每年约有占全球产量7%的天然气在生产过程中被泄漏到大气中，对环境和经济造成双重负面影响，由此引发的天然气是否属于清洁能源的争议不断，甲烷排放管控问题已成为制约天然气行业发展的瓶颈因素。

1　甲烷排放问题对油气行业的影响

1.1　甲烷排放是影响天然气清洁能源属性的关键因素

当前全球正迎来以低碳化、无碳化为特征的新一轮能源转型，天然气是一种优质、高效、清洁的低碳能源，可与核能及可再生能源等其他低排放能源形成良性互补，是能源供应清洁化的最现实选择[1]，也是稳定全球能源供给和推进经济低碳转型的桥梁，已经成为支持全球实现2030年可持续发展目标的重要力量。但是，国际能源署的研究表明，全球目前每年有7500万吨油当量的甲烷排放[2]；据估算，2020年甲烷占全球温室气体排放量的14%，其中超过总排放量54%的甲烷均来自与人类相关的活动[3, 4]。甲烷排放导致的升温效应已抵消了天然气替代煤的减排效应，严重削弱了天然气的环境价值。联合国环境规划署称，如果甲烷排放问题不能有效解决，天然气并不比煤炭清洁[5]。

1.2 资本市场对甲烷排放要求趋紧，进而影响企业市值

投资者普遍认识到高碳产业面临由气候问题引发的规制风险，“气候行动100+”投资机构组织（总资产规模41万亿美元）明确要求温室气体排放企业采取行动应对气候变化。据该组织报告，全球80%的工业排放来自“气候行动100+”所涉及的目标公司，其希望通过目标公司发表减碳声明或直接影响董事会及高管团队人事安排等方式，推进目标公司积极应对气候变化。在2019年联合国气候行动峰会上，130家国际银行再次表示将减少对油气行业的支持与投资。为响应机构投资者日益高涨的减碳诉求，气候相关财务信息披露工作组（TCFD）提出将甲烷排放管控措施纳入油气公司财务披露信息，得到金融界积极响应，未及时有效回应投资者新要求的油气公司，将遭受市场规律的惩罚。

2 各国政府甲烷排放管控的相关政策

2.1 国外政府部门采取积极行动应对甲烷排放，对油气行业甲烷排放管控政策部署细致、要求严格

《巴黎协定》生效后，美国、加拿大、墨西哥、澳大利亚、新西兰、日本均对包括甲烷在内的温室气体减排提出相应目标或意见，其主要措施包括：一是制定油气行业甲烷排放管控目标（如加拿大[6]等），并采用气候税等政策手段推动甲烷减排，以此指导调整消费者的能源使用习惯，推进可再生能源产业的发展（如英国[7]）；二是发布统计核算方法，贴近油气生产实际，开展现场实测，更新设备排放因子[8-10]；三是明确甲烷排放限值并严控排放源，明确油气生产各环节甲烷逸散、放空、泄漏的排放限值，并对生产井甲烷超额排放、甲烷泄漏检测与修复（LDAR）频率进行严格要求（如美国[9, 10]）。需要指出的是，虽然特朗普政府退出了《巴黎协定》，但是美国环保署和联邦土地管理局等相关政府部门多年来积累下的甲烷排放监管法律法规难以被废除，此外加州等环保领先州也陆续出台了更加细化、严格的甲烷排放地方性标准[11]。2019年，汇集了全球主要油气企业、非政府组织、国际组织及国际金融机构的全球甲烷联盟成立，旨在推动各国将甲烷减排纳入国家自主贡献承诺。

2.2 中国对油气行业甲烷排放控制提出了宏观性指导要求

主要包括：一是在《“十三五”控制温室气体排放工作方案》中提出，到2020年甲烷等非二氧化碳温室气体排放管控力度进一步加大，到2020年努力实现中国能源活动甲烷排放达到峰值等总体性要求；二是在《天然气发展“十二五”规划》等文件中鼓励油气行业加强甲烷放空回收利用，引导企业开展甲烷排放管控工作；三是在《中国石油天然气生产企业温室气体排放核算方法与报告指南（试行）》中首次规定了甲烷排放核算方法；四是在《产业结构调整指导目录（2011年本）》中，将“放空天然气回收利用与装置制造”等列为石油天然气产业鼓励类。

3 国际石油公司甲烷排放管控的主要做法

3.1 响应投资者需求，制定激进的甲烷减排目标

BP公司2018年甲烷排放量为9.55万吨[12]，较2017年的10.40万吨下降了8.2%，2018年甲烷排放强度为0.16%[13]；道达尔公司2018年甲烷排放量为7.7万吨[16]，较2017年的8.3万吨下降7%，2018年甲烷排放强度为0.25%[17]；壳牌公司2018年甲烷排放量为9.2万吨[14]，较2017年的12.3万吨下降了约25%，2018年其商品天然气资产项目的甲烷排放强度为0.08%，其非商品天然气资产项目的甲烷排放强度为0.01%[14]。另外，根据甲烷披露项目组织（CDP）数据[15]，2017年全球油气公司中伍德赛德公司甲烷排放强度最低，达到0.06%，雪佛龙、西方石油公司均为0.30%。而由13家主要大石油公司组成的油气行业气候倡议组织（以下简称“OGCI”）的平均甲烷排放强度为0.29%[18]。在全球气候变化大背景下，国际大石油公司纷纷提出更加积极的甲烷减排目标：BP公司承诺到2023年甲烷强度削减一半，到2050年实现净零排放[19]；壳牌承诺到2025年之前甲烷排放强度将控制在0.2%以内[20]；埃克森美孚承诺到2020年甲烷排放量将较2017年下降15%[21]；雪佛龙承诺到2023年甲烷排放量将较2016年下降25%～30%[22]；油气行业气候倡议组织提出到2025年上游业务平均甲烷排放强度降至0.25%以下，力争达到0.2%[18]。此外，道达尔承诺到2050年之前将实现包括甲烷在内的温室气体净零碳排放[23]。具体数据如表1所示。

表1 2018年主要油气公司及组织甲烷排放情况

公司/组织	油气生产当量（万桶油/日）	甲烷排放量（万吨）	甲烷排放强度（甲烷排放量/天然气商品量）	甲烷减排强度目标［排放强度（年度）］
BP	370	9.55	0.16%	0.10%（2023年）
壳牌	370	9.3	0.01%～0.08%	稳定控制在0.20%
道达尔	280	7.7	0.25%	0.20%（2025年）
雪佛龙	290	19	0.30%	比2016年降低20%～25%（2023年）
埃克森美孚	380	33	—	较2017年下降15%（2020年）
OGCI	4900	193	0.29%	0.25%，力争至0.20%（2025年）

3.2 将甲烷排放管控政策纳入公司章程、战略、管理

根据美国环保协会汇总整理的《油气行业甲烷披露：气候相关财务信息披露措施指南》介绍[24]，要实现公司管理运作的低碳转型需开展以下四个方面工作：一是在公司章程方面，明确董事会和管理层对甲烷管控职责的分配；确保董事会对气候风险有全面正确管理的能力；建立相应机制，监督减排指标的完成；完善甲烷减排激励和问责机制。二是在公司战略方面，明确公司短期和中长期甲烷排放面临的风险和机遇，制定相应的战略规划；参与政府在甲烷管控方面的政策制定工作；将甲烷管理奖惩机制纳入公司财务制度中。三是在风险管理方面，制定甲烷排放风险标准和评估流程；制定现场实测方案；将甲烷减排

纳入设施的设计、建造、运营和维护中；正确使用泄漏检测与修复（LDAR）技术管理甲烷风险；提升员工和承包商的甲烷管控业务能力。四是在管控指标方面，制定公司内部碳/甲烷价格，对甲烷排放进行经济性评估；加强甲烷减排技术的研发投资；明确LDAR的实施频率和范围，提高排放数据的透明度和可信度。

部分国际石油公司也公布了其具体的甲烷管控政策要求。例如，壳牌公司在所有员工业绩考核中，可持续发展占年终奖考核的20%，而可持续发展的考核重点在于减少上、下游火炬等甲烷管控措施的执行上[24]；在全球推广部署LDAR系统，并加速替换高排放设备[14]。BP公司2017年起更换了99%以上的甲烷排放率较高的控制阀门，并推广部署太阳能加压泵和无人机泄漏检测等设备[18]。埃克森美公司自2017年起开始实施全球甲烷减排计划，淘汰高排放设备[18]。埃尼公司大规模投资更换偏远生产区块的高排放设施，使得其2017年甲烷排放强度较2014年下降66%，并计划到2021年首期投资5.5亿欧元部署LDAR系统[18]。

4 中国油气行业甲烷排放及管控现状和存在问题

4.1 国内主要油气公司积极推进甲烷排放管控工作

根据2016年发布的《中华人民共和国气候变化第一次两年更新报告》数据[25]，2012年中国甲烷排放量为5591.5万吨，其中能源活动排放量为2758.6万吨，占49.3%。中国油气行业中，甲烷排放39%来自原油生产，30%来自天然气生产，16%来自天然气输送[25]。中国主要油气生产商和供应商在国家相关政策引导下，积极参与国际油气领域应对气候变化合作，开展了一系列甲烷控排行动。

中国石油天然气集团有限公司（以下简称“中国石油”）2018年公布了《低碳发展路线图》，提出到2020年单位工业增加值二氧化碳排放总量比2015年下降25%，力争炼化业务温室气体排放量实现达峰；到2030年，国内天然气产量占公司国内一次能源比例达到55%，天然气产能增加温室气体排放增幅得到有效控制。《2019环境保护公报》披露[26]，中国石油设立低碳管理专门机构，负责管理温室气体控制工作；开展了油气生产全产业链甲烷排放核查、重点环节甲烷排放监测工作；在大港、南方等油田试点应用全流程LDAR技术；加强主力油气田的甲烷回收，塔里木油田已累计建成回收站点48个，回收能力达到420万立方米/日；长庆油田伴生气年回收能力达到10亿立方米。

中国石油化工集团有限公司（以下简称“中国石化”）在其发布的《2019可持续发展进展报告》中提出[27]，到2023年实现二氧化碳减排1260万吨，回收利用甲烷2亿立方米/年，其中2019年全年共回收利用甲烷3.97亿立方米；在油气勘探开发板块全面推广火炬节气火嘴、提前进站试气求产、边远零散井和套管气回收等工艺和措施，全年共回收火炬气1.24亿立方米。此外，中国石化2018年发布的《绿色企业行动计划》也提出，在甲烷回收与减排方面要求油气企业加强油田伴生气、试油试气、原油集输系统的甲烷回收利用，通过采用车载压缩天然气（CNG）或液化天然气（LNG）装置回收、部分井（站）采取连接管道（或临时管道）进入集输管网回收、采取“边测试边进站”等方式和工艺实现回收目标。

中国海洋石油集团有限公司《2019年可持续发展报告》[28]提出，明确未来实施“绿色油田”的行动计划，最大限度减少海洋油气勘探和开发过程中的碳排放量；制定碳排放指标体系，从温室气体排放总量、单位产品温室气体排放量、火炬放空气的管控、甲烷逸散排放控制等方面与国际领先水平的公司对标，落实减排措施。

4.2 中国油气行业甲烷排放管控还存在一些亟待解决的问题

在国家政策层面，甲烷排放管控政策还有待进一步完善。一是甲烷排放管控制度有待健全，尚未设立全国性或行业性甲烷减排目标；二是油气行业甲烷减排核算/报告/核查（MRV）体系有待优化，现行甲烷排放核算与报告方法不能准确反映企业实际甲烷排放情况，企业通过管理和技术手段实现的减排量难以有效体现。

在油气公司管理层面，以应对气候变化为战略目标的系统性甲烷排放管理机制尚不完善，甲烷排放管控需进一步精细化。一是甲烷排放管控缺乏顶层设计和规划，既不能参照污染物管控方式设置排放限值（甲烷不是大气主要污染物，设置排放限值需政策突破），也未针对生产企业建立有效的甲烷减排激励机制，甲烷排放管控与生产经营未挂钩，使得企业的减排压力和动力均不足。二是甲烷排放基础性研究工作不足。多数企业对甲烷排放规律认识不清晰，排放核算方法学精度低，排放底数不准确；甲烷监控技术集成体系不完善，排放监管存在诸多盲点，重点排放源缺乏有效的低成本可推广的控制技术方案。三是甲烷排放检测与控制技术应用示范进展缓慢。尚未建立规范统一的甲烷排放检测与控制技术标准和规范体系，大范围推广应用缺乏普适性的依据，油田生产企业缺乏有效可靠的技术手段开展甲烷减排工作。

5 相关建议

5.1 国家加强对甲烷排放管控政策的完善与细化

一是进一步健全甲烷排放管控制度，针对油气等重点排放行业，提出相应的甲烷减排目标，并逐步提出全国性减排目标；二是优化油气行业甲烷减排核算/报告/核查体系，逐步更新、细化排放清单，推荐通过可核查、可验证的实测手段统计企业实际甲烷排放情况，激励企业通过管理和技术手段实现甲烷减排。

5.2 加强甲烷排放管控的顶层设计

一是各油气公司应加快建立以应对气候变化、实现净零排放为战略目标的低碳发展管理机制，形成自上而下统一高效的经营考核体系及资产碳价格评估体系；二是坚持共同但有区别的责任原则、遵循国际应对气候变化合作框架下的甲烷减排要求，制定中、远期减排目标和行动计划，将甲烷排放管控纳入“十四五”“十五五”等规划方案，协同推进气候变化合作与“蓝天保卫战”工作；三是明确生产经营机制中甲烷排放管控机制，细化统筹协调和监督工作的主体责任单位，建立健全甲烷排放管控考核管理与激励机制，建立甲烷等温室气体排放目标完成的评估和考核制度。

5.3 强化基础研究工作，加强自主创新，坚持集成创新，针对瓶颈和薄弱环节组织重点攻关

一是完善甲烷排放监测技术，保障检测数据真、准、全，支撑行业甲烷排放核算方法体系建立；二是研发甲烷排放监控技术，部署推广LDAR系统，建立甲烷排放在线定量检测和区域在线监控系统，实现甲烷排放有效监控；三是统筹设计甲烷等温室气体与大气污染物协同管控方案，攻关形成甲烷与挥发性有机物（VOCs）气体协同控制技术，形成低成本成套控制技术体系，实现甲烷深度减排。

参考文献

[1] Snam. Global gas report 2018 [DB/OL]. http://www.snam.it/export/sites/snam-rp/repository/file/gas_naturale/global-gas-report/global_gas_report_2018.pdf, 2018.

[2] IEA. Energy, Climate Change and Environment 2016 Insights [R/OL]. https://webstore.iea.org/energy-climate-change-and-environment-2016-insights, 2017.

[3] CMM. Global Methane Emissions and Mitigation Opportunities [R/OL]. http://www.globalmethane.org/documents/analysis_fs_en.pdf, 2017.

[4] USEPA. Summary report:global anthropogenic non-CO_2 greenhouse gas emissions:1990-2030 [R/OL]. https://www.epa.gov/sites/production/files/2016-08/documents/summary_global_nonco2_projections_dec2012.pdf, 2012.

[5] IPCC. Climate Change 2014 Synthesis Report [R/OL]. https://ipcc.ch/pdf/assessment-report/ar5/syr/AR5_SYR_FINAL_All_Topics.pdf, 2015.

[6] Government of Canada. Technical backgrounder:Proposed federal methane regulations for the oil and gas sector [R/OL]. https://www.canada.ca/en/services/environment/weather/climatechange/climate-action/technical-backgrounder-proposed-federal-methane-regulations-oil-gas-sector.html, 2018.

[7] Government of UK. Environmental taxes, reliefs and schemes for businesses [R/OL]. https://www.gov.uk/green-taxes-and-reliefs/climate-change-levy, 2020

[8] USEPA. Inventory of U.S. Greenhouse Gas Emissions and Sinks:1990-2014 [R/OL]. https://www.epa.gov/sites/production/files/2019-04/documents/us-ghg-inventory-2019-main-text.pdf, 2017.

[9] USEPA. New source performance standards and permitting requirements [R/OL]. https://www.epa.gov/controlling-air-pollution-oil-and-natural-gas-industry/new-source-performance-standards-and#Final%20rules, 2016.

[10] USBLM. Methane and waste prevention rule [R/OL]. https://www.regulations.gov/docket?D=BLM-2018-0001, 2018.

[11] California Air Resources Board. Oil and Gas Methane Regulation-Standards and Implementation

[R/OL]. https://ww2.arb.ca.gov/resources/fact-sheets/oil-and-gas-methane-regulation, 2018.

[12] BP. Advancing the energy transition [R/OL]. https://www.bp.com/energytransition/, 2019.

[13] BP. Sustainability Report 2018 [R/OL].https://www.bp.com/content/dam/bp/business-sites/en/global/corporate/pdfs/sustainability/group-reports/bp-sustainability-report-2018.pdf, 2019.

[14] Shell. Shell sustainability report 2018 [R/OL]. https://reports.shell.com/sustainability-report/2018/sustainable-energy-future/managing-greenhouse-gas-emissions/methane-emissions.html, 2019.

[15] CDP. E&E News analysis based on CDP database [R/OL]. https://www.eenews.net/assets/2019/03/25/document_cw_02.pdf, 2019.

[16] Total. Factbook 2018 [R/OL]. https://www.total.com/sites/default/files/atoms/files/ddr2018-en.pdf, 2019.

[17] Total. Registration Document 2018 [R/OL]. https://www.total.com/sites/default/files/atoms/files/ddr2018-en.pdf, 2019.

[18] OGCI. 2018 OGCI Annual Report [R/OL]. https://oilandgasclimateinitiative.com/wp-content/uploads/2018/09/OGCI_Report_2018.pdf, 2019.

[19] BP. BP sets net zero ambition [R/OL]. https://www.bp.com/en/global/corporate/news-and-insights/bp-magazine/bp-sets-net-zero-ambition-outlining-reinvention.html, 2020.

[20] Shell. Shell announces methane emissions intensity target [R/OL]. https://www.shell.com/media/news-and-media-releases/2018/shell-announces-methane-emissions-intensity-target.html, 2018.

[21] Nasdaq. ExxonMobil targets 15% cut in methane emissions by 2020 [R/OL]. https://www.nasdaq.com/articles/exxonmobil-targets-15-cut-in-methane-emissions-by-2020-2018-05-24, 2018.

[22] Chevron. We're taking steps to manage greenhouse gases [R/OL]. https://www.chevron.com/sustainability/environment/greenhouse-gas-management, 2019.

[23] Total. Total adopts new climate ambition get net zero 2050 [R/OL]. https://www.total.com/media/news/total-adopts-new-climate-ambition-get-net-zero-2050, 2020.

[24] EDF. Setting the bar on methane disclosure [R/OL]. https://www.edf.org/energy/setting-bar-methane-disclosure, 2018.

[25] 国家发展改革委. 中华人民共和国气候变化第一次两年更新报告[R/OL]. http://en.ccchina.org.cn/archiver/ccchinacn/UpFile/Files/Default/20170124155928346053.pdf, 2016.

[26] 中国石油天然气集团有限公司. 2019环境保护公报[R/OL]. http://www.cnpc.com.cn/cnpc/hsebg/202006/18ec8763f181464b87efb6e63fc31413/files/f740d5cb9b4c42c4b06471fc7ccfcb89.pdf, 2020.

[27] 中国石油化工集团有限公司. 2019可持续发展进展报告[R/OL]. http://www.sinopecgroup.com/group/Resource/Pdf/SustainReport2019.pdf, 2020.

[28] 中国海洋石油集团有限公司. 2019可持续发展报告[R/OL]. https://www.cnooc.com.cn/attach/0/2003311054338353.pdf, 2020.

全生命周期理念在集中采购中的应用研究

李明磊　王　鑫　黄　迪
（中国石油物资有限公司）

摘要：本文立足于中国石油天然气集团有限公司（以下简称“中国石油”）采购中心的集中采购业务实际，通过资料收集，同行调研，建立了三个可覆盖14个大类物资的全生命周期成本计算模型，提出了应用流程和方向，并从宏观、微观分别提出保障措施，为采购人员拓宽了思路，为集中采购精细化发展探索新路径。待进一步应用模型后，能够解决片面注重采购价格导致的交货不及时、后期运营费用高等问题，逐步实现全生命周期成本最低。在中石油采购中心成熟运用基础上，还可以推广至整个中石油的集中采购，提升中石油的集中采购管理水平。

关键词：全生命周期；模型；保障措施

采购一方面获取了资源，保证了企业正常生产的顺利进行，另一方面，也会发生各种费用，也就是采购成本。我们追求采购经济效益最大化，就要不断降低采购成本，以最少的成本去获取最大的效益。要做到这一点，关键是要努力追求科学采购。科学采购是实现企业经济利益最大化的第三利润源泉。全生命周期采购成本的高低是衡量采购是否科学的重要指标，全生命周期采购成本分析也逐渐成为采购从业人员的必备技能和工具。

1　概述

1.1　全生命周期成本概念

全生命周期成本（LCC，Life Cycle Cost）是指某一具体功能的工程、服务或物资在其整个生命周期内所发生全部费用的贴现累计总和。它和总拥有成本（TCO，Total Cost of Ownership，也叫所有权总成本）是一定周期内总成本的两种称谓，都是针对一次性单一成本而提出的更广范围的“全成本”概念，二者没有本质区别。后者范围更广，既可以是某一个时间段内的总成本，也可以是全生命周期的总成本，即可理解为后者包含前者。一般从生产商的角度研究LCC较为普遍，而从采购和使用方的角度使用TCO概念较多，本文研究统称TCO。

1.2　物资采购TCO内涵

物资采购按照成本发生时间节点可分为采购前期、采购中期、采购后期三个阶段，按照全生命周期成本的帕累托曲线（图1）所示，单项物资TCO大小的实际发生的成本占TCO

的60%左右（不同的物资会有较大区别）。采购中期价格的高低直接影响供应商的设计方案和使用方后期使用维护成本的高低，所以采购中期成为平衡物资TCO的一个重要支点。本文结合石油石化行业物资采购特点，重点从采购角度，研究TCO在采购中期的应用。石油石化行业物资采购TCO主要包括物资购置成本、使用成本、报废处置成本、间接成本四部分（图2）。其中，购置成本是从供应商获得物资的一次性采购价格，包括物资原材料、生产成本、供应商利润、税费、物流费用等；使用成本包括从物资入库到物资寿命结束的运行费和保障费：运行费指包含人员、能源、消耗品、使用培训、技改、诊断检测等在物资全生命周期内正常使用过程中发生的费用，保障费指物资使用期间产生的维修等费用；报废处置成本是指物资寿命结束后发生的处理费；间接成本是指因物资质量原因导致的停工停产等损失。还可以考虑社会责任成本，比如环保费，指针对物资使用所采取的环境保护措施的投入资金或应缴的款项等。

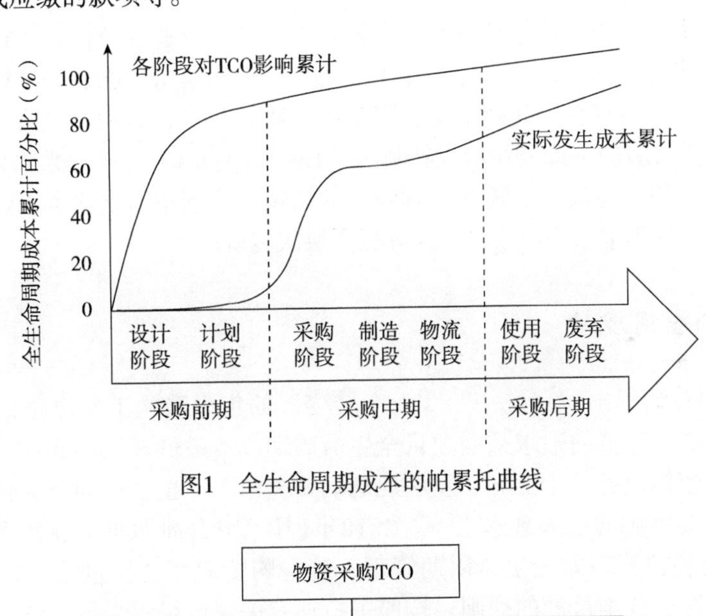

图1　全生命周期成本的帕累托曲线

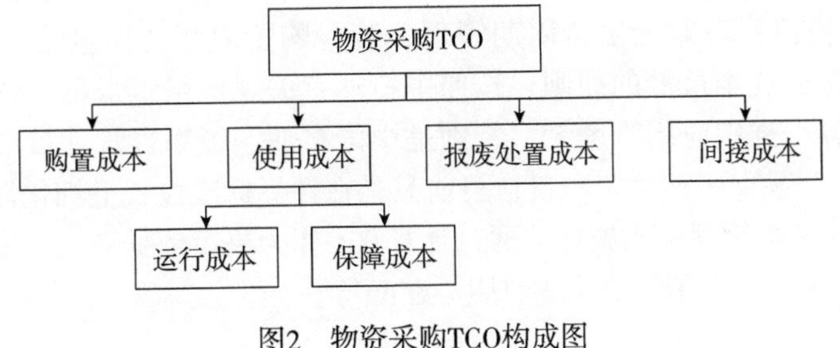

图2　物资采购TCO构成图

2　国内外TCO研究和应用现状

从TCO概念的提出、理论研究、技术应用发展至今归纳起来可分为三个阶段，即TCO技术初步形成阶段、逐步完善阶段及推广应用阶段。TCO理念在20世纪初起源于瑞典的铁路系统建设，21世纪已经普遍在军队系统、建筑行业、电工行业、石油和天然气行业广泛应用。从同行企业来看，壳牌、雪佛龙、道达尔等公司均早已应用TCO采购方法，有各自成熟的TCO模型，在工程、服务和物资采购等环节广泛运用。

中国TCO技术起步较晚，1987年，中国设备管理协会引进TCO理论和应用技术。尽管TCO技术在中国发展了30多年，取得较大的成果，但与国外相比，应用范围还不够广泛，应用案例偏少，应用效果有限。在石油天然气行业，在单项物资采购TCO应用方面，各企业结合实际零星开展了相关研究，成功程度不尽相同，效果不突出，并且，从更高层面的集团化采购管理和操作实施角度研究单项物资采购过程应用TCO仍属空白。

3 中石油物资采购及TCO应用现状

3.1 物资采购发展历程

中石油物资采购经历了计划经济时期大储备保生产的统购统分模式（1985年前），到市场经济初期的分散采购（1986—1996年），再到今天的集中采购、分散操作（1997年至今）。近20年以来，一直在不间断推动物资集中采购，只是在方法、策略、效果上有所不同。如果参照世界著名的咨询公司哈克特集团（The Hackett Group）把采购分为五个发展阶段模型：供料、价格、总成本、需求管理和全面增值，当前中石油物资采购正在从价格向总成本阶段过度，从集中采购向战略采购等更高层次转型。

3.2 TCO应用现状

2009年，中石油提出“六统一”“七个转变”的集中采购工作思路，其中包括：由追求一次性采购成本降低向追求采购项目全生命周期成本最低转变。2016年，中石油下发的《物资采购与招标业务“十三五”发展规划纲要》中，“全生命周期综合成本最低”是“十三五”发展要突出的三大理念之一。2018年1月，中石油颁布《装备管理办法》（试行），明确规定装备管理即全生命周期管理，装备购置应坚持质量第一、性能价格比最优、全生命周期综合成本最低的原则，按照中石油有关规定组织采购。各企业探索深浅不一，方式方法各异，推广应用难度大，特别是中国石油一级物资管理目录采购额占采购总额比例已达60%，为确保采购物资质量，目前只是在评标标准设置上细化性能指标、提高技术分权重等，但在采购管理和实施环节通过计算TCO作为决策依据还没有先例。总的来说，TCO理念已经深入人心，开展TCO实战应用势在必行。

3.3 存在的问题

当前，中石油物资采购关注重点正由“价格”向“总成本”过渡，全生命周期成本作为一种理念被广泛提及，但在具体采购实践中却难以落实。

一次性采购价格仍然是采购人员和用户的关注重点，降采率是主要考核指标，但采购价格的降低往往以别的成本为代价，较低价格中标后出现供货不及时、质量下降、售后服务跟不上、维保费用高等，最终由使用部门买单，不利于中石油整体效益最大化。招标采购虽已采用综合评估法，技术评价占一定比例，但还没有引入TCO评价体系，价格主导中标结果，即中标商为最低价或相对低价的现象时有发生，存在交货延迟或质量事故风险。同时，内外部审计监察人员经常对采购相对较高价格提出质疑，采购人员的解释无法让审查人员信服。

采购方与供应商追求各自利益最大化，是一种竞争多于合作、临时性、不稳定的非对称信息博弈关系，供应商存在压低报价以获得订单，导致物资“买得起、用不起、修不起”。采购缺少后评价，历史数据分析无法反馈至采购招标环节。采购成本数据资料散落在不同环节，历史数据记录不完整，信息化支撑依然薄弱，还没有针对TCO专用的信息化工具。部分采购服务机构收取较高比例服务费，一定程度上增加总成本。集中采购运营至今，尚未解决人员费用等问题，影响从业人员朝着精细化、专业化方向发展的积极性等。

4 TCO在集中采购中的应用思路及对策建议

4.1 总体思路

坚持集中采购和统一招标方向，积极转变观念，追求单个采购项目全生命周期成本最低目标，依法合规实施科学采购，勇于创新，积极引进、消化、吸收其他行业成熟的TCO应用技术和方法，探索建立具有石油石化特色的物资采购TCO应用模式，提升采购专业化和精细化管理及操作水平，树立为最终用户创造服务价值的理念，有效协同中石油内外部企业，实现集团总体运营成本最低。

4.2 TCO应用实施流程及路径

TCO是一种采购成本管理办法，应用主体就是采购人，中石油集中采购的采购人就是集中采购的决策主体和实施主体，即授权管理小组以及牵头组长单位的具体负责人（以下统称“采购人员”）。当前应用的主渠道就是将供应商的价格替换成TCO进行评估排名，采用招标的将“价格得分”替换成“TCO得分”，综合评估后确定供应商。TCO技术作为一项新的采购管理工具，采购人员应遵循一定的应用流程（图3）。

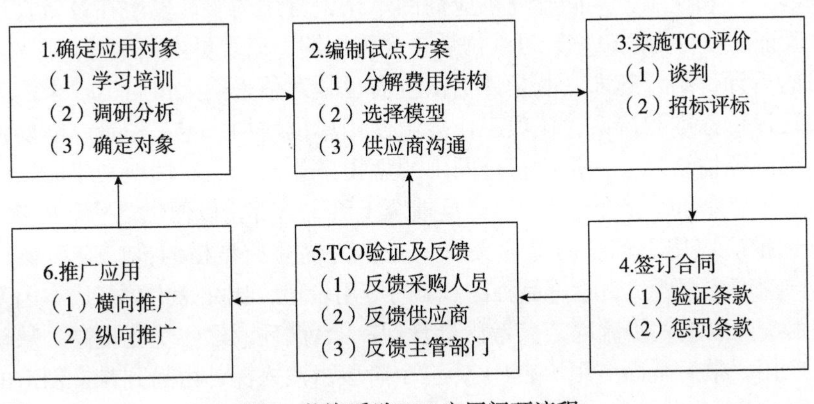

图3 物资采购TCO应用闭环流程

第一步：确定应用对象。回答是否能用TCO的问题，做出这个判断首先要求采购人员自身必须具备一定的TCO相关理论知识储备，通过自学以及参加培训等提高认识。TCO应用本身有局限性或前提条件，不同的物资使用程度和效果不同，结合各品种开展应用的难度决定是否试点。例如，22大类石油专用设备的使用年限长，后期费用占比较高，采购额占比较大，属于第一象限的长周期战略物资，应首先推荐应用。14大类橡胶及制品后期费用占比小，采购额占比较小，属于第4象限的短周期一般物资，不建议直接应用，但可以根据物资消耗特点，采取别的变通的方法考虑TCO，后面会有模型应用建议。

第二步：编制试点应用方案。可以单独编制专项方案，也可以直接体现在原采购方案中，建立适用模型（模型建立在后面详细介绍）。第一，在原管理小组基础上，邀请技术人员及使用或运营方人员加入决策团队，共同完成方案的编制、模型的审查以及后期验证等工作。第二，采购人员必须进行一项不可缺少的工作，分解TCO结构，将物资的费用逐级分解，直至基本费用单元为止，详细程度以该单元是否可以获得数据为准。完成费用分解结构后，采购人员在管理小组成员及技术人员、使用方协助下，根据每个费用要素的数据获取难度进行评估，建立适合的模型。

第三步：实施TCO评价。采购实施阶段将按照前期编制的采购方案具体实施，采用谈判方式的将根据TCO模型计算各供应商的TCO，而不是简单对比价格。采用招标的，鉴于受《招投标法》的约束，只能将TCO结果按照一定规则折算为分数，结合商务和技术，按照规定好的权重计算最后总分，推荐分数最高者中标。根据不同的物资品种，还可以分两步走，在商务和技术评标通过后形成供应商短名单，然后计算各自的TCO，TCO最低者为推荐中标人。

第四步：签订合同。中石油当前集中采购大部分实施“分散操作”，签约环节由需求方实施。要求需求方配合完成TCO应用确实存在困难，但近期中石油将下发有关框架协议采购的办法，集中采购的采购人员将来是签署框架协议的主体，为了避免供应商故意低估后期费用以增加中标几率或者中标后不按照投标承诺履行，框架协议或合同中必须增加额外的TCO相关条款，包括：设备可靠性和可用率的保证条款，如故障概率、平均修复时间；可维护性的保证条款，如返厂检修率、返厂费用等。

第五步：TCO验证及反馈。该环节是确保TCO应用实效的关键环节，按照框架协议或合同规定由采购人员和使用方共同验证供应商的承诺，常用的验证发生在设备投运后的2～5年间，通常验证的项目为故障率、可维修性（大修周期）以及更换频次等，将TCO评估和整个采购项目的后评价结合起来，既是评估供应商也是评估采购人员自己。采购人员应牵头制定一套验证评价标准和体系，该项工作会给使用单位增加一定工作量，需要使用单位的密切配合。根据评估结果，一是执行合同中的惩罚条款；二是反馈至来年的新的采购方案优化，实现闭环管理和螺旋式上升；三是反馈至上级主管部门以便优化管理决策。

第六步：推广应用。包含两层含义，一是作为优秀典型横向推广应用到其他物资品种；二是纵向深度挖掘所负责物资品种的TCO的应用价值，比如考虑更多成本因素等。

TCO应用按照以上六步流程，参考质量管理PDCA循环，逐年优化提高，从初期试点应用，到扩大应用，最后全面应用（表1），三个阶段由浅入深，由易到难，创造的价值同样也随之提升。

表1 TCO应用演进路径

项目	初期应用	扩大应用	全面应用
计算模型	简单模型	复杂模型	全要素模型
数据来源	供应商	供应商+使用方	使用方
考虑因素	考虑部分使用成本	考虑全部使用成本及部分维护、故障成本	增加考虑隐性成本、间接成本
计算工具	手工计算	手工计算	信息化系统工具
与供应商及使用方协同	低	中	高

4.3 模型建立及示例

母模型：TCO=CI+CO+CM+CF+CD（静态模式）

$$\text{或 TCO=CI+}[\sum_{i=1}^{n}(\text{CO}+\text{CM}+\text{CF})+\text{CD}]\times\frac{1}{(1+r)^{i}}\text{（动态模式）}$$

式中，CI为初始投入费用（Cost of Investment）；CO为运行费用（Cost of Operation）；CM为检修维护费用（Cost of Maintenance）；CF为故障费用（Cost of Fault）；CD为退役处置费用（Cost of Disposal）。

该模型是根据其他行业应用最广泛的设备TCO为例，建立一个母模型（也叫“全要素模型”），几乎包含了所有能考虑到的成本要素。集中采购人员可以在此模型基础上研究建立适合的“子模型”。

子模型一：TCO=CI+CO+CM或= CI+CO或=CI+CM

根据实施难度和实用性对母模型进行了简化，同时简化运行费用CO和检维修费用CM中的部分无法量化和验证困难的成本要素。该模型可以广泛应用于22大类石油专用设备、23大类炼化专用设备、26大类通用机械设备、28大类动力设备、29大类交通运输设备、44大类阀门等物资。

子模型二：TCO=CI × T_{max}/T

CI为厂家出厂报价，T为该供应商所报的使用寿命，T_{max}为所有投标供应商中最长的使用寿命。该模型不同于子模型一，是针对某一时间段内的TCO应用，可以有效地将物资使用寿命考虑到评标环节，与现有综合评估法充分结合，以量化的方式，选择性价比更优的产品。该模型尤其适用于易损易耗物资，比如集中采购物资14大类的高压钻探胶管、窄V带以及22大类的钻井液振动筛（筛网属于易耗品）、38大类仪器仪表、47大类石油专用工具、48大类石油钻采设备配件等。

子模型三：TCO=CI+CP

CP（Cost of Process）为流程成本，包括物流成本、商检成本、仓储成本、支付成本等，从母模型来看，其实这部分成本是包含在CI购置成本里的。该模型中的CI特指出厂含税价，之所以这里把CP单拿出来建立一个单独的模型，主要是考虑适用于物流、仓储成本高且使用维护成本占比较小的材料类物资。材料类物资因质量问题导致的故障成本和间接损失虽然巨大，同时受钻井管理水平及钻井工况的影响，很难定量评估，也不作为本次研究的重点。以石油专用管为例，流程成本主要发生在集团内部，并且这些费用的高低与产品质量性能没有直接关系，所以，在采购招标环节是无法像设备一样去评价TCO数值并作为供应商的选择依据，只能从整个供应链和战略合作的角度去考虑如何减少TCO。该模型适用于02大类石油专用管材、03大类普通钢材、08大类煤炭、12大类石油专用化工产品等。

以上三种子模型可以广泛应用于14个大类的石油专用物资，适用情况如表2所示。

表2　物资大类适用模型表

序号	大类	大类名称	子模型一	子模型二	子模型三
1	02	石油专用管材			√
2	03	大类普通钢材			√
3	08	煤炭			√
4	12	石油专用化工产品			√
5	14	高压钻探胶管		√	
6	22	石油专用设备	√		
7	23	炼化专用设备	√		
8	26	通用机械设备	√		
9	28	动力设备	√		
10	29	交通运输设备	√		
11	38	仪器仪表		√	
12	44	阀门	√		
13	47	石油专用工具		√	
14	48	石油钻采设备配件		√	

5　TCO应用保障措施建议

5.1　优化体制机制

中石油领导层推动是加速TCO应用的关键，首先从持续优化采购系统体制机制着手，打破部门界限，清除应用障碍。充分发挥新成立供应链委员会的协同决策作用，尽快建立议事决策程序，畅通采购与计划、财务、信息以及各板块的多向沟通渠道，自上而下建立跨部门协同工作机制。借助中石油深化改革良机，强化顶层设计，调整采购系统人员结构，优化业务流程，推动采购转型，把集中采购从业人员按品类、按专业专职化管理，使其能够把有限的精力放在精细化和高附加值工作上。

5.2 完善规章制度

TCO的应用要打破传统思维的禁锢，适时以制度形式强制改变既有操作模式和约定俗成的采购习惯。抓住中石油正在修订《物资采购管理办法》以及《授权集中采购实施办法》的时机，将TCO相关要求写入办法，明确战略层、操作层、使用层责任，特别是指导集中采购具体操作的实施办法，根据不同物资的适用性，特别是大型设备类物资，明确规定采购方案的制定中必须有TCO评价标准，采购结果报告中必须有TCO评估结果，采购后期必须提交全方位的后评价报告。修订采购相关办法的同时，还要注意与其他相关办法的衔接。

5.3 健全考评体系

考核评价是指挥棒，是监督政策执行的主要手段，TCO理念必须在考核评价环节充分体现。一是对采购环节的考核评价：一方面，加强对集中采购实施过程中TCO有关政策要求的执行监督力度，在各类大检查中增加有关内容，特别是对管理小组的考评，要把TCO应用纳入其中，对在此方面应用研究做出突出贡献的机构或个人给予表彰和奖励。另一方面，探索建立TCO考核评价体系，增加TCO相关指标，降低类似一次性降采率、节资率这样的指标权重，甚至取消该类指标；初期难以量化的可以定性方式考核，逐步过渡到量化考核。二是对装备管理环节的考核评价：完善装备经济管理的激励与监督机制。

5.4 强化人才培训

加快TCO人才队伍建设。以现有管理小组为基础，有针对性地开展应用培训，培养储备更多TCO人才，提升管理小组人员能力和素质。聘请中国设备协会有关专家学者讲解授课，增进管理决策层及操作人员对TCO技术的了解和掌握。加强内部企业之间、采购方与供应商之间以及与外部其他优秀标杆企业之间TCO相关内容的交流学习。

5.5 重视后评价，建立TCO数据库并完善信息系统

没有数据支撑的TCO只是空壳，永远只能停留在理念上，无法开展建模分析并提供决策支撑。一方面，采购人员既是TCO数据库的建设参与者，也是使用者，必须重视采购后评价，要把每次采购形成的数据，包括物资规格、数量、出厂价格、运费、商检费、后期使用费用等所有相关数据资料，完整精确地保留并通过系统自动抓取汇集到TCO数据库。另一方面，应从装备管理的角度，加强后期使用数据分析和经济评价，在中石油层面建立健全一套完整的装备管理数据库。采购形成的部分数据也可纳入装备数据库，同时采购人员能够从装备数据库中抓取数据，实现数据共享。

6 结论

中石油集中采购TCO应用研究是一项全新的内容，研究基础薄弱，缺乏典型案例和原始数据积累，后期数据跟踪周期长、测算工作量大，需要采购链条上所有相关部门的支持和配合。面对重重困难，研究团队本次努力做到实事求是，结合当前发展实际提出了集中采购TCO应用的总体思路和应用流程，选择几项重点物资作为案例，建立了初期应用模型，并提出未来的发展方向及全方位的保障措施，希望能够开拓采购人员思路、提供下一步优化方向。TCO理念在集中采购中的应用势在必行、潜力巨大，“路漫漫其修远兮，吾将上下而求索”，此次研究也为将来开展深入探究科学采购奠定坚实基础。

参考文献

[1] 耿俊豹，金家善. 寿命周期费用技术的理论与实践. 长沙：国防科技大学出版社，2015.

[2] 石油天然气工业寿命周期费用分析. 中华人民共和国国家标准. GB/T 19829.1/2/3-2005.

[3] 韩天祥. 电力行业设备全寿命周期管理中的招投标实践[C]. 第十二届设备全寿命周期费用技术大会论文集，2018.

[4] 唐晓飞，王帅. 石油石化企业实施寿命周期费用采购的制约因素和对策建议[J]. 国际石油经济，2011，19（11）：75-80.

[5] 陈鸥. 油井管全生命周期采购管理研究.中国石油石化物资，2010.

[6] 苏东，彭茜，谭韵. 基于资产全生命周期成本的GIS采购方法研究[J]. 价值工程，2016，35（12）：61-63.

[7] Lisa M.Ellram. Strategic Cost Management in The Supply Chain: A purchasing and Supply Management Perspective. CAPS RESEARCH, 2002.

[8] Marty Schmidt. Total Cost of Ownership TCO for Assets and Acquisitions. Business Encyclopedia. ISBN 978-1929500109.2019.

[9] Michael Ebig, Andreas H.Glas, Karl Grajczyk. How to Influence Total Cost of Sourcing? Comparison of China and Europe. RESEARCH GATE, 2014.

[10] Lisa M.Ellram. Total Cost Modeling In Purchasing, 1993.

天然气投资项目经济评价方法和体系创新实践

张媛媛　赵延芳
（中国石油天然气股份有限公司天然气销售分公司）

摘　要：中国石油天然气与管道业务实现跨越式发展，天然气销售分公司（天然气与管道分公司）管理的项目数量、投资规模呈几何级数增长，市场竞争前置且空前激烈，投资回报需求强烈，经济评价作用凸显。天然气销售分公司围绕“系统效益最优”核心目标，创新出一套以业务需求为驱动、以理论方法为支撑、以管理机制为保障的经济评价方法和管理体系，共完成12项经济评价方法。创新性体现在：一是首次提出联络管道等4类项目经济评价方法，填补油气行业空白；二是首创单项目对天然气产业链价值影响经济评价方法，树立系统性管理理念；三是首次在油气行业经济评价中采用安全经济学理论量化安保效益，补充不同功能经济评价方法；四是建立不同投资主体、商务模式等多情景分析方法；五是搭建LNG接收站产业链商务合作方案评价模型。经济评价体系取得良好的经济效益和社会效益，全面助力天然气产供储销贸协调发展。

关键词：天然气投资项目；经济评价方法；安全经济学

1　实施背景——原有经济评价方法不适应天然气业务发展需要

天然气业务是中国石油天然气集团有限公司（以下简称“集团公司”）战略性、成长性、价值性工程，天然气与管道业务历经十余年快速发展，资产规模、营业收入、市场范围和天然气销量呈倍数增长。近年来，国家持续深化油气体制改革，天然气销售业务外部环境、内部机制、自身需求发生深刻变革。一是国家产业政策频密出台，加强天然气产供储销体系建设，规范和引导天然气产业发展。二是集团公司顺应改革和自身发展需要，调整天然气销售管理体制机制，2017年将天然气销售分公司和中石油管道有限责任公司（以下简称“中油管道”）分立运行；于2018年将天然气销售分公司与昆仑能源有限公司（以下简称“昆仑能源”）实施管理整合。三是运销分离后，天然气销售业务失去原有管输优势，市场前置且竞争空前激烈，对投资回报需求强烈。

就项目投资决策而言，通过有效的经济评价方法和模型，衡量投资能否获得合理回报，提供盈利模式和价格疏导方案显得尤为紧迫和必要。长期以来，集团公司按照项目类型和板块业务范围发布统一的投资项目经济评价方法，随着天然气业务领域不断拓展，投资主体、商务模式、功能定位日趋多元，原有经济评价方法和管理体系已不能完全适应天然气业务发展需要，主要体现在以下几个方面。

1.1 外部环境、内部条件复杂多变，对经济评价提出更新更高要求

天然气销售是直面市场风险的业务，天然气支线作为实现销售目标的重要一环，受上游气源、中游主干管输、下游市场影响很大，经济评价思路、参数选择、竞争力分析与主干管道截然不同，项目建设能否实现销售预期，目标市场能否承受销售价格，以上问题无法从天然气主干管道经济评价中得到回答。同样，随着加紧布局LNG接收站，投资主体和商务模式日趋多样，若不将资源、汽化/装车、销售各环节纳入经济评价体系，评价结果将与实际脱节。

1.2 单项目评价视角无法全面真实反映项目所处管网、运销系统、全业务链效益

储气库、天然气支线按单项目达到基准收益率测算储转费、管输费（反算法），其可实现性较差；联络线、站场扩能改造、存量资产项目很难从集团公司已有经济评价方法中找到适用内容。由于忽视项目所处管网系统、运销系统乃至全产业链环节，孤立评价项目本身经济效益，其结果往往失真。

1.3 经济评价主体基本固化，难以体现不同投资主体效益差异

运销体制调整后，天然气销售分公司、中油管道和昆仑能源均可投资建设天然气支线，三者职能范围、功能定位、市场方向差异明显，股东、股比不同也带来投资收益不同。单项目经济评价方法无法体现不同投资主体的效益差异，无法为天然气与管道板块优选支线投资主体提供决策支持。

1.4 经济评价缺乏与商务模式相互结合，未发挥其在全业务链商务模式设计中的作用

天然气销售体制调整后，由计划管理向综合利用多种资源、多种契约关系的现代化商务模式转变。传统经济评价多基于以往固定的商务模式，例如天然气支线的代输模式、LNG接收站的代加工模式、储气库的储转模式等，随着天然气销售业务进入新格局，多元化的投资主体必将带来多样的商务模式，采用何种方法开展各环节商务模式效益分析，如何优选投资主体、合作环节和运营模式，急需解决。

1.5 项目功能定位以基本负荷为主，亟待补充不同功能定位的差异化经济评价方法

天然气销售的加速发展，催生项目功能定位的多样性。已有经济评价方法多是针对项目基本负荷，未区分不同功能，特别是调峰功能评价方法始终缺失。亟须补充针对不同功

能定位特点的项目经济评价方法，保证项目效益分析完整性。

2 经济评价方法创新内容

天然气销售分公司（天然气与管道分公司）自2012年起，主动根据业务发展需要，遵循经济评价基本规律和原理，以集团公司已有经济评价方法为基础，拓展评价视角，树立系统性思维，围绕“系统效益最优”目标，创新出一套行之有效的以业务需求为驱动，以理论方法为支撑，以管理机制为保障的经济评价方法体系。2012年至今，共完成12项天然气投资项目经济评价方法（表1），涵盖天然气干线管道、储气库、LNG接收站、天然气支线、内陆LNG储气调峰设施等项目类型，涉及天然气产、运、储、销、贸全部产业链，经济评价理论内容呈现产业链系统性、功能完整性、多情景性特征。

表1 天然气投资项目经济评价理论方法创新特性

<table>
<tr><th>序号</th><th>业务类型</th><th>课题名称</th><th>填补空白</th><th>产业链系统性</th><th>功能完整性</th><th>多情景</th><th>模块化</th></tr>
<tr><td>1</td><td rowspan="3">新建天然气管道</td><td>系统性经济评价</td><td></td><td>◎</td><td></td><td></td><td></td></tr>
<tr><td>2</td><td>天然气业务整体经济评价</td><td></td><td>◎</td><td></td><td></td><td></td></tr>
<tr><td>3</td><td>存量资产经济评价</td><td></td><td>◎</td><td></td><td></td><td></td></tr>
<tr><td>4</td><td>联络线</td><td>西气东输联络管道经济效益评价方法</td><td>◎</td><td></td><td>◎</td><td></td><td></td></tr>
<tr><td>5</td><td>站场改扩建</td><td>站场改扩建项目经济评价方法</td><td>◎</td><td>◎</td><td></td><td></td><td></td></tr>
<tr><td>6</td><td rowspan="2">储气库</td><td>储气库效益评价方法</td><td></td><td>◎</td><td>◎</td><td></td><td></td></tr>
<tr><td>7</td><td>储气库契约关系研究（经济评价部分）</td><td></td><td></td><td></td><td>◎</td><td></td></tr>
<tr><td>8</td><td rowspan="2">LNG接收站</td><td>不同功能定位的LNG接收站经济评价方法</td><td></td><td></td><td>◎</td><td></td><td></td></tr>
<tr><td>9</td><td>基于LNG接收站的天然气产业链商务模式经济评价模型</td><td></td><td></td><td></td><td></td><td>◎</td></tr>
<tr><td>10</td><td rowspan="2">天然气支线</td><td>天然气支线管道经济效益评价方法</td><td rowspan="2">◎</td><td rowspan="2">◎</td><td rowspan="2"></td><td rowspan="2">◎</td><td rowspan="2"></td></tr>
<tr><td>11</td><td>天然气支线管道经济评价模型</td></tr>
<tr><td>12</td><td>内陆LNG调峰储气</td><td>城市燃气LNG调峰储气项目经济评价方法</td><td>◎</td><td></td><td></td><td>◎</td><td></td></tr>
</table>

2.1 首次提出联络管道等4类项目经济评价方法

首次提出联络管道、站场适应性改造项目、天然气支线管道、城市燃气LNG调峰储气设施项目4类项目经济评价方法，填补了油气行业投资项目经济评价方法空白。

2.1.1 联络管道经济效益评价方法

为科学合理的衡量联络管道真实价值，研究提出“联络管道经济效益评价方法”。将联络管道评价范围从单独供气延伸到正反输干线管道和下游天然气市场，结合联络管道为调峰用户灵活性供气特点，量化联络管道对调峰用户价值贡献。对于不可中断用户，采用安全评价理论，综合衡量联络管道对下游用户供气安全的效益贡献。

2.1.2 站场适应性改造项目经济评价方法

2014年前，国家和行业对油气管道改造项目的可行性研究没有专项规定，为此，研究提出“站场适应性改造项目经济评价方法”。将分析视角从管线站点拓展到管网整体系统，从面向单独项目转变为面向输送对象，提出“黑盒子”观点和管道网络系统论，将庞大的管网资产“投入”作为总量，解决了传统的“有无对比”经济评价中忽视总量资产的问题，通过经济指标“单位投资的盈利效率（NPVR）”，使不同投资规模的拟改造项目进行同等可比和排序。

2.1.3 天然气支线管道经济效益评价

考虑投资主体差异对天然气支线管道经济效益产生显著影响，开展“天然气支线管道经济效益评价方法”研究。围绕新管输定价机制特点，将评价范围向上下游延伸，建立单项目评价、整体评价（投资主体）和系统评价（集团公司角度）的多视角经济评价体系。同时，针对天然气销售企业、管道运输企业、终端销售企业在功能定位、业务特点、上下游关系上的不同，设计差异化经济评价方法，并与多视角评价体系相结合，全方位评价不同投资主体建设支线管道项目经济效益水平。

2.1.4 城市燃气LNG调峰储气设施项目经济评价方法

按照国家有关储气设施建设和储气调峰能力的政策要求，城镇燃气企业到2020年要形成不低于其年销售气量5%的储气能力，LNG调峰储气设施纷纷上马。为分析项目经济可行性，提出“城市燃气调峰储气项目经济评价方法”，该方法与相关政策、企业特性、储气调峰商务模式充分结合，研判运营模式、投资回报、价格疏导方面的有利因素，考虑地方政府、同业合作等不同投资主体，区分不同商务模式建立经济评价方法，提出盈利模式和价格疏导建议，推动LNG储气设施项目落地和效益落实。

2.2 首创单项目对天然气产业链价值影响经济评价方法

为满足全局性、系统性经济评价需要，立足单项目评价方法，将评价视角拓展到投资主体、上下游产业链，选取合理效益指标，分析项目对于所处管网、运销系统、全产业链的价值贡献，构建单项目、整体、系统三个层面逐步扩展的经济评价方法体系，涵盖天然气管道、支线管道、站场改扩建、储气库项目、LNG接收站等，以天然气干线管道、储气库项目为例介绍如下。

2.2.1 构建新建天然气管道项目对管网系统、运销系统以及天然气业务整体效益影响的经济评价体系

开展“新建天然气管道经济性评价方法”研究，评价对象涵盖单项目、整体业务两

个层面，建立系统评价、整体评价、存量资产三类评价方法。这三类方法分别为：新建天然气管道对管网系统和运销系统的效益评价方法，评价对象为管道项目，分析项目本身产生的效益和给管网系统、销售系统带来的协同增量效益；新建天然气管道对天然气业务整体效益评价方法，评价对象为天然气业务整体，量化管道项目对天然气业务整体效益的影响；存量资产效益评价方法，从存量资产效益评价特点出发，研究提出两种评价方法，即全寿命期效益评价法和未来运营期效益评价法。全寿命期效益评价法是通过计算所有已运行管道在全寿命期的现金流及效益指标，综合评价全寿命期内项目的经济效益情况；未来运营期效益评价法评价原理是基期的未回收投资通过未来运营产生的现金收益回收，以基期作为评价始点，以“未回收投资”作为基期资本支出，评价基期至运营期结束所有已运行管道的经济效益情况。

2.2.2 创建储气库项目对天然气“产运储销贸”全价值链效益影响评价方法

从天然气产业链系统角度，采用分环节“有无对比法”和天然气产业链整体价值分析方法，量化评价储气库对天然气“产运储销贸”整体价值链的效益影响，包括储气库的直接经济效益、间接经济效益和社会效益。该方法的主要创新在于，将储气库因素纳入管网效益分析模型，定量分析储气库对气田、管网等产业链各环节的效益影响，构建“储气库效益评价方法”。

2.3 首次采用安全经济学理论量化安保效益

首次在油气行业经济评价中采用安全经济学理论量化安保效益，补充不同功能经济评价方法，保证项目效益分析完整性和投资决策科学性。

2.3.1 建立联络线供气功能、转供功能及安保功能的经济评价方法体系

根据联络线的特点及作用，将联络线的功能分为供气功能、转供功能和安保功能，采用不同的成本、效益测算方式。供气功能，采用成本加成法反算管输费，按照实际管输量测算管道经济效益。转供功能，参照储气库收费方式，采用固定转供费和变动转供费衡量效益。安保功能，参照安全经济学理论，将安保效益进行量化。将不同功能效益分析结果汇总，形成联络线的整体效益，真实反映联络线对天然气管网、天然气市场的作用和价值。

2.3.2 开创性提出储气库调峰功能和安保功能的效益评价方法，着重分析储气库对“产运储销贸”整体价值链的效益影响

按储气库业务特点，储气库功能分为调峰功能和安保功能，分别进行效益评价（图1）。调峰功能方面，量化评价储气库对气田均衡生产、提升管网利用率、协调供求关系、储气项目本身效益、进口气谈判筹码等“产运储销贸”整体价值链的效益影响，对储气库调峰功能产生的直接经济效益、间接经济效益和社会效益进行评价。安保功能分为应急安保和战略储备功能。应急安保功能根据“安全经济学”理论，对储气库带来的安保效益进行量

化评价。战略储备则从社会效益角度给予评估，假设重大外交、断供安全事件发生带来的经济损失，主要采用缺能损失法进行效益评价。

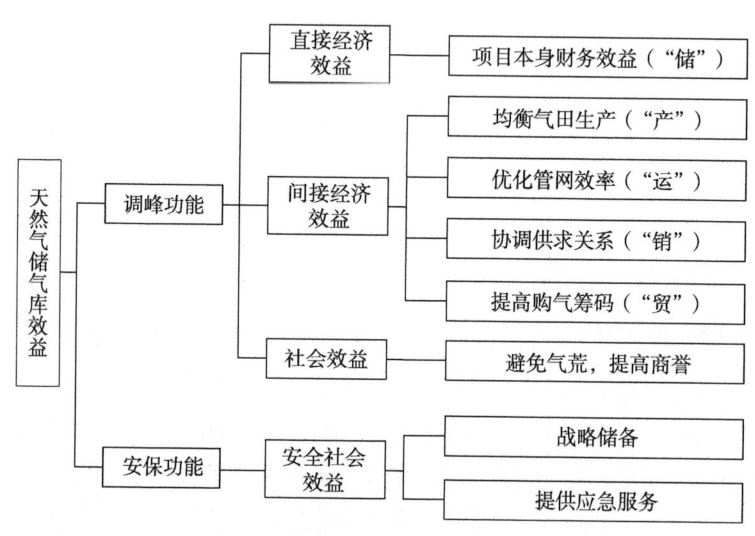

图1　储气库的功能与效益评价

2.3.3　增加LNG接收站调峰、安保、仓储等功能效益分析，形成不同功能LNG接收站经济评价方法

根据LNG接收站的不同功能定位和运营特点，将LNG接收站分为基荷、调峰、安保、仓储四大类，采用不同的评价方法，完成不同功能定位的LNG接收站经济评价方法。基荷功能的效益主要体现为汽化\装车效益，调峰功能的效益通过调峰价差来计算，安保功能则参照“安全经济学”理论进行效益量化，仓储功能通过租赁费予以回收，不同功能下的经济效益评价结果综合测算LNG接收站项目的整体效益，全面衡量了LNG接收站对天然气业务的价值贡献。

2.4　开创性建立不同投资主体、商务模式等多情景分析方法

在油气体制改革及天然气产供储销体系建设的政策推动下，天然气产业链各环节交易主体多元，商务模式推陈出新，需明确不同投资主体、商务模式，选用恰当的经济评价方法及参数，进行情景分析和价格链分析，保证投资效益和协同效应最大化。

2.4.1　打造不同投资主体、不同商务模式天然气支线经济评价方法和模型

天然气销售分公司与中油管道分立运行之际，天然气管道与销售业务管理模式下，天然气销售分公司、中油管道、昆仑能源三方均可投资运营天然气支线，由谁投资可实现集团公司效益最大化，同时实现另外两方协同效应，“天然气支线经济效益评价方法”从理论上给出答案。首先，采用系统性经济评价理念，结合天然气支线功能定位和所处运销

系统，界定不同评价范围和临界条件，构建涵盖单项目、整体、系统的天然气支线经济评价方法体系。其次，按照天然气销售分公司、中油管道、昆仑能源三家投资主体在天然气支线投运中的投资特性、运营方式以及上下游协同作用，建立单项目、整体、系统三个视角相应现金流框图，计算现金流入和流出，得出净现值率，分析天然气支线对不同投资主体、不同商务模式的经济效益。最后，将三个投资主体不同评价视角的经济指标汇总，比较系统评价净现值率，同时对关键变量开展情景分析，找到临界值，完善比选方案。

2.4.2 提出城市燃气LNG储气调峰设施“自建自用”和“独立运营”商务模式下经济评价方法和价格疏导方案

紧密结合国家有关政策，研判“自建自用”和“独立运营”两种商务模式不同特点，建立评价方法和定价机制，制定价格疏导方案。在“自建自用”模式下，按政策中“投资和运行成本纳入城镇燃气配气成本统筹考虑，并给予合理收益”规定，将企业调峰设施和下游城市燃气视为整体，制定经济评价方法，通过“一部制”城市燃气配套费获取合理收益。在“独立运营”模式下，充分发挥政策中“允许储气服务自主定价”“推行天然气季节差价”等作用，针对调峰功能辐射的不同用户，制定价格疏导方案，研究“两部制”储转服务费并明确适用范围，满足投资回报要求。同时增加应急功能效益分析，满足部分地方政府专项投资于储气调峰设施的强烈诉求，考虑专项资金、日常成本、应急成本等特殊投入产出，设定不同用户范围以摊薄“高价”储转费，为地方政府提供疏导应急气价解决方案。

2.4.3 建立储气调峰全成本模型，采用整体评价法，对比分析利用不同商务模式储气库的经济效益

天然气销售分公司所属储气库陆续划转油田或其他企业，未来将继续划转国家管网公司，为适应产供销储新形势要求，开展“储气库契约关系”研究。一是根据国家储气调峰政策和天然气价格管控措施，结合天然气营销模式和储气库上下游管输费用，以及储气库调峰辐射范围，建立天然气销售分公司储气调峰全成本价格模型，实现储气价格承受能力分析。二是以公司效益最大化为目标，促进储气库及天然气销售业务协同发展，在新建储气库项目经济评价基础上，建立以天然气销售分公司、集团公司为视角的综合效益评价方法，分析新建项目经济性。三是对比分析合资、租赁储气设施和购买储气服务模式，根据不同商务模式明确天然气销售分公司及集团公司综合效益分析内容和方法。

2.5 创新性运用模块化分析方法，搭建LNG接收站产业链商务合作方案评价模型

为优选LNG接收站项目合作主体，创新商务模式，实现公司在LNG接收站合资合作中经济效益最大化，搭建了“基于LNG接收站的天然气产业链商务模式经济评价模型”。首先，以LNG接收站为基础，将LNG产业链划分为上游气源、接收站汽化/装车、下游销售三个环节，研究各环节的典型商务模式，将各环节商务模式经济性分析模块化。其次，识别外部

环境和自身需求，设计LNG接收站产业链典型商务模式，合作范围包括LNG接收站、LNG接收站和下游销售联动、资源采购+LNG接收站+销售一体化（图2）等，将各环节对应的经济评价模块进行组合，实现对LNG产业链复杂商务模式的经济评价。最后，分别以天然气销售分公司、其他合作方为对象，测算投资主体各环节整体经济效益，评估合作范围，确定采购价格、销售价格等变量临界值，推荐合作方案。

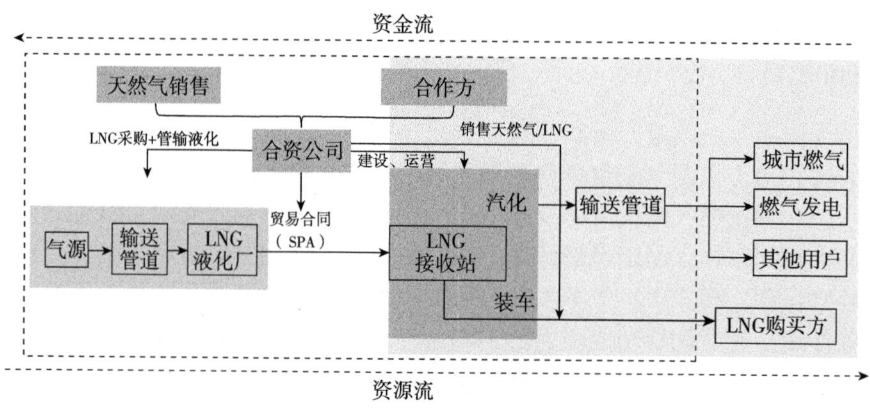

图2　LNG接收站产业链一体化合作模式示意

3　创新成果

天然气销售分公司已建立起适应天然气与管道业务发展新形势和管理体制改革新要求的经济评价方法和管理体系（图3）。理论成果已全部应用，取得良好的经济效益和社会效益，并具有向全国天然气领域推广的价值，推动经济评价管理实现三大转变。

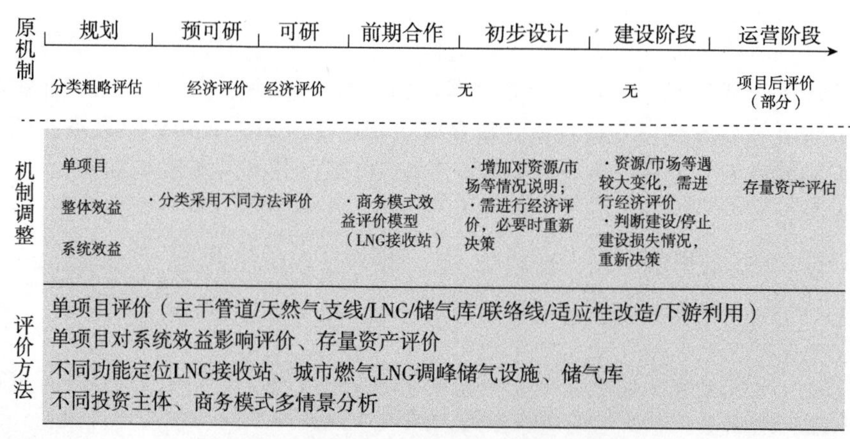

图3　天然气销售分公司动态经济评价和决策机制

3.1 取得较好的经济效益和社会效益

经济效益方面，从管理效率看，可提高项目经济效益分析工作效率20%左右，累计节省投资决策成本超过2000万元；从投资项目效益看，通过对支线管道、储气库投资主体和商务模式优化，降低成本，提升效益，约提升项目经济效益2.6亿元；从产业链协同效益看，通过优化LNG接收站全产业链商务模式合作方案，促进集团公司效益最大化，约提升经济效益2亿元。

社会效益方面，经济评价方法的创新完善，助力投资项目落地，一是有利于减少有害气体排放。从相关研究可知，环境价值是指天然气替代煤炭减少的排污物防治成本，1立方米天然气可创造1.92元/立方米的环境价值，预测集团公司投资项目每年能带来8亿立方米新增“气代煤”天然气销量，可创造约15亿元环境价值。二是促进天然气产供储销体系建设，对保障中国天然气管网的安全平稳运行、天然气市场供气安全具有至关重要的社会作用。

3.2 创新成果具有进一步推广价值

“新建天然气管道经济性分析”及其子课题、“天然气支线管道经济效益评价方法”“城市燃气LNG调峰储气项目经济评价方法”“储气库契约关系研究”等多项理论创新成果，从解决实际问题出发，立足经济评价基本原理，通过多视角、系统性、多情景分析，建立经济评价方法和模型，已广泛应用于集团公司天然气业务，具有良好的示范性，可进一步将应用范围拓展至中国天然气领域，特别是国家石油天然气管网集团有限公司所属储运基础设施公平开放新格局下，为各种投资主体建立不同商务模式，适应多种契约关系，为效益分析和投资决策提供理论和技术支持。

3.3 推动经济评价管理实现三大转变

由孤立性向系统性转变。传统经济评价往往与所处系统、上下游产业链分离，就项目论项目。创新系统性评价方法，将项目放入所在管网系统、运销系统、产业链全局分析效益，全面反映项目价值贡献。

由单一性向完整性转变。已有经济评价多是基于项目基本负荷功能，效益分析相对单一。调峰、安保、应急、仓储等不同功能经济评价方法的建立，充实了经济评价体系，保证效益分析完整性。

由阶段性向动态全过程管理转变。长期以来，经济评价被固化为（预）可研的一部分，与项目其他阶段无关。动态经济评价管理机制，打通各环节壁垒，覆盖项目规划至运营阶段全生命周期，保证投资决策落地或酌情调整。

参考文献

[1] 国家发展改革委，建设部. 建设项目经济评价方法与参数[M]. 3版. 北京：中国计划出版社，2006.

[2] 傅家骥，仝允桓. 工业技术经济学[M]. 3版. 北京：清华大学出版社，2008.

[3] 罗云.安全经济学[M]. 北京：化学工业出版社，2010.

[4] 芮旭涛，冯连勇，王亮，等. 天然气管道运输定价新机制样本研究[J]. 国际石油经济，2018，26（4）：27–37.

[5] 芮旭涛，冯连勇，张珊，等. 天然气管输定价新机制对管输企业的影响[J]. 天然气工业，2018，38（3）：121–129.

辩证认识伊朗石油工程技术服务市场

吴振江
（中国石化集团国际石油工程有限公司）

2015年7月14日，伊朗核问题协议（以下简称“伊核协议”）达成，美国和欧盟大幅放宽了对伊朗的制裁措施。2017年年初，美国总统特朗普上台后对伊政策做出重大调整，随后在2018年5月8日宣布退出伊核协议。2019年以来，美国不断加码对伊制裁，迫使多个国家大幅缩减甚至停止进口伊朗原油。严峻的地区形势，强大的制裁压力，低迷的市场状况，导致大量外资石油工程技术服务公司暂停甚至退出伊朗业务。2020年伊始，美国刺杀了伊朗革命卫队将军苏莱马尼，美伊关系急剧恶化，达到了剑拔弩张的程度。近期，新冠肺炎疫情席卷伊朗，使伊朗雪上加霜，政治局势晦暗不明。

1　伊朗油气开发的主要矛盾

伊朗石油工程技术服务市场具有很强的特殊性。一方面，伊朗是世界重要的油气资源国，探明石油储量居世界第四位，探明天然气储量居世界第一位，油气工业是伊朗的重要支柱产业。伊朗致力于油气稳产上产和扩大原油出口，石油工程技术服务市场潜力很大。另一方面，伊朗石油工业长期笼罩在美国等西方国家制裁之下，市场对国际局势极度敏感，受国际政治局势影响起伏震荡。市场的矛盾归根到底是供需矛盾。伊朗油气产能建设的巨大需求和本土石油工程技术服务队伍技术装备相对落后之间的矛盾，是伊朗油气开发的长期主要矛盾。

1.1　伊朗油气产能建设需求巨大

伊朗的油气产能主要集中于波斯湾、阿曼海海上油气田和南部陆上油区，产能主要建成于20世纪六七十年代，分别由伊朗国家石油公司旗下的伊朗海洋石油公司和伊朗南方石油公司经营。伊朗海洋石油公司负责波斯湾和阿曼海海域油气田开发和生产，主营巴雷干（Bahregan）、哈尔克（Kharg）、锡里（Sirri）、拉万（Lavan）、基什（Kish）、格什姆（Qeshm）等油田，原油可采储量超过250亿桶，其原油出口一度占据伊朗总出口量的1/3。伊朗南方石油公司主要负责南部陆上油气田开发和生产，是伊朗建成最早、规模最大的油气集团，下辖Karoun、Maroun、Gachsaran、Aghajari、Masjed-Soleyman这5家油气生产公司，原油产量占伊朗总产量的80%。经过50年的持续开采，两大主力油区设施老旧、产能衰减问题日益严重。2017年，伊朗国家石油公司推出20多个融资总包项目，包括提高采收率、设施改造、新部署钻井等，均是围绕老油田的稳产增产措施。

伊朗西南部的西卡伦油区包括雅达瓦兰、阿扎德甘、雅兰等大型油田，多数与伊拉克共享，是伊朗重要的原油产能接续区，计划实现产能100万桶/日。近年来，伊朗国家钻井公司以大包模式建成了南阿扎德甘、南雅兰油田部分产能，还引入中国石油天然气集团有限公司（以下简称“中国石油”）、中国石油化工集团有限公司（以下简称“中国石化”）等外资公司和波斯油气开发公司等当地公司的资金，以回购合同模式建成了雅达瓦兰一期、北阿扎德甘、北雅兰等项目，但西卡伦油区的产能仅达到30万桶/日[1]。伊朗在波斯湾海域的南帕斯气田是世界上最大的气田之一，与卡塔尔共享。2002年，伊朗专门成立了帕斯油气开发公司进行开发，但仍然远远落后于卡塔尔的生产规模。共享油气田开发推进缓慢，使伊朗政治、经济利益受到较大的损失。

为了解决产能建设的问题，在伊核协议达成后两年内，伊朗推出计划，与当地和国际公司签订800亿美元的油气田勘探开发合同，要实现原油产量提升300万桶/日的宏伟目标[2]。据伊朗石油部测算，为实现短期目标和中期“六五”（2016—2020年）规划，伊朗在勘探开发领域需要1300亿美元的投资，在炼化、液化天然气（LNG）和管道建设等下游领域需要700亿美元的投资[3]。虽然这些宏伟蓝图在2017年美伊关系恶化后化作泡影，但伊朗提升产能的需求和内生动力始终客观存在。

1.2　本土队伍力量落后于产能建设需求

伊朗石油工业历史悠久，本土石油工程技术服务行业与中国相似，链条长，队伍全。由于长期受西方制裁影响，装备更新缓慢、技术落后的情况越发突出，满足不了伊朗油气开发产能建设的需求。伊朗本土约有陆地钻机115部，其中伊朗国家钻井公司有73部，大多购自中国石油技术开发有限公司（中技开）、山东科瑞、四川鸿华、上海亿菱等公司，出厂时间大多在10年之前。其他十几家公司拥有的钻机少则一二台，多则三五台，数量分散，相当部分钻机的服役时间超过30年，设备老旧甚至趋于报废。

当地钻井技术服务公司参差不齐，实力较强的伊朗油井服务公司继承了斯伦贝谢公司在伊朗的主要装备，能够提供固井、测试、测井、定向等技术服务，但在斯伦贝谢公司撤离伊朗后，近20年中装备几乎不曾提升。当前，伊朗国家钻井公司固井、测井、录井等技术服务最为齐全，力量最为雄厚，但设备老旧情况日益加剧，该公司拥有3套完整的地面测试设备，其中一套还是伊朗革命时期哈里伯顿公司遗留的设备，20世纪70年代初生产，已经严重老化，基本属于报废设备，数据完全为人工采集。在定向及随钻测量、随钻测井服务方面，本土力量尤为薄弱，近年涌现的定向公司大多有中国企业的背景。

1.3　资金缺乏导致矛盾加剧

受长期国际制裁影响，伊朗业主资金匮乏，工程款支付拖欠，对油服公司的经营状况也造成了严重的影响。伊朗石油工程技术服务装备技术落后的状况一直得不到明显改善，修修补补成为常态，已难以为继。随着伊朗原油出口锐减，工作量不饱满，油服公司经营状况恶化，维持现有装备状态已十分困难，更无力购买新型装备。

这种情况持续越久，本土队伍的状况就越差，未来产能建设的需求越大，两者的矛盾就越尖锐、越突出。要解决这一主要矛盾，伊朗油气开发既需要外部资金，又需要外部队伍，外部资金注入的同时可能引入外部队伍。中国石化、中国石油在伊朗油气田的投资合作就是证明。

2 市场需求与国际局势的对立统一关系

伊朗石油工程技术服务市场需求与国际局势是既对立又统一的关系，矛盾的两个方面不断变化。市场需求可能增强或减弱，国际局势可能趋紧或趋缓，二者在发展变化中相互影响，交替成为矛盾的主要方面，形成伊朗石油工程技术服务市场的基本状况，并贯穿于数十年来的伊朗石油工业发展历程。

巴列维王朝时期，伊朗与美国关系密切，全球石油工业蓬勃发展，促成了20世纪60—70年代伊朗石油工业迅猛发展。伊斯兰革命前后，伊朗政局动荡，持续8年的两伊战争又接踵而至。这一时期的市场需求虽然存在，但国际局势非常不利，伊朗石油产业发展受到严重打击。

两伊战争之后，伊朗百废待兴，通过开展新型外交，积极改善和恢复了与东西方国家的外交关系，石油经济快速复苏。1995年进一步调整经济政策，提高了外企投资收益，吸引更多外国企业参与投资油田的开发，原油产量达到360万桶/日。1998年宣布放开陆上油田对外合作，发现了阿扎德甘等新油田，石油工程技术服务需求旺盛[4]。这段时期，国际局势转向有利于市场的一面，促进了伊朗石油工业的发展。在石油工业复苏的过程中，伊朗石油工程技术服务队伍不断壮大，伊朗国家钻井公司从1979年6部陆地钻机起家，发展成为拥有70多部陆海钻机和相对齐全的技术服务队伍的综合钻井工程承包商，斯伦贝谢、哈里伯顿等西方油服公司在伊朗占据一席之地，很多本土油服公司也在政府扶持之下应运而生。

2003年以后，伊朗因为核问题与西方关系恶化，西方的石油公司和油服公司相继退出伊朗。这个时期国际局势又转向了市场需求的对立面，但巨大的市场需求仍是矛盾的主要方面，于是中国的油气投资和工程技术服务进入伊朗。尽管西方制裁不断加剧，尤其在2010年以后更加严峻[5]，中国石化、中国石油等仍与伊朗合作建成了雅达瓦兰和北阿扎德甘油田，中国石化、中国石油的石油工程技术服务队伍和众多中资民营企业也在这个过程中得以在伊朗壮大发展。

2014年原油价格断崖式下跌，伊朗市场进入寒冬，价格暴跌，工作量减少，业主工程款支付困难，市场需求由强转弱。直至2019年，伊朗与美国的关系剑拔弩张，国际局势极为严峻，再度成为矛盾的主要方面，大量油服公司退出伊朗市场。

伊朗石油工业发展的曲折历程表明，伊朗的石油工程技术服务市场需求和国际局势始终密不可分。当国际局势处于逆势并占据主导地位时，工程技术服务市场就止步不前甚至衰弱；当国际局势处于顺势，市场需求旺盛，工程技术服务市场就得到发展壮大；而市场需求本身又会受价格波动的影响。我们看待伊朗市场的未来机遇，虽然西方制裁和敌意将长期伴随伊朗政府，但国际局势总会出现和缓期，这时伊朗石油工程技术服务市场的潜力就会得到释放，市场机遇随之到来。回顾历史发展进程，对峙是暂时的，缓和是必然的，美伊关系必然重塑平衡[6]，时间短则一两年，长则三五年。

3 认清基本问题，制定长期策略

分析伊朗市场内在需求动力和国际局势发展变化带来的市场机遇期问题，是不是就可以简单地认为，市场好了就去，市场差了就撤？这种“打游击”的观点显得随意、短视，中国的石油工程技术服务企业需要研究制定更加完善合理的长期策略。

3.1 辩证看待两个问题

研究中国的石油工程技术服务企业在伊朗的策略，首先要审慎对待伊朗市场的两个客观问题。

一是伊朗的资金缺乏状况将长期存在。由于伊朗政府和伊朗国家石油公司资金缺乏，当伊朗市场回暖时，政府的首要工作必然是吸引外资，工程项目也大多带有融资要求。一方面，西方石油公司与中资公司的油气开发投资可能重返伊朗，就如同雅达瓦兰项目、北阿项目一样，有利于将中国的工程技术服务队伍带入项目[7, 8]。另一方面，油服公司获取伊朗本土油田公司项目的机会也较多，但要面临工程款延迟支付的压力（可能在1年以上甚至更久）。

二是伊朗市场竞争激烈是常态。伊朗石油工程技术服务本土队伍主力军的地位难以撼动，因此，伊朗市场留给外部队伍的空间是有限的。这个有限指两个层面，一是体量有限，外部队伍永远处于本土队伍的补充地位；二是时间窗口有限，当本土队伍不断发展与外部队伍形成市场平衡局面时，外部队伍就会失去发展机遇期。在伊朗市场，一方面，伊朗本土工程技术服务队伍产业链齐全，本土优势明显，黏性强。另一方面，大量中资油服公司在伊朗经营多年，涉足海上陆地各个专业，一直紧盯伊朗市场。即便在未来伊朗市场复苏初期，竞争的激烈强度将会很大，新的市场格局会迅速形成，步伐慢了就将出局。

3.2 制定长期策略

针对以上问题，中国的石油工程技术服务企业在伊朗市场的策略要注意以下几点。

一是以退为进，掌握退的尺度。退出市场，是当前制裁加剧、业主资金缺乏的合理选择和对策。但退不是无节制的退、全方位的退，而应当是有策略的退、逐步的退，做到“打断骨头连着筋”。暂时将业务停止、人员复员、装备转移到其他市场或者国内市场，但是经营多年的品牌和经营主体要保留，与业主、合作伙伴的关系要维持，市场的发展状况要跟踪，留住复燃的火种和一触即燃的能力。

二是找好切入点，把握进的时机。基于多年合作经验和市场黏性，中资油气投资很可能在伊朗市场复苏时重新进入。中资油气项目资金充足，服务价格空间大，工程款的风险小，这些是油服公司进入伊朗市场的最佳切入点。但是最佳切入点并不是唯一切入点，中资油气项目启动周期长，如果一味等待这类项目，可能会失去市场先机。因此，当伊朗市场重新达到进入条件时，应当尽早介入，一旦发现合适的伊朗本土企业投资项目，要大胆推进，把握先机，为参与中资油气项目做铺垫，在市场洗牌的过程中占据优势地位。

三是找准突破口，谋求差异化发展。伊朗石油工程技术服务市场的需求是其本土队伍能力和油气开发需求之间的缺口，要突破，就要做到人无我有，人有我强。例如，伊朗陆上钻修井机服务是缺乏的，但这个缺口不会太大，外资钻井公司不可能在伊朗做到太大规模。应该将重心放在装备技术要求高、利润空间大、当地公司相对弱的海洋钻井和陆上高端技术服务方面，包括钻井平台、测井、测试、完井、定向等服务的新工具、新装备、新技术，都将有用武之地。

4 结语

作为市场开发工作者，认识和分析伊朗石油工程技术服务市场，一味强调国际局势不利影响而低估其需求潜力，或只看重其需求潜力而无视当前的国际局势，做出过于乐观或过于悲观的判断都不可取。我们需要拨开国际局势的重重迷雾，看到伊朗油气开发的根本矛盾，认识其内在动力和发展潜力，正确判断伊朗石油工程技术服务市场前景，立足长远，制定策略。

分析伊朗石油工程技术服务市场，首先要看到伊朗油气产能建设的巨大需求和本土石油工程技术服务队伍技术装备相对落后之间的矛盾，这是伊朗油气开发的长期根本矛盾，也是市场需求的本源。要辩证分析伊朗石油工程技术服务市场需求和国际局势之间的矛盾，掌握伊朗市场随国际局势起伏的规律，有利于正确制定市场策略。要客观审慎地看待伊朗市场，制定中国石油工程技术服务企业在伊朗的进退策略，把握市场规律，找准突破口，从而在复杂的市场形势下取得制胜先机。

文末，祝愿我常驻8年的伊朗早日渡过难关，人民幸福安康！

参考文献

[1] Shana News Agency. Foreign investors wooed for West Karoun development[EB/OL]. (2019-05-28). https://en.shana.ir/news/289351/Foreign-Investors-Wooed-for-West-Karoun-Development.

[2] Shana News Agency. Iran plans 3mbd rise in oil output capacity[EB/OL]. (2017-05-08). http://www.shana.ir/en/newsagency/276676/Iran-Plans-3mbd-Rise-in-Oil-Output-Capacity.

[3] Shana News Agency. Iran oil industry needs $200b development investment: Zangeneh[EB/OL]. (2016-02-09). http://www.shana.ir/en/newsagency/254896/Iran-Oil-Industry-Needs-200b-Development-Investment-Zangeneh.

[4] 陆瑾. 伊朗石油工业的历史与现状——兼论石油与政治的关系[J]. 西亚非洲，2007（11）：54-60.

[5] 张帅. 1951—2015年伊朗石油产业的发展历程与影响[J]. 西安石油大学学报（社会科学版），2016（4）：18-23.

[6] 郑东超. 美伊对峙：紧张但可控[J]. 中国投资，2019（11）：18-19.

[7] 李志刚，姜明军，刘卫东，等. “后制裁时代”的伊朗油气投资前景展望[J]. 国际石油经济，2016，24（3）：66-77.

[8] 张密. 恢复制裁阴影下的伊朗石油经济现状及前景探析[J]. 国际石油经济，2018，26（10）：25-30.

关于庆新油田数字化转型的研究

姜　涛　马国良　刘维武
（大庆油田有限责任公司发展战略研究中心）

摘　要：当今世界，信息技术日新月异，以数字化、网络化、智能化为特征的信息化浪潮蓬勃兴起。大力推进信息化，是破解发展难题的重要手段，是实现传统企业转型升级的必由之路。基于此，大庆油田自2010年开始，在庆新公司探索借助数字化技术手段升级油田管理，在油田党委和油田公司的正确领导下，不断创新，积极探索，历经“数字化建设、智能化提升”两个阶段，逐步摸索出了一套覆盖油藏工程、采油工程、生产管理、能源管理等多专业智能一体化开发管理模式。油田开发、生产经营及各项管理水平不断提高。开拓了油田低成本、低能耗、高效益“两低一高”的油田开发管理新格局，为油田数字化转型实践带来一些思考和启发。

关键词：庆新油田；数字化；转型

大力推进信息化，是覆盖中国现代化建设全局的战略举措，是破解发展难题的重要手段，是实现传统企业转型升级的必由之路。随着信息技术日新月异，以数字化、网络化、智能化为特征的信息化浪潮蓬勃兴起。全球信息化进入全面渗透、跨界融合、加速创新、引领发展的新阶段。中国石油天然气集团有限公司把信息化纳入建设综合性国际能源公司目标体系之中。大庆油田公司也把信息化建设作为系统性、战略性工程，提出了“数字油田、智能油田、智慧油田”发展战略。

1　数字化油田缘起

数字油田的概念来源于数字地球，起源于中国。1998年美国时任副总统戈尔提出数字地球概念，由此引发数字油田概念。实际上就是用数据呈现出整个油田，或者相当于把实体的油田放到计算机里和网络上，本质上就是通过各种数据的集成来呈现。随着石油在能源结构中的占比逐年不断下降，尤其是近年来，随着可再生能源的大力发展，油气的发展空间受到极大挤压。面对多重压力，油气企业不断寻求新突破，20世纪90年代以后，数字化油气田技术如一阵旋风席卷了整个油气行业。

目前，数字化油田的管理模式越来越受到企业的重视。早在1993年，克拉玛依油田信息化建设工作就正式起步。1999年，大庆油田首次提出了数字油田的概念，并很快得到行业的认同。2000年前后，国内各大油田企业纷纷将数字油田作为中长期建设目标。2000年左右，新疆油田正式提出“数字化油田”标准。同年，大港油田编制了数字油田发展五年规划暨“十五信息化发展规划”并实施数字油田规划。2002年，塔里木油田提出并实施数字油田规划。2003年，胜利油田、塔河油田、克拉玛依油田等相继提出并实施数字油田规划。2005年后，全国各油田全面进入数字油田建设。2008年，新疆油田公司实现了档案资料桌面化、业务工作桌面化、数据正常化、系统集成化和生产自动化。2009年，新疆油田在国内率先宣布建成了数字油田，成为当时国内数字化油田建设的一面旗帜。

近年来，随着信息化技术的广泛推广和飞速发展，数字化在“省人提效”和“科技化提升”方面具有显著作用。国家也提倡信息化带动工业化，促进企业管理变革，节省人力，提高效率。因此，在这种环境形势和国家政策支持的背景下，各大油田对数字油田的认知水平不断提升，意识到数字化油田的建设水平已经成为决定油气田企业转型质量和未来的关键。

2 庆新油田主要做法及效果

2.1 数字化现状

庆新油田从2010年开始数字化项目建设，利用三年时间，建成数字化配套设施、基础平台等硬件部分，实现站库、井间数据全面采集，主要生产节点实现远程控制，实现了电子告警、电子巡检等功能。2016年，数字化项目进入智能化提升阶段，数字油田的建设价值得到充分挖掘，软件部分建设逐步完成，庆新油田实现了数据的全面感知、预测预警、数据驱动、协同优化，开发了生产管理、油藏管理、机采管理、集输管理、能耗管理等基本涵盖油田各项管理的五大应用管理系统。2018年建成了全面感知、预测预警、数据驱动、智能操控的智能油田。

一是物联网建设现状。2010年，庆新油田开始进行数字化油田改造，到2012年，初步完成了整装数字化油田的建设。截至2015年，后续建设随基本产能建设进行同步跟进。共建成无线基站4座，数据中心2座，生产指挥中心1座，监控终端3个，视频监控点256个，新建及利旧通信光缆共104.4千米，建成电力管理系统1套。

还实现了井、间、站全面现场数据自动化采集，油水井数据每隔20分钟传输一次，使得数据传输实时化；注配间水量、集油间掺水量远程自动精准调控，实现控制调节远程化；井间站均实现集中监控、定期巡检、无人值守，实现电子监控无人化；实现了生产数据辅助分析，产量、计量自动化，电量计量单井化，降低了现场工作强度、提高了工作效率。

二是数据库建设现状。数据库管理系统主要由实时数据库和关系数据库组成，实时数据库负责前端感知设备的数据采集存储，关系数据库负责实时数据及人工采集数据的发布和计算。当前数据库管理系统年数据处理量为9800万条，运行状态平稳，数据系统功能强大，能够满足当前数字化应用需求。

三是智能软件应用现状。通过开发生产管理、机采管理、油藏管理、能源管控等智能分析软件，智能分析后将事后处理变为事前预警，使网络系统软硬件有效结合，形成了智能一体化运行管控模式。

2.2 主要做法及效果

自2010年开始，庆新油田不断创新，积极探索，借助数字化技术手段升级油田管理，历经“数字化建设、智能化提升”两个阶段，逐步摸索出了一套覆盖油藏工程、采油工程、生产管理、能源管理等多专业智能一体化开发管理模式，突破了管理提升瓶颈，为实现全油田创新管理提供了新的思路。数字化建成以来，各项管理更加精细、精准、高效，取得了“省人”“省钱”“高产”“高效”的良好效果，解决了成立之初的突出矛盾，铲除了限制企业发展的不利因素，员工满意度及幸福指数显著提高。

一是优化组织架构转变管理模式，省人省力降低劳动强度。

压缩管理层级，成立指挥中心。数字化的建立与完善，助推了庆新油田劳动组织架构的转变，打破了油田传统的区域管理、逐级上报的模式，采油区精简了管理层级，生产运行更加科学、高效，班组数量由原来18个减少到目前的5个管理单元，各管理单元职责明确清晰，员工由前线操作岗转型为后线技术岗，一线班组数量由24个精简到15个，采油工区用工减幅达30%。建立了生产指挥中心（监控指挥室），整合了公司调度和生产保障电力调度，打造以生产指挥中心为主、采油工区二级布控的集远程监控分析、信息反馈、资料收集、生产调度、指挥协调于一体的管理模式。

集中管控生产单元，无人值守省人省力。中转站及联合站内关键节点实现了自动控制和数据采集，生产日报表自动生成。卫一联合站中控室对站内生产进行全程管控，岗位由8个班组整合为2个大班组，用工人数由76人下降至30人，管理更加高效。卫一转油站还实现了无人值守管理，是大庆油田第一座无人值守的转油站。

精准提升各项管理，智能高效降低强度。生产智能预警系统的应用，将传统的人工巡检转变为系统自动扫描，油井采取故障巡检的制度，人工巡检由原来的1天2次变为7天1次，节省原巡井工作量的87.5%，单井综合用人指标从2010年的0.97下降到了0.53，人工劳动强度大幅降低。巡井周期由24小时缩减为20分钟，劳动效率大幅提高。配注间实现自动化后，保证了“注好水、注够水、平稳注水”。分层注水合格率由原来84%提高到92%，提高了8个百分点，提高了生产效率，年可减少产量递减1350吨。

二是管理细化升级节能降本，智能高效挖潜助推产量提高。

重视节能管控成本。庆新油田始终坚持低成本战略，内部建立了能源管控委员会，制定了节能目标和管理制度，将管理细化到单井、单环及单台设备，吨液能耗显著降低，节能形势逐年向好，事故发现及时解决高效，直接降低了吨油操作成本。2012年数字油田全面建成后，桶油的操作成本均保持在20美元/桶以下，成本上升速度得到有效控制。吨油操作成本控制在大庆外围油田最低，在油价持续低迷的不利情况下，智能油田提档升级效果更为突出。

油藏管理节能挖潜。基于注采动态评价，及时发现无效、低效注采井，优化油水井对应调整，减少无效循环。在智能调配管理方面，系统按照“以产定注、注采平衡”的原则，自动推出最佳注水调配方案。系统试运行以来，智能调配推荐方案全部见效。

机采管理节能挖潜。油井能源智能管控体系以自动采集、回传的数据为前提，针对抽油机平衡治理、结蜡治理、管杆泵管理等问题将相关抽油机井智能模块与能源管理系统联合。

利用功率实时监测，提高平衡管理水平，平衡率由原来85.3%上升到90.2%，年节电17.52万千瓦时；通过载荷实时采集，优化油井降黏工作，年节约药剂成本10%以上，载荷比下降0.2，年节电25.7万千瓦时；利用数字化远程启停，进行自动化间抽管理，节电效果明显。

集油注配节能挖潜。利用数字化实时监控，做好精细化自动掺水。所有集油间都实现无人值守，回油温度由原来的45℃，降低为目前的35℃，按照设定瞬时量自动精确掺水，日掺水量减少2400立方米，最多日节气6500立方米，节能效果显著。

三是数字建设投入逐年降低，投资回报企业效益逐年好转。

资金投入逐年下降。2010—2019年，庆新油田数字化建设共投入资金9144.9万元，其中工程费8590.1万元，甲方费用554.8万元。初期投资6092.9万元，占投资的66.7%。即：2010—2012年，资金投向主要为对已投油水井、站库改造，建设数字化通信保障系统。当时受技术因素和政策影响，数字化设备可选择余地小，且价格较高，2013年后，投资主要用于新增产能和运行维护。但随着技术发展以及政策逐年利好，数字化设备种类更加丰富、价格趋于合理，数字化项目建设资金也随之降低。经过测算，按照现有基础增加同等规模区块，并达到当前智能化管理水平，所有数字化项目投资费用均摊至单井将显著降低。

经济效益逐年向好。庆新油田自成立以来一直注重成本费用控制管理和经营风险防控，强化技术应用，成本得到有效降低，营造了降本增效的企业文化氛围，使公司取得较好经济效益。数字化应用后，共节约人工成本约1.49亿元；分层注水合格率由81.9%提高到89.9%，年增油约1300吨，减缓油田自然递减率0.6个百分点。

3　启发和思考

第四次工业革命蓬勃发展，互联网+、5G商用等一大批先进信息化技术不断升级并广泛推广应用，这给我们加快转型升级提供了技术支撑。同时，新冠肺炎疫情和油价暴跌“两只黑天鹅”叠加而至，油气行业生产经营受到的冲击前所未有，却也正是推进数字油田建设进程的时机。

一是树立“新理念”解放“旧思想”，为数字油田变革指明方向。

观念一变天地宽。大庆油田庆新人按照“整体规划，先易后难、分步实施、逐步完善”的原则，通过三期工程建设，实现了现场采集自动化、生产运行高效化、油田开发精准化、措施管理精细化，形成了“让数据工作、听数据说话、用数据指挥”的数字化油田管理新模式。这启发我们，务必要树立新理念，解放旧思想，通过引导员工树立数字化新理念、深入一线倾听基层心声、激发各岗位员工创效动能，增强全员参与数字化建设的工作热情，确保全员对未来前景充满信心，为数字油田变革指明方向。

二是勇于“闯干拼”摒弃“等靠要”，为破解油田困境开出妙招。

面对新形势、新要求，需要以“中国制造2025”、新基建、互联网+、5G应用等战略为契机，破解油田企业面临的困境。历史的经验一再告诉我们：油田越在困难中，越需要应用先进的技术和方法。庆新油田，属于大庆油田的外围油田，他们不等不靠，敢闯敢拼、勇于创新，努力寻找自己的前途；勇于根据自己油田的“痛点”建设数字油田。在数字油田的建设过程中，庆新油田格外耀眼，他们建设了一套完整的油田数字化系统，打造了良好的智能油田基础，为破解超低油价下油田困境开出妙招，创造出智能油田新天地。

三是立足“严细实”着眼“长远高”，为油田转型发展谱写新篇。

企业要发展就唯有变革，庆新人坚定地选择了数字化油田建设探索之路，在大庆油田率先完成了整装数字油田建设。他们在数字化实践过程中，以严细实的工作标准，立足实际，严格按照各项标准和规范要求，重整旗鼓再出发，整章建制，并着眼长远，以战略眼光谋篇布局，做到了整体设计、统一规范，将“顶层设计”与“分步实施”的问题统筹考量，为油田转型发展谱写了新时代华彩篇章。

综上所述，随着5G网络的成熟和新通信技术的进步，万物互联，在下一个十年，也必将基本完成。数字油田建设将是整体大环境下的必然趋势，是破解用工紧张、成本压力大、提质增效难等影响生产开发和效益提升瓶颈问题的有效手段，也是实现创新管理、创新发展的有效载体和抓手。作为大庆油田第一个开始数字油田建设的整装试点单位，庆新油田的数字化实践探索对大庆油田开展数字信息化建设具有重大的指导意义。因此，我们需要充分认清形势，切实增强危机感和紧迫感，居安思危，未雨绸缪，充分发挥智能控制、大数据等信息技术的创新驱动作用，积极迎接矛盾与挑战，以数字化建设促进管理转型升级，将其作为未来勘探开发、生产经营的重要突破口，积极探索企业转型发展的有效途径。

对石油公司若干物资管理问题的思考

程　刚
（中国石油招标中心新疆分中心）

摘　要：当低油价成为新常态，石油公司比以往更为迫切地需要挖掘供应链“第三利润源”的价值潜力。从计划管理、信息化建设、大数据应用3方面梳理了石油公司物资管理面临的突出问题，提出从生产视角出发变革计划管理模式，科学推进信息化建设向纵深领域发展，运用大数据思维推动管理创新，不断提升物资管理的科学决策能力、资源统一调配能力、服务保障能力和利润发现能力。

关键词：石油公司；物资管理；信息化建设；大数据

中国石油行业经过20余年的改革发展，物资管理的目标早已从保障供应向价值管理迈进。特别是2014年和2020年油价断崖式下跌，让各大石油公司认清了低油价的新常态，更加坚定了走低成本、内涵式的高质量发展道路，更为迫切地需要挖掘作为“第三利润源”的物资采购在提质增效领域的潜力。站在新的发展起点，重新审视中国石油公司物资管理现状，并努力从中探寻新的管理思路，显得尤为必要。本文从国有石油公司物资管理的实际出发，选取计划管理、信息化建设和大数据应用3个问题做分析，以期引发有益的思考。

1　计划管理的视角转换

1.1　物资视角下的计划管理

20世纪80年代以后，中国石油化工集团有限公司（以下简称“中国石化”）与中国石油天然气集团有限公司（以下简称“中国石油”）相继建立了各自的物资分类与编码标准。中国石化的《物资分类与编码标准》规定到了物资小类，中国石油的《石油工业物资分类与编码》涵盖物资品种更加齐全，并完成了物资的分类和命名。石油行业改革重组后，中国石油集团中的炼化企业使用的编码仍然是中国石化的编码分类体系SH2209，但由于两个物资分类与编码规则均没有规定具体的物资明细码，各地区公司均根据自身情况自行确定明细码的位长和编码方法。2000年，中国石油编制了《中国石油信息技术总体规划》。为做好电子商务和ERP两项重点工作，实现数据交换提升信息处理效率，保证数据的一致性，中国石油编订了由物资大类、中类、小类、品名、规格型号5个层次构成的物资分类编码体系，包含60大类物资50余万个品种，为此后的信息化管理奠定了基础。

但是，在物资编码体系应用过程中，无论是中国石油还是中国石化都出现了编码数量“膨胀—梳理—膨胀”的恶性循环和套码、错码、一物多码等问题，动摇了物料编码准确唯一的根本属性。以中国石油为例，2013年物资编码数量达到490余万条，经过梳理后删除错重码193万条，保留297万条。但到2020年，物料编码数据再次超过560万条。尽管加大了清理力度，严控新码申请，编码库仍以超过三万条/月的速度增长。

当前的计划管理是从物资管理的视角出发，将数据的准确性、一致性的任务落在基层需求计划提报，试图依靠科学严密的物资分类与编码体系，从物资管理流程的起点（需求计划上报）就保证数据的准确性，从而维持整个物资管理流程的顺畅与精确。但是，无论编码分类如何科学，标准如何统一，计划上报的主体是成千上万个生产队站，其不可能完全掌握这一庞大的标准体系，即便编码专家也在领域上各有所专，并非全知全能。可以说，形成当前数据膨胀、错码套码的局面几乎是必然的。

由此可见，问题并不在于编码分类是否科学，亦不在于编码管控是否严格，而是管理思路的着眼点与落脚点存在偏差。

1.2 以生产为视角变革计划管理

基层队站的工作重心是生产。因此，在计划管理思路上，努力的方向应当是向基层提供简单便捷的计划上报解决方案，并尽量减少计划上报层级，提升采购响应速度，使采购的职能从管理转为面向生产提供服务。

1.2.1 设备信息数字化

当前，装备制造领域数字化技术的应用已经相当普遍，为物资管理数字化提供了坚实的基础条件。国有石油公司应充分利用大集团采购优势，加强与装备制造伙伴的合作，实现在用设备信息的全面数字化、图示化，并建立其与物资编码的一一对应关系，最终将其集成到移动设备端APP，使基层队可以直接在生产现场通过设备分类、品牌和结构逻辑上报计划，用设备的逻辑化数据信息清晰表达生产需求，将编码退居至采购专业人员和信息系统的后台语言，实现精准定位需求，彻底解决编码膨胀、信息失真问题，真正筑牢物资管理根基的目的。

1.2.2 建设面向生产的石油工业品电商平台

长期以来，工业品电商发展远远滞后于消费电商，尽管各大石油公司都建立了各自的工业品电商平台（网上超市），但都存在着一些问题。

首先，上架商品品种过少，且已上架产品以通用物资为主，大部分品牌商及其产品没有上线，远远满足不了生产需求。以在工业品电商领域较先进的易派客为例（表1），其石油专用物资上架品牌厂商和产品仍显不足。

表1 易派客部分石油专用物资上架产品与厂商

上架产品	线上厂商
顶驱	宏华、景宏
螺杆泵	东营熙成、西派克、国盛机械、强威实业、新鹏泵业、明珠机电、永铭石油钻采
水泥车	四机厂
柴油发电机组	康姆勒、成都咸亨、豪威、超能
钻机配件	BOMCO、如石机械、SKF、上海申通、亚彤轩、兰石、华中石油机械

其次，上架产品中配件类物资占比不足。众所周知，设备等投资、长摊类物资较为容易实现上架，但无论是国内公司、国外公司，或者国有企业、私营企业，对于这类物资的采购都以线下方式为主，其线上的展示意义大于交易意义。而当前的石油工业品超市，便于解决生产需求又适合采用线上采购的配件类商品，恰恰上架过少。

再次，石油工业品网上超市建设最大的问题，是计划管理体制没有进行相应调整。生产单位在网上超市采购无权直接下单，生产与采购的关系仍然遵照传统的“计划上报—上级审批—执行采购”的管理模式运行。以中国石油为例，两级物资集中采购度超过98%，大宗物资和易耗品主要通过定商定价等无计划方式采购，在集中采购方案和采购结果等环节已经采取过严密的层级审批。在此情况下，在采购结果应用阶段，一方面应通过网上超市全面上架中标产品，特别是常用配件类物资和常用消耗品，将电子超市建设成为面向生产可以方便快捷获取物资支撑的工具；另一方面应在计划管理端适度放权，减少地区公司级对非长摊、投资类物资计划的审批管理，特别是对已有集中采购结果的需求计划应下放至二级公司管理，地区级公司将关注点主要转移到做好集中采购和方案评审，通过各类管理参数、阈值对计划进行事中管理、事后稽查。

2　科学推进信息化建设

从电子商务系统到ERP、电子采购系统、电子招标投标平台，中国石油公司在信息化建设领域投入了较大精力，取得了一系列管理成效。然而，当前仍存在的主要问题包括：一是信息化建设的广度尚未实现全覆盖，非招标采购仍然线下运行。二是信息化建设的深度无法满足使用需求，统建系统主要功能局限于基础业务流程线上化，与管理需求有较大差距，各地区公司不得不围绕统建系统开发自建平台。据不完全统计，中国石油地区公司物资类自建平台数量超过40个，各单位的物资计划、采购、统计分析及仓储管理都主要应用自建平台。三是系统建设缺乏统筹融合或融合深度不够，集中体现在总部与地区公司系统相分隔，物资与设备、资金管理系统相互分隔，采购、招标与合同系统相互分隔，形成了一座座信息孤岛。

2.1　非招标采购信息化

2018年，国家发展改革委发布的《必须招标的工程项目规定》（国家发展改革委2018年第16号令）大幅提高了依法必须招标项目的规模标准，并删除了原规定中“省、自治区、直辖市人民政府根据实际情况，可以规定本地区必须进行招标的具体范围和规模标准，但不得缩小本规定确定的必须进行招标的范围”的规定，明确全国适用统一规则，各地不得另行调整。该规定为市场主体保留了更多采购自主权，较大程度缩小了依法必须招标的项目范围，扩张了非招标采购方式的应用空间。目前，石油公司中除中国海洋石油集团有限公司编制了《非招标采办管理办法》，其他国家石油公司的非招标采购普遍处在地区公司自律阶段。笔者建议，按照“制度表单化，表单数字化，数字信息化”的管理思路，加快建设非招标采购电子交易模块，与各石油公司电子招标投标平台融合应用，将非招标采购的关键环节以信息公开的方式接受各方监督，进而实现采购过程的公开、透明和规范，以数字化治理模式推进非招标采购管理的现代化。

2.2 招标网络化、自动化与智能化

2.2.1 资源网络化

目前，石油公司招标管理有以下3个方面的“孤岛”现象。一是硬件资源重复建设，未统筹并网应用；二是评标专家统一建库，但资源使用存在严重的地域化倾向；三是信用信息碎片化，信用资源难以利用。因此，首先应加强顶层设计，统筹建设和利用硬件设施，实现硬件资源在物理上的网络化。其次，要大力推广远程评标模式，降低评标专家参与评标的时间成本与差旅成本，实现专家资源低成本跨区域调用。再次，应建立石油行业统一的信用管理体系，并将信用评价结果数字化、信息化，让信用要素在行业内自由流动，使守信者一路畅通，失信者寸步难行，真正提升信用的“成色”。

2.2.2 流程自动化

目前，各石油公司的招标投标平台初步实现了招标流程的线上化运行，各环节仍严重依赖人工操作，招标从业人员陷入大量的重复工作之中，效率低下。据统计，某石油公司专职招标人员年平均项目数仅40个，人均招标额2.3亿元，单个招标项目平均运行时间40天，招标工作在效率上还有较大提升空间。

招标工作具有较强的专业性，特别是从招标方案向招标文件转化编制阶段，需要从业人员具有扎实的专业知识和沟通协调能力。但与此同时，招标工作有较强的程序规范性和流程化作业的特点，给操作流程的自动化提供了发挥空间。例如，根据招标方案关键因素要求，自动调用招标文件模板、技术和商务评分细则并填充相关字段，加快招标文件合成速度；对经过确认的招标文件自动发布招标公告、设定开标时间；根据预设的评标专家抽取规则定时抽取评委；根据评审结果和定标结果自动发布中标候选人公示和中标结果公示、中标通知书等，都可以利用信息技术实现上述环节的自动化或半自动化，提升招标工作效率，释放人力资源潜力。

2.2.3 评标智能化

在现有技术条件下，招标领域能够率先实现初步智能化的是评标环节。依托业已成熟的图像识别技术，计算机可以准确识别投标文件中的营业执照、认证证书、业绩发票、资信证明、审计报告等内容，通过联网查询和计算，对投标文件完整性、授权委托有效性、证照资料真实性以及信用状况、财务状况等内容实现自主评审、智能化打分，不仅可以提升评标效率，还能增强评标准确性、客观性。同时，通过比对投标人IP地址、投标文件结构逻辑、关联企业信息，计算机可以实现对围标串标情况的智能化识别。

3 运用大数据思维推动物资管理创新

3.1 大数据思维对物资管理的重要作用

进入数字时代，数据已经同土地、资本一样成为人类最基础的生产要素和经济资源。数据成为反映企业经营的原始素材，正确运用大数据技术发挥数据的基础资源作用和创新引擎作用，有助于推进企业各项决策的科学化，构建数字化治理新模式。对于采购规模数以千亿计的国家石油公司，大数据分析在物资计划管理、存货管理、价格管理等环节拥有广阔的价值蓝海，收集、分析和运用大数据有助于提高企业的生长上限。

数字化治理的表层是信息化，底层逻辑则是流程的统一、市场的开放、资源的共享、行为的透明和管理的协同。大数据的建设和运用过程必须构建从上到下、自左至右的多元主体参与机制，这为决策主体多元化提供了渠道，有利于修正传统的直线式管理思维缺陷，建立多元互动的治理模式，进而推动企业决策能力的提升。同时，通过数据挖掘与数据分析，将原本碎片化的信息有机整合在一起，利用数据绘制出可视化的企业经营图景，为开展主动式风险防控和事中纠偏提供了可能。

3.2 石油公司大数据运用的三重路径

3.2.1 内部数据整合

大数据技术应用以数据收集为前提，数据收集的维度、深度与准确度直接决定着大数据应用效果。因此，国有石油企业信息系统建设必须统筹采购、招标与合同系统建设，首先确保物资数据流的统一完整；其次，要加强顶层设计，实现物资系统与设备管理系统、数字油田、智能钻井等生产管理系统的集成，建立物资采购、消耗、库存数据与生产经营数据的连接，为集中仓储、精准储备、管理决策提供依据。大数据应用实践证明，单纯的物资管理数据分析价值较为有限，只有与生产数据相连接才能生成真正的大数据，从而构建区块产建各专业物资消耗模型，摸清不同管理单元投入产出差别，找到管理中的“出血点”和增效点。同时，也只有通过数字化管理和大数据分析技术，才能够便捷、清晰地掌握不同品牌设备和物资的耐用性，为实现全生命周期管理提供技术可能性。

3.2.2 外部数据互联

2017年以来，中国在工业互联网领域频频发力，工信部、国家发展改革委、科技部等国家部委发布了一系列政策，支持工业互联网发展。习近平指出，要“推动互联网、大数据、人工智能同实体经济深度融合，继续做好信息化和工业化深度融合这篇大文章，推动制造业加速向数字化、网络化、智能化发展”。目前，国内互联网巨头阿里巴巴与航天云网、三一重工、徐工集团等企业达成合作，帮助制造企业提升信息化水平。腾讯与三一重工合作，将全球30万台设备接入云平台，实时采集近1万个运行参数。利用云计算和大数据，三一重工能远程管理设备群的运行状况，大幅减轻了备件的库存压力。在国外，美国通用电气公司推出了面向工业应用、基于云端的操作系统Predix，其可以搭载大量工业软件，远程监测诸如油田钻机、风力涡轮机等设备的运营，并通过平台云计算与数据分析，及时调校设备，起到降低磨损、提高效能、使设备自适应环境以及“检修预警”的目的。

石油产业链涉及多个装备制造细分领域，其中有相当一部分制造企业，如宝石机械、杰瑞集团等都已经部署了远程监测和云平台。在国内外工业互联网深入发展的背景下，石油企业应以开放的姿态搭建行业互联的大数据网络，建设大数据时代的多元合作共享机制，打造物资装备管理新样态。

3.2.3 加强内部人才培养

在大数据时代，大数据技术与数据分析人员成为构建现代物资管理的核心力量，具备大数据专业知识的必要人才储备是实现大数据时代物资管理能力提升的前提与保障。

国有石油公司必须注重对大数据专业技术和人才的培育，优化内部人力资源布局，重点培养一批既懂物资管理又熟练掌握信息技术、软件开发、大数据应用的复合型人才，并通过重大研发任务和平台建设，锻炼形成一批高水平的创新团队。同时，坚持培养与引进相结合，“采取项目合作、技术咨询等方式精准引进高端人才”，组建一支高低搭配、内外结合、精干高效的专业梯队，为大数据技术运用提供知识与技能支撑。

毫无疑问，信息技术发展正在迈入一个全新阶段，世界正在由数字化、网络化向智能化、智慧化跃迁。国有石油公司应积极拥抱信息技术，坚持以数字化思维化解改革发展中面临的突出问题，推动物资管理模式从权威治理向科学治理转变，不断提升物资管理的科学决策能力、资源统一调配能力、服务保障能力和利润发现能力。

油田企业管理会计报告体系成熟度评价研究

杨梦欣　吴　杰
（长江大学经济与管理学院）

摘　要：借鉴软件开发过程能力成熟度模型（CMM）构建了中国石油化工集团有限公司（以下简称“中国石化”）X油田企业管理会计报告体系成熟度模型，将成熟度分为五级，即待成长级、基础建设级、规范级、精确管理级和持续优化级，并将该模型用于对X油田管理会计报告成熟度的测量。基于此，为该油田管理会计报告体系成熟度的进一步提升提出了相关建议。

关键词：油田企业；管理会计报告体系；成熟度模型；X油田

引　言

近年来，能源消费弹性系数下降，油气价格暴跌，给中国各石油公司盈利水平带来了严重冲击，也使得之前隐藏于高油价之下的公司管理问题逐渐凸显。此外，由于中国大多数油田都处于开采的中后期，盈利空间大幅缩小，各大石油公司纷纷转向内部管理，如何降本增效、实现经济效益、创造企业价值，已经成为各油田企业越来越关注的问题。

为了推动经济更有效率、更加公平、更可持续发展，财政部先后发布了3批共34项管理会计应用指引，内容涵盖战略管理、预算管理、成本管理等领域，旨在引导企业有效地选择和使用管理会计工具，提升企业管理会计工作水平，促进企业增强价值创造力，实现可持续发展。

目前油田企业管理会计报告体系的编制和运用状况如何，管理会计报告是否能够起到决策支持作用和价值管理作用，是否有助于提高油田企业的管理效益和经营效益，已成为亟待研究的现实问题。然而目前有关油田企业管理会计报告运用水平评价的文献较少，为了评价中国油田企业管理会计报告的成熟度等级，本文借鉴软件开发过程能力成熟度模型（Capability Maturity Model，CMM），结合中国石化某油田（以下简称“X油田”）生产经营实际情况，构建具有油田企业特色的管理会计报告体系成熟度模型（Management Accounting Report System Maturity Model for Oilfield Enterprise，MARSMM-OE），以探讨评价中国油田企业管理会计报告体系成熟度的工具方法，并为其成熟度等级的提升指明方向、提出对策和建议。

1　理论基础

1.1　管理会计报告的基本理论

管理会计以企业现在和未来的资金运动为对象，以提高经济效益为目的，为企业内部管理者提供经营管理决策的科学依据为目标而进行的经济管理活动。其作用包括为企业决策提供真实完善的会计资料信息，及时反馈各项会计管理数据，协调企业生产经营不同环节关系，合理分配使用资源，全面有效控制企业生产经营业务等。管理会计的目标是通过运用管理会计工具方法，参与单位规划、决策、控制、评价活动并为之提供有用信息，推动单位实现战略规划。根据财政部《管理会计基本指引》，管理会计有四大要素和八大应用领域。四大要素是管理会计的应用环境、管理会计活动、管理会计工具方法、管理会计信息与报告；八大应用领域是预算管理、成本管理、绩效管理、战略管理、营运管理、投融资管理、风险管理、管理会计报告和管理会计信息系统。财政部针对领域的工具和方法，分别制定了管理会计具体指引。上述基本指引和具体指引都是本文建立管理会计报告成熟度模型的理论依据。

根据《管理会计应用指引》第801号——管理会计报告，企业管理会计报告是指企业运用管理会计方法，根据财务和业务的基础信息加工整理形成的，满足企业价值管理和决策支持需要的内部报告。其目标是为企业各层级进行规划、决策、控制和评价等管理活动提供有用信息，是管理会计活动成果的重要表现形式。管理会计活动的好坏直接体现在管理会计报告中，对管理会计报告成熟度进行定量评价，就能间接反映企业管理会计应用水平，所以本文旨在为油田企业管理会计报告成熟度评价建立评价模型，并予以评价。

与财务会计报告面向过去且对外报告不同，管理会计报告是面向未来的内部报告，主要为企业内部利益相关者服务。此外，财务会计报告具有严密且固定的形式，而管理会计报告的形式灵活多样，没有法定要求，只需满足企业内部管理需求即可。

1.2 CMM模型的基本理论

软件开发管理成熟度模型即CMM模型，它为软件企业评估并提升其软件过程能力提供了一个有用的标准和方法，其核心思想是进行软件开发的过程管理，总结软件企业以往的软件开发过程改进的相关经验教训，提供以过程改进为基础、以持续改进为目标的软件开发过程能力提升框架，指明了软件开发过程中的主要工作、各项工作之间的相互联系及其先后顺序，以实现对软件开发和维护的动态管理，促进企业目标实现。由于该模型具有严格的、阶梯式的等级层次，能为评价对象指明持续提升能力成熟度的路径，相关的关键实践、关键过程域及相应的结果可以被详细的描述，整个过程也很容易进行认证，符合本文油田企业管理会计报告体系成熟度模型构建的需求。

本文将主要根据《管理会计基本指引》和《管理会计应用指引》第801号——管理会计报告的内容框架，结合CMM模型，考虑油田企业特点，构建油田企业管理会计报告成熟度模型。

2 油田企业特征对其管理会计报告体系的影响

企业管理会计报告是指企业运用管理会计方法对财务、业务等基础信息加工整理形成的，满足企业价值管理和决策支持需要的内部报告。为了实现管理会计报告的价值管理和决策支持作用，企业应充分考虑其管理重点及管理当局的信息需求，构建符合企业生产经营管理要求的管理会计报告体系。对于油田企业而言，由于油气资源的稀缺性和不可再生性，油田企业生产流程的复杂性与作业的综合性，油气勘探开发的复杂性与长期性，油气勘探开发的高投入、高风险性，储量核心资产的难以计量性以及气勘探开发相关成本的特殊性决定了其管理会计报告体系必须紧扣油田企业的创造价值活动，突出油田企业的管理重点。

X油田是中国石化第二大原油生产企业，主要从事油气田勘探、开发、生产与油气销售业务，在塔里木盆地拥有矿权区块28个，面积9.97万平方千米，探区远景资源量120亿吨油当量，其中石油74.5亿吨、天然气5.7万亿立方米，原油探明程度19%、天然气探明程度3%。为了实现企业持续稳定的发展，X油田积极开展有关管理会计方法的创新学习，弥补传统财务报告的不足，逐步构建了一套如图1、图2、图3所示的由企业现状报告、指标趋势报告、决策支持报告构成的管理会计报告体系。

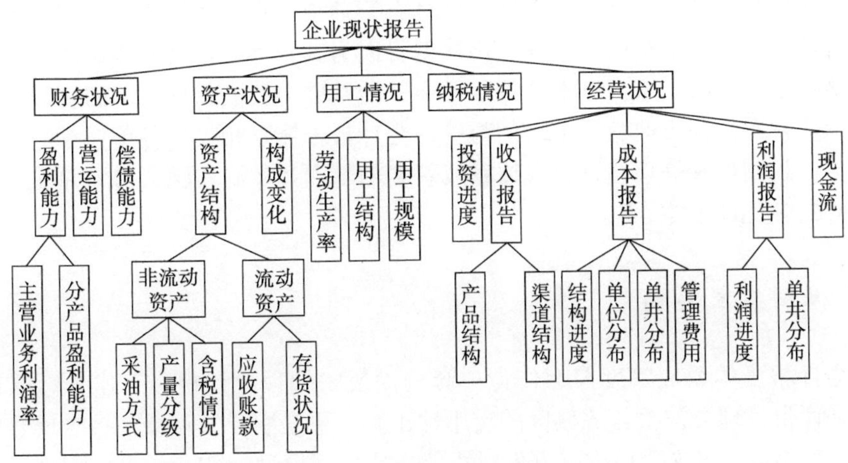

图1　X油田现状报告体系

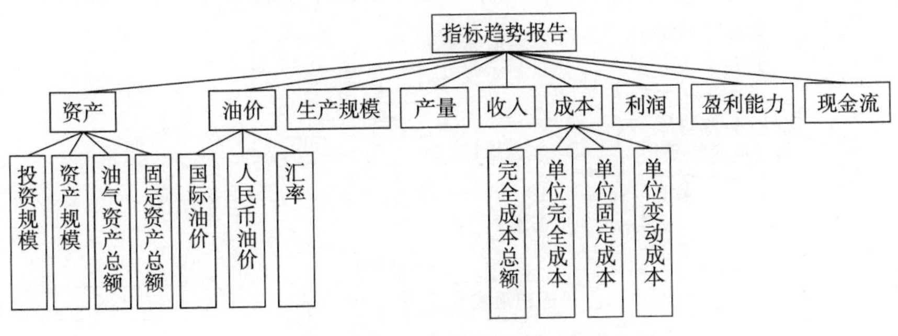

图2　X油田指标趋势报告体系

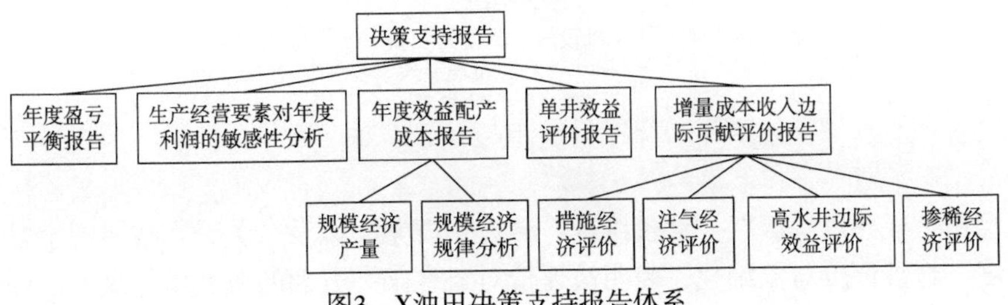

图3　X油田决策支持报告体系

X油田是践行财政部提出的“推进管理会计体系建设”的先行者之一，其积极响应财政部号召并致力于自身的管理会计体系建设和管理会计报告体系的建设，对该油田企业的管理会计报告体系成熟度进行分析，可以对其目前管理会计报告体系的成熟度水平有一个明确的认识，发现其现有报告体系的短板，为其成熟度水平的提升指明方向，同时也可以对构建的管理会计报告体系成熟度模型的实用性进行检验。

3 油田企业管理会计报告体系成熟度模型的构建

3.1 模型功能分析

油田企业管理会计报告体系成熟度模型具有管理会计报告体系成熟度“等级评定”和成熟度“持续改进”两大功能。首先，该模型可以为其管理会计报告体系的建设情况提供全面的评估标准；其次，该模型在“等级评定”的基础上，能以其目前的管理会计报告体系成熟度为出发点，为当前急需解决的与管理会计报告体系相关的各项任务进行排序并设置优先权重，找到提升管理会计报告体系成熟度的重点和实施步骤，引导并促进其管理会计报告体系成熟度的持续提升。

3.2 模型基本架构

管理会计报告体系成熟度模型作为一套全面反映管理会计报告工作的标准化框架体系，不仅是评价管理会计报告成熟度的实用性工具，更是引导管理会计报告成熟度自我发展成熟的标准指南。本文借鉴软件开发过程能力成熟度模型CMM，结合油田企业特征及其对管理会计报告的影响，构建了油田企业管理会计报告体系成熟度模型，如图4所示。

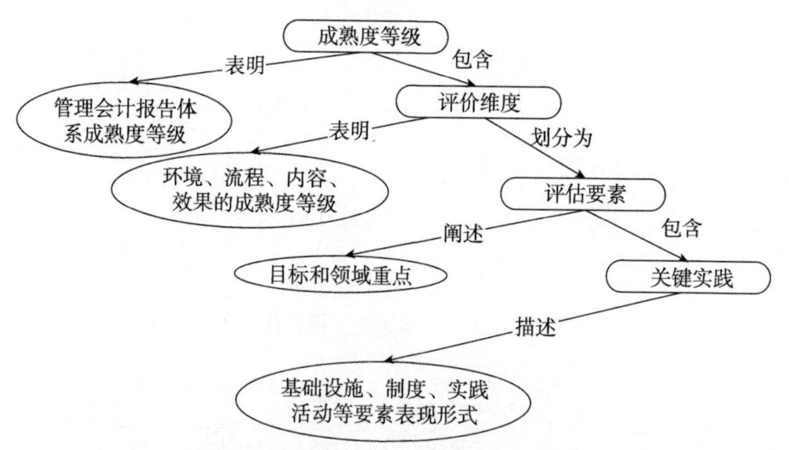

图4 管理会计报告体系成熟度模型架构

该模型由“成熟度等级”“评价维度”“评估要素”以及“关键实践”四个要素构成。“评价维度”将被评价对象细化，表明被评价对象在某一方面的成熟度等级。“评价维度”

可以细分为若干“评估要素”，用来评价各个维度的要点。同时，每一“评估要素”都具有各自的目标以及相对应的“关键实践”，“关键实践”在不同的成熟度级别中有所不同，可以据此判断“评估要素”在不同成熟度级别中的表现高低。各要素具体说明见表1。

表1　油田企业管理会计报告体系成熟度模型的结构要素说明

结构	说明
评价维度	影响管理会计报告体系成熟度水平的主要因素，它回答了应该从哪些方面出发评价管理会计报告体系的成熟度水平
成熟度等级	将成熟度划分为5个等级并描述5个等级的体系特征，每个等级代表企业管理会计报告体系成熟度的水平
评估要素	影响各个评价维度成熟度的关键影响因素，每一评估要素均包括一系列管理目标和关键实践
目标	各评估要素的目标设定
关键实践	企业为实现每个评估要素的目标而必须实施的活动；属于具体的操作指导

3.3　成熟度评价指标体系的构建

3.3.1　成熟度评价指标的选取

本文通过文献梳理，结合财政部发布的有关企业管理会计报告体系构建与运用的相关指导和X油田的实际经营情况，选取了4个评价维度作为一级指标，26个评估要素作为二级指标。

3.3.2　数据来源

本文数据均为综合采用实地考察法、访谈法、问卷调查法等方法收集X油田管理会计报告体系的相关资料和信息。

3.3.3　确定评价指标的权重

（1）调查问卷的设计、发放与回收。本文综合使用专家打分法和问卷调查法确定各指标的相对重要性。调查问卷采用1～9比例尺度表示两个元素的相对重要程度，重要性标度值及其含义见表2。

表2　重要性标度及含义

重要性标度	含义
1	表示两个元素相比，具有同等重要性
3	表示两个元素相比，前者比后者稍重要
5	表示两个元素相比，前者比后者明显重要
7	表示两个元素相比，前者比后者强烈重要
9	表示两个元素相比，前者比后者极端重要
2、4、6、8	表示上述判断的中间值
倒数	若元素i与元素j的重要性之比为a_{ij}，则元素j与元素i的重要性之比为$a_{ji}=1/a_{ij}$

（2）建立递阶层次结构。本文构建的递阶层次结构如图5所示，其目标层为管理会计报告体系成熟度评价，中间要素层为管理会计报告体系成熟度的四个评价维度，措施层为各维度对应的评估要素。

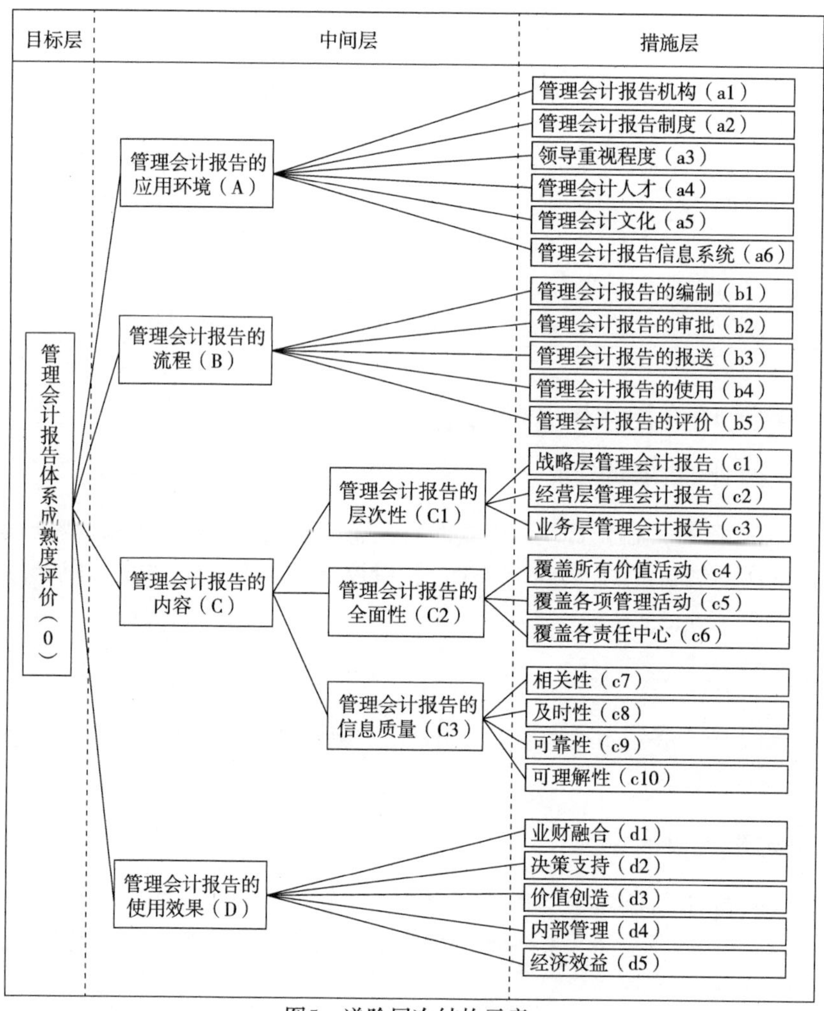

图5　递阶层次结构示意

（3）构建判断矩阵并赋值。通过整理各位专家的问卷结果可以为判断矩阵赋值。

（4）指标权重确定和一致性检验。判断矩阵赋值后，需要依据得到的判断矩阵计算指标权重并检验专家打分的一致性。本文采用和法计算权向量，和法的原理是，对于一致性判断矩阵，每一列归一化后就是相应的权重；对于非一致性判断矩阵，每一列归一化后近似其相应的权重，再对这n个列向量求算术平均值作为最后的指标权重值。计算公式如下：

$$W_j = \frac{1}{n}\sum_{j=1}^{n} \frac{a_{ij}}{\sum_{k=1}^{n} a_{kj}}$$

在层次分析法的实际运用中要求判断矩阵满足大体上的一致性，需进行一致性检验。一致性检验的步骤如下：

第一步，计算一致性指标CI（Consistency Index），其公式为：

$$CI = \frac{\lambda_{max} - n}{n - 1}$$

第二步，查表确定相应的平均随机一致性指标RI（Random Index）

第三步，计算一致性比例CR（Consistency Ratio）并进行判断，其公式为：

$$CR = \frac{CI}{RI}$$

当CR<0.1时，认为判断矩阵的一致性是可以接受的，CR＞0.1时，认为判断矩阵不符合一致性要求，需要对其进行修正。

经多次计算和反馈，最终经各位专家赋值后的判断矩阵均满足一致性，并依据上述步骤得到最终的指标权重值，λ为每一个评价要素在其对应的维度内的权重，γ为各评估要素在总目标层中的权重。

4　油田企业管理会计报告体系成熟度等级评估及结果分析

4.1　油田管理会计报告体系成熟度等级评估

在构建油田企业管理会计报告体系成熟度模型和评价指标体系后需要据此设计油田企业管理会计报告体系成熟度的调查问卷，同时组建管理会计报告体系成熟度评估小组，由小组成员依据问卷上所列示的各评价指标的执行情况与油田企业实际情况相符程度按1～5打分，5表示完全符合，1表示完全不符合，将得到的数据代入以下公式中即可得到目标企业的成熟度等级。

$$D = \sum_{i=1}^{26} W_i \times X_i$$

式中：D表示油田企业管理会计报告体系的成熟度得分；W_i表示第i个评价要素的相对于评价目标的权重；X_i表示第i个评价要素的平均得分。

参考张鹏（2013）、靳佳家（2016）对成熟度等级得分的划分标准，设定了不同得分区域对应的成熟度等级，即1.0～1.8分为待成长级，1.8～2.6分为基础建设级，2.6～3.4分为规范级，3.4～4.2分为精确管理级，4.2～5.0分为持续优化级。

为了对其成熟度等级进行评估，本文首先采用从X油田内部邀请10位专业人员，组建X油田管理会计报告体系成熟度评价的内部评估团队的办法，将问卷调查所得数据代入上述公式，得到该评估要素的平均得分（图6）；其次，将各维度下评估要素的得分与权重的乘积相加，得到单个维度的成熟度得分；最后，将各维度成熟度得分与各维度权重的乘积相加，便得到X油田管理会计报告体系成熟度的综合得分。

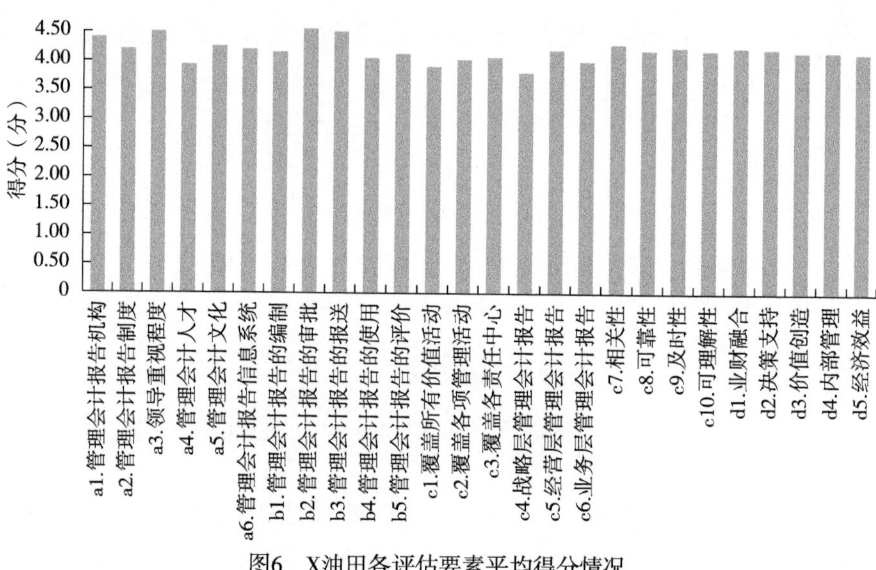

图6　X油田各评估要素平均得分情况

按照上述过程，计算得到的X油田管理会计报告体系成熟度的综合得分为4.18分，成熟度等级确定为精确管理级（3.4～4.2）。各个评估要素的得分及等级确定的详细情况见表3。

表3　X油田管理会计报告体系成熟度等级确定

评价维度	评估要素	相对于目标层的权重（γ）	相对于各维度的权重（λ）	平均得分（X）	$X\times\lambda$
A. 管理会计报告的应用环境	a1. 管理会计报告机构	1.86%	6.39%	4.40	0.28
	a2. 管理会计报告制度	2.60%	8.92%	4.20	0.37
	a3. 领导重视程度	9.93%	34.07%	4.50	1.53
	a4. 管理会计人才	6.42%	22.04%	3.93	0.87
	a5. 管理会计文化	1.56%	5.37%	4.25	0.23
	a6. 管理会计报告信息系统	6.76%	23.21%	4.20	0.96
	合计	29.14%	100.00%	—	4.26
	应用环境维度得分（成熟度等级）			4.26（持续优化级）	
B. 管理会计报告的流程	b1. 管理会计报告的编制	3.92%	16.57%	4.15	0.69
	b2. 管理会计报告的审批	2.81%	11.88%	4.55	0.54
	b3. 管理会计报告的报送	2.97%	12.56%	4.50	0.57
	b4. 管理会计报告的使用	8.58%	36.31%	4.05	1.47
	b5. 管理会计报告的评价	5.36%	22.69%	4.13	0.91
	合计	23.64%	100.00%	—	4.20
	报告流程维度得分（成熟度等级）			4.20（精确管理级）	

续表

评价维度	评估要素		相对于目标层的权重（γ）	相对于各维度的权重（λ）	平均得分（X）	$X\times\lambda$
C. 管理会计报告的内容	C1. 管理会计报告的全面性 0.0921	c1. 覆盖所有价值活动	4.41%	47.92%	3.90	1.92
		c2. 覆盖各项管理活动	2.33%	25.29%	4.03	1.05
		c3. 覆盖各责任中心	2.47%	26.79%	4.07	1.11
		合计	9.21%	100.00%	—	3.98
		报告的全面性得分（成熟度等级）			3.98（精确管理级）	
	C2. 管理会计报告的层次性	c4. 战略层管理会计报告	2.66%	34.20%	3.80	1.30
		c5. 经营层管理会计报告	2.98%	38.27%	4.20	1.61
		c6. 业务层管理会计报告	2.14%	27.52%	4.00	1.10
		合计	7.78%	100.00%	—	4.01
		报告的层次性得分（成熟度等级）			4.01（精确管理级）	
	C3. 管理会计报告的信息质量	c7. 相关性	3.44%	29.27%	4.30	1.26
		c8. 可靠性	3.08%	26.18%	4.20	1.10
		c9. 及时性	2.28%	19.42%	4.25	0.84
		c10. 可理解性	2.96%	25.13%	4.20	1.06
		合计	11.76%	100.00%	—	4.24
		报告的信息质量得分（成熟度等级）			4.24（持续优化级）	
D. 管理会计报告的使用效果	d1. 业财融合		1.80%	9.73%	4.25	0.41
	d2. 决策支持		2.70%	14.61%	4.23	0.62
	d3. 价值创造		2.98%	16.14%	4.17	0.67
	d4. 内部管理		4.38%	23.69%	4.18	0.99
	d5. 经济效益		6.62%	35.83%	4.15	1.49
	合计		18.47%	100.00%	—	4.18
	报告的使用效果得分（成熟度等级）				4.18（精确管理级）	
X油田企业管理会计报告体系成熟度得分（成熟度等级）					4.18（精确管理级）	

注：X油田企业管理会计报告体系成熟度得分

=Σ（各维度得分*各维度权重）

=4.26*29.14%+4.20*23.64%+3.98*9.21%+4.01*7.78%+4.24*11.76%+4.18*18.47%

=4.18

4.2 油田管理会计报告体系成熟度等级评估结果分析

经计算得出，X油田管理会计报告体系成熟度的总体得分为4.18分，处于精确管理级。这一级别管理会计报告体系的主要特征是企业构建起企业级的管理会计报告方法论，制订了全面、标准化的报告制度，企业内部各部门之间、内外部之间建立了畅通的信息交流渠道，并定期对管理会计报告体系进行评价，以便及时督促改进。同时，管理会计文化对企业管理会计报告体系的建立健全能够形成非常好的影响。

从图7可以看出，X油田管理会计报告的应用环境维度、信息质量维度的得分分别为4.26和4.24，基本达到了持续优化级（4.20~5.00），说明其在管理会计报告机构设立、制度建立、领导重视、管理会计文化建设、管理会计报告信息系统这几个方面较为成熟，且其编制提供的管理会计报告能够为决策者提供高质量的决策支持信息，为管理会计报告体系的建设提供了有力支持，应当加以巩固和发扬。

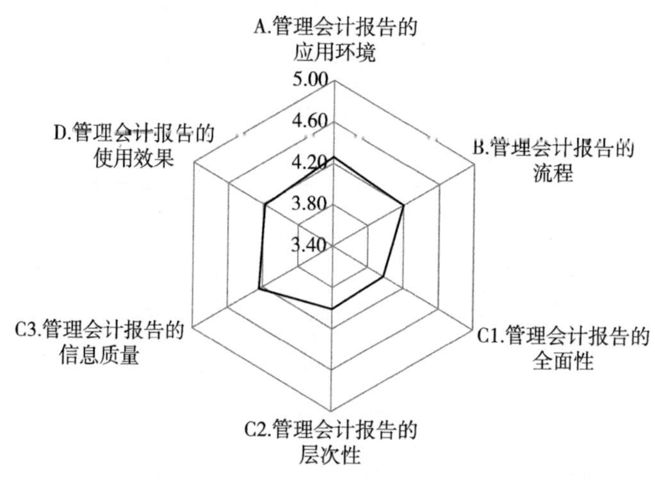

图7　X油田管理会计报告体系成熟度雷达图分析模型

管理会计报告的流程、报告的全面性、报告的层次性和报告的使用效果等维度的得分在4.01～4.17之间，处于精确管理级，具体表现为：

（1）X油田在规划、决策、控制、评价等管理活动中基本上依靠了管理会计报告信息作为决策支持，但管理会计报告的具体使用范围和使用程度还有提升空间；此外，X油田对管理会计报告的监督评价工作基本上覆盖了报告的各个流程节点，但是在管理会计报告的质量评估方面还存在提升空间。

（2）虽然X油田已经构建了由企业现状报告、指标趋势报告、决策支持报告构成的管理会计报告体系，但由于部分管理会计报告不在油田企业层面编制，而是在中国石化集团层面编制，该油田的战略管理报告、重大事项报告、例外事项报告、社会责任报告、可持续发展报告、项目可行性报告、融资分析报告、研究开发报告、采购业务报告、人力资源报告的得分相对较低。

（3）在内部管理方面，X油田系统梳理了7类36项管理会计工具重点解决工作中的实际问题，以提升管理效率和效果；在价值创造和经济效益方面，自2014年下半年油价暴跌以来，管理会计成为X油田提质增效升级，健康稳定发展的重要依托，管理会计报告在各项大小决策上发挥着重大作用。2017年X油田人工成本利润率、总资产报酬率、营业利润率、已占用资本回报率、自由现金流等盈利能力和资本使用效率等指标位居国内陆上油田前列。

由于管理会计报告的流程、报告的全面性、报告的层次性和报告的使用效果等维度与持续优化级的标准还存在些许差距，因此，为了使X油田的管理会计报告体系全面达到持续优化级，需要对这些方面进行重点分析、改进和提升，从而全面提高成熟度等级。

5 X油田管理会计报告体系成熟度提升策略

目前X油田的管理会计报告体系成熟度等级为精确管理级，为了使其管理会计报告体系成熟度等级提升至持续优化级，X油田可以从以下几个方面加以努力。

5.1 设计可行的改革方案

想要提升X油田管理会计报告体系成熟度不能操之过急，在采取实际行动之前，必须设计一个分阶段且切实可行的改革方案，通过一步步的积累实现提升成熟度的最终目标。

5.2 改善企业管理会计报告人力资源环境

人才是X油田管理会计报告体系应用环境维度较为薄弱的方面，因此可以从管理会计人才的招聘、使用和培养、激励等方面改善企业管理会计报告人力资源环境。首先，在进行管理会计人才招聘时企业应重点关注其职业道德修养和专业胜任能力；其次，企业应多吸引、发展和留任优秀管理会计人才，组织相关培训，帮助其树立新型管理会计价值观；最后，企业还应重视对管理会计人才的激励与约束，通过鼓励广大员工积极参与企业管理会计报告活动，并主动承担相应责任，将个人和部门贡献与绩效挂钩，对于积极参与、积极配合管理会计报告相关活动的员工给予奖励，并在培训、职称评定、职位晋升方面享有优先权；采用待岗培训和调岗制度，对处于关键地位而又对企业管理会计报告体系建设无作为、无贡献的员工，通过待岗培训和调岗制度给予处理。

5.3 健全现有的管理会计报告体系

首先，将管理会计报告广泛运用到企业的各项管理活动。例如，油田企业勘探、钻井、开采、集输四大类基本价值活动和油田企业采购、技术开发、人力资源管理、基础设施建设等支持性价值活动，充分利用管理会计报告的决策支持和价值管理作用实现对油田企业的生产经营活动和各责任中心进行全面的价值管理；其次，管理会计报告提供的信息应当层次分明，保证将最相关的信息及时传递给信息需求方，便于各层级管理者掌握各自管理范围内的信息；最后，可以增加风险管理报告，对油价波动风险管理、环境风险管理、科技创新风险管理进行重点关注。

5.4 建立健全管理会计报告案例库

X油田还应当定期或不定期地对企业内部管理会计报告编制使用情况进行分析，构建企业内部管理会计报告案例库。对于前期成功的管理会计报告实践经验通过案例库的形式在企业内部推广运用，对于结果不理想的管理会计报告实践经验也要分析背后的原因，是数据错误，还是运用的管理会计分析方法不当，或是其他方面的原因。只有不断地对前期管理会计报告实践的成功经验和教训进行总结和反思，企业的管理会计报告体系建设才能更加完善。

本文构建成熟度模型对中国油田企业管理会计报告体系的成熟度现状进行研究具有一定的实用性，但也不是很成熟，只起到抛砖引玉的作用，不可避免地存在不足。本文中的案例并不代表中国石化整体，只能说明所评价油田自身的管理会计报告成熟度水平；本文所构建的成熟度模型还有待更多、更深入的检验；随着社会经济的发展，相关指标和方法要不断修订与完善。

参考文献

[1] 财政部. 财政部关于全面推进管理会计体系建设的指导意见[S/OL]. 2014-10-27 [2018-9-5]. http://www.mof.gov.cn/zhengwuxinxi/caizhengxinwen/201411/t20141114_1158265.html.

[2] 财政部.关于引发《管理会计基本指引》的通知[S/OL]. 2016-06-22[2018-9-5]. http://kjs.mof.gov.cn/zhengwuxinxi/zhengcefabu/201606/t201606242336654.html.

[3] Sris Sridhar. Managerial Reputation and Internal Reporting[J].The Accounting Review, 1994, (69): 343-363.

[4] 吴杰著. 矿产资源资产会计论[M]. 北京：石油工业出版社，2009.

[5] 张鹏. 运作环境视角的企业知识管理成熟度模型研究[D]. 大连：大连理工大学，2013.

[6] 靳家佳. 基于成熟度模型的建筑企业知识管理能力研究[D]. 北京：北京交通大学，2016.

[7] 王小龙，柴良棋，吴杰. 石油企业管理会计报告体系构建探讨[J]. 财会通讯，2017，（22）：23-28，4.

新形势下油气田资产效益管理分析

颜　硕[1]　汪　洋[2]　林　敏[1]
（1.中国石油西南油气田公司重庆气矿；2.重庆页岩气勘探开发有限责任公司）

摘　要： 资产是保障油气田公司进行正常生产经营活动的重要载体，也是油气田企业生存和发展的必要物质基础。新形势下，资产轻量化和效益管理是中国石油天然气集团有限公司西南油气田公司重庆气矿提质增效工作在经营管理方面的重要措施。要提高经济效益，就需要对资产进行全面的控制和管理，通过盘活存量资产，提高整体的资产利用率。通过管理模式创新，对各项资产进行有效管理，能够降低生产成本，提升资产盈利能力，减轻气矿效益回报的压力。

关键词： 油气田；资产；管理；效益；轻量化

1　引言

在“十五”至“十二五”期间，基于履行政治责任、社会责任以及当期天然气市场需要，油气田快速建设、上产、扩能，过重强调投资的战略意义，从而忽视了投资回报率、净资产收益率、总资产报酬率等效益性指标，一些低回报、高投入的项目纷纷上马，形成了一大批低效的、无效的甚至是负效的资产。随着“十三五”时期投资下降，油气田公司生产经营理念不断推陈出新，从2016年起，以创新、资源、市场和低成本四大发展战略引领，全面开展开源节流、降本增效工程，持续推进资产效益分析和资产轻量化工作，取得一定成效，中国石油西南油气田公司重庆气矿的资产总额上升速度放缓，但仍然呈上升趋势。进入“十四五”时期，面对当前新冠肺炎疫情的冲击和国际油价大跌的影响，重庆气矿生产经营面临前所未有的冲击。勘探难度大，产量递减快，在没有新区资源接替的情况下，重庆气矿面临着整体产量递减的局面。高油价时期掩盖的企业自身问题，随着油价走低，逐渐暴露出来。公司保经济效益稳增长、实现高质量发展的任务尤为艰巨。如何有效解开资产负重枷锁，以最小的资产投入获得最大的经济效益，已成为重庆气矿上下当前亟待思考、探索与实践的重要课题。

2　资产效益管理的重要意义

资产是保障油气田公司进行正常生产经营活动的重要载体，也是油气田企业生存和发展的必要物质基础。油气田公司资产数量和价值巨大，种类名目也非常多，为油气田企业的资产管理带来巨大的挑战。企业要充分发挥资产的价值就需要健全管理体制，提高资产管理水平，对各项资产从投入、使用、维修到报废的整个过程进行全生命周期管理，从而提高资产管理效率和管理质量，保证企业生产效益的最大化。

新形势下，资产质量和效益管理也是气矿提质增效工作在经营管理方面的重要措施。要提高经济效益，就需要对资产进行全面的控制和管理，通过盘活存量资产，提高整体的资产利用率。通过管理模式创新，对各项资产进行有效管理，能够降低生产成本，提升资产盈利能力，减轻气矿效益回报的压力。

3 重庆气矿资产现状及特征

根据重庆气矿资产现状调查结果，目前资产具有三个特征：资产规模大、资产创效能力弱、资产利用率低。探其究竟，主要归结为以下三个方面。

3.1 投资管理注重规模，忽视效益

过去较长的一段时期，在拉动经济的“三驾马车”中，“投资”一直是“稳增长”的驾辕之马，对经济社会发展发挥了重要作用。在此背景下，气矿勘探开发步伐加快，规模式发展提速，投资工作从2000年的不足6亿元持续上升到2011年的30亿元，相继建成了一大批重要项目和重点工程，天然气年产量规模也从50亿立方米、60亿立方米一路攀升至稳产70亿立方米，为中国石油西南油气田公司建成千万吨大气田贡献了中坚力量。然而，受资源接替不足等制约，气矿天然气产量在“十二五”期间呈断崖式递减，快速上产，强调了“快”，忽视了“好”，一些短期的、低回报的项目加剧了气矿资产结构重化，随着产量急剧递减，气矿资产与效益之间的矛盾愈发突出。

3.2 闲置资产处置效率较低

目前的闲置资产处置方式，仅为调剂与报废两条路，且调剂通道窄、效果差，报废程序繁、环节多、周期长，资产轻量化工作推进速度缓慢，资产处置方式亟待进行多元化探索，信息与资源共享的平台与机制亟待建立。

3.3 资产利用率随装置负荷率下降

近年来由于气田超方案规模开发，提高了采气速度，老气田综合递减快，新井以滚动勘探、产能补充为主，新井无法弥补老井递减缺口，老气田出水井增多、开采难度增大、老井井下管串腐蚀修井困难等矛盾突出，天然气产量受到严重影响，从而导致地面集输管网、增压、脱水、脱硫装置负荷降低，设备装置处于不经济运行或闲置状态，单位操作成本居高不下，资产利用率逐年降低。

4 当前资产管理中存在的问题

4.1 资产管理存在的问题

矿属各单位资产管理岗位工作质量标准建立不够完善，资产管理人员变动频繁，或多

或少存在着家底不清、分类不明、管理失序等现象，基础管理工作亟待加强；生产管理与资产管理部门交流沟通不畅，各项工作缺乏有效衔接，导致资产处置不及时，资产闲置率较高，闲置资产利用率较低；在资产运行过程中缺乏对资产实现全生命周期管理的信息化管理平台。

4.2 资产效益管理存在的问题

企业资产形成与经济效益目标不一致。油气田公司一直以来都非常重视油气产量，将产量作为企业经营考核的重要指标，忽略了经济效益也是企业发展的重要指标。气矿投资管理为了增加天然气产量，通常采取扩张规模增加产能建设的方式，导致资产总额日益增多，经济效益却没有同比例增长，使得气矿投资效益和资产效益较低。

同时，在管理方面对效益评价结果重视程度和应用不够。重庆气矿每年持续开展资产效益分析和已开发油气田效益评价，对每个区块、每口井进行了效益评价，目的是摸清生产经营状况，把区块、气井按效益分类，从生产井到油气田区块，建立以经济产量为中心的指标和考核体系。这项评价结果对老区潜力挖掘降本增效非常重要，对上游业务规划计划编制、油田开发生产经营管理、低效无效区块和气井综合治理等方面可发挥重要的推动作用。但目前评价结果对区块、气井生产的指导力度不够，提出的低效井和区块的治理措施针对性不强，未完全按照气井效益评价结果指导生产。

5 强化资产质量和效益管理对策建议

如何有效解开资产负重枷锁，以最小的资产投入获得最大的经济效益？对于气矿而言，在新经济常态下必须反思资产管理过程中存在的问题，直面核心问题，给予针对性的改革，从而使整个企业管理更加规范化、系统化。

5.1 强化投资，实现倒逼机制，效益指导生产

将工作重心由追求产量转移至提高效益，生产与经营一体化管理，在生产全过程中实施效益风险管控，从源头避免无效低效投资，在运行中降低生产成本。通过精细管理，保证每一个项目、每一口井、每一立方米天然气都有经济效益，才能最大限度地缓解国际油价下行给企业带来的压力。

对于产能建设，投资新井实施效益优先，依据新井产能建设效益评价结果，优化新井井位和投资结构，保证新井设计与实施效益同步。

对于已开发的气井，发挥单井效益评价的“标尺”作用，对不同效益的井采取不同的经营、治理策略，资金优先投向高效、有效井，对边际效益井、高成本井进行“一井一策”管理，达到控制低效投入、避免无效投入的目的。同时对高成本井进行跟踪，分析高成本的成因和成本结构，提高单井效益。

对于措施井的投入，开展措施井风险预评价，计算最低天然气增产量，根据评价结果

确定措施投入，规范气井措施风险管理流程，提高措施的经济性和效率，实现气井措施成本预控管理。根据采油气工艺措施效果评价结果，优选措施投入。

5.2 持续开展资产轻量化，提升整体效益

充分发挥资产轻量化滚动规划的引领和指导作用，着力提高资产质量和效益，控制投资规模，优化增量资产。

全面清查现有资产，了解资产的可利用率，通过业务优化调整，合理减持油气资产。一是优化生产运行方案。结合产量任务及气田开发现状，优化调整天然气（含气田水）流向、增压、脱水等的运行，停运部分管线、压缩机、脱水装置和注水站。二是强化气井动态分析。根据气井生产动态，适时优化调整地面工艺流程，停运、拆除或转移部分可不用的井口装置、场站集输设施及设备。三是停运部分干法脱硫装置。根据效益评价、市场环境和环保要求，采取对有条件的场站优化集中处理或调整引进净化天然气，对其余无经济效益的干法脱硫装置关停并处置。

在资产年度清查的基础上，扎实开展闲置资产动态分析，拓宽闲置资产调剂利用渠道，提高优质闲置资产创效能力。加大对已批复报废固定资产的处置力度。对已无再利用价值的闲置资产应及时申请报废。对于已批复报废的固定资产应及时处置变现，降低资产占用规模。

因地制宜，盘活存量土地资产。在对气矿低效未用土地进行摸排调研的基础上，结合每宗地的所属区域地理位置、土地面积大小、有无权属纠纷等实际因素综合考虑，拟采用再利用、有偿交还政府、无偿交还政府、复垦后置换用地指标四种方式进行盘活处置。

配套建立资产效益管理激励机制，充分调动干部员工积极性，探索推进资产管理机制创新。

5.3 创新应用信息化管理平台，提升管理质量

为提升资产管理质量，重庆气矿已建立资产辅助管理系统，实现了固定资产管理的流程化、信息化，包括资产转产、调拨、闲置、报废、处置等工作的流程化管理，实现了固定资产智能化清查盘点工作，建立了气矿内部闲置资产数据库，实现闲置资产的调剂利用信息共享。目前已在重庆气矿2个作业区试运行。建议结合物联网的建设，完善系统，在全矿推广应用，有效地促进资产责任人对资产管理的责任感的提升，提高资产管理水平，为各层级管理者提供资产全面的动态信息和统计分析数据，提高管理效率和效益，实现资产的全生命周期管理。

参考文献

[1] 许艳，刘斌. 辽河油田效益风险管控模式的创建与应用[J]. 国际石油经济，2017，25（10）：99-107.

油气工程技术“十四五”发展形势分析和战略思考

毕文欣 黄洪春 周翠平
（中国石油集团工程技术研究院有限公司）

摘　要：编制“十四五”规划，应正确研判油气工程技术“十四五”发展形势，明晰面临的机遇与挑战，科学探讨工程技术发展战略规划思路，研判工程技术发展趋势，并为大数据、人工智能的快速发展提出合理化建议，助推工程技术数字化转型加速；搭建多专业交叉、多技术融合一体化协作平台，抢占战略竞争制高点；主动适应低油价形势，推动工程技术变革实现降本提质增效，持续加大关键技术与装备攻关力度。为中国石油天然气集团有限公司下一步工程技术业务发展提供决策参考，对于做好“十四五”规划编制具有重要基础支撑作用。

关键词：油气工程技术；十四五；提质增效；战略；科技创新；能源转型

2019年，全球油气勘探开发形势总体复苏态势明显，产储量持续回升，同时，国内勘探开发也实现产储双增态势。2020年年初的新冠肺炎疫情与3月石油价格战的叠加影响，给正在回暖的石油行业带来了更为严峻的考验。时值“十四五”规划编制关键阶段，正确研判油气工程技术“十四五”发展形势，明晰面临的机遇与挑战，科学探讨工程技术发展战略规划思路，为中国石油天然气集团有限公司（以下简称“集团公司”）下一步工程技术业务发展提供决策参考，对于做好“十四五”规划编制具有重要基础支撑作用。

1　油气工程技术“十四五”发展面临形势分析

面对世界百年未有之大变局，国际地缘政治风险加大，中美贸易争端和系统性对抗不确定性增加，单边主义和高技术封锁加剧；美国“页岩革命”获得成功，全球油气资源呈增长态势，供需持续宽松，国际石油天然气行业深度变化，创新和变革成为时代主流；进入2020年以来，在全球新冠肺炎疫情和石油价格战的双重打击下，油价持续低位震荡，石油行业面临巨大的困难和挑战，通过石油工程技术创新来实现降本增效已成为行业共识，石油公司对高精度、低成本、高效率的技术需求日益强烈，这为工程技术研发、技术支持与服务带来了新的机遇和挑战。

1.1　发展机遇分析

（1）国家大力推进科技创新的政策优势，倡导加大油气勘探开发力度，保障国家能源供给安全，为技术发展带来前所未有的机遇。

党的十九大提出要加快建设创新型国家，大力实施国家创新驱动发展战略；习近平总书记一直把创新摆在国家发展全局的核心位置，高度重视科技创新，提出了一系列新思想、新论断、新要求，有利于科技创新的大环境正在积聚形成。特别是近两年来，习近平总书记对油气行业的系列专门批示指示，国内油气勘探开发再次成为国家关注焦点，加大勘探开发力度、保障能源安全已成大气候。

落实“七年行动计划”的开局良好，国内勘探开发形势明显好转，国内油服行业继续回暖。作为“七年行动计划”开局之年，2019年中国油气勘探投资和开发同比分别增长29%和24.4%，分别达到821.29亿元和2527.1亿元，勘探投资创历史最高，国内油气勘探取得了多项重要突破，油气探明储量大幅增加。2020年上半年，面对低油价冲击，国内各油气生产企业仍然在原油和天然气产量上做到了同比增长1.7%和10.3%，分别达到9715万吨和940亿立方米，保持了国内原油产量恢复性增长以及国内天然气产量大幅增长的向好态势，保证了国家油气生产安全稳定供应，为技术发展带来巨大的机遇。

（2）低油价不会改变石油公司长期战略的稳定性，“提质增效”形成倒逼机制，激发企业走内涵式发展，为技术研发、技术支持和服务提供动力。

集团公司“十四五”规划指出，油气上游业务是生存之本、发展之基和效益之源，是建设国际一流综合性能源公司的重要战略途径，必须优先高效发展。工程技术是集团公司上游业务“一体两面”之一，不可或缺，要为勘探开发提供支撑保障作用。当前，低油价和新冠肺炎疫情双重叠加冲击虽对未来油气投资有所影响，但集团公司总体战略目标不会改变。

为应对低油价长期影响，集团公司大力实施“提质增效”专项行动。面对如此严峻的市场环境，企业不得不走内涵式发展，将有利于激励企业和科研院所通过技术创新驱动，从根本上为油田和钻探企业提供高质量、高效率、低成本、低风险的技术解决方案。对先进适用技术需求会加大，也更为迫切，为我们开展新技术研发与应用提供更好的机遇；集团公司新一届党组提出了“公司发展、科技先行”的定位以及科技工作发挥“支撑当前、引领未来”作用的要求，集团公司也将科技创新作为驱动高质量发展的重要抓手。

（3）新油气领域和新能源的发展促进了对工程技术的需求，对工程关键核心技术研发与应用带来利好。

随着非常规、低品质低品位储量等难采储量不断被动用，地质情况日益复杂，重大生产技术难题急需“一揽子”攻关解决；新冠肺炎疫情和石油价格战对中国油气行业的冲击和制约不容忽视，在传统业务利润与油气需求双降低、电气化程度增强的情形下，积极布局多元化新能源业务或许是新出路，既可加速能源转型、应对气候变化压力，又可保障能源安全、企业持续发展。石油公司可以天然气作为低碳转型的过渡桥梁，同时发展核心业务与新能源业务的协同性，发挥新能源在传统项目与公司内部的协同效应，特别重视氢能储能、光伏技术等领域。集团公司积极谋划转型升级发展，加大对新能源的储备；已经将相关的关键核心、“卡脖子”及储备技术研发提到重要日程，技术研发与支持的空间和机遇加大。

（4）信息革命驱动数字化转型发展给油气工程技术赋予了新的内涵，技术跨界融合已成大趋势并进一步深入，工程技术研发和信息化发展“天地”更加宽广。

当今世界正迎来新一轮信息革命浪潮，处于以信息化全面引领创新、以信息化为基础重构国家核心竞争力的新阶段；数字化、智能化转型是石油公司发展的大趋势，智能钻完井技术必将是工程技术新的“一片天”，我们要抓住这一数字化转型机遇，顺应和引领这轮信息革命浪潮，研究智能技术在工程技术领域的应用，充分统筹布局，加强顶层设计，分步实施；全参数数据采集、数据湖的建立、物联网、决策分析及参数优化，实时远程作业中心（RTOC）平台建设等必将为工程技术领域的发展带来深远意义，也给工程技术跨界融合发展带来新机遇和广阔的研发“天地”。

1.2 发展面临的挑战

（1）低油价“新常态”带来的成本冲击和后疫情时代带来的影响加剧，地缘政治、贸易保护主义和高新技术封锁可能持续较长时间，“卡脖子”技术获取难度加大，依靠自主创新提高竞争优势和支撑保障力更加紧迫。

近年来，受地缘政治与全球经济关系和美国页岩革命的影响，加之“灰犀牛”“黑天鹅”事件和贸易保护主义、“逆全球化”抬头趋势，国际油价一直于低位徘徊，对油气勘探开发成本带来巨大压力，且高技术封锁进一步加大，如何适应低油价环境下的低成本战略？通过工程技术自主创新解决“卡脖子”技术问题、提升核心竞争力，通过技术革命降低建井成本，为集团公司实现“提质增效”，对工程技术研发提出更高要求和更大挑战。

集团公司当前投资规模有较大幅度下降，石油公司降低价格，传导压力，挤压工程技术服务市场利润空间，对现场技术服务、装备制造和产业化等业务会带来冲击，迫使工程技术服务必须通过技术创新进一步提高生产效率，压缩支出，降低成本，赢得市场。

（2）勘探开发向“低、深、海、非”和老区挖潜发展，钻井面临的地质条件日趋复杂，对工程技术提出了更高要求。

随着油气勘探开发资源品质的逐步劣质化，已经从常规油气藏向“低（低渗透特低渗透）、深（深层超深层）、海（海洋、海外）、非（非常规油气）、新（新能源）”和老油气区挖潜等领域进军，“双高（高温、高压）”“双低（储量低品位、单井低产）”油气藏已经成为主要对象，传统工艺已不可能实现商业开发，只有通过工程技术革命和根本突破，大幅度提高钻井速度和单井产量、控制成本才能实现规模效益开发，给工程技术带来了巨大的创新压力和挑战。

集团公司海外油气业务从注重规模速度向注重质量效益转变，从投资驱动向创新驱动转变，科技支撑的作用日益重要。海外工程技术更加注重技术的适用和简约，同时还需不断研发特色技术以适应海外勘探开发业务的快速发展及项目公司“增储上产、降本增效”的需要。

（3）信息智能化发展促进油气增产降本，但面临新技术自主创新研发要求高、应用挑战大。

数字化转型是全球油气行业发展的核心战略，据《BP技术展望（2018年）》预测，到2050年，油气行业有25%的增量和1/3的成本削减是通过数字化实现的。大数据、云计算和人工智能快速发展，云设计、数字化建井、自动化作业生产将对传统的钻完井技术带来巨大的冲击和影响。但智能钻完井研发难度大、技术路线和实现途径尚不明确。

（4）能源低碳、清洁化发展迅猛，钻完井、压裂改造安全环保压力大，加快绿色低碳转型、实现钻完井本质安全挑战多，倒逼企业加快转型发展。

随着国家对安全生产、生态环境保护的要求更加严格，如何实现“绿色”钻井完井和压裂作业、环境“零”污染、污染物“零”排放等全新的清洁生产和“三高”气田安全钻完井，面临巨大挑战。

集团公司正在加快制定新能源发展战略，加快转型发展进程。国际石油公司新能源转型发展方向不一；中国石油化工集团有限公司业务重组，油气勘探开发与新能源业务并列，将大大加速新能源发展步伐。工程技术作为油气增储上产最重要的技术手段，每一次技术进步都会推动油气储量和产量的双增长，如何在能源转型发展中为“提质增效”提供重要技术选择，助力集团公司实现能源转型成为综合能源公司，给工程技术提出了巨大挑战。

纵观“十四五”，工程技术发展面临一系列新情况，问题和挑战多，但机遇大于挑战。

1.3 集团公司勘探开发形势

2019年，集团公司积极贯彻落实习近平总书记“大力提升油气勘探开发力度、保障国家能源供应安全”的重要批示。按照“深化东部、加大中西部、油气并举、常非并重”的原则，全方位加大勘探开发力度，取得了丰硕的勘探成果，油气探明地质储量和油气当量产量双双创新高，非常规油气勘探开发取得重要进展，“七年行动计划”开局良好。

“七年行动计划”的落实对加强中国油气供应安全发挥了基础性作用，同时也应看到落实计划要面临的严峻挑战。当前，集团公司勘探开发业务加快发展面临许多现实的矛盾和挑战，主要是资源劣质化、老油气田稳产难度加大、低油价下低品位资源效益开发难度增加、外部环境日趋复杂等问题。

“七年行动计划”中涉及的资源大多为低渗透—特低渗透储量，技术若得不到突破，难以实现经济有效益的开采；加快动用非常规和难动用储量对工程技术进步提出了更大的挑战。中国非常规油气生产中急需的高端技术设备和材料需要大量进口，中美贸易摩擦以来，高端技术设备及材料进口受到影响，国产化自主研发迫在眉睫。

2 中国石油工程技术发展战略思考

2.1 发展思路

以习近平新时代中国特色社会主义思想为指导，坚持稳健发展方针和高质量发展根本要求，坚定实施资源战略，国内立足七大盆地，突出高效勘探、低成本开发、加快天然气和绿色安全发展“四大任务”，依据“业务驱动、目标导向、顶层设计”的科技工作理念，坚持面向世界科技前沿，面向国家重大需求、面向公司业务发展，深化科技体制机制改革，发挥好“一个整体、两个层次”综合一体化优势，推进科技创新合作，整合优势特色技术，加快重大装备研制及共性技术攻关，聚焦尖端利器、核心装备、高端助剂、顶级软件，全面提高自主技术储备和国产化水平。以信息化、大数据、人工智能为助力，实现工程技术向自动化智能化快速发展，实现优势领域持续并跑，部分前沿高端技术由跟跑向并跑、领跑发展，加强科技成果推广转化，大力提升工程技术核心竞争力和对勘探开发主营业务的服务保障能力。

2.2 发展目标

集团公司规划未来10～20年油气勘探开发重点在深层、低渗透、致密油气、海域，页岩油气等非常规将成为储量产量新的增长点，潜在领域将是深水、天然气水合物与极地资源开采，老油田稳产复产将作为工作重点。国内：坚持“深化东部、发展西部、拓展海上，油气并举、立足常规、加强非常规”的战略布局，突出“5油3气”六大盆地，即石油以松辽、渤海湾、鄂尔多斯、准噶尔、塔里木五大盆地为重点，天然气以鄂尔多斯、四川、塔里木三大盆地为重点，加大勘探开发力度。国外：以工程技术服务为抓手，积极参与“一带一路”建设，主攻中亚—俄罗斯、做大中东、加强非洲、拓展美洲、推进亚太，实现海外现金流持续增长。随着页岩油气、致密油气的加快开发，预计到2025年，年均钻井19500口，进尺4593万米；其中，水平井2340口，占总井数比例12%；钻井持续年提速10%以上。整体来看，集团公司生产经营环境持续改善，有利于工程技术业务发展，工程技术工作量和技术服务市场将大幅增长。

2.3 工程技术发展趋势研判

纵观国际工程技术，未来主体技术正向着更深、更快、更经济、更清洁、更安全和更聪明的方向发展，多专业交叉集成、多技术融合一体化，降低吨油成本、提高产量和采收率，满足实现油气开发效益最大化，全方位满足勘探开发要求发展。围绕钻井自动化、信息化、智能化、清洁化这个主线将发展一系列配套的新装备、新技术、新工艺、新工具和新材料，将不断融入信息化、大数据、智能化技术，推动钻井向工程地质、智能、环保一体化方向发展，智能数字化钻井已经呈现端倪。

3 启示与建议

随着美国能源独立并已成为能源净出口国，能源地缘政治呈现新的特点，成为重塑全球能源乃至世界经贸格局的重要力量。当前，从化石能源向可再生能源、从高碳能源向低碳能源的转型，已成为国际社会的共识和国际石油公司追求的方向。各石油公司的战略选择呈现多样性，强化技术创新、推进数字化发展是能源转型的关键。在新形势下，中国油气行业需从推进创新驱动、加大国内勘探开发力度、加快发展天然气业务和新能源布局等方面积极应对未来能源发展变化。

3.1 大数据、人工智能的快速发展，助推工程技术数字化转型加速

大数据、人工智能的快速发展，已经渗透到社会、工作、生活等方方面面，油气行业在借助于前沿科技促进自身转型发展方面处于滞后，传统工程技术亟须与区块链、人工智能等数字类技术以及纳米等新材料技术融合，利用信息和人工智能技术改造上游生产流程，借助于新材料和人工智能技术创新工程技术和装备，升级传统产业、催生新兴产业，助力深水和深层勘探开发、低品位和非常规资源开发、工程技术和装备等油气领域技术加快升级换代，助推云计算、大数据、3D打印等数字技术在油气工程技术领域的广泛应用。人工智能与油气工业融合发展，将推动油气工业从“数字油气”时代迈向“智能油气”时代，使油气勘探开发工程技术走进“智能工程技术”时代。在人工智能的推动下，工程技术有望在“十四五”末进入智能化初级阶段。

3.2 搭建多专业交叉、多技术融合一体化协作平台，抢占战略竞争制高点

全球科技创新进入空前密集活跃期，多学科跨领域交叉融合态势更加明显，多学科协作也成为油气行业发展大趋势，搭建一体化协作平台被大型石油公司和油服公司视为科技战略制高点。以人工智能、量子信息、移动通信、物联网、区块链为代表的新一代信息技术加速突破应用，全球创新版图正在重构。上游多学科交叉融合已是大势所趋，油气勘探开发工程技术一体化趋势日益明显，以期实现综合效益最大化。

目前国外主要石油公司构建了地质工程一体化平台，综合利用物探、测井、钻井、生产数据进行油藏评价与工程设计，促进多学科组织管理和数据融合，通过多专业协同和数据挖掘不断调整和完善钻井、压裂等工程技术方案。实现油气勘探开发和工程作业的一体化，实现油气生产成本最优、效益最大。中国地质工程一体化决策技术还处于向国外跟踪学习阶段，基于大数据的钻井优化设计与风险识别、储层改造工程设计与参数优化软件、跨专业协同工作智能钻完井软件等需要从国外引进。近几年，新材料新技术新工艺等突飞猛进发展，集团公司必须瞄准世界科技前沿，把握行业发展大势，加强技术的跨界融合创新，着力突破关键核心技术，同时，在标准的单产品线服务基础之上，推出不同层次的一体化服务或系统解决方案，破解油气勘探开发难题，抢占能源科技战略制高点。

3.3 推动工程技术变革实现降本增效，持续加大关键技术与装备攻关力度

推动工程技术变革实现降本增效，是应对未来油气勘探开发挑战的必由之路，主动适应低油价形势，强化降本提质增效，持续加大关键技术与装备攻关力度。

低油价下，油气勘探开发收益大幅下降甚至出现严重亏损，降低成本、提高效率、实现效益最大化是石油公司和油服公司永恒的主题，也是应对未来油气勘探开发挑战的必由之路。为顺应石油公司低成本、多元化的需求，工程技术发展要在确保各种资源有效动用

和开发的基础上，以提高单井产量、降低作业成本为目标，大幅降低吨油成本，这是对工程技术总体发展方向的必然要求。围绕“增产”和“降本”从而降低桶油成本这个主题，未来重点发展智能化钻井技术、一趟钻钻井技术、高温高压钻井完井技术、复杂井型钻井完井技术、精细化储层改造技术和系统化集成解决方案等。围绕这些技术发展方向涉及的关键技术进行研究，尽快形成先进适用的油气工程降本增效技术系列，对于中国油气资源的有效动用和经济开发具有重要意义。

参考文献

[1] Conglin Xu，Laura Bell. Worldwide reserves edge higher，oil production growth faded[J]. Oil & Gas Journal，2019，117（12）.

[2] 李鹭光，何海清，范土芝，等. 中国石油油气勘探进展与上游业务发展战略[J]. 中国石油勘探，2020，25（1）：1-10.

[3] 贾京坤，朱英. 国际石油公司上游业务发展及战略动向分析[J]. 当代石油化工，2020，28（5）：46-54.

[4] 王敏生，光新军，皮光林，等. 低油价下石油工程技术创新特点及发展方向[J]. 石油钻探技术，2018，46（6）：1-8.

[5] 唐玮，尹得来，冯金德，等. 新形势下编制油气上游业务规划的思考[J]. 石油科技论坛，2019，38（3）：1-5.

[6] 中国石油集团经济技术研究院. 2019年国内外油气行业发展报告[R]. 北京：石油工业出版社，2020：12-34.

[7] 中国石油勘探开发研究院. 全球油气勘探开发形势及油公司动态（2019年）[M]. 北京：石油工业出版社，2019：8-27.

[8] 杨金华，李晓光，张焕芝，等. 油气勘探开发工程新技术发展思考[J]. 国际石油经济，2018，26（8）：1-8.

全球并购交易评价油价内涵、趋势及应用研究

徐 东 龚 得

（中国石油规划总院）

摘　要：出于提高中国石油企业参与全球油气资产并购行为科学性、经济性和合理性，论文通过研究分析十五年以来伍德麦肯兹公司的全球上游并购分析报告，通过与国际基准原油价格开展对比分析，总结2005年以来的各年度数据及其变化趋势；结合国内文献研究，归纳总结出该价格体系的实质内涵；同时完成与投资项目经济评价的决策油价开展比较性分析，意在促使国内石油公司、研究机构和能源学者更好地理解全球并购交易评价油价体系，持续提高国内石油公司未来在全球油气并购市场上交易行为的质量和效益，增强全球油气资源统筹开发利用和配置能力，提升国际化经营水平，保证国家油气能源长期供给安全。

关键词：并购交易评价油价；国家原油基准油价；投资项目经济评价参数油价；变化趋势；内涵；比较性分析；质量和效益

在石油资产并购交易报道、总结和相关科技论文中，尤其是伍德麦肯兹公司的年度全球并购分析报告，我们经常会看到“并购交易的评价油价”一词。所谓并购交易评价油价（The Implied Long-Term Oil Price，ILTOP），有时也被翻译成“资产交易长期均衡价格”，一般是指并购项目，即买家购买的油气资产，在10%折现率下的资产合同期内长期收支平衡的布伦特（Brent）油价。一直以来，国内石油公司和业内研究人员都在叙述和引用这个概念、数据和相关趋势分析，但是这个油价体系的内在计算机理和逻辑关系、与国际原油基准价格的关系、和投资项目经济评价的参数油价体系以及对具体油气并购交易行为的影响等，我们都不是十分了解和掌握。在国际油气资源、市场、消费和治理日益全球化的今天，如果国内石油公司谋求和计划参与全球油气资产并购，并取得良好的收益和效率，就必须加快、深化对国际油气资产并购中的概念、指标和数据的理解掌握，更好地学习、运用和管理这些概念、指标和数据，为自身参与全球并购决策和并购实施提供服务和参考。

1　2005—2019年并购交易评价油价的总结分析

根据伍德麦肯兹公司的全球上游并购分析报告和国内研究文献，2005—2019年全球并购交易评价油价的年度均值统计见表1和图1。

表1　2005—2019年全球并购交易评价油价与布伦特油价统计表　单位：美元/桶

年份	2005	2006	2007	2008	2009	2010	2011	2012
布伦特	50.64	61.08	69.08	94.45	61.06	77.45	107.46	109.45
并购交易评价油价	45	48	62	75	72	68	81	85
年份	2013	2014	2015	2016	2017	2018	2019	
布伦特	105.87	96.29	49.49	40.76	52.43	69.78	64	
并购交易评价油价	85	86	84	66	68	64	60	

资料来源：伍德麦肯兹。

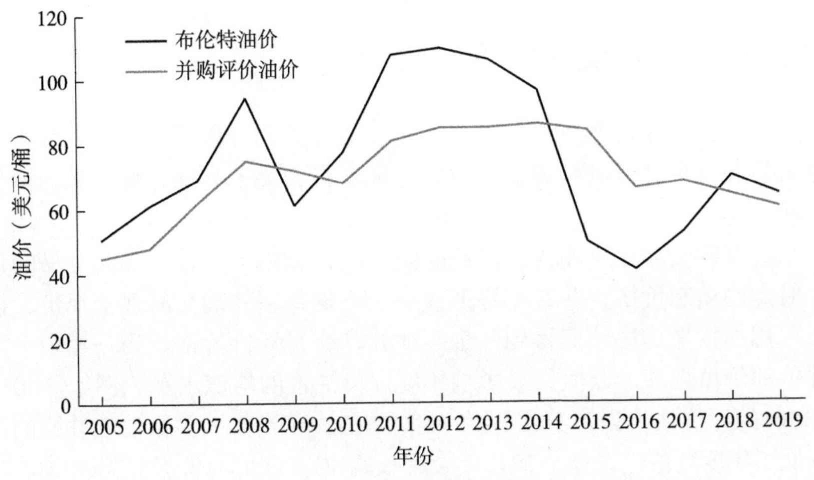

图1　2005—2019年全球并购交易评价油价与布伦特油价示意图

资料来源：伍德麦肯兹

由表1和图1可以看出，从2005年至2019年，布伦特原油价格和并购交易评价油价整体呈现先上升后下降的整体趋势。其中，布伦特在2013年到达阶段性峰值，106美元/桶，并购交易评价油价在2014年到达高点，86美元/桶；在过去的十五年中，布伦特原油价格的平均价格为73.95美元，并购油价平均油价为69.93美元；两个价格的中位数也较为相近，分别为69.08美元和68美元；并购交易评价油价的变异系数为4.8%，布伦特原油价格的变异系数为8.1%。这说明在该统计阶段，并购交易评价油价具有较小的波动性，整体数据离散程度较小。两个价格相关性为0.63，显示出具有较强的相关性。在置信度（95%）时，布伦特原油价格的置信区间为（61.12，86.78）、并购油价平均油价为（62.7，77.16）。

通常而言，并购交易评价油价与布伦特实际油价的运行变化趋势基本一致，但是其波动范围和变化频率远小于布伦特实际油价。在油价下行周期，即布伦特实际油价低于60美元/桶时，布伦特油价一般低于并购交易评价油价，其变化快于并购交易评价油价，两者之间的价差逐渐被拉大。这个区间的布伦特原油价格和并购交易评价油价相关系数为-0.078。两者并没有明显相关性。在置信度（95%）时，布伦特原油价格的置信区间为（40.07，

56.59）、并购油价平均油价为（40.28，91.22）。

但是随着市场价格的快速上升，布伦特油价与并购交易评价油价的价差快速缩小，当布伦特实际油价高于80美元/桶时，布伦特实际油价一般高于并购交易评价油价。布伦特原油价格和并购交易评价油价相关系数为0.46。两者之间呈现出中度相关性。在置信度（95%）时，布伦特原油价格的置信区间为（94.20，111.20）、并购油价平均油价为（76.74，88.06）。

当布伦特实际油价在60～80美元/桶区间运行时，两个油价相互交错，价差变小。在这个价格区间，布伦特原油价格和并购交易评价油价相关系数为0.37。两者之间呈现出弱相关性。在置信度（95%）时，布伦特原油价格的置信区间为（60.43，73.73）、并购油价平均油价为（53.68，70.98）[1-10]。

2 并购交易评价油价的内涵分析

通过对2012—2019年伍德麦肯兹公司的年度全球并购分析报告的研究分析，结合与业内并购研究人员和油价分析机构人员的研讨论证，得到关于全球并购交易的评价油价的以下认识和判断。

第一，全球并购交易评价油价，按照时间序列，根据年度各宗并购交易的评价油价，会形成多个时点的动态价格，并在年终形成一个根据每宗并购交易评价油价，按照交易金额为权重，采用加权平均法计算得到一个年度并购交易评价价格。当一年中个别并购交易金额大的评价油价出现高、低值，会影响年度评价油价的均值水平。例如，2012年Rosneft收购TNK-BP时的评价油价为75美元/桶和78美元/桶，较当年大多数油气并购的评价油价都低，直接拉低了年度均值；又如，2015年壳牌收购BG，评价油价为87美元/桶，比当年全球并购交易评价油价加权均值84美元/桶，高3美元，相比当年并购交易评价油价的算术均值76美元/桶，高了11美元之多[11]。

第二，与年度各时点的实际油价形成一个差值，在趋势和变化方向存在超前或滞后性，一般情况下变动方向一致，存在正相关性；但是个别时候，由于两个价格预测系统的机理不同，并购交易的评价油价与国际原油市场价格会出现反向波动。从本文收集到的数据分析，大多数时间内，并购交易评价油价与国际基准原油价格变动方向一致。但是在2016年，并购交易评价油价却与布伦特和美国西得克萨斯轻质原油（WTI）两种国际基准原油价格呈反向波动[12, 13]。

第三，每宗并购交易有一个评价油价，相同时间段里不同公司不同并购交易的评价油价不同，有时相差还比较显著。2015年全球并购交易评价油价的均值是84美元/桶。其中，壳牌收购BG的评价油价是87美元/桶，Occidental公司剥离美国Bakken页岩油资产交易的评价油价是60美元/桶，道达尔剥离加纳Krog地区资产的评价油价是53美元/桶，澳大利亚Woodside并购OilResearch公司选取的评价油价在67～77美元/桶[14]。

第四，同一时间，一个公司收购另一个公司的不同股东的资产可以有不同的并购交易评价油价；同样一个公司收购另一个公司持有不同油气资产的评价油价也不会相同。以Rosneft公司收购TNK-BP全部股份为例，根据Rosneft公司在其官网上发表的声明，其将用

171亿美元现金和本公司12.84%股份收购英国石油公司持有的秋明—英国石油公司50%的股份。同时，Rosneft将用280亿美元从AAR财团手中收购秋明—英国石油公司另外50%的股份。这两宗并购交易的评价油价分别为75美元/桶和78美元/桶[15]。

第五，并购交易评价油价受多元因素影响，但主要反映并购主体，即买卖双方对未来油价走势的预期和对并购投资交易行为的态度。以加拿大Suncor并购Canadian Oil为例，自2014起，Suncor就多次发出收购要约，但是按照当时业内对国际油价走势乐观预测的影响，Canadian Oil数次拒绝Suncor的收购报价，即使从2015起的国际油价大幅跳水也未松口。但是随着油价持续低位运行，各个公司对油价走势预测也趋于理性，2016年双方达成交易时的评价油价仅为73美元/桶，相比2015年全球并购交易评价油价均值84美元/桶低了11美元，相比于之前Suncor公司的最高报价低了近20美元。

第六，每宗并购交易评价油价高低受当期实际油价、中长期期货合约价格影响。这个特点在2017年和2019年体现得最为明显，两个年度并购交易评价油价的走势受到了当年国际基准原油价格和期货价格的显著影响，尽管年内差值出现较大变动，但是涨跌变化势头几乎一致[16]。

3　与投资项目经济评价参数油价的比较分析

众所周知，油气行业，甚至每一个石油公司都有自己的油价预测和管理体系。其中，短期价格预测服务于企业短期经营预算、即期石油现货贸易、公司业绩预测等生产经营行为；中期价格预测服务于石油公司的年度生产经营管理、中期发展规划制定和实施远期石油贸易决策等；长期油价预测主要发挥指导公司战略和长期投资决策等活动。

并购交易评价油价是一个着眼于长期油价预测统计的体系，从这方面讲，与投资项目经济评价参数油价预测有相似之处，都是服务于石油公司投资决策的原油价格体系。但是在形成机理、计算逻辑、使用方式和应用范围等方面存在较大差异。

3.1　两个价格体系的形成机理不同

根据伍德麦肯兹公司的年度全球并购分析报告的论述，并购交易评价油价是指并购项目在10%折现率下的长期收支平衡的油价。根据英文组成，并购交易评价油价是一个以布伦特原油价格为基础计价的长期油价。它是针对并购交易标的，按照投入产出技术经济原理，采用折现现金流法，按照折现率10%固定不变的标准，计算油气资产并购后评价期内的净现值为0的原油价格。而投资项目经济评价的参数油价的形成则与经济评价和折现现金流方法没有太多关联，它是基于国际原油的长期供需状况，按照大宗商品长期价格的预测原理，结合石油的金融属性、地缘政治属性，采用不同数量计量方法和模型得到。

3.2　两个价格体系的计算逻辑不同

并购交易评价油价是按照技术经济原理，采用折现现金流法，在折现率为10%的条件下得到了一个长期盈亏平衡价格。通俗而言，它是一个保本价格（Break-even Price），是采用并购交易盈利能力达到行业基准下“倒算”得到，影响它的取值大小的因素包括并购交易投资行为所涉及的投资、成本、税费等支出和原油销售等相关收入，多是并购交易资产的个性化因素所决定。以2015年壳牌收购BG为例，该宗并购交易的评价油价是87美元/桶，从全生命周期的时间段分析，目前还不足以判断盈亏，但是从这五年的实际油价情况判断，这五年的预期效益是没有实现的。2020年6月30日，壳牌公司宣布二季度拟实施最高达220亿美元的资产减计，其中2016年重资收购的BG公司的交易将形成80亿～90亿美元的资产减值。从这个角度分析，造成收购BG减值的原因除了市场、管理等原因外，油价没有达到并购交易评价油价是不能实现盈亏平衡而资产减值的一个重要原因。而投资项目经济评价参数油价则是根据全球原油市场的长期供需关系，考虑资源、油气发现、技术、市场消费、替代能源价格等因素，并结合资本市场和地缘政治格局等变化，采用数理方法和预测模型得到，它是“正算”的结果所致。

3.3 两个价格体系的使用方式不同

并购交易评价油价是在交易决策判断时，运用“反算”的方式得到。形成评价油价后，并购交易的双方都会以计算得到的评价油价与各自公司对国际原油长期价格的预测值做出对比。平均来看，如果高于对国际原油价格的预期值，表明此次并购交易可能会在未来形成亏损或资产减值，则不应做出决策；如果低于对国际原油价格的预期值，则表明会在未来盈利和资产溢价。同时，在后续并购交易发生和需要决策时，决策主体会参考和依据过往形成的并购交易评价油价，做出和实施并购决策。而投资项目经济评价参数油价，则是作为投资项目经济评价的重要基础参数输入，用来计算投资项目的销售收入和现金流入，以项目加权平均资本成本（WACC）为基础，考虑风险因素下的财务内部收益率（这是指标根据项目特点不同而变化，一般在8%～15%之间取值），结合项目现金流出，综合衡量投资项目财务盈利能力。经济评价过程中，油价参数一般作为输入数据不变，基准财务内部收益率会根据情景发生变化。当然，基础情景评价后，一般也会针对油价这个重要参数，开展双向变动范围内的敏感性分析，计算得到投资项目经济评价参数油价变化的临界值，用以支持决策和指导未来生产经营。

3.4 两个价格体系的应用范围不同

每宗并购交易的评价油价除了应用于本宗并购交易决策并指导日后生产经营外，对于本公司其他油气资产的交易、其他公司的并购决策以及研究机构而言，都是一个参考和可借鉴数据，不能重复使用。但是投资项目经济评价参数油价则已经计算分析得出，就会在一段时间内（国际石油公司通常为至少1年的周期）针对几乎所有的油气投资项目均会使用，不同地区的整个油气产业链不同环节的项目都会应用同一个参数油价。如果需要也只是根据不同项目的个性化特点，以应用的参数油价为基础，开展不同参数油价的情景分析，综合为投资项目经济评价完整和投资项目决策提供依据和参考。

4 相关工作建议

随着国内油气企业积极践行“走出去”战略，石油企业国际化进程不断深化，也取得了令人瞩目的成绩。2019年，中国石油天然气集团有限公司海外油气权益产量当量超过1亿吨，实现历史性跨越。互利双赢的油气合作在取得良好经济效益的同时，进一步了提升中国能源安全保障能力，有力带动了资源国经济社会发展，也为全球能源供应及油气贸易做出了积极贡献。

油价预测和确定是油气项目投资决策的核心要素之一。全球并购交易评价油价是判别油气资产并购交易是否经济合理的重要数据。“十四五”及今后一段时间，尽管国际政治经济形势日趋复杂，但是积极利用国际油气资源，提高全球资源配置能力，开展形式多样的油气能源合作的方向和路径没有改变，国内油气企业必须更好地理解、掌握和有效应用全球并购交易评价油价，提升自身国际并购交易决策的正确性和科学性，提高并购交易行为的经济性和有效性。

首先，国内石油公司应该注重收集、汇总和整理历年典型并购交易按案例的评价油价数据。随着“走出去”战略的深化实施和“一带一路”倡议的持续推进，国内石油公司基于全球化思维统筹和配置世界油气资源的工作也在不断深入，历史各年，尤其是国际典型并购交易案例的评价油价都是开展投资决策和生产经营的宝贵数据。对这些数据的研究、分析和管理是国内油气公司基础研究数据掌握和管理的现实要求。

其次，国内石油公司应该总结年度并购交易评价油价的变化趋势并开展成因分析。国内石油公司参与全球油气资源交易，融入全球油气资产并购交易的时间还不是很长，需要学习和借鉴国际石油公司的地方还很多。尽管国内石油公司并购行为、决策特点和并购后的整个经营与国际石油公司的情况存在差异，但是学习掌握并购交易评价油价这些数据及其趋势，尤其是数据背后的规律性认识可以提高国内石油公司对国际油气资产并购交易商务条款、决策情景的认知水平，进而提高决策质量和运作效率。

最后，国内石油公司应该科学运用和动态管理并购交易评价油价这类数据资产，为国内石油公司开展相近或类似并购交易决策提供依据。随着国内油气公司国际化经营步伐的加快，与国际石油公司合作竞购、同场竞技和角力的现象越来越多，无论是合作还是竞争，对对方支撑决策的评价方法、评价数据的了解和掌握都是十分必要的。针对并购交易评价油价这类核心数据，国内石油公司既要看到这些竞争对手历史数据的重要性，将其作为自身决策的一个参考情景，尤其是针对相近或类似项目时，中方数据当与其采用的评价油价数据相差较大情况出现时，应当深化分析和慎重决策。

国内石油公司只有不断坚持学习和借鉴，不断总结和创新，不断融合和协同，才能不断提高和完善自身投资项目经济评价方法，不断优化和选取投资项目经济评价参数，持续为油气投资项目决策提供科学依据，为中国油气产业的高质量、可持续发展贡献力量。

参考文献

[1] 侯明扬，谭榕，郑轶丹. 2019年全球油气资源并购市场特点及前景展望[J]. 国际石油经济，2020，28（3）：44-51.

[2] 侯明扬. 2018年全球油气资源并购市场特点及前景展望[J]. 国际石油经济，2019，27（3）：37-45.

[3] 侯明扬. 2017年全球油气资源并购市场特点及前景展望[J]. 国际石油经济，2018，26（3）：28-35.

[4] 侯明扬. 2016年全球油气资源并购市场特点及前景展望[J]. 国际石油经济，2017，25（3）：7-14.

[5] 侯明扬. 2015年全球油气资源并购活动的成果、特点及未来展望[J]. 国际石油经济，2016，24（1）：36-43.

[6] 侯明扬. 2014年全球油气资源并购特点及未来展望[J]. 国际石油经济，2015，23（3）24-29.

[7] 侯明扬. 2013年全球油气资源并购的情况、特点及未来展望[J]. 国际石油经济，2014，22（3）：42-48.

[8] 侯明扬. 2012年全球油气资源并购的情况、特点及未来展望[J]. 国际石油经济，2013，21（4）：25-31.

[9] 赵宏军，陈艳芳，祝道平. 2001—2015全球油气上游并购特点与趋势分析[J]. 国际石油经济. 2015，23（7）：51-59.

[10] 张礼貌. 低油价环境下全球油气上游并购趋势[J].国际石油经济，2016，24（5）：73-77.

[11] 陈剑锋，余皎，周新科. 2016年全球上游油气并购市场回顾及2017年展望[J]. 当代石油石化，2017，25（4）：1-6.

[12] 徐东.密切关注国际并购窗口期，持续优化海外资产组合[N].中国石油报，2020-2-18（6）.

[13] 徐东. 低油价下油气资产并购逆周期操作有现实性吗[N]. 中国石油报，2020-4-14（6）.

[14] 徐东，晏飞，石凯. 创新性交易在国有企业海外油气资产并购的应用研究[J]. 石油规划设计，2020，31（2）：1-4.

[15] 徐东，芮旭涛，许慧文. 低油价周期国际石油公司资产剥离策略分析及借鉴启示[J]. 中国能源，2016，38（12）：18-22.

[16] 徐东. 盘点2019国际石油公司资产并购新趋势[N]. 中国石油报，2019-12-17（6）.

炼化一体化与新型煤化工在 C_2 和 C_3 领域竞争分析

赵旭飞
（中国石化集团北京燕山石化公司）

摘　要：中国石油化工行业经过长期发展，已具备较为完备的产业体系，炼化一体化的深度和广度正在发生重要变化，开始由燃料型向化工原料型转变。近几年新型煤化工的发展为中国新时代能源安全提供了新的支撑和保障。梳理石油、煤炭和天然气3种路线制取化工原料的现状，重点从碳转化率、运输费用、单位投资和原料价格等4个方面分析新型煤化工在C_2和C_3化学品领域的优势，总结了新型煤化工和炼化一体化未来发展的重点和需要突破的瓶颈。

关键词：煤化工；炼化一体化；C_2；C_3；竞争

经过近70年的发展，中国石油化工行业的规模已位居世界前列。近年来，中国新投产、在建及规划的炼油项目体现出明显的基地化、大型化趋势，从燃料型向化工原料转型是中国炼油行业可持续发展的大趋势，炼化一体化的深度和广度正在发生重要变化。炼油企业应按照“宜烯则烯、宜芳则芳、宜油则油”的原则，从原子角度有效利用石油资源，从化工角度优化炼油过程和产品线，从大量生产成品油转向生产高附加值的油品和化工原料并重[1]。成品油消费的大量增加，导致中国石油的对外依存度不断攀升。相比油气资源，中国拥有相对丰富的煤炭储量。2017年煤炭剩余技术可采储量占化石能源总剩余技术可采储量的93%以上。同时，煤炭是中国一次能源的主体，2017年煤炭生产与消费分别占全国一次能源生产和消费总量的70.1%和60.4%。现代煤化工作为煤炭利用的主要方式之一，以煤制烯烃、煤制乙二醇和煤制油为代表的一批关键技术已实现产业化，使得通过煤制甲醇原料生产多种清洁燃料和基础化工原料成为可能[2]。将煤炭转化为燃料以及化学品，在一定程度上缓解了中国对进口油气能源的依赖，对中国能源安全具有十分重要的战略意义[3]。

中国石油化工行业的格局正在发生巨变。随着国家放松炼化行业准入管制，民营资本大规模涌入，新建千万吨级装置比比皆是，如浙江石化远期规划高达6000万吨/年；由于新型煤化工技术的不断进步，近两年煤制烯烃和乙二醇的产能大幅增加；此外，丙烷脱氢与乙烷裂解规划产能规模均接近千万吨，如万华化学二期烯烃总产能约230万吨/年，规模相当于2000万吨/年。而需求端的增幅不大，产能过剩和行业洗牌势在必行。由于商品属性和资源禀赋的不同，必然造成石油、煤炭、天然气等工艺路线在成本端有显著差异，而产品端同质化严重。长期来看，不同产品在石油、煤炭、天然气等工艺路线成本端比较，最具优势的产品路线将在竞争中胜出。

1　煤化工对传统炼化一体化C_2和C_3领域的影响

从化学组成来看，石油、煤炭、天然气最大的区别在于碳氢比不同，煤炭几乎全部由C

原子组成，石油可以近似为（CH_2）$_n$，天然气主要成分则为CH_4。从原子转化角度，氢原子单位热值高，适合用作燃料组分，碳原子则更适合用作化工合成材料分子骨架，即“燃料用氢、材料用碳”。而从石油、煤炭、天然气的下游用途看，燃料消费占比在80%以上，材料占比则只有15%～20%，因此能源属性决定了石油、煤炭、天然气挂牌价格。由于氢含量不同，油气能量密度显著高于煤炭，是后者的3倍左右。而且石油本身为液态，加工后可作为燃料用于交通领域，应用场景更为高端且难以替代，煤炭和天然气则主要用于发电和城市燃气。因此，石油相对煤与天然气还有进一步的市场溢价。整体而言，石油、天然气更适合用作燃料，煤炭则更适合作为化工原料[3-5]（图1）。

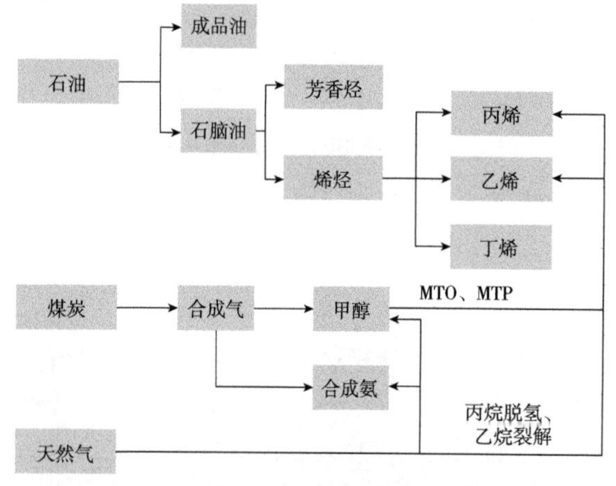

图1　石油、煤炭、天然气的工艺路线图（部分）

目前，全球范围内有机化工原料多以石油为主，近两年随着北美页岩气革命，以天然气为原料的工艺路线占比显著提升，但以煤炭为原料的工艺路线则基本局限于中国。从石油、煤炭、天然气竞争最为激烈的C_2和C_3领域原料占比看，目前中国为69∶18∶13，而全球为56∶5∶39，以石油为原料的工艺路线都具有压倒性的优势[4]（图2、图3）。

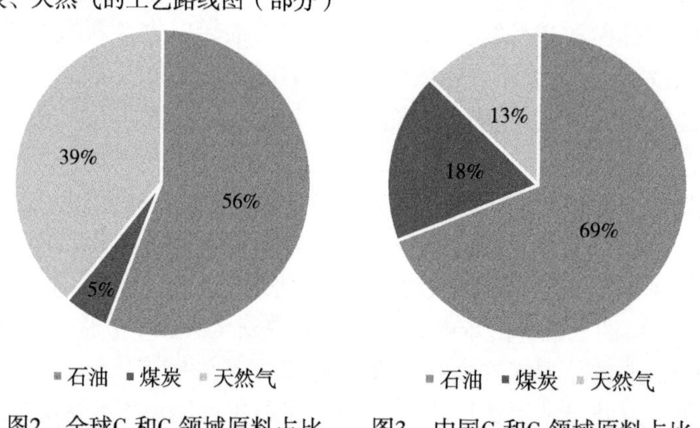

图2　全球C_2和C_3领域原料占比　　图3　中国C_2和C_3领域原料占比

从长期来看，美国乙烷有约1000万吨/年的增量可用于乙烷裂解制乙烯，凭借良好的资源禀赋大概率会转化为有效产能[6]。在丙烯下游液体化工品上，丙烷脱氢相比石油化工有投资低和收益高的优势，市场占有率也会继续提升。更为关键的是，与目前占主导地位的石油化工相比，西北煤制烯烃和煤制乙二醇在完全成本，尤其是现金成本方面有显著优势。天然气化工原料乙烷和丙烷作为伴生气，全球范围内只有千万吨级别，无法完全替代石油化工，并且随着用量提升还会带来价格的持续上涨。作为基础能源，中国煤炭产量在40亿吨/年以上，即使按照完全替代石油化工测算，对煤炭增量需求约为2亿吨/年，对价格体系的冲击可以忽略，在成本方面，煤化工有强大的优势。

煤炭在碳氢比上较油气更适合作材料，价格上也有很大优势，这也使得煤制烯烃和乙二醇成本都显著低于石油化工。从保障中国能源安全角度来看，煤炭是中国唯一具备全球禀赋优势，可以自给的基础能源，发展煤化工有利于中国能源安全。以聚烯烃全部由煤炭作为原料测算，将减少约4000万吨/年的石油消费，进口依存度或将降低约10%。近几年，在政策支持引导下，煤化工具备极强的自发扩张能力，过去几年中国MTO、煤制乙二醇都呈现了暴发性增长，即使在2015年油价暴跌后也没有停止产能扩张的步伐。发展煤化工对中国的意义将不亚于页岩气革命后带来的美国天然气化工崛起。

2　不同原料路线的成本分析

石油化工行业全流程成本主要由原材料、能耗、生产费用和三费构成。具体到这3种工艺路线，最重要的差别在于原材料成本不同。这背后就涉及生产相同产品使用不同原料的碳转化效率不同，即吨耗不同，其次是石油、煤炭、天然气的价格差别也很大。由于物态不同，能耗上普遍煤化工最高，油化工其次，天然气化工最低，但能源的影响远小于原材料的价格影响。且新型煤化工多分布在西北，电力和蒸汽成本较低，而油气化工则以东部和南部沿海为主，外购电占很大一部分，尤其是天然气化工因为近两年才投产，也少有配套热电联产装置，蒸汽外购比例也很大，经过抵消，在能源成本上差别不大。生产费用主要为折旧和人工成本，其中最核心的区别就在于折旧。以烯烃为例，煤化工单吨投资是油化工和天然气化工的5倍，在折旧上显著高于后两者，就地域而言，海外煤化工项目的投资要远大于中国，所以全球煤化工相对集中在中国。三费的核心区别就在运费和财务费用。因为煤化工普遍在西北，产品主要销往东部和南部，所以运费占比很高。天然气化工由于原料为气体，采购成本中运费占比较高。在财务费用上，煤化工单吨投资大，油化工则需要配套上游炼油装置，全产业链投资也很大，所以财务费用占比均相对较高[6]。

2.1　碳转化率

石油是长碳链烷烃和芳香烃组成的复杂混合物，因此要通过裂解或者重整工艺生产乙烯、丙烯、PX等化工品，其碳原子转化率可以达90%以上。天然气化工不涉及碳链转变，主要工艺路线为甲烷用于氨醇联产，乙烷用于裂解制乙烯，丙烷则脱氢制丙烯，碳原子转化效率较高。煤炭由于不含氢，因此生产各类下游含氢化工产品需要通过煤气化反应来转化，一个C原子置换两个H原子，并生成无用的CO_2，即相当于浪费了一个C原子。如果以甲醇为中介，通过脱水反应来生产烯烃，相当于又多浪费了一个C原子。因此从碳转化率角度看，通过一步反应生产甲醇、尿素等C_1产品，煤化工要优于油化工，并与天然气化工等价;如果再增加一步反应生产乙烯与丙烯，则石油、煤炭、天然气化工完全等价。因此，3种工艺路线的竞争也主要集中在C_2和C_3领域。C_4及以上化工中，煤化工的碳转化率损失太大，天然气化工的原料选择性又太低，因此除了煤焦化制苯外，C_4的原料端基本都是石油（表1）。

表1 煤炭和天然气制甲醇、尿素的原理

工艺流程	反应原理	碳原子损失
煤制甲醇	$2C + O_2 = 2CO$ $CO + 2H_2 = CH_3OH$	零损失
煤制尿素	$C + O_2 = CO_2$ $CO_2 + 2NH_3 = CO(NH_2)_2 + H_2O$	零损失
气制甲醇	$2CH_4 + O_2 + 2H_2O = 2CH_3OH$	零损失
气制尿素	$2CH_4 + 2O_2 = CO_2 + 2H_2O$ $CO_2 + 2NH_3 = CO(NH_2)_2 + H_2O$	零损失

2.2 运输费用

运输费用对3种工艺路线的影响直接涉及各自产业的区位布局，即选择原料端还是选择消费端。石油作为最大宗的商品，一般由30万吨级超大型油轮（VLCC）运输，即使跨洲际贸易，其运费占比一般也在5%以内，但石油工艺路线下游产品基本以液态的汽油、柴油、煤油和部分气态产品为主，且运输方式多为油罐车等专用车辆，运输成本很高，所以在消费地建厂的综合成本远低于原料地。即使如沙特阿拉伯那样资源禀赋强的地区，也很少建设以外销为主的炼厂。

煤炭的物相决定其运输成本较低且差异不大，主要影响因素在于下游产品的吨耗煤量和产品自身的运费占比。所以，建厂地址的选择需要根据具体产品来分析决定。如果通过一步反应生产尿素和甲醇，其吨耗煤量为1吨和1.5吨，而产品端尿素的吨运费占比与煤炭接近，甲醇的运费则为煤炭的1.5倍左右，二者的厂址选择是消费地或资源地基本等价。但如果将甲醇进一步加工为聚烯烃，则吨耗煤量将提升至4.5吨，聚烯烃与煤炭的运费接近，西北资源型企业优势非常明显。煤制乙二醇情况则介于两者之间，其吨耗煤约2吨，考虑产品运费后西北企业略有优势[5-7]。

天然气化工的原料常温常压下为气态，运输条件特殊，成本相对较高。以天然气、乙烷和丙烷为例，从美国运至中国，三者的运费分别是80美元/吨、120美元/吨、80美元/吨，占到原料本身价格的17%、30%和16%。从产品端看，以天然气为原料生产的尿素、甲醇从美国至中国的运费分别为60美元/吨、80美元/吨，由于产品单价很低，运费占比均在25%以上。乙烯下游的聚乙烯和乙二醇虽然运费与尿素、甲醇类似，但由于产品单价高，占比降至8%左右。丙烯下游的聚丙烯运费占比与聚乙烯类似，其他产品都为液体化工品，甚至是危险化工品，储运成本极高，也基本没有大体量的跨洲贸易。因此丙烷脱氢建在消费地，原料端的运费劣势可以很轻松地被产品端运费优势弥补。所以整体而言，丙烷脱氢和油化工都适合建在消费地，尤其是考虑到建设和人工成本后，中国上述产能相比资源地还更具优势。天然气化工、乙烷裂解由于原料运费占比太高，比较适合建在资源地[10]。煤化工中煤制烯烃适合建在西北资源地，其他如尿素、甲醇和乙二醇等，建在消费地和资源地应该说各有利弊，还是要结合企业的具体情况分析。

2.3 单位投资

石油化工的下游配套产品种类很多，以标准的百万吨级乙烯为例，其对应的化工品为100万吨乙烯+50万吨丙烯+30万吨碳四+70万吨芳香烃等，总投资规模一般为100亿元，相当于烯烃投资额为4400元/吨。天然气化工的产品则比较单一，标准的120万吨乙烷裂解下游主要为90万吨乙烯及30万吨C_3、C_4等其他产品，以总投资50亿元测算对应的单吨乙烯产能投资为4500元；标准的60万吨丙烷脱氢下游主要为45万吨丙烯，以总投资为24亿元测算对应的丙烯产能投资为4600元/吨。西北煤化工MTO（甲醇制乙烯）主要产品为30万吨乙烯+30万吨丙烯，对应烯烃产能投资为3万元/吨，MTP（甲醇制丙烯）因为综合收率更低，单位投资还要更大。煤化工的乙二醇20万吨（折纯为12万吨乙烯）的投资规模为30亿元，对应烯烃产能投资为2.5万元/吨。上述投资如果以10年计提折旧，70%为债务融资，贷款利率为7%测算，则石油化工、乙烷裂解、丙烷脱氢、MTO、煤制乙二醇的烯烃折旧+财务成本分别为656元/吨、671元/吨、685元/吨、4470元/吨和3725元/吨（图4）。

另外需要指出的是，对于石油化工来说，还需要配套上游炼油环节，相当于单位投资要翻倍。而乙烷裂解则由于目前全球贸易量很小，基础设施不完善，涉足该行业要补齐上游基建和专有船舶短板，这些都是上述产业不可忽视的隐形成本。

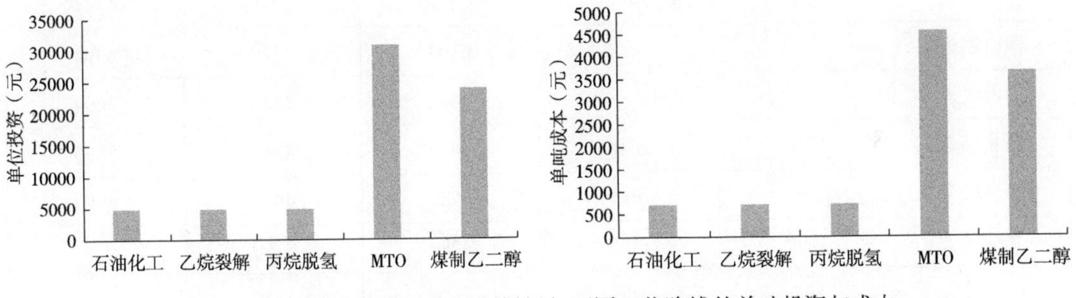

图4 石油、煤炭、天然气（制烯烃）不同工艺路线的单吨投资与成本

2.4 原料价格

相比以上3点，更为重要的是对未来石油、煤炭、天然气比价关系的判断。对于油价来说，全球各地差异不大，本文选取Brent油价作为基准进行分析。全球天然气价则各地差异很大，资源地天然气价普遍很低，但因为运输成本很高，且最大的增量资源地美国存在很大的外输瓶颈，短期还无法解决，所以跨洲际套利难度很大。相比将北美天然气运至中国，出口尿素和甲醇至少还存在物流上的可能性。下文分析将仍然以北美气价为基准，并据此计算北美尿素和甲醇是否具备出口成本竞争力。煤炭则选取秦皇岛5500大卡动力煤作为东部尿素和甲醇的原料价格基准；而对于西北煤化工产能来说，由于投资主体都是资源型企业，如神华、中煤、陕煤等，其本质上是通过煤化工来变现上游资源价值，因此原料价格基准采用坑口煤价。现有乙烷裂解主要在北美，由于绝大部分都用于燃料，其价格基本按照热值比计算，基本稳定在北美天然气价格的1.15倍左右。丙烷脱氢则主要在中国，其

产品中化工用途占比接近50%，所以定价上半油半气。2015年油价暴跌以后，中国单吨油气价格基本接轨，相应2016年至今丙烷和石脑油价格比也收敛至0.97。所以本文选取北美天然气价格的1.15倍和中国石脑油价格作为远期乙烷和丙烷价格替代[4, 6, 8]。

目前，中国沿海石油、煤炭、丙烷，北美天然气、乙烷的价格分别为59美元/桶、575元/吨、3584元/吨、0.52元/立方米、1916元/吨。如果以过去10年的历史均价测算，则上述产品价格为81美元/桶、557元/吨、4571元/吨、0.82元/立方米、2452元/吨。考虑到北美页岩油气革命后，全球油气供给结构和成本曲线发生了根本性变化，过去10年均价存在着系统性高估。而目前作为主要边际产能的页岩油气生产企业自由现金流又持续入不敷出，长期看目前价格可能也存在系统性低估。因此我们依照主要页岩油气企业在较为合理盈利情况下（假设净资产收益率ROE为10%）测算，对应的油价和气价分别为55美元/桶和0.8元/立方米、对应丙烷和乙烷价格为3350和1300元/吨。对于煤价来说，国内供给侧改革带来了一定程度上的价格虚高，本文以500元/吨作为分析的基准价。而坑口煤价主要为成本定价，基本稳定在200元/吨。因此在上述价格体系下，北美和中国氨醇联产的成本比较，以及石油、煤炭、天然气竞争最为激烈的产品聚乙烯、乙二醇和聚丙烯的成本比较分别如表2所示，可见，对于国内而言，气头优势较为明显，西北煤头相比油头具有一定优势，华东煤则成本最高。

表2　北美和中国氨醇联产、聚乙烯、聚丙烯和乙二醇的成本比较

	尿素	甲醇	聚乙烯	乙二醇	聚丙烯
国内油头	—	—	6104	4320	6304
国内气头	—	—	4682	3830	5604
西北煤头	1478	2046	5656	4259	5856
华东煤头	—	—	6789	4436	6989
北美气头	1299	1105	4280	3790	—
中东气头	865	856	3950	3450	—

3　未来煤化工和炼化一体化发展的机遇和挑战

综合以上分析，未来煤化工与炼化一体化发展主要有以下几点趋势：

（1）基于中国“富煤贫油少气”的资源禀赋和能量密度差异，石油和天然气更适合用作燃料，煤炭更适合作化工原料，发展煤化工对保障国家能源安全具有重要意义。从碳转化率上分析，煤、石油和天然气3种工艺路线主要竞争在C_2和C_3产品端；从运输费用上分析，天然气化工和煤化工更适合在资源地建厂，石油化工更适合靠近消费地建厂；从单位投资成本看，石油和天然气路线成本相当，煤化工单位成本相对较高；从原料价格分析，相比石油和天然气，煤炭具有价格上的显著优势。

（2）环境是影响现代煤化工行业可持续发展的重要指标。煤化工大多位于煤炭资源丰富的西北部，环境承载力小，生态脆弱，在“碳达峰”和“碳中和”的大趋势下，要积极发展高效污染物脱除技术、多污染物协同控制技术和CO_2资源化利用技术，同时不断优化煤化工生产工艺，实现煤炭的清洁高效利用，夯实国家能源安全根基。

（3）要积极推动石油化工转型发展，中国炼化一体化中炼油应聚焦油品的清洁化，化工应逐步向生产 C_4 及以上化工原料过渡，确保丁烯及芳香烃的市场供应。

参考文献

[1] 马安. 中国炼油行业转型升级趋势[J]. 国际石油经济，2019（5）：16–22.

[2] Huang Y, Yi Q, Kang J X, et al. Investigation and optimization analysis on deployment of China coal chemical industry under carbon emission constraints[J]. Applied Energy, 2019, 254: 1600–1618.

[3] LI J, HU S. History and future of the coal and coal chemical industry in China[J/OL]. Resources, Conservation and Recycling, 2017, 124: 13–24.

[4] ZENG C, HU Q. 2018 Petroleum & Chemical Industry Development Report[J/OL]. Chinese Journal of Chemical Engineering, 2019, 27(10): 2606–2614.

[5] 程婉静，田亚峻，闫勇，等. 多目标约束下中国煤化工产业区位指数构建与分析[J]. 国际石油经济，2018，26（10）：84–92.

[6] 龚华俊，赵彤阳，赵文明，等. 美国页岩气全产业链考察报告摘要——中国进口乙烷裂解制乙烯产业发展机会[J]. 化学工业，2019（6）：48–56.

[7] 李俊杰，程婉静，梁媚，等. 基于熵权—层次分析法的中国现代煤化工行业可持续发展综合评价[J]. 化工进展，2020，39（4）：1329–1338.

[8] 王基铭. 中国煤化工发展现状及对石油化工的影响[J]. 当代石油化工，2010，11（6）：1–6.

兰州石化计量远程电子化交接系统开发与应用

刘 仁 刘 微
（中国石油兰州石化公司计量部）

摘 要：以计量信息管理平台为基础，通过开发计量远程电子化交接系统实现公司管输、铁路、公路进出厂和厂际间物料互供计量交接的线上远程电子化交接，转变传统业务交接场景，达到优化计量业务流程，缩短交接时间，提高工作效率，降低运行成本，提升公司信息化和自动化水平。

关键词：电子化交接；电子签章；意愿认证

1 公司计量交接方式现状

1.1 传统计量交接现状

兰州石化公司是大型炼化一体化企业，计量业务繁杂，包括原油原料、蒸汽、水等公用工程外购、各类物资采购、成品油和化工产品的销售，每年成品汽煤柴油管输出厂、铁路和公路发运、乙烯原料和天然气进厂、厂际间原料互供和中间产品的输转、各种物资采购监督计量等，出具计量单约10万张×5联=50万张。目前公司计量业务相关的计量交接方式仍采用传统的纸质计量单，交接各方人员面对面手写签字盖章确认，人工分票、专人专车取票。

1.2 计量远程电子化交接的必要性

传统的纸质计量单交接，存在以下弊端：一是造成计量管理工作效率低；二是销售部门不能及时进行结算，造成销售结算的资金积压，影响公司利益；三是在产销衔接方面不能实现计量数据及时共享；四是产生的纸质计量单据造成了大量纸张浪费，同时也给计量单核查造成一定困难；五是传统的计量交接模式不仅耗时耗力，同时每年产生的大量交接单据对存档管理造成严重负担。依靠信息化科技手段将传统的纸质计量单交接和人工流转方式转变为网上远程电子化交接、电子计量单线上流转，通过网上数据签章确认与定期现场核查相结合的方式，可以有效地解决上述问题与矛盾，优化计量业务流程、提高工作效率、降低运行成本。

2 计量远程电子化交接系统开发

2.1 计量远程电子化交接系统的基本架构

兰州石化计量远程电子化交接系统主要由基础数据采集、电子签名（章）系统和客户端三部分组成。系统网络架构图如图1所示。系统将管输、火车、汽车三种进出厂方式产生的计量交接数据通过数据接口上传到计量信息管理平台，计量信息管理平台根据各计量点的工作实际生成满足要求的电子计量单，交接双方采用在线审核、在线签署、在线流转的方式完成计量交接过程，并将签署后的电子计量单上传到各客户端用户单位，有效提高计量交接数据的共享及时性和工作效率。

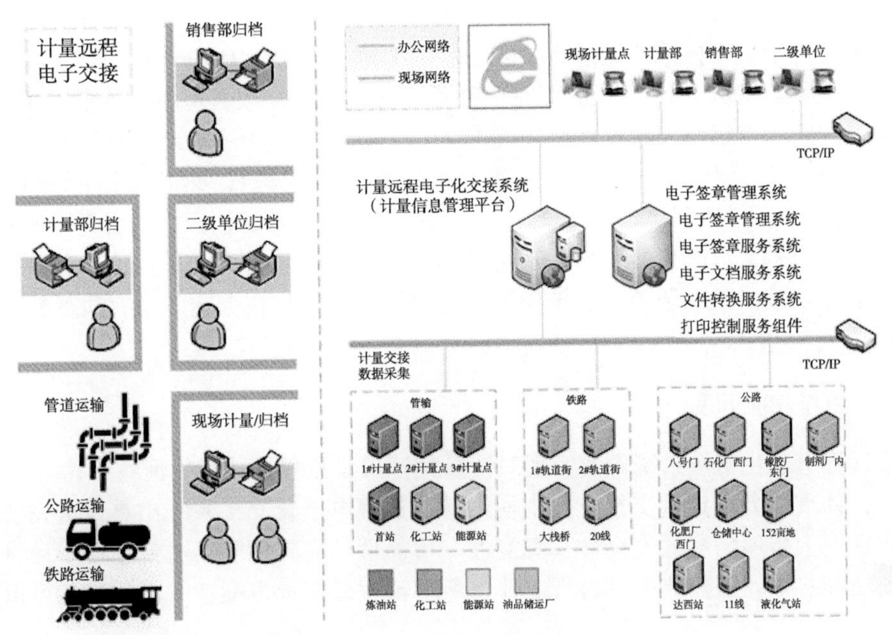

图1　远程电子化交接系统基本架构

2.2　计量远程电子化交接系统的功能开发

远程电子化交接系统采用电子签名（章）技术，通过计量交接管理、用户管理、证书管理、印章管理、签署管理、文档管理、系统管理等实现公司管输、公路、铁路进出厂原料、产品、半成品互供的远程电子化交接，包括计量数据在线提取、计量单在线生成、计量单在线签署、计量单作废、计量单网上流转、计量单在线打印、下载、归档和计量数据的分类统计汇总、用户功能角色权限分配、系统网络安全等功能。

2.2.1　电子签名（章）技术

（1）电子签名（章）保密技术应用开发。

电子签名（章）是采用不可逆的单向散列摘要算法，将原始信息进行一次摘要，然后利用签名方的私钥（Aprikey）对摘要结果进行加密，形成数字签名，并将签名信息和原文一起发送给接收方。接收方收到签署后的电子文件后，首先对原始信息进行一次摘要，然后利用签名方的公钥（Apubkey）对签名结果进行解密获得另一份摘要，对比两次摘要结果，确定是否通过验证。加密过程和解密过程如图2、图3所示。

（2）意愿认证。

统一规范对公司内部单位进行CA证书认证，确保用户之间在网上传递信息的安全性、真实性、可靠性、完整性和不可抵赖性。电子签章系统提供多种意愿认证方式，如账户名密码认证、指纹认证、UKey认证、短信认证等。在本项目实施过程中，采用UKey认证（默认方式）。

（3）电子计量单签署过程。

公司远程电子化交接系统通过有效的CA证书、加密密钥、Ukey认证来保证电子签章有效且具有安全性。首先，计量信息管理平台通过报表生成带数据但不带计量专用章的PDF文件，通过约定的密钥串加账户名调用PC端的Ukey认证，先检查本地是否插入Ukey，再检查Ukey中CA证书是否有效，任何一项不满足立刻返回认证失败；如果两个条件同时满足即可进行下一步，输入PIN码认证，认证该账户是否存在且有效，认证成功后返回加密串，加密串短时间内有效，过时作废；然后通过双方约定的参数加密方式进行传递和接收加密串和调用电子签章接口，电子签章系统检测传递的账户是否存在绑定印章，执行签章，流程结束。

2.2.2 系统功能开发

计量远程电子化交接系统主要实现对计量凭证出具流程、计量凭证签章和CA认证的规范与统一，体现在公司计量交接业务中使用计量远程电子化交接系统出具计量凭证，确保用户之间在网上传递信息的安全性、真实性、可靠性、完整性和不可抵赖性。计量远程电子化系统功能多依赖工作流引擎进行工作，所有流程需实现可配置、可监控、可退改等工作流操作。

（1）电子签章接口开发。

开发与电子签章系统数据接口，完成数据交互，实现计量点计量结算系统—计量信息管理平台—电子签章系统之间的用户信息同步，再通过用户意愿认证接口和电子签章服务接口，系统自动根据用户所在计量点匹配对应签章，完成电子签章业务操作。

（2）计量凭证出具流程开发。

现场各计量点计量结算系统生成结算数据，经接口数据同步至计量远程电子化交接平台，进入结算数据审核流程，不同计量点的结算数据审核流程不同。数据审批核实完成后，计量信息管理平台依据结算生成计量凭证，调用电子签章系统服务进行电子签章，完成后进行计量凭证（含电子签章）打印。

同步计量点计量结算系统生成的结算数据或计量点计量结算系统生成的计量凭证至计量信息管理平台。按不同的业务流程针对不同单位、不同用户、不同计量凭证进行电子签章。经签署后的计量凭证根据预置的流转节点进行网上流转、异地归档。

（3）离线凭证流转流程开发。

基于现场计量点计量结算的重要性和实时性，必须保证及时准确地出具计量凭证。考虑到偶发性的网络问题或者系统问题，造成远程电子化交接系统处于离线状态，各计量点将按原业务流程在各自计量结算出票系统上进行结算操作，同时出具计量凭证（离线）。

待系统恢复在线状态后，数据同步服务将自动同步计量点计量结算出票系统的差异数据，进行离线凭证恢复，即发起离线凭证流转流程。

系统数据同步服务自动进行差异数据识别，对离线凭证进行同步、查询、标识，然后实现单个/批量行离线凭证审核并进行网上流转。

（4）计量凭证作废流程开发。

当计量凭证正常签署出具后，发现计量凭证信息错误等特殊情况时，需要对计量凭证进行作废处理，经确认的计量凭证，其生成的量系统将从统计中进行自动剔除，不再列入统计或相关报表，然后按需求进行重新生成与操作。作废操作权限分配至各计量点管理人员。

（5）凭证修正补开流程开发。

当计量凭证发生配置信息错误时，授权管理人员可以修改其配置信息，修正完成后发起补开流程，进行电子签章再网上流转。修正操作权限分配至各计量点管理人员。

（6）凭证流转归档开发。

开发计量凭证流转归档管理功能，按不同业务流程进行计量凭证归档次数控制、归档情况监控等，实现对计量凭证的查询、标识、流转节点管理、异地归档管理等功能。

3 远程电子化交接系统实际应用

因公司物料进出厂的方式多样，不同计量点的客户也不同，因此根据实际情况，以计量业务为核心，以计量信息管理平台为基础，充分利用其可适应性、重构性、集成性的特点，解决管道、铁路、公路等多种计量方式下各计量结算系统与计量信息管理平台接口的整合问题，根据计量确认人员是否固定以手写板的有无区分为两种业务流程方式，实现远程电子化交接。

3.1 业务流程应用

3.1.1 计量站点签署（不带手写板）

各计量点依托各自计量结算系统生成结算数据，数据同步至计量信息管理平台，按需求生成计量凭证，计量凭证经计量人员确认，审核人员审核，形成待签章凭证（PDF）。经意愿认证（默认为UKey认证），系统调用电子签章系统签章服务，电子签章系统返回服务调用结果及签章后的计量凭证，签章完成，平台归档计量凭证，客户端用户根据自己的使用权限进行电子计量单的使用，实现网上流转。

3.1.2 计量站点签署（带手写板）

各计量点依托各自计量结算系统生成结算数据，数据同步至计量信息管理平台，按需求生成计量凭证，计量凭证经计量人员确认，由外部人员确认并在手写板签名。手写签名数据由电子签章系统进行集成，并实时反映在计量管理平台中相应HTML5页面中（页面由电子签章系统提供），签名完成后，经审核人员审核，形成待签章凭证（PDF）。经意愿认证（默认为UKey认证），系统调用电子签章系统签章服务，电子签章系统返回服务调用结果及签章后的计量凭证，签章完成，平台归档计量凭证，客户端用户根据自己的使用权限进行电子计量单的使用，实现网上流转。

3.2 远程电子化交接系统应用效果

远程电子化交接系统解决了文件上的签名盖章、签章文件防篡改、防伪造、防抵赖、签章文档管理、签章文档传输、计量信息管理平台与各计量点自采系统的数据接口、电子签章系统与计量信息管理平台的接口、电子签章系统在电子远程交接的应用集成等问题。目前公司管输、公路、铁路涉及的20个计量点，全部实现计量单的电子签名、电子签章、网上流转，以及28家用户单位300余用户在线查询、统计、打印、下载、储存等功能，实现了计量数据集合和在线统计，大大地提高销售、采购、生产、计量等单位数据的汇总、统计、核对、盘点的效率，彻底解决了公司取送纸质计量单和外部单位司机打车分发纸质计量单的落后现象，提高了顾客满意度、提升了企业形象。用户查询应用界面截图、电子计量单截图如图2至图4所示。

图2　用户查询应用界面

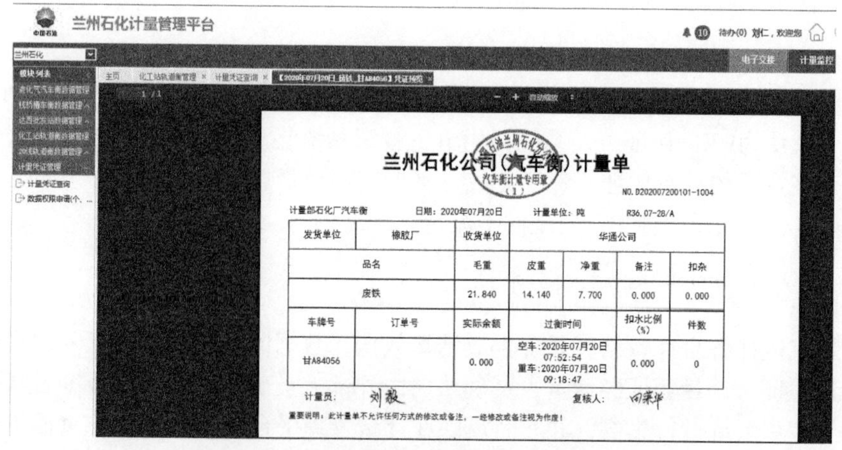

兰州石化公司(汽车衡)计量单

NO.D202007200101-1004

计量部石化厂汽车衡　日期：2020年07月20日　计量单位：吨　R36.07-28/A

发货单位	橡胶厂	收货单位	华通公司		
品名		毛重	皮重	净重	备注	扣杂
废铁		21.840	14.140	7.700	0.000	0.000
车牌号	订单号	实际余额	过衡时间	扣水比例(%)	件数
甘A84056		0.000	空车：2020年07月20日 07:52:54 重车：2020年07月20日 09:18:47	0.000	0

计量员：刘毅　复核人：

重要说明：此计量单不允许任何方式的修改或备注，一经修改或备注视为作废！

图3　签署生效的衡器电子计量单

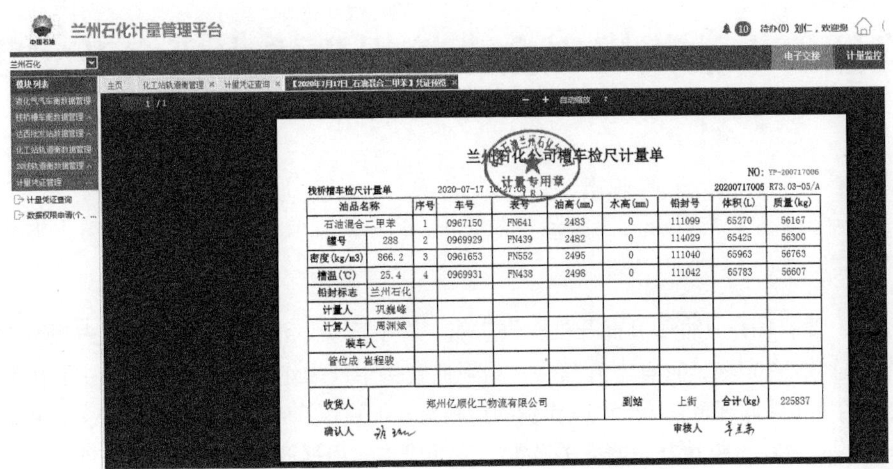

兰州石化公司槽车检尺计量单

NO: YP-200717006

栈桥槽车检尺计量单　2020-07-17 16:27:0　20200717005 R73.03-05/A

油品名称		序号	车号	表号	油高(mm)	水高(mm)	铅封号	体积(L)	质量(kg)
石油混合二甲苯		1	0967150	FN641	2483	0	111099	65270	56167
罐号	288	2	0969929	FN439	2482	0	114029	65425	56300
密度(kg/m3)	866.2	3	0961653	FN552	2495	0	111040	65963	56763
槽温(℃)	25.4	4	0969931	FN438	2498	0	111042	65783	56607
铅封标志	兰州石化								
计量人	巩巍峰								
计算人	周洲斌								
装车人									
管位成 崔程骏									
收货人	郑州亿顺化工物流有限公司				到站	上街	合计(kg)	225837	

确认人　　　　审核人

图4　签署生效的槽车检尺计量单

4　结束语

远程电子化交接系统上线后，彻底解决了多年来纸质计量单面对面交接的落后局面，大大提高了工作效率和计量数据的共享实时性，计量专业管理的信息化、自动化水平显著提高，目前系统运行良好。

参考文献

[1] 邓辉，郑宏伟. 基于信息技术的天然气管道远程在线计量交接方法研究[R]. 中国油气计量技术论坛论文集，2016.

[2] 魏娜，刘治华，邱慧. 智能管道计量交接电子化的应用研究[R]. 中国油气计量技术论坛论文集，2018.

降低海上油气田现金直接操作成本研究及实践
——以 DHXH 油气田为例

陈普信[1]　许文兵[2]　吕金山[1]
（1.中国石油化工股份有限公司上海油气分公司；2.中海石油（中国）有限公司上海分公司）

摘　要： DHXH油气田直升机、供应船、海上人员、油料、维修费5项占现金直接操作费总数的73.8%，且有上升趋势，是降低直接生产操作费研究和实施的主要内容。DHXH油气田降低现金直接生产操作费的措施是，加强预算管理，控制成本源头；积极利用国家税务补贴、疫情补贴等有关政策，降低成本；根据低油价态势，研究确定降本增效目标；严格考核制度，加强直接操作费考核管理；完善经济活动分析制度，加强费用分析和控制；完善适合低油价形势下的油田开发和措施经济评价，做到“事前算赢”；强化管理，严格控制行政管理费；加强生产动态的统筹管理，降低直升机、船舶、油料费用；强化油田井筒管理，积极开展技术改造，有效实现降本增效；降低外部因素影响等措施。降低油气田现金直接操作成本是一个系统工程，通过公司体制机制完善、生产管理创新、技术创新、作业协同等综合应用，才能取得良好的降本效果。

关键词： 海上油气田；现金直接操作成本；降本增效；研究及实践

国内外油气田实施低成本战略主要做法包括：贯彻低成本战略理念，提高资产运作水平，优化资源和市场配置，降低油气现金直接操作成本，降低人工成本和管理费用，通过招投标竞争降低成本，加强预算控制，优化作业和施工措施，加强绩效考核等。

其中油气现金直接操作成本因为在石油生产中表现周期长，影响因素多，弹性幅度大而备受重视，降低油气现金直接操作成本成为低成本战略的重要环节，降低油气现金直接操作成本研究也成为降低油气生产成本的重要课题。

1　DHXH油气田基本情况

DHXH油气田是中国石油化工集团有限公司（以下简称“中国石化”）和中海石油（中国）有限公司（以下简称“中海石油”）出资，中海石油担任作业者，负责油气田的勘探、开发、生产、销售的一座海上油气田。

海上油气田在油藏构造、油气田储量、开采规律、钻采成本、技术实施、生产管理等方面具有很多不利于成本控制的资源和环境因素，特别是DHXH油气田；这些都决定了海上油气田企业必须对降低生产成本进行研究和探索，并把降低成本提高到战略高度，进而提高市场竞争力。

DHXH油气田生产特点及直接生产操作费的主要影响因素包括：气田构造复杂，油藏单元小，储量小，稳产和储量接替难度大；气藏物性差，流体物性复杂，开采难度大；相对资产规模大，产品单位成本高；外交原因和海况造成个别油田生产形势复杂，不能顺利开展油气田生产；生产经营管理难度大。

2 海上油气田现金直接操作成本要素分析

2.1 海上油气田现金直接操作成本构成

海上油气田现金直接操作成本的内涵在不同国家和石油公司略有不同，但基本内涵相同。本文针对的油气田作业公司目前海上油气田现金直接操作费用基本采用的是中海石油在用的费用构成体系，包括海上人员费、直升机、守护船、油料、信息通信气象、维修费、油气水处理、油井作业费、仓储及港杂、油田生产研究、保险、健康安全环保、租赁费、其他共14项。其中，油井作业费中，中海油从2018年起不再包含酸化、压裂、补孔、改变采油方式等发生的费用，将这些部分列入了生产资本化，目前仅包含日常油气井常规检修。本文为了与中国石化的核算办法和分析契合，仍将上述油井措施费用纳入油井作业费中。

2.2 现金直接操作费用要素结构分析

2011—2019年，DHXH油气田海上人员费、直升机、供应船、油料、信息通信气象、维修费、油气水处理、油井作业费、仓储及港杂、油田生产研究、保险、健康安全环保、租赁费、其他14项费用，共计实施45.69亿元（图1）。

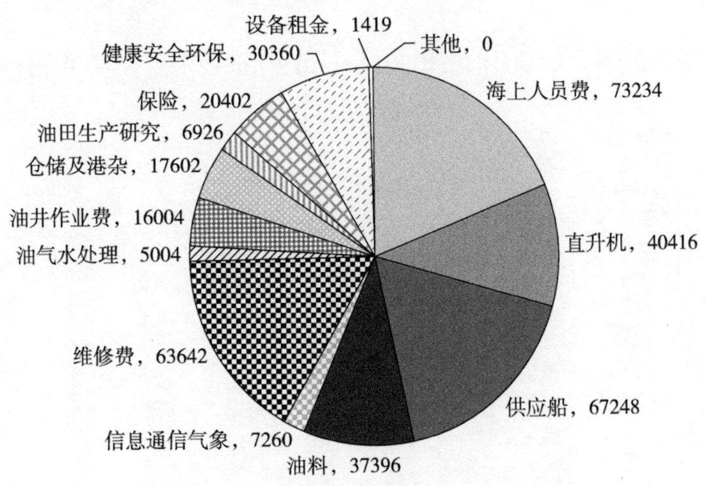

图1 2011—2019年现金直接操作费结构分析

注：单位为万元。

由图1可见，直升机、供应船、海上人员、油料、维修费这5项占现金直接操作费总数的73.8%，是降低直接生产操作费研究和实施的主要内容。

2.3 现金直接操作费用趋势分析

DHXH油气田现金直接操作费按年度发生的趋势见图2。

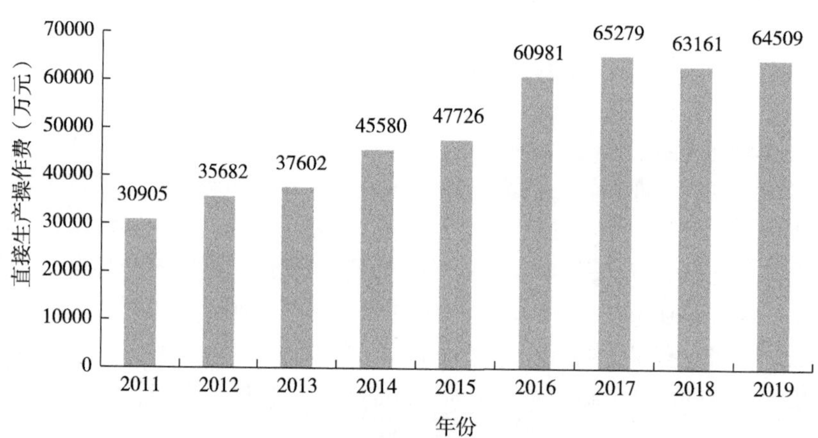

图2 2011—2019年现金直接操作费

2012—2014年费用发生较为平稳，2014年随着A、B平台投产，2015—2016年C、D投产，DHXH操作费由2013年的3.76亿元逐渐增加至2017年的6.53亿元。2017—2018年无新平台投产，DHXH作业公司通过多种降费措施，特别是积极推进井口平台无人化，减少直升机费、船舶油料费等成本，2018年操作费较2017年下降2118万元，2019年与2018年基本持平。

从单位生产成本来看，DHXH油气田2011—2019年的吨油现金直接操作费趋势见图3。

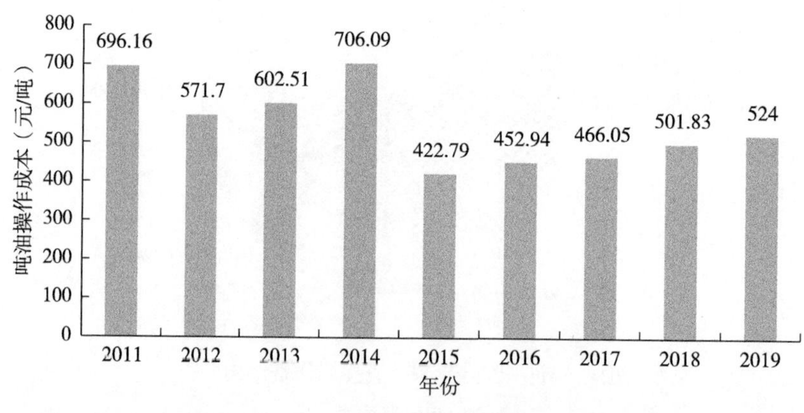

图3 历年吨油现金直接操作成本

随着2014年A、B平台投产，2015—2016年C、D投产，油气田油当量产量由2013年的M

万吨逐渐增加至2016年的N万吨。2017年因宁波某项目产量而略有增加，2018年、2019年无新平台投产，产量逐年递减。

从图3可见，2015年吨油成本为历史最低，随着产量逐年递减，无新平台投产，吨油成本逐渐增加。要降低吨油成本，首要任务是提高产量。

3 降低海上油气田现金直接操作成本的方法

3.1 完善经营管理机制

3.1.1 加强预算管理，降低成本从源头开始

作业公司年度工作计划部署论证（勘探、开发、工程建设、油气生产、销售等），采取作业公司上下论证、部门预算平衡、合作双方母公司参加论证等手段，确定年度工作计划及预算，使计划预算工作的开展与公司经营发展目标高度契合，与业务工作紧密融合。

3.1.2 研究确定降本增效目标

针对勘探作业，通过缩短作业工期、提高作业效率、商务模式创新等措施，确保探井单位成本下降幅度约18%；通过前期加强井位研究和沟通，保障探井成功率，尽最大努力控制勘探干井费用；通过创新物探作业管理、提高作业时效，配合新的采办策略，在完成年初确定性工作量的情况下，实现勘探投资整体降本15%以上。

针对工程设计和建造，以“简易化、标准化、国产化、市场化”为主线，重构DHXH油气田工程开发模式和设施装备的商务模式，短期内快速推动气田的快速开发，中长期根据勘探开发一体化的思路，利用灵活的工程模式，实现DHXH油气田依托设施周边小构造储量快速转化为产量。

针对生产资本化，在井深不断攀升的情况下，通过优选地质油藏方案，集成应用先进技术综合提速10%、缩短钻井周期、商务模式创新等方式，实现调整井/开发评价井钻井单位成本下降幅度约16%的目标；通过优化减少年度计划工作量，严格控制非调整井项目的投资额。

对于生产作业费，从“优化资源配置、精准优化工作量、主动作为提升自检自修、利废利旧降库存、降低隐性成本”五个方面着手，确保完成年度调整后的预算指标。

对于管理费用，降低人工成本总额支出，较年初预算下调5%；出差费、招待费、会议费类控制在年初预算的50%以内；严控办公类费用支出的发生。

3.1.3 加强现金直接操作费考核管理

根据联管会批复计划预算指标，结合双方母公司下达的控制指标，计财部建立了作业公司计划预算指标考核体系。指标体系分两部分：一是分部门/单位考核个性指标，主要包括业务类指标、经费类指标，二是通用考核指标，主要是各部门/单位经营预测及执行符合率等指标。作业公司与部门和单位签订目标考核责任书。

3.1.4 完善经济活动分析制度，加强费用分析和控制

DHXH作业公司为了及时掌握公司的经营状况和经济活动状况，积极完善季度、半年度生产经营情况分析制度，各个部门进行包括操作费在内的生产经营情况分析，并提出风险提示及建议措施。

3.1.5 建立适合低油价的油田开发和措施经济评价，做到“事前算赢”

紧密结合低油价形势和公司经营的目标，一方面完成油气产量，为管理层提供各油气田的调整井或增产措施上表时间的决策依据；另一方面针对公司拟实施的调整井、滚动勘探开发井等增储上产的措施项目增多，围绕其新增经济可采储量方案，为业务发展提供大量的经济数据测算、敏感性及风险分析等决策依据。

3.2 积极利用有关政策

3.2.1 加入中海石油一揽子保险，降低保险费率

作业公司加入中海石油一揽子保险投保，即由中海石油总公司财务资产部集中采办，作业公司提交投保申请至总公司后，由总公司根据当年集中采办确定后的一揽子大保单费率价格进行统一安排。由此，2020下半年至2021年上半年生产险、井控险和建造险最终获得较2019年费率水平下降10%的优惠条件。

3.2.2 积极研究和利用国家政策，降低费用

一是国家支持疫情防控的政策，包括：支持防治救护，单位发放的防疫用品等实物免征个人所得税；支持复工复产，阶段性减免社保费和减征医保费。二是针对公司被认定为中小企业，2020年免征中小微企业三项社会保险单位缴费部分。三是按国家规定的最长减征时限，对上海企业实行职工基本医疗保险费减半征收。四是享受财税优惠政策，例如低丰度资源税减征20%的优惠政策。

3.3 提高生产管理水平

3.3.1 强化管理，持续降低直接作业成本，严格控制行政管理费

作业公司深入开展降本增效工作，建立年度降本措施计划与实时跟踪大表，进行动态跟踪反馈，确保降本成果落地。加强地质油藏和钻完井工程的专业融合，建立对探井、调整井、勘探一体化井的一体化考核机制，以提产、增储、保证成功率、减少工程事故、降本增效为考核目标。立足增加商业发现，增加SEC储量，优先提升高价值的产量，进一步推进勘探开发一体化，做好稳油增气。业务与财务部门深入融合，制定增储上产总体策略，形成油气价格和增储上产计划联动机制。实施分类/分油气田管理，对于盈利区、边际区和亏损区，采取“一田一策”的方式来提升油气田的经济效益。稳油增气，提升平均销售价格。

3.3.2 加强生产动态的统筹管理，降低直升机、船舶、油料费用

降低直升机费用。协调部详细跟踪记录和统计分析直升机飞行量，对每班次每人的直升机服务费进行更精准的分摊，从而降低成本；加强对各部门的飞行申请管理，提升直升机的商载率。

降低船舶服务费。加强船舶生产计划管理，船舶合理共享，降低船舶、码头费率；根据项目需求，订制船舶服务；根据船舶功能，确定船舶日费率。与船东谈判时以功能定价为原则，保证生产用船的低日费。

降低船舶燃油费用。加强海上运行管理；合理安排船舶班次；建立船舶节油长效机制；提前制定装船计划，减少船舶港区不必要的调档次数，从而降低不必要的油耗。

3.3.3 强化油田井筒管理

DHXH油气田低产低效井占比达49%。对于低产低效井，开展全生命周期、不同生产特征的分类管理；采取油藏、井筒、地面“三位一体”系统治理思路，推行“一井一策”并以节点管理为抓手；积极推广成熟工艺，措施增产量逐年上升，单井作业成本得到有效降低。

3.3.4 积极开展技术改造，有效实现降本增效

一是实施宁波终端深冷系统降温改造，以及膨胀压缩机维修解决轴温高的问题，改造后年增收益超过3000万元。二是A/B平台次氯酸钠参数远程监控自主改造，节约了外委费用。三是无人化平台应急发电机控制回路优化及设计，节约了大量费用。四是宁波终端生活区高杆灯灯具更换，自己改造安装方式，自己安装，节约了成本费用。

3.4 降低外部因素影响

政府对项目的审批是合规的关键，企业需依法申办，确保公司合规运营。针对海域相关的作业审批，除了按照程序要求正常申报外，通过与相关政府主管部门政企合作，加强沟通与交流，增进彼此的了解和信任，加快审批进度，确保施工按期开展；共同研讨安全保障措施，充分落实企业安全主体责任，确保作业期安全无事故。

近年来，先后与海事、海洋部门签订了一些合作协议或备忘录，确保了DHXH油气田的有序开发。

4 结论

4.1 应用效果

2020年年初直接作业费批复预算70721万元，1—6月完成24184万元，预计年底控制在63398万元，较预算下降10.4%。吨油操作费年初预算550元/吨，1—6月为356元/吨，预计全

年控制在473元/吨以内。2020年上半年各种可统计技术创效4700万元，船舶、直升机、油料、维修、保险费用等下降4960万元。

4.2 降低现金直接操作成本的认识

DHXH油气田构造复杂，油藏单元小，气藏物性差，流体物性复杂，储量小的特点，导致油气勘探开发常规集成技术难以实施，或者实施后边际经济效益低，成本控制难度增大，制约着油田的发展和经济效益的提高。

海上油气田不同于陆上油气田，特点之一是很多费用是按生产平台为单元发生，例如守护船、倒班直升机等，不随产量和人数变化而变化，因此，产量下降，费用并不减少，导致吨油操作费用增加。

受外部因素影响大，DHXH油气田与海事搜救、海洋建设和发展等都有很密切的交集，受非可控因素影响较大。

管理完善经营管理机制，是降低操作成本前提。主要包括加强预算管理，降低成本源头；加强作业者成本责任制度，提高作业者成本责任风险意识。建立考核制度，确保生产经营按计划平稳运行和年度目标的实现。完善经济活动分析制度，加强费用分析和控制，有效地提升经济管理水平。提高生产管理水平，是降低现金直接操作成本的基础。降低外部因素影响，是对降低操作成本的有效支持。

降低操作成本是一个系统工程，通过公司治理结构、经营管理机制、生产管理模式、企业技术创新、作业协同等综合应用，才能取得良好的降本效果。

参考文献

[1] 崔晋. 关于如何提高企业经济效益的思考[J]. 魅力中国，2009（21）：184–185.

[2] 王强. 低成本战略企业的市场竞争行为研究[D]. 南京：南京航空航天大学，2010.

[3] 吴坚. 油田企业实施低成本发展战略新探[J]. 长江大学学报（社会科学版），2011，34（5）：41–43.

[4] 黄成林，姜全兵，周揽月. 油田低成本战略之思考[J]. 石油天然气学报（江汉石油学院学报），2006（3）：433–434.

[5] 刘国胜. 惠州炼厂的低成本战略之路[J]. 国际石油经济，2013（12）：72–75.

[6] 李长顺. 坚持节能降耗 实施低成本战略[J]. 中国冶金，1999（2）：35–38.

[7] 苏天国. 长庆油田实施低成本战略研究[D]. 青岛：中国石油大学（华东），2006.

国际石油公司利用一体化结构平衡油价风险探究

杨雪琴
（中海油研究总院有限责任公司规划研究院）

摘　要：从历史上看，国际石油公司的一体化结构发挥了平衡油价风险的作用，下游业务在低油价时期支撑了公司的整体业绩表现，相应地也获得了公司的投资重视。但是在2020年油价暴跌后，国际石油巨头一季度的业绩表现并未突显出上下游互补作用。究其原因，主要是由于本次新冠肺炎疫情叠加油价暴跌，对油气市场供应端和需求端形成双重挤压，使得下游盈利同样下滑，一体化结构抵御油价波动风险的效果不明显。虽然一季度业绩不佳，但国际石油巨头风险意识较高，采取战略调整措施以适应行业环境的变化。其中，BP以50亿美元出售化工业务，通过资产剥离的方式改善财务状况并支持公司能源转型。与康菲分拆不同，BP剥离化工业务是出于提高资产质量及能源转型的考虑，康菲“去一体化”则是对公司组织结构的根本改变。当前，“去一体化”仅是个别公司的战略选择，大型石油公司依然重视一体化发展，并以油价下跌为契机，优化公司产业结构，发挥一体化结构的风险互补优势。

关键词：一体化结构；低油价风险；去一体化；产业结构优化

长期以来，上下游一体化是石油公司抵御油价大幅波动、做大做强的重要发展模式。“石油七姐妹”是这样走出来的，后来发展起来的大型国家石油公司也是如此。石油公司通过纵向一体化实现了对油价波动的“减振器”作用，通过内部价格转移，形成上下游的补偿机制和增益机制，同时也能节约交易成本，并提高产业集中度和控制力[1]。

1　一体化结构抵御油价波动风险的效果

石油公司实施一体化的动机是多方面的，其中，最大的动因就是应对油价的暴涨暴跌。由于一体化结构能够实现产业链环节互补，避免业绩出现周期性的大起大落，业内领先的国际石油公司普遍重视一体化发展。

一体化石油公司的板块设置不尽相同（表1），国际石油公司总体上可以概括为上游、下游。壳牌自2016年起将原来的上游业务重组为上游和天然气一体化两个板块，道达尔2017年也进行了类似操作，在此将两家公司的天然气一体化业务计入上游板块，各公司下游板块包括炼油、化工、销售等。国际石油公司区分板块利润的披露口径不尽相同，在此以年报披露口径为准，埃克森美孚、雪佛龙为净利润，BP、壳牌为息税前利润，道达尔为营业利润。口径的不同不影响公司自身对比，但无法在公司之间进行绝对量的比较，因此在进行公司间对比时采用百分比的形式，以消除这一影响。

表1　国际石油巨头板块设置

企业名称	上游	下游
埃克森美孚	上游	下游、化工
壳牌	上游、天然气一体化	下游
BP	上游、Rosneft	下游
雪佛龙	上游	下游
道达尔	勘探开发、一体化天然气新能源和电力	炼油与化学、营销与服务

资料来源：根据各公司年报整理。

从国际石油巨头2014—2019年的业绩表现来看，石油公司实施一体化的正向效果依然存在。国际原油价格自2014年暴跌并于2016年到达最低点，随后逐渐回升。若只考虑上游、下游板块盈利，2014—2019年国际石油巨头的盈利情况（图1），各公司上下游总盈利与油价走势趋同。分板块来看，油价波动对石油公司上游盈利影响较大，两者同频共振，下游板块对低油价时期的集团盈利有较强支撑，发挥了纵向一体化的抗风险作用。其中，表现最为明显的就是道达尔，由于公司炼化业务的出色表现，集团盈利受油价波动的不利影响相对较小，盈利波动小于其他石油公司。

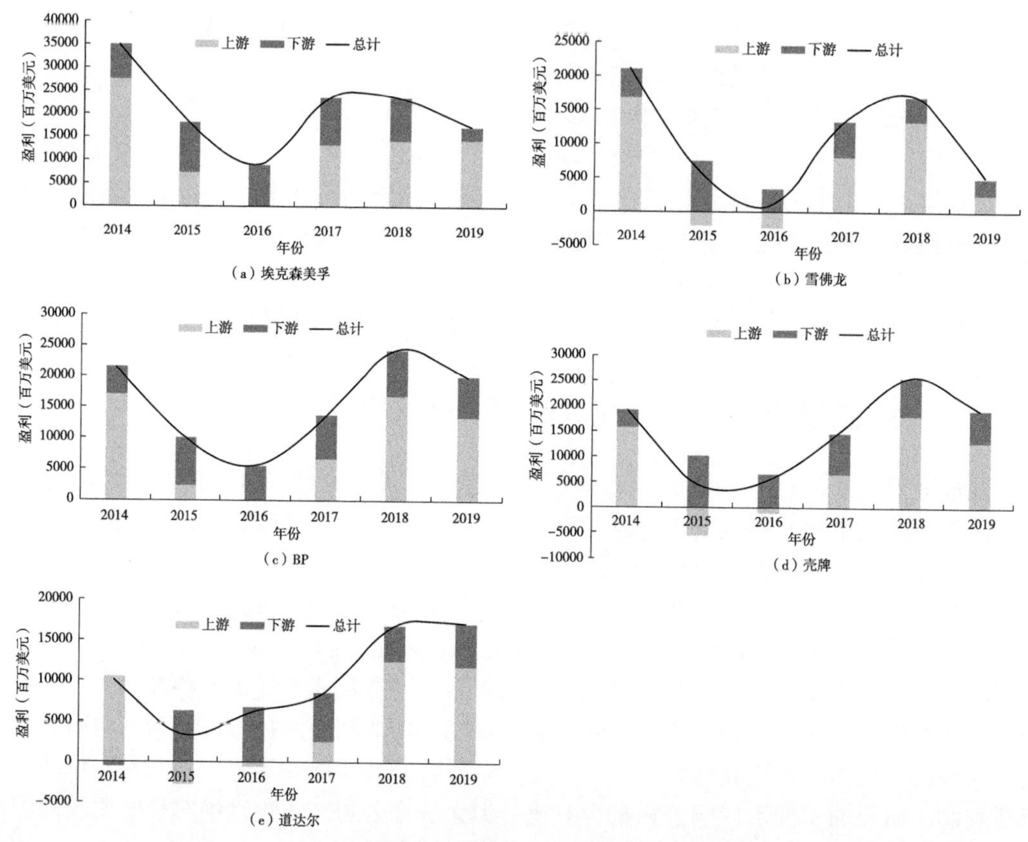

图1　国际石油巨头2014—2019年份板块盈利

资料来源：各公司年报

2014年经历油价下跌，国际石油巨头的资本支出日趋谨慎，但2014—2019年各公司下游资本支出占上下游总支出的比重总体上呈上升趋势（表2），一定程度上体现出国际石油巨头在一体化发展过程中重视下游业务发展，充分发挥下游业务的油价“减振器”作用。

表2 国际石油巨头2014—2019年下游资本支出占比

企业名称	2014年	2015年	2016年	2017年	2018年	2019年
埃克森美孚	15.0%	17.7%	24.3%	27.4%	21.9%	24.5%
雪佛龙	6.5%	7.3%	9.3%	11.8%	11.0%	13.5%
BP	13.6%	11.4%	12.9%	14.8%	18.8%	14.4%
壳牌	15.9%	17.9%	7.6%	27.3%	30.7%	37.2%
道达尔	12.8%	8.6%	15.2%	18.5%	21.2%	18.0%

资料来源：各公司年报。

2 上下游互补作用在本次油价暴跌中的表现

2020年以来，新冠肺炎疫情和油价暴跌双重叠加，对油气市场供应端和需求端造成双重挤压[2]，4月21日布伦特原油现货价格跌至9美元/桶，石油公司生产经营受到前所未有的冲击。

在油价暴跌以后，国际石油公司采取各项应对举措，一体化结构的抗风险作用也再次受到更高关注。奥地利石油天然气集团表示将通过收购优质资产拓展下游市场，以抵抗偏重上游业务对公司未来发展造成的冲击。但是，从国际石油巨头一季度的业绩表现来看，下游业务平衡油价风险的作用并不突出。

表3 2019年和2020年一季度上下游盈利情况对比

企业名称	上游业务			下游业务		
	2019年一季度（百万美元）	2020年一季度（百万美元）	变化（%）	2019年一季度（百万美元）	2020年一季度（百万美元）	变化（%）
埃克森美孚	2876	536	–81.4	262	–467	–278.2
雪佛龙	3123	2920	–6.5	252	1103	337.7
BP	3370	1006	–70.1	1765	664	–62.4
壳牌	4419	949	–78.5	1676	2357	40.6
道达尔	2314	1217	–47.4	1099	–1190	–208.3

资料来源：各公司季报。

2020年一季度，国际油价呈断崖式下跌，国际石油巨头经营业绩均受到显著影响，其中上游业务首当其冲，国际石油巨头上游盈利同比大幅下滑，主要是各公司大额资产减值所致。同时，受炼化利润下降以及需求减少影响，石油巨头下游盈利同比总体下滑，仅壳牌、雪佛龙实现增长（表3）。壳牌得益于运营费用的降低，抵消了炼油利润下滑的影响[3]；雪佛龙下游收益增长则主要归于成品油销售利润率提升，同时汇率有利变动使下游收益增加[4]。

一季度上下游业务互补作用不明显，主要是由于本轮油价波动的特点所致。不同于2014年的油价下跌，此次油价下跌时间短、冲击强，并且受到供需两方面压力。受新冠肺炎疫情影响，此次油价暴跌面临市场需求大幅下滑的问题，对下游业务影响巨大，石油企业既面临上游低油价的冲击，也面临下游市场需求萎缩的挑战。在此形势下，一体化石油公司上游业务受油价下跌及资产减值操作等因素影响业绩大幅滑坡，盈利下跌幅度超过同期油价跌幅，而下游业务受需求萎缩影响，业绩下降程度同样较大，上下游经营业绩均不佳，一体化结构在油价风险下的互补作用不明显。

为应对油价暴跌，石油公司普遍大幅削减年度资本支出，但在一季度尚未得到充分体现。虽然石油公司下调了年度生产计划，但由于调整存在滞后性，因此油气生产活动所受影响在一季度还未完全体现，而下游需求受疫情影响更为直接，业绩下滑幅度较大，因此下游业务不仅无法对上游业务进行弥补，反而加剧了整体业绩的下滑。由于国外市场基本是在二季度才开始限制经济活动来应对疫情，预计二季度市场需求所受影响会更大，对国际石油公司的业绩影响也将更为严重。

3 下游业务剥离与“去一体化”的区别

虽然石油企业一季度业绩表现不佳，但国际石油巨头风险意识较高，采取了许多战略调整措施以适应行业环境的变化，比如通过并购和剥离来整合资产，调整下游业务，顺应能源转型趋势，抓住低碳业务发展机会等。其中，BP以50亿美元出售化工业务的交易最引人关注。

当多数石油公司仍专注于加强一体化结构时，6月29日，BP宣布将以50亿美元的价格将其全球化工业务出售给英士力公司，提前一年完成剥离150亿美元资产的目标，并最终完全退出化工业务。BP首席执行官表示，从战略上讲，化工部门与BP其他部门的重叠有限，需要投入大量资金才能实现化工业务的增长，造成公司化工业务耗资巨大。BP做出如此重要的调整，主要目的在于改善公司财务状况[5]。BP首席执行官还表示，此次剥离也是公司能源转型过程中的重要一步。BP作为油气行业顺应能源转型的代表之一，着眼于公司长远发展，曾于2020年2月提出要在2050年或更早实现集团净零排放目标，逐步增加非油气项目的投资比例，助力世界向零排放目标迈进。BP剥离具有一定竞争力但与公司核心业务有差距的化工业务，能够改善公司核心业务的财务状况，也能为公司能源转型带来巨大的资金支持。

与“去一体化”不同，BP剥离化工业务是公司优化资产组合的方式，通过实施资产剥离来改善财务表现并助力公司能源转型，并且BP还保留有炼油业务，并未完全退出下游，仍是一体化石油公司。从管理角度来看，BP剥离化工业务与康菲上下游分拆的“去一体化”行为也是不同的管理问题。上下游分拆和资产剥离的目的完全不同，资产剥离是为了提高资产质量，可能会由于问题资产的减少而提高公司管理质量，但是分拆更看重的是重新划分业务管理的界面，涉及经营理念、组织结构、管理模式的根本改变，而不仅仅是资产质量的问题。公司是一体化经营还是“去一体化”，取决于公司内部软实力与油价、能源转型等外部环境的权衡，因企而异，是石油公司根据各自发展思路做出的战略选择。

国际石油公司一体化发展过程中真正实施“去一体化”的典型案例是康菲分拆上下游。2012年，康菲分拆成康菲石油公司和菲利普斯66石油公司，并且在随后的三年里，分拆出的两个专业公司均取得了不俗的业绩，股东回报率得到了提高，引发了业内对综合型石油公司进行上下游分拆的重新认识[6]。但是2014年油价暴跌，让康菲石油公司面临独立上游公司在低油价下的发展危机。尤其是2014年6月以来，国际油价暴跌并持续低迷，康菲业绩下滑迅速，公司的分拆决策开始遭到质疑。由于石油公司上游资产价值与国际原油价格高度相关，在系统性油价风险下，康菲等专业化经营的上游石油公司较一体化经营的石油公司面临更大的经营困境。2015年，康菲开始出现亏损，净利润为负值；资本负债率也逐渐上升，2016年达到44%；股价也持续走低，曾一度低于40美元。与康菲公司业绩形成鲜明对比的是，菲利普斯66公司依靠化工业务，业绩表现良好。康菲分拆初期成绩显著，很大一部分原因是由于当时油价正处于平稳运行时期。尤其是2012年国际油价已经逐渐回升，下游业务利润较低，分拆可以使专注于上游业务的康菲公司业绩提升明显。同时，专业化发展也可以提高下游公司的管理效率，提升业绩。尽管康菲在分拆初期表现优异，然而面对低油价危机，明显不具备一体化石油公司上下游互补的优势。业内认为康菲分拆失败的观点，也正是因为低油价时期独立上游公司仅靠上游业务难以弥补下游缺失所带来的业绩波动风险，严重冲击下甚至会导致公司面临生存危机。

4 一体化仍是石油公司的重要战略选择

从整个油气行业来看，除了康菲，目前没有大型石油公司选择“去一体化”。五大石油巨头作为行业代表，都是整体上市的一体化公司，并且上下游业务结构较为稳定。这些公司上游有核心技术与运营能力，下游有核心产品和消费市场，公司的核心能力以及一体化结构共同促成了公司的成功发展。根据石油行业当前的发展情况，在公司实力允许的前提下，石油公司更适宜走一体化道路，一方面能够抵御油价波动风险，另一方面公司同时掌握资源端与市场端，也有助于上下游协同发展，降低由于资源端或市场端受制于人而影响另一端发展的风险。

总体来看，完整的产业链对油价下行时期的企业起到了稳定效益的重要作用，尽管也存在下游市场需求不佳时期难以实现业绩互补的情况，但是市场需求恢复后下游效益将逐步好转，一体化企业仍比纯粹的上游企业在抵御油价风险方面具有更大优势。当然，要真正发挥一体化结构的作用，还必须有合理化的产炼销结构，优化公司产业结构。根据2014—2019年数据（表4），国际石油巨头均呈现放射状的产炼销结构[7]，即产能由上游向下游逐步扩大，其中，壳牌的油品销售表现最为突出。根据各公司的炼油能力数据，2014—2019年国际石油巨头的炼油能力变动不大，基本停止了对下游炼油能力的扩张，因此，前文提到的国际石油巨头下游投资增长的重点应该主要集中在下游装置的技术改造和产品的升级换代，而非产能的扩大。

表4　国际石油巨头产炼销结构

企业名称	2014年	2015年	2016年	2017年	2018年	2019年
埃克森美孚	1：2.4：2.8	1：2.2：2.5	1：2.1：2.3	1：2.2：2.4	1：2.2：2.4	1：2.0：2.3
雪佛龙	1：1.1：1.6	1：1.1：1.6	1：1.0：1.6	1：1.0：1.6	1：0.9：1.5	1：0.9：1.4
BP	1：1.0：1.6	1：0.9：2.7	1：0.9：2.7	1：0.8：2.6	1：0.9：2.7	1：0.9：2.7
壳牌	1：2.2：4.3	1：2.1：4.2	1：1.7：3.5	1：1.6：3.6	1：1.6：3.8	1：1.5：3.5
道达尔	1：2.1：3.6	1：1.8：3.2	1：1.6：3.3	1：1.5：3.0	1：1.3：2.7	1：1.2：2.5

资料来源：各公司年报。

国际一体化石油公司曾以2014年后的低油价为契机，通过缩减投资、降本增效、调整资产结构等方式进一步增强了公司竞争力。此次油价暴跌对石油企业来说是巨大的挑战，但也是一次调整机遇，能使石油公司进一步优化产业结构，巩固一体化竞争优势。对于中国国家石油公司而言，一体化发展源于国家重组改制政策，并在竞争中不断完善。本次油价暴跌的冲击，也让中国石油公司更加深刻地认识到公司一体化发展中存在的问题。中国国家石油公司的上下游产业结构不尽相同，产、炼、销能力各有侧重，其中存在国家政策等历史原因。在公司定位、陆海资源分配不同的情况下，各公司组织管理方式、业务发展重点与能力也有所不同。从共性上看，中国石油公司在优化产业结构时应明确上下游的定位问题，同时注重改善各板块的内部结构问题。上游方面，要平衡产量增长与资产创效问题，加大低效益资产的管控力度；下游方面，考虑到国内炼油产能过剩现状，要重点关注炼化结构升级，优化产品结构。只有优化各板块内部结构，同时合理化产炼销总体结构，提升产业协同效应，才能在低油价时期更好地发挥一体化结构优势，支撑公司整体经营业绩的稳定发展。

参考文献

[1] 林益楷.新形势下大石油公司反一体化现象探因[J]. 国际石油经济，2015，23（1）：60-64，111.

[2] 油价凛冬再至，中石油董事长：生产经营受到的冲击前所未有[N]. 澎湃新闻，https://baijiahao.baidu.com/s?id=1664226413628027717&wfr=spider&for=pc.

[3] 壳牌公司2020年一季度报告[R/OL]. https://www.shell.com/investors/financial-reporting/quarterly-results/2020/q1-2020/_jcr_content/par/toptasks_1119141760.stream/1588224328778/fd93861d91e035f990e8c3f8578278266c1eeefd/q1-2020-qra-document-final.pdf.

[4] 雪佛龙公司2020年一季度报告[R/OL]. https://chevroncorp.gcs-web.com/static-files/7769ea3c-6154-4aff-858b-f8dca9ce6c60.

[5] 元宏.艰难取舍终得舍-浅议BP剥离化工业务[N].中国化工报，http://www.ccin.com.cn/detail/ad7ef3a26354cd35de56ed4475fba0c1/news.

[6] 陈卫东. 康菲公司分拆的再思考[J]. 能源，2015（9）：38-41.

[7] 吕建中. 基于石油产业链价值分布不均状态下的石油公司一体化战略选择研究[D]. 成都：西南交通大学，2011.

超稠油油藏蒸汽吞吐注汽成本管控对策

赵亭玮　柳转阳　饶德林
（中国石油辽河油田公司）

摘　要：本文应用油藏经营管理模式和针对性节点成本分析方法，以互层状超稠油区块曙127454兴隆台南及杜813兴隆台南区块为例，针对生产成本中支出最大的费用——注汽费进行针对化节点分析，助力实现效益型开发。分析影响注汽成本的三大节点，即注汽标准、注汽参数、蒸汽利用率，并提出相应对策：优选注汽井方面，以极限油汽比为红线标准限定注汽井；设计注汽量方面，以效益为原则设定注汽量区间，再通过区域生产特点及单井吸汽情况加以限定设计最优注汽量；提高蒸汽利用率方面，可通过划分注汽单元和提高注汽速度实现。通过以上方法，降低了区块注汽成本，提高了区块开发效益，同时为同类油藏的注汽成本管控提供方法，为不同类油藏的经济开发提供参考。

关键词：超稠油；蒸汽吞吐；注汽成本管控；蒸汽利用率

2020年在新冠肺炎疫情和低油价的双重打击下，开发成本锐减，利润空间骤降。油田重资本、高投入的成本效益观已不符合当下的生产形势，成本管控是当下油田开发不可忽略的难题。油藏经营管理模式是结合油藏特点、以区块为成本管理单元，动态分析区块生产成本投入结构，保证油藏开采周期内价值最大化，在实际油田生产中已取得显著成效[1]。针对性节点成本分析是在分析区块成本结构的基础上，分解细化成本项目，寻找成本项目管控的难点即节点，针对性提出解决对策，从而进行成本控制。本文结合油藏经营管理模式和针对性节点成本分析，选取区块为研究对象，分析生产成本投入结构及针对性节点，只有解决开发矛盾中的成本控制难点，实现成本高效投入，才能使产量与效益并行，确保企业完成产量与利润指标。

1　区块地质概况

曙127454兴隆台南及杜813兴隆台南区块（以下简称“区块”）位于辽宁省盘锦市东郭苇场，构造上位于辽河盆地西部凹陷西斜坡中段曙光油田曙一区中南部，整体表现为北西向南东倾斜的单斜构造，开发目的层系为下第三系沙河街组Ⅰ+Ⅱ段兴隆台油层[2]。区块含油面积3.03平方千米，石油地质储量2105万吨。兴隆台油层储层物性较好，岩性主要为浅灰色厚层砂砾岩、含砂砾岩、砂岩夹灰绿色薄层泥岩。砂岩约占62.8%，粒度中值0.39毫米，储层平均孔隙度32.4%，渗透率1.664平方微米，属高孔隙度、高渗透率储层。

原油物性差，原油密度（20℃）1.0098克/立方厘米，地面脱气黏度（50℃）218800毫帕·秒（mPa·s），胶质、沥青含量51%，凝固点26.1℃，含蜡2.3%，属超稠油。区块埋藏深度660～894米，含油井段长在40～110米之间，油层钻遇率100%。有效厚度10.4～43米，单层厚度2.1～17米，平均有效厚度23.6米，平均单层厚度4.4米，属于互层状超稠油油藏。

受超稠油特性限制，区块采用蒸汽吞吐方式开发，即通过注入高温蒸汽降低原油黏度，提高原油流动性，以达到开采目的。区块自1999年试采，开发分为三个阶段：早期试采阶段（1999—2002年）、规模开发阶段（2003—2008年）、局部扩边加密及更新调整阶段（2009年至目前）。区块总井数204口，开井125口，日产液2400吨，日产油610吨，年注汽53万吨，累计油汽比0.35。

区块运行成本包括注汽费、作业费、电费、措施费、维护修理费、材料费、油气处理费及其他费用。注汽费占运行成本42%，位列成本之首（图1）。注汽是蒸汽吞吐源头，在注汽成本缩减的当下，如何有效降低注汽成本至关重要，但如何用有限的注汽成本换取更高的效益也是注汽成本管控的重要一环。

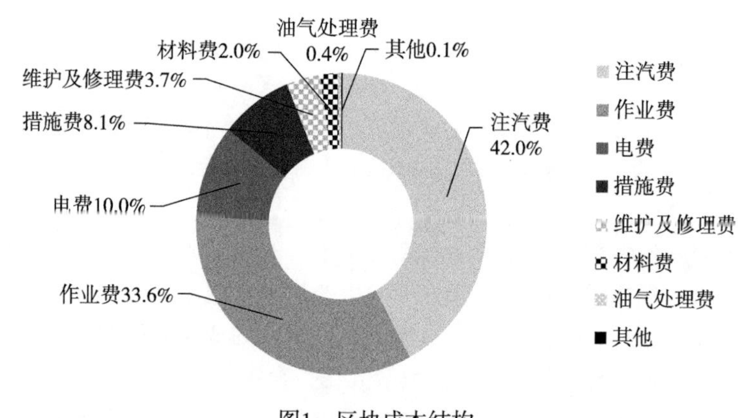

图1　区块成本结构

2　存在问题分析

2.1　注汽井判断标准不合理

区块已进入中后期开发，目前油井平均吞吐周期高达21个周期，周期吞吐效果下降。近年根据单位运行成本预算，当周期产油量小于200吨时不可注汽，但目前通过周期产油量作为注汽标准显然已不符合当前低油价形势。

2.2　注汽参数不合理

注汽参数对蒸汽加热半径及油层动用效果有很大影响，根据区块开发实际，影响最大的注汽参数是注汽量和注汽速度。

油井处于低周期时，地层压力较高，油层吸汽程度较低，应控制注汽量，避免无效注汽；当油井处于中周期时，地温场已经形成，油层吸汽程度较好，是油井高产的最佳阶段，应提高注汽量，提高蒸汽利用率；当油井处于高周期时，采出程度高、地层压力低，可提高注汽量，但多轮次吞吐后，井间连通性较好，若注汽量过高，会引起汽窜影响注汽效果，造成蒸汽浪费，且增加管理难度，不利于生产运行。此外，注汽速度也影响蒸汽利用率，若注汽速度过慢，会增加地面及井筒热损失，降低井底蒸汽干度（图2）；但注汽速度过快将造成油层破裂，导致汽窜。

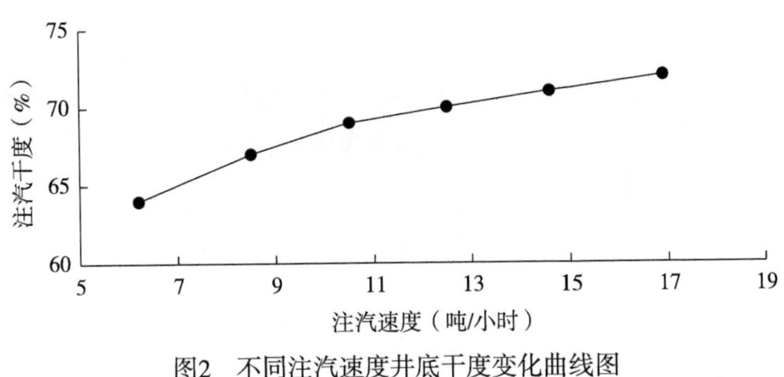

图2　不同注汽速度井底干度变化曲线图

2.3　单井蒸汽利用率低

区块自开发以来，实施蒸汽吞吐开发方式，存在严重的蒸汽超覆[3]。针对直井而言，油井上部井段动用效果好，下部井段动用效果差。吞吐轮次增加后，上部井段动用程度偏大，致使上部油层亏空，吸汽程度高，但近井地带含油饱和度降低，蒸汽无法达到加热原油降低黏度的目的，造成蒸汽浪费。通过区块四参数数据统计，纵向强动用层占45.6%，中等动用层占30.5%，基本未动用层23.9%。

针对水平井而言，注入蒸汽时，油层吸汽和热交换使温度、流压损失增加。虽然蒸汽进入水平段后摩擦阻力损失小，井筒内温度、压力沿程变化小（图3），但蒸汽质量、流量沿水平段逐渐减小，导致其流速降低，井筒中单位长度的热损失变大，使蒸汽干度沿水平段的脚跟到脚尖逐渐减小，且减小幅度逐渐增大。水平末端加热效果变差，最终导致水平段脚跟动用程度较高，而脚尖动用程度较低（图4）。

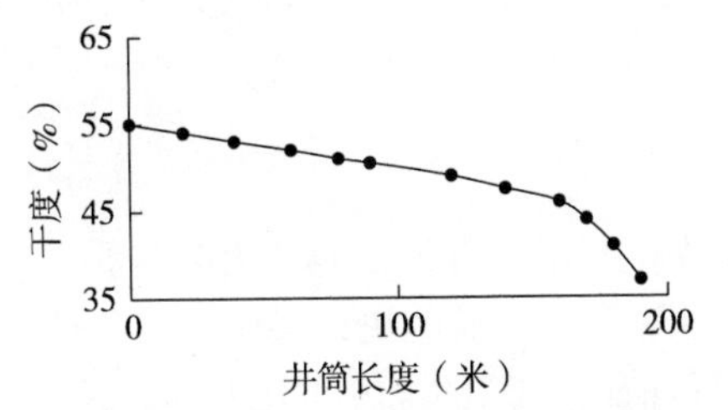

图3　蒸汽在水平井井筒内干度变化曲线图

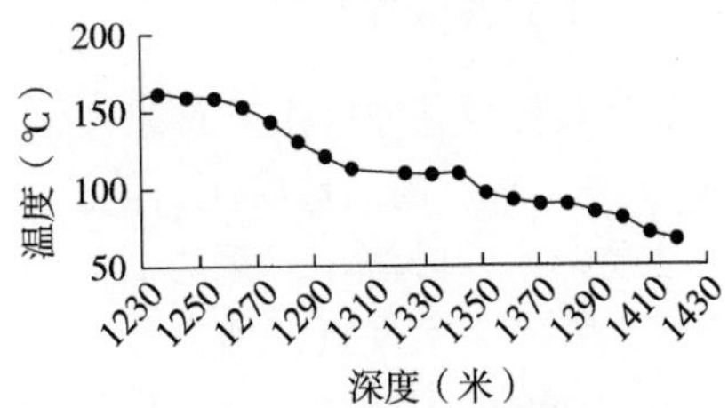

图4　杜813-H208温度曲线图

此外，由于油藏储层物性好，但非均质性严重，易造成层间或层内吸汽不均，蒸汽易沿层窜流，引发汽窜。

3 注汽管控对策

3.1 严控油井注汽标准

3.1.1 计算极限油汽比

在注汽量受限情况下，应重新设定注汽井判断标准，探究高轮次吞吐井潜力，避免无效、低效现象发生。油汽比是衡量开发效果最直观的指标[4]，使用极限油汽比作为衡量标准，当投入成本与收入持平时，所得油汽比即为极限油汽比。

投入成本：

$$M = N_{p_1} \times P \times r + N_{p_1} \times R \times r_e + W_i \times P_i + N_{p_1} \times G$$

取得收入：

$$Y = N_{p_1} \times R \times P$$

当盈亏平衡时：

由Y=M可得

$$OSR = \frac{N_{p_1}}{W_i} = \frac{P_i}{R \times P - P \times r - R \times r_e - G}$$

式中：N_{p_1}——单井周期产油量，吨；P——原油价格，元/吨；r——原油销售综合税率，%；R——原油商品率，%；r_e——资源税，元；W_i——周期注汽量，吨；P_i——蒸汽价格，元/吨；G——吨油操作成本，元/吨；OSR——油汽比。

利用上述公式，根据当前原油价格计算出区块极限油汽比0.13。若油井油汽比不小于极限油汽比，则可进入下一轮吞吐；若油井油汽比小于极限油汽比时，需再研究其注汽可行性，首先应探究油井低效原因，优选措施对症下药，预测投入措施成本、措施增油量等效益相关指标，根据预测措施后取得效益情况判定是否可注汽。

3.1.2 低效井治理对策

目前区块低效井原因主要有三种。

（1）采出程度高、地层压力低。

稠油受蒸汽吞吐降压开采方式限制，蒸汽波及体积有限，仅能加热近井地带原油。经过长期蒸汽吞吐，致使近井地带亏空，区块地层压力降低。目前区块地层压力由原始的8.3兆帕降至1.5兆帕，压力系数由0.98降至0.15。区块采注比大于1的油井占比72%，区块累计采注比达1.21。

实施蒸汽加二氧化碳辅助吞吐或氮气辅助吞吐，利用氮气、二氧化碳和蒸汽的共同作用，提高地层压力，同时扩大加热半径，降低原油黏度，增加原油的流动性，均可解决低效井地层亏空的难题。以杜212-29-K291为例，该井于2012年6月投产，与原井累计注汽量

28746吨，采油7496吨，采水25947吨，地下亏空量4697吨，采注比达1.16，地层压力由原始的8.1兆帕下降至1兆帕，地下亏空严重，单井吨油成本838元/吨。若实施氮气助排，根据氮气措施费、周期产油量等预计吨油成本降低至726元/吨。该井实施氮气助排后，注汽压力由10.01兆帕升高至14.4兆帕，阶段产油由579吨上升至813吨，油汽比由0.23上升至0.36，生产效果得到明显改善，单井周期吨油成本实际下降152元/吨。

（2）出水。

本区块油水关系清晰，不发育夹层水和边水，仅发育顶水与底水，根据水性矿化度、示功图、液面及邻井出水情况即可判断出水来源，确定本井出水或是邻井水窜，对水源井进行找漏堵水。针对高含水油井需要不断跟踪油井含水、液面、水性的变化。

以杜212-27-325为例，该井含水在90%以上，水性持续在2300毫克/升左右，大于区域正常值，确定该井出水。分析发现该井邻井均没有出水迹象，确定为该井本井出水，根据水性判断为底水入侵。对该井进行找漏工作，但并未发现漏点，结合以上分析认为是底部层水淹所致。实施挤灰堵水，对最底层挤灰，并向上实施补孔。该井注汽下泵后也没有发生高含水现象，出水情况得到了有效抑制。该井年吨油成本下降36元/吨。

（3）套损出砂。

针对已套坏油井进行精细分析，利用其正常时的生产效果进行预测大修后该井的产能以及所取得的开发效益，筛选出高开发效益即高潜力油井实施大修内衬或TBS技术挖潜剩余油。

以杜212-33-295为例，该井已发生严重套坏、砂埋油层，对该井产能进行分析，该井正常生产时周期产油700吨，油汽比0.7，预测该井大修后年内产油高达1500吨，根据效益评价方法计算单位变动成本713元/吨，属于高效井。该井实施大修开窗侧钻下直径127毫米套管以恢复油井产能。大修后该井阶段产油1484吨，阶段油汽比高达0.91，单位变动成本仅692元/吨，达到并超过预期效果。

3.2 优化单井注汽量

除需优选注汽井、避免无效注汽量外，还应探究单井注汽量，节约单井注汽成本。针对不同开发阶段的油井，注汽量应当动态调整。可通过设定注汽量区间，再加以限定，最终根据单井情况设计单井注汽量。

3.2.1 效益为主，设定注汽量区间

根据效益评价图版，结合不同注汽量时油井产出油量，以效益优先为原则设定油井注汽量最佳区间。

具体做法：以操作成本为横坐标、产油量为纵坐标建立区块效益评价图版，划分高效区域、有效区域、负效区域以及高成本区域（图5）。以500吨注汽量为基数及递增单元，计算具体的操作成本，通过预测产油量划分所在区域，设定高效区域两端值为注汽量区间。以杜212-27-293井为例，预测该井注汽量为500吨、1000吨、1500吨、2000吨……时在效益评价图版上所在区域，当该井注汽量为1500吨时开始接近高效区

域，注汽量为2500吨时开始偏离有效区域，因此根据效益为主原则，将注汽量区间定为1500～2500吨。

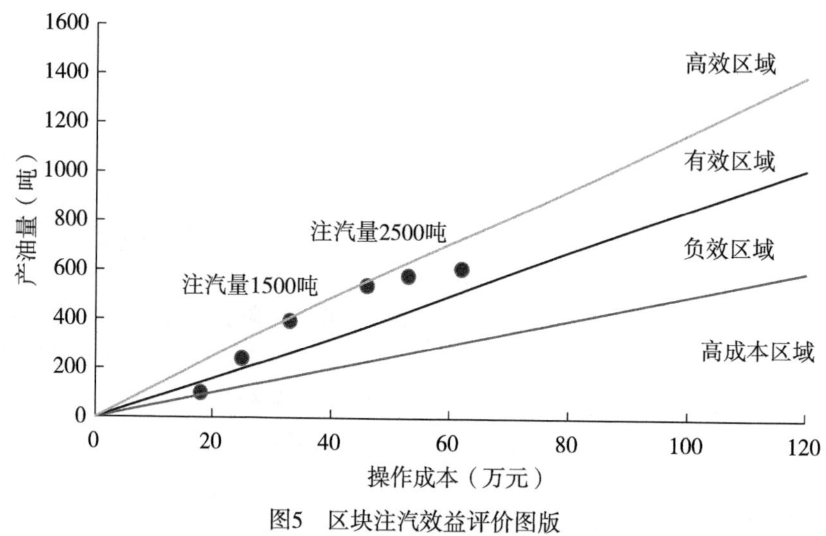

图5　区块注汽效益评价图版

3.2.2　划分区域，限定注汽量区间

根据注汽压力、采出程度等指标，划分油井所在区域，结合区域特点（例如边部区域、低压区域、汽窜严重区域等），针对效益评价给出的注汽量区间加以限定。

针对注汽压力低、采出程度高的区域，注汽强度按照大于等于90吨/米限定（依据区块开发情况而定）；针对注汽压力高、采出程度低的区域，注汽强度按照小于90吨/米限定；针对汽窜严重区域的油井，根据以往周期单层突进注汽量加以限定。以杜212-27-293为例，该井处于注汽压力高、采出程度低的区域，限定后注汽量区间为1500～1900吨。

3.2.3　单井分析，设计最佳注汽量

结合单井油藏发育情况（包括单层有效厚度、渗透率、地层综合系数等）、吸汽剖面情况以及井下技术状况，优化单层注汽强度，从而优化油井注汽量。当油井实施配套措施时，对注汽量实施微调，以提高蒸汽利用率，达到最佳措施效果。

以杜212-27-293为例，该井射开油层有效厚度不等，渗透率有所差别，层间非均质性严重，本井因井况问题无法实施分段措施且未测吸汽剖面，但中间10号层渗透率低、厚度小，14号层被砂埋，预测10、14号层吸汽程度低，因此最终设定本井注汽量为1650吨。

3.3　提高单井蒸汽利用率

3.3.1　划分注汽单元

针对油层动用不均影响蒸汽利用率的问题，可根据吸汽程度及油层发育情况划分注汽单元，利用分段注汽改善每个注汽单元的吸汽程度，从而提高蒸汽利用率。

针对直井，可将油层划分为两部分，一部分为吸汽程度高、动用程度高的油层，另一部分为吸汽程度低、动用程度低的油层。在首次实施分段注汽时，注汽量仍要向高动用注汽单元倾斜，以确保主力层的产油水平。通过吸汽剖面监测资料或注汽压力判断低动用注汽单元吸汽程度及动用程度变化，待低动用油层逐渐动用后，再平衡两个注汽单元的注汽量。

针对水平井，井段较长，划分注汽单元的个数需要参考实际的吸汽情况。以杜813-H203为例（图6），该井受层内非均质性以及蒸汽流动性质影响，脚尖处温度较低，吸汽程度较差，脚跟处吸汽程度较好。将水平井井段划分为两个注汽单元，970～1120米井段温度在110℃以上，1120～1260米井段温度在110℃以下，实施分段注汽。注汽后，脚尖井段温度有明显改善，该井井段温度极差由112℃下降至70℃，周期产油量由652吨提高至780吨。

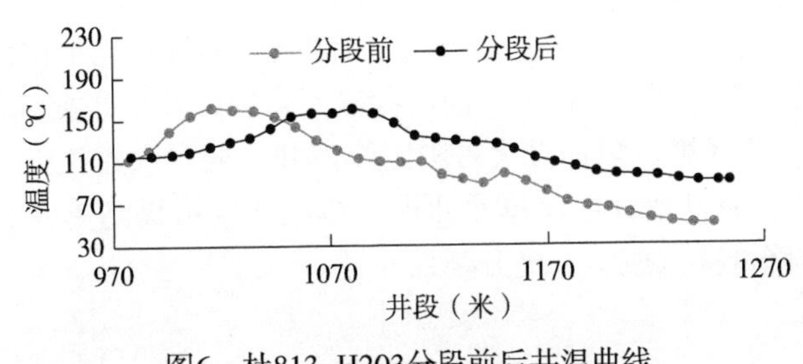

图6　杜813-H203分段前后井温曲线

3.3.2　提高注汽速度

由于油井注汽压力及邻井采出程度的变化，注汽速度需要动态调整，在提高注汽速度的同时，必须保证注汽干度，以确保蒸汽利用率。

当开始注汽至结束注汽时注汽压力较为恒定，可根据平均注汽压力作为衡量标准；当注汽压力变化较大时，要根据注汽压力变化幅度、高低压力持续时间设定注汽速度。

目前区块油井受注汽锅炉、水量及注汽管网多方面影响，当前注汽速度可控在7～8吨/小时，10.5～12吨/小时，15～18吨/小时。根据区块注汽干度达标时注汽速度与极限注汽压力值变化，提出以下方案（以初始注汽速度7吨/小时为标准）：（1）当注汽压力较为恒定时，平均注汽压力降至13.5兆帕，注汽速度可提升至10.5～12吨/小时；平均注汽压力降至11兆帕以下，注汽速度可提升至15～18吨/小时。（2）当注汽压力变化较大时，以11兆帕、13.5兆帕为界限，统计小于11兆帕、11～13.5兆帕、大于13.5兆帕的注汽时间，以比例最大的注汽压力对应的注汽速度为准。

如杜212-33-323井，该井22周期注汽速度7.5吨/小时，注汽量2500吨，注汽时间14天，观察其注汽压力变化，注汽前8天注汽压力均在11兆帕以下，随后注汽压力开始升高，到注汽结束时瞬时注汽压力升高至15兆帕。在第23个周期注汽时，将该井注汽速度提升至15吨/小时，注汽量2500吨，注汽时间7天，注汽压力上升至14.1兆帕，注汽干度保持在75%以上，节约了注汽时间，转抽生产时，周期产油提升82吨。

4 应用效果

区块通过以上对策对注汽成本实施管控，利用极限注汽比否决低效井6口，节约注汽量11500吨；通过单井注汽量设计方法优化注汽量56井次，节约注汽量6200吨，共节约注汽成本283.2万元；通过划分注汽单元改善吸汽程度6井次，提高注汽速度4井次，阶段产油累计增加552吨，阶段油汽比平均提升0.02。区块阶段吨油成本下降37元/吨（去除注汽量上涨因素），累计创效303万元。

5 结论

（1）油藏经营管理模式和针对性节点成本分析是油田生产成本管控的有效方法。

（2）超稠油开发受蒸汽吞吐开发方式限制，注汽成本占总成本比例最大，影响注汽成本的主要问题有注汽井判断标准不合理、注汽参数不合理以及单井蒸汽利用率低。

（3）通过盈亏平衡计算极限油汽比可限定注汽井，通过效益优先、区域划分、单井分析可优化单井注汽量，通过划分注汽单元和提高注汽速度可提高单井蒸汽利用率。利用以上三种方法，可有效降低注汽成本，提升开发效益。

参考文献

[1] 马怡馨. 基于市场导向的油田企业成本管控模式研究[D]. 青岛：中国石油大学（华东），2018.

[2] 许国民. 曙光油田稠油开发技术与实践[M]. 沈阳：辽宁科学技术技术出版社，2010.

[3] 高永荣，闫存章，刘尚奇，等. 利用蒸汽超覆作用提高注蒸汽开发效果[J]. 石油学报，2007（4）：91-94.

[4] 庞阔. 辽河JM油田开发公司稠油开采成本控制研究[D]. 西安：西安石油大学，2015.

油气田企业直面低油价的对策思考

刘　斌
（中国石油辽河油田公司经济评价中心）

摘　要：低油价下油气开采企业面临利润跳水，成本挤压等不利局面，企业的经营韧性面临严峻的挑战。纵观史上六次油价暴跌，削减开支、裁员降薪、剥离优化资产、停减勘探生产活动，是国际石油公司应对低油价的共同策略。结合国内外石油公司直面低油价的实践，提出了优化布局、重构价值链，依靠提高自身素质去降低成本、提高质量的内涵式发展模式。内涵式发展，必须把低成本获取油气资源摆在更加突出的位置，加快资源发现、增储上产、效益突破。油气开采企业的内涵式发展模式需要具备理念、底线、策略、对策四个要素，即树立两个理念、守住两条底线、实施三大策略、践行四项对策。

关键词：油气田企业；低油价；对策；思考

进入2020年以来国际油价接连出现暴跌行情，油气开采企业面临利润跳水、成本挤压等不利局面，持续低油价对企业的经营韧性提出了新的挑战。

低成本是企业可持续发展的根本战略。如何应对新形势下的严峻挑战，国内外石油公司的实践给予了国内油气田企业积极的思考。笔者提出立足当下、着眼自身、优化布局，走内涵式发展道路的应对策略。

1　油价暴跌的思考

1.1　国际原油价格至今经历六次暴跌

1998年亚洲金融危机引发第一次国际原油价格暴跌。2001年互联网泡沫破裂，国际原油价格第二次暴跌。2008年全球金融危机爆发，出现了国际原油价格第三次暴跌。2014年至2016年美国页岩油产量猛增，导致原油市场供求失衡，国际原油价格第四次暴跌。2018年中美贸易纷争叠加欧佩克增产冲击，国际原油价格第五次大跌。

2020年一季度，“欧佩克+”减产会议未达成协议，加上世界范围内新冠肺炎疫情持续蔓延，市场需求萎缩，油价暴跌。这是第六次国际原油价格暴跌。

本轮油价暴跌，导致全球几乎所有油气企业陷入被动，更是将高成本的石油公司推上了绝境。

1.2 石油公司应对油价暴跌的策略

大幅削减开支，加强运营管理，裁员降薪，剥离优化资产，停减勘探生产活动，是国际石油公司应对低油价的共同策略。例如，应对第六次油价暴跌，壳牌公司将2020年资本支出从250亿美元降至200亿美元，探井从77口缩减至22口，并推迟了在墨西哥湾和北海的两个大型油气项目；道达尔、康菲、埃克森美孚、BP、斯伦贝谢、贝克休斯等公司均宣布了削减资本支出并实施大规模降薪和裁员等措施。

在国内，提质增效成为中国石油、中国石化、中国海油①三大国有石油公司保生存的共同选择。中国石油开展提质增效专项行动，要求树立“过紧日子”思想，在生产上精耕细作、经营上精打细算、管理上精雕细刻、技术上精益求精，打赢效益实现保卫战。中国石化开展百日攻坚创效行动，通过强化降本增效、管理创效，实现经营业绩逐季向好。中国海油实施创新驱动等五大战略，把低油价压力转化为深化改革创新、破解发展瓶颈和降本提质增效的动力，实现新形势下的高质量发展。

1.3 油价暴跌引发的思考

（1）低成本是企业生存发展的基础。石油公司的竞争，已经从产量竞争转向成本竞争，而且将成为企业高质量发展的新常态。2019年BP公司上游业务桶油成本仅为26美元/桶，壳牌为36美元/桶，道达尔37美元/桶。

（2）科技创新是具备生命力的成本控降途径。历次低油价都无一例外地推动了石油公司对新技术的研发与推广，从根本上降低了生产运营成本。例如第四次油价暴跌推动了页岩油产业的迅猛发展，美国页岩油开采成本从2014年的65美元/桶大幅降低到2019年年底的35美元/桶左右。

（3）上下游一体化协同发展是石油公司提升抗风险能力的显著优势。在国际油价激烈波动时，上下游业务收益的增减在平衡公司总收益中起到了重大作用。

2 低油价对油气生产企业的冲击

高油价时期，企业往往追求规模扩张，快速上马新项目，掩盖了管理低效粗放、经营风险攀升、发展后劲不足等问题和矛盾[1]。在低油价环境下，企业生产成本与油价之间的差距逐渐缩小，油气田企业生产经营活动可回旋的余地变小，持续盈利能力低，抗击效益风险能力弱的问题倍加显现。一旦亏损运营，企业就会因资金链断裂等问题走向破产。第一，低油价导致风险勘探的投入产出发生了根本性变化，高风险的勘探项目被暂停或取消。第二，低油价迫使企业削减低效负效产能建设，关闭高成本生产井，其中有些井可能关闭后就无法重

① 中国石油天然气集团有限公司、中国石油化工集团有限公司、中国海洋石油集团有限公司分别简称为中国石油、中国石化、中国海油。

新开启，甚至造成永久性产能削减。第三，低油价使石油企业现金流损失严重，并带来一系列生产问题。产量与效益之间的矛盾被进一步激化，特别是进入开发中后期的老油田，各项措施效果变差，不仅影响了油气产量，也增加了企业控制成本的难度。

3 直面低油价的对策思考

低油价迫使油气开采企业走内涵式发展道路，实现质量效益发展。

3.1 内涵式发展的特点

“内涵式发展”就是以事物的内部因素作为动力和资源的发展模式。内涵式发展道路，就是通过内部的深化改革，激发活力、增强实力、提高竞争力，在量变引发质变的过程中，实现实质性的跨越式发展。

相对外延式发展，内涵式发展具备四个显著特点：①同样的资金投入应发挥更好的效益。即单位产品的成本降低，或单位资金投入的产出增加。②一般体现在人和物的自身效能的提高上。③依靠自身实现良性发展。即无须不断增加资金投入来支撑正常的发展。④思想解放促进理念更新。即企业发展不是有钱就行，要靠大量的精力和思想的投入，科技含量更高。

内涵式发展，必须把低成本获取油气资源摆在更加突出的位置，加快资源发现、增储上产、效益突破；走内涵式发展道路，要注重内在品质和潜力挖掘，不追求一般意义上的规模扩大和数量增加。

3.2 内涵式发展模式

中国石油资源整体禀赋较差，国内老油田陆续进入开发中后期，勘探开发生产难度加大，成本持续上升。面对低油价，勘探开发投资和产能建设规模大幅下滑，油气资源接替矛盾更加突出。

按照企业的经济性和盈利性属性解析，油气开采企业的内涵式发展模式需要具备理念、底线、策略、对策四个要素，实现效益最优的目标。

3.2.1 树立两个理念

直面低油价，必须从思想上打破成本认识禁区，牢固树立成本可降理念和价值创造理念。

首先，树立“一切成本皆可降”的理念，坚定“成本是设计出来”的理念。全方位扫描勘探、开发、生产、经营和管理各系统、各岗位的提质增效着力点，动态梳理降本空间。按照“井网井型决定开发投资，开发方式决定采收率，地面简化和标准化设计决定采油成本”的效益开发理念，从设计源头抓起，树立“设计上的优化是最大的节约”理念，高度重视顶层设计，推行“一体化方案优化设计”，全方位、全过程突出方案编制的效益把控，依托全生命周期经济评价把控成本控降潜力和方向。

其次，树立价值创造理念。要打破高油价时期形成的“重规模轻质量、重速度轻效益、重生产轻经营、重资源轻市场”的粗放管理模式，先算后干、边干边算、干后必算，让效益理念内根于心外化于行，落实到勘探开发和生产经营的各环节。从规模速度向质量效益转型，聚焦价值创造。

3.2.2 守住两条底线

油气开采企业要以“两利三率”（净利润、利润总额，资产负债率、新增营业收入利润率、研发经费投入占比率）导向，守住净利润为正和自由现金流为正两条底线，夯实国有企业履行“政治、经济、社会”三大责任的物质基础。

3.2.3 实施三大策略

第一个策略，坚持底线思维。要明底线，守底线。要找差距，补差距。要识风险，防风险。

第二个策略，保持战略定力。就油气开采企业而言，就是在错综复杂的形势下，用高度的战略自信来保障战略目标的实现，保持战略定力是低油价下实现企业高质量可持续发展的必要条件。保持战略定力，必须做到外排干扰、内循规律。

第三个策略，持续提质增效。提质增效是企业应对低油价的生存之道。作为国有企业，更要辩证地看待稳产上产与提质增效的关系，增强忧患意识和底线思维，利用低油价倒逼企业提质增效；牢固树立集约发展的效益意识，生产上精耕细作、经营上精打细算、管理上要精雕细刻、技术上精益求精，实现企业效益最大化。

3.2.4 践行四项对策

低油价下机遇与挑战并存，在挖潜与创新上谋突破，以多产效益油应对低油价，以低成本应对低油价，以改革创新应对低油价。石油企业应践行增加经济产量、加大科技创新、强化经营管理、推动数字化转型这四项对策。

3.3 四项对策

3.3.1 增加经济产量

随着开发程度的加深，产量逐年递减、含水逐渐上升、开采成本上升，是油气田开发的普遍规律。低油价让油气田企业从盈利大户变成亏损企业。直面低油价，无论是老油田还是新油田，实施经济产量运行是油气开采企业必须面对的问题。

按照投入产出理论，投入小于产出的所有产量均为经济产量。因此，增加经济产量，必须兼顾技术与经济双重因素。

一是立足现有技术，提高单井产量。坚定“五个不等于”，精细研究挖掘老区潜力，即油田高含水不等于每口井都高含水；油井高含水不等于每个层都高含水；油层高含水不等于每个部位每个方向都高含水；地质工作精细不等于认清了地下所有潜力；开发调整精细不等于每个区块每口井每个层都已调整到位。依靠技术创新“优化存量”，实现低成本效益开发。

二是运用效益倒逼，增加经济产量。首先，改革投资管理，建立效益评价项目储备库。以风险勘探和效益增储为目标，针对老区提高采收率项目、新区效益建产项目、非常规资源高效开发项目开展动态跟踪评价，建立效益评价项目储备库，视油价变化启动项目，按效益排序安排资本支出。既要保障投资风险小、运行成本低的项目进入实施；也要强力压减低效益、高风险的老油田技术改造项目。其次，坚持效益排队，源头控本实现效益建产。强化产能建设顶层设计，严格效益评价，对建产区块按效益标准优中选优，多专业融合优化开发方案，创建效益建产的开发管理模式，从源头降低产建成本。依托现行开发管理体系，融入投入产出指标，把开发单元的技术经济指标转化为产能建设的控制目标，逐井对标开展经济评价，实现达标建产[2]。对此，一方面，强化前期论证；另一方面，强化投资管控。

三是强化效益为先，着力挖掘老区开发潜力。直面“低品位、低油价、高成本”带来的效益开发难题，用经济界限约束技术指标，实现开发管理上水平。（1）紧盯长停井治理，提高现有油井开井率。内涵式发展就是要立足老油田开发现状，建立常态化的长停及低效井治理工程，按成因分类、按地质条件优选、按效益实施，多措并举，努力提高单井产量，是内涵式发展的有效途径。（2）算细油田管理账，优化布局降低运行成本。眼睛向内，精准施策，优化生产布局，提高系统效率，降低运行成本，强力推进“关闭站场、停运设备设施、合并集中运行、转变方式功能工艺、减少能耗和无效环节”五项综合举措，盘活存量资源，是内涵式发展的重要途径。

四是突出管理创新，盘活低品位未开发资源。进入“十三五”，国内主力盆地的石油探明率已高达50%～70%，而且目的层越来越深，资源品质劣质化趋势逐渐加剧，对资金投入的需求越来越高，此时新增探明石油储量的勘探成本要远高于已探明未动用石油储量的勘探成本。或者说，目前已探明未动用石油储量评价的实质是新增投资的增量效益评价。所以，如何在技术可行、经济有效的总目标下，通过管理创新，最大限度地盘活探明未开发石油储量，是内涵式发展的重要节点。应针对不同地质特点、不同开发状态，探索改变传统储量动用模式，在技术管理上、在经营管理上、在生产运行上，探索提升相应的效益勘探开发能力。

3.3.2 加大科技创新

低油价对油气开采企业生产经营带来巨大冲击，并不意味着油价“波动曲线”主导企业“效益曲线”。依靠技术进步，在价格与成本的曲线中找到最佳平衡点，实现企业有效益的可持续发展，这种案例举不胜举。长庆油田直面低油价，从产建目标、设计方案、队伍组织、措施项目、科研项目、现场试验6个方面入手，优中选优，寻找速度和效益的平衡点，创建“一级布站、井站共建、多站合建、橇装建设”效益开发模式，在“三低”油气藏上建成了国内产量最高的油气田。

因此，加快科技创新，是直面低油价实现内涵式发展的强大动力。越是低油价，越要保证科技研发强度，加大科技创效激励；越是效益下滑，越要强化科技投入管理，加快科技成果转化。

3.3.3 强化经营管理

经营管理是老油田立足自身谋生存的必然选择。把效益贯穿开发生产的全过程，从方案、设计到实施，从区块、层系到井网，通过压减高风险措施工作量、优化高成本产量、改造负现金流区块，建立生产运行与经营效益的动态关联系统，实现对油气藏投入和产出的全过程管理。

立足目前中国油气生产企业的管理实际，将采油生产单位作为油藏经营管理的主体，依托现行开发管理体系，融入投入产出指标，把开发单元的技术经济指标转化为每个岗位的控制目标和具体措施，构建“管理层次清晰、岗位职责明确、方案设计可行、投入产出清晰”油气藏经营管理模式[3]。

3.3.4 推动数字化转型

加快勘探开发行业信息化、智能化、数字化转型步伐，积极研究推广大数据、人工智能、云计算等数字技术，从技术层面围绕提质增效提高工作效率和品质，依托物联网实现传统技术的转型升级，打通数据流、重构业务流、带动资金流。

物联网技术把油气田装进计算机，实现计算和管理人员对油气田的全面感知、可靠传递、智能处理，用数据驱动提升生产和管理效率。2018年11月27日，中国石油第一个主营业务智能共享平台——勘探开发梦想云平台正式上线，实现上游全业务链数据集中统一、互联互通，支持跨专业、跨机构、跨地域共享，成为国内油气行业智能化转型的里程碑。胜利油田构建的覆盖“油气井区、计量间、集输站、联合站、处理厂，自动采集8大类56项数据”的现场生产物联网，集生产监控、报警预警、生产动态、调度运行、生产管理、应急处置六大模块于一体，实现了生产指挥平台移动化。物联网技术为低油价下企业提质增效提供了全新的管理模式。吉林油田在作业区建设上，依托物联网逐步试行采油井间集中监控、无人值守、故障巡检等作业方式，刚性压减油气生产一线高成本用工规模，是一条可借鉴的经验。

4 寻求政策支持

中国东部老油气田经过几十年的精细勘探和高速开发，目前普遍面临着“勘探新发现难、低品位储量动用难、老油田稳产难、效益开发难”的困难局面，新增储量接替不足，稳产上产潜力不足，与国家对油气需求增长的要求相距甚远。特别是致密油、页岩气等非常规油气储量，以及已经花费巨额勘探资金并经自然资源部评审批复的探明未动用储量区块，需要激励机制和扶持政策方可实现效益建产。

一是研究加大国内油气勘探开发力度的支持政策。设立国家油气资源风险勘探基金，确保低油价时期勘探投资不降；出台更有利于老油田尾矿和边际油气田开发的政策，对低产井和老油田提高采收率采取适当减免税收政策；适时取消特别收益金的征收或先征后返，适当提高收益金征收门槛；鼓励老油区油气勘探开发的降本增效工作，使得老油区中部分开采成本高的油气资源仍具备开采的经济价值，以满足国民经济增长对能源的需要。

二是研究非常规油气资源开发利用政策。对致密油气田勘探开发企业实行增值税先征后退政策；建议国家出台陆相页岩油初期开发阶段的扶持政策，减免页岩油开发税费；建议完善能源开发补贴政策，对复杂油气、页岩气、页岩油、煤层气等给予平等的补贴率。

三是研究低品位矿和尾矿支持政策。《中华人民共和国资源税法》第六条第四款规定“从衰竭期矿山开采的矿产品，减征30%资源税”；第七条规定“纳税人开采共伴生矿、低品位矿、尾矿，省、自治区、直辖市可以决定免征或者减征资源税”。东部老油田中的“双高”区块基本符合“低品位矿、尾矿”的标准，建议研究资源税减免政策。

四是研究探明未动用油气储量支持政策。针对探明未动用油气储量的资源赋存特点，参照2007年国家出台的煤层气生产的“增值税先征后返政策、免征资源税政策、财政补贴政策”，建议对采用先进技术开发利用的低品位石油储量区块、边际油田，出台更多激励政策，例如减免资源税、采矿权使用费、石油特别收益金等。

五是研究引入社会资本投资探明未动用石油储量开发。2020年5月1日自然资源部《关于推进矿产资源管理改革若干事项的意见（试行）》正式实施，凡在中国境内注册的净资产不低于3亿元人民币的内外资公司，均有资格按规定取得油气矿业权。至此，中国油气勘探开采市场的大门完全打开，无论是民营、外资还是其他行业企业，将迎来与中国石油、中国石化、中国海油同台竞争的机会，上游勘查开采主体也将日趋多元。针对探明未动用油气储量“开发成本高、投资风险大”的特点，建议研究政策引导，鼓励社会资本投资合作，加快技术研发和新技术引进，实现难采储量经济有效开发。

5　结论与认识

（1）低成本是企业可持续发展的根本战略。应对低油价，油气开采企业立足当下、着眼自身、优化布局，走内涵式发展道路，是最为有效的应对策略。

（2）纵观历次油价暴跌，削减开支、裁员降薪、剥离优化资产、停减勘探生产活动，是国际石油公司应对低油价的共同策略。

（3）内涵式发展，必须把低成本获取油气资源摆在更加突出的位置，加快资源发现、增储上产、效益突破；走内涵式发展道路，要注重内在品质和潜力挖掘，不追求一般意义上的规模扩大和数量增加。

（4）理念、底线、策略、对策，是油气开采企业内涵式发展模式的四个基本要素。

参考文献

[1] 王越，潘继平. 新一轮低油价对石油行业的影响及对策建议[J]. 国际石油经济，2020，28（3）：59-64.

[2] 刘斌. 油田效益建产模式探讨[J]. 石油科技论坛，2019，38（3）：39-44.

[3] 刘斌. 油藏经营管理模式探讨[J]. 国际石油经济，2018，26（7）：31-37.

[4] 程童欣，杜吉家. 国内外石油企业应对油价暴跌措施与启示[J]. 现代商贸工业，2016，37（22）：52-55.

[5] 刘斌. 探明未动用石油储量有效开发的对策探讨[J]. 中国矿业，2019，28（3）：40-43.

生产经营一体化信息平台在大港油田的应用

王津兰
（中国石油大港油田石油工程研究院）

摘　要：大港油田公司创建的生产经营一体化信息平台，将中国石油天然气集团有限公司（以下简称“中国石油”）共享服务平台与资金结算无纸化系统融合到一体化信息平台。把生产经营一体化的战略构想，落实到以经济效益为中心。一体化信息平台既涵盖决策支撑、经济运行、全程跟踪、量化考核“四位一体”的生产经营一体化管理模式，又创新地应用了管理会计工具与业财融合的理念，实现财务决策与生产经营各项资源高效配置，生产及经营决策各个环节无缝衔接，从而实现企业经济效益最大化。

关键词：效益优化；管理精细化；流程信息化；生产经营一体化

为全力应对长期低油价严峻挑战，扎实推动公司发展质量变革、效率变革、动力变革，按照一体化发展战略，大港油田公司从生产和经营整体价值链入手，构建生产经营一体化平台。经过探索实践，生产经营一体化管理模式从理论到实践都有了进一步的完善和提升，按照“管理制度化、制度流程化、流程信息化”的思路，以信息化手段固化理论模型和应用实践，建立生产经营一体化信息管理平台，围绕预算管理、本量利分析、大数据中心、五区四线效益优化等应用模型的建设，使财务工作向业务端延伸，实现业务与财务融合推动管控型财务向价值创造型财务转变，达到降低成本、提高效率、提升企业价值的目的。

1　大港油田生产经营一体化信息平台的建立

2020年6月中国石油共享服务平台正式在大港油田上线运行，大港油田生产经营一体化平台与中国石油共享业务服务平台深度融合，创立了有大港油田特色的共享服务。系统首页集成了一体化平台任务管理界面、共享服务平台任务管理界面、无纸化平台任务管理界面。一体化平台是大港油田精细化管理的辅助工具，既涵盖了共享平台所有的业务入口，又在共享平台的基础上增加了大港油田个性化的管理需求。

1.1　一体化平台的构成

大港油田公司整合现有研究成果，集中各方资源，探索建立了生产经营一体化信息平台，一体化信息平台包含中国石油财务共享服务业务平台、资金结算无纸化系统。大港油田资金结算业务由经济技术研究院资金结算中心负责实施，主要依托集团统建司库系统，资金结算模式由过去通过纸质载体的审批及收付款，改变为现在通过系统载体的审批及收付款，这种在资金结算方面的重大变革为各个二级单位业务办理提供了便利，此模式的改变也是资金结算信息化的体现。资金结算无纸化系统作为一体化平台的一个管理模块与共享平台、司库平台、关联交易平台、FMIS系统、ERP系统直接或间接集成。一体化平台通过构建大数据中心、对接财务共享平台、开发预算、结算、对标分析等应用模型，更好地为公司生产经营提供综合决策服务，助力推进公司原油上产高质量发展。

1.2 一体化平台结算及单据填制向业务前端延伸

一体化平台业务范围包含了采购报销业务、商旅服务、销售业务、总账业务、收款业务、付款业务、资金结算、税务业务等。为了深化财务结算精细化管理，将结算过程向业务前端延伸。按照业务类型梳理工作量维护流程加强预算管控。财务结算前实现与单位预算的融合比对，企业结算数据进入共享前，企业可根据结算要求进行管控调整。

一体化平台与财务共享平台主数据通过统一编码或映射对照实现集成。各类结算表单对应生成财务共享的报销单，并将影像、附件自动传输到财务共享平台，同时将财务共享平台处理状态、处理结果反映到一体化平台。

2 生产经营一体化平台的管理功能

2.1 构建预算管理模型实现成本预算全环节管理

构建的预算管理模型实现了成本预算全环节管理，改变过去预算事后管理的模式，变为以实际工作量、单价为计算标准的事前调控、事中管控模式。主要功能包括年度和月度预算编制审核、预算优化、对标分析即对历史数据纵向对比，单位间横向对比、效益优化即通过工作量、单价计算合理的预算范围，达到预算最优的目的、预算下达执行、预算调整、预算分析包括油田公司宏观调控、二级单位过程管控等。业务预算与财务预算相结合，实现数量、金额、时间多维度预算执行控制。预算与会计核算相结合，实现预算管控节点前移，做到事后预算管控到事前预算管控的转变。建立预算执行分析指标，为考核提供依据。年度框架预算审批结束封存后，不再允许调整，若个别项目存在预算变更的需求，调整部门可通过预算调整功能进行调整。

2.2 本量利分析

分公司或二级单位财务部门可以通过此功能进行本量利分析，并可形成框架预算测算值。每次测算结果均可保存，形成历史测算版本。版本间测算结果可进行差异对比。测算基础数据来源于各级单位维护的预算参量数据，以参量数据为主。

本量利分析工具应用于二级单位、油田公司层面。根据单位预算参量自动提取单位预算数据进行分析；可提取单位历年数据进行分析。提供版本批次功能，保存用户多次分析数值，批次间数值可进行对比分析。用户通过调整参量优化单位预算后，可保存参量至预算参量表，自动形成单位最优预算。系统提供图表展示功能，参量调整、预算优化结果更加直观。

2.3 大港油田生产经营一体化平台大数据中心

对企业数据资源进行规划、整合，建成数据共享中心，实现数据的“源头唯一、标准统一、集中管理、全局共享”。

数据来源主要分为：运费、作业费、修理费以及其他报销费用。各个费用按照相应数据录入以及审批流程，将费用完整的记录在平台，系统通过系统集成同步到平台中。FMIS凭证查询，系统同步FMIS结算凭证。归纳、收集大港油田企业级共用的标准主数据，含大港油田目前在用的生产经营各业务系统的基础主数据及各级单位线下的标准主数据，目的是形成整个大港油田可共享的主数据库，数据互通互用，资源共享。

2.4 五区四线分析

依托数据中心优先搭建目前较为成熟的“五区四线分析模型”，根据四条成本线包含的各类成本费用，明确各项成本费用的分摊原则、层级关系及时间节点，建立确保费用分摊的科学合理。定义各类费用分摊规则，通过组织机构层级关系、井站对应关系、井组对应关系、注水井受效井对应关系将各个费用发生层级与单井建立直接对应关系后，通过分摊依据开井数、产液量、开井天数、油气当量设定各类费用分摊规则，将分摊至单井的各类费用归集到“五区四线分析模型”四条成本线中，自动形成各单位油井效益分析表。

2.4.1 成本数据分摊

单井直接费用是按水井与油井的受益系数比例分摊至油井，级费用计量站对应的油井的开井数平均分摊。注水站对应水井注水量分摊至水井，水井与油井的收益系数比例分摊。区级费用根据采油区对应的油井的开井数平均分摊至油井。分公司、厂级分摊费用已分摊至区块，通过区块再次分摊至单井。

2.4.2 多样查询分析

分公司、采油厂、采油区对单井、区块费用层级的各类分析需求，可动态查询费用层级的直接费用以及含厂级、分公司分摊费用。图表分析直观展示单井、区块、油田效益分布情况，便于管理层、决策层宏观掌控整体。建立分析指标体系，实现区域分布、散点分布、饼状构成、柱状对比等可视化图表。

2.4.3 SEC储量评估

依托于上市储量评估规则及SEC剩余经济可采储量测算方法，在充分分析影响SEC储量参数的基础上编制SEC储量敏感性分析。主要实现了三大核心功能：产量预测、SEC储量评估、SEC敏感性分析。

2.5 产量预测界面

系统实现了多阶段、不同递减类型下的产量预测。并实现了分阶段截取历史数据测算递减率功能。系统实现了多经济参数下的不同单元SEC储量评估，并生成SEC储量结果（分月度和年度）及储量报告。系统实现了各参数在一定分析范围不同梯度值的条件下，分析对SEC储量影响程度，并生成相关SEC储量数据报告。

3 生产经营一体化管理的具体举措

3.1 构建科学的决策支撑体系

树立科学决策理念，从追求生产目标向追求生产与经营结合的目标转变，将SEC储量、效益产量、产品边际贡献等，作为衡量项目优劣的重要指标。同时，不断完善决策的制度、业务流程以及责任追究等体制机制，逐步建立科学高效的决策支撑体系。

3.1.1 建立新建项目投资决策模型

坚持以经济效益为主要决策依据，统筹考虑工作量、投资、成本、效益之间的关系。坚持没有经济效益的项目不投的原则，综合利用经济效益评价、产能动态评价、已开发油气田评价等效益指标评价体系进行科学决策，其中勘探项目进一步强化储量经济评价，以发现经济动用储量为出发点，突出精细勘探，谋求效益增储，夯实油田发展基础，坚持增储建产一体化，科学指导油气田开发方案部署；产能建设项目坚守内部收益率的投资决策底线，对于拟建区块和单井，组织地质、工艺、设计、经济评价等部门从开发区块和单井两个层面对项目进行经济效益评价，并按照效益高低进行排队优选；对于在建区块和单井持续进行方案优化，根据已投开发井效果，结合新的油价重新进行跟踪评估，达不到效益标准的再次优化调整方案，否则坚决停建；基建工程项目全面推行优选机制，按照直接创效型和非直接创效型分类决策，其中，直接创效型项目以经济效益为首要决策依据，依照效益排队优选；非直接创效型项目按照紧急程度、工艺适应性、风险控制程度等多方面进行量化评估并优选项目。

3.1.2 建立措施项目边际分析模型

运用边际分析相关理念，努力化解措施增产与措施投入的矛盾，坚持高于当期油价的措施不上的原则，构建措施项目边际分析模型，对措施项目实施经济效益评价，切实提高措施项目经济效益。当措施有效期内的增油收入大于措施作业成本时，措施增量有效；当措施有效期内的油井总收入大于措施作业成本加运行成本时，油井总体有效。通过边际分析模型，开展措施项目的投入产出经济效益分析，对措施项目进行排队优选。

3.1.3 构建老井生产效益优化模型

按照无效变有效、有效变高效、高效再提效的思路，坚持低于边际贡献的油井不开的原则，对自然生产井开展价值分析，运用管理会计工具、方法，构建效益优化模型。利用数学、经济学、管理学等理论方法，借助计算机模拟，把油气开发生产动作和经济效益结合起来考虑，对自然老井生产进行效益分析，挖掘影响效益变化的重要性、敏感性因素，以及根据公司生产战略，对标先进调整优化各项地质、开发、生产、管理的参量，测算最小资金配给总量和最大油气产量条件下，生产技术参量的最优组合，实现预算期内利润最大化的目标。

3.2 构建全面的效益评价体系

构建全生命周期、全要素、全方位的全面效益评价体系，实现经济评价的全覆盖，为各项经济业务的效益水平提供科学准确的评价依据。

3.2.1 构建全生命周期的项目评价机制

将经济效益作为项目立项首要决策依据，通过动态跟踪评价监督和指导项目实施过程，通过项目后评价考核反馈项目建设效果和改进未来新建项目管理水平。经济效益评价进一步推动地质资源评价，强化储量经济评价，夯实油田发展基础，科学指导油气田开发方案部署，继续坚持以内部收益率为投资决策底线的开发评价，充分利用经济评价结果指导设计方案优化，以效益高低进行排队优选；动态跟踪评价依照项目实施进度，采取月度、季度等定期评价模式对项目实施效果进行跟踪评价，同时内外市场出现重大变化或主材价格大幅调整时随时采取不定期评价模式评估建设效果和投资风险，强化项目过程管控；项目后评价建立与新上项目挂钩机制，以及后评价成果应用反馈机制，进一步发挥后评价闭环管理作用和警示作用，将后评价成果作为新建项目审批、投资决策的重要依据，加大后评价成果在指导投资方向、提升项目管理等方面的应用力度，实现后评价成果向管理成果的有效转化。

3.2.2 构建全要素分析的区块评价体系

通过客观评价分析油田区块或单井的投入产出情况找出导致成本过高的原因和成本随着产量变化的规律，为决策提供依据。一是，细化区块单井成本核算。将公司分摊费用、采油厂费用、单井直接费用实现三级独立核算，并进一步完善间接费用的分摊方式，实现精细核算和精准分摊；二是，构建区块效益评价系统平台，整合基于区块单井的各项生产经营数据，包括勘探、开发、生产等上游数据，以及直接分摊费用、间接分摊费用等成本数据，并对这些数据进行整合，在评价分析的深度和广度上提供科学的数据支撑；三是，利用勘探、开发生产各项数据，结合成本费用发生动因，构建全要素的区块效益分析模型，以区块单井为评价单元，对“五区四线”的经济运行模式进行完整的效益评价，以指导区块单井更加合理高效地开发。

3.2.3 构建全方位评价的效益分析体系

一是，深化生产经营分析。重点采取“月度生产经营数据简报+季度经济活动分析会议”形式，对生产经营状况和经营成果进行评价和剖析。月度生产经营数据简报根据公司生产经营特点及管理工作要求，建立“公司级生产经营数据简报+所属单位级生产经营数据简报”两级简报体系，形成公司标准化的各级生产经营数据简报。同时结合生产经营数据和生产经营计划，分析问题、制定措施、滚动预测，做好生产经营数据分析和预测工作；季度经济活动分析会的内容根据不同时间各有侧重：一季度重点对预算指标的分解和开源节流降本增效措施进行分析，提高年度生产经营活动安排的科学性；二季度重点进行预算执行过程的交流对比，剖析问题现状，发掘典型经验，及时交流总结；三季度重点预测全年完成情况，规划明年生产经营计划，提出保障措施。二是，做好动态对标分析，查找差距、分析原因、制定措施、持续改进，增强企业自我改善的压力和不断超越的动力，不断完善和优化各项指标，增强决策支持和运筹管控能力；三是，深化管理专题分析。

4 经营一体化信息平台运行产生的成效

生产经营一体化管理平台在大港油田运行以来，公司经济效益得到持续提升，管理精细化和信息化持续深入推进，初步取得了一些成果：一是，公司整体实现扭亏为盈，油气单位运行成本实现连续“硬下降”，投资效益持续提升。二是，以勘探开发和生产经营数据为基础，利用数学和管理会计、计算机处理的方法，对业务数据和财务数据进行综合、分析，研究构建了投资决策模型、边际分析模型和效益优化模型三个决策支撑模型，分析预测油田公司业务和损益的变化趋势，实现了产能建设、措施上产和老井运行决策由单功能向综合功能、由静态向动态的转变，切实提高了生产经营决策的科学性。三是，突出效益导向和精准激励，逐步建立了“效益化、差异化、全员化”的绩效考核指标体系，实现了公司全面效益化、差异化考核。四是，进一步提高业务与财务的紧密融合，建立业财职能之间、业财管理之间的衔接，获得人员协同、流程协同、信息协同与应用协同等效应，从而有效控制成本，有效提升管理效益。

参考文献

戴国华. 管理会计实践与案例[M]. 北京：中国财政经济出版社，2016.

老油田“走出去”闯市场现状分析及对策研究

常智军　廖庆丰　范艳玲
（中国石化中原油田分公司）

摘　要：中原油田紧抓集团公司深化改革、转型发展的历史机遇，不断完善管理体制和运营机制，全面实施“走出去”战略，积极探索油气主营业务、生产辅助和社会化服务等不同行业的外闯市场管理方式，外部市场规模持续扩大，但在运行机制、项目管理、激励考核等方面也存在一些问题。结合当前国内外新的经济形势，分析油田“走出去”闯市场面临的挑战和机遇，针对“走出去”过程中存在的问题，提出应对措施和建议，进一步规范油田外部市场管理，实现资源优化配置，提升外部市场增收创效能力，推动油田可持续高质量发展。

关键词：“走出去”；外部市场；挑战与机遇；优化策略

近年来，面对经济新常态、低油价寒冬期的严峻挑战，中原油田（以下简称“油田”）紧抓中国石化集团公司深化改革、转型发展的历史机遇，以“转方式调结构，提质增效”为主线，坚持价值引领，注重资源优化，完善管理体制和运营机制，全面实施“走出去”战略，不断加大“油气开发、油气服务、公共服务”三支队伍外闯市场力度，拓宽油田生存与发展空间。在有效化解人员分流安置压力的同时，为老区扭亏脱困、增强可持续发展能力奠定了坚实基础，推动了企业持续健康发展。

1　“走出去”闯市场的现状

2019年，油田外闯市场共有35个单位、运行项目342个、外部市场用工11125人、签订合同额22.56亿元，年度累计结算21.91亿元，外部市场规模不断扩大，增收创效能力稳步提升。

1.1　健全组织体系

油田成立外部市场管理领导小组，研究确定市场开发计划和考核政策，统筹协调市场开发管理过程中的重点、难点问题。建立外部市场“一总两分”统筹管理工作机制，企业管理部总体负责外部市场日常工作，天然气技术服务中心、经营管理部分别做好油气服务、公共服务相关工作，机关部门与基层联动帮扶。外部市场按地域成立5个区域项目管理部，建立决策、管理、操作协调统一的管理体系，实行一体化运作。

1.2 配套管理制度

制定《外部市场管理办法》《外部市场队伍HSSE监督管理办法》《艰苦边远地区津贴和差旅补助管理办法》等一系列配套办法，按年印发《外部市场开发管理工作安排意见》，持续完善外部市场工作流程和工作标准，建立健全了自上而下、层次分明、覆盖面广、标准规范的目标管理和检查考核体系。

1.3 优化资源配置

搭建市场信息、人力资源、设备资产共享平台，打破单位之间的行政壁垒，形成举油田之力服务外部项目的生产要素快速汇聚机制，盘活了油公司建设显现的富余人员，实现生产要素合理流动，劳动生产效率稳步提高，为外部市场平稳健康发展奠定了基础。

1.4 开展定期分析

建立外部市场管理信息系统，实施月度统计分析工作制度，实时掌握外部项目运行情况，定期在外部市场信息专栏发布。半年和年终按系统内外、业务类型等，对比分析外部项目经营情况，查找存在问题，安排部署下步重点工作。

1.5 做实考核激励

加大对外闯市场单位的考核激励力度，充分发挥绩效考核的激励作用，提升外闯市场积极性。外部市场考核，月度对普光和内蒙古地区收入额的1%、油田外部市场收入额的3%、国外市场收入额的5%进行奖励；年度对普光、内蒙古地区之外有边际贡献的项目按收入额的1%、有利润的项目按收入额的2%追加奖励；年度外部创收奖励总额不超过本单位月度考核基数的2倍。2019年，外部收入累计兑现4041万元。

2 新形势下“走出去”闯市场面临的挑战与机遇

2.1 面临的挑战

一是低油价及新冠肺炎疫情对外部市场增收创效冲击大。2020年以来，全球石油供需结构失衡叠加新冠肺炎疫情影响，国际油价呈断崖式暴跌，甚至一度罕见地出现了“负油价”。疫情和低油价双重叠加，对石油石化行业造成了强烈的冲击，企业纷纷削减投资预算，来应对低油价带来的影响，市场萎缩、工作量减少、项目费用降低，为外部市场进一步提升增收创效能力带来巨大挑战。

二是同业竞争激烈使油田“走出去”开拓市场难度大。近年来，胜利油田、河南油田、江苏油田等兄弟单位在实施油公司体制机制改革、专业化重组、信息化建设后，均显现大量富余人员。为妥善解决人员分流安置问题，各兄弟油田加大了外部市场开拓力度，先后“走出去”增收创效。由于各油田外部市场承揽的业务范围相互交错重叠，导致同一甲方同一项目往往有多个油田企业相互竞争，同业竞争、无序竞争已成为油田拓展外部市场业务的一大掣肘。

三是“四供一业”（供水、供电、供暖、供气和物业管理）移交后时代员工“走出去”困难多。2018年，“四供一业”及其他企业办社会职能移交地方，但相关从业人员全部留置企业。虽然油田以反承包的方式承揽了部分“四供一业”业务，解决了部分人员安置的问题，但因承揽业务以附加值较低的劳务服务为主，存在人均劳务价格低、账款回收难度大等问题，增加了扭亏脱困的难度。同时，三年移交过渡期后，地方政府将重新安置人员，油田相关从业人员将面临二次失业的风险。外部市场“四供一业”项目的优化配置，移交后时代，相关从业人员如何安置、分流，外部市场“四供一业”项目如何优化调整，受从业人员年龄、文化程度、技能鉴定、家庭等因素影响，能真正“走出去”闯市场的员工不多。

2.2 发展机遇

一是国际国内能源形势，为油田“走出去”开拓市场创造了有利契机。随着国家“一带一路”倡议的实施，给石化行业扩大国际市场份额提供了难得的发展契机。习近平总书记做出要站在保障国家能源安全高度，加大国内油气勘探开发力度的重要批示，国内油气勘探开发力度持续加强。国际国内能源形势为油田开拓国内国际市场提供了良好的外部条件。油田培养了一大批技术娴熟、经验丰富的技术、管理和操作人才，能够适应各类油田勘探开发的需要，可以承揽油气生产单位的所有工作，具有较强的国内国际竞争优势，为开拓国内外市场提供了良好的内部条件。

二是国家清洁能源计划，为油田“走出去”扩大市场提供了难得机遇。国家实施清洁能源计划，城镇化建设和煤改气进程逐步加快，清洁能源在全国各地推广应用，为油田提供了难得的发展机遇。油田在气田开发建设、天然气处理等方面有着丰富的经验，承担着国内的最大规模海相整装高含硫气田——普光气田建设与运营，承揽北海LNG、长庆油田上古天然气处理总厂、阿拉伯联合酋长国阿布扎比炼油厂等多家单位天然气处理相关业务，“中原气服”品牌在国内外市场知名度和美誉度持续增强，为后期承揽天然气相关业务夯实了基础。

三是开展地下储气库建设，为油田“走出去”创收增效提供了新的途径。随着天然气在国家能源结构占比逐步加大，应急调峰能力不足的弊病逐渐凸显，地下储气库作为天然气最主要的调峰措施，加大地下储气库建设以应对天然气紧急需求已迫在眉睫。集团公司从保障国家能源供应安全、缓解国内天然气供需矛盾出发，提出了建设中原储气库群的长期规划，预计中原储气库群“十七五”末，可累计建设地下储气库20座，形成与榆济管道、鄂安沧、新气管道豫鲁支线等干线管道连通，与山东、天津两大LNG接收站良性互补的局面，成为华北地区的天然气调峰中心。油田有着全面参与文96、文23储气库建设运营的成功经验，在储气库建设论证、方案设计、施工技术支撑、运行管理方面，形成了成熟的储气库建设和管理配套体系，拥有一大批储气库建设与运营方面的专业技术和专家型管理人才，为油田全面参与地下储气库建设奠定了坚实基础。

3 当前“走出去”闯市场过程中存在的主要问题

3.1 存在结构性缺员问题

部分拟新增或正运行项目，受专业要求限制，外部市场用工存在结构性缺员。特别是石油化工装置操作、维保，软件开发，汽机、发电、电厂运行调试，仪器仪表等专业人才储备不足，而这部分人员的培养周期较长，部分项目存在人员接替不上、后继乏人的问题。

3.2 区域一体化管理需进一步探索实践

项目和人员集中区域一体化管理还不到位。如天津LNG、内蒙古中天合创、广西北海LNG这类同一地点、同一甲方的不同单位，具备开展区域一体化管理的条件，但如何实现资源优化配置、降低管理成本，由哪个单位来主导，具体工作如何开展，均需要进一步探索实践。

3.3 外部员工福利待遇存在差异

一是防暑降温费发放标准不统一。《关于调整防暑降温费标准的通知》要求“油田外部施工员工参照施工所在地政府发布的防暑降温费用标准执行”，部分单位未严格执行，同一区域不同单位防暑降温费差异较大（如广西北海地区防暑降温费最高2440元，最低360元）。二是误餐补助发放不统一。采油、作业、消防、保卫等工种享有误餐补助，其他工种未明确规定。作为职工生活福利，有部分项目存在本单位职工与借聘员工误餐补助不一致、往年误餐补助与现行补助不一致的情况。

3.4 偏远项目部后勤保障较为困难

一是外部员工业余文化活动单调。外闯市场干部职工背井离乡，有些地方荒凉偏远，职工下班后生活单调枯燥。虽然各项目部配备了一些简单的健身器材，但远远满足不了外部员工的业余文化需求。二是部分偏远项目部应急救援保障不足。内蒙古、新疆等部分偏远项目部，因工作现场与应急医疗机构较远，如遇突发疾病或紧急事件时，难以在有效时间内进行救援，存在安全风险。

3.5 与业主单位沟通交流仍需加强

传统的官本位思想在甲方普遍存在，甲方负责外部项目的往往是局处级，外部项目部最高是正科级，级别不对等，沟通交流机会少，不利于协调相关事宜。

3.6 激励政策有待进一步完善

一是欠款清缴力度不够。部分单位退出项目存在账龄一年以上应收账款，且无实质性进展。二是获得甲方的相关荣誉无奖励渠道。部分甲方单位为充分调动油田员工的工作积极性，评选先进工作单位和个人，并发放一定物质奖励，奖金一并纳入劳务费用中支付，由于财务政策，无法发放到项目部和个人；有些获得甲方荣誉的无物质奖励。

4 “走出去”闯市场的改善措施和建议

4.1 加大外部市场开拓力度

一是扩大天然气服务市场份额。抓紧国内清洁能源以及地下储气库建设的机遇，依托“中原气服”品牌效应，紧盯国内天然气大发展重点项目，及时跟进和拓展潜力项目，持续扩大“中原气服”市场份额，增加外部市场收入。二是扩大高附加值市场占有份额。以各大油田企业加大油气勘探开发力度保障国家能源安全为契机，在巩固现有市场基础上，逐步扩大高附加值市场占有份额，形成“轻资产、重技术、高端化”创效模式，增强外闯市场竞争实力。

4.2 优化外部市场用工结构

一是加强外部市场人才储备。根据外部市场人才需求，加大转岗培训力度，尤其是石油化工装置操作、维保，软件开发，汽机、发电、电厂运行调试，仪器仪表等专业人才储备，缓解外部市场用工结构性缺员问题。二是加强外部市场灵活用工机制研究。对油田紧缺的部分社会通用工种，结合职业院校人才资源供给情况，探索以业务外包方式加强企校合作培养，解决人才接替与储备不足问题。

4.3 探索优化借聘员工管理

参考普光分公司用工模式，在油田经营承包考核政策到位的情况下，对部分条件相对成熟的项目，探索将借聘员工除人事关系以外的其他关系均临时调入，进一步提升项目管理约束能力。

4.4 推进区域一体化管理

对在同一地点、服务同一甲方的项目，探索实践区域一体化管理模式。一是新开发项目试行一体化管理模式。对于拟开发的业务量大、用工集中的长庆油田上古和四川彭州气田天然气处理等新项目，成立业务承揽领导小组，组建项目部，加强新项目区域的整体协调管理，加大目标市场开发力度，组织承揽相关业务，积极培育新的效益增长点。二是在部分区域集中的老项目推广一体化管理模式。建议在天津LNG、内蒙古中天合创、广西北海LNG等区域，建立区域项目管理部，由主要单位牵头，相关单位配合，试行区域一体化管理模式，统筹管理区域内所有项目，协调与甲方关系，统一办理合同签订及结算工作；对区域内外闯市场员工食宿、党群等进行统一管理，盘活、共享、优化现有资源，配套完善项目考核政策和激励约束机制，降低管理成本，提升管理效率。

4.5 逐步规范统一外部市场补贴标准

一是完善落实防暑降温发放标准，进一步修订完善防暑降温费的有关规定，并督促外闯市场单位落实统一发放标准。二是逐步规范误餐补助发放标准，完善相关政策，督促各外闯单位落实员工误餐补助相关工作。

4.6 提升偏远项目部后勤保障水平

一是配备职工文化生活及培训设施。对偏远外部市场项目部驻地配备图书和健身器材，丰富职工业余生活，满足职工的生活及培训需要。二是解决偏远地区职工就医难问题。根据《中原油田关于加强员工健康的指导意见》（安工技单〔2019〕67号）在职工较为集中区域试点建立职工健康驿站（应急医疗健康室），对职工健康情况随时监测，做到早发现，早治疗；具备医疗条件的项目部，由各单位外部项目部与驻地医院联系，建立员工就医应急机制。

4.7 加强与甲方的沟通交流

一是建立油田层面高层走访机制。对现有服务市场分类分级，对天然气分公司、西南油气分公司等重点市场，由油田领导定期走访，沟通项目运行存在问题，探讨双方合作共赢模式，确保重点项目市场稳定。二是持续强化双方沟通交流。区域技术服务项目管理部、外闯市场单位认真研究甲方的管理模式，采取多种互动方式，与甲方加强沟通交流，形成统一认识，及时协调解决存在问题，建立长效合作关系，促进双方感情融和、工作融合、文化融合，保障各项业务的顺利运行。

4.8 健全外部市场考核制度

一是督促欠款清缴工作。油田相关业务部门督促各外闯市场单位执行应收账款管理办法的相关规定，加大对账龄一年以上应收账款的清缴力度，确保外部收入应收尽收。二是加大效益考核力度。对于内蒙古普光项目按原政策执行。对于油田以外项目，根据创效能力，建立分层级奖励机制，引导市场开发向高质量、高效益方向发展。三是对外部市场获奖单位及个人进行奖励。被甲方评选为先进单位和个人或参加甲方组织的各层级技术竞赛活动取得名次的（以甲方红头文件为准），建议油田给予适当的表彰奖励。

参考文献

[1] 郎宏文，舒喆醒，袁峰. 企业管理学[M]. 北京：科学出版社，2009.

[2] 柯林斯. 从优秀到卓越[M]. 俞利军，译. 北京：中信出版社，2009.

[3] 彭洋. 新形势下油田企业市场管理工作方向的思考[J]. 丝路视野，2017（21）：18.

[4] 黄莉，龚利波. 石油企业应收账款回收的问题及对策[J]. 现代企业，2016（1）：72-73.

蜀南地区天然气发展战略及“十四五”规划建议

江 林 付红弘 王 星
（中国石油西南油气田分公司蜀南气矿）

摘 要：中国经济已迈向高质量发展阶段，国家正以推进供给侧结构性改革为主线，推动能源发展质量变革、效率变革和动力变革，已明确将天然气定位为主体能源之一，引领未来能源变革。“十四五”期间，蜀南地区勘探开发规划按照公司总体战略部署的要求，结合当前储采比、管道建设和市场开发现状，常规气勘探以寻找新发现为主，加强风险勘探及预探，适度探明；非常规气加强深层页岩气资源评价，分阶段实现页岩气整体探明；进一步攻关储层改造工艺技术，推进致密气评价工作。这就要求企业建立完善相关保障措施，以确保总体发展战略和“十四五”规划目标的顺利实现。

关键词：“十四五”规划；发展战略；天然气；非常规气

中国经济已迈向高质量发展阶段，国家正以推进供给侧结构性改革为主线，推动能源发展质量变革、效率变革和动力变革，已明确将天然气定位为主体能源之一，引领未来能源变革。党的十九大报告明确提出，构建清洁低碳、安全高效的现代能源体系，中国天然气工业正迎来大发展的黄金时代。加快国内油气增储上产，是有效保障中国能源安全的重要举措，中国石油天然气集团有限公司（以下简称“集团公司”）党组高度重视，要求加大勘探开发力度，力争到2020年年底前国内天然气产量达到2000亿立方米以上。集团公司按国家发展部署分解指标，西南油气田分公司2019—2025年累计新增天然气探明地质储量9400亿立方米，年均探明地质储量1340亿立方米，到2025年产量达500亿立方米。蜀南地区2025年常规气与页岩气产量预计达到270亿立方米，完成西南油气田分公司总产量的50%。新形势下，蜀南地区必须加快增储上产脚步，为西南油气田分公司决胜300亿立方米、加快上产500亿立方米的任务目标做贡献。

1 蜀南地区天然气发展形势

1.1 高石梯震旦系快速高效建产，常规气产量稳步增长

安岳高石梯震旦系气藏自2012年发现以来，高效推进评价勘探和开发试采，2017年开始进入规模建产阶段，至2020年5月底已投产井29口，日产气564万立方米，累产气30.64亿立方米。通过优化井轨迹设计提高储层钻遇率，优化储层改造工艺参数提高单井产量，建产阶段单井产量较勘探阶段大幅提高，有效率100%。21口开发井百万立方米高产井比例43%，开发井井均产量达25万立方米/日，较开发方案提高80%；气井有效率由开发前不足30%提高至100%，消灭了Ⅲ类井。目前已建成了18亿立方米/年的生产能力，内部收益率预

计超20%，2020年将全面建成40亿立方米/年产能规模，常规气产量稳步增长。

1.2 蜀南页岩气日产量突破2000万立方米，形成大规模会战有利态势

川南地区落实4500米以浅页岩气可工作有利区面积1.7万平方千米，资源量9.3万亿立方米。形成大规模会战有利态势，创造了生产建设的新纪录。截至2018年年底，累计投产井373口，年末日产量超2000万立方米/日，年产气42.73亿立方米，累产页岩气117亿立方米。

1.3 集输管网配套完善，具备天然气大发展的优越条件

蜀南气矿经过70余年的开发建设，已形成一套较完整的采、输、配、回注系统，共有在役集输气管线共3714千米；气田水转输送管线500千米；现有主干管道60余条，累计长度达882.8千米，已形成了安岳气田、高石梯气田、阳高寺气田、付家庙气田等内部集输干网，并与西南油气田分公司骨干管网（南干线、北外环）连通，供气区域覆盖四川南部、重庆西部、贵州部分地区，气田自产气本地消耗外可进入骨干管网，并可通过骨干管网下载。

2 蜀南地区天然气发展战略

2.1 天然气资源特点及资源量评估

蜀南地区天然气资源量逾80722.83亿立方米，其中已探明8972.29亿立方米，探明率仅11%，具有雄厚的资源基础。安岳高石梯震旦系气藏初步建成20亿立方米产量规模，探明3256亿立方米，控制1618亿立方米，预测947亿立方米。下二叠统茅口组海相碳酸岩非背斜区裂缝系统获得新进展，非背斜区构造面积达15850平方千米，占比81%，具有巨大的勘探潜力。火山岩永探1井在火山岩取得重要新发现，测试获气22.5万立方米/日，展示了良好的勘探开发潜力。泸州地区泸203井龙马溪组页岩气获百万立方米级工业气流，在埋深3500米以深的页岩气勘探开发技术领域取得重大突破，指明了川南地区龙马溪组页岩气具备良好的勘探开发潜力，深层资源有望2～3年内实现有效动用。下一步通过技术攻关和工作量大幅投入，具备快速上产的基础和条件。

2.2 储量增长模式与储量预测

蜀南地区天然气储量、产量在“十三五”末基础上稳步上升，到“十四五”末，新增探明储量1.93万亿立方米，实现储量与产量同步增长。“十四五”期间预计将新开探井40口，评价井257口，三维地震工作量5500平方千米，其中页岩气三维地震4200平方千米，将新增天然气探明储量1.93万亿立方米，其中常规气新增2700亿立方米，页岩气新增1.66万亿立方米。

2.3 天然气产量预测

蜀南地区天然气产量在“十三五”末基础上翻一番，达到270亿立方米（其中，自营80亿立方米，长宁公司70亿立方米，四川公司80亿立方米，川庆20亿立方米，长城20亿立方米），跨入千万吨级大油气矿行列。围绕“页岩气规模建产、高石梯高效开发、老气田稳产保效”三大工程，扎实推进三项制度改革，加速上产，严守安全环保红线，确保重点工程按期投运、气田稳定生产。深化上产区块油气勘探，优化井位部署，强力推进产能建设，不断提升开发生产管理水平。预计至2025年产气达270.0亿立方米，其中常规气50.0亿立方米，页岩气220.0亿立方米。

3 蜀南地区“十四五”规划建议

3.1 “十四五”规划指导思想

以习近平新时代中国特色社会主义思想为指导，坚决贯彻落实集团公司加快发展天然气业务决策部署，坚持稳健发展方针和高质量发展要求，加快实施天然气增储上产工程，突出“有质量、有效益、可持续”发展，认真贯彻落实分公司工作部署，以经济效益为中心，全力推进“页岩气规模建产、高石梯高效开发和老气田稳产保效”三大工程，严守安全红线，抓好管理提升，推进科技进步，加强队伍建设，为分公司打造“气大庆”做出新的贡献。

3.2 蜀南地区勘探规划部署建议

3.2.1 勘探规划部署依据

近几年勘探实践及地质研究表明，蜀南地区主攻震旦系灯影组、二、三叠系及龙马溪组页岩气，取得丰硕的成果。根据勘探开发成果，一是重点勘探高石梯、荷包场、泸州地区、资阳地区的震旦系气藏；二是继续对高石梯地区纵向层系的发现研究；三是须家河组则以包界地区、观音—大塔场为主要勘探区；四是页岩气藏马溪组以泸州、自贡等地区为主，寻找规模储量；五是同时积极开展蜀南地区犍为—珙县二叠系火山岩、向斜地区茅口组岩溶缝洞体气藏、泸州古隆起核部嘉陵江组古油藏预探和评价勘探，加快准备新的接替领域，为西南油气田加快上产500亿立方米发展目标提供资源保障。

3.2.2 油气勘探规划建议

“十四五”期间，主攻蜀南地区震旦系灯影组、二、三叠系及龙马溪组页岩气，震旦系气藏重点勘探高石梯区块、荷包场、泸州地区、资阳地区，高石梯区块灯影组、龙王庙组外还可兼探二叠系长兴组和栖霞组，须家河组则以包界地区、观音—大塔场为主要勘探区，页岩气藏马溪组以泸州、自贡等地区为主，寻找规模储量；同时积极开展蜀南地区犍为—珙县二叠系火山岩、向斜地区茅口组岩溶缝洞体气藏、泸州古隆起核部嘉陵江组古油藏预探和评价勘探。蜀南气矿“十四五”期间勘探工作量表如表1所示。

表1　蜀南气矿“十四五”期间勘探工作量表

<table>
<tr><th>领域</th><th>区块</th><th>层位</th><th>探明储量（亿立方米）</th><th>三维地震（平方千米）</th></tr>
<tr><td rowspan="11">常规气</td><td rowspan="4">高石梯</td><td>长兴组</td><td>100</td><td>—</td></tr>
<tr><td>栖霞组</td><td>100</td><td>—</td></tr>
<tr><td>龙王庙</td><td>100</td><td>—</td></tr>
<tr><td>灯二</td><td>1000</td><td>—</td></tr>
<tr><td>荷包场</td><td rowspan="3">震旦系</td><td>300</td><td>—</td></tr>
<tr><td>泸州地区</td><td>300</td><td>—</td></tr>
<tr><td>资阳地区</td><td>200</td><td>300</td></tr>
<tr><td>包界地区</td><td rowspan="2">须家河</td><td>200</td><td>200</td></tr>
<tr><td>观音—大塔场</td><td>300</td><td>300</td></tr>
<tr><td>犍为—珙县</td><td>火山岩</td><td>100</td><td>500</td></tr>
<tr><td colspan="2">小计</td><td>2700</td><td>1300</td></tr>
<tr><td rowspan="4">页岩气</td><td>长宁区块</td><td>龙马溪组</td><td>6000</td><td>1200</td></tr>
<tr><td>泸州区块</td><td>龙马溪组</td><td>2000</td><td>2300</td></tr>
<tr><td>威远区块</td><td>龙马溪组</td><td>8600</td><td>700</td></tr>
<tr><td colspan="2">小计</td><td>16600</td><td>4200</td></tr>
<tr><td colspan="3">合计</td><td>19300</td><td>5500</td></tr>
</table>

3.3　蜀南地区开发规划部署建议

气矿天然气开发以全力推进新“三大工程”建设为重点，一是抓好老气田效益滚动勘探开发，持续深化老区二、三叠系裂缝—孔隙型和缝洞型储层气藏认识，在精细评价有潜力的目标区块展开三维地震勘探，为开发井部署提供技术支撑；认真开展生产井效益评价，关停完全无开井价值气井，转变低效气井生产方式，降低措施成本。二是抓好高石梯构造震旦系气藏试采及开发，开展大斜度井、水平井提产试验，及时开展气藏动态跟踪评价，编制好台内区开发方案，为全面开展产能建设和气田高效开发做好准备。三是抓好页岩气勘探开发，积极推动自营区块产能建设及试采工作，组织好长宁公司气井生产管理，确保页岩气大规模高效推进。

常规气部分考虑近几年已经提交了探明储量的高石梯区块以及具有成熟模式的荷包场长兴组、安岳须家河组气藏。高石梯龙王庙组和灯影组都已提交探明储量，且现有的生产井产能都比较稳定，栖霞组已见良好的油气显示，测井解释储层发育，并已部署第一口专层井高石001-X45井；龙王庙组和灯影组都已提交探明储量，且现有的生产井产能都比较稳定；荷包场长兴组和安岳须家河组两个层系都有滚探方案作支撑，具有很成熟的井位部署模式，都相对靠实。荷包场灯四气藏目前处于评价勘探阶段，但已有探井获得工业气流，该区块处于裂陷槽东侧台缘南斜坡，白云岩岩溶储层发育，具有较大的潜力。泸州地区茅口组主要针对向斜区的茅口组岩溶缝洞体，目前处于预探阶段，且云锦2井发现见到了良好的岩溶储层，测试获得高产工业气流，其成果向广大的向斜地区推广以后具有很大的产能潜力。页岩气泸203区块有试采方案作支撑，自205区块已有概念设计。

表2　蜀南气矿“十四五”期间产量预测表

分类			分年产量（亿立方米）					
			2021年	2022年	2023年	2024年	2025年	合计
常规气	老气田老井		3.7	3.4	3.1	2.9	2.6	15.7
	高石梯	高石梯栖霞组	—	—	0.1	0.3	0.5	0.9
		高石梯龙王庙组	1.0	1.0	1.0	1.5	2.0	6.5
		高石1井区（灯四）	25.0	25.0	25.0	25.0	25.0	125.0
		高石18–19井区（灯四）	1.8	3.6	10.0	10.0	10.0	35.4
		高石1井区（灯二）	—	—	—	3.7	6.6	10.3
	荷包场	灯四	—	—	—	0.5	1.5	2.0
	内江—大足	长兴	0.2	0.3	0.3	0.6	0.7	2.0
	泸州地区	茅口组	—	—	0.1	0.2	0.3	0.6
	安岳	须家河组	0.1	0.2	0.3	0.4	0.5	1.5
	界市场	须家河组	—	—	—	—	0.3	0.3
小计			31.7	33.5	40.0	45.0	50.0	200.2
页岩气	长宁区块	龙马溪组	60.0	60.0	63.0	66.0	70.0	319.0
	威远区块	龙马溪组	45.0	45.0	46.0	48.0	50.0	234.0
	泸州区块	龙马溪组	21.0	45.0	67.0	89.0	100.0	322.0
小计			126.0	150.0	176.0	203.0	220.0	875.0
合计			157.7	183.5	216.0	248.0	270.0	1075.2

4　推进科技创新，保障天然气发展

通过推进理论和技术创新，强化科技成果转化应用，提升创新能力和核心竞争力，形成应用基础研究、关键技术攻关、技术应用推广的一体化研发创新体系，强化勘探开发一体化研究团队建设。

一是夯实资源基础，强化攻关研究寻找资源接替区。加强基础地质与勘探技术研究，突出高效勘探，推进从重视地质储量向经济可采储量转变，努力增加经济可采储量；在开发方面，落实可动储量和主体开发技术，加快产能建设步伐；在页岩气方面，加强勘探开发理论研究与现场攻关试验，推进页岩气规模上产。根据气矿“十四五”油气勘探开发生产实际，按照高石梯震旦系古老碳酸盐岩气藏高效开发、深层页岩气勘探开发、盆地南部茅口组缝洞型气藏勘探开发、盆地西南部火成岩勘探等5个技术领域进行科技攻关。

二是持续加强钻井主体技术研究，攻克“卡脖子”技术难题。持续加强深层页岩气压裂技术攻关，进一步研究降低套管变形和故障复杂的技术措施，推进不同支撑剂组合、压裂液体系、纤维压裂等新工艺试验和跟踪评价，持续提升压裂效果；探索研究堵漏技术和防塌钻井液技术，解决恶性漏失和页岩储层段井壁失稳的问题。开展新工艺、新技术试验，形成适合本区的钻完井技术。优化工序，提高工作效率，形成工厂化作业模式。

三是强化“互联网+油气生产”引领作用，建设智能油气田。通过工业化与信息化的深度融合，强化“互联网+油气生产”引领作用，到“十四五”末，初步建成国内领先智能油气田，有力支撑分公司500亿立方米战略大气区建设。

四是完善相关管理制度，加强外部合作，形成产学研用相结合的创新联合体。进一步深化科技体制机制改革，完善科技经费管理，加大科研绩效激励力度，建立健全符合科研技术人才及其岗位特点的评价体系和激励机制，充分激发科研人员的创新活力。持续推进“双序列”制度，培养科技领军人才。加大开发合作，培育以企业为主体、产学研用相结合的创新联合体，与国内领先的机构和高校建立长效合作机制，攻克关键技术难题，提升创新能力。

推进页岩气开发高质量发展的“油公司”模式实践与探索

李 娟
（四川长宁天然气开发有限责任公司）

摘 要：某页岩气公司对“油公司”模式进行不断实践与探索，通过打造多元主体共建共享共同发展模式、中国石油整体资源高效利用高质量协同发展模式、生产要素市场化合作竞争模式、甲方为主导的技术集成和生产组织模式、扁平化组织系统运行模式，连年超额完成上产任务，丰富了“油公司”内涵，建立了一套适应合资合作机制与非常规资源开发特点的生产经营管理体系。走出了一条具有特色的页岩气高效开发之路，形成了一套宝贵的、可借鉴的经验。

关键词：“油公司”模式；页岩气勘探开发；管理创新；高质量发展

某页岩气公司是国内首家企地合资的页岩气勘探开发公司，由中国石油天然气股份有限公司等四家股东共同组成，主要从事页岩气勘探、开发、销售等业务，承担着“率先建立国家级页岩气示范区和促进地方经济社会发展”的双重任务，旨在建成“国内最具竞争力、国际具有影响力的页岩气公司”。成立六年来，公司不断探索页岩气开发的“油公司”管理模式，成立第一年即实现赢利，第二年产量翻两番，第三年建成10亿立方米/年天然气产量规模，提前全面建成国家级页岩气示范区；第四年产量突破百万吨油气当量；2016—2018年产量增长率连年超过30%；2019年产量再次突破，较上一年实现翻番，完成投资100亿、投产新井100口、钻井进尺100万米，均超过前五年总和，成为国内最大页岩气生产基地的产量“压舱石”。经过六年的实践发展，公司技术实力、管理水平和盈利能力不断提升，始终走在中国石油页岩气企业前列，已经发展成为四川页岩气勘探开发的排头兵和中国石油天然气集团有限公司（以下简称“中国石油”）地区分公司页岩气发展的主力军，走出了一条具有中国特色的页岩气开发高质量发展道路，极大地诠释了“油公司”管理模式的深刻内涵。

1 打造多元主体共建共享共同发展的“油公司”模式

在页岩气开发过程中，某页岩气公司以“互惠、互利”为基本原则，充分兼顾国家、地方政府、企业、员工和当地居民的利益，围绕页岩气勘探开发的全过程，以合资合作为纽带打造利益共同体，构建起新的价值创造和价值分配的总体框架，形成多层次、多阶段的共享共建模式，以满足各方的利益需求。以责任和担当满足国家页岩气发展需求；以效益回报满足股东方发展需求；以利益共享满足地方经济发展需求；以共同进步满足合作方发展需求；以共同发展满足员工发展需求。

2 打造中国石油整体资源高效利用高质量协同发展的“油公司”模式

公司的高质量发展是中国石油整体资源优势的集中体现，是中国石油油气勘探开发尤其是页岩气勘探开发多年形成的成熟经验与技术在页岩气开发实践中的充分展示，是中国石油地区分公司天然气上中下游一体化完整业务链优势的充分发挥。

2.1 收购生产性资产实现页岩气开发的快速起步

公司设立初期面临着需要快速起步的巨大压力，创新工作思路成为关键。公司一成立即着手积极收购中国石油在勘探开发区块的前期投入、页岩气井和配套设施，迈出了获取区块地质构造、获取生产性实物资产的关键步骤（图1）。此次资产收购不仅是目前国内陆上石油行业最大的一次油气资产所有权转让，涉及油气资产、矿权（储量）资产评估、税收筹划、营销模式、风险合规管理等相关领域的制度创新实践，而且也为国内陆上石油的资产重组和页岩气勘探开发的合资合作提供了典型范例。公司经营第一年，即实现投产并盈利。

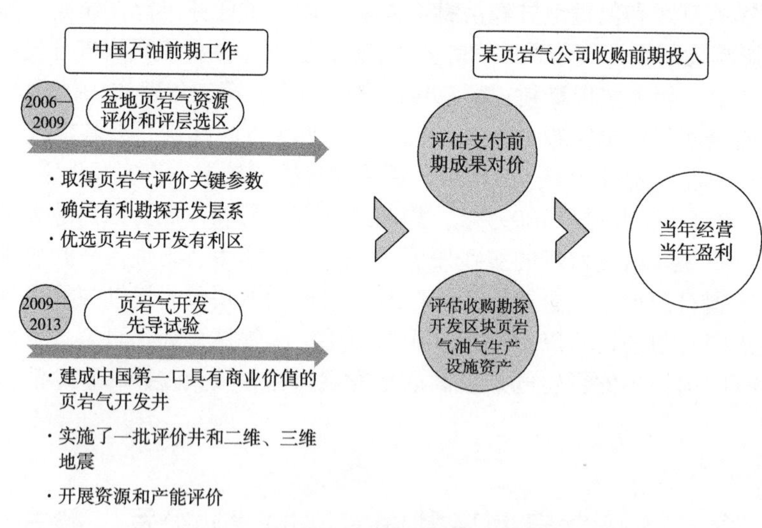

图1 项目前期投入及收购示意图

2.2 依托中国石油油气开发的完整产业链形成合作开发体系

“油公司”模式客观上要求页岩气开发公司必须定位为战略投资主体，聚焦核心业务，必须形成分工合作的生产体系。公司充分依托中国石油在油气开发领域长期积淀的成熟经验和技术，紧密依靠中国石油地区分公司专业化管理平台，切实发挥多年来积累的技术、人才、队伍优势和经营、管理经验做法，统筹协调项目运营。

2.3 依托中国石油勘探开发成熟管理经验形成管理制度体系

公司成立初期，即着手顶层设计和流程建设，以制度的立、改、废为龙头，突出创新管理，建立起一套规范化高、操作性强、覆盖面广的规章制度体系，目前公司现有规章制度137项，业务流程156项。经过几年的摸索思考与持续融合，初步形成了具备页岩气勘探开发特点、贴合公司生产经营管理需求、符合独立法人治理结构的制度体系和业务流程管控体系。2019年，公司开展了内控流程再造和制度流程匹配，建立了一套适用于合资合作勘探开发页岩气公司制管理模式的业务流程，填补了中国石油地区分公司页岩气公司制管理的空白。

3 打造生产要素市场化供给和保障的合作竞争模式

公司的“油公司”模式，决定了是否能高效地从内外部市场上获取页岩气勘探开发的要素直接关系到其上产规模速度、可持续性和经济性。根据页岩气勘探开发过程的要素属性和页岩气勘探开发的具体环境，公司构建了内部市场和外部市场动态均衡发展的要素保障体系，实践证明，这种要素保障体系能够满足页岩气快速规模上产对工程技术服务、技术支撑、生产运行与维护的需要，在提高效率、降低成本方面发挥了巨大作用。

3.1 稳定内部勘探开发技术市场

某页岩气公司内生于中国石油，与中国石油下属的各类钻探公司、科研单位、生产运维单位有着天然的亲缘关系，这种亲缘关系具有可靠、稳固和持续的关系特征，是相互之间重要的社会资本，其存在极大地降低了页岩气勘探开发过程中的市场交易成本，可以有效地规避相互之间因任务数量、时间等方面形成的不确定性的风险，这是保障公司要素需求的基础。

3.2 不断拓展外部要素保障市场

内外部市场的良性发展是某页岩气公司市场主体地位的根本保障。在川南页岩气大规模上产的背景下，各个作业主体对要素需求非常旺盛，同时随着公司勘探开发投资力度的加大，工作任务重，原有的内部市场力量难以满足其发展需要，为此，公司在稳定内部市场的基础上，不断地引入新的合作伙伴，不断地拓宽其市场范围，并以形成适度的市场竞争与合作的新态势，巩固其市场主体地位，开创了内、外部工程服务队伍同台竞技促提升的良好市场环境。

3.3 不断完善要素主体管理体制和激励机制

某页岩气公司在市场化要素保障中，突出主导作用，通过创新一系列的措施，有效提高项目管理水平。一是通过“搭擂台、定指标、树先进、争红旗、重奖励”的方式，营造良好工作氛围，激发钻探公司提速潜力。二是实施“三管三控一协调”（投资控制、进度控制、质量控制，合同管理、信息管理、安全管理和组织协调）进一步规范承包商管理。三是划分承包商管理“三级”管理界面，分级备案（图2）。四是严格施工前安全技术交底，培训到位。五是对照设计和标准检查，及时讲评，举一反三。六是坚持信息公开，公开考核标准及结果，奖惩兑现。

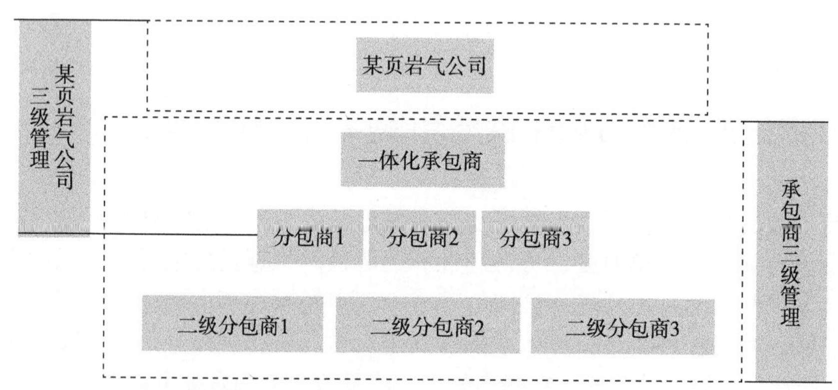

图2　工程承包商“三级”管理界面

4　打造甲方为主导的技术集成和生产组织模式

页岩气开发建产周期长、参与主体多，涉及勘探、工程、开发、生产、服务各环节，参与主体专业跨度大、分工细致、各环节衔接要求高，对“油公司”模式下的甲方的技术管理和生产管理提出了挑战，需要甲方在开发层系布局、作业模式、核心技术、关键工具、项目运维和生产组织各环节，加强统筹协调，实现甲方主导下的技术集成最优化。

4.1 甲方主导联合创新形成了以产量为核心的“四个好”技术管理流程

页岩气开发必须以产量为核心统领页岩气的技术管理模式，必须充分发挥甲方的主导作用。一是坚持突出技术管理的基本原则，在提高储层品质、钻井品质、完井品质三个核心上下功夫，坚持工程服从于地质、地面服从于地下、速度服从于质量、一切服务于产量的四项原则；二是坚持甲方主导重大开发技术政策、关键工艺技术路线、设计优化与施工方案、现场复杂情况处置、关键工具液体质量的“五个主导”，实现了勘探开发、地质工程、技术经济一体化管理；三是坚持生产组织管理“早、优、精、控”的管理（图3）、开发技术管理“三结合、三统一”（“三结合”是指将地层、井筒与地面相结合，“三统一”是指地质油藏工程、钻井采气工程与输气处理工程相统一）、动态跟踪管理“日跟踪、周分析、月调整”，总结形成了公司的“定好井、钻好井、压好井、管好井”的“四个好”成功经验做法。

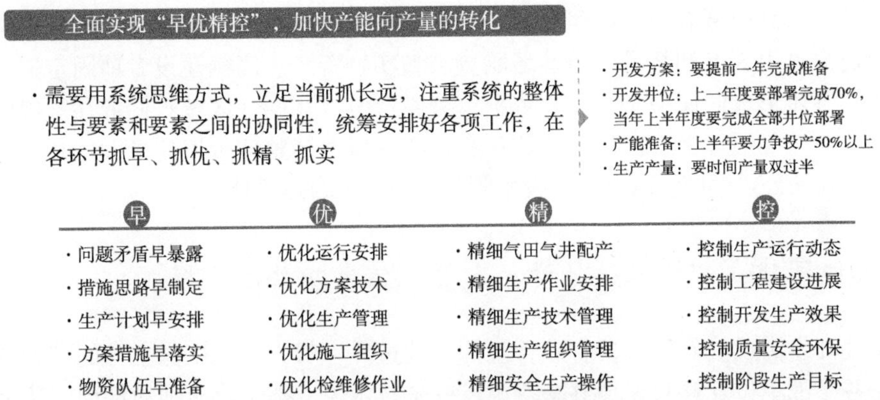

全面实现“早优精控”，加快产能向产量的转化

·需要用系统思维方式，立足当前抓长远，注重系统的整体性与要素和要素之间的协同性，统筹安排好各项工作，在各环节抓早、抓优、抓精、抓实

·开发方案：要提前一年完成准备
·开发井位：上一年度要部署完成70%，当年上半年度要完成全部井位部署
·产能准备：上半年要力争投产50%以上
·生产产量：要时间产量双过半

早	优	精	控
·问题矛盾早暴露	·优化运行安排	·精细气田气井配产	·控制生产运行动态
·措施思路早制定	·优化方案技术	·精细生产作业安排	·控制工程建设进展
·生产计划早安排	·优化生产管理	·精细生产技术管理	·控制开发生产效果
·方案措施早落实	·优化施工组织	·精细生产组织管理	·控制质量安全环保
·物资队伍早准备	·优化检维修作业	·精细安全生产操作	·控制阶段生产目标

图3 “早、优、精、控”的管理

4.2 甲方主导形成了页岩气钻井的“六大主体技术”

油公司在“区域地质认识深、技术统筹能力强、科技攻关力度大”等方面具有优势，建立了从气藏认识、地质导向技术、井型选择、超长水平段、密切割分段压裂等以控制复杂和降低周期为核心的技术管理体系的基础。在页岩气开发实践中，公司主导编制的10余项技术规程，发展成为川南页岩气水平井钻井普遍采用的工艺指南；全面形成了山地页岩气钻井的“六大主体技术”——“页岩气水平井优快钻完井优化设计技术”“页岩气水平井优快钻井设备优选优配”“页岩气水平井优快钻井钻具组合（BHA）技术”“机械比能钻井参数实时优化技术”“水平井井眼清洁优化技术”“水平井精细化操作技术”，目前已进行模板化推广。

4.3 甲方主导形成了“工程设计、技术政策、关键工具”三大环节生产组织管理模式

页岩气开发的高质量发展本质上是一个系统化的项目，其效益体现在时间、成本和质量三项指标的优化上。经实践探索，公司一是固化优快钻井设计，升级钻井装备、推广配套提速设备和材料、强化钻井参数，提高生产效率；二是不断推广控压钻井与防卡系列技术，优选旋转导向系统及旋转下套管工艺，集成固化为页岩气优快钻井技术模块，指导页岩气生产；三是探索“钻井试油总承包”模式向“日费制”模式的转变，并引导和规范参

建单位按照甲方要求，按进度高质量、高水平完成服务，形成管理的协同效应，提高生产管理水平。

4.4 创新激励约束机制形成战略合作伙伴的择优培育模式

建立竞争有序的战略合作伙伴关系是“油公司”模式持续发展的基础，公司一是充分引入市场机制和社会化服务，通过承包商准入、考核、监督、评价、培训，甄别出一批专业技能过硬、管理协调有力、提供服务高效的合作伙伴。二是引入规模招标和战略合作，解决承包商海外引入专利技术、跨区域购置大型实物资产、高额建设专项固定资产的前期投入问题，逐步形成同属一个油田、依附一个生产链、在同一区域长期依存发展的战略合作伙伴关系。三是通过多方互动、协调优化，实现服务链整体价值的最大化和功能的最优化，不断提升油公司生产组织能力、技术管理能力、项目运维能力。

4.5 协同建立“技术、物资、人员、信息四共享”模式

页岩气开发高质量发展需要打破管理的行政边界，努力打造甲方主导的工程技术教导队，确保各参战单位互通有无、共享资源。一是技术上，整合具有地质导向、防漏治漏等单项技术优势的队伍，组织钻探企业开展交叉服务；二是物资上，旋转导向、近钻头伽马等核心工具由公司集中招标、统一调配，主导区块内钻探企业配置使用；三是人员上，从钻探企业协调技术骨干，在区块内开展技术服务，指导各参建队伍弥补短板，快速提升技术水平；四是在信息上，定期组织前线指挥部生产推进会，确保各参建队伍信息畅通，促进整体技术水平的迅速提升。

5 打造扁平化组织系统和有效运行的“油公司”模式

页岩气开发的高质量发展是公司的组织管理目标，这一目标的实现是建立在清晰的组织结构、科学而合理的职能与权限划分等基础上的。

5.1 以高效发展为目标导向持续不断优化组织架构

页岩气开发业务关系复杂，信息过载将制约其高质量发展，为此，一是按照“油公司”模式对公司组织架构的基本要求，公司组织机构设置始终秉承“扁平化”原则，组织架构设计充分体现了公司发展战略、投资规划、生产规模协同发展，以期达到机构精简、人员精干、运转高效。成立之初，公司设置职能部门5个，随着公司迅速发展、工作量连年翻番，2017年职能部门增至8个，2019年增至10个，同时成立4个现场基层单位。二是加强了专业化分工，逐步形成横向责权清晰、纵向层级精炼、沟通渠道畅通的分工协作工作模式。

5.2　培养了一批适应页岩气开发高质量发展的人才队伍

公司始终秉承人才是页岩气开发高质量发展的关键要素，坚持“以人为本”的用人理念，各股东方均推举企业中优秀的成熟型人才，确保了人员上岗即能在工作中上手，打造了一支思想素质过硬、知识结构合理、年轻化的管理队伍。2019年年底，公司在编员工仅130人，平均年龄38岁，覆盖专业岗位超过200个。其中，大学本科及以上占比95%，中高级专业职称人员占比81%，全员劳动生产率2019年年底达到人均1969万元，真正实现了人员精干高效。

5.3　精准激励全面激发队伍活力

在年度绩效分配中，以业绩为导向，实行差异化激励和精准化考核。一是在公司内部，针对生产部门工作强度大、生产任务重，出差加班频繁的特点，考核加大向生产部门的倾斜力度。二是在部门内部，同部门同岗位人员按照贡献大小进行考核，对钻业务、精技术、贡献大的员工实施重点激励。三是根据年度主要重点、难点工作设置单项奖，建立起了单项奖励制度。实施差异化考核和精准激励，盘活了工资存量，激发了员工潜能，实现了激励效果最大化，为公司快速发展注入了新动能。

5.4　持续推进企业文化建设形成共识和凝聚力

企业文化具有行为导向、凝聚和调适功能，是企业发展最深沉的推动力和软实力的体现。公司始终从战略高度，将员工利益和发展作为文化建设的内核，构建起公平、公正的企业文化。一是着眼于解决好员工关心的切身利益问题；二是最大限度体现各股东方员工的公平公正、同工同酬。三是对第三方平台公司委派的员工，研究出台工资增长、职业发展方案。四是解决好长驻一线员工的实际问题。几年来，通过实际行动和工作磨合，公司上下形成了理解互信、尊重互助、优势互补、团结奋进的良好风气和文化氛围，巩固和发展“三个认同”（目标认同、道路认同、价值认同），这是公司文化的根本体现。

6　创新成果

公司通过对“油公司”模式的勇敢实践、不断创新，探索建立了适应页岩气开发高质量发展的合资合作模式，形成了与非常规资源开发特点相适应的生产经营管理体系，走出了一条具有特色的页岩气规模效益开发之路，取得了令人瞩目的成绩，形成了一套宝贵的、可借鉴的经验。

国家管网与省级管网融合发展研究

杨 瑞 温 文 吴 超
（中国石油管道分公司管道科技研究中心）

摘 要：省级管网是中国油气输送环节的重要组成部分，国家管网与省级管网的有机融合是油气体制改革重点工作之一。省级管网已成为中国天然气运输极其重要的组成部分，国家石油天然气管网集团有限公司（以下简称“国家管网公司”）作为中间环节的核心主体，与省级管网的融合是目前的发展方向，融合过程将面临强势政府、投资主体利益诉求等多方面的阻力，应尽快开展省网融合工作、分省精准施策、加强规划衔接、争取国家政策支持等建议，未来根据国家油气体制改革、国家管网高效集输的需要，进一步完善干线管网与省级支线管网在生产运行、经营管理等的有机融合。

关键词：国家管网；省级管网；融合；省政府

随着西部大开发战略的实施以及西气东输管道工程的建设，天然气逐渐进入千家万户，拉开了中国全面应用天然气的序幕，自此中国天然气消费量高速增长，2019年表观消费量已达到3065亿立方米。受上下游市场化程度低、中游管道运输环节多、运输和销售捆绑、储运设施垄断经营等因素影响[1]，中国天然气产业加速发展受到严重限制，油气管网改革迫在眉睫。

国家管网资产层面改革主要包括三大油公司资产划转和省级管网资产融入两个部分。三大油公司资产划转方面，国家管网公司已基本明确在2020年内完成干线管网及部分油气储运设施的接收，并进入实质运营。在未来一段时间内，国家管网与省级管网资产的市场化融合将成为国家管网资产改革的重要内容。相对三大油公司干线管网资产划转，因各省管网建设情况、经营模式、利益主体及诉求等千差万别，省级管网融合改革将面临更多现实问题。

1 省级管网发展现状

截至2020年6月，中国已有24个省份相继成立41家省级天然气管网公司（表1），建设总里程超过1.6万千米[4]，已经成为中国天然气运输极其重要的组成部分。三大油公司输气干线管道在设计时就已考虑到天然气市场开发，建设的支线管道基本能够满足沿线省份部分地区的天然气输配需求，其他地区则需要省级管网进行配送。省级管网主要为承接输气干线气源的支线管道组成的区域中高压管网，运营模式以“输售捆绑”为主，即统购统销，从上游购买天然气资源，向城市燃气和大用户输送与销售天然气[5]。除此之外，也有部分省份以代输、市场化的模式运营。

因国家对省级管网的建设和定位未做明确要求，各省根据自身情况分别建设，导致建设规模、建设主体、经营模式等千差万别。根据股权结构大致可分为与三大油公司合资建设、省投资集团主导建设两类。

表1　中国省级天然气管网公司明细（截至2020年6月）

序号	省份	省级管网公司	投资主体
1	山西省	山西天然气有限公司	山西国新能源股份公司（100%）
2	上海市	上海天然气管网有限公司	上海燃气集团（50%） 申能股份公司（50%）
3	陕西省	陕西省天然气股份有限公司	陕西燃气集团（55.36%） 其他社会流通股（44.64%）
4	河北省	河北省天然气有限责任公司	新天绿色能源股份（55%） 香港中华煤气公司（43%） 高康资本投资管理公司（2%）
5	安徽省	安徽省天然气开发股份有限公司	安徽能源集团（45%） 香港中华煤气公司（20%） 中煤新集能源股份公司（5%）
		中石化皖能天然气开发利用有限公司（注册中）	中国石化（≥50%） 安徽省天然气开发股份有限公司
6	江苏省	江苏省天然气有限公司	江苏国信资产管理集团（51%） 中国石化股份公司（49%）
7	浙江省	浙江省天然气开发有限公司	浙能天然气集团（40%） 中国海油气电集团（30%） 中国石化天然气分公司（30%）
		浙能天然气管网有限公司	浙能天然气集团（100%）
8	内蒙古	内蒙古西部天然气股份有限公司	鄂尔多斯国有资产投资公司（48%） 中国石油集团公司（42%） 包头申银产业集团（10%）
9	宁夏	宁夏哈纳斯管道集团公司	宁夏马斯特实业集团（70%） 宁夏马斯特能源集团（30%）
10	河南省	河南省发展燃气有限公司	河南投资集团（70%） 中国石化天然气分公司（30%）
		河南省天然气管网有限公司	河南投资集团（35%） 中国海油气电集团（30%） 中燃宏大能源（19%） 河南能源化工（16%）
11	四川省	四川省天然气投资有限公司	四川省能源投资集团（51%） 中国石化股份公司（49%）
12	重庆市	重庆渝西天然气管道有限责任公司	重庆燃气（32%） 中国石油股份公司（25%） 中国石化天然气分公司（25%） 其他（18%）

续表

序号	省份	省级管网公司	投资主体
13	贵州省	贵州省天然气有限公司	贵州燃气集团（100%）
		中国石油贵州天然气管网公司	中国石油股份公司（60%） 贵州燃气集团（40%）
		贵州省天然气管网有限公司	乌江能源集团（100%）
14	云南省	云南天然气有限公司	云南能源投资集团（100%）
15	吉林省	中国石油吉林天然气管道有限公司	中国石油股份公司（60%） 吉林省天然气有限公司（40%）
		中国石油吉林天然气管网有限公司	中国石油股份公司（51%） 吉林省投资集团（49%）
16	黑龙江	黑龙江省天然气管网公司（正在注销）	北京燃气集团（30%） 中燃燃气实业公司（25%） 陕西天然气股份公司（20%） 新奥燃气（15%） 黑龙江辰能集团（10%）
17	江西省	江西省天然气管道有限公司	江西天然气控股公司（54%） 中国石化股份公司（46%）
		江西省天然气投资有限公司	江西天然气控股公司（50%） 中国石油股份公司（50%）
18	广东省	广东省天然气管网有限公司	广东省粤电集团（28%） 中海油气电集团（26%） 中国石油股份公司（23%） 中国石化股份公司（23%）
19	湖北省	湖北省天然气发展有限公司	湖北能源集团股份有限公司（51%） 中国石化天然气分公司（49%）
20	山东省	山东中油天然气有限公司	中国石油股份公司（80%） 山东石油天然气股份公司（20%）
		中国石油山东天然气管道有限公司	中国石油股份公司（70%） 山东省天然气管网投资公司（30%）
		山东省天然气管道有限责任公司	中国石化股份公司（65%） 山东鲁信实业集团（35%）
		山东实华天然气有限公司	中国石化集团（50%） 山东鲁信实业集团50%
		山东省东南管道天然气有限公司	中国石化天然气分公司（50%） 山东鲁信实业集团（50%）
		山东省西干线天然气有限公司	山东石油天然气股份有限公司（100%）
		山东省北干线天然气有限公司	山东石油天然气股份有限公司（100%）
		山东鲁润天然气有限公司	山东省天然气管网投资公司（40%） 中国石油股份公司（30%） 东营润发投资有限公司（17.5%） 山东同和投资有限公司（10%） 东营市油气技术开发有限公司（2.5%）

续表

序号	省份	省级管网公司	投资主体
21	广西省	广西广投天然气管网有限公司	广西投资集团（75.5%） 瑞川能源（北京）投资公司（24.5%）
		广西天然气管道有限责任公司	中国石化天然气分公司（65%） 广西投资集团（35%）
22	湖南省	湖南省天然气有限公司	中国石油昆仑燃气（60%） 湖南湘投控股集团（40%）
		湖南省天然气管网公司	湖南湘投控股集团（55%） 中国石化天然气分公司（45%）
23	福建省	福建省天然气管网有限公司	中国石油股份公司（50%） 福建能源集团（50%）
		中海福建天然气有限责任公司	中国海油气电集团（60%） 福建投资开发总公司（40%）
24	海南省	中海石油管道输气有限公司	中国海油气电集团（55%） 海南发展控股公司（45%）

2 国家管网与省级管网融合发展方向

中国油气体制改革的目标是形成上游油气资源多主体多渠道供应、中间统一管网高效集输、下游销售市场充分竞争的“X+1+X”油气市场体系。国家管网公司作为中间环节的核心主体，其主要职责是负责全国油气干线管道、部分储气调峰设施的投资建设与运营，负责干线管道互联互通及与社会管道联通，形成“全国一张网”，负责原油、成品油、天然气的管道输送，并统一负责全国油气干线管网运行调度，实现基础设施向所有符合条件的用户公平开放等。

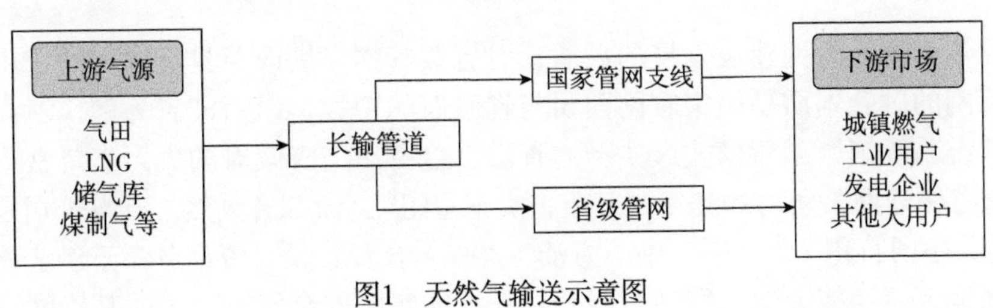

图1　天然气输送示意图

国家管网公司正式运营后，从天然气输运过程来看，天然气从气源地首先进入长输管道，经跨区域运输到达各省，再通过国家管网公司支线或省级管网支线进入下游市场（图1）。下游用户获得气源后，在购买管输服务时，若输送的支线归国家管网所有、控股，或经营调度权归国家管网公司所有，则下游用户只需与国家管网公司签订一份交易合同即可完成管输服务交易；若输送的省级管网其经营调度权归其他主体，则下游用户需要与国家管网、省级管网双方签订管输服务合同，该情境下将导致如下问题：（1）当双方管输能力不对称或不匹配时，下游用户尽管能够买到气源，但无法完成运输和最终交易，“最后一千米”使市场失灵；（2）中间环节运输和交易主体的增加，降低天然气资源运输和调配效率；（3）中间环节的增加，势必增加中间运输成本。这也是国家管网与省级管网融合发展的主要原因。

基于实现国家油气体制改革的最终目标，下游市场方面，所有大用户要能够直接购买上游气源，并能够利用管网进行高效输送；中游环节方面，下游用户购买气源后，与一个主体签订管输服务即可保证气源送达。要实现上述目标，省级管网公司需要改变统购统销模式，实现运销分离，将经营调度权划归国家管网公司，运销分离后负责代输的省级管网公司仅负责运行维护。各省份成立省级管网公司的初衷基本按照省级天然气资源调控平台的愿景进行设计和建设，运销分离改革以及省级管网经营调度权划归国家管网的实施，将彻底改变各省级管网的初始定位，这也是国家管网与省级管网融合面临挑战的根本原因。

3 国家管网与省级管网融合发展面临的挑战

根据国家管网改革资产划拨原则，三大油公司在各省级管网的股份也将一并划归国家管网，国家管网公司将实现控股省网公司15家、参股省网公司11家。未实现参股以及参股但未控股的省网公司将是国家管网融合发展的主要对象。

省级管网公司调度经营权划归国家管网后，仅负责管网设施的运行维护，背离了公司成立的初衷，继续持有该资产基本失去现实价值意义，因此，经营调度权与资产所有权大概率是捆绑的。国家管网只有通过股权收购或注资实现控股才能获得经营调度权。基于中国省网公司投资主体现状，国家管网对省级管网的股权收购，即市场化融合将面临多方挑战。

3.1 强势政府的阻力

省政府作为省级管网建设发展的后盾，对省级管网发展改革具有决定性作用，国家管网与省级管网的融合本质是国家管网公司与省政府的博弈。以浙江省为例，浙江省管网是中国实行“统购统销”运营模式最典型的省份，这背后与省政府的大力支持密不可分。浙江省共两家省级管网公司，2020年初宣布将实施重组[6]。浙江省天然气开发公司是由浙能集团（40%）、中国石化（30%）、中国海油（30%）合资建设，资产分布于经济比较发达的中部和北部地区。浙能天然气管网有限公司是浙能集团的全资子公司，其管网设施主要集中在浙江省南部经济欠发达地区。根据国家改革，中国石化、中国海油的股份划归国家管网公司，国家管网将实现对浙江省天然气开发有限公司的控股，浙能天然气管网有限公司未来经营发展将面临重大困境，该情景显然是浙江难以接受的。浙江省将浙江省天然气开发有限公司与浙能天然气管网有限公司进行重组，国家管网在新公司的股权被稀释，浙能集团很可能成为新公司的控股股东。该情景下，浙江省既避免了劣质资产的经营困境，又在将来与国家管网博弈中占据了主动权，而国家管网或需更多地让利于地方政府才能实现市场化融合。

3.2 “产供销”一体化省网公司的阻力

部分省网公司已经实现产供销一体化运营，国家管网与之融合将打乱其原经营模式，制约其上下游的协调，势必遭到这些公司的阻力。以陕西省为例，陕西省作为中国天然气资源禀赋最优异的省份之一，天然气产业发展起步较早，隶属于陕西燃气集团的陕西天然气股份有限公司也是中国最早上市的省级天然气管网公司之一。2019年6月，陕西省实施天然气市场体制改革，陕西延长集团成为陕西燃气集团的控股股东，实现对陕西天然气股份有限公司的间接经营，陕西延长集团实现上下游一体化的经营格局。国家管网与陕西天然气股份有限公司进行融合存在较大困难，其阻力主要来源于三个方面：（1）陕西天然气股份有限公司作为延长集团一体化经营的中游环节，气源和市场得到进一步巩固，国家管网作为独立的油气储运设施运营商对其吸引力不高；（2）延长集团增资扩股陕西燃气目的之一在于加强中下游发展，势必会牢牢掌握陕西天然气股份有限公司的经营权；（3）陕西天然气股份公司作为上市公司，股份复杂，股权收购手续烦琐。

3.3 上市公司原始资本的阻力

全国各省级管网中已有多家公司上市，上市公司股权复杂，各主体利益诉求多样，进一步增加了股权收购的阻力。

以安徽省天然气开发股份有限公司（以下简称“皖天然气”）为例，股东主要包括安徽能源集团（45%）、香港中华煤气公司（20%）、中煤新集能源股份公司（5%），其他为流通股。国家管网要以市场化的方式与皖天然气进行融合，阻力主要包括：（1）皖天然气为上市公司，股权收购过程繁多，影响因素众多，能否顺利实现存在较多不确定因素；（2）皖天然气股东较多，各方利益诉求可能存在差异，满足所有利益诉求存在较大困难；（3）若完成控股，皖天然气是否退市，在国家逐步取消省门站、区域管输费率定价的背景下，国家管网将管输收益分配也是需要考虑的现实问题。

除此之外，其他省级管网公司股权结构相对简单，部分公司国家管网已经实现参股，但各省级管网公司的建设管理现状、利益主体诉求仍千差万别，如何权衡各省之间、省内部各主体之间利益也是国家管网需要重点考虑的问题。

4 国家管网与省级管网市场化融合建议

4.1 尽快开展省网融合工作

在改革窗口期，各利益相关方都在快速布局，各省天然气管网改革、合资管线建设不断提速，以期在与国家管网融合谈判和改革中获取更多利益。国家管网公司在部分省份改革中的主动地位正在逐步丧失。国家管网公司应尽快、全面开展各省级管网融合前期工作，与省政府开展对接，稳定当前融合的局面，保持主动地位，为后续融合推进奠定基础。

4.2 分省精准施策

中国成立省级管网公司的省份众多，各省管网设施建设现状、经营模式、投资主体及利益诉求各不相同，国家管网与省级管网的融合应以市场化的方式，根据各省利益主体诉求，制定个性化的融合方案，充分调动各方积极性，实现利益共赢、责任共担、融合发展。

4.3 加强规划衔接

国家管网能否兼顾各省管网基础设施建设也是各省政府持观望态度的主要原因之一。为进一步促进与省级管网的融合，争取省政府的支持，国家管网公司应主动与省政府对接，加强与各省管网设施规划的衔接，研究制定确保各省设施建设的工作方案，确保国家干线管网与省网支线的协调发展，为实现市场化融合，减小改革阻力。

4.4 争取国家政策支持

省级管网公司运销分离改革、放开支线建设的特许权有利于推动国家管网与省级管网的融合发展，上述两项改革也有利于国家油气体制改革目标的实现。运销分离、支线建设特许改革实施后，省级管网与国家管网成为竞争对手，国家管网的规模优势显著，将倒逼省网提升运营管理水平，并在省内管网建设过程中主动向国家管网靠拢，最终实现市场化融合。因此，国家管网公司应主动争取国家政策支持，积极推动改革实施。

5 总结与展望

省级管网是中国油气输送环节的重要组成部分，国家管网与省级管网的有机融合是油气体制改革重点工作之一。中国各省级管网公司的发展历程、建设现状、经营模式、投资主体千差万别，相关投资主体的利益诉求各不相同，在与国家管网融合发展过程中势必面临诸多阻力。

国家管网公司应从大局出发、系统统筹，尽快与各省政府对接，开展融合工作；根据各省实际情况及利益诉求制定个性化的融合方案；加强与各省级管网设施规划的衔接，研究制定确保各省设施建设的工作方案；争取国家政策支持，尽快完成融合工作。未来根据国家油气体制改革、国家管网高效集输的需要，进一步完善干线管网与省级支线管网在生产运行、经营管理等的有机融合。

参考文献

[1] 周淑慧，孙骥姝，王军等. 对省级天然气管网设施公平开放与监管的思考——以陕西省为例[J]. 天然气工业，2017，7（6）：107–114.

[2] 李科峰. 国家油气管网公司成立带来天然气市场体系的变化与机遇[J]. 天然气技术与经济，2019，13（6）：1–15.

[3] 周淑慧.干线管网独立对中国天然气行业的影响及相关建议[J].国际石油经济，2019，27（6）：1–10.

[4] 中国石油管道科技研究中心. 2019年油气管道行业发展报告[R]. 内部刊发，2020.6.

[5] 陈正惠，马昌峰，程民贵，等. 中国天然气管网管理体制改革之管见——“管道+调控中心”模式[J]. 国际石油经济，2018，16（12）：1–11.

[6] 刘满平，孙莉莉. 透过浙江省网改革看省级管网未来改革思路[J]. 价格理论与实践，2020（4）：555–561.

新冠肺炎疫情与低油价下石油装备企业的应对策略与思考①

时　文　高进伟　陈文征
（中国石油技术开发有限公司）

摘　要：在新冠肺炎疫情全球蔓延和国际油价暴跌的双重影响下，石油装备企业遭遇前所未有的困境。面对需求急剧萎缩、项目执行遇阻、海外市场开发中断等难题，石油装备企业需找准提质增效突破口，变“熬冬”为“冬训”，最大限度地确保生产经营持续发展。石油装备企业应对困境的策略：紧贴客户需求，稳收增收；抓住消费降级契机，抢夺下沉市场；提供“一站式”解决方案，降低客户成本；提供增值服务，提升客户体验；加大业务财务融合；清理盘活资产提高流动性以及精细化风险防控。

关键词：石油装备企业；提质增效；风险防控；低油价

1　双重冲击下石油装备企业面临的挑战

1.1　需求急剧萎缩

新冠肺炎疫情的全球性蔓延，造成世界经济整体性衰退，由此导致的原油价格大幅下跌使各产油国和石油公司面临巨大的压力。国际石油公司和国家石油公司纷纷通过大幅削减上游投资、降低采购预算等方式节省开支。根据不完全统计，2020年主要石油公司资本性支出同比下降30%左右。受冲击传导影响，油田工程技术服务类公司和工程建设类公司也尽一切可能降低成本，处于供应链远端的各石油装备制造企业，成为需求萎缩的最终承压方。

1.2　项目执行遇阻

新冠肺炎疫情发生后，供应链的不稳定导致生产进程被拖后，加之物流运输不畅，造成正在执行的项目难以按期交货，装备制造企业面临拖延交货的罚款损失或风险。另一方面，客户因自身资金压力，要求正在执行的订单暂停、复议价格、延期付款，甚至取消订单的情况频频出现。以中东海湾地区某国为例，其国家石油公司要求所购买的各类石油装备统一降价30%，经多轮商谈后，最终降价仍在10%～20%之间。对中国的石油装备企业来说，由于利润率微薄，合同基本处于亏损执行状态。各类项目执行遇阻问题使石油装备企业的经营困难雪上加霜。

①　本文获得第七届全国石油经济学术年会征文二等奖。

1.3 海外市场开发中断

新冠肺炎疫情期间，世界各国均不同程度地采取了暂停签证、暂停航班、居家办公等防疫措施。企业海外市场开发人员派出困难，拜访客户不便，客户关系维护和项目跟踪的难度加大。由于新签项目减少，储备项目缩水，预计新冠肺炎疫情对海外市场开发工作造成的不利影响，将持续至2021年甚至更长久[1]。

2 石油装备企业应对策略

石油装备企业遭遇前所未有的困境，需要找准提质增效突破口，变“熬冬”为“冬训”，最大限度地确保企业可持续发展。为此，石油装备企业须认真思考应对策略，采取有效措施，尽快走出生产经营困境。

2.1 紧贴客户需求，稳收增收

稳收增收是企业抵御风险的根本手段。虽然面临严峻的经营困境，客户的生产经营仍需继续运转才能熬过寒冬，对生产经营中物资装备的需求并未消失，而是对产品与服务性价比有了更高要求，增加了附加服务或一揽子解决方案等差异化需求。准确分析客户需求，紧贴客户需求，提供差异化解决方案，成为稳收增收的关键。

2.1.1 抓住消费降级契机，抢夺下沉市场

在互联网领域，凭借“农村包围城市”策略，进击三四五线城市的拼多多公司，成立仅两年就登陆纳斯达克，让企业见识到了下沉市场的魅力与潜力，也让“抓住下沉市场，就是抓住未来”成为业界共识[2]。在石油装备领域，下沉市场同样存在，传统高端市场出于降低成本的需要，同样会转变为下沉市场。对中国石油装备企业而言，传统高端市场的消费需求下沉，正是破除客户采购商品品牌和产地限制的难得机会。以海湾地区某国石油钻井公司为例，以前所采购钻机主要部件全部来自西方知名品牌，受此次低油价冲击，其在新钻机招标过程中逐渐放松了对于非核心部件品牌的要求，进而对中国产品有了更高的接受度。通过积极引导客户需求，争取试用机会，可以获得破除竞争壁垒、进军高端市场的有利契机。

2.1.2 提供“一站式”解决方案，降低客户成本

预算降低迫使客户寻求低成本解决方案。例如，客户削减购置成套设备预算，将会转而寻求对旧设备的配件更换和维保服务；由于减少资本支出，客户放弃新设备购置计划后，会考虑采取经营租赁或者融资租赁方式。从客户需求角度出发，提供配件供应、设备租赁、应急抢修、设备维保等“一站式”解决方案，石油装备企业可以在开拓市场空间的同时，增加与客户和当地市场的融合度，打造与客户互利共生的长期利益共同体。

2.1.3 提供增值服务，提升客户体验

石油装备企业通过产业资源整合，可以实现业务链价值延伸，在融资、设计、安装、检验、质保等多方面提升用户体验。例如，对于资金压力不大的石油装备企业，可以通过创新融资增值服务，采取融资租赁、远期信用证、商业票据等方式，缓解客户资金压力，增强销售竞争力。在产品研发设计阶段，可以通过专业设计研发团队，为客户提供量身定制的产品设计方案；在设备安装调试阶段，通过售后安装及调试体系实时响应、安装调试工程师随时待岗，保障客户顺利使用设备；交付验收阶段，聘请国际知名第三方检验机构为产品的交付和验收保驾护航，提升客户信心；在服务保障能力容许条件下，可以考虑提供延长质保服务，提升客户对产品的信赖度。

通过整合产业链资源和技术优势、强化质量和风险控制能力以及创新融资服务，构建石油装备企业的客户战略联盟，可以帮助客户降低成本、提升效益，实现企业和客户的互利双赢[3]。

2.2 加大业务财务融合

“业财融合”是指业务部门与财务部门通过信息化技术手段，实现业务流、资金流和信息流的及时共享，并基于共同价值目标，做出规划、决策、控制和评价等，保证企业价值创造过程的实现[4]。

在业财融合过程中，由于业务信息系统和财务信息系统尚未深度嵌合，业务人员和财务人员的专注领域和专业能力存在差异，往往出现部门协调不到位、数据难共享、业财融合动力不足等问题[5]。具体表现为，业务记录与财务核算数据不一致；财务人员僵化执行资金制度，影响业务开展；业务人员财务创效意识薄弱，造成企业资金压力等。

为解决以上问题，石油装备企业首先应解决认知差异，明确财务部门和业务部门的共同目标是为企业创造价值。财务部门应从“控制型”财务积极转变为“价值创造型”财务，发挥会计的管理职能，为业务部门决策提供更多支持，通过多种金融工具，变“不能”为“可能”。业务人员要培养成本管理和财务创效意识，一是在关注营业收入和利润这类传统销售考核指标的同时，关注影响企业发展的整体指标。例如，存货周转率和应收账款周转率等，这些指标虽然对利润表现没有直接影响，却是企业经营效率和潜在风险的直接体现。二是业务人员要树立资金的时间价值意识，积极向客户和供应商争取更好的收付款条款，改善公司经营现金流，以实现企业高质量的持续发展。

石油装备企业还应加强信息化建设，消除信息壁垒。一是制定各类系统引进和革新计划，加快构建企业统一管理平台，消除信息孤岛，实现数据充分共享。二是优化信息表达，将财务术语和财务指标以更加通俗易懂的方式向业务人员传达，使业务部门更好地了解财务意见，促进双方工作融合。

2.3 以精益管理促降本增效

2.3.1 清理盘活资产，提高流动性

在长期发展过程中，石油装备企业积压了各类存货、闲置设备、应收账款等存量资产。在国内外风险明显上升的复杂环境下，大量存量资产面临减值风险和流动性风险。在市场行情低谷期，石油装备企业应积极进行存量资产处置与转换，轻装上阵，降低经营风险，改善企业现金流。

针对各类存量资产，逐项制定盘活计划。对没有产品质量纠纷等的到期应收款抓紧催讨，对存在产品质量异议的，及时派员调试或补发缺件，直至用户满意，促进资金回笼。对客户因资金短缺暂时无力支付的应收款，推动应收账款票据化，争取取得用户开具的银行承兑汇票或商业承兑汇票，防止出现坏账。

对超库龄的可用存货，停止采购同类货物，节约采购费用。对于无法对外处置的存货，在不影响新产品质量的前提下，修旧利废加以利用，盘活长期积压存货。对存在对外处置可能性的存货，能出售的尽量出售，能出租的尽量出租。例如，某石油装备企业将客户违约的库存海洋装备转为资产，进而对外租赁盘活，不但缓解了资金压力，而且减少了海洋装备多年闲置导致的减值风险。

对利用率不高的设备，调整制造工艺或生产安排，集中利用高效设备；对备用设备，减少数量，加强对常用设备的保养维护；对闲置设备，加快出售或出租处置变现[6]。

2.3.2 精细化风险防控

近年来，由于供大于求和同质化，装备产品竞争激烈。石油装备企业为了抢占市场，在履约能力、账款回收、产品质量上，自身风险系数增大，加之行业利润率不断压缩，高筑的风险一旦“暴雷”，多年的经营成果将毁于一旦。尤其2014年油价进入低谷期后，无论是在钻探装备、石油管材还是地面设备领域，国内知名石油装备企业破产、重组的现象时有发生。这些企业为了获取订单、抢占市场，放松了风险防控，饮鸩止渴酿成苦果。

在当前市场行情下，做好风险防控，少交“学费”，是降本和节流最直接有效的途径。石油装备企业要秉承“有所为有所不为”的底线思维，摒弃各种侥幸心理，对风险抱有敬畏之心，注重项目的经济可行性，做好敏感性分析和压力测试，并为各类突发灾害事件做好应急预案，做到常备不懈。同时，深入研究商务合同条款，与项目利益相关方协调共担风险，利用保险、衍生品等各类金融工具转移风险，通过精细化风控措施，提升项目抗风险能力[1]。

通过进一步梳理、整合、规范企业业务流程，明确责任界面和管理权限，解决内控资料与实际运作脱节的问题，将公司内控体系建设引向深入，确保制度流程的完善、修订、审核、运行工作按节点稳步推进[7]。

新冠肺炎疫情叠加低油价的双重影响使石油装备企业生产经营形势不容乐观，企业亟须从自身实际出发，危中寻机，精准施策。开源节流和降本增效是企业突破发展困境最直接有效的方法，但不宜对降本和节流一刀切。企业须从稳收增收、业财融合、盘活资产、风险防控等方面着手，应对困境，走出逆境，实现企业的可持续发展。

参考文献

[1] 李志展，张之. “走出去”企业如何摆脱新冠肺炎疫情困境[J]. 国际工程与劳务，2020（5）：19–22.

[2] 林莹. 企业如何抢占下沉市场户外先机？[J]. 中国广告，2020 (Z2）：124–125.

[3] 高倩. 石油装备制造企业客户战略联盟的构建——以K公司为例[J]. 中国石油大学胜利学院学报，2017，31（4）：85–88.

[4] 曾萍. 浅析制造企业业财融合中存在的问题和应对措施[J]. 中国集体经济，2020（12）：79–80.

[5] 钱瑶. 制造企业推进业财融合的思考[J]. 商讯，2020（18）：107–108.

[6] 胡康. 国有企业集团资产负债管理探析[J]. 新会计，2020（3）：59–61.

[7] 纪效广. 精益管理促降本 创新思维保增效[J]. 中国商论，2020（10）：183–184.

新冠肺炎疫情与低油价对大庆油田企业的影响及应对策略

张化庆　张洪军　李宪宝
（大庆油田有限责任公司第十采油厂）

摘　要：随着新冠肺炎疫情全球性持续蔓延，以及国际石油价格持续下跌，全球经济形势不断恶化，给大庆油田企业生产经营带来了严峻考验。本文研究了新冠肺炎疫情和低油价对大庆油田企业的影响，提出了联防联控战疫情保生产的措施；以及加快产业布局调整、压缩生产经营成本、提高精细化管理水平、加大科技投入助力生产等多项措施应对低油价的影响，旨在为大庆油田企业实现提质增效、化解危机提供借鉴。

关键词：新冠肺炎疫情；低油价；大庆油田企业；影响分析；应对策略

石油化工作为与宏观经济密切相关的行业，因新冠肺炎疫情和油价暴跌对国内油气市场供应端和需求端造成双重挤压，对油田企业生产经营造成了前所未有的风险与挑战，分析新冠肺炎疫情及低油价对油田企业的影响，将是一项具有深刻现实意义的研究[1]。

1　新冠肺炎疫情和低油价对大庆油田企业的影响

1.1　冲击大庆油田企业的油气勘探开发

大庆油田已投入生产60余年，属于经营成本相对较高的老油田，储采比逐年下降，产量递降速度加快，盈利平衡点约在48美元/桶，低油价长期持续，使得企业产生了较大的经营压力，效益大幅下滑，油气上游行业勘探开发投资缩减，致使勘探业务量减少，且融资成本提高，企业的生产经营与发展将变得非常艰难[2]。

1.2　石油化工产品需求疲软，影响大庆油田企业收益

受新冠肺炎疫情肆虐影响，全球经济复苏疲软乏力，客运、货运、物流量明显减少，大庆油田企业石油化工产品的库存量逐渐增多，短期内这些库存量难以被市场所消化；加之，在疫情期间大庆油田企业实行弹性工作、延长假期等工作方式，终端消费能力趋于放缓，成品油的消费量急剧下降。大庆油田企业石油化工下游产业涵盖了农业、牧业、林业、医疗、旅游、餐饮、商贸、交运等众多行业，下游企业因疫情影响复工延迟，石油化工原材料需求显著下降，市场价格剧烈波动，从而影响大庆油田企业的正常生产经营。

低油价使得石油化工失去了成本支撑，石油化工原料成本相对低，引起产品价格大幅下跌，炼油、化工、销售这三个环节受成本与需求利空因素叠加影响，影响到石油下游产

业链的需求、发展和出口，从而拉低大庆油田企业盈利水平，直接影响企业利润。

1.3 低油价难以吸引资金，无法完成基础建设的维护和改造

由于大庆油田的开采年限较长，油田已进入产量衰退期，为防止产量进一步下降，需要实施增产措施，这就需要投入大量资金，来实现基础建设的维护和升级改造，而在低油价无法预测投资回报前提下，很难吸引更多的资金投入，而无法完成平台升级改造和基础建设的维护。

1.4 低油价为大庆油田企业带来了转型机遇

国际油价持续下跌，给大庆油田企业带来一系列困难、挑战与机遇，低油价带来的压力会促使企业调整经济结构，油田企业应抓住这个解放思想、转变观念的契机，主动参与深化改革，积极推动产业升级，促进经济体系向现代化转变，寻找新的营收与利润增长点，提升大庆油田企业的发展质量和效益，实现战略转型升级。

2 大庆油田企业的应对策略

2.1 联防联控战疫情，实施网格化管理

目前，新冠肺炎疫情在国内已基本得到了有效控制，而疫情在国外仍然呈蔓延扩散态势，为防止疫情的“死灰复燃”可能对大庆油田企业带来负面消极影响，应积极响应、严格执行国家“内防反弹、外防输入”的疫情防控政策。

一是加快制定部署“一区一策”“一项目一策”“一人一策”等疫情防控有效细节措施，广泛收集海外疫情信息，完善联防联控系统平台，及时更新发布疫情预警信息，全面开展疫情联防联控工作，成立重点油气区域疫情防控工作组，启动应急响应预案，加强地企间、企业间的协调与群防群控工作，统一疫情防控标准，实行严格的全封闭管理，全面封闭矿区出入口，确保联防联控立体化管理，确保疫情防控不留死角。

二是要以“战时状态”“战时机制”强化管理措施，构建集中统一高效的领导指挥体系，所属单位要压实属地责任，严防死守筑牢疫情防控防线，扎实做好协调联动、强化政策信息宣贯、人员排查隔离、日常办公运转、员工关心帮扶、专项监督检查等细节方面工作，做好“一手抓防疫、一手抓生产”，确保科学组织、落实有力、执行到位，激励人员众志成城、全力奋战、坚守岗位，24小时不间断全天候高效保障生产，为打赢疫情防控阻击战和生产经营保卫战夯实关键性基础。

三是要切实做好人员复工复产管理工作，落实主体责任，进一步细化、强化防控措施，做到防控机制不出漏洞，摸清人员动向和接触情况，做到人员底数清、情况明，抓细人员日常测温扫码、消杀毒及个人防护防控工作，形成疫情防控工作常态化长效机制，鼓励人员做好日常个人防护工作，自觉养成“戴口罩、勤洗手、勤通风、不聚集、不聚餐”的良好卫生

习惯。开展日常巡查工作，对违反规定的单位和人员，将依规严肃处理，确保城乡社区、工作区域网格化管理有效实施，最大程度降低疫情对大庆油田企业油气业务的影响。

2.2 深化改革，加快产业布局调整

大庆油田目前正处于整体深化改革中，需要加快转型步伐，抓住疫情与低油价形式下油气需求放缓时机，加快深化油田体制改革，主动调整产业结构。这就要求油田企业合理统筹产销业务布局，不断优化产业链，着重发展油气勘探开发业务，积极部署完善石油储备业务，大胆推进业务重组合并，提高生产运营效率，为疫情结束及油价反弹后高效发展抢占先机。

一是加快深化油气勘探开发领域改革，吸引更多投资参与油气勘探开发。对石油化工上游业务要优先处理，着重于高产、高效油气区块的勘探开发，将优质资源投入到高产高效区，依据产能效益的优劣，采取针对性的措施，淘汰高成本低效益的油气区块投资；合理布局炼油、化工等中下游业务，努力化解产能过剩局面，降低上游业务受到的冲击，坚持以市场动态为导向，强化能源统计分析与全面质量管理体系，积极拓展终端市场，不断扩大市场占有率，促使利润向终端市场转移，以实现大庆油田企业绿色转型的战略目标。

二是深化市场化改革，优化业务结构。持续深化市场结构改革，推动石油炼化产业结构调整，促进石油石化产业市场秩序规范化，通过建立科学的决策机制，不断提升大庆油田企业管理水平，逐步淘汰落后产能，激活企业的竞争能力，科学合理的应对油价波动，摆脱企业亏损被动阶段，实现扭亏解困局面。

三是巩固国内外已占有的市场，加快拓展新兴目标市场。要抓住当前有利时机，以控制成本与投资为核心，对经营与投资方案进行优化，加大合资合作和新项目的开发力度，来巩固扩大已占有的国内外现有市场，积极参与国内外的油气开发，通过合作开发、技术入股、海外投资、海外并购等方式，逐步拓展扩大企业的新市场领域；同时，以效益为中心兼顾产能指标，制定相应的考核激励方法，加快建设油气现代化深加工基础建设，并制定部署长期战略规划，加快对能源观念的转变与理解，进军高附加值市场和新兴市场。例如在疫情期间，医用防护口罩、防护服及消毒液等医用卫生品需求量呈暴发式增长，大庆油田企业迅速激活了医用聚烯烃原料（口罩的主要原材料）、高聚丙烯纤维（熔喷布）、聚丙烯透明料（注射器）、聚乙烯（透气膜）等石化原材料的产能，引进现代化深加工设备，实现了医用卫生品的量产，成功转型进军新兴市场。

2.3 压缩成本，提质增效

面对新冠肺炎疫情、低油价的新形势新挑战，须进一步加强危机意识、底线意识，更需要加强经营成本的管理，采取一切严控成本措施，深入贯彻落实一切成本皆可控理念，明确工作方向与目标，坚持以效益为向导，在开源节流方面采取积极对策，牢固树立信心、苦练内功，实施低成本战略，全面启动提质增效专项行动，才能化危为机，对抗低油价的冲击。

一是牢固树立过“紧日子、苦日子”的思想，发挥大庆油田企业独特政治思想工作的优

势，高举推进大庆精神、铁人精神再教育、再学习，扎实推进“战严冬、转观念、勇担当、上台阶”主题教育活动，要深刻理解主题教育活动的意义，切实转变观念，传承艰苦奋斗的5个“传家宝”，即“人拉肩扛精神”“干打垒精神”“缝补厂精神”“五把铁锹闹革命精神”以及“回收队精神”，凝聚广大干部员工力量，始终贯彻降本增效的基本工作理念，树立全员降本增效、勤俭节约意识，把形势宣讲到位，为扭亏解困奠定坚实思想基础。

二是要严控费用支出，采取革命性措施控制降低成本，大力压缩生产性和非生产性支出。在成本控制方面，合理紧缩各路预算，严格把控大额支出，缩减不必要的非生产性支出，部署提质增效具体工作方案和措施，措施落实要到位，细则实施要具体，深化开源节流、抓效益挖潜力，有序拓展效益空间。

三是推进节能降耗技术措施与设备推广应用，采取多种技术手段提升能耗利用效率，优化调整各项节能措施，淘汰高耗能设备，对低端高耗装备进行升级改造，加快节能装置应用，做好节能技术推广。例如，采出井优化运行参数，实施科学间歇采油制度，加大“小间隔”不停机间歇采油技术、电动潜油柱塞泵采油技术及长冲程冲次技术的推广应用力度，实现节电目标；加强变频节能、智能防盗等电气设备的应用，加大打击盗电力度，以减少电量流失；采取降温集输、不加热集输等措施，依据温度环境的变化参数，精细管理运行，在确保生产平稳运行的前提下合理控制温度，达到节气目的。日常工作生产方面，要在点滴中体现节约，从一张纸、一度电、一滴水出发，打印纸张两面用，不开或少开空调，养成人走随手关水、关灯习惯，营造勤俭氛围，彰显节约内涵。要从人员到管理、再到工艺设备，实现全面封堵“跑、冒、滴、漏”造成的资源浪费，须全员秉持“多挣一分钱就是为扭亏解困多做一份贡献”的生存发展理念，不断增强危机意识、市场意识、效益意识、节能挖潜意识，夯实降本增效最基础的根基。

四是强化“修旧利废”和技术创新激励机制，紧紧围绕效益的关键点，激励全员参与创新创效，通过修旧利废、技改革新等方式，让员工充分发挥主观能动性、积极创造性和主人翁责任感、自豪感。修旧利废是大庆油田早期会战中形成的优良传统，是大庆油田的传家宝，做好修旧利废的普及与宣传工作，把艰苦奋斗的精神镌刻入脑、铭记于心，让员工养成勤俭节约的好传统，形成自觉习惯性行为。修旧利废是一项只有开始、没有终止的长期工作，重在长久的坚持，要以注重材料、设备的日常保养为基点，做到“以保代新”“以养代修”，通过技术革新实现废弃物的再利用，来减少修理费用，将修旧利废与技术创新有机结合起来，让修旧利废这个传家宝攒出质量效益的余额。

2.4 提高管理水平，加强精细管理

提质增效的最有效途径之一就是管理提升，为促进大庆油田企业管理水平提升，需在落实职责、管理模式、质量意识、配备资源、营造环境、产品和工作质量等方面下功夫，必须持续完善与细化管理体制。

一是要加强精细化管理，注重实施管理方法，推进制度、流程标准化建设，全面提升生产经营效率；二是持续完善管理体制，建立健全企业管理的相关工作规范，为效益及质量的提升提供有力支撑；三是要确保管理的质量效果，借助特定的方式对管理水平进行客

观、公正和全面的评价，以满足市场竞争的需求；四是要推进职责归位，实施属地管理，提高管理效率和决策能力，将管控职责层层归位到每名员工，通过全员参与，来适应当前外部环境的变化；五是要挖掘和继承大庆油田企业管理上的优势，促使管理模式进入一种良性循环，来保障大庆油田企业管理和技术始终处于领先地位，以提高大庆油田企业在市场上的竞争力。

2.5 加大技术投入，科研助力生产

科技是第一生产力，大庆油田企业要发展就离不开技术的支撑。技术创新能够助力大庆油田企业加快战略转型，新技术的应用可助推企业降本增效、提高市场活力，巩固扩大市场份额，实现市场和技术同步发展，尤其在新冠肺炎疫情蔓延和低油价的复杂环境下，加大对技术的投入至关重要。

首先，依靠技术创新提升支撑发展战略，要加大对技术的全方位投入，营造良好的技术环境与氛围，提供更好的资源与待遇，以吸引更多的技术和资金投入，还要注重培养、扩充企业所需的技术人才，不断增强技术的研发能力，让科技创新更持久、更稳定、更有效的发挥作用。例如，在非常规油气页岩油、稠油、重油的开发、环境恶劣地区石油开采上，通过吸引技术、资金和人才投入，开辟出新的领域，实现大庆油田企业的战略转型。

其次，以科技创新作为企业发展的战略基点，坚持引进和自主创新相结合的原则，不断完善创新载体建设，努力提高自主创新能力，通过研发新的特色技术，提高油气储量和采收率，提高资源发现和生产效率及效益，确保创新能力进入良性循环的快车道。例如，在勘探、钻井、测井、油气开采、装备制造等方面进行技术引进或自主创新，以确保大庆油田企业在油气勘探开发领域保持技术领先优势。

最后，以技术集成应用和创新为主，实现新技术应用价值最大化，不断开创科技创新的新局面，促使企业加快向高端化转型，通过对自身技术提出更高要求，结合实际情况，推进信息与生产经营有机融合，加快企业标准化、智能化、信息化、集成化、数字化、自动化的建设与技术储备，实现数据共享、互联互通，多措并举帮助大庆油田企业提升竞争力。比如，在水平钻井法、水力压裂法、微地震监测、井下光纤传感、三维成像测井等前沿技术上加大攻关力度，确保在低油价的激烈市场竞争中占据有利位置。

了解当前新冠肺炎疫情和低油价对大庆油田企业的影响与冲击，并在实践中不断积极探索，建立科学的决策机制，运用科学发展观的内涵指导工作，提升企业管理水平，以科技创新助力生产，保障企业实现提质增效，提升企业市场竞争力，这是当前大庆油田企业发展所必须思考的问题。

参考文献

[1] 刘合，闫建文，薛凤云，等. 大庆油田特高含水期采油工程研究现状及发展方向[J]. 大庆石油地质与开发，2004，23（6）：65–67.

[2] 李镕，周庆. 低油价下大庆油田开发经营策略探讨[J]. 石油规划设计，2018，29（2）：41–43.

胜利油田长期效益稳产的潜力及发展方向

马 晶 张海燕 赵 伟
（中国石化胜利油田分公司勘探开发研究院）

摘 要：系统总结胜利油田稳产做法和经验，包括一体化效益建产，做优做大增量规模；全方位夯实基础，持续发挥存量作用；创新技术转方式，推进油田持续发展。在储量有效动用、存量提质增效、大幅提高采收率方面深化认识开发潜力。明确发展目标及重点工作方向，谋划“十四五”发展战略规划思路，全力打造百年胜利，为实现油田可持续高质量发展提供技术支撑。

关键词：长期效益；开发效果；稳产潜力；技术对策；提质增效

面对国际原油价格长期低迷、国内石油勘探开发成本居高不下的现状，低成本发展已成大势所趋，稳产量、控资产规模、保效益、压投资、削成本将成为未来较长时期石油公司共同的战略主线。面对中国经济发展新阶段，国家提出要加大国内油气勘探开发力度，保障国家能源安全，到2020年年底，国内石油产量重上2亿吨以上；中国石油化工集团有限公司（以下简称“中国石化”）响应号召，部署了“国内总产量要保持3500万吨以上硬稳定，东部产量要基本稳定”的目标；胜利油田作为中国石化产量贡献的主体，近年来年产油基本稳定在2300万吨左右，油田提出了长期效益稳产、打造百年胜利的战略目标。本文系统总结胜利油田稳产做法和经验，深化认识开发潜力，明确发展目标及重点工作方向，谋划“十四五”发展战略规划思路，全力打造百年胜利，为实现油田可持续高质量发展提供技术支撑。

1 近年来胜利油田开发成效及认识

“十一五”以来，胜利油田开发呈现稳定态势，产能建设规模持续加大，可持续发展基础不断增强，开发质量效益也持续提升，2017年以来油田开发形势持续向好，主要得益于以下几个方面。

1.1 一体化效益建产，做优做大增量规模

“十一五”以来，胜利油田新区建产储量以低渗透、稠油、滩浅海油藏为主，是产能建设的主要阵地，为油田持续稳产发挥了重要作用。未开发储量、勘探新增储量也同样以这三类油藏为主。开发投入大，单井产能低，开发成本高，低油价下效益建产难。“十二五”依靠加大新老区建产，西部、海上和低渗透产量上升，“十三五”继续保持上产，持续加大产能规模。

2017年以来，胜利油田探索出了低油价“一体化效益建产”模式，即以增加经济可采储量为核心，地质、油藏、钻井、采油、地面等多专业协作，优化投入，提高产能，控制开发成本，降低平衡油价，实现高效动用。努力做到地质与工程相结合，缩短钻井周期，优化地面设计，实现降低投资；油藏与工艺相结合，通过优化投产方式，合理增加投入，提高单井产能，实现降低开发成本。

立足一体化优化建产，2017年以来，胜利油田创新合作开发机制，攻关配套技术，勘探开发一体化、地质工程一体化、油藏工艺一体化，为油田稳产发挥了重要支撑作用。一体化效益建产模式也为老区调整、海上及西部产量增长、低渗透产量稳定发挥了重要支撑作用。

1.2 全方位夯实基础，持续发挥存量作用

胜利油田的存量体量大，存量保值增值是实现油田效益稳产的压舱石。存量提质增效的核心是控制递减，充分发挥现有资产的潜力，避免经济可采储量非正常减少。控制递减的关键是完善注采井网、维持地层能量、控制含水上升。

一是加强精细油藏描述，推广应用流场调整、立体组合等技术完善注采井网，持续提高储量控制程度。立足单井，面向单元，加强停产停注井治理，扶停与完善注采井网、恢复失控储量、盘活存量资产结合，深入剖析长停原因，加强扶停技术政策界限研究，制定针对性技术措施，加大扶停力度，恢复经济可采储量。

二是精细水驱开发，提高水驱动用质量。在立足现有井网的基础上，通过双低单元治理、长停井治理、提升“三率”（采收率、回收率和共伴生资源综合利用率）和高效注采完善等措施，实现地质、油藏、工艺结合，调流线、控液量、控含水、控递减。2017年以来，含水上升得到了控制，递减率控制在5%以下，操作成本也基本保持稳定。

三是加强稠油提质增效，以提高油汽比为目标，强化全过程保干，加强注采参数优化，分类施策，提高热利用率。针对稠油油藏层间差异、边底水入侵、井间热干扰、油汽比低等主要问题，采取组合吞吐、分层注汽、间歇开采、调堵等技术对策，2017年以来，稠油产量保持稳定，油汽比保持在0.55以上。

四是强化三采优化增效。遵循开发经济规律，全周期认识化学驱开发经济规律，化学药剂增量成本具有投资属性，开发经济规律不同于水驱开发，与同阶段水驱相比，化学驱吨油完全成本更低。对于正注聚项目，以提高注入质量、延长见效高峰期为核心，个性化调控改善增油效果。

1.3 创新技术转方式，推进油田持续发展

油田进入边际开发状态后，地下剩余储量依然较多，要大幅度提高采收率，降本增油，必须通过创新技术，转变开发方式，培养新的产量增长点。

一是攻关技术，拓展领域。深化化学驱项目资源潜力评价，加快化学驱提高采收率关键技术攻关，拓展化学驱应用领域，支撑油田可持续发展。针对断块油藏温度高、矿化度

高、配注水中还原性离子含量高的问题，研制了共聚型黏弹性颗粒驱油剂、研发了抗温耐盐非均相复合驱油体系、设计了密闭橇装注入设备，高温高盐水驱断块油藏非均相复合驱技术取得重大突破。

二是创新技术，转换方式。蒸汽驱、CO_2驱、致密油等新技术、新类型的开发经济规律不同，必须全生命周期认识油藏开发经济规律。针对强水敏稠油热采效果差、高轮次吞吐稠油采收率低等问题，开展先导试验，攻关降黏复合驱、热化学驱技术。

三是探索技术，提高采收率。针对低渗透油藏“注不进、采不出”、断块油藏制高点间阁楼油无法有效动用的问题，开展CO_2驱、氮气人工气顶驱技术攻关。

2 油田长期效益稳产潜力及对策

2.1 储量有效动用潜力及对策

胜利油田具有较为丰富的储量资源基础，围绕主要资源阵地，推广一体化效益建产模式，发挥区块流转机制优势，创新开发配套技术，让未开发储量“动起来、快起来、活起来”，为油田创造更大价值。

东部陆上油区未开发储量主要为多轮次建产筛选后剩余的“硬骨头”，探明时间长，三分之二为十年前上报储量，主要为特低渗透油藏和边际稠油油藏，按照一体化建产模式，机制创新+技术创新“双轮驱动”，实现储量再落实、建产再优化、产能再提升。加强油藏评价，夯实建产物质基础，剩余未开发储量认识程度较低、井控程度较低，需要充分利用新钻井、高精度三维等资料，多手段深化油藏认识。产能是影响效益的关键因素，需要加强技术集成和新技术攻关应用，大幅提高单井产能和效益。未开发储量地质条件复杂、埋藏深、投入高，充分利用新技术、新机制，筛选甜点建产提效益，优化建产阵地、优选有利部位、提升建产效益。

海上油田仍具有规模建产资源潜力，根据区块特点，遵循一体化建产思路，整体评价，采用“1+*N*”组合建产方式，以埕岛外围东斜坡油藏为未来重点建产阵地。

西部油区储量资源规模大，已经展现了良好的勘探开发前景，主要分布在准噶尔盆地的准西北、准中等地区，是“十四五”乃至更长时期的产能接替阵地。推进一体化规模建产，以准中超深层特低渗透油藏为重点建产阵地，整体评价认识，加快开发试验，力争规模建产。

2.2 存量提质增效潜力及对策

数据统计显示，胜利油田单元成本差异大，提质增效的空间还很大。在高成本单元（完全成本＞50美元/桶）中，低采收率单元的比例较高，采收率越低，完全成本越高，主要为低液低能量、高液高含水单元，成本构成状况差异大。

2.2.1 低液低能量单元治理

低液低能量单元主要为断块、稠油、低渗透油藏，总体呈现“液量低、产能低、采出程度低、单控剩余可采储量小”的特点。

对于断块油藏，要加强地质认识基础，精准发现潜力阵地，既要注重极复杂断块油藏描述，也要加强复杂断块油藏描述；以注采矛盾和沉积规律为切入点，开展断块内储层展布的再评价，有利于指导开发调整。

稠油热采油藏主要为薄层、强边底水、特超稠油油藏，常规吞吐加热半径仅40 ~ 50米，需要突破加热半径的限制，进一步改善吞吐效果，为此提出了二次吞吐开发的思路，依托高干度蒸汽，综合运用热工、油藏、化学、工艺等技术，改进输热通道、改进注入方式、改进降黏方式，动用井间剩余油、扩大加热半径、提高热波及区驱油效率。

针对低渗透油藏注不进、采不出，供液不足的特点，需要细化分类、差异化治理。一般低渗透I类油藏的低效原因主要是井网二次不完善，井网—地应力—沉积相三者适配性差，采取长停井治理、高效注采完善、矢量注采等对策；一般低渗透II类油藏的低效原因主要是非均质性强，水驱动用不均衡，局部水淹水窜与注不进、采不出并存，采取精细水质改造、分层注水、压驱、CO_2气水交替的技术对策；特低渗透油藏的低效原因主要是能量补充困难，产量递减快、累产低，采取压驱、CO_2连续气驱的技术对策。

围绕综合治理+高效注采完善，加强低产低液治理的重点工作：一是结合不同类型油藏描述重点，加强油藏描述；二是明确注采矛盾，开展注水潜力调查，加强转注工作；三是开展潜力摸排，明晰停产停注原因，加强长停井治理；四是油藏、工艺一体化运行，加强工艺成熟技术集成应用。

2.2.2 产液结构优化调整

特高含水阶段，含水上升和提高采液速度，都会使递减大幅增加，不利于油田稳产开发。因此，需要积极主动地控制液量规模，控制含水上升，通过产液结构调整实现降水降本，促进产量稳定。中高渗水驱油藏产液量占比较高，是产液结构调整的主要阵地。

低液量单元要充分发挥地层潜力，增液、增油、增效，强化油藏、地面、工艺、经济相结合，分类施策，恢复能量、增强驱替，优化有序提液。高液高含水单元主要为多层整装、厚层整装及边底水断块油藏，含水高、运行成本高，立足产液结构调整，实现控水、降耗、降本。结合不同类型油藏特点，与单元整体分采分注、变流线调整相结合，实现产液结构优化调整。

开发阶段不同，产液结构调整的措施和目标不同。对于高含水期—特高含水前期开发阶段，以控水稳油为目标，到特高含水中后期，则以降水降本增效为工作目标。产液结构调整要做到“不破坏井网、不损失储量、不放弃油层”，立足存量，平面井网调整结合高效堵调，避高耗水区，利用多层系叠置特点，重构层系井网大角度变流线，仍要充分发挥主力油层潜力。

2.3 大幅提高采收率潜力及对策

矿场资料表明，特高含水期剩余油仍然较为富集，具有大幅提高采收率物质基础。微观物理模拟表明，特高含水期剩余油分布更加复杂，随着含水的升高，呈现块多、体积小、分散性强的特点，水驱过程是油相不断被分割、分散的过程，油相流动的非连续程度不断加剧，需要依托新的开发方式和更强的井网，大幅度提高采收率。

通过分析胜利油田不同类型油藏地质开发特点和开发方式，利用新井、侧钻、老井重建注采井网，充分适配剩余油分布规律，建立立足均衡驱替的有效波及，大幅提高采收率必备的两个条件：完善的层系井网、高效的驱油体系。

完善的层系井网是大幅提高采收率的基础。层系井网适配剩余油、避开高耗水区，兼顾接触面积、渗流阻力、沿程损失，实现最大波及。层系井网要兼顾转换开发方式，易于调整流线；设计井距大小需兼顾扩波及与防窜，宜大则大、宜小则小；井型类别：兼顾接触面积和生产压差，易于泄流。

高效的驱油体系是大幅度提高采收率的关键。根据油藏条件、开发阶段，充分发挥不同驱油剂的优势，热、剂、气优化组合协同增效，实现更复杂、更苛刻油藏条件大幅度提高采收率。

研究表明，基于化学驱经济开发规律（产出滞后于投入、驱油剂价格与油价相关），与稳定油价相比，油价周期波动对经济效益影响不显著。因此保持化学驱投入规模和产量稳定，更有利于油田的长远发展。数值模拟优化及经济评价结果表明，井网优化基础上，井网调整+化学驱既能大幅提高采收率，又具备经济可实施性。

热采稠油一直是油田重要生产阵地。已动用储量以蒸汽吞吐为主，采收率较低。国内外开发实践表明，蒸汽驱、SAGD、火驱等技术，可以大幅提高稠油油藏采收率。

围绕胜利油田低渗透油藏特点，CO_2驱的优势就是混相获得较高的驱油效率，不利因素是流度比大、低渗透油藏井距大，需要扩大波及确保开发效果，CO_2气水交替可以增大渗流阻力（黏滞阻力—气水比、界面阻力—段塞大小），提高驱替波及，从而大幅度提高采收率。

3 油田发展目标及重点工作方向

胜利油田以“油气产量保持稳定、开发基础持续夯实、开发质量稳步提升”为“十四五”的发展目标，以“稳定东部、拓展西部、培育页岩油”为开发战略布局，制定下一步的重点工作方向。

加大海上油气田开发力度，加快一体化建产规模，稳步推进海上化学驱，整体部署，分区动用，实现产量持续增长。

加快西部开发，加快评价建产，建成百万吨产能阵地，春风油田实现稠油转驱，力争产量稳定上升。

提升低渗透油藏开发水平，积极推进CO_2驱，加大未开发储量动用，加大新区建产力度，立足落实可供评价未开发储量，加强油藏评价，加大压驱等新技术应用力度，地质工程结合，形成新的产量增长点。

扩大三采，持续扩大实施规模，推广成熟技术，攻关接替技术，强化技术攻关应用，确保年增油稳定增长。

强化稠油油藏开发，规模化蒸汽驱，力争实现产量稳定，优化高效建产，加快接替技术攻关，加快开展中深层边底水SAGD和火驱先导试验。

深化水驱开发，深化精细调整，推进提质增效，减缓老区递减，控制递减率稳中下降，高效注采完善，调整产液结构，强化提质增效。

培育页岩油开发，立足资源接替，按照“分类评价、整体部署、试验先行、分步推进”的思路，强化勘探开发工程一体化，加快攻关突破有效开发技术，开展先导试验，加快培育形成产能建设新阵地，实现规模商业开发。

参考文献

[1] 孔凡群. 保护生态环境 建设美好家园 书写胜利油田高质量发展的绿色篇章[J]. 中国环境监察，2019，（Z1）：78–82.

[2] 李阳，杨勇. 老油田绿色低成本开发探索与实践[J]. 油气地质与采收率，2019，26（2）：1–6.

[3] 李阳. 胜利油区开发形势及稳产对策[J].油气地质与采收率，2002（1）：13–16.

[4] 孙焕泉. 让创新之火持久燃烧——胜利油田推进创新发展的生动实践[J]. 求是，2012（15）：53–54.

[5] 牟雪江. 解码“胜利”突围——胜利油田采取革命性措施“战严寒”带来的变革与思考[J]. 中国石油企业，2017（8）：39–45.

[6] 程丽娟. 低油价下石油企业面临的形势与关键[J]. 中国市场，2019（25）：70–75.

[7] 潘继平，王越，申延平，等. 中国境外油气勘探开发的机遇、挑战和对策[J]. 国际石油经济，2009，17（5）：54–57.

[8] 曾兴球. 中国石油石化企业如何应对低油价形势下的市场挑战[J]. 国际石油经济，2015，23（12）：1–9.

[9] 张以根. 胜利油田断块油藏产量递减影响因素[J]. 油气地质与采收率，2007，66（3）：90–93，117.

[10] 贾俊山，王建勇，段杰宏，等. 胜利油区整装油田河流相开发单元开发潜力及对策[J].油气地质与采收率，2012，19（1）：91–94，117.

[11] 孙焕泉. 胜利油田三次采油技术的实践与认识[J]. 石油勘探与开发，2006（3）：262–266.

[12] 范智慧，邴绍献，赵小军，等. 低油价下油田企业效益产量确定方法探讨[J]. 油气地质与采收率，2017，24（4）：116–120.

[13] 王端平，杨勇，牛栓文，等. 东辛复杂断块油藏层块分类评价方法与调整对策[J]. 油气地质与采收率，2012，19（5）：84–87.

[14] 赵红雨. 稠油油藏组合蒸汽吞吐的分区方法[J]. 特种油气藏，2018，25（3）：77–81.

[15] 顾浩，孙建芳，秦学杰，等. 稠油热采不同开发技术潜力评价[J].油气地质与采收率，2018，25（3）：112–116.

浅析看板管理在招标采购中的应用推广

贾　莉　张　桐　陈利民
（中国石油玉门油田分公司）

摘　要：传统的招标模式向电子化招标模式的变化可有效提高招标全流程采购效率。但无论在传统的招标模式下还是在电子招标采购模式下，要想在较短时间内高效完成招标采购全过程，需要对招标采购过程管理进行创新。提出了招标采购的“看板管理”思想，阐明实施招投标采购看板管理的内涵、应用条件及实施方法。通过看板管理，不仅可以达成电子招投标的要求，更实现了互联、整合、兼容、可靠、协调、高效的招投标运行方式，具有卓越的应用优势和推广前景。

关键词：看板管理；可视化管理；任务管理矩阵；招标采购信息化；提质增效

目前油气行业招标采购管理已逐渐从传统的招标模式转变为全流程电子招标采购模式。在信息共享、数据共建、远程操控、高效运行的电子招标和电子商务的大背景下，以及新冠肺炎疫情和低油价形势下，如何利用“看板管理”完成招标采购全流程的过程管控，高效完成招标采购活动，提高精细管理水平，对于油气企业提质增效具有现实创新及应用推广意义。

1　招投标工作存在的问题及创新必要性

1.1　招投标工作的现状与问题

许多招标机构成立之初，采用的是传统的线下开评标方式，招标方案的创建、招标文件编写、招标公告发布、招标文件线下发售、投标文件现场递交、线下开标、线下评标、中标候选人信息公示、中标结果公告、中标通知书发送、投标人异议、资料归档等全部流程履行完毕，需要一个月或者更长时间。传统的招标模式向电子化招标模式的变化可有效提高招标全流程采购效率。在当前的“互联网+招投标”时代，招标采购已充分结合网络信息技术及电子商务管理理念，将全流程电子化招标应用到招标采购中。尤其在新冠肺炎疫情下，电子招投标突显了其优势，此外在疫情期间还实现了远程异地评标，深化全流程电子化招评标，确保招标工作依法规范、及时有序地进行。

然而，无论是在传统的招标模式下还是在高效运行的电子招标采购模式下，招标机构都需要完成大批量物资、工程以及服务招标采购工作，同时合理安排众多项目开评标室资源，需要安排专人编排招标计划，这样招标管理运行效率不高，同时项目负责人面对众多项目的不同环节，容易出现漏项及延迟履行的现象。亟须解决的难点问题主要集中在：（1）怎样合理高效地完成有限开评标室资源的配置使用，如何在招标方案阶段合理安排开评标时间；（2）项目负责人承担项目众多，如何在众多项目中完成多个项目的多个关键环节的过程管控，不漏项、缺项。

1.2 开展招标采购看板管理创新的必要性

要想在较短时间内高效完成招标采购全过程，需要对招标采购过程管理进行创新，本文提出了招标采购的“看板管理”思想，从而解决需要专人负责编排招标计划的问题，通过看板管理，将大量的人力、物力从重复烦琐低效的工作中解放出来，同时形成多项目关键环节控制点的跟踪管理，到了相应的步骤所有人实施标准的操作步骤，只需要对关键环节完成相应节点的控制，便可保证招标项目有序、规范及高效运行。通过看板管理不仅充分实现了共建共享、标准化的精细管理，而且有效加强了招标过程管控，提高了招标效率。

2 实施招标采购看板管理的内涵及应用

2.1 看板管理运行方法

看板管理亦称“看板方式”“视板管理”，是企业实现生产智能化、及时化、可视化的重要手段。看板类型分为设备看板、品质看板、生产管理看板、工序管理看板以及在制品看板。工序看板管理方法是在同一道程序或者前后程序之间进行信息流的传递。即一旦项目计划确定以后，就会向各个程序环节下达启动指令，然后每一个关键节点又向后面的各道程序传达启动指令，最后再向最终节点下达相应的启动指令。这些启动指令的传递都是通过看板来完成的。由于各关键环节都以看板前一环节为指令，省去多余的、不规范的步骤，从而降低各个环节的操作失误，提高系统化管理水平。

招标管理看板属于工序管理看板方式，同时结合项目任务管理矩阵思想，即招标项目管理人员在同一时间节点上需要管理多个处于不同招标阶段的项目，利用矩阵管理的思想将多个项目的不同招标阶段重点列出，进行重点环节的跟踪管理。由于招标项目具有很强的时效性，在每一时间节点必须完成既定管理工作，不可提前也不可推后，如果不采用合适的管理工具，将会极易导致某一项目产生时间错位或管理失控，为便于项目负责人跟进招标进度控制，做好招标项目的时间管理与过程管理，基于现在的电子化信息技术，需将传统的看板管理转化为招标采购日常工作中的看板管理。

2.2 实施招投标采购看板管理的应用条件

无论在传统的招标模式下还是在高效运行的电子招标采购模式下，看板管理思想均可适用，应用需具备以下条件。

2.2.1 建立公共资源的共享平台

建立一套快捷、严谨、科学的招标计划安排系统/会议管理系统，或在节约成本的前提下采用简单的操作软件（如石墨文档）实现，呈现出课程表式的计划管理界面，将负责编排招标计划的专人解放出来，实现信息化招标计划管理，同时实现多人可共同编辑使用、形成招标公共资源信息的共享。

2.2.2 形成任务管理矩阵的资源看板

招标项目管理人员在同一时间节点上需要管理多个处于不同招标阶段的项目，利用任务矩阵管理的思想将多个项目的不同招标阶段重点列出，关键环节通过固定颜色进行设置及定义，起到了很好的提醒及提示作用，可进行重点环节的下一步跟踪管理，形成资源看板。

2.2.3 共享平台与任务管理矩阵的有效融合

结合共享平台及任务管理矩阵在一张总表上体现，实现横向、纵向的全方位管理，实现招标计划全过程管理与关键环节点看板管理的有效融合。

2.2.4 其他条件

管理手册、应用手册齐全完善，标准文本等标准化规范文书齐全。所有相关员工应具备看板管理的必备素质和责任心，熟悉并严格遵守看板管理的运行方式，管理人员要提高重视程度，为看板管理提供有力支持。

2.3 招投标采购看板管理的实施及方法

2.3.1 融合看板管理思想与招标过程控制

将看板关键环节控制点的思想，融合进招标采购项目运行状态管理中的不同阶段的状态管理，通过关键环节固定颜色的设置及定义，起到提醒及提示作用，看板管理的思想为招标采购管理创新提供依据，如图1所示。

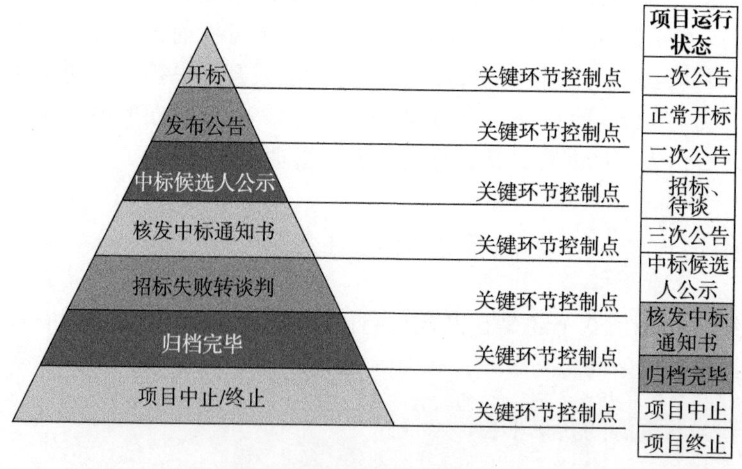

图1 招标关键环节控制点

2.3.2　通过看板管理实现招标采购的标准化

对标准的指导也是看板管理的关键目标。通过图2看板管理制定执行标准，形成招标程序的动作统一化、标准化。关键环节节点例如公告日期、中标候选人公示日期以及澄清时间节点等均应按照标准化程序实施。

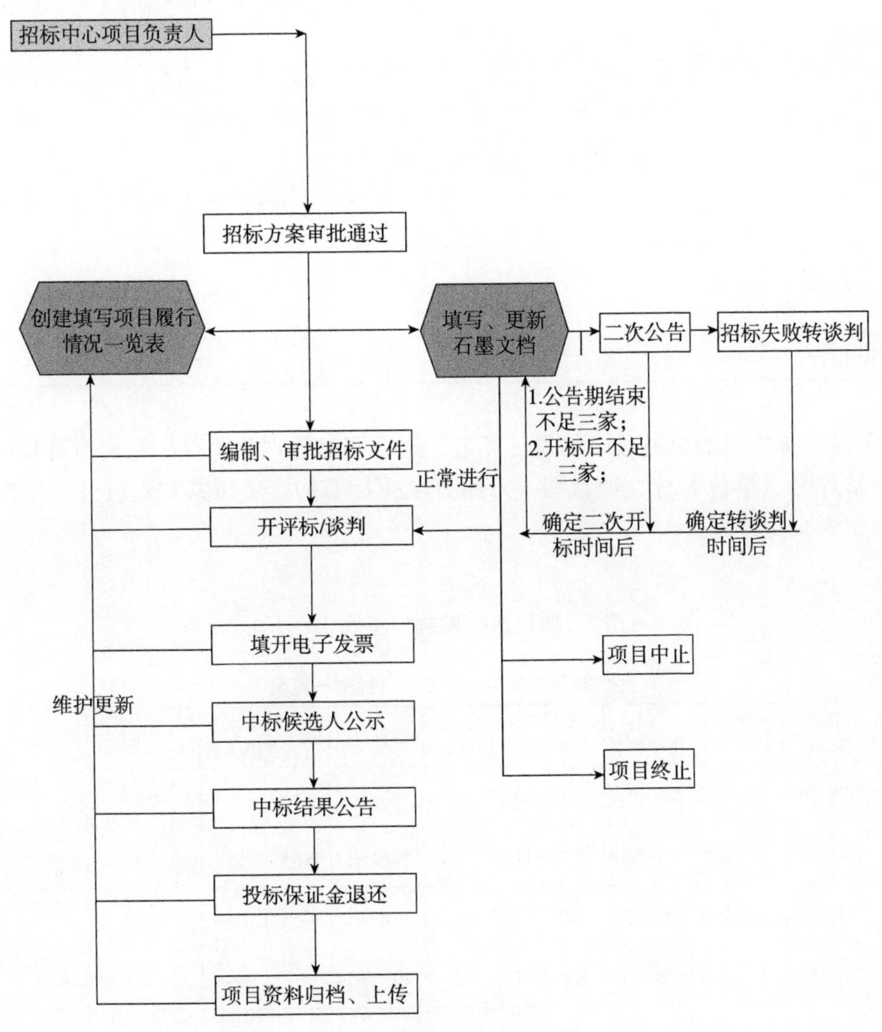

图2　招标程序管理系统示意

2.3.3　通过看板管理实现招标采购的可执行性

在招标管理中，应按标准执行并及时进行查核，发现标准出现偏差时及时予以纠正。

（1）看板管理呈现出课程表式的计划管理界面。充分利用开评标室有限资源，在石墨文档中合理安排项目的开标评标时间。创建项目基本信息，按照审批通过的招标方案编制招标文件，如表1所示。

表1　开标评标周计划一览表

招标中心开标评标周计划一览表（2020 年 5 月 11 日至 2020 年 5 月 15 日）

时间	序号	项目名称	估算金额（万元）	开标时间	开标地点	评委人数	评标方式	评标时间	评标地点	负责人	
星期一（5月18日）	1		63	9:00	104	5	低价	9:30—11:30	315 室		再次公告
	2		27	9:00	104	5	低价	9:30—11:30	315 室		转谈
	3										终止 / 中止
	4										
	5										
	6										
	7										
	8										
	9										
	10										

（2）对实施项目的全过程中的关键环节，进行跟踪管理与监控。完成项目基本信息表的建立，从序号、单位名称、项目编号开始直至招标节约资金额共33列可直接生成集团公司报表，如表2、表3所示。

表2　项目运行控制一览表（一）

2020 年招标中心项目运行控制一览表

项目运行状态	公告时间	开标 / 谈判时间	评委数量	评标方式	开具电子发票	未中标人保证金退还	中标人保证金退还	资料归档	签约人	合同承办人员	序号	单位名称	项目编号	项目名称
一次公告		2020/3/11	5	低价	2020/3/12	2020/3/24		2020/3/17	×××	×××	1	××××	××××	××××
正常开标		2020/3/11	5	低价	2020/3/12	2020/3/17		2020/3/17	×××	×××	2	××××	××××	××××
二次公告		2020/3/11	5	低价	2020/3/12	2020/3/17		2020/3/17	×××	×××	4	××××	××××	××××
招败转谈		2020/3/19	5	低价	2020/3/20	2020/3/24		2020/3/24	×××	×××	3	××××	××××	××××
三次公告		2020/3/19	5	低价	2020/3/20	2020/3/24		2020/3/24	×××	×××	5	××××	××××	××××
中标候选人公示		2020/3/19	5	低价	2020/3/20	2020/3/24	2020/4/8	2020/3/24	×××	×××	6	××××	××××	××××
核发中标通知书		2020/4/2	5	低价	2020/4/7	2020/4/7		2020/4/7	×××	×××	1	××××	××××	××××
归档完毕		2020/4/2	5	低价	2020/4/7	2020/4/7		2020/4/7	×××	×××	2	××××	××××	××××

表3　项目运行控制一览表（二）

项目名称	招标方式	招标组织方式	实施机构名称	概算金额（万元）	项目分类	项目属性	属性分类	标包数	电子招标情况	招标结果	委托日期	招标公告日期	公告次数	开标日期	参与单位数量	中标人数量	公示日期	中标通知书发出日期	授标标包数	中标金额（万元）	合同金额（万元）	合同编号	专家库使用	专家履职评价	专家抽取	是否有异议	异议处理结果	招标节约资金额
××××	社会公开	自行招标	招标中心	109.84	三类	物资	通用仪器、仪表	1	电子全流程	成功	2020/2/18	2020/2/20	1	2020/3/11	3	1	2020/3/12	2020/3/17	1	××	××	××	集团专家库	否	随机	否	无效	××
××××	社会公开	自行招标	招标中心	97.00	三类	物资	通用仪器、仪表	1	电子全流程	成功	2020/2/18	2020/2/20	1	2020/3/11	7	1	2020/3/12	2020/3/17	1	××	××	××	集团专家库	否	随机	否	无效	××
××××	社会公开	自行招标	招标中心	110.00	三类	物资	电工材料	1	电子全流程	成功	2020/2/21	2020/2/26	1	2020/3/11	4	1	2020/3/12	2020/3/17	1	××	××	××	集团专家库	否	随机	否	无效	××
××××	社会公开	自行招标	招标中心	198.00	三类	物资	轴承	1	电子全流程	成功	2020/2/20	2020/2/26	1	2020/3/19	5	1	2020/3/20	2020/3/24	1	××	××	××	集团专家库	否	随机	否	无效	××
××××	社会公开	自行招标	招标中心	35.00	三类	物资	通用仪器、仪表	1	电子全流程	成功	2020/1/2	2020/1/8	3	2020/3/19	6	1	2020/3/20	2020/3/24	1	××	××	××	集团专家库	否	随机	否	无效	××
××××	社会公开	自行招标	招标中心	35.30	三类	物资	消防器材	1	电子全流程	成功	2020/2/28	2020/3/4	1	2020/3/19	4	1	2020/3/20	2020/3/24	1	××	××	××	集团专家库	否	随机	否	无效	××
××××	社会公开	自行招标	招标中心	56.00	三类	物资	通用仪器、仪表	1	电子全流程	成功	2020/3/3	2020/3/5	2	2020/4/2	5	1	2020/4/3	2020/4/7	1	××	××	××	集团专家库	否	随机	否	无效	××
××××	社会公开	自行招标	招标中心	58.00	三类	物资	阀门	1	电子全流程	成功	2020/3/13	2020/3/19	1	2020/4/2	3	1	2020/4/3	2020/4/7	1	××	××	××	集团专家库	否	随机	否	无效	××

（3）项目实行清标管理，即每完成一个项目便从正在运行监控状态下的项目清理出去，并完成全过程的闭环管理。

2.3.4　通过看板管理实现招标采购的时效性

看板管理在招标采购运用当中也必须体现时效性。一要及时进行看板招标项目关键环节状态的更新，以及时跟进招标运行程序，并避免程序上的漏项、缺项；二要及时对招标过程中有变化的内容进行标准修正，以避免因标准跟不上导致招标失败。

2.3.5　通过看板管理实现招标采购的精细化

看板管理直接面对招标关键环节，尤其要做好精细化工作，要把标准及要求量化到每一名员工及每一个操作步骤上，这样看板管理才能起到良好的现场指导作用。

3　实施招标采购看板管理的优势及效果

随着中国电子招投标管理办法、电子招投标系统技术规范的不断完善，要求电子招投标中的每一环节都必须提供有效、科学的依据。通过看板管理，不仅可以达成上述的要求，更实现了互联、整合、兼容、可靠、协调、高效的招投标运行方式，具有卓越的应用优势和推广前景。

3.1 有效提升招标采购运行效率及管理水平

招标机构通过看板管理，能理顺工作流程和管理流程及各角色职责，大大提升招标采购运行效率并促进招标采购管理水平，促进招标采购由一般性管理向高效管理转变，是推进招标采购迈向现代化管理的重要途径。

3.1.1 传递项目信息，明确项目指令

招标机构每人负责的招标项目众多，而且由于分工的不同导致信息传递不及时的现象时有发生。而实施看板管理后，机构中的任何人都可从看板中及时了解招标采购的运行信息，便于掌握单个项目以及全部项目的运行情况，避免信息传递中的遗漏而造成的缺项、漏项，使项目履行延迟。

看板管理的下步程序的开始是以上步程序的完毕为前提，改变了传统的人员指令，避免由于人员指令造成的随意性和偏差。

此外，针对项目运行过程中出现的问题，项目负责人可及时提出自己的意见或建议，通过看板来展示，供大家探讨研究，以便在项目中形成凝聚力，提高项目管理水平，发挥出员工的主观能动性，使招标工作指令明确，保证招标全流程高速高质进行。

3.1.2 杜绝现场管理中的漏洞，改善机能

指令式人员口头管理变为信息化目视管理，提高了招标采购的可视化管理水平，反映多个同时进行的项目不同关键阶段的状态信息，当发生异常现象时就不言而喻。使过程中的诸多矛盾和问题得到及时暴露和有效地解决，可有效控制好招标程序的“准时化”“标准化”。

3.1.3 实现绩效考核的公平化、透明化

通过看板，个人工作业绩一目了然，使得对个人及项目的绩效考核公开化、透明化。通过业绩展示，可以起到激励先进、督促后进的作用，使得各项资源分配更加合理有序。

3.1.4 保证招标程序依法合规，提升管理水平

看板既可提示项目负责人根据看板信息进行操作，还可以使招标方案、开评标、公告信息发布，中标候选人公示等步骤有条不紊地进行，使招标工作做到“有法可依，有证可查”，从而提升招标中心的管理水平。

3.2 成为促进招标采购信息化管理的有效载体，打破空间、时间限制

随着电子和网络技术的不断发展，看板将代替现有的卡片式看板作为企业内部和外部的看板管理运行新载体。电子系统的直观、快速、有效等特点也将使看板运行的信息更快捷、更方便。即使是远在千里之外的投标人也可以使用电子交易系统，招标机构也将业主单位的需求信息传递给潜在投标人，逐渐形成供应商资源库。

3.3 充分发挥招标机构在招标采购活动中桥梁、纽带、服务平台及工具的作用，将服务生产作为招标工作的核心目标

在市场经济日趋完善的条件下，招标采购的核心竞争力不再是单一的质量和价格，而将会添加服务的砝码。服务也不再是简单的售后服务，而是以最大能力快速、灵活地满足业主单位采购全程各环节需求的优质服务。招标采购的快速反应能力应依托看板管理思想，推行看板管理把招标采购实施流程和业主单位、供应商等有机地结合在一起。

3.4 看板的逆向思维为招标采购带来大的观念转变，提高了职能部门的服务质量和服务意识

看板管理的精髓就是逆向思维，它要求以招标采购效果拉动前期立项，改变了传统招标模式下一切按照招标计划完成的自主观念，形成了新的招标制度下，以问题为导向，以业主单位需求为出发点而启动的观念。

看板管理的运行明确了前后关键程序之间的关系，改变了部门与部门之间的关系，提高了职能部门的服务质量和服务意识。

3.5 看板管理将单个项目的运行表与统计报表相结合，对于统筹项目管理具有明显效果

看板管理则利用了简单直观地看板，将每个项目的不同运行状态在同一时间节点完整呈现，并随时更新。

看板管理同时可随时形成运行报表。对于招标机构来说需要随时生成各类统计报表，报表统计耗时耗力，单个项目统计易出现数据差错，利用看板管理可随时生成任一时点的运行大表，对招标管理乃至企业经济管理都有重要作用。

通过看板管理思想的应用，使得招标业务依法合规整体受控，招标采购全部公开透明，招标专业化水平高，信息化管理手段运用成效显著，降本增效“第三利润源”作用日益凸显。把提高企业效益、推动油田扭亏脱困作为工作的出发点，通过招标切实服务好基层，提高招标业务质量和工作效率，为油田提质增效做出贡献。

对于中企开发缅甸天然气市场的策略思考

张贤杰
（中国石油国际事业有限公司）

摘　要：2011年以来，随着对外开放，缅甸国民经济快速发展，能源电力需求急剧上升，天然气需求随之增长，2020年6月第一次进口了LNG，在分析研究其天然气储量、生产、消费、贸易与政策现状基础上，本文对中国油气公司开发缅甸天然气市场的优、劣因素进行了类比，从挖掘新兴市场潜在需求、构建本地天然气销售网络角度入手，建议运用先发优势，实现因地制宜营销，阐述了对中国油气企业在缅甸构建天然气海外产业体系和开展天然气贸易及营销的策略思考。

关键词：缅甸；天然气；销售网络；营销；策略

2020年，受新冠肺炎疫情影响，“大疫当前，百业艰难”，国内天然气需求低迷，导致天然气贸易进口长约资源难以消化，而缅甸地处国家“一带一路”倡议沿线关键节点，随着国民经济发展，其国内天然气需求急剧上升，并在2020年6月进口了首船LNG。如何开发缅甸天然气市场，实现国内国外两个市场资源优化配置，值得中国油气企业深入思考。

1　缅甸天然气市场基本情况

1.1　缅甸天然气资源情况和消费特点

截至2019年年底，缅甸天然气探明可采储量1.2万亿立方米，天然气产量约171亿立方米[1]，天然气消费量约40亿立方米，天然气消费约占该国一次能源消费量的18.2%[2]，主要集中在电力、化工和交通运输部门。作为东南亚最落后的国家之一，缅甸全国电力总装机容量仅5642兆瓦[3]，为东盟10国中最低。2018年天然气发电约占该国总发电量的33.3%[3]。2018年缅甸全国只有49.5%的人口得到电力供应覆盖[4]，预计2020年全国电力需求将增长到6000兆瓦[5]，工业用电有较大的缺口，在用电高峰期难以得到保障，停电状况普遍。投资少、见效快的气电有很好的补缺能力和发展前景。

1.2　天然气进出口情况及其趋势

缅甸管道气全部出口。1998年以安达曼海莫塔马湾气田对泰国（年均88亿立方米）供气，2013年以孟加拉湾气田对中国（年均41亿立方米）供气，国家财政状况因天然气出口得到改善，近年天然气占出口总额比重35%～40%。随着缅甸国内电力消费需求快速增长及气田衰减，预计2021年后出口乏力甚至停止。

为应对国内天然气需求上升、管道供气下降的局面，2018年1月缅甸政府核准了4个进口LNG燃气发电项目意向书，2020年6月实现从马来西亚进口首船LNG，2020年7月又批准了日企联合投资LNG发电项目的意向书。

1.3 天然气政策与发展趋势

1962—2011年，长达50年的军政府执政导致缅甸长期闭关锁国，国内天然气需求无法得到释放。2011年首个民选政府上台后，缅甸GDP以年均6.78%的速度快速增长[6]，带动了国内能源消费特别是天然气消费的迅速增加。首届吴登盛政府提出，把2013年后的新天然气项目产出优先用于国内消费，以推动本国经济发展，同时研究规划LNG进口，第二届昂山素季政府2017年起对进口LNG项目选址和方案做了详细论证和评估，与此同时，包括道达尔等在内的国际大石油公司均对参与缅甸LNG进口项目兴趣浓厚，纷纷提出自己的供气计划。随着缅甸进一步融入国际经济，预计在天然气消费和贸易领域将加强与外资的合作，天然气产业开放将会纵深发展。

2 中企开发缅甸天然气市场的优劣势分析

2.1 优势分析

2.1.1 经济发展优势

随着近10年中国、日本、韩国、中国台湾地区产业升级及美国推动对华经济脱钩战略，相当规模的传统制造业转移至包括缅甸在内的东南亚地区，2010年后缅甸国内新兴工业园区纷纷建立，结合相对低廉的人力资源成本，经济增长势头强劲。缅甸国内经济发展促进了对天然气资源的需求，并为外资进入当地天然气市场带来了良好机遇。

2.1.2 政治外交优势

1947年缅甸独立后选择了联邦体制，1962年起军政府长期执政，2011年转为议会共和制。随着2010年以后国内国际局势变化，缅甸逐步推行政治经济体制改革，放弃了威权与封闭，选择了民主与开放。外交上注意加强与中国、印度等邻国的关系，正如其国务资政昂山素季所说“邻居是无法选择和改变的”，缅甸愿意搭上中国经济发展的便车，继续奉行对华友好政策。与之对应，2013年以来中国将“一带一路”倡议上升为全球治理的中国方案，缅甸地处“一带一路”沿线战略要冲，中缅两国资源禀赋各异，经济互补性较强，顶层设计大力支持推动两国“加强能源基础设施互联互通合作”，这为中企开拓当地天然气市场带来了政策利好。

2.1.3 地缘政治优势

中国云南省与缅甸地理直接接壤，历史文化、民族血脉多有相近，比如缅甸有大量的华侨华人，两国佛教渊源极深，大小乘佛教交流频繁。不仅如此，缅甸地处印度洋和太平洋地区海上能源航运要道，本地市场与中国、新加坡等地距离短，运输成本低廉，有助于中企对缅甸本地天然气市场的开发。

2.1.4 人口结构优势

缅甸人口众多，根据2014年全国人口普查结果，总人口约5199万[4]；人口结构年轻，缅甸30岁以下人口约占总人口50%以上。这意味着劳动力充裕且未来消费潜力较大，未来缅甸国内天然气消费有很强的可持续性，并为外资公司扎根本地天然气产业提供充足而廉价的劳动力来源。

2.1.5 中国油气企业整体实力和海外布局优势

缅甸是中国油气企业较早进入的海外市场，中企在缅参与数个上游风险勘探区块开发。2013—2020年，两国合资合作了中缅油气管道和油库油站燃气电厂等项目，经过多年布局，中企在推进油气管线、成品油仓储和零售等产业链条的上下游一体化运作取得了显著成效，为进一步提升中企在缅天然气产业的竞争力奠定了基础。例如：中国石油在缅甸持50%权益的AD-1和AD-6区块产出的天然气，未来可输入中缅天然气管道出口或对缅甸国内电厂销售，实现产品销售价值最大化；中国石油新加坡油气运营中心和LNG全球资源池的启动有利于对缅天然气市场的辐射和开拓，为开展对缅跨市贸易带来了机遇和便利。

2.2 劣势分析

2.2.1 缺乏国家投入，基础设施薄弱

缅甸多以农业或自然经济为主，工业基础薄弱，基础设施不完善，缺乏天然气产业资金投入，主要是国际石油公司和本地国有油气公司投资天然气上游生产开发设施为主，缺少LNG接收站、储气库、储罐、管网、加气站、燃气电厂等下游配套设施和支撑手段，还是开展本地天然气贸易和营销面临的较大挑战。

2.2.2 政治特权仍存，缺少公平竞争

军人集团虽然退居幕后，但其对国家官僚阶层的后续影响并未完全消除，军人拥有政治经济特权，比如宪法规定军人议员人数必须占国会议席的1/3；以退役军人为主的缅甸经济控股公司（MEC）为该国最大的企业集团，资产总额远超国有油气公司；国内天然气产业为缅甸油气公司（MOGE）垄断，其直接代表政府，若外资欲参与国内天然气业务必须经其批准同意。

2.2.3 民主政治生态脆弱，社会宗教民族不安定因素较多

复杂的政治、社会、民族、宗教矛盾成为外资开发本地天然气市场的“雷区”。一是缅甸民主政治时间较短，政治生态脆弱，政府管控能力弱，常有社会动荡发生；二是长期殖民历史造成了复杂的社会、宗教、民族矛盾，国内长期存在罗兴亚人问题及克钦邦、瓦邦等民地武与政府军冲突问题，甚至部分激进分子制造并参与恐怖活动；三是由于华侨华

人多经商致富且无政治根基，部分缅甸民族主义分子基于仇富心理和排外情绪提出排华主张，1967年缅甸成为第一个暴力排华的东南亚国家；四是宗教民族矛盾引发外交冲突，缅甸国内佛教徒与穆斯林的矛盾甚至引发马来西亚与缅甸外交交恶；五是中南半岛历史领土纠纷不断，缅甸与柬埔寨、泰国存在领土争端。

2.2.4 欧美日韩激烈的同业市场竞争

欧、美、日、韩石油公司及公用事业公司早已布局缅甸上游天然气项目，如道达尔、雪佛龙、日本Inpex、韩国燃气等在缅甸均有勘探区块。面对近年需求势头良好、极具潜力的缅甸中下游天然气市场，道达尔、丸红、三菱、三井、浦项制铁等公司早已开始谋划进入，有的利用上游资源优势直供LNG电厂，也有公司探讨合资或收购下游天然气资产并进入天然气分销领域。例如法国道达尔与德国西门子计划在缅泰边境德林达依省Kan Pauk市合资建设300万吨/年的LNG接收站和1230兆瓦燃气电厂，实现对缅甸和泰国市场供气，日本丸红等则拟与本地公司合资建设仰光附近燃气电厂。“春江水暖鸭先知”，可以预见缅甸未来将成为各大油气公司激烈争夺的天然气市场。

3 开发缅甸天然气市场的策略和建议

3.1 挖掘潜在需求

3.1.1 国家经济发展中的电力需求是天然气进口的主导因素

缅甸电力部门是天然气消费主体，电力产业的快速发展将会推动该国天然气下游市场进口需求。例如，缅甸仰光地区用气主要来自法国道达尔作业的海上Yadana项目，该项目自1998年商业投产，3/4出口泰国，1/4供缅甸自用，目前主要靠2017年投产的Pada Mya气田维持80亿立方米/年的产量，预计2021年后气田将进入衰减期，该气田主供全缅供电需求最大地区仰光省的电厂使用。虽然仰光省是该国首要实施供电区域，但目前省内最高供电能力仅3000兆瓦，预测2021财年电力需求高达6000兆瓦[5]。

为了解决电力缺口，政府在2017年缅甸电力能源论坛上宣布，允许私营及外资企业获准经营LNG进口批发供应业务。政府规划在仰光Alone镇区和Thaketa镇区分别兴建356兆瓦和477.1兆瓦的小型LNG电厂，TTCL公司（日泰合资）和CNTIC VPower公司经过激烈角逐获得。由于仰光地区电力缺口仍无法得到满足，2020年7月政府核准了日本丸红、住友、三井和缅甸Eden公司在仰光Thilawa镇区Eden码头空地合资建设120万吨/年LNG进口接收站、储罐、管道和1250兆瓦发电项目。

3.1.2 国内地区天然气供需不平衡是进口需求产生的重要因素

缅甸存在着天然气生产地与消费地的严重不均衡。该国新开发天然气储量主要位于西部若开邦附近的孟加拉湾海域，其电力和工业需求增长迅速的地区却是南部临近安达曼海域且人口稠密的伊洛瓦底省、仰光省、勃固省、孟邦以及临近泰国的德林达依省等地。缅甸国内天然气消费因安达曼海原有气田老化衰减以及生产消费区域的距离受到极大影响，地理上的供需不平衡将极大促进该国天然气进口需求的产生。2020年1月，云南能源投资集团公司在伊洛瓦底省计划投资150万吨/年LNG进口接收站和1450兆瓦燃气电厂的方案，与缅方签署了框架协议。

3.1.3 通过投资天然气基础设施拉动进口及国内需求是趋势

目前缅甸的天然气需求主要是以电力为主，未来随着LNG接收站、储罐、国内天然气管网、加气站等基础设施的完善，将大大拉动其化工化肥、陶瓷生产、交通运输和居民城市燃气等部门的天然气需求。做好对缅甸天然气相关投资项目的研判，找准潜在利润增长点，提前布局投资天然气设施，将有助于创造并拉动缅甸国内天然气进口和消费需求，扩大未来中企在当地的市场份额。

3.2 运用先发优势

3.2.1 充分运用现有资源、价格、布局优势

中国三大石油公司均有长约保障天然气资源供给。以中国石油为例，目前其除长约锁定42亿立方米/年的缅甸管道气资源外，还有卡塔尔、澳大利亚、俄罗斯亚马尔、美国切尼尔的资源，以及莫桑比克鲁伍马、俄罗斯北极2和加拿大等潜在LNG项目，有充足的资源保证，可以采取管道气转售、资源池串换等方式对缅甸市场供气。

气价方面，由于各家油气公司均有价格保密条款，难以一窥全豹，但根据此前获得的日本公司对LNG进口项目仰光DES报价来看，油价在100、80、60、40美元/桶时，日方长期供气价格约为14.5、12、9.5和7美元/百万英热单位；与我方长约相比较，当油价在60～100美元/桶时，我方部分新签长约供缅价格较竞争对手有相当优势。中国油气企业在缅甸、新加坡等地多数早已设立分支机构，有着详细了解当地国内天然气市场供需和政策信息的得天独厚条件以及海外结算便利，若能充分发挥海外网点布局作用，将成为公司市场开拓的极大优势。

3.2.2 深入寻找可能贸易机会，努力撬动本地市场

在市场开发过程中，积极融入所在国地理、政治、经济、人文、环境，进行深入和接地气的调研，挖掘当地市场的真实需求，充分利用地区和产业供需不平衡机会，寻求在回报有保障地区的投资和套利机会，这种地区不均衡可为中企进入其国内天然气市场创造先决条件。

比如中缅天然气管道途经缅甸中部马圭—曼德勒—敏建内陆工业区，缅甸多家民营及外资新建燃气电厂位于该地。一方面，缅气较贵，缅气如果有缺口，中国公司可以采用较为便宜的国产气或LNG现货予以资源补充；另一方面，缅甸内陆地区电力供气缺口较大，难以补充LNG资源，中国公司可协调缅政府获得本地售气资质，将部分天然气出售给本地电厂获得收益。

3.2.3 建立海外营销导向的组织架构

树立营销重于贸易甚至引领贸易的市场开发理念。建议企业内部成立跨业务、法律、

风控、规划、财务部门和驻缅机构的天然气市场开发小组，建立国别政策、法律、风险、规划、营销的分析评估体系，打破部门内外的藩篱和分支机构各自为战的局限，加强横向和纵向联系，为市场开发提供足够的后备支持，孵化出有价值的营销或投资项目，最终由总部指导、海外公司负责具体实施，整体进击，默契配合，实现市场开发的协同效益。

3.2.4 要有引导一国天然气产业的战略远见

缅甸下游天然气产业基本还在起步阶段。中短期看，投资LNG接收站或浮式储存及再气化装置（FSRU）、仓储、国内中继管道、燃气电厂、CNG压气站、物流槽车等项目，以投资带动贸易，将是中企开展天然气贸易与营销的重要支撑手段；长远看，利用科研院所、经研机构资源以及自身贸易整合和掌控市场的能力，游说引导缅甸天然气产业政策及天然气产业标准向对中企有利情况发展则是取得先发优势的关键。缅甸没有国家质量标准机构来专门负责制定其国内燃气标准，所有天然气政策、法规、生产和检测标准均出自缅甸电力能源部颁布的针对具体项目的临时通令，当前缅甸国内天然气分销、CNG零售等项目执行美、英、中、日不同标准，十分混乱，在其拟建的LNG进口产业链中，日本公司为了占据产业先导，一直盛邀缅甸政府代表团考察日本LNG产业，并向电力能源部提出希望以日本标准作为缅甸的国家LNG产业标准。中企在积极谋略本地市场的同时，也应像日本公司一样争夺产业话语权，谋略长远。

3.3 完善本地网络

3.3.1 建立灵敏高效的市场信息网络

随着天然气需求快速增加，天然气市场竞争会更加激烈，中国公司需对外界变化做出积极而迅速的反应，应建立灵敏高效的信息传递网络和健全的信息分析机制，确保贸易信息的真实性、有效性、及时性和系统性。以日本丸红化学品部在缅甸构建的信息网络为例，缅甸电力能源部所属缅甸石化公司的国际油气资讯和价格信息多来自丸红，日方每日对缅方推送当日市场及价格信息，成为缅甸政府的重要情报合作伙伴；作为回报，缅方回馈丸红其国内政府油气资产譬如炼厂、批发、零售、LPG等最新项目动态、油气产品价格信息以及与政府合资外国伙伴的相关信息，日方市场情报信息渗透能力值得中企学习。

3.3.2 依托海外分支机构，细化本地营销网络

海外公司位居市场前沿，熟悉本地市场、地理和政府人脉，利于配合总部开展本地天然气市场开发，将营销任务与海外公司绩效挂钩，激发海外公司主观营销积极性。缅甸当前进口需求和政策已曙光初现，各国都在抢占天然气进口市场初期的制高点，建议加强与本地合作伙伴联络，深入探讨双方合资合作模式，根据其需求和贸易导向对天然气营销网络进行细化落地。

3.3.3 加强属地化、国际化市场和技术人员的配置

属地化员工最熟悉了解本地复杂的政治经济情况，而且缅甸人力成本较为低廉，有

利于市场开发。针对现阶段中企不具备技术能力或者技术能力弱的领域，建议全球布局，通过猎头招聘性价比高的优秀人才。以韩国浦项制铁在缅甸天然气上游开发的成功实践为例，浦项制铁作为一家钢铁公司并无油气资源与技术优势，其采取对整个上游开发团队外包的模式，在地质勘探、钻井生产、净化处理、计量控制等关键技术岗位雇请各国专业人才为其服务，通过大力整合韩国本土外派雇员、缅甸属地化雇员和第三国国际化雇员，实现了良好的开发收益。

3.4 营销因地制宜

针对缅甸天然气市场政策条件、管控程度、地理位置、港口分布、合作优势等特点，以灵活的视角，具体问题具体分析，发掘天然气最佳投资和营销选择。

3.4.1 加强对缅甸地理经济情况分析

仔细分析缅甸地理经济情况，遴选市场机会。例如，若在缅甸皎漂市投建LNG项目，将面向两个市场，一是通过中缅管道输入中国，但根据缅甸联邦税法，过境货物需按照CIF货值5%缴纳过境税，大大提升了进口成本，二是直接进口给若开邦当地电厂，服务于居民电力消费需求，但缅甸实行电价管制，居民用电价格上限仅125缅币/千瓦时（0.65元/千瓦时），工业用电价格上限也仅180缅币/千瓦时（0.93元/千瓦时）[7]（按1缅币=0.00516人民币），且还需按照CIF货值8%缴纳进口商业税，难有收益。但如果在仰光迪洛瓦经济特区和缅泰边境土瓦经济特区开发LNG进口项目则不同，未来燃气供电将主要服务于区内工业园用电需求，政府规定对外国人和外企可视具体情况收取电费，且电厂可额外收取变电器损耗费、电表保护费和功率费等多项杂费，根据缅甸经济特区法，特区内实施的投资项目通常具有3～5年的免税减税优惠政策期限，期限结束后可根据具体情况再与政府协商。两相比较，皎漂LNG将导致供气价格倒挂，经济账不划算，而仰光迪洛瓦已较土瓦先行一步完成了经济特区的一期建设，是最适宜的以FSRU开发本地进口燃气市场的地点。

3.4.2 择机进入缅甸天然气国内批发零售市场

缅甸天然气国内批发零售市场发展空间广阔。虽然国内相当部分的公交车和小型汽车采用气驱，但全国现有CNG加气站只有45座，且其中41座位于经济最发达的仰光省，为缅甸油气公司（MOGE）所有，气源来自仁安羌等老旧陆上气田，主要供应运输车燃料，目前政府尚不允许外资参与经营天然气零售业务。但参考该国现已对外资开放成品油、LPG零售和航煤市场，相信随着改革的深入，开放天然气零售市场只是迟早问题。

3.4.3 打破物流运输瓶颈，重视FSRU及MFP的应用潜力

目前浮式储存及再气化装置（FSRU）和模块浮式平台（MFP）已用于全球多个供气项目，存在部署灵活、占地面积和资金投入少等特点，特别适合气价承受力较好且迫切需要供气的市场。缅甸方可考虑先以FSRU或MFP对本地供气，待LNG进口接收站建成后，还可以将其拖到其他国家地区使用。目前缅甸仰光等地区供气需求迫切，正有其用武之地，优

点有：一是资金投入小，项目开展速度快，收效迅速。新造FSRU只需2年，如果采用LNG旧船改装，只要1年，总投资不会超过2亿美元，MFP则成本更低；二是不需占用陆地，可直接租赁FSRU在缅甸海上或内河上气化后通过管道外输实现对下游用户快速供气。目前香港伟能和中国技术进出口总公司合资的CNTIC VPower气电公司采用小型MFP将其置于仰光河上气化后通过管线输给燃气电厂的模式，取得了很好的效果。

参考文献

[1] BP. BP Statistical Review of World Energy 2020.
[2] 缅甸油气公司. 2020年国内天然气消费统计数据.
[3] 2018年缅甸年鉴.
[4] Myanmar Statistical Information Service.www.mmsis.gov.mm.
[5] 缅甸电力公司. 2018年国内电力消费统计数据.
[6] IMF 2019 Article IV Consultation—Press Release.
[7] 缅甸电力能源部. 2019-6-25公告.

新冠肺炎疫情背景下油气企业应对策略浅析

张婷婷
（中国石油物资有限公司）

摘　要：新冠肺炎疫情对世界经济造成了严重冲击。在油气消费缩减的背景下，世界石油行业面临着剧烈震荡，低油价将在很长一段时间内持续。中国油气企业也遭受疫情和低油价的冲击，但是得益于中国疫情防控和复工复产的有效成果，疫情对中国油气企业的负面影响是可控的、暂时的。中国油气企业应积极探索如何实现“以患为利”“化危为机”和转型发展，不断提升抵御风险的能力，为国家能源安全做出贡献。疫情冲击下油气企业应积极采取应对措施，投入疫情防控和复工复产工作中来，体现出责任担当；优化投资结构，提升自身抗风险能力；加快创新驱动，将人工智能技术、大数据技术等运用到企业经营管理中，注重技术人才的储备和培养；加强风险研判能力，善于应对包括疫情在内的各类风险，争取做到化不利为有利，实现逆势增长。

关键词：新冠肺炎疫情；油气企业；创新驱动；高质量发展

1　疫情对油气行业的冲击

1.1　疫情对全球油气行业的影响

新冠肺炎疫情是全球经济的“黑天鹅”事件，对世界经济产生了深远而广泛的影响。疫情导致了全球消费严重缩减，世界范围内出现了“封国”“封城”和交通管制现象，全球石油消费量也因此剧烈缩减。2020年4月20日，WTI原油期货价格更是跌至-37.63美元/桶，世所罕见。总体上看，疫情重创了全球油气市场，导致油气巨头减产裁员、中小油气企业倒闭。例如，包括埃克森美孚、壳牌、BP等在内的多家世界知名油气企业，2020年一季度均出现营收下滑、利润亏损。BP于2020年6月初对外宣布将在全球范围内裁员10000人。截至2020年7月，世界范围内的疫情仍远远没有结束，一些国家和地区还出现了疫情反弹现象，疫情究竟持续到何时结束，尚难预料。在此大背景下，从短期来看油价走势还是比较低迷，将以下跌为主；从长期来看，国际油价则还是会维持震荡走势。因此，减产、裁员、亏损成为疫情影响下全球油气行业绕不过去的难题。著名的投资机构高盛判断，油价低迷期过后，持有优质资产的公司会越来越少；疫情导致全球石油需求史无前例地暴跌，这可能会永远改变石油行业。

1.2　疫情对中国油气行业的影响

在党和政府的领导下，在人民群众的支持下，中国打响了一场疫情防控和复工复产的人民战争，且已经取得了初步胜利。虽然疫情防控任务依然严峻，但是当前中国经济已经基本复苏。国际货币基金组织最新发布的《世界经济展望报告》指出："预计2020年，主要经济体中唯一能够实现正增长的，只有中国"。然而，疫情导致的世界范围内的经济震荡不可避免地会对中国油气行业造成一系列负面影响。2020年全球疫情暴发伴随油价暴跌，一度打乱了国内油气企业的生产经营节奏。在此背景下，中国油气行业面临艰巨任务，既要保障国内能源安全，还要保障石油企业、石油从业人员利益。随着国内复工复产工作的顺利推进，中国油气行业重新找到了方向。2020年6月22日，国家能源局发布的《2020年能源工作指导意见》指出，2020年全年石油产量预期目标约1.93亿吨，同比微增1%。一些分析人士还认为，尽管疫情对中国油气行业也造成了巨大冲击，但是这种影响主要是短期的，长期来看则油气行业可能受益于低油价，因为这会大幅降低成本，而且低油价会对中国经济构成利好因素，又进一步从大环境上促进中国国内油气消费，油气行业将受惠于此。由此可见，疫情对中国油气行业的短暂冲击是必然存在的，这已成事实。但是，得益于中国显著的疫情防控成果以及国际低油价的成本利好，只要中国油气行业把握好趋势，充分利用有利环境，化不利为有利，则能够实现逆势增长。

2 中国油气企业应对疫情冲击的总体思路

2.1 "以患为利"

改革开放以来，中国不断融入外部世界。改革开放所取得的成就，正是中国企业融入世界经济所取得的成果。中国经济体系已经成为世界经济体系的重要组成部分，世界经济动荡也必然会对中国经济体系产生影响。新冠肺炎疫情的突发性、持续性决定了其对世界经济产生了深远影响，且后果往往难以预料。但是，应该看到，类似的突发情况对世界经济来说是不可避免的。除疫情外，天灾、战争、恐怖活动、金融危机等同样会对世界经济产生影响。在中国经济不断融入世界经济体系的过程中，在突发事件对世界经济产生负面影响的大背景下，中国经济已难以独善其身。《孙子·军争篇》云："以迂为直，以患为利"，意思是把于己不利之处转变为有利。中国油气企业面对突发情况早应做好相关应急预案，争取做到"以患为利"，但能否真正实现"以患为利"则取决于中国油气企业是否能够把握形势、发挥主动性，用智慧逆转困境，实现逆势增长。油气企业应在把握全球经济走势和油气行业发展趋势的基础上，做好分析研判工作，点清自己手中有几张牌，做好应对工作。

2.2 "化危为机"

《老子》云："祸兮福所倚，福兮祸所伏"。这句话包含了深刻的辩证法思想，体现了化危为机的哲学思想。新冠肺炎疫情对中国油气行业带来的影响是深刻的，其中既有负面的影响，也有正面的影响。从负面影响来看，中国油气企业同样面临减产、裁员等危机，尤其是一些抗风险能力比较弱的中小型油气企业、民营油气企业，疫情对其产生的负面影响更大；但与此同时，疫情也对中国油气企业产生了一些正面影响。一方面，疫情所导致的震荡和冲击将催生油气行业优胜劣汰，促进行业整体质量和竞争力的提升；另一方面，优质油气企业往往可以通过规模、管理、技术、资金和品牌等优势，实现逆势扩张，提升市场占有率。为了能够实现“化危为机”，现阶段中国油气企业应以降低成本、提升管理、提质增效为主线，以“活下来”为首要目标，在此基础上图谋更大的发展。同时，中国油气企业还要充分利用疫情防控和复工复产的成绩，在做实基本盘后，积极出海布局，进一步提升中国能源安全保障能力。

2.3 转型发展

习近平总书记指出：“要推动经济高质量发展，牢牢把握供给侧结构性改革这条主线，不断改善供给结构，提高经济发展质量和效益。”中国油气企业要从能源驱动转向创新驱动，以此提高竞争力，提升抗风险能力，要以转型发展实现高质量发展目标。在互联网信息时代，大数据、云计算、物联网和人工智能等新技术、新业态代表了新兴生产力的变革方式，石油企业必须主动将传统油气生产与其融合，才有可能完成现有产业的转型升级，才有可能不断提升企业的发展质量和效益。疫情对全球油气市场造成了极大的冲击，中国油气企业要趁机反思如何提高竞争力和抗风险能力，进一步摒弃传统的粗放型发展路线，走向一条创新驱动、智慧驱动的发展路线。油气企业应在全力应对疫情冲击的基础上，寻求创新突破，例如企业可以依托5G、工业互联网等技术，通过智能化、信息化手段提高效率。

3 中国油气企业应对疫情冲击的对策

3.1 彰显责任担当

新冠肺炎疫情防控期间，中国国有油气企业贡献了自己的力量，向武汉捐赠物资、组织医用原料生产、全力保障油品供应，油气企业干部职工更是下沉到基层第一线，在抗疫工作和复工复产中倾尽全力，充分体现了责任担当。当前疫情防控形势依然严峻，境外病例输入压力较大。油气企业应继续贯彻执行党和政府关于疫情防控和复工复产的相关规章制度，以高标准、高要求做好防疫工作，确保企业运行万无一失。国有油气企业更要彰显责任担当，要积极履行企业社会责任，在疫情防控工作中继续做出贡献，为疫情控制和经济回暖尽到企业公民的责任。同时，当前复杂的世界经济形势特别是低迷的全球油气市场给中国能源安全增添了不安全因素。油气企业要积极探索如何在低油价背景下保障中国能源安全。油气企业要有战略定力，扎扎实实办好自己的事情，确保企业稳定发展，担当起保障国家油气安全供应的重大责任。当前油价低位波动，国内油气企业的发展面临很大压力，降本增效、增储上产难度更大，油气企业要动员干部员工团结一心，共度时艰，战严冬、谋发展，积极应对新的挑战。

3.2 优化投资结构

新冠肺炎疫情暴露了中国油气行业抗风险能力不足的问题。当前中国油气企业所面临的风险本质上是不确定因素导致的经济波动和行业波动，其中某些风险是行业固有的风险，但是油气企业可以通过自身抗风险能力的提升实现对风险的有效防范，从而实现企业高质量发展，为国家能源安全做出贡献。事实上，油气企业投资结构的优化并非因疫情而始，而是一个早已经开启的进程。在世界能源行业内，石油和天然气近十年来的年均需求增长率分别为1.1%和2.3%，而可再生能源年均需求增长则高达16.1%。探索向可再生能源的多元化转型，既是石油公司满足未来能源市场差异化需求的必然选择，更是石油公司向能源公司演进、寻求更大发展空间的有效途径。疫情冲击下，中国油气企业要探索如何优化投资结构，以增强抵御风险的能力。要加强开发投资结构优化，主要包括优化新、老区投资建产结构，提高资金使用效率，继续探索投资成本一体化。坚持投资效益标准，应坚持高质量发展，要做优存量，实现产炼运销储贸全产业链协同优化；要做强增量，能源转型期加快培育和推进多矿种新能源增长极；要扩大储备，规范管理，增加功能，优化储备模式，扩大储备能力。同时，还要制定实施新能源发展战略，包括探索地热能、太阳能、风能、生物质能源等新能的开发利用，加快形成以油气为主、多能互补的绿色发展格局。

3.3 加快创新驱动

习近平总书记指出："企业持续发展之基、市场制胜之道在于创新，各类企业都要把创新牢牢抓住，不断增加创新研发投入，加强创新平台建设，培养创新人才队伍，促进创新链、产业链、市场需求有机衔接，争当创新驱动发展先行军"。在疫情冲击下，油气企业迫切需要提升创新能力，尤其要从传统的资源驱动型转变到创新驱动型的轨道上来，使企业增长方式实现变化，满足油气企业高质量发展的要求。"十三五"以来，人工智能、大数据等技术发展上升为国家战略，大数据与人工智能成为国务院确定的七个战略性新兴产业之一，为中国油气工业技术创新发展带来新机遇。"十四五"期间，中国应加快发展数字化转型和人工智能建设，加强工业物联网建设，实现数据的自动化采集，加强数据标准规范的制修订，管控数据质量，建立数据共享机制，为智慧油田打造坚实基础。创新驱动不是一句空洞的口号，而是需要企业精心准备、扎实投入。一方面，油气企业要培养一支具备创新视野和创新能力的人才队伍。人工智能技术在油气行业有着极为广泛的运用前景，该技术必将成为油气行业提档升级的利器。例如C3 IoT 公司的物联网技术、微软公司的Azure云平台、Bonsai公司的人工智能工具已经被一些国企石油巨头所运用。中国油气企业也要对人工智能技术的运用加强研究，尤其要做好人才培养工作。油气企业要加强人才储备，需要培养出一批既懂油气业务知识又懂人工智能技术的复合型人才。这些人才要根据中国油气行业的特点和需求，开发出符合中国实际的、具有独立知识产权的人工智能工具，这样中国油气行业才能在将来的技术竞争中不受制于人，从而保障中国的能源安全；另一方面，油气企业要实现数据共享，实现数据驱动。数据驱动是一种"数字革命"，它能够用数据化的方式确保企业生产经营管理的精准化。当前中国油气企业已经认识到了数据驱动的重要性，但是数据的条块分割和共享困难，严重制约了数据驱动目标的实现。例如，一些石油企业积累了海量的油气勘探开发数据，这些数据分散在集团公司统建系统和各单位的自建系统以及部分研究人员手中，这些数据体量大、种类丰富繁杂，有着极大的应用价值。但在数据源头和传输环节，缺乏对数据质量进行严格管控，无法保证基础数据的权威性、统一性和有效性，不同程度地影响了研究成果的准确性，降低了指导勘探开发实践的科学性。如何实现数据共享和协同研究，并做好数据质量管控，是人工智能应用面临的基础问题。中国油气企业应打通数据共享的壁垒和障碍，实现数据的有效共享，在数据的传输、管控、共享、利用等环节发力，充分利用数据驱动的方式满足油气企业高质量发展的需求，同时为中国油气企业抗风险能力提升以及国家能源安全提供坚实的数据支撑。

3.4 强化风险研判

疫情对油气行业造成的风险和冲击是巨大的。尽管新冠肺炎疫情这样的世界性事件可能是“百年一遇”，但是如果我们放眼历史，我们会看到我们本来就生活在一个充满不确定因素的世界里。各种各样的突发事件本身就是世界历史的常态，纵观人类历史，没有哪一个百年是太平无事的。中国油气企业扮演着能源供应者和安全守卫者的双重角色，风险因素是油气企业必须予以考虑的问题。油气企业不能被动地接受风险的冲击，而是要主动地研判风险，并积极作为，争取在每一次风险中能够减少损失，甚至实现逆势增长。以新冠肺炎疫情为例，当前疫情走向尚不明朗，一些卫生专家表示疫情至少要持续两年，还有专家表示新冠病毒将从此伴随人类，人类要学会与新冠病毒共处。新冠肺炎疫情究竟会走向何方，以及新冠肺炎疫情对世界经济、世界油气行业的冲击究竟有多大，这些都还是未知数。油气企业应做好风险研判工作，除了应对好新冠肺炎疫情带来的冲击外，还要建立起一整套风险防控体系，争取能够有效地防范突发事件的负面影响，从而在风险应对上占据制高点。此外，油气企业还要充分做好分析研判工作，主要针对如何在疫情冲击下实现企业的逆势增长展开研究，要做到化不利为有利，尽最大可能发掘中国油气企业的潜力，包括新技术的应用、人才队伍的培养等。

总之，得益于党和政府的正确领导、中国经济的较强韧性以及人民群众的支持，疫情对中国经济的冲击是有限的、可控的，当前中国经济已经在疫情冲击中得以初步恢复，经济发展已经步入了后疫情新时代。疫情对中国油气行业的冲击也只是暂时的、短期的、阶段性的，时间主要集中于2020年一季度和上半年。从宏观上看，中国经济发展健康稳定的基本面不会改变，支撑高质量发展的生产要素条件不会改变，长期稳中向好的总体势头不会改变。在此背景下，中国油气行业完全可以获得比国外同行更为优越的处境。油气企业应积极探索如何“以患为利”，如何“化危为机”，如何转型发展，探索实现智能化发展和数字化驱动的途径，不断提高风险抵御能力，实现高质量发展目标。

参考文献

[1] 吴磊. 新冠肺炎疫情下的石油危机及其影响评析[J]. 当代世界，2020（6）：20–24.
[2] 王海滨. 疫情下的反思：石油公司的未来生存之道[J]. 能源，2020（6）：83–85.
[3] 李博. 新冠肺炎疫情下石油石化行业供需矛盾进一步突出[J]. 中国石化，2020（4）：42–43，46.
[4] 舟丹. 新冠肺炎疫情对国际石油市场供给侧的风险冲击[J]. 中外能源，2020（3）：28.
[5] 林伯韬，郭建成. 人工智能在石油工业中的应用现状探讨[J]. 石油科学通报，2019（4）：403–413.
[6] 刘伟，闫娜. 人工智能在石油工程领域应用及影响[J]. 石油科技论坛，2018（4）：32–40.
[7] 高建国. 石油工程建设企业高质量发展探索[J]. 北京石油管理干部学院学报，2019（1）：7–10，14.

构建“三四五”效能提升管理体系

李石权　刘　建　徐　斌
（中原油田分公司文留采油厂）

摘要：效能对标管理已经成为现代化企业应用最为广泛的管理方法之一，低油价特别是加上疫情的叠加影响，对东部老油田造成了较大的冲击，同时也对我们如何管理升级实现向管理要效益提出了新的课题，实施有效的效能管理是关键，缺少对标管理意识，企业发展就会失去方向，经济指标就会缓慢，“领先”和“前列”也是对标管理的要义和实质，上级的要求、市场的发展、管理的强化，都需要企业把对标管理作为当前及今后发展战略实现的有力举措和必经之路。文留采油厂认真分析、准确判断、突出重点，确定了符合企业实际的管理方法，客观实际地搜集企业生产、经营、管理等方面的指标，构建三维度效能指标体系，三项效能管理机制，落实五项效能提升举措，实现了全覆盖、全员性、分专业、分层次、分步骤的效能提升，实现企业高效持续发展。

关键词：效能提升；对标管理；体系建设

1　构建三维效能指标体系

文留采油厂根据发展目标和企业实际，结合《关于中国石化推进油公司体制建设的指导意见》、中原油田分公司《油公司油气生产单位组织效能对标对表的指导意见》等文件指导意见，建立健全对标管理组织机构，立足油田企业长远发展，认真分析、准确判断，突出重点，建立分公司、采油厂、基层单位三个层级和生产、管理、三基三类指标的“三层三类”效能指标体系。

（1）分公司效能提升指标。

突出油气生产单位的生产组织效率和经营效益指标，在油气生产单位之间开展对标分析，促进油气生产单位对标先进，查找差距，制定追标对标提升计划，持续优化机构，提高组织效能，激发经营活力，提高劳动生产率，确立分公司采油厂对标指标8个（人均利润、人均产量上升率、人均管井数，用工成本占比、机关与辅助队伍用工占比、吨油管理费、吨油完全成本降低率、储采比）、采油管理区对标指标7个（人均边际贡献、人均产量上升率、人均管井数、机关与辅助人员占比、吨油操作成本降低率、吨油电费降低率、吨油作业费降低率）。

（2）采油厂效能提升指标。

深化精细管理，进一步提高油气生产单位精干高效水平，文留采油厂在分公司采油厂效能对标指标的基础上，结合该单位生产、经营实际情况确立了采油管理区经营指标6项（人均油气当量、人均利润、人均管井数、吨油操作成本、经营现金流、盈亏平衡点）重点突出经营效益，生产指标7项（抽油井电量单耗、单井一般耗材、抽油井单井皮带消耗、油水井运费单耗、单井青赔费、油水井作业频次、油井躺井比例），重点突出生产效率。

（3）三基工作效能提升指标。

“三基”工作是各项工作的重中之重，文留采油厂一直致力于以提高加强基层工作的各个方面，打造基层队伍核心竞争力，使基层由单纯的生产型向经营效益型转变，确立了井组稳升达标、培育长寿井、基础产量考评、现场标准化、全员成本目标管理等对标指标，以重点指标的提升实现整体基础工作管理水平的提升。

2 建立三项效能管理机制

（1）实施“三全”对标管理。

构建以效益为核心，以提质增效升级为目标，建立“全方面、全方位、全系统”的三全效能对标管理机制，生产主业单位以效益、效率提升指标为主，机关后勤辅助单位以效率、效能提升指标为主，严格执行“定标、对标、追标、创标、评标”的循环工作机制，持续推进效能对标管理工作的规范化、科学化、常态化。进一步提高文留采油厂组织效能，激发经营活力，提升精干高效管理水平。

（2）实施“三定”过程管理。

定期通报：每月月底各职能部门及采油管理区开展月度自查，统计整理指标，次月7日前将上月相关对标指标完成情况报效能对标活动办公室，活动办公室每月对对标实施情况进行通报。定期分析：每季度召开效能对标活动工作例会，通报工作进展情况，对活动成效进行评估，分析指标改进措施和方案的可行性，总结在效能对标活动中行之有效的措施、手段和制度，分析原因，查找差距，研究制定下一步采油管理区的措施和改进方法。定期整改：每个季度活动办公室对于连续三次排名靠后的指标，与业务主管科室对相关单位进行专题分析，深入查找存在的问题，针对管理问题，制定整改措施，并督促整改落实，不断精细管理，赶上高水平，打破原纪录，创出新标杆，进一步提升各单位管理水平。

（3）实施“四项”目标管理。

①强化对标计划的制定。确定科学合理、具有操作性的对标计划尤为关键，决定着对标的方向，对对标的效果起着重要的作用。文留采油厂以“三个一致”为原则，确定对标计划，即与中国石化要求一致，与公司发展战略一致，与对标单位开发生产性质一致，保证对标方向正确、对标指标不偏，为对标取得实效打下坚实的基础。

②强化对标方向的准确。首先是自我诊断，搜集和梳理各种对标数据，明确哪些指标在油田层面落后，哪些在同类单位落后，哪需要迎头赶上、哪些需要继续保持；其次，选择模仿对象，并对先进企业开展走访和调研。先后与4家兄弟单位开展了对标，逐步缩短了与各项指标上的差距；最后，制定对标方案，从开发、生产、制度、流程、管理等多个角度进行对比，找出短板、明确责任人和时间节点，为快速迎头赶上打下基础。

③强化对标分析的效果。对标分析是对标取得实效的重要环节。该厂以每月月底的经济技术分析会为主要载体，建立了月、季分析制度，由专业部门分析指标总体情况、对标差距和整改措施，再由涉及对标的基层单位汇报工作进展和措施落实情况，最后由领导提出对标要求。通过定期对标比较，及时发现追赶的程度，灵活调整对标计划，量化获得比

较值，不断超越自己、追求卓越，循序渐进地提高经营管理水平。

④强化对标分析的应用。通过建立网格化对标系统，横向量化排名，纵向对标追标，坚持评价指标与绩效工资挂钩，月度对生产单位考核，半年对机关后勤辅助单位考核，通过严考核、硬兑现，充分调动各层面提升经营效益水平的积极性，确保效能对标工作取得实效。

3　落实五项提升举措

3.1　明确油藏开发思路，实现开发创效

强化滚动勘探与油藏评价研究。按照“主攻文西、评价文东、准备浅层”的思路，拓宽滚动勘探空间，重点对文西构造带、文东斜坡带及文留浅层等目标区进行整体评价，对老区结合部、周边未动用储量、难动用区开展构造精细刻画及储层精细预测研究，增加石油地质储量30万～50万吨。

强化老区产能建设。坚持老区综合治理和新区产能建设双轮驱动，在细化油藏构造、储层沉积微相及剩余油研究的基础上，科学编制产能建设方案。坚持“打好井、打高效井、打长效井”原则，重点在文72东、文13东、文269及文15块沙二下等单元部署产能建设井位，增加（恢复）原油产能6.2万吨，年增油1.98万吨。

强化老区调整治理。按照“一块一策一目标”思路，深化小层动用状况及分类油藏开发技术研究，加大注采结构调整力度，改善水驱开发效果。强化油井措施挖潜，在优化流场调整的基础上实施油井有效提液，在做好注水培养的基础上优选部分油井实施压裂引效，对长停井及长期封堵层进行潜力再认识，全力提升原油生产能力。全年安排油井措施150井次、水井措施166井次，增加水驱控制储量203.3万吨、水驱动用储量142.1万吨，油田老井自然递减控制在10%以内。

3.2　丰富技术拿油手段，实现工艺提效

推广成熟技术应用，提升增油能力。加大三采技术集成应用，精细调驱措施，提高油田采收率和措施效益，平均井组增油200吨，创效800万元。丰富有效提液配套手段，应用无接箍泵、无接箍油管提升4吋套提液能力，利用深抽减载增效技术代替部分电泵提液措施，实施深抽减载提液10井次，增油2000吨。开展多层段精细分注、智能测调一体化分注工艺技术应用，实现薄夹层细分注水，实施12井次，增加水驱动用储量5.2万吨，节约调配费用12万元。

引进新工艺新技术，创新技术手段。开展井组智能偶合分层注采工艺技术试验，实现稳油控水提效，实施5个井组，增油1500吨。开展CO_2单井吞吐工艺试验，探索低成本提高采收率技术，优选2个井组，控制含油面积0.67平方千米，动用石油地质储量53.5万吨，增加可采储量5.3万吨，提高采收率10～12个百分点。开展2D智能纳米黑卡提高采收率技术试验，提高低渗油藏调驱效果，实施6井次，增油2000吨。

精细技术优化配套，减少成本投入。加大控躺治躺力度，进一步完善以防偏、防腐、防砂、防气为主的“八防”配套工艺，全年躺井数控制在406井次以内，短周期躺井控制在63井次。推进低成本作业一体化技术，优化作业工序，缩短作业周期，平均单井作业周期减少1.5天，节约费用300万元。持续优化整合地面集输系统，加快推进集油管线安全隐患治理、文东油区地面系统提质增效优化改造项目，实现集输系统的安全、高效、低成本运行。

3.3 激发内生发展动力，实现改革促效

推进油公司体制机制建设。开展“油公司模式”自主经营试点，明确采油管理区自主经营、自主决策的经营主体地位，推动油气主业扭亏为盈。推进采油管理区管理模式创新，探索推行“管理+技术”岗位设置模式，优化岗位人员配置，促进采油管理区减员增效、降本减费，油气主营单位人工成本降低7945万元。完善内部市场运行机制，按照“一体化统筹、专业化管理、市场化运作”原则，健全内部市场价格体系，坚持人员、设备、资产统筹使用、科学配置，实现内部市场化运作。

推进人力资源优化配置。健全完善人员“能进能出”动态管理制度，推广文南采油管理四区试点经验，对设备日常保养、三标建设、日常巡检等技术含量较低的业务进行内部承揽，精干核心业务队伍。加快自动化改造，提高联合站、准备大队等自动化水平，提高工作效率，缓解一线岗位人员紧张问题。不断深化人事制度改革，持续优化机构岗位，进一步压缩管理层级，探索建立薪酬分配和个人创效能力挂钩考核机制，引导员工逐步走向油气生产艰苦一线、科研技术岗位，提升员工创新创效积极性。通过人力资源优化，全年主营业务降低成本390万元，年人工操作成本保持在12.5万元/人。

推进集输系统精简优化。按照“井串、站撤、线合、岗并”方针，持续推进地面运行系统精简优化，撤销30%以上站库及工艺设施，对文一联、文二联原稳实行集中处理，优化合并部分工作岗位，降低运维费用。按照“一区一线一分离器”原则，优化单井和干支线运行模式，减少管网、加热单井、单拉罐数量40%以上，停运、合并计量站50%，有效压缩地面系统运行规模，缩短生产流程，提高运行效率。

推进外部市场优化布局。完善外部市场管理机制，健全市场运行、考核奖惩、费用核算等制度，形成归口管理、分工负责、责权明晰的外部项目管理体系。建立外部市场优化机制，细化外部项目效益分析和评价，逐步优化外部市场布局，引导外部项目由低端市场向高端市场转移，由低效、无效项目向创效、高效项目转移，提升外部市场创收能力。合理制定外闯市场激励政策，分类别、分专业做好外闯市场人才储备，加大外闯市场人才输出力度，在用工规模逐年减少的情况下，外闯市场员工规模保持在700人以上，外部市场创收达到7000万元/年以上。

3.4 挖掘价值创效潜能，实现降本增效

细化全面预算管理。进一步深化全面预算管理，强化成本过程管控，梳理各项成本费

用消耗节点，细化预算指标分解，明确责任部门及责任人，优化各项工作措施，充分发挥预算的价值引领和约束引导作用。细化预算考核，坚持定期对预算执行情况、单耗指标排名进行考核评价，对重点费用、影响生产经营的难点问题开展专题分析，查找管理漏洞及效益增长点，发挥财务预警和纠偏功能，进一步提升经营管理水平。

细化经营环节管控。强化全员成本目标管理和资金使用管理，建立切块资金、基层单位、生产过程、基层班组、岗位员工多层面成本控制考核体系。进一步完善项目运行机制，深化项目管理方、运行方、使用方"三位异体"监督，确保项目运行的共同参与、协调运作、相互制约、高效运行。强化投资优化论证，充分发挥首席专家和副总师作用，加强各类措施及项目前期论证、过程监管和完工验收，实现科学决策，措施有效益率达到70%以上。加强招投标管理，完善工艺措施风险管理机制，狠抓环节管控，实行应招尽招、能招尽招，推行标靶中标，杜绝低价恶意竞标，确保经营秩序规范。

细化内部效能挖潜。深化油气田评价系统运用，利用三线四区模型，深入实施"一井一策"治理，完善技术、生产、经营一体化的单井效益评价机制，开展厂、区、单井效能指标分析和无边际效益单井分析，低无效井占比减少至1%以内。加强物资过程管控和非生产用料控制，加大修旧利废力度，深挖降本增效潜力，年降低物料采购费用172万元。发挥机构整合优势，进一步加大办公场所优化整合力度，实行办公机具、低值易耗品的统筹调剂使用，后勤辅助费用同比降低100万元。严格执行中央八项规定，刚性控制管理性费用，差旅费、办公费、招待费、通信费等每年下降10%。

细化大额费用管控。加快采油、注水、集输系统整体节能技术改造，加强机采参数优化调整，逐步更新使用节能电机、无功补偿装置，全厂电量降低100万度，电费减少80万元。加强作业工序优化论证，强化作业质量监督，积极推行工序一体化施工，严格控制多轮次作业，全年作业量压缩至1060井次，内部作业劳务控制在1.27亿元以内，同比降低1087万元。加强青苗赔偿费开支管理，加密井场、生产道路及管线巡护密度，防范污染赔偿事件发生，青苗赔偿费年节约600万元。

3.5 凝聚企业发展合力，实现党建显效

加强思想政治建设。坚持党要管党、从严治党，充分发挥党委政治核心作用，切实将党建工作融入生产经营全过程，确保企业发展方向正确、战略方针科学、工作措施有效。严格贯彻落实集团公司党组、局党委、分公司各项战略部署和工作要求，切实增强"四个意识"、坚定"四个自信"、做到"两个维护"，严抓"狠抓落实"专项巡查问题整改，始终同上级保持高度的思想自觉、政治自觉、行动自觉。扎实开展"不忘初心、牢记使命"主题教育并建立长效机制，坚持用党的创新理论武装思想、推动改革、引领发展。

加强基层组织建设。树立大抓基层导向，大力实施"基层组织力提升工程"，推进基层党组织分类定级、晋档升级，提升基层党建工作水平。严格落实"1+4"责任联管制度，坚持举办"党建工作大课堂"，持续推动支部书记、支部委员业务素质和党务政工干部专业能力"双提升"。积极探索党组织及党员干部发挥"五个作用"、实现"六个转化"的有效途径，强化基层党组织服务改革发展、服务生产经营、服务职工群众的功能。巩固党

建示范点、党员示范岗创建成果，开展“支部观摩整体推进”和“双示范”创建“两大行动”，激发基层组织创先争优热情。

加强党风廉政建设。以完善惩治和预防体系为重点，建立廉洁风险防控与党风廉政建设“双向预警”机制，运用监督执纪“四种形态”，充分发挥党风廉政建设的保障作用。全面落实党风廉政建设“两个责任”，强化廉洁教育，深入开展反四风纠查、“以案促改、‘算账式’”警示教育，做到以案明法、以案明纪，营造干事创业、风清气正的廉洁氛围。转变工作方式，深化专项治理，加强资金管理、隐患治理、物资处置等重点项目监督，有效堵塞管理漏洞。着力精简文件会议，优化压减检查评比，创新检查考核方式，进一步减轻基层负担。

加强人才队伍建设。推进人才强企工程，扎实开展青年人才培养“百人计划”，进一步完善人才选拔、激励、培养等机制，激发各类人才创业情怀和创造活力。大力开展“转观念、勇担当、创一流”活动，深入实施建功立业、素质提升、创新创效三大工程，广泛开展“安康杯”“提质增效杯”“中原工匠杯”竞赛等活动，深化党员立项攻关，集合全员智慧，共谋发展大计。深入实施定期走访、爱心帮扶、健康体检、节日慰问、心理关爱等民心工程，竭诚为职工办实事、做好事。加强员工理想信念、职业道德教育，引导员工树立正确的精神信仰和价值取向，做到对党忠诚、对组织忠诚、对企业忠诚。

效能提升管理体系，贯穿了整个油田生产经营的业务链、全生命周期，已成为企业管理体系中重要的组成部分，在管理水平提升、经济效益、社会效益、生态效益的提高等方面均取得了良好的效果，最大程度发挥了效能提升管理的价值。

参考文献

[1] 张雪煜 . 浅谈我国企业管理创新体系的构建 [J]. 港澳经济，2014（8）：61–62.

[2] 于海军，王宁，程晟 . 我国企业管理创新体系的构建[J]. 技术与创新管理，2009（4）：421–423.

[3] 孟凡涛，胡宝茹. 浅谈企业创新管理模式的构建 [J]. 科技创新导报，2011（33）：198.

新冠肺炎疫情引发低油价双重压力下石油企业的应对举措

贾乾祺　王文道　郭巍巍
（中国石油辽河油田公司）

摘　要：新冠肺炎疫情不仅威胁了国人的生命安全和身体健康，对中国宏观经济、不同产业和微观企业产生重大冲击，对中国经济及其高质量发展转型升级产生了重大影响。本文客观分析了疫情对石油行业的冲击和发展的挑战，提出了通过提高生产管理韧性、创新管理水平、业务管理效率来实现管理升级，有效应对疫情风险带来的油价下跌压力的挑战，彰显了国有企业在困难挑战面前的责任担当、使命担当。

关键词：低油价；石油行业；生产管理；创新管理；业务管理

1　引言

2020年伊始，突如其来的新冠肺炎疫情已然让中国经济社会经历了一场严峻考验，而随着疫情世界性蔓延，引发的全球消费需求严重紧缩，封城、禁足等举措，导致石油资源消费影响超乎想象，而且在4月20日，WTI（美国西得克萨斯轻质原油）原油期货价格更是跌至-37.63美元/桶。进入21世纪以来，油价已经历4次周期性大幅度波动：

2001—2002年，互联网泡沫破裂，全球经济减速导致持续6个月的油价大幅波动；

2008—2009年，金融危机导致持续4个月的油价大幅波动；

2014—2016年，美国页岩革命叠加欧佩克不减产，导致持续10个月的油价大幅波动；

2020年以来，新冠肺炎疫情叠加欧佩克+谈判破裂，造成了油价剧烈波动。

本次疫情打破了石油供求关系理论，以往石油价格下跌后，石油供应会减少，而需求会增加，供求关系趋紧，之后价格将回升；价格上涨后，石油供应会增加，同时需求将萎缩，供求关系趋宽，之后价格将下降，而本次供求关系的天平彻底断裂，导致上下游、储销链同步收窄。目前为止，全球累计确诊近1600万，国外疫情仍未有效遏制，影响将会继续持续。国内外石油企业出于沉重的经营压力，纷纷缩减投资，并通过裁员压缩人工成本，国内油气稳定生产面临巨大挑战，而且作为国有支柱产业，石油企业承担的不仅仅是经济责任还有社会责任。

2020年上半年，新冠肺炎疫情对中国经济发展和世界政经格局造成重大冲击。一季度国内生产总值大幅下滑，消费、投资增速出现断崖式下跌。随着对疫情的有效防控，二季度实现大部分复工复产，消费、投资、工业企业利润等的降幅均出现不同程度收窄，经济呈修复企稳态势，但仍受国内部分地区疫情反复拖累。同时，受全球疫情蔓延及世界变局的影响，疫情不仅对中国对外贸易增速形成拖累，也导致全球产业链和供应链重新调整及贸易保护主义叠加，全球性、地域性政经摩擦和冲突导致的不确定性急剧上升，进一步加剧了经济下行压力，中国经济复苏的前景仍不明朗。

2 危机与挑战

新冠肺炎疫情不仅引发了全球性经济动荡，而且改变了人们的消费方式和生活方式，而以美国、俄罗斯、欧佩克+等为首的产油国之间博弈升级，引发油价剧烈波动，进而导致中国石油产业从供需侧、供给侧全面失衡。

2.1 石化产业数据难堪

权威数据显示，前四个月，石油化工行业收入近3.12万亿元，同比下降12.7%，其中，石油天然气开采营业收入2896.2亿元，同比降11.1%；炼油业营业收入1.09万亿元，降幅达到了11.1%；化工行业，收入1.86万亿元，同比下降了14%，共下降了82.6%的利润；营业收入可以占到全国规模总量的11.7%，而利润收入只占5%，这说明了石化产业多年以来首次利润额能力弱于工业平均数。

2.2 油价回暖前景悲观

随着全球疫情好转、封锁措施不断解除、产油国间协议减产，实现油价复苏，虽然目前油价出现回升，但石油市场仍面临疫情的二次暴发的可能，而且产油国之间的博弈仍存在诸多不确定性。挪威雷斯塔能源公司对包括美国在内的被疫情二次暴发影响的几个国家，做了一次全球石油需求建模，建模结果显示，全球石油日需求量可能从目前基本情况估计的8900万桶跌至8650万桶。所以预计未来几个月，甚至2020年底油价仍可能维持在每桶40美元左右，而对于高成本的稠油企业仍一“利”难求。

2.3 石油国企应对手段单一

面对低油价，国外石油企业纷纷通过压缩投资、裁员降本等途径减小损失影响，而中国石油产业不仅肩负着保障国家能源安全的使命，而且还肩负着稳定社会的责任，所以在盈利空间不断缩窄的同时，无法适用国外企业简单粗暴的减员策略，只能倒逼管理创新机制不断突破来对抗危险挑战。

3 应对举措与实践

面对危机挑战，坚持以“大力提升油田勘探开发力度”为使命宗旨，在促进经济高质量发展升级中，管理升级是关键因素，如何打好管理创新组合拳是重中之重，通过管理升级实现产量升级、效益升级、形象升级，努力转危为机，最大限度降低风险损失，确保“产量不降、效益优化”为目标，切实推动企业在危机中寻得生机，在困局中开新局。

3.1 以生产为中心，多领域深度融合，提高管理韧性

对于油气开采企业来说，生产是根本任务。疫情突袭不仅打乱企业生产秩序，而且导致经济效益跌入谷底，可以说，是对企业面对风险的管理韧性的全面考验，这就需要360度无死角建立防控体系，禁单兵作战，易合体抗压。

一是生产与安全深度融合，确保安全生产。疫情初期，面对防控形势严峻，生产稳定压力陡增，安全部门与生产部门深度结合，全力保障员工安全的同时保障生产安全。为保证有序、顺利复产复工，安全部门面对疫情防控责任大、安全稳定要求严、改革发展任务重等一系列严峻考验，贯彻落实“四控”工作机制，一是持续健全“常控”工作机制，编制实施了《新冠肺炎常态化精准防控工作方案》，并做好工作场所防控，加强办公场所管理、加强餐饮管理、加强公共场所管理、加强线下培训管理；二是持续健全“预控”工作机制，加强员工及亲友和外派项目人员管理，加强承包商及外来人员管理；三是持续健全“速控”工作机制，当出现新增本土确诊病例后，第一时间做好接触者的排查工作，快速排查范围包括员工及亲友、承包商、外来人员，做到半小时内将排查结果上报公司防控办；四是持续健全“联控”工作机制，建立与各成员单位、地方政府的联防联控，及时沟通疫情防控情况，统筹协调疫情防控重要工作，交流疫情防控有效举措，共享疫情防控资源。做到防控政策一致、防控措施一致、防控信息共享、防控监管同步，集中力量做好疫情监测、排查、预警、防控工作。并且在疫情物资极度匮乏的情形下，科学制定倒班机制，减少人员流动，有效降低风险，合理分配有限防疫资源，确保员工安全、企业安全，并制定工作简报实现及时通报，累计完成简报163期，截至目前，交出“零”分成绩单。

二是生产与经营深度融合，实现业财融合。业财融合是业务经验与财务管理的简称，它要求财务人员扮演决策者，既要掌握财务目标，也要了解企业运作状况，为业务提供有效数据支撑，从而创造价值。主要分为三点：首先，完善数据共享机制，数据共享不仅是财务共享的优点，同样，在日常生产经营工作中，应该主动构建以财务为主导的数据共享机制，解决管理中的信息不对称、信息多头、信息博弈等现象，规范生产经营行为，提高数据资源的有效利用。其次，打通财务管理边界，财务部门要对企业财务状况、经营成果进行全面反映和监督，职责赋予其在统筹全价值链、业务链和信息链上的绝对地位，相比其他业务系统有不可比拟的优势。其他业务系统好比铁路警察各管一段，容易出现各自为战的情况，而财务则从整体利益、全局角度出发，平衡各环节、各要素的投入，以取得价值最大化。最后，提高财务人员能力，打破常规岗位设置，全员参与预算管理工作，每人都对接到基层单位锻炼实习，对接到主要成本费用项目，而且约请地质、工艺、生产技术等单位和部门业务骨干对财务人员进行开发生产知识培训，通过现场锻炼学习和理论培训辅导，形成固化培养机制，为企业财务管理工作蓄势赋能。

三是生产与党建深度融合，发挥党建引领。2020年是中国共产党建党99周年，是实现建党百年的关键一年，党建工作尤为重要。要坚持党管大局、党把方向、党保落实，以党建带队伍，以队伍促业务，作风转变也是生产力，在产量效益的提升中，得益于正风肃纪

的成果，首创党委巡察办部门，作为纪检工作的业务拓展和有力抓手，全面督办督查企业的生产、经营、安全、作风建设等领域，每周与生产经营工作同部署、同安排、同分析，实现各项工作闭环提升；以党建带群团，以群团促发展，壮大群众创新工作室，提高日常生产问题的解决能力，降低员工劳动强度。建立多渠道宣扬正能量、新活力，以“身边的榜样”带动一批、激活一批、成为一批，营造积极向上的工作氛围，奠定良好的群众基础；以党建带综治，以综治保效益，面对油田周边复杂环境，组建专业队伍，全面清查梳理辖区内水电气使用情况，并进行计量校对，确保精准计量，通过核准计量，倒推查找问题源头，再通过明查、暗访、突查等手段，确保企业效益不流失，目前为止，破获盗电案件3起，盗窃物资案件3起，治安拘留6人，减少电费损失482万元，减少水费34万元，天然气费3万元。

3.2 以创新为核心，多途径全面发力，提高管理水平

创新始终是企业迈向成功、实现财务积累的主要路径。在中国已从要素驱动发展转向创新引领发展大环境下，创新已成为发展第一动力，要积极运用创新的管理思维带动效益提升、效率提升、素质提升，敢于打破以往传统的管理模式，并在疫情阻击战中经受考验，锤炼品格，实现创新带来的管理红利。

3.2.1 典型工作牵引

在开发生产、经营效益、安全环保、党务政工“四大板块”，全面推行“20个典型工作”，并作为贯穿全年始终的重点工作。通过发挥典型示范引领作用，以点带面、重点突破，促进整体工作上水平，超额完成业绩指标，保证员工收入增长。首先，宣贯形势，统一思想，编制宣贯提纲，解读上级政策，分析形势任务，统一员工思想，要让每名员工都认识到，个人的努力、点滴的节约关乎业绩指标的完成、奖金收入的增长，从而充分调动干部员工的积极性、主动性和创造性；其次，层层落实责任，对照整体目标、季度指标、措施安排，进一步细化工作量、明确责任人、排出运行表，加强生产组织，强化成本管控，抓好关键环节，强化节约意识，从多产一吨油、多节一立方米气、少用一千瓦时电做起，突出落实、干出成效，一步一个脚印地完成好既定目标；最后，加强考核力度，成立督查小组，加大督查力度，定期召开专题会议解决问题、推动执行、通报进度，确保按计划节点运行。严肃考核问责，对于未完成进度工作量、措施指标的部门，严考核、硬兑现；对工作进度滞后、组织实施不力，由此影响全局工作的，按相关规定严肃追责问责。

3.2.2 机构改革重组

深化改革就是创新改革，国企架构为典型的层级式管理，多年运营引发“身材臃肿”，造成“营养过剩”，只有打破原有体制，建立去中心化、精简优化的体制机构。从公司层面来看，加快建设现代企业管控模式，系统研究业务归核发展战略，进一步优化公司组织结构、业务结构和管控模式，夯实高质量发展基础，并且已明确改革任务“时间

表”和“路线图”，决心打通政策落地“最后一千米”，确保各项改革见到实效。从企业层面来看，作为主营业务企业，用好政策、用活政策，是贯彻精神的主要体现，只有归核化、扁平化、精简化，才能推动企业高质量发展，改革是一项复杂工程，需要有序组织、稳健开展，方能成功瘦身，辽河油田公司通过岗位配置调查、工作量写实、召开座谈会等方式，确定了12家适合扁平化的单位及班组规模、数量，为全面推行扁平化管理模式打下坚实基础，决定取消站（队）管理层级，班组数量由220个压缩至144个，改变了过去“上级不能越级指挥，下级不能越级汇报”的管理方式。横向参考兄弟单位、纵向借鉴历史经验，既要做好对接上级部门，更要凸显职能定位，以重分业务、重划界面、重新定员为依据，经过反复调查研究，审慎决定撤销5个机关科室、5个基层单位，合并4个机关科室，成立一个派驻机构，目前，各项业务运行通畅，协同工作能力有所提升。

3.2.3 绩点考核倒逼

坚持抓住“关键少数”，倒逼机关管理人员多想事、想干事、干成事，拓宽干部考核评价渠道，注重日常实绩考核，积极担当作为，重塑良好形象，把好的传统、严的标准、细的要求、实的作风立起来，进而形成比、学、赶、帮、超和勇争一流的良好工作氛围，高效带动企业管理水平不断提升。首创五项绩点内容，一是重效益方面，主要指事无巨细必算账，既要算好质量安全的隐性账，又要在生产组织、生活保障中明算账，精打细算过日子、做好做优低成本；二是重效率方面，主要指千方百计提速度，抓好全过程、各环节的管控，做到早谋划、早实施、早见效，全面提高工作效率；三是重服务方面，主要指俯下身子解难题，换位思考、勤下基层，多深入现场，多了解需求，为基层提供高效服务和坚强保障；四是重协作方面，主要指放下身段勤沟通，加强横向结合，紧密环节衔接，确保各项工作不等不靠、无缝对接、主动推进；五是重创新方面，主要指打破束缚出新招，敢于解放思想，摒弃惯性思维，推进思路创新、方法创新、机制创新、载体创新，为采油厂增动力、添活力，助力管理升级；六是重大局方面，主要指站位展作为，勤跑腿、勤沟通、勤汇报，争取政策倾斜、资金支持；站排头、扛红旗、争第一，努力夺得荣誉、为企争光、树立形象。通过绩点考核的实施，有效解决了机关科室工作考核难量化、标准难统一、业绩难比较、结果难应用的“四难”问题，有效使工作成效显性化。

3.3 以效率为重心，加快数字化管理转型，提高管理效率

新一代技术信息在疫情防控、生活生产物资保障、复工复产等环节的广泛应用，展现了数字智能的价值与潜力，高效助力了企业科学防控、精准防控，为企业数字化转型带来了新的机遇。

3.3.1 推动数字化平台应用

为了确保疫情期间，不耽误工作、不耽误生产，减少“人际接触”，确保复工复产井然有序，加快生产恢复，果断以远程办公平台为主打，实行线上办公、线上会议、建立手机应用软件宣传等网络形式，并且有效度过复工艰难期。

3.3.2 加速数字化观念转化

自新冠肺炎疫情暴发，基于前沿信息技术的、智能的数字经济彰显了巨大优势并呈现蓬勃发展的趋势。而对于工业企业虽然远程办公解决了疫情期间工作协同问题，但更多应用到生产实际中的数字技术还远远不够，而且数字技术的应用与发展将会极大提高管理效率，助推企业高质量发展。

3.3.3 加快数字化人才培养

各种数字化应用软件的使用，必然要求管理操作者具备相关技能素质，而随着国家数字化进程的加速，老油田迟早要披上智慧化外衣，要赶上时代步伐、发展速度，就要以需求为导向，以业务应用为驱动，做好企业人才培养规划，才能为企业发展后劲蓄能赋势。

4 结束语

在抗击疫情中，也要把事情正反两面看，既看风险挑战，又看利好机遇，在特殊时期，信心要比黄金更宝贵。我们有理由相信，在中国特色社会主义制度体制下，应对疫情考验，作为国企势必激发出磅礴的战斗力、凝聚力、创造力，会继续不懈努力地在高质量发展道路上加快转型升级，肩负好光荣的政治使命和社会责任。

后疫情时代通过提升企业文化促进公司发展

陈　穗
（中国石油技术开发有限公司）

摘　要：本文以作者所在公司的实际业务出发，提出公司在后疫情时代所面临的挑战，通过分析公司企业文化的特点，找出公司企业文化发展的动力应借助“一带一路”倡议，公司发展的关键是企业文化的交流互鉴。通过梳理公司企业文化在交流互鉴中可能遇到的客观、主观、方法和疫情等四方面问题，认为应从正确认识文化差异、积极进行文化沟通、促进文化互学互鉴和构建命运共同体等四方面层层深入地去进行企业文化的交流互鉴，以促进公司企业文化发展。

关键词：后疫情时代；企业文化；一带一路；交流互鉴

2020年年初以来，一场突如其来的新冠肺炎疫情席卷国内外，严重打击世界经济。同时，上半年油价持续低迷，甚至一度暴跌为负，引起能源行业一阵恐慌。中国石油集团及所属企业承受着前所未有的巨大压力。如何顶住抗击疫情和油价暴跌的双重压力，共克时艰、共渡难关，勇挑重担、坚守底线，本文分析了中国石油技术开发有限公司（以下简称“公司”）的探索实践。

1　后疫情时代公司面临的挑战

在2020年5月22日召开的第十三届全国人民代表大会第三次会议上，李克强总理在政府工作报告中指出：“这次新冠肺炎疫情，是新中国成立以来中国遭遇的传播速度最快、感染范围最广、防控难度最大的重大突发公共卫生事件。”

虽然新冠肺炎疫情在中国境内得到有效控制，但中国政府和人民付出了巨大的代价，2020年一季度经济出现负增长，人民生产生活秩序受到一定冲击。而疫情在全球蔓延，世界经济严重衰退，产业链、供应链循环受阻，国际贸易投资萎缩，大宗商品市场动荡。

在2019年全球石油产量排名前10的国家中，美国、俄罗斯、沙特阿拉伯、加拿大、伊拉克和巴西的新冠肺炎感染人数均居高位。疫情导致石油需求骤减，2020年4月21日，5月交货的美国WTI（西得克萨斯中质原油）期货收于-37.63美元/桶，暴跌309.63%。这是原油期货价格历史首次跌入负值，盘中最低价甚至达到-40.32美元/桶。虽然2020年年底原油价格回升，但对于原油价格将长期处于低迷状态的市场预期并没有改变，相关能源产业的生产积极性依然不高，也导致企业的传统市场依旧不景气，并将在未来较长一段时间保持这一不利情况。

2 应对挑战应促进公司企业文化的发展

2.1 公司企业文化的特点

企业文化是企业的灵魂，是推动企业发展的原动力。在公司的核心理念中，公司的愿景是打造“国际一流能源装备综合服务商”。公司愿景的实现需要企业文化的支撑，而每家公司的企业文化都是以该公司的实际业务为基础的。经过30余年的发展，公司已在52个国家设立了65个海外机构。2019年公司与50个国家和地区的204个客户实现1009个项目合作。

从公司创立伊始，公司的定位就是一个典型的外向型企业。随着业务量的逐年增大和业务种类的增多，以及国际市场的实际需求变化，公司在海外的当地化要求也越来越高。

2.2 发展企业文化是应对挑战的有力抓手

疫情加大了世界各国的隔阂。2020年3月，新冠肺炎疫情在中国初步得到控制，却在国外愈演愈烈。自3月28日起，中国暂停持有效中国签证、居留许可的外国人入境，进行“封国”。在此之前，全球已有包括法国、新加坡、澳大利亚、加拿大、阿根廷在内位于各大洲的至少27个国家采取“封国”举措或严格的入境禁令措施，包括在其全境实行“封城”、禁止外籍人士入境、禁止本国公民出境、关闭边境等具体措施。中外商业交往在民间层面几近中断。同时，油价的巨大波动及持续低迷，叠加疫情影响，也使公司传统业务雪上加霜。2020年1月至5月，公司收到的市场信息同比平均下降达4成，完成的投标报价同比下降近4成。截至当年一季度末，正在执行的项目逾百个受到疫情影响，面临包括合同延期、额外增加成本费用、产生罚金甚至被取消合同等风险。客户普遍提出重新议价和降价要求，加之一些国家管控措施升级、国内工厂尚未全面复工复产、国际物流运输受限等因素，对部分项目的生产、发运和执行都造成很大困难。

市场复苏需要时间和契机，但文化和情感交流却可以不受此限制。在后疫情时代，公司急需与世界各国的客户发掘、重建交流机制，维护、修复交往感情。一方面在危机中发现新的机遇和已有客户的新需求，另一方面等到市场恢复生机时，新建立的客户关系已经彼此熟悉和了解，能为占领市场营造前提条件。另外，企业文化自身也需要与时俱进，发展创新，才能使企业永葆青春，具备市场竞争力。当今社会发展迅速，企业文化也需要同公司一道，不断发展成长。

2.3 公司促进企业文化发展的有利条件

2013年秋，习近平主席提出了“一带一路”倡议，旨在谋求中国自身发展的同时，积极发展与沿线其他国家的积极合作，打造政治互信、经济融合、文化包容的命运共同体。2017年10月，中国共产党第十九次全体代表大会关于《中国共产党章程（修正案）》的决议明确提出，将推进“一带一路”建设等内容写入党章。截至2018年年底，中国已累计同

122个国家、29个国际组织签署了170份政府间合作文件，“一带一路”朋友圈遍布亚洲、非洲、大洋洲和拉丁美洲[1]。

疫情当前，“一带一路”显示出令人惊喜的抗压能力。据统计，2020年一季度，中国与“一带一路”沿线国家进出口达到2.07万亿元人民币，同比增长3.2%[2]。2020年6月17日习近平主席在中非团结抗疫特别峰会上发表题为《团结抗疫，共克时艰》的主旨讲话时说：“为克服疫情带来的冲击，我们要加强共建‘一带一路’合作”。

国家高度重视“一带一路”建设，公司作为从事国际贸易的国有企业，在公司的绝大部分客户都来自“一带一路”沿线国家或发展中国家的客观情况下，应在“一带一路”背景下，进行公司企业文化的建设，促进公司企业文化的发展。

2.4 公司促进企业文化发展的关键

国之交在于民相亲，民相亲在于心相通。习近平主席说：“要切实推进民心相通，弘扬丝路精神，推进文明交流互鉴，重视人文合作。”中国与“一带一路”沿线许多国家的历史、宗教、价值观、习俗等各不相同，只有通过文化的交流与互鉴，才能让彼此产生共同语言、增强相互信任、加深彼此感情、实现互惠互利。互鉴，就是相互借鉴，取长补短、共同提高。作为对外综合服务商，公司开展业务的过程也是人文交流、文化互鉴的过程。因此，需要让公司的企业文化走出去，与各客户所在国、所在地的文化进行充分交流，促使中外企业文化互鉴进而得到发展。

3 企业文化在交流互鉴中可能遇到的问题

3.1 文化差异是企业文化遭遇的最大挑战

同许多中国企业一样，公司在“走出去”过程中遇到了前所未有的挑战。各个客户所在国的社会制度、宗教信仰、文化传统、经济体制、法律制度和开放程度等方面各不相同，由此形成的价值判断、市场规则、行为方式和生活习俗等千差万别。这些都在很大程度上影响了业务拓展的深度和广度，文化差异会产生包括思维方式、工作理念、管理风格等方面系统性的影响。文化差异的客观存在从来有之，也必将一直存在，这是要将企业文化进行交流互鉴的根本原因。

3.2 傲慢和偏见是交流互鉴的最大障碍

在与客户交往的过程中，最忌讳的是先入为主。在面对比中国社会动荡，有包括宗教信仰、文化年轻、经济落后、法制不健全或开放程度更低，尤其是科技比较落后的国家的客户时，有时候容易带着以古老文明自居的盲目自信心理；而在面对比中国经济强大、法制健全、开放程度更高或科技发达的国家的客户时，也容易因近代备受压迫歧视的历史原因而产生自卑或逢迎的心态。这些或傲慢或偏执的主观原因，最容易阻碍企业文化进行正常的交流互鉴，特别容易造成文化冲突。

3.3 文明冲突是企业文化发展的最大误区

“文明冲突”（clash of civilizations）是已故美国政治学家亨庭顿在20世纪90年代初提出的命题。他将世界分为9大“文明”，并称在21世纪，世界分为一个个国家（民族国家）的旧“范式”要让位于世界分为一个个的“文明”的新“范式”，结论是世界政治将进入“文明之间的冲突”。“文明冲突论”的背后，其实暗含着文明优越性：“我这个民族的文明优于你，我的文明是普世的，大家必须接受。你的文明是劣等的、野蛮的，应该被淘汰，这才会起冲突。如果文明没有优劣之分，它根本就不存在冲突。”[3] 文明是文化的内在价值，文化是文明的外在形式。企业文化发展的最大误区是认为公司的企业文化优于客户的企业文化，试图简单粗暴的让对方接受己方的企业文化，这种做法将是灾难性的。

3.4 对新冠病毒的盲目恐惧是对外交往的新问题

此次新冠肺炎疫情首先在中国个别地区暴发，随后在欧美乃至世界各地流行。因此很多欧美舆论就想当然地认为病毒源头来自中国，很多国家的人民因受到当地不负责任的舆论误导。这种情绪对本已交流不畅的中外民间关系更加雪上加霜。并且随着疫情在中国得到有效控制，而西方很多国家却还看不到曙光，这种反差造成的对立情绪可能会进一步加剧。

4 在“一带一路”背景下促进企业文化交流互鉴的具体措施

4.1 正确认识文化差异，秉承平等尊重原则

公司的企业文化，以习近平新时代社会主义思想为指导思想，以集团公司企业文化统一内容为顶层设计，具有坚实的理论和文化基础。外国客户的企业文化植根于其生存的土壤，凝聚着其所在国家的传统文化和生活习惯，代表着其企业员工的智慧结晶和精神追求，都有其存在的必然性和价值。中外文化是丰富多彩的，文化差异是客观存在的，但彼此的企业文化没有高低优劣之分。在海外市场拓展业务、与人交往时，最首要的是端正态度，以平等心态彼此尊重，摒弃傲慢与偏见，葆有一颗谦虚学习、平等切磋之心，才能有能力、有效力地辨识出文化上存在的种种差异。

4.2 积极进行文化沟通，力争达成相互理解

“走出去”的中国企业不仅代表着企业自身，也都代表着中国的形象。公司进行文化交流沟通的基础是文化自信，树立良好的企业形象与员工形象。一方面，通过沟通让客户

认识中国和中国企业的能力和实力，读懂中国和中国企业的理念和规则，了解中国和中国企业的诚心和信心。另一方面，公司和员工应深入学习客户所在国的文化和企业文化，熟知客户的理念和关切，并通晓国际通用的规则。最好能用客户的语言进行沟通，了解客户的宗教信仰和生活习惯，并建立起各种正式或非正式的、有形或无形的跨文化沟通方式方法，针对既存的文化差异和文化障碍，进行及时有效的调解和协调，消除隔阂和误解，促进双方相知相通。为提高文化沟通的效果，应加强技术交流和双向培训机制，以加深彼此对公司自身企业文化和客户企业文化差异性的认知。

4.3 促进文化互学互鉴，推动企业文化融合

企业文化也要与时俱进和创新发展。激发企业创新创造活力，最直接的方法莫过于走入不同文化，发现别人的优长，启发自己的思维。在开拓市场、开展业务的同时，要有发现和欣赏美的眼睛，要积极主动地去发掘客户企业文化中能为我所用之处，相互学习，相互借鉴，取长补短，使中外企业文化得到融合发展。公司应该以海纳百川的宽广胸怀打破文化隔阂，以兼收并蓄的态度汲取其他企业文化的养分。创新合作模式，推动各种形式的合作走深走实，这样公司才能和客户共同进步。通过企业文化的融合增加彼此的互信和理解，这样有利于推动世界和平发展与人类文明进步，有利于客户满意度、员工自豪感和管理层成就感的提升，有利于企业的创新创造和可持续发展，有利于依法、公平、透明、相互尊重的企业治理理念的形成[4]。

4.4 找出最大“公约数”，构建命运共同体

在全球化大背景下，各国利益日益融合，国家之间也许文化不同、信仰不同、制度不同，但合作共赢却是最大的“公约数”。

这场突如其来的疫情，让人类更加深刻地认识到，各国命运紧密相连，人类是同舟共济的命运共同体。国与国之间的关系如此，公司与外国客户之间的关系也应如此。尽管与客户存在着诸多差异，但实现互惠互利，取得双赢，就是双方的最大“公约数”。因此公司要积极履行在客户所在国当地的社会责任，强调共赢互利、遵纪守法、诚实守信和高度负责的“公民化”精神。恪守诚信经营，积极为当地提供最好的企业运营和产品服务；践行社会责任，倡导节能减排与环境保护，创造就业机会，参与当地社会服务和公益事业，造福当地老百姓。注重文化传播，促使当地政府和人民对中国企业提高理解和认知，打造企业品牌形象和国际影响，有效融入当地主流社会。与客户所在国同呼吸，与客户共命运，双方才能建立紧密的伙伴关系，进行长期的友好合作，协同发展。

疫情无情人有情。企业文化因交流而多彩，因互鉴而丰富。企业文化的交流互鉴，是推动公司发展的重要动力。在这场复杂性和挑战性远超大多数人预期的公共卫生危机面前，共商、共建、共享的“一带一路”建设原则，和平合作、开放包容、互学互鉴、互利共赢的丝绸之路精神以及打造命运共同体和利益共同体的合作目标，让“一带一路”倡议更加深入人心。[2]“一带一路”的核心理念，必将激励公司的企业文化通过交流互鉴，不断

创新发展；也必将激励公司的业务，克服时艰，蓬勃发展，早日实现“国际一流能源装备综合服务商”的愿景。

参考文献

[1] 中国一带一路网. 数说“一带一路”成绩单[EB/OL]. [2019-02-18]. https://www.yidaiyilu.gov.cn/jcsj/dsjkydyl/79860.htm.

[2] 叮咚.“一带一路”展现强大韧性[EB/OL]. [2020-06-25]. http://ydyl.people.com.cn/n1/2020/0625/c411837-31759297.html

[3] 中国一带一路网. 聚焦丨不同文明是注定冲突，还是有路可走？[EB/OL]. [2019-05-20]. https://baijiahao.baidu.com/s?id=1634057977781363111&wfr=spider&for=pc.

[4] 杨永胜. 中国企业“走出去”文化建设探究[J]. 中国市场，2019（13）：24-26.

“一带一路”背景下中国石油在阿联酋①油气发展战略研究

代 琤[1] 张 豪[1] 定明明[2]
（1.中国石油川庆钻探工程有限公司地质勘探开发研究院；2.中油国际（阿布扎比）公司）

摘　要：阿联酋的地缘政治因素以及所蕴含的石油资源使其在“一带一路”倡议下的优势非常明显。从中国石油在阿联酋油气发展现状入手，依据SWOT分析模型，分析中国石油在阿联酋油气发展的优势、劣势、机会和威胁，总结归纳出中国石油在阿联酋油气发展具体战略，提出其发展相关建议，通过赴阿油气投资，提升其投资效益，维护中方权益，使国家的海外油气资产不受损失，最终保障国家能源安全，实现油气合作共赢。

关键词：一带一路；中国石油；阿联酋；油气发展；SWOT分析；国际合作；战略

阿拉伯联合酋长国位于阿拉伯半岛东部，北濒临波斯湾，该国石油和天然气资源非常丰富。截至2019年年底，石油探明储量为1050亿桶，常规天然气探明储量为273万亿立方英尺，石油和天然气探明储量均居世界第6位。2019年11月，阿布扎比最高石油委员会（SPC）对外宣布，该国非常规天然气储量达到160万亿立方英尺。目前阿联酋的大部分天然气需求都来源于进口，因此阿布扎比国家石油公司（ADNOC）计划提高阿联酋的天然气产量，使其成为净出口国，并在2020年将原油产量提高到400万桶/日，10年后（2030年）提高到500万桶/日。阿联酋稳定的政治局势、良好的经济发展条件、丰富的油气资源以及中立、不结盟的外交政策吸引越来越多的中国石油企业赴阿投资。

1　中国石油在阿联酋的油气发展项目

2013年5月，中国石油天然气集团有限公司（CNPC，以下简称“中国石油”）与阿布扎比国家石油公司正式签署协议，双方共同对阿布扎比海上和陆上两个上游合作区进行勘探开发。阿布扎比国家石油公司占60%股份，中国石油占40%股份。随即依据阿布扎比酋长法令组建合资公司共同运营该油气项目（简称“陆海项目”）。2017年2月，中国石油与阿布扎比国家石油公司签署阿布扎比ADCO（现为ADNOC Onshore）陆上油田开发项目相关购股协议。根据协议，中国石油将获得阿布扎比陆上作业公司（ADCO）8%的股份，并被授予ADCO陆上油田开发项目8%的权益，合同期限为40年（简称“陆上项目”）；2018年3月，中国石油与阿布扎比国家石油公司在阿布扎比签署海上（现为ADNOC Offshore）乌纳

① 阿联酋全称为阿拉伯联合酋长国，本文简称“阿联酋”。

项目和下扎库姆项目合作协议。根据协议，中国石油获得阿联酋海上乌纳项目和下扎库姆项目各10%的权益，合同期限为40年（简称"海上乌纳项目"和"海上下扎库姆项目"）。至此，随着中国石油在阿布扎比这个国际石油高端市场不断取得突破，中国石油在该市场的影响力逐步扩大，全面提升了中国石油与阿布扎比国家石油公司双边合作的范围和力度，为中国石油进一步展示一体化实力，优化海外资产配置以及稳定总体收益奠定了坚实基础。

2 中国石油在阿联酋油气发展SWOT分析

SWOT分析实际上是对企业内外部条件各方面内容进行综合和概括，分析企业的优劣势、面临的机会和威胁的一种方法。它是企业制定发展战略的一种有效分析方法。S、W、O、T分别代表企业优势（strength）、劣势（weakness）、机会（opportunity）和威胁（threats）。通过建立SWOT矩阵，可以分析企业四个不同维度的发展战略。

2.1 优势分析

（1）中阿两国高层关系良好，促进两国深化能源合作。2018年7月，习近平主席访问阿联酋，在习主席和阿联酋副总统兼总理、阿布扎比王储的见证下，时任中国石油董事长王宜林与阿联酋国务部长兼阿布扎比国家石油公司首席执行官苏尔坦博士在两国签约仪式上交换了《中国石油天然气集团有限公司与阿布扎比国家石油公司战略合作框架协议》，标志着在中国"一带一路"倡议与阿联酋"向东看"战略的有效对接下，中阿能源合作伙伴关系得到进一步扩展和深化，促进中国石油在阿投资发展壮大。

（2）现有投资项目带动工程技术、工程建设进入高端油气市场，发挥整体协同优势。中国石油在阿联酋开展跨国经营，不仅进行勘探开发，还开展地震采集、管道设计和施工等石油产业链的主要业务。既取得了较为可观的收益，又带动和锻炼了国内的施工队伍，使他们有机会在高端油气市场崭露头角、发挥所长、增强实力，也使他们与阿布扎比国家石油公司形成紧密合作关系，增进互信。近年来，中国石油工程建设有限公司中标巴布油田设计、采购、施工（EPC）总承包项目以及中国石油东方地球物理勘探公司中标海上和陆上三维采集项目均是提升综合一体化技术服务能力的成功典范。

（3）有较高水平的技术支持体系，形成对油气勘探开发业务的有效支撑。2018年3月19日，中国石油阿布扎比技术中心挂牌成立，对中国石油在阿项目整体的技术支持提升到新的高度。特别是针对阿联酋陆上项目建立靠前技术支持体系，逐年推进T-Hub建设，真正做到为项目各资产组的各项工作提供技术支持和指导。同时与各资产组紧密合作，推动实现或超过所制定的产量目标；分析各资产组关键问题和阿布扎比国家石油公司关注的挑战，实施专题研究；利用中国石油实验室、油田经验和技术服务资源为资产组运营增值。

（4）具有丰富的海外油气田运作管理经验，培养了一批复合型的海外管理技术干部队伍。中国石油目前在全球30余个国家和地区运营海外油气合作项目90余个，建成五大油气合作区、四大油气战略通道和三大油气运营中心。海外员工队伍不定期在不同国家和地区进行工作轮换，不同合同模式、不同合作伙伴、不同运营管理方式造就了熟悉财税条款、擅长商务运作、精于语言交流的复合型人才。这批人才在阿联酋也正在发挥其应有的作用。

2.2 劣势分析

（1）小股东参与股东事务管理发挥作用有限。由于中国石油在阿投资的4个项目股权比例都小，其作为小股东，在合资公司运营管理上相对阿布扎比国家石油公司影响力较小，贯彻中方意图的困难较大。另外中方派员在合资公司中的岗位占据较少且位置相对较低，话语权有限。

（2）懂技术、擅管理、精商务的优秀人才储备不足。阿联酋油气市场准入门槛高，特别是海上区块紧邻航道、海况复杂，钻井作业及海洋工程等挑战较大，对技术人员要求高，同时急需业务能力强、外语水平高并具备国际化工作标准的高素质人员支撑项目在高端市场的运营发展。

2.3 潜在机会分析

（1）阿联酋实施“向东看”战略，以此平衡西方石油公司在阿的利益。通过阿联酋近几年油气招标项目可以看出，阿政府希望加深与亚洲的联系，既有对亚洲影响力和市场的考虑，也有对西方政府和石油公司心存顾虑的因素。

（2）阿联酋油气增产需求强烈与中国“走出去”能源发展战略不谋而合。阿联酋外汇的获得，严重依赖于石油的出口，为满足国际出口和国内原油需求量不断上升，政府只有通过开放油气招标区块，引入石油公司，致力于推动原油产量的提升。中国是世界上最大的原油净进口国、排名第二的石油消费国，长期以来，推行“走出去”能源发展战略，中国石油作为综合性能源公司长期致力于国际化经营，有能力也有信心为阿联酋油气行业“添砖加瓦”。

（3）通过与国际大石油公司结为合作伙伴，提升中国石油的技术和管理能力。目前，全球著名的国际大石油公司，例如壳牌、BP、道达尔、埃尼等均在阿联酋投资运作油气项目。中国石油通过投资参股油田项目的方式有机会与国际大石油公司成为合作伙伴，学习它们在深海、液化天然气以及非常规油气勘探开发领域的先进技术管理理念，完善自身国际化、标准化的专业管理体系，提升基础管理和决策支持水平。

2.4 外部威胁分析

（1）来自国际大石油公司的人才市场竞争。阿联酋油气远景规划的出台，使得对高素质的石油人才争夺变得至关重要。中国石油在与国际大石油公司进行人才争夺过程中，既可能面临中国石油海外项目高素质人才跳槽到国际大石油公司，又可能面临由于没有提供与之匹配的丰厚待遇，在油气人才市场招揽不到合适的优秀人才这一困境。

（2）来自以美国为代表的西方国家的政治干扰。伴随着中美关系进一步走向不确定性，中国石油在进行大规模海外并购过程中，会令以美国为首的西方国家不安，其根源在于中国“威胁”论在西方国家的影响。它们会视中国为最大潜在竞争对手，千方百计阻碍中国的和平发展，它们可能竭尽全力利用政治外交途径，给油气资源国施压，破坏中国海外油气合作项目的成功签署。

3　中国石油在阿联酋油气发展战略

根据优势、劣势、机会、威胁的分析结果，组合出“优势—机会”战略、“劣势—机会”战略、“优势—威胁”战略、“劣势—威胁”战略，对于这些战略的具体内容分析如下。

3.1　技术创新战略

中国石油在提升国际化水平、实施国际化运营战略、打造国际化品牌的道路上，将面临更加激烈的市场竞争。加强企业技术创新已成为提质增效的重要途径。国际大石油公司在阿联酋能够深耕几十年，长盛不衰，获取竞争优势，得到阿联酋政府及阿布扎比国家石油公司的认可和信任，与其自身不断技术创新，加强技术攻关密不可分。对此，中国石油必须实施技术创新战略，加强技术研发和创新，以国家油气示范工程、国家油气重大专项为依托，在深海勘探开发、非常规油气资源开发、石油相关软件、钻完井、测井等关键技术上加大资金和人才投入力度，早日缩短与国际先进水平的差距，提升在高端油气市场的核心竞争力。

3.2　低成本战略

国际石油公司油田运作过程中，要实现规模经济效益，必须考虑投资、操作成本以及其他费用的优化和降低。通过“消减投资，优化费用”达到提升财务指标的目的。中国石油在阿联酋运作的项目投资较大，这就需要加强成本预算和控制。通过对已签合同进行价格复议、对未签订的合同进行当地比选以及中方队伍的引进、推进海上油田处理设施共享、缩减不必要的设施建设投资、优化方案总体井数、控制投资节奏等手段实施低成本战略。

3.3　一体化战略

中国石油经过几十年的发展，已拥有一套成熟的上、中、下游一体化发展的能力和经验。在上游领域，通过地震勘探采集处理、测井、地质建模、油藏数值模拟、钻井、采油等技术的综合应用，可以尽可能挖掘勘探开发潜力，提高产量，为阿联酋政府及合作伙伴创造良好经济效益；在中下游领域，通过油气管道铺设、集油站、炼油厂的建设，有效解决原油销售问题。这必然也带动石油工程技术承包，使得工程技术承包商直接参与国际招标或者与国外大公司联合投标，中标后参与全部或者部分工程的承包。工程承包又可以带动中国的石油设备物资和劳务的出口，学习国外先进油气工程施工管理技术经验，培养锻炼跨国经营团队，降低项目风险。

3.4 天然气战略

阿联酋虽然天然气资源丰富，但多为酸性气田，硫化氢含量较高，脱硫成本较高，脱硫工艺较为复杂，这极大地制约了天然气开发力度。目前天然气主要用于回注、发电、民用等。当前受政治因素影响，阿联酋和卡塔尔关系敏感脆弱，且阿联酋国内天然气消费每年增长率达到两位数，需求缺口逐年增大，因此，天然气项目开发将作为阿布扎比国家石油公司今后的长期工作重点，陆续将有一批酸性气田进行国际招标。中国石油作为国内最大的油气生产商，天然气业务已是公司发展的重中之重，在国内建成一批天然气生产基地，特别是西南油气田具有高含硫天然气生产和管理经验；在国外运作土库曼斯坦阿姆河天然气项目，能够很好地与阿联酋对天然气的迫切需求相契合。

4 中国石油在阿联酋油气发展相关建议

4.1 配合国家外交政策，形成相应的风险动态监测机制

受阿联酋地缘政治以及国内政治、宗教、经济、文化等因素的影响，中国石油在进入阿联酋油气市场时，应积极配合国家外交政策，深入了解阿联酋国内政治动态、对华态度以及油气方面的政策，主动与外交部、商务部以及驻阿联酋使馆取得联系，实时跟踪阿联酋政治、经济等局势，听取相关政府部门建议；在项目运行期间，密切关注涉及油气行业投资的动态，收取油气行业方面的信息，反馈给企业高层以形成相应的风险动态监测机制，随时调整风险对策。通过以上措施能够帮助其建立风险管理机制，强化对风险的识别、监控和预警管理。

4.2 积极履行社会责任，做好企业可持续发展工作

根据阿联酋租让制合同，外国石油公司有义务支付一定培训费用来培训本土员工，以提高其国民知识和技术水平。中国石油在项目实施过程中，应积极组织当地员工进行培训，尽可能多地为当地创造就业机会，履行社会责任，回馈当地社会，可帮助当地修建清真寺、学校、医院、道路等，让阿联酋人民更深刻地认识中国这一友好国家，树立负责任的国际石油大公司形象。

4.3 提高境外人员综合素质，寻求中方利益最大化

为使中国石油在阿联酋油气项目成功运作，地质、物探、测井、钻井、采油气、储

运以及经济、法律、商务、外语等多方面人才是必不可少的。更为重要的是，培养既懂专业又懂商务法律还懂外语的复合型人才是当务之急。但是，目前中国石油在人才的储备和配备上与项目对人才的实际要求仍然存在一定的差距。因此，必须提高境外人员的综合素质。受阿联酋油气财税条款的变化影响以及法律法规的不断更新，中方为保证自身经济利益不受损害，必须提高商务谈判能力，在矿区使用费、税费、最低义务工作量、篱笆圈等合同条款方面为项目应对风险赢得优势。谈判或者交流都需要语言，提高人员的外语听、说、读、写能力使得中阿双方的交流更为顺畅，从而减少双方的理解歧义，避免为项目埋下潜在隐患。

4.4 尊重当地的宗教信仰和风俗习惯

阿联酋国内普遍信仰伊斯兰教，因此，国徽、古兰经以及其他有关宗教标志在阿联酋是神圣和至高无上的。所有伊斯兰教禁忌在阿联酋是适用的。因此，中国石油及其中方员工应当入乡随俗，不能有任何亵渎、诋毁、侮辱的言行。对阿联酋当地人在不同时间和不同地点举行的祈祷应予以充分理解和尊重。中方人员在拜会阿联酋政府官员或者外出的时候，应注意着装，男士不能穿短裤，最好穿西服，女士不穿紧身和暴露服装，应戴头巾。在公众场合，切忌饮酒，更不宜劝当地人饮酒。

5 结语

阿联酋独特的地缘政治优势和潜在的油气资源成为近年外国石油公司关注的热点，中国推行“一带一路”倡议并从国家能源安全角度考虑，应该将其列入重要战略资源国之一。中国石油走出国门已有20余年，对不同风险的认识、评估、监控具备相当能力，积累了许多应对和控制风险的经验，能最大限度规避和降低风险，最终保障国家能源安全，实现油气合作共赢。

参考文献

[1] 张剑，尚艳丽，定明明，等. 中国石油与阿联酋油气合作分析[J]. 国际石油经济，2018，26（8）：18–25.

[2] 高飞，肖程释，蔡正茂. 阿拉伯联合酋长国油气市场开发形势分析[J]. 油气田地面工程，2019，38（4）：1–5.

陆地钻机解决方案提供商竞争力分析

胡昌蓬　邵崇权　郝丽军
（中国石油技术开发有限公司）

摘　要： 陆地成套钻机是石油钻井工业的核心设备，目前全球只有美国、欧盟、中国等少数几个国家和地区可以提供有竞争力的成套钻机解决方案。各自代表性的企业NOV、BENTEC、DRILLMEC、宝石机械等占据了全球绝大部分陆地成套钻机的市场份额。通过分析国内外解决方案提供商的竞争力和陆地钻机自动化、智能化发展趋势，提出行业和市场应对策略，为相关从业人员提供建议和思考。

关键词： 陆地钻机；解决方案；创新；市场；建议

石油钻机是复杂的大型成套设备，制造难度大，井架、底座等既有行业规范要求，也有历史业绩、品牌认可等隐性壁垒。钻机成套范围广，包含机械、电气、信息处理等配套产业。供应商既有石油设备专业制造商，也涉及电机、通信等通用行业。因此虽然全球有100多个国家从事石油勘探开发，但只有20多个国家能够生产制造石油钻采设备[1]，美国、欧盟、中国等是少数几个能提供有竞争力的大型成套钻机设备的国家，基本代表了陆地钻机的制造水平，可以生产配套行业认可的机械、电动、液压钻机，满足沙漠、沼泽、极地等作业环境要求。

美国制造的陆地钻机既成套出口，其单体设备顶驱、绞车、钻井泵也普遍应用于各产油国钻井工业。欧盟陆地钻机以特色欧式钻机、全液压钻机、低温钻机领先，单体设备更多自用。中国钻机起步晚，但发展迅速，成套能力不断提高，常规陆地交直流电驱动钻机技术已经很成熟，形成系列化的产品，可以满足国内需求，同时因比国际市场同类型钻机的价格低约四分之一[2]，产品在中东、南美、独联体国家常规钻机招标中凭借方案设计灵活、性价比高、交货期短等优势占据了相当数量的市场份额。尤其是抓住了机械到电驱动钻机升级换代的机遇，2005—2012年有大规模的钻机出口业绩。

但是，国产钻机设备供应商多，产品线全，产能远超过国内需求。同时钻机中低端同质化现象严重，高端市场无法进入，导致中国在海外常规钻机招标中恶性竞争越来越严重，影响了中国相关行业的可持续发展。

1　行业标准

石油装备出口涉及的标准通常有两类，一是行业标准，例如API（美国石油协会）、ASME（美国机械工程师协会）、IEC（国际电工委员会）标准等，另一类是政府或地区主导指定的标准，例如CE、GOST认证等。通常参与钻机投标基本要求是API标准，地区标准上客户根据自身使用习惯不同要求不同，非欧盟国家客户也可能提出CE-ATEX防爆认证或CE-LVD低压电气指令要求。行业标准是现代化大生产的必要条件[3]，对钻机工业制造水平和统一接口标准起到了规范和提升作用，但是也潜在造成了一定的技术壁垒和障碍，例如国内极少有钻机成套厂家申请整机的欧洲CE认证，即使申请通常也会选择性申请CE机械指令等。

中国石油装备制造企业申请API标准已经非常普遍，常规制造技术已经不是行业壁垒。标准更主要是一个完整的管理体系，中国存在对钻机的标准重视和宣传不够，重申请而轻管理的现象严重，申请过后没有严格执行，中国多家石油企业存在API标准被暂停或注销的案例，损害了国产设备信誉。

西方领先解决方案提供商本身就代表着行业的最高标准，同时其部分高管有标准协会等任职履历，他们对于标准的制定背景以及标准的理解要高于中国被动申请的企业，同时在API标准的更新中话语权更大。例如，2018年API-16D最新版本的更新，将防喷器控制装置关闭时间计算方式变更为电泵和气泵单独工作，同时要求液控装置配套商必须获取原防喷器开关液量，这对中国只生产防喷器控制装置的企业造成了较大困难。

2 行业品牌

以国民油井华高公司（NOV）、BENTEC为代表的美欧企业几乎伴随整个石油工业发展史，特色成套钻机（例如极地钻机、全液压钻机）、核心设备（例如顶驱、铁钻工等）占据行业绝大部分市场份额，并且持续引领陆地钻机发展方向。NOV是世界上最大的钻井设备提供商，可提供成套陆地钻机和修井机一体化解决方案。NOV的顶驱、铁钻工，几乎以绝对的实力占据了陆地钻井装备市场份额，特别是高端客户市场。

主要钻井承包商也以拥有NOV设备作为体现服务实力的因素，例如BENTEC具备制造成套钻机的实力，但是BENTEC母公司KCA旗下77部钻机，几项单体部件依然主要采购自NOV等制造商。

中国目前初步有了单体设备的品牌，例如北石顶驱，BOMCO F系列钻井泵等。北石全系列顶驱累计销量约为700台，国内外约各占一半，行业第一的NOV系列顶驱销量约2900台，数量差距大。在众多中高端市场招标中，通常指定了关键设备如顶驱（NOV/CANRIG/TESCO/FORUM）、固控设备（DERRICK/SWACO/BRANDT）的品牌范围，很多时候并不接受国产品牌。代表钻机自动化发展方向的自动化工具国内目前做到了功能实现，刚刚开始在国内推广，尚未具备成熟的工业品牌信誉。

国产钻机不具备代表性的成套钻机品牌。在钻机市场上，没有对应NOV的理想钻机IDEA，DRILLMEC HH钻机，NABORS PACE钻机等成套钻机品牌。宝石BOMCO、宏华HH在常规钻机招标中，其品牌更多体现钻机制造商的身份，而不是钻机形式，没有形成自己的特色和优势品牌。近十几年，中国出口的低温钻机、沙漠快移等特色钻机在国外也应用较早。2005年中国石油技术开发公司为NABORS提供8套ZJ70/4500DB钻机，是中国首次为世界一流钻井承包商提供成套钻机，国际第三方检验公司ModuSpec全程监理。之后大型成套钻机鲜有与国际领先钻井承包商合作的案例，偶有井架底座让国内加工，例如2018年科瑞为

NABORS提供3000HP钻机的井架底座。

3 发展理念

领先解决方案提供商已不再定义自己是设备制造商，而是钻井全生命周期的方案解决提供商，理念即是与客户共同的长久合作共赢，不是简单的设备买卖合同。高端客户和项目合作投标和竞标少，更多是双方的长期双赢合作，例如2020年NOV为DOYON 钻井公司提供的DAYON26低温大位移钻机，该钻机设计理念由DOYON钻井公司在2011年提出，2015年提交NOV开展前端设计，设计阶段双方工程师用3D模拟软件完成了钻机的设计和调整，通过鸟瞰图研究各设备接口、安装位置优化等信息，降低了后期整改成本，配置NOV全套自动化工具和NOVOS反射钻井系统，2020年初完成钻机制造。

为了规避贸易壁垒和双赢合作，解决方案提供商会与业主或者业主所在国企业有紧密的合作。例如，BENTE为了重点开拓和服务独联体地区市场，在俄罗斯秋明建立的具备钻机生产能力的LLC BENTEC公司，2019年BENTEC为Irkutsk石油公司提供的7套320吨钻机即是在秋明制造的。同时BENTEC母公司KCA钻井公司与阿塞拜疆国家石油公司（SOCAR）合资成立Turan 钻井工程公司。Nabors与Saudi Aramco各出资50%成立Saudi Aramco Nabors钻井公司（SANAD），SANAD预计10年内采购50部本地新建钻机。2019年NOV为阿联酋阿布扎比国家石油公司（ADNOC）提供的4部钻机是在阿联酋制造的。

领先企业所在国发展程度高，企业也将环境、安全、人文理念放在公司的核心价值体系中，所以对钻机燃气排放、噪声控制、占地面积，人性化操控都特别重视。

国内钻机制造商更多被动应对市场需求，通过投标获取项目。按照合同要求“堆积木”式制造产品，对前端设计资金投入和技术开发明显不够，导致国内成套钻机在电气布局等基础架构方面优化不足。国内企业整体水平比较接近，制造成本也接近，而距离高端制造产品都有差距，所以经常出现国际招标中多家中国企业恶性竞争、互相降价的现象。有时为了后续的零配件或者服务合同，或者用同一客户的其他项目合同补贴，将钻机以低于成本的价格销售。过低的报价必然导致产品质量和售后服务质量降低，损害国内石油装备企业整体品牌信誉。国产钻机海外本地化程度不高，随着各国产业保护政策的普及，制造本地化在印度等市场也成为新的要求。国内企业需要创新合作模式，借鉴西方企业海外合资公司的模式来开拓市场。

4 技术创新

领先钻机解决方案提供商持续引领成套钻机的发展方向。

一是钻机定制化。深度基于客户的作业环境，如满足沙漠快移的NOV ME钻机，满足极地低温的BENTEC SR钻机，满足欧洲低碳、减噪等环保要求的DRILLMEC HH钻机，煤层气钻井的SHRAMM T系列钻机，齿轮齿条STREICHER VDD系列钻机。二是提升单体设备性能。CAT发电机组、NOV ST80铁钻工、BRANDT/DERRICK/SWACO固控处理设备等关键设备机械参数已经趋于稳定，制造商转向利用软件管理提升单体设备性能。

三是局部系统的集成和自动化控制。NOV通过管道联锁管理和多机控制提升管柱处理工具的自动化水平和安全性能。哈里伯顿的BaraLogix DRU能够实时监测钻井液数据，提供钻井液体密度和流变特性等数据[4]。

四是地面系统的集中控制。例如DRILLMEC数据匹配系统，MH Wirth DEAL™，NOV AMPHION系统。

五是实现地面与地下地层数据整合分析。钻井作业的目的是井下，地面设备的运作是为了配合井下钻进作业。NOV等企业具备从地面设备到井下设备的全产品线解决能力，统一规划设计、制造、调试等环节，集成优化能力高[5]。NOV NOVOS反射钻井系统，其地面利用AMPHION系统集中控制地面设备，将司钻等作业人员从地面重复工作中解放出来，使人员将更多精力用于井下作业，依靠历史数据自动分析提高工作效率，降低对人工经验的依赖。井下利用WDP智能钻杆高速获取地下信息数据，根据钻井实时工况自动调整地面动力机组、泵组、钻压等参数，该系统已在美国加拿大作业区运行超过6000天，进尺超过200万英尺。

六是开发钻井专家系统。钻井作业将逐步发展到通过钻井专家优化数据库指导作业的智能化钻井阶段，通过历史钻井经验和作业工艺参数规律总结，建立一套钻井专家优化数据库系统，子系统可包括自动化钻井专家系统、油藏及测录井专家系统、设备故障诊断专家系统等。作业过程中通过地面设备自动化、地下设备数据传输与井下可调工具，实时与专家数据库对比，自动闭环调整设备运转，取代人工干预，实现智能化钻井。

以上六个发展方向的前四个方向，领先解决方案提供商的技术已经成熟并实现了推广，第五项正在现场完善阶段中，第六项是智能化钻井的发展方向，更多的是前端设计。

中国石油工业起步晚，装备制造的历史更短，起步于引进、吸收、模仿国外已经成熟的技术，技术原创性不够。中国钻机主要还停留在陆地常规钻机上，虽然数量众多，但先进钻井工具（如顶驱、铁钻工）配置比例不高。极地钻机、全液压钻机等特种钻机刚刚起步，具备出口业绩，但未形成系列化、品牌化，海外虽也有中标，但钻机业主安排了全流程的第三方监理监造，辅助指导生产。

中国钻机企业目前的发展阶段更多的仍是基于不断提升机械化水平，强调机械参数（如功率、排量、扭矩），在如何体现人性化操作和环保方面还有所欠缺。单体设备优化软件依然欠缺，例如顶驱软扭矩技术依然选配国外技术。国产钻机重主机轻配套，主要成套商以结构件为主业[6]，对固控、井电、仪表方面的配套优化能力明显不足，成套优化体系还有待进一步优化。辅助配套供应商数量众多，但无优势品牌，同时多供应商体系带来的整合困难也不符合目前的钻机集成控制系统发展趋势[7]。

国内钻机设备制造商更专注地面设备，地下信息传输存在明显短板，与井下工具制造商的合作也不紧密，系统性设计不足。智能决策系统（如专家系统）还处于初步阶段，部分实现了钻井数据实时传输，但未能有效实现实时技术决策。

2017年，中国石油集团油田技术服务有限公司（以下简称“中油油服”）推广工程队伍“四化”建设，系统性配套管柱自动化工具、集成控制系统，其第一、第二代标准化钻机已开始现场作业，必将带动推进国内钻机的升级换代和技术革新。

5 服务体系

对于陆地钻机这种高成本、长周期、高风险成套机械设备，市场用户相对集中，客户看重全生命周期服务，所以不适合广泛寻找客户，客户稳定性非常重要，企业需重点培育战略核心客户，做好自身产品和服务。

陆地钻机自动化和智能化的发展必然推高钻机的采购门槛，谨慎的投资者对设备的使用和备件备品供应提出了更高要求，对供应商的售后服务网络提出了更高要求。钻机自动化对操作人员也提出了更高要求，常规手册、视频培训无法满足要求，完善的培训体系逐渐成为全生命周期服务的重要一环。领先提供商都建立了完善的基于交互式虚拟现实技术的培训系统，且日益发展为一项增值服务。例如，BENTEC按照客户机械、电气、操作等人员分类，建立了完善的培训计划；DRILLMEC按照课堂培训、模拟器培训、视觉培训、现场培训四级培训体系提供增值服务；NOV将培训方案和设施直接展示在网站上，客户可直接通过网络了解培训的设施和内容信息，培训中心设在南北美，欧洲、中东、新加坡，就近服务周边客户。

中国大规模出口钻机也是近15年的事情，刚开始销往美国NABORS、PARKER等钻井公司的钻机相对售后服务不多，因此售后服务体系并没有完善。近几年国内龙头企业开始在主要油区建立服务网点，提升售后服务响应能力。

6 发展建议

（1）提升成套钻机的整体优化能力和一体化控制能力，关注钻机人性化操作和环境影响软指标，提高与安全设备等辅助制造商的合作，加强与随钻测量等井下工具供应商的合作，提供地面设备和地下钻井工具的一体化解决方案。

（2）钻机的专业化、自动化发展是必然趋势，加强前端设计和创新，提升对行业标准的理解和影响，提高技术和品牌影响力，是可持续发展的必然要求。

（3）提高本地化合作程度，寻找国外代理公司，针对重点客户细分市场，形成差异化竞争，提升全生命周期服务能力，培育核心客户。

（4）目前大规模更换成套钻机少，尤其面对当前的疫情和低油价环境，大规模投资锐减，提升现存设备的局部自动化水平是解决方案提供商重点关注方向。

（5）关注中油油服“四化”建设中的自动化钻机，或可塑造为典型成套自动化钻机品牌。中油油服五大钻探有低温环境、沙漠环境、山地、戈壁等作业区，跟踪本次钻机专业化升级，成熟的自动化方案可去适配国际市场的极地低温、沙漠等作业环境。

参考文献

[1] 杨欢，赵振方，卢孝林，等. 陆地石油钻机现状分析与发展趋势预测[J]. 石化技术，2019（9）：145-146.

[2] 沈大春，贺环庆，任克忍. 我国陆地钻机出口现状及发展建议[J]. 石油机械，2011，39（6）：70-74.

[3] 李金诺. 浅谈石油行业的标准与规定[J]. 中国石油和化工标准与质量，2013（16）：248–250.

[4] 刘甜，王六鹏. 油井井筒完整性的综合评价方法[J]. 石油化工应用，2018，37（11）：37–40.

[5] 魏培静，王定亚，肖磊，等. 我国石油钻机控制技术现状与后续发展思考[J]. 石油机械，2018，46（6）：1–6.

[6] 于兴军，宋志刚，魏培静，等. 国内石油钻机自动化技术现状与建议[J]. 石油机械，2014，42（11）：26–27.

[7] 王定亚，王耀华，于兴军. 我国管柱自动化钻机技术研究及发展现状[J]. 石油机械，2017，45（5）：23–27.

粤港澳大湾区战略下油气企业机遇和挑战

郑　洁　彭辉界　彭　攀
（中海石油（中国）有限公司深圳分公司）

摘　要：能源作为经济、社会及产业发展的基本保障，对粤港澳大湾区发展至关重要。为积极融入国家粤港澳大湾区战略，承担保障大湾区能源供应的重要职责，湾区内油气企业在政策红利、内外环境变化下，积极思考机遇及挑战。在详细阐述粤港澳大湾区能源消费及能源供应的基础上，深入分析企业优势和劣势，提出了评价粤港澳大湾区能源高质量发展指标体系、通过技术突破实现能源自给量提升，提出油气企业应向现代化、智能化方向发展，以期为油气企业的发展提供借鉴和参考。

关键词：粤港澳大湾区；清洁能源；能源自给率；能源指标体系；高质量发展

2019年2月18日，中共中央、国务院印发《粤港澳大湾区发展规划纲要》，确定提出粤港澳大湾区要建成充满活力的世界级城市群、国际科技创新中心、“一带一路”建设的重要支撑、内地与港澳深度合作示范区，要打造成宜居宜业宜游的优质生活圈，成为高质量发展的典范。粤港澳大湾区在建设成为富有活力和国际竞争力的一流湾区和世界级城市群进程中，难以离开能源的助力和支持[1]。这对大湾区能源发展提出较高的要求，要求大湾区要优化能源供应结构，不断提高清洁能源比重。目前粤港澳大湾区能源消费总量超过3亿吨标准煤，近年原油消费量稳步增长、天然气消费迅速增长[2]、煤炭消费持续下降；粤港澳大湾区内自有能源自给率较低，对外依存度不断上升，为湾区内油气企业提供了发展机遇。

1　粤港澳大湾区能源分析

1.1　粤港澳大湾区能源消费情况

21世纪以来，随着粤港澳大湾区经济的快速发展，大湾区能源需求增长迅速，尤其是广东省，21世纪前十年能源需求年均增长率达到两位数；近年，随着能源利用效率的提高和产业结构的调整，粤港澳大湾区能源需求增速放缓，但仍维持较高水平，香港和澳门则相对稳定。2018年，粤港澳能源消费总量达到3.24亿吨标准煤，比2000年增长两倍，其中2010年以来年均增长5.36%。粤港澳大湾区能源消费的最主要区域是广东省，占粤港澳能源消费总量的90%以上。香港经济结构以服务业为主，能源的利用效率较高，能源消费总量增长较慢，近两年甚至出现负增长。澳门由于人口较少，产业中制造业比例极低，能源消费总量低于粤港澳的平均水平。2018年，一次能源消费结构中，煤炭、石油、天然气、其他能源的比重分别为37.2%、28.1%、8.3%、26.4%（图1）。化石能源消费比重较2010年下降超过10%，主要为煤炭比例的下降，非化石能源消费比重达24.5%，远高于全国平均水平。

从粤港澳大湾区能源消费现状来看，随着经济发展，能源消费总量会继续增长，能源结构还有优化空间，能源利用效率需要稳步提升，大湾区自给能源供应比例需要尽快提升。

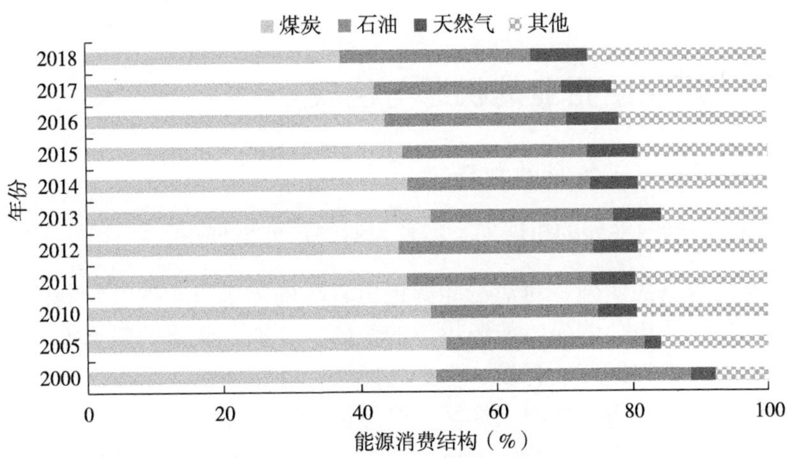

图1　粤港澳大湾区能源消费结构

资料来源：广东省2019年统计年鉴—能源资源环境

1.2　粤港澳大湾区能源供应情况

粤港澳大湾区地处沿海，经济发展速度及体量较大，能源供应方面主要为煤炭、油、气、非化石能源等。2005年，由于政策及环保要求，广东省煤矿开始关闭，煤炭供应量急剧下降；2015年，多座核电的投运，核电供能开始增加；油气自给供应主要为南海海上开采的原油及天然气，以及中国石油、中国石化的管道天然气。受经济快速发展影响，能源自给总量上前高后低，目前维持在20%左右。2000年前能源自给率高，达到36.9%，后期逐渐降低为2018年的21.2%，从2010年到2018年，粤港澳能源消费总量增长了39%，自给供应量与经济发展的速度及需求量极不匹配（图2）。从地域分布上来说，能源自给供应主要分布在广东省，香港近年来依靠垃圾和生物燃料发电占0.2%的比例，澳门则完全依靠进口。

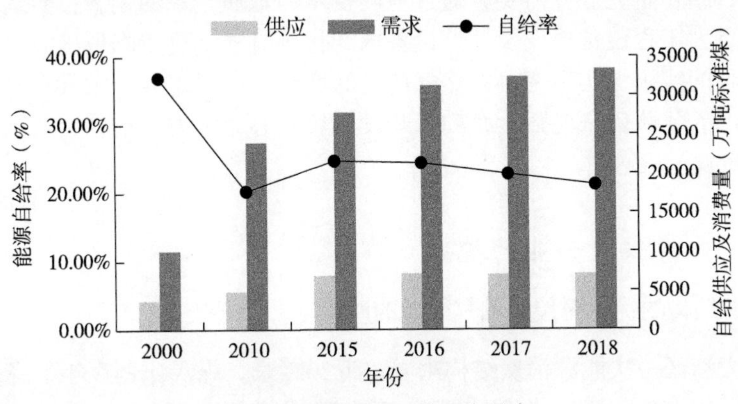

图2　粤港澳大湾区能源自给率

资料来源：广东省2019年统计年鉴—能源资源环境

从能源供应的现状来看，粤港澳大湾区能源大部分依靠外部供应，主要包括原油及天然气进口，能源自给率20%左右，低于能源安全的保障线，需要增强湾区自身资源储备及供应保障能力。

2 油气能源供给企业的机遇与挑战

2.1 油气能源供应企业的机遇

2.1.1 把握清洁能源发展的机遇期，培育天然气产业发展

粤港澳大湾区战略的实施，对清洁能源提出较高的需求，天然气发展面临最后一个黄金发展阶段，油气企业肩负着保障能源供应的使命，要抓住政策的机遇期，在企业发展战略的制定上，强化天然气勘探、开发、生产的部署，加快向高质量发展转型的步伐。加大天然气能源的供给力度，为粤港澳大湾区市场提供绿色、低碳、清洁的产品、助力粤港澳大湾区高质量的发展。国家管网公司的成立，为大湾区天然气互联互通提供了良好设施基础保障，适度引入外部的竞争机制，发挥市场供应主体自身优势，提供价优质高的天然气供应，对具有较强竞争力的油气企业是一个良好的机遇。

2.1.2 把握油气企业资产转型机遇期，优化企业油气资产比例

随着全球能源格局的变化，低碳化是不可逆转的发展趋势，对于地处粤港澳大湾区内的油气生产企业，能源需求持续增长，油气行业仍有较大的发展空间，要把握从传统油气企业向提供高质量能源公司转型的机遇期。根据湾区能源需求及能源结构调整，通过战略管控，加大粤港澳大湾区原油及天然气供应量，逐步推动向清洁化能源的转型，抓住发展机遇，合理配置企业的油气资产比例，实现企业高质量发展。

2.1.3 把握油气企业科技创新机遇期，培养企业核心竞争优势

粤港澳大湾区是创新的基地，要利用大湾区优势，深度融合大湾区科技力量、科技政策及科技人力，结合企业业务需要，通过地震技术、地质理论的创新，实现深水天然气勘探突破；通过重大工程装备建设及关键设备国产化等方式，逐步降低南海深水天然气开发成本，推动项目的实施，实现南海天然气产量的增长，同时培养一批具有科技创新能力和深水安装技能的人才队伍，增强上游勘探开发板块核心竞争力，培养企业核心竞争优势，迎来企业高质量发展机遇期。

2.2 油气能源供应企业的挑战

2.2.1 能源结构的优化对传统油气能源的冲击

从粤港澳大湾区一次能源消费结构来看，近20年来，煤炭比例逐年下降、原油比例较稳定、天然气比例增长较快、非化石能源比例较高且增长迅速，粤港澳大湾区非化石能源主要依赖于核电的发展，对天然气的发展有一定的制约。同时，日趋严格的油气生产环保

政策，对原油外排水、环评、用能、生态保护等绿色指标要求越来越高，使得传统油气企业开采难度加大，面临能源结构调整的冲击。

2.2.2 油气资源的劣质化与油气需求量增加的挑战

粤港澳大湾区的油气生产全部来自南海地区，南海地区虽然油气资源量相对丰富，但受南海地缘政治形势、水深等影响，勘探开发经常受到各种干扰，且勘探开发成本高，技术上有挑战，近年来发现的储量品质有劣质化的趋向，经济有效动用难度大，从而影响大湾区石油和天然气勘探开发及供应。粤港澳大湾区的原油及天然气产量近年虽有所增长，但增长量远不能满足需求，粤港澳油气对外依存度还在继续上升，对粤港澳大湾区能源供应稳定性和可靠性提出较大挑战。预计到2035年，粤港澳原油需求量将达到1.05亿吨，产量仅1657万吨，自给率为15.8%，其他均需要外调或进口。

2.2.3 油气智能化开发与油气安全开采的挑战

粤港澳大湾区在追求高质量发展，油气企业也在推行油气开发的智能化、数字化、无人化，一方面是信息化时代的需要，同时也是不断降低经营成本的需要。在油气企业智能化的发展进程中，要突破传统油气安全开采的挑战，通过远程红外监控、智能机器人巡逻、平台无人化等方式，通过试点探索、分步实施、科技保障等策略，逐步走向智能化，突破挑战也就赢得了高质量发展的高强度锤炼，也契合了湾区内企业的高度智能化的产业发展模式。

3 应对策略分析

3.1 积极融入粤港澳大湾区建设，制定地企协同发展规划

粤港澳大湾区要打造高质量发展的典范，大湾区内产业发展将集中于相对高端的产业，传统产业要逐渐转移或淘汰升级。能源企业在国家政策支持的大环境下，要积极融合，寻找战略契合点，目标是为大湾区提供供给安全、运行稳定、低碳发展、高效利用的能源，同时在企业发展时要坚持地企协同、上下游协同的发展策略。

结合大湾区战略定位，根据能源发展趋势及目标，提出适用于大湾区高质量发展的能源评价指标体系来评价大湾区内能源供应的质量。按照指标设计系统性、科学性、可比性和可操作性原则[3]，同时遵循研究对象的发展规律和特点，设计了五大类一级指标和16个二级指标组成的能源发展指标体系（表1），用来衡量湾区能源的发展，同时也对能源供应企业的供能要求及质量做出指引。

表1 大湾区能源发展指标体系

一级指标	二级指标
创新辐射水平	勘探开发技术水平、深水工程安装水平、关键设备国有化水平
能源利用水平	单位开发能耗、用能率、油气开发节能水平

续表

一级指标	二级指标
能源保障水平	湾区能源自给率、国内调用量、多元化供应水平
国际化合作水平	外资额占项目投资比、科研国际化合作、勘探开发国际化
能源协同水平	地企协同水平、板块协同水平、金融协同水平、人才协同水平

3.2 加大南海天然气勘探开发力度，提高能源自给率

积极融入粤港澳大湾区国家战略，上游油气企业加强规划引领，提升大湾区油气保障能力，以投资作为重要保障逐步落实。海洋强国已上升为国家战略[4]，南海是海上油气增储上产的主战场，目前正全力推进油气增储上产“七年行动计划”，通过两年的实践，已经取得初步成效。油气企业未来五年会加快油气资源的开发[5]，南海海域也会进一步加大勘探开发投入，提升大湾区油气能源供应，保障大湾区能源安全，并持续提升清洁能源供应比例。从上游油气供应特点来看，需要提前开展战略技术储备，从战略角度明确提出加大清洁能源的勘探，同时要开展新兴能源产业的战略尝试，例如对可燃冰等新矿种要加强技术研究及商业开采的战略储备。短期内，到2025年加大粤港澳大湾区原油及天然气供应量，提高大湾区能源自给率；中长期，到2035年逐步推动向清洁化能源的转型，以清洁能源为主体，提供高质量能源供应。

2015年全国油气资源动态评价成果显示，南海北部及南海中南部天然气资源量丰富，各盆地资源量均在万亿立方米以上，且勘探程度相对陆地来说，还处于储量发现的早期阶段，随着增储上产计划的实施，勘探力度有较大增幅。未来5年，上游油气企业按照战略规划，应以深水为增长点，优化工作量部署，以寻找大中型气田为主线，开展勘探开发突破。

（1）加强深水勘探关键技术，寻找大中型有利构造。加强陆相、海陆过渡相及海相烃源岩生烃潜力研究、深水区优质储层形成机理研究、深水区成藏条件研究，形成深水区地震采集和处理技术方法体系；建立储层预测和油气检测，以及钻井工程相关技术体系；攻关海上深层油气成藏条件及其配套勘探关键技术，提高深层勘探成功率，寻找可动用储量。

（2）突破深水高温高压钻井技术，揭示有效储层。攻关高温高压勘探开发关键技术，包括高温高压油气藏成藏条件和成藏机理研究、钻完井技术体系升级、地球物理资料品质改善攻关，拓展南海海域天然气勘探领域。

（3）引入灵活的商业模式创新，降低深水开发投资决策门槛。引入经营、管理创新模式，实现深水天然气项目高质量开发。加强能源领域的开放、合作；以油气田设备为租赁物，通过直接租赁、经营租赁等助力边际油气田开发，开展项目融资租赁、经营租赁的尝试，利用社会资金降低企业投资决策门槛及投资风险。

（4）继续发力高端海洋工程建设，强化深海油气资源开发核心技术能力建设。突破水下生产系统、单点和深水平台及立管等卡脖子技术，加强深水工程重大核心装备的研制及

国产化替代，逐步形成深水工程国产装备自主应用技术体系；突破国外对油气田勘探开发方面高端技术装备的封锁，形成一批具有自主知识产权的关键技术装备，提高油气服务企业的核心竞争力，保障国家能源安全。

3.3 加快南海海域海上油田智能化步伐

面向海上油气田全生命周期，通过物联网、人工智能、大数据、云计算等先进信息技术手段与勘探开发核心业务深度融合，聚焦“无人化操作、可视化油藏、协同化运营、科学化决策”，推动生产方式转变和管理流程优化，建设新型油气田勘探开发模式，实现上游业务协同创新、高效运营。

海上油田的智能化和无人化采用先行试点、分步实施、逐步推广的策略。先期选用典型平台开展试点、通过改造及一系列优化，先行先试。同时在新项目研究中进一步降本增效，积极推动无人平台的建设，通过智能化的管理，替代原有人力管理及操作，进一步降低操作及维护成本。今后中长期，通过一批项目的规划与实施，实现海上油田安全生产的智能化。

4 结论及建议

（1）油气企业在客观分析自身挑战和机遇后，应积极把握国家战略实施期的黄金阶段，融入粤港澳大湾区建设，制定企业战略，部署“十四五”规划，参与大湾区新能源布局和建设。

（2）充分利用大湾区的区域地理优势，进一步加大南海海域勘探开发力度，通过突破技术创新、加强对外合作、管理模式创新、地企协作等，优势互补，共建共享，提升粤港澳大湾区原油及天然气能源供应量的提升。

（3）作为粤港澳大湾区内企业，要跟随大湾区企业高质量发展要求，提升公司清洁能源供应、开展油气智能化开采、打造海上油气绿色工厂，逐步实现传统油气企业向现代化能源企业转型。

粤港澳大湾区高质量发展及对绿色低碳能源的需求推动了油气企业产品类型、技术变革，带来新一轮发展机遇。油气企业要以服务大湾区建设作为企业做强做优做大的重大机遇，探索油气企业合适的发展路径，向建设具有全球竞争力的中国特色世界一流企业不断迈进。

参考文献

[1] 王倩倩. 能源央企布局粤港澳大湾区[J]. 国资报告，2019（6）：56-59.

[2] 刘伟，欧阳波，汪谏钦，等. 粤港澳大湾区天然气产业发展前景及政策建议[J]. 国际石油经济，2019，27（6）：27-32.

[3] 綦鲁明. 深圳发展湾区经济监测指标体系建议[J]. 全球化，2016（6）：72-84.

[4] 盛朝讯. 新时期推动湾区经济发展的思考与建议[J]. 全球化，2019（4）：47-48.

[5] 唐玮，尹得来，冯金德，等. 新形势下编制油气上游业务规划的思考[J]. 石油科技论坛，2019，38（3）：1-5.

新冠肺炎疫情和低油价形势下“三低油田”采油单位提质增效策略

王浩宇
（大庆油田有限责任公司第十采油厂）

摘　要：作为本文案例的单位是X油田偏远采油单位。2020年，受新冠肺炎疫情和低油价双重影响，该油田企业单位牢固树立向管理要产量，向管理要效益的思想，推进企业向高质量发展迈进，应对策略主要包括：实施精准管理，全力抓好原油生产；注重投资效益，严格压控成本；加强资产清查，全面推进资产轻量化；狠抓措施落实，严格管控各类消耗；突出管理升级，深入抓好“三化”管理；强化红线意识，切实抓好安全环保。通过夯实管理，切切实实见到了一定的效果，取得了较好的成绩。

关键词：三低油田；经济效益；精细管理；高质量发展；提质增效

1　基本概况

作为本文案例的单位是X油田偏远采油单位。X油田属于低丰度、低渗透率、单井产量低的“三低油田”。开发建设35年，经历了试验探索、快速上产、科学调产、精细挖潜和产能转型五个阶段，目前处于产能转型阶段，接替储量以致密油为主，致密油产能占该单位开发建设的70.4%，开发工作难度较大。

近年来，受国际原油价格大幅下降、产量递减等因素影响，该采油单位收入大幅减少，折旧折耗大幅增加，总成本上升。导致该单位自2015年开始亏损，2017年达到亏损峰值，内部利润-14.44亿元，单位总成本达到81.614美元/桶。

该采油单位面对低—特低渗透扶杨油层地质条件差、新井初期产量低，递减快、措施有效期短等现状，通过精细开发管理、严格成本管控、资产轻量化、控制消耗、抓好管理提升和安全环保，已经从根本上改善企业经营状况，实现了产量箭头向上，经营持续减亏，取得了较好成绩。

2　提质增效对策

针对当前矛盾，克服疫情和低油价影响，该单位牢固树立向管理要产量，向管理要效益的思想，推进企业向高质量发展迈进。主要有以下六个方面的应对策略。

2.1　实施精准管理，全力抓好原油生产

一是加强老井管理。坚持油田分类管理、分类研究、分类治理的“三分”开发思路，以精

准地质研究成果为指导，实施综合调整工作量546井次，治理长关井6口，治理低效井14口，自然递减率及年均含水分别下降0.61、1.28个百分点；加强提捞井管理，调整捞油周期85口井、169井次，维修提捞井道路15条2010余米，垫修井场100多平方米；继续强化产量日常管理，实行原油产量日分析汇报和重点井高产井四级承包管理制度，有效提升油井运转时率。

二是加快措施组织。克服疫情影响，加快队伍协调，提前三个月完成134口全部工作量，保证了措施增油贡献率。

三是强化产建工作。加强与地方政府的沟通协调，加快疫情相关手续的办理，积极推进复工复产工作，向地方防疫指挥部报送施工申请7份、承诺书3份，确保5支钻井队伍在3月初全部开工；提前做好低洼井场保通工作，铺设管排、木排5402片、4.3万平方米，平整道路15千米。上半年，抢投油井43口、水井14口，累计产油8800吨，超额完成产量运行计划。原油超产6750吨，实现“时间过半、产量硬过半”的任务目标。

2.2 注重投资效益，严格压控成本

一是优化产能建设。按照“经济效益最大、地面设计最优”原则，油藏、钻井、采油、地面工程一体化设计，整体投资效益分析，通过优化布井，加强“地上地下”一体化，减少井场133座、管道31千米、道路15千米、电力线路17千米、征地1310亩，节约投资2600余万元；通过优化系统能力，细化能力核实，打破界限观念，统筹利用已建转油站分离、游离水脱除、污水处理等能力，节省建设投资300万元；优化总体布局，按照立足老站扩建、少建站、建大站的原则，以“小型站场设施橇装化”为目标，新建转油站、阀组间橇装化，调整站、间的布局，新建橇装注水泵房、混输泵房、分离计量橇、电加热装置橇各1座，橇装化配水间9座，节省建设投资200万元；简化工艺，应用“电热集油流程+混输泵站”，节约投资100万元以上。全年共节约投资3200万元。

二是优化老区改造。深入分析系统面临的形势与问题，坚持技术改造与效益相结合，充分进行前期现场调研，除上级部门统一安排的箱式变电所改造项目外，只针对小排量离心泵能耗高、注采系统不完善、系统结构效率低的问题，新增立项3项。同时，结合基建施工能力及生产需求，压缩投资总量，优先实施切实解决影响生产运行的实际问题，暂缓某一油田单井数字化改造工程、某一地区单井数字化改造工程和气井脱水工艺更新改造工程的项目实施，压缩投资4200万元。

三是优化数字化建设。在项目编制阶段，坚持简单实用、稳定安全的原则，加大自动控制方案的优选，现场对数字化建设工作进行摸底，建立台账，努力做到数字化改造既能够精简人员，又利于提高系统高效运行、方便生产管理和降低投资。

2.3 加强资产清查，全面推进资产轻量化

一是开展减值测试。针对该单位折旧折耗额度大，造成总成本负担大的实际情况，按照上级部门要求，积极做好资产减值测试工作，对符合计提减值条件的资产按程序进行申报、处置，减少资产净额，降低折旧率。

二是处置低效无效资产。做好资产清查摸底，开展该单位范围内所有资产清查工作，着力摸清在用、低效、无效资产的数量及分布情况，实施资产报废464项，合计资产原值7159.4万元，资产净值1207.6万元，已计提减值准备79.13万元。

三是挖掘内部调整潜力。通过调剂、出租等多种方式，挖掘资产潜力，合理分配企业资产，降低折旧折耗，以实现为企业减负，扭转企业经营效益。

2.4 狠抓措施落实，严格管控各类消耗

2.4.1 加强用电管控

针对该单位近几年电量消耗居高不下的情况，结合成本紧张形势，将成本与生产数据有效结合，科学制定指标，寻找管控关键点。

（1）实施节能间抽采油。通过对标分析，进一步降低采油耗电，按照“产量由低到高、物性由好到差”的原则，实施推广停机间抽和不停机间抽两种采油技术，实施2451口井，间抽规模达到82.4%。累计节电1425.3万千瓦时。间抽井系统效率、泵效分别提高2.18、13.39个百分点，带动该单位指标提高1.21、8.7个百分点。其中：实施停机间抽1800口井，应用连续液面监测技术进行测试，在停机间抽实施期间未对产量造成影响，验证了间抽制度的合理性。同时，根据实际情况不断探索调整间抽周期，目前间抽时长9.1小时/日；实施不停机间抽651口井，根据测试的油井启停机液面下降速度与恢复速度的比值，初步确定了不停机间抽井摇摆周期与整周运转周期的停抽比。结合不同制度油井耗电、液面变化及综合电机磨损综合考虑，确定不同产液级别油井不停机制度按照确定的停抽比在一个小时内进行一轮启停最优。并给出了不同产液级别油井不停机制度。根据测试结果，对不停机间抽井进行制度调整，目前间抽时长由10.7小时延长到13.0小时。

（2）实施电机改造节能技术。实施大排量柱塞泵节能改造，投运大排量柱塞泵2套，替代高压离心泵，连续运行率超过95%，泵完成增压注水99.53万立方米，单台日节电6000千瓦时。

（3）严控电加热设备和非生产用电。改造耗电量较大的电热采暖设施，研究制定电伴热管线及电加热储油罐的加热时间和合理温度，开展非生产耗电排查，控制电能消耗，年节约电量62万千瓦时。

（4）开展打击窃电专项行动。借助扫黑除恶的高压态势，制定《打击窃电专项整治方案》，采取“主体防、深入查、联合打、治反复”工作方式，全力开展打击窃电专项行动，两年来，累计取缔窃电场所231处，收缴各类自制变压器118台，比特币矿机47台，裸铝线和电缆线30000余延长米。累计节电835.75万千瓦时，节省用电成本600多万元。

通过以上措施，在油水井规模增加的前提下，年耗电同比减少3842万千瓦时，降低13.6%，连续两年实现电量消耗硬下降（图1）。

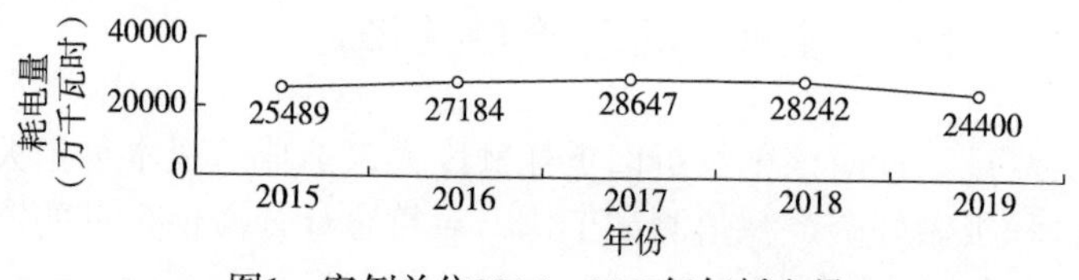

图1　案例单位2015—2019年年耗电量

2.4.2 加强措施作业费管控

针对该单位近几年井下作业费占比较高的情况，结合成本紧张形势，进一步抓好以压裂、抽油机井维护和油水井修井为重点的作业费用控制

（1）在控措施作业成本方面，主要实施发展新工艺降成本、提高有效率提效益、压裂工作量外委降成本三项措施。在“三低”油田实现了重复压裂单井初期日增油2.0吨、单井增油300吨、单井施工费用降低30%的目标。同时，成立老井压裂提质提效项目组，组织专项攻关，确保压裂措施贡献率达到3%以上；其他措施力争措施有效率提高10个百分点。有效节约成本975万元。

（2）在控维护作业成本方面，主要实施加强技术管理提高管理水平和全部工作量外委降成本两项措施。实现百口作业套损率控制在4%以内、维护率控制在35%以内、平均单井修井施工费用降低30%、常规维护作业单井费用降低0.15万元的控制目标，年节约作业及附加成本825万元。

2.4.3 加大修旧利废力度

充分发挥技术专家、骨干能手作用，调动全员积极性，挖掘内部潜力，强化考核机制，变废为宝，充分利用修复物资，进一步提高企业经济效益；对废旧物资实行“专区存放、专项管理、专业维修”，将过去岗位分散变为基地集中修旧，班组间断变为定点连续修旧，把简单粗放的“大笸箩”划分为阀门类、抽配类、仪表类、电器类、井下作业工具等五大类及抽油杆专业化精细修旧，逐步实现修旧利废集中化、专业化和规模化。全年共修复抽油机和减速箱13台，各类电机28台，修复各型变压器51台，各类闸阀292个，实现综合创效2069万元。

2.5 突出管理升级，深入抓好“三化”管理

一是在标准化管理上，深化“两册”（《管理手册》和《操作手册》）运行，强化规范管理，对采油队、生产准备队、地质队、联合站、采气队、作业队、电力维修队和变检运行队8个主体队种的样板“两册”进行了修订完善，实现“两册”文本在该单位115个基层站（队）全覆盖，进一步推进岗位责任制，有效促进基层基础管理提档升级。

二是在数字化管理上，开展采油矿区数字化建设，实施2座转油站、32座集油间和41座配水间自动化改造，实现集中监控，全过程数字化管理，提高劳动效率26%，单井用工低于0.28人；构建技防体系建设，实现了对重点生产区域、安全环保敏感区域、重点井、生活区“四位一体”的24小时安保动态监管，共布设视频监控点685个，雷达监控基站7座，监控覆盖率达到了60%，监控井区发案率下降90%以上。

在专业化管理上，深化采油单位大工区管理，推行实施“两优两巡三定四维”专业化整合（图2），节省员工47人，工作效率提高32%；完善洗井专业化、抽油机管线维修专业化管理，成立专业队伍，实施专业化管理。优化用工结构，减少4个采油单位生产维修人员20人、水井洗井人员16人，补充到一线生产岗位，打破用工不均衡等实际问题，实现了生

产保障效率全面提升。

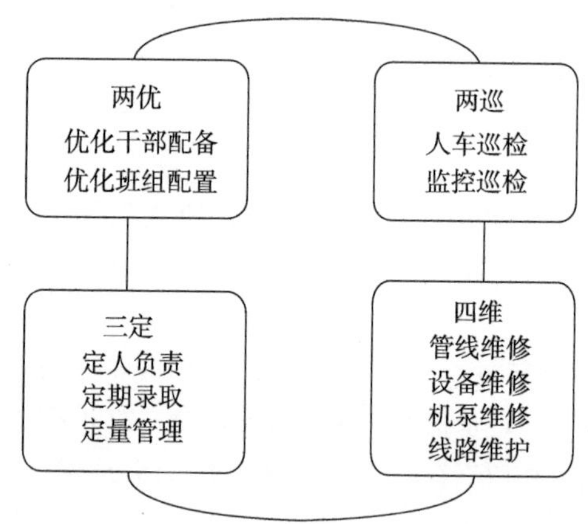

图2　大工区“两优两巡三定四维”专业化管理模式

2.6　强化红线意识，切实抓好安全环保

狠抓责任落实。健全“党政同责、一岗双责、齐抓共管”的安全生产责任制度，深化抓安全是最大的效益，外聘咨询公司开展HSE内部审核和管理干部履职能力评估工作。抓好风险防控。加强高风险作业管理、升级管理、承包商管理和交通安全管理，开展各类专项检查500余次。抓好环境保护。加强各类作业现场、废弃钻井液处理等风险源管控，积极开展环境风险评估，全年无污染作业率95%以上，废弃钻井液无害化处理率100%。该单位连续多年获得安全生产文明生产金牌。

3　结语

低丰度、低渗透率、单井产量低的“三低油田”在地质开发、经营管理方面存在一些不利因素，X油田采油单位通过夯实管理，切切实实见到了一定的效果，取得了较好的成绩。只有将管理工作不断细化，才能探究出一条贴合实际、行之有效的提质增效途径，有利于形成全员创效的工作格局，有利于统筹推进发展的各项工作，为百年油田建设做出更大的贡献。

参考文献

[1]　何剑敏，许业珩. 油田企业成本管理现状分析与对策探讨[J]. 中国科技博览，2017（31）.
[2]　德鲁克. 创新与企业家精神[M]. 北京：机械工业出版社，2007.
[3]　张本全，袁万荣，陈郸，等. 抓技术集成与管理创新　快速实现苏里格气田规模有效开发[J]. 天然气工业，2007（12）：12–15，157–158.
[4]　汤新建. 浅析我国石油管理的创新管理模式[J]. 中国科技博览，2010（36）：588.

新冠肺炎疫情背景下加强成品油产业链应急保障的实践探究

谢建荣　陈东锋　原诺亚
（中国石油西北销售公司）

摘　要：2020年以来，受新冠肺炎疫情全球蔓延和国际油价暴跌双重冲击，全球油气产业均遭重创，国内石油化工企业产、运、销、储、贸各业务均面临严峻挑战。西部企业深处内陆，市场体量小且跨度大，受疫情影响市场需求锐减、出口大幅萎缩、增储空间有限、生产弹性不足、资源外调受阻，成品油库存持续高涨，上游生产岌岌可危。面对艰难困境，产业链上下游各单位协同作战、守望相助，经受住了极限考验，携手渡过了最艰难时期。同时，为产业链应对突发应急挑战积累了丰富实践经验，也暴露出产业链柔性不足等问题，需在内外合作、信息建设、优化运行、完善机制等方面持续巩固增强，进一步提升产业链应急保障能力和水平。

关键词：新冠肺炎疫情；应急保障；产业链柔性；炼化一体化

2020年以来，突如其来的新冠肺炎疫情全球蔓延，国际油价暴跌，全球油气产业遭受重创，疫情一度造成全国范围经济停摆、社会生活停滞，国民经济大幅下滑，一季度全国GDP下降6.8%，创下40年来新低。中国石油石化行业供给侧和需求侧遭受双重挤压，产、运、销、储、贸各业务均面临严峻挑战，安全生产压力倍增。上游油田和炼厂库存居高不下，生产后路纷纷告急，随时面临关井停产风险，直接危及产业链安全生产运行，甚至关乎国家能源安全和油气增储上产战略部署。

西部企业深处内陆，市场体量小且跨度大，受疫情影响市场需求锐减，企业出口大幅萎缩、增储空间有限、生产弹性不足、资源外调受阻，“西油东送、北油南调”传统流向格局被打破，成品油库存持续高涨，西部炼销企业在700万吨以上历史高位承压运行了43天，炼厂被迫降量生产，一度低于正常负荷20个百分点，上游生产岌岌可危。产业链各单位通过“控产量、调结构、扩配置、拓渠道、增库容”等有力措施，最终实现了“油田不关井、炼厂不停产”的目标，在极端形势下经受住了考验，确保了西部地区产销业务运行安全平稳。

1　新冠肺炎疫情对产业链带来的影响

1.1　市场大幅萎缩

疫情发生后，全国各地区防疫管控措施不断升级，民众居家避险，工矿、工程停工，道路限行，成品油市场需求大幅下滑。自2020年1月20日起，全国范围成品油市场需求骤降，2月成品油销量几近腰斩，其中中国石油天然气集团有限公司（以下简称“中国石油”）在西部12省（市、区）销量同比降低47%（汽油降低56.6%、柴油降低27.8%、煤油降低76.7%），连续24天日销量在5万吨以下，特别是2月9日仅销售汽柴油2.6万吨，跌入20多年来最低谷。

1.2 出口明显受阻

随着疫情全球快速蔓延，欧美等发达国家相继成为疫情“震中”，世界经济遭受重大冲击，美国经济大幅下滑、欧元区经济濒临衰退、日本经济再次陷入萎缩，印度、巴西、俄罗斯等新兴经济体增速明显放缓，世界经济运行按下“暂停键”。导致全球成品油需求大幅萎缩，市场需求大幅下降最高达2000万桶/日。在出口市场需求下滑和疫情防控形势严峻的双重影响下，中国成品油出口锐减并转为国内涨库，1—5月中国石油成品油出口同比下降5.4%，其中5月出口仅为上年同期的1/6。

1.3 库存急剧攀升

受国内需求暴跌和出口业务受阻等影响，油田原油及炼销企业成品油库存急剧攀升，尤其西部成品油库存上涨势头迅猛，屡屡刷新历史纪录。1月24日至2月8日，中国石油西部炼销企业整体日均涨库8.2万吨，连续突破历史高位，并在700万吨以上超高位库存承压运行43天。尤其汽油库存长期处于极限高位运行，安全风险极大。

1.4 上游销售告急

随着疫情暴发和防控形势担忧，市场压力快速传导至上游炼厂和油田，但冬季油田关井风险大、成本高、复产难，直接关乎原油增储上产整体战略布局，甚至影响国家能源安全。中国石油长庆油田战略定位高、生产体量大，但增储空间有限、原油外调受阻、加工炼厂降量，油田原油生产随时面临关井风险。成品油产销业务持续处于“走钢丝”状态运行，在西部13家中国石油炼厂总加工负荷降至62.5%历史新低的情况下，产大于需的矛盾仍未得到有效改善，库存上涨势头难以遏止，直接影响炼厂生产，部分炼厂二次装置相继停工或循环运行，尤其油品外调占比大的燃料型炼厂生产销售压力尤为突出，最紧张时期以小时为计。

1.5 资源外调受限

终端市场需求持续低迷，各地区油库库存陆续达到安全上限，西部地区公路出库仅为正常水平的四成；铁路长时间无可执行计划。兰成渝成品油管道沿线资源无空间下载疏散，倒逼西部成品油管道时停止输入，且低排量运行；兰郑长管道因武汉油库深处疫区组分汽油无法疏散，阶段性被迫停输，管道上游炼厂资源无法注入管道疏散。西部地区各疏散渠道严重受限，部分炼厂资源“以车代库”“以船代库”，并且铁路罐车大面积积压，整体运行异常艰难。

1.6 业绩严重受损

疫情发生后，油价“闪崩”、库存暴涨，造成石油石化单位经营业绩大幅缩水，一季度中国石油和中国石化亏损额约350亿元，其中库存跌价损失为最大亏损源。主营单位在内部市场化价格机制还不充分的环境下，各业务板块受损程度不一。为畅通炼厂生产后路，保障产业链安全平稳运行，下游销售企业不惜代价应接尽接直属炼厂资源，导致销售企业自行承担了巨额亏损，成为产业链亏损最为严重的业务板块，做出了巨大牺牲。

2 中国石油的主要做法及取得成效

面对油价闪崩、需求锐减、库存暴涨、运行受阻等严峻复杂的生产经营困局，中国石油总部结合西部市场容量小、调剂手段少、可用库容不足等实际困难，按照“一厂一策、一省一案”加强顶层设计和协调指挥，产业链上下游各单位密切配合，协同落实“控产量、调结构、扩配置、拓渠道、增库容”等硬核措施，最终西部地区无一家油田及炼化企业因外运渠道受阻停工停产，稳住了“油田不关井、炼厂不停产、市场不断油”的局面。

2.1 搭建组织管理及沟通机制

疫情发生后，产业链上下游产运销各企业纵横联动，快速搭建组织管理及沟通机制。

一是建立全天候沟通协调机制。紧急召开视频会议研究部署疫情期间产销工作，成立疫情期间产销运行保障小组，由各单位主要领导为组长，各级业务部门负责人及业务骨干为成员，集中精力保障产业链平稳运行。

二是以变应变精细方案安排。结合产销形势变化，统筹公路、铁路、管道和水运4种运输方式，以变应变动态调整运行方案，坚持“一厂一策”为西部炼化企业量身定制后路保障措施，疫情期间共编制各类运行方案40余份，为平稳运行提供有力支持。

三是畅通渠道强化内外协同。与西部地区原油产业链上下游各单位共同搭建“产、运、销”日间沟通联系机制，按照“半天一碰头、每日一例会”形式细化内外部产销信息对接，积极协调交管、港航部门先后打通重点物资跨省运输，重启武汉长江水运。

四是优化运行实施集中统一指挥。将各基层单位分散的日常运行组织职能上移至大区公司综合营运指挥中心统一调控、集中调度，信息即时上传，策略及时调整，计划统筹优化，指令直接下达，形成了“少环节、短流程、低成本、高效率”业务运行模式（图1），科学掌控运行中心和节奏，实现了精细精准调运。

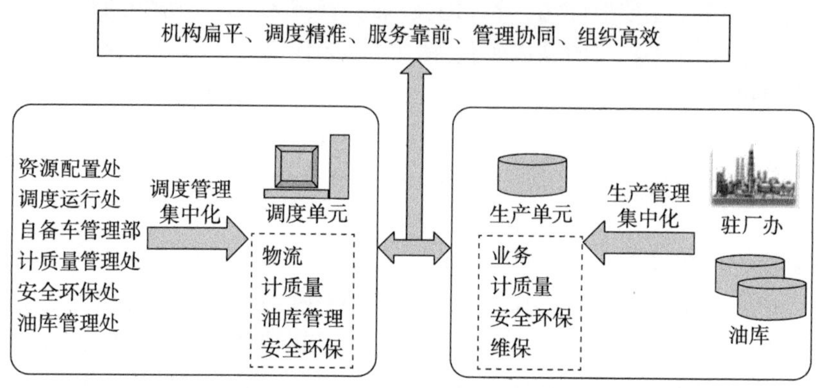

图1　集中统一调运组织图示意

2.2　发挥产业链一体化营运优势

疫情发生后，中国石油生产经营管理部门以“战时状态”及时做出统一部署，统筹协调，加强预判，原油、成品油产业链各单位密切协作、强化执行，厚植产业链一体化营运优势。

一是注重顶层设计。以保障国家能源安全为出发点，分析研判产销形势，统筹做好疫情防控和生产经营工作，特别是围绕武汉地区油品供应，坚持底线思维，及时做出“减产增配”政策支持，从战术上赢得了主动。

二是强化纵横联动。打通产业链信息沟通渠道，加强产运销信息传导，将上游生产保障压力、中游运行组织困难、下游市场销售信息传递至产业链各运行环节，推动协同作战、共克时艰。

三是加强执行落实。立足原油产业链整体，按照“优先消化自产、努力压低进口”的保障原则，分区域引导炼化企业坚持低负荷生产，既保障了上游油田稳储增产，又从源头上遏制了库存快速上涨势头。

四是实施一盘棋运作。打破辖区自然界限，实施全国一盘棋运作，紧急安排西部资源向华北、华中等市场累计配置油品20余万吨，西部资源首次辐射至江苏沿江市场，推动资源加快前移，缓解运行压力。

五是深化内外合作。优先挖潜盘活产业链内部库存空间，逐库逐罐逐管道摸排可用空容，推动加油站保持满罐运行，并紧急启用应急储罐；继续深化与中国石油化工集团有限公司、国家储备油库等单位的合作，开展油品代储或储罐租赁业务，多措并举累计挖潜增储空间50余万立方米，有效缓解上游涨库压力。

2.3　分区域开展应急保障

借助智慧物流平台，强化大数据分析应用，分区域、分品种建立信息收集、通报及预警机制，分站库、分运输方式形成最优调运组织方案，建立起时间、空间、品种、运输

“四维一体”联动应急保障体系。

一是以最低需求情景提前编制应急预案10余套，结合形势变化和运行实际先后启用实施，仅用3天打通云南石化铁路中转下海发运，7天打通国家储备油库中转入库等应急保障流程。

二是结合区域特点，坚持“一厂一策、一省一案”，逐厂逐省制定应急保障措施，结合炼化企业降量减产与省区购销存动态，以3日为周期，每日滚动修订。

三是紧跟产销变化，逐厂细化制定日间调出安排，按照“前、稳、快、优”原则，分区域预留应急空容，保持运行弹性空间，分炼厂预留应急措施，始终留有保障余地。

四是内外协调加强企地联合，疫情严控形势下紧急恢复长江水运，及时破解兰郑长管道运行“肠梗阻”难题，为产业链腾出近20万吨库存空间，有效解决西部原油后路保障难题。

3 思考及建议

面对前所未有的困难挑战，为坚决保障国家能源安全和推动“加大勘探开发力度、推动油气增储上产”总体部署落实落地，中国石油产业链上下游各企业密切协作、协同作战，守望相助、共克时艰，携手渡过了最为艰难时期，付出了艰辛努力，也做出了巨大牺牲。同时，在加强产销保障的过程中，也暴露出企业在应对极端形势的抗风险能力还有诸多不足，尤其在信息科技支撑、仓储联通共享、炼厂弹性加工、产品结构优化等方面还需要继续巩固提升。

3.1 坚持炼化一体化建设方向

疫情期间，西部13家中国石油炼厂在维持主体装置运转的情况下，最低加工负荷60%左右，成品油最低收率为65%左右，相比山东地炼加工负荷最低可降至30%左右的生产弹性明显偏小，炼化一体化水平明显偏低，成品油与化工产品之间转换调整空间有限，抵御市场风险能力相对较低。近年来，国内炼油能力增长明显快于成品油需求，目前在满足国内成品油需求并尽可能增加出口后，中国炼油能力至少过剩1.5亿吨/年，“十四五”期间炼油能力过剩形势更加严峻，国内成品油资源过剩将成为常态，且不断在加剧。未来中国石油炼厂应坚持走炼化一体化建设道路，持续推进减油增化，宜烯则烯、宜芳则芳、宜润则润，并按照“以销定产、以产定供、以产促销”的原则，优化加工安排，生产适销对路产品，主动适应市场形势，逐步向高端市场推进，提高差别化、高附加值产品比例。

3.2 加强内外合作，厚植发展优势

目前中国石油已在西北及东北部分省区推行主动补货业务运行模式，将省区销售企业油库全部交由大区公司统一运营管理，省区专心致力于开拓市场、精细营销。通过近年的探索实践，尤其在本次疫情期间的运行效果较为明显，库站间的余缺调剂、削峰填谷的

作用发挥更加突出，仓储设施使用效率更加充分，尤其在极端形势下集中运作更加能起到一加一大于二的效果。在西部地区除主营单位以外，国储、社会等单位也拥有较多成品油仓储设施，收、发、储等功能较为齐全，日常各自独立运营，使用效率普遍偏低。在淡旺季、炼厂检修、极端变化等特殊时期及运输困难地区，可按照“共商共享、互利多赢”的原则相互调剂使用仓储设施，或开展设施租赁、油品代储等业务，也可深化合作合资共建仓储设施，避免重复投资。可进一步发挥各单位的资源和区位优势，进一步拓展资源串换业务，节约运输成本、减少基础投资的同时，还可提升运行效率和保障能力，更准确地适应市场需求变化。

3.3 加快推进信息化大数据建设

面对竞争主体多元化、竞争格局白热化和油品销售微利化的市场环境，需要借助科技的力量增强市场应变的能力和竞争的优势。此次疫情让产业链各方真切感受到了在线工作模式的优势和价值，但也暴露出有限的信息共享和开放程度成为在线操作、整体优化、统筹安排、系统决策的重大阻碍。应进一步加强市场规律挖掘，信息数据开发，充分挖潜“大数据”价值和应用，促进运营管理信息化、数字化、智能化，建立多维度综合预判、预警和相应机制，以最全面、准确、及时的信息来精细研判市场，以最充分的准备参与市场，以最迅速的行动赢得市场。努力打造智慧高效物流平台，实现问题集中受理、业务数据集成共享、物流信息在线查询、业务运行统一指挥等功能，变数据为效益，变数据为决策，及时精准高效解决运行问题，主动适应市场变化。

3.4 深化内部市场化机制改革

为保障产业链安全平稳运行，产业链上下游各企业都付出了艰辛努力，尤其在“入库即亏损”的情况下，下游销售企业主动涨库承担了产业链主要库存跌价损失，一季度销售企业全面大幅亏损，但炼化企业亏损相对较少，并且多家炼厂仍实现盈利。因此，目前有限的市场化机制容易导致贡献和效益错位，掩盖油品的商业属性，削弱市场主体的竞争活力和实力。中国石油作为独立平等的市场主体，需要坚持以市场为导向、以客户为中心、以效益为目标，更加自觉地遵循和把握市场规律，使遵循市场规律成为市场战略的主导和自觉，还原公司的企业属性，还原产品的商品属性，还原各生产经营主体的真实情况，让产业链各主体增强市场竞争的感受，不断增强市场适应能力、生存能力和发展能力。在产品定价机制方面，可按照“一盘棋、一本账”运作思路和“风险共担、利益共享”原则，研究确定完全市场化定价机制，真实反映各主体生产经营能力和水平；在资源运作方面，推动成品油资源市场化运作模式，拓宽多元化购进渠道，促进直属炼化企业加快结构优化和转型升级；在成品油销售方面，突出以零售为核心，坚持资源向高效市场、高效环节倾斜，增强销售业务创效水平，通过市场这双无形的手来激发上下游各企业的活力和动力。

疫情冲击之下，对石油石化行业来说是一场灾难，更是一场实战大考，面对至暗时刻，中国石油虽然实现逆境突围，但是所付出的代价惨重。我们可以更清醒地看到产业链在抵御风险上还存在诸多短板和不足，产业链柔性和韧性明显不够。未来我们需要深入推进减油增化、改革创新等工作，持续完善产业链条和增强动力、活力的同时，还需要抓住信息化、数字化、智能化时代机遇，强化科技创新引领，提升全产业链风险管控能力和运营管理效率，构建更具韧性的成品油产业链体系，推动企业内涵式精益化高质量发展。

参考文献

[1] 刘朝全，姜学峰. 2019年国内外油气行业发展报告[M]. 北京：石油工业出版社，2020.

[2] 赵振学，黄莉. 关于成品油销售企业库存风险应对策略的研究[J]. 中国总会计师，2014（3）：46–47.

[3] 宋文国，孙永风. 中国石油西北销售公司成品油运输分布优化探析[J]. 国际石油经济，2012（8）：82–85.

新冠肺炎疫情和低油价形势下页岩气企业物资供应管理应对策略

石　凯　阳　光　刘茵莱
（四川长宁天然气开发有限责任公司）

摘　要：伴随着页岩气产业快速开发，工程物资供需矛盾日益突出。随着信息技术的发展，及微观区块几年来物资供应管理实践，为“大数据”在页岩气企业物资供应管理中奠定应用基础。本研究试图探寻页岩气企业物资供应管理可能的优化方案，旨在为物资供应管理精细化提供参考。以某页岩气公司为实证案例，研究主要结论包括：（1）信息是页岩气物资供应管理体系决策依据，信息对称是关键。（2）新冠肺炎疫情和低油价形势下，物资集中采购实现提质增效，新的突破点在于优化无效或低效作业。（3）页岩气物资供应管理体系难点在于应对“弹性需求”。

关键词：页岩气企业；物资供应管理；提质增效

早期的物资管理工作存在重供应轻管理的情况，已经不能适应现代大型建设项目的需要。项目前期如果没有科学的统筹和有序的组织，可能会造成后期不惜成本只求保供，物资管理工作随着项目运行越发陷入被动而且效率低的囧境。

页岩气工程有着工厂式流程型开发的特征，需要顺序而下地连续型建设，但是由于天气、地质、施工地居民诉求等因素的影响，偶尔会出现离散型生产变量。工程物资供应链从采购、生产、运输、仓储（检验）、到货同样是流程式作业，每一个环节存在客观的时间周期。当生产建设和供应两条流水线工作节奏不匹配时，就会出现保供风险。

伴随着页岩气产业快速开发，工程物资供需矛盾日益突出。尤其是在新冠肺炎疫情和低油价形势下，页岩气企业物资供应管理工作难度更高。囿于常规物资供应管理模式下应对机制被动性，风险显现滞后性等局限，现有物资供应管理研究往往把高维空间问题和微观体验问题简化为数量模型和宏观统计，导致物资供应管理模型与现实需求管理应用脱节。随着信息技术的发展，及微观区块几年来物资供应管理实践，为“大数据”在页岩气企业物资供应管理中奠定应用基础。本研究试图探寻页岩气企业物资供应管理可能的优化方案，旨在为物资供应管理精细化提供参考。

1　信息是页岩气企业物资供应管理体系的决策依据，信息对称是关键

若供应节点与生产节奏匹配不充分时，物资供应就会在工程建设过程中呈现不均衡性。具体表现为：若物资供应节点较大程度先于生产需求点，则容易挤占库容，出库通道停滞，出现涨库，造成供应链周转滞缓，影响供应链上游流速；若物资供应节点晚于生产

需求，则物资断供，工程上被迫停工待料。

页岩气开发企业物资供应管理会陷入被动，原因主要有三个：一是工程项目开展初期，对项目全过程物资管理没有统筹计划或计划不全面。二是项目建设过程中，与物资供应密切相关的设计方、施工方等协调不到位，尤其是当进入工程建设项目的高峰和后期、即将投入运营的关键时段，任何一个环节的变化，都会引起物资供应链的变化，信息不对称造成无提前预警或缺少相应的应对预案，将直接导致工期延误，造成经济损失。三是项目建设末期，对物资供应管理缺乏总结，页岩气开发建设有类似重复的特性，匹配需供特征向量将有助于为后期工程物资供应管理提供重要决策参考。

针对以上问题，在新冠肺炎疫情和低油价形势下，物资供应管理的最低目标是既要做到保质保量地及时供应，保证工程项目按进度开展，同时又兼顾经济性，通过直接或间接费用的降低，实现提质增效。以某页岩气公司2016年以来的物资供应管理相关信息统计分析，对计划、采购、供应、仓储、配送五大物资供应系统进行深入研究，得出以下结论。

一是物资供应属于“生产要素”。物资供应不应是单纯的“照方子抓药”的辅助后勤工作，而是与生产机具、工程队伍、生产用电用水等同样重要的“生产要素”。作为“生产要素”的物资供应管理应主动影响项目前期策划，在进行项目建设的事前管理中，就应根据物资供应流程和物资特点综合考量，设置相应工程节点。

二是计划、组织、协调和控制相关各方联动，实现信息互通。及时、准确、合理的需求计划是实现敏捷供应的基础；组织在于落实计划，明晰提料、采购、生产、运输、现场物资管理各环节相关各方工作界面，定责定权按时按质完成节点任务；协调在于信息对称，在工程不同阶段由涉及的设计单位、建设单位、施工单位、物资管理等部门实现信息互通，确认节点落实情况，或提示风险，暴露问题；控制在于对计划内节点的落实反馈，对计划外事件的纠偏调整，通过物资供应的动态管理，匹配供需，实现合理调度物资何时出厂、是否入库、安排转运等关键节点，确保物资流始终处在动态良性流动中。根据各环节实际情况，适时反馈信息以调整供应计划，使之响应工程所需，实现微观管理“小循环”。

三是依托于物资共享平台实现与系统外界信息交互。通过与更大资源平台进行信息共享，可实现完善周转、应急设备材料配置方案等。首先通过“大数据”信息抓住市场价格波动规律，在价格低谷，对需求量大的物资进行批量采购储备，例如可由厂家代储（类似期货）；其次是根据页岩气生产物资标准化设计的特点，对可实现标准化设计的物资采取集中采购，以框架协议的形式缩短采购周期，降低采购成本；最后是当出现设计变更、现场施工变更等突发情况缺料少料时，通过物资共享平台，向共享资源平台周转调用急需物资。

2　新冠肺炎疫情和低油价形势下，物资集中采购实现提质增效，新的突破点在于优化无效或低效作业

新冠肺炎疫情和低油价形势，亦对物资供应管理提出提质增效的要求。以某页岩气公

司井工程为例，物资采购成本及相关配套服务费用，占项目成本约30%，其中，物资直接采购费用与相关配套服务费用比例约为7：3。

微观开发区域内工况相对稳定，物资选型相对固定，通过集中采购可实现购置成本大幅降低。以2020年某页岩气公司支撑剂采购金额与2019年对比，降幅达15.94%，预计全年支撑剂购置费用可节约约2.69亿元，单井节约约130.83万元。通过集中采购已初步实现提质增效目标，若需进一步扩大提质增效成果，突破点则为优化无效或低效作业。通过总结和研究发现，在物资供应中常出现的无效或低效作业对价包括以下内容。

（1）因应急少量采购导致的额外费用。应急少量采购的产生虽然有其客观性，但通过需求端策划、优化采购方案可以减少应急少量采购频次，标准化设计是可行性前提之一。如前文言，页岩气开发工艺相对稳定，对生产物资技术要求相对统一，具备标准化设计的基础。以某页岩气公司为例，井工程物资已基本实现设备材料定型，通过集中采购已取得了明显的节约成本效益。地面工程物资虽然种类繁多，但是通过模块化设计，标准化橇装，看库设计，以高代低等也可实现集中采购。另外，通过共享平台可以一定程度上缓解应急采购需求，而少量采购作为低效作业，在采购需求计划制定时就应该有意识避免。

（2）因小批量所产生的额外配套服务及费用。页岩气开发是拉链式工厂式开发，伴随页岩气开发进度，物资需求量成倍提升。以某页岩气公司支撑剂为例，2016年年需求量为4吨，到2020年年需求量预计达到83万吨，增幅达到20倍。为有效进行物资供应管理，响应工程需求，页岩气企业提出“材料质量稳定，供方优质少量，同期集中使用”的管理方针。同平台入井支撑剂保持质量稳定，避免不同品牌混用的不可追溯性，通过历史积累数据（大数据），排除干扰项，寻求提升单井可采储量（EUR）关键因素。保证供方优质少量，降低供应商识别成本风险，从源头选取具备稳定供应能力的供应商，减少因供应商诚信风险或实际能力不足造成的断供风险。同时，以质量为底线，以市场换价格探求进一步降本增效空间。同期集中使用，一方面将有助于供应商有序集中排产产品，积极解决运输瓶颈，实现规模效应，增加积极性以提高其供应质量，为其他供应商起到示范作用，预留足够时间让后续供应商准备货源及提前谋划运力；另一方面便于建设单位及时调配使用，通过调拨同品牌材料在不同平台间的合理转运，响应工程应急情况，实现用料质量相对稳定，减少运输等停，降低路途安全风险等。通过科学策划，过程调度，集中使用，该页岩气公司以平均2.6万吨库存匹配保障2020年上半年近30万吨支撑剂使用需求，半年库存周转率高达11.3次，保供率100%。该页岩气公司等停费用更是在2019年比2018年节约97%。

优化作业是硬币的另一面。因工作量增加，实现规模效应，该页岩气公司支撑剂卸车费用由原29元/吨下降至17元/吨，全年卸车费用可节约989.88万元。优化油套管质控方案，将质控由库房端前移至工厂端，现已在工厂端解决质量问题11项，避免21180米套管入库，预计2020年全年检测费可节约3500万元。仓储方案优化调整，降低库存22.83%，实现油套管到库上井次日达，平均缩短二次运输运距200千米，预计2020全年节约二次运输费用920万元，直接经济效益和工期节约效果明显，应对风险能力显著提高。

3 页岩气物资供应管理体系难点在于应对“弹性需求”

如前文言，准确而及时的信息是决策的重要依据，依托共享平台实现信息交互。广义采购管理向前涵盖了设计方，向后涵盖了施工方信息，建设单位综合平衡相关各方进行决策，实现事前管理。为应对“计划没有变化快”，这里提出一个保供模式的尝试——刚需加弹性，即以最可能计划指标为刚需，是保供基线，刚需通过既有流程保障；以最乐观和最悲观指标为弹性需求，管理的重心放在应对弹性的正偏差或者负偏差上，匹配实物流与生产即时需求的快速响应，体现事中管理。依据合规要求，物资管理实现全过程追溯，完善阶段性资源配置，资金流清晰，完成事后管理。

页岩气物资供应管理体系的难点就在于应对弹性需求。刚需是指计划内的需求，其后的采购、催缴催运、监造、检验、入库、出库、现场验收等都有具体而明确的操作流程，在计划内的需求按照既定的流程完成操作，既符合合规性要求又降低了因及时决策导致的风险和资源占用。而应对“弹性需求”则是符合问题导向理论，“弹性需求”是指计划外的需求，或与计划在时间、空间、数量等元素上不一致的需求。“弹性需求”因发生时间先后可分为可预见性弹性需求和不可预见性弹性需求。可预见性弹性需求可通过一定时间前提示预警信息（风险提示），例如在前期需求计划上调增或调减，相关各方应在收到预警信息（风险提示）后实施联动，联动方向形成的合力应该以目标为导向，避免陷入本位主义造成的微观陷阱。不可预见性弹性需求一般表现为应急需求，例如因施工条件发生变化、施工地区居民诉求等偶然性生产变量发生时造成的及时性需求突变。响应不可预见性弹性需求首先需要确定指令源，从人因管理角度分析，需要决策者有担当精神，决策的依据仍然是决策者充分掌握相关信息，避免出现在信息不全或本位主义下的指令偏差。虽然不可预见性弹性需求在具体事件上表征各不相同，但是其类型大都可以识别，通过提前建立条件，为应急响应做准备。例如因压裂平台施工受阻出现支撑剂需求变化，虽然每次发生的平台、受阻的原因不同，但其“弹性需求”的类型是可辨识的。通过“同期集中使用”，可实现同品牌产品不同平台间快速转运，从而以最小代价及时响应“不可预见性弹性需求”，实现物资敏捷供应。反之则为被动响应，多数情况下会产生额外不必要的对价，物资供应管理只达到可接受程度，未能实现管理优化，不能匹配物资供应柔性管理。

保供是物资供应管理工作的目的和底线，尤其在目前新冠肺炎疫情和低油价形势下，物资供应管理工作要求更高，保质，保供，降本，提质。本文的研究，试图通过物资供应工作转变管理理念，将物资供应纳入决策要素，以信息为基础，多方联动实现协作保供。通过工作分解，提出在直接购置成本节约的基础上，相关配套工作的优化也将进一步实现提质增效。最后依据二八定律及主要—次要矛盾理论提出管理重心应放在解决“弹性需求”上的观点。本文旨在探讨和研究优化物资供应管理的途径，抛砖引玉，供批评讨论。

参考文献

[1] AGERON B, GUNASEKARAN A, SPALANZANI A. IS/IT as supplier selection criterion for upstream value chain[J]. Industrial Management & Data. 2012, 113(3): 443-460.

[2] CHAN F T S, KUMAR N. Global supplier development considering risk factors using fuzzy extended AHP-based approach[J]. Omega. 2007, 35(4): 417–431.

[3] GOVINDAN K, RAJENDRAN S, SARKIS J, et al. Multi criteria decision making approaches for green supplier evaluation and selection: a literature review[J]. Journal of Cleaner Production, 2015, 98: 66–83.

[4] LIMA-JUNIOR F R, CARPINETTI L C R. Combining SCOR® model and fuzzy TOPSIS for supplier evaluation and management[J]. International Journal of Production Economics, 2016, 174: 128–141.

[5] 冯晓科. BIM技术在装配式建筑施工管理中的应用研究[J]. 建筑结构，2018，48（S1）：663–668.

[6] 徐哲，王黎黎. 基于关键链技术的项目进度管理研究综述[J]. 北京航空航天大学学报（社会科学版），2011，24（2）：54–59.

[7] 马国丰，屠梅曾. 制约因素在项目进度管理的应用[J].管理工程学报，2002（4）：72–75.

[8] 尹贻林，王垚. 合同柔性与项目管理绩效改善实证研究：信任的影响[J]. 组织行为与人力资源，2015，27（9）：151–161.

西南油气田数字化转型中信息基础设施的建设思考

牛　旻　陈洪雁
（中国石油西南油气田通信与信息技术中心）

摘　要：2020年西南油气田公司信息化达到行业先进水平，全面建成数字油气田。本文分析了西南油气田数字化转型的意义与挑战，特别是在2020年疫情期间，数字化技术被大量运用加速了油气田的数字化转型；数字化转型的核心是建立在一个可全面感知的油气田信息基础设施之上，结合西南油气田信息基础设施方面的现状以及西南油气田“油公司模式”和“中心站+无人值守站”的推进，各类信息业务系统都将逐步“云化”，集中部署，提出了西南油气田数字化转型中信息基础设施由“云、网、端”技术架构向“云、网、边、端”架构建设的思考，使之满足油气田自动化生产，数字化办公，智能化管理水平，为建成300亿立方米战略大气区提供强有力的信息基础设施支撑。

关键词：数字化转型；信息技术设施；云计算；物联网；广域网；智能IP网络

党的十九大报告和习近平总书记多次提出加强信息基础设施建设，加快推进“宽带中国”战略实施，有效支撑网络强国、数字中国建设和数字经济发展，实现网络强国。信息基础设施在国家层面是面向公众提供网络信息服务或支撑能源、通信、金融、交通、公用事业等重要行业运行的信息系统或工业控制系统，能源作为国家战略的重点，信息基础设施的支撑显得尤为重要。西南油气田的信息基础设施主要指光缆、卫星、无线通信和机房等通信网络设备和设施，是西南油气田信息化建设的基础支撑，也是保证油气田员工生产办公的基本设施重要组成部分。西南油气田从“十二五”时期开始，充分运用物联网、虚拟化、移动应用等先进信息技术，不断优化网络架构、整合计算资源、提升应用水平，深入研究并探索实践以“云、网、边、端”技术架构、实施路线和建设方案的信息基础设施建设。

1　西南油气田数字化转型的意义与挑战

在2020年新冠肺炎疫情期间，以云上办公和远程协作为代表的数字化技术被大量运用，在现阶段的数字化进程中，“云+”智能协作解决方案将成为油气田数字化转型的标准配置。

1.1　数字化转型的意义

首先，西南油气田属于中国石油天然气集团有限公司（以下简称“中国石油”）下属的老气田，传统开发模式开发几十年，人员众多，业务链较长，因而缺少走向数字化的灵活性。因此，作为天然气工业基地的重要支撑、燃气保供的中流砥柱，西南油气田的数字化转型将深刻影响天然气产运储销的发展走势。其次，在新基建的推动下，中国将全面进入数字经济时代，西南油气田为代表的国有企业作为中国经济社会发展的顶梁柱、国家队，始终肩负着经济、政治、社会三大责任，其重要作用不可替代，而数字化可以为其提供有力的底层技术支撑。再次，数字化转型将对产业格局优化和产业链现代化产生深刻影响，引导数字经济和实体经济深度融合，推动经济高质量发展。这不仅可以构建起高速和安全的新一代信息基础设施，提升全产业链资源要素配置效率；还可以强化数字化的平台功能，全面优化产业链关系，重塑产业生态和产业链格局。

疫情发生以来，以大数据、人工智能、云计算、移动互联网为代表的数字科技在疫情防控中发挥了重要作用，并推动了越来越多的“云上”模式快速发展。这既是疫情倒逼数字化智能化加速转型的结果，也代表了未来新的生产力和新的发展方向。

1.2 数字化转型的实质

数字油气田简单来说就是全面信息化的油气田，即指以信息技术为手段全面实现油气田实体和企业的数字化、网络化、智能化和可视化；数字化转型的最终阶段就是要实现智慧油气田，智慧油气田由数字油气田发展而来，是一个由量变到质变的演进。数字油气田的核心是数字化和智能化，更侧重于数据收集，而智慧油气田则是在数字油气田的基础上融入人的智慧，强调人工智能与人类智慧相结合，更加侧重于数据的整理发掘，形成由“数据”到“知识”的转变，从而对油气田生产决策进行辅助指导。在西南油气田看来就是以“信息化、自动化、智能化”为核心的智慧油气田目标。

数字化转型将极大促进用数字技术赋能员工的需求，而“云+”智能协作可以最快的满足需求，高效协作能够实现降本增效，“云+”智能协作需要强大信息基础设施作为支撑。

1.3 数字化转型的挑战

（1）云计算、移动互联网新应用带动基础设施升级换代：随着信息应用需求的不断增强，基础资源的承载能力不足，高速网络对于新型服务与应用的作用越来越重要。云计算、移动设备与宽带的相互融合正在改变着油气田生产办公的方式，平板电脑和智能手机的涌现使得移动终端无处不在。

（2）随着两化融合的深入，公司信息基础设施可用性和容灾恢复能力不能达到较高要求。容灾备份是指利用科学的技术手段和方法，提前建立系统化的数据应急体系，确保关键数据、关键业务和系统在灾难发生后可以提前恢复，确保企业业务的连续性。

（3）在全业务一张网的趋势之下，生产类业务的时延等体验保障成为刚需。井场远程操控等业务要求稳定的时延，否则可能造成关井延迟甚至失败。

（4）对网络安全的认识亟待进一步提高，信息保护、技术保障、制度执行都面临新的挑战，复杂性较高。

（5）随着网络规模逐渐增大、业务上云等，网络自动化部署、快速故障定位、流量调优等显得愈加重要。以故障定位为例，大型网络中业务从用户到数据中心平均要经过几十个网络节点，中间可能经过的路径多达上千条，业务质量很难做到可视，网络故障定位时长达天级甚至周级。

1.4 西南油气田数字化转型目标

全面建成年产300亿立方米战略大气区，打造中国石油西南增长极，保障国家能源安全和区域经济社会发展的需要，推进集团公司稳健发展、建设世界一流综合性国际能源公司的需要，是西南油气田的责任使命和目标追求。西南油气田正处在攻坚期，2025年上产500亿立方米，2030年达到750亿立方米。这就需要加快建设数字化（智慧）油气田，完善作业区油气生产物联网系统建设，提升主营业务数字化管理效率；搭建油气田智能化平台，实现地质、钻井、压裂等主体工作流上线运行；积极探索“自动化操作、智能化决策、精细化管理”的一体化协同工作模式。数字化的建设离开不信息基础设施，特别是要实现“云+”智能协作的一体化协同工作模式更需要强大信息基础设施作为支撑和保障。

2 西南油气田信息基础设施现状及成果评价

2.1 西南油气田信息化建设目标

西南油气田制定了“2020年全面建成数字化油气田，即建成物联网系统和数据整合应用平台，建立覆盖勘探、开发、生产运行、经营管理、综合办公以及协同研究等全业务的信息支撑平台，基本实现自动化生产和数字化办公；2022年初步建成智慧油气田，即建成基于物联网和业务流程优化的智能应用集成平台，实现地质目标智能辨识、生产运行实时优化、项目研究协同创新、决策分析智能量化、生产经营一体化运作，实现公司核心业务的智能化管理，达到国内一流水平”，为西南油气田信息系统整体优化和“油公司模式”生产组织转型奠定坚实基础。

2.2 西南油气田信息基础设施的现状

西南油气田在经过“十二五”和“十三五”两个阶段后基本建成“云、网、端”信息基础设施架构，场站数字化覆盖率82%，初步形成了信息化条件下的生产组织新模式，为气田初步实现“数字化、智能化管理+无人值守”生产管理模式提供有力的技术支撑，信息安全管控能力持续增强，信息系统实现了7×24小时安全稳定高效运行。

2.2.1 云

西南油气田云基础设施建设主要包括云数据中心机房建设和云平台建设两部分。已建成的三个机房和在建的西南区域中心机房，面积总计约为3800平方米，初步实现了各类服务器和应用系统集中部署、统一维护；为中国石油西南区域网络中心设备提供部署环境，承担中国石油在川、渝等17家单位网络接入。云平台整体技术架构采用全球业界范围内公认的IaaS层（基础设施即服务）、PaaS层（平台即服务）和SaaS层（软件即服务）三层架构，已建成多个虚拟化资源池，初步实现了部分主机虚拟化并虚拟化部署部分信息系统。

2.2.2　网

自建光缆线路总长7232.68千米，其中骨干光缆2893.32千米，支线光缆4339.36千米，覆盖西南油气田所有二级单位，56个作业区（分厂）以及龙王庙、长宁等重要气田，基本实现了川渝地区光通信交叉环网，达到业界先进水平，现阶段光通信网络具备干线10G带宽容量，后续容量可平滑扩容到40G。已有网络包括集团公司西南区域数据中心广域网、分公司办公网络和生产网络，作为集团公司西南区域网络中心，分公司汇聚接入了西南地区12家局级单位、16家分支机构的办公网络；分公司生产网和办公网均采用双网冗余设计的组网方式。西南油气田生产办公网络基本形成以自建光通信为主要传输方式，无线传输网络（包括自建卫星通信网和租用运营商的3G网络）为备用链路，与地面光通信形成主备链路传输模式。

2.2.3　端

“西南油气田生产视频监控系统”建设了多级级联的视频数据监控平台，实现对2380个生产现场采集的视频、图片点播浏览的需求，并向其他业务系统提供统一视频图像资源的服务。采用集团公司统建和西南油气田自建移动应用系统的方式实现通过手机等移动端APP使用统建和自建的各类应用系统。员工办公和生产的桌面客户端共12500余台，分布在分公司机关和各二级单位及其下属单位，全部为实体机形式。

2.3　西南油气田信息基础设施的成果评价

按照国家“两化融合”思想的指导和要求，信息基础设施依据“标准统一、系统对接、信息共享、服务便捷”的要求，充分结合油气田的生产实际情况，融合油气田生产的自动化与信息化，将智能化、物联网和云计算技术应用到信息基础设施的建设中，部分实现了具有国际先进水平的“宽带、泛在、融合、安全”的通信信息基础设施体系和“物联感知，高速泛在，融合智能”的信息基础设施环境。

2.3.1　云端油气田

通过新建和升级改造现有机房，实现一个高标准的公司级机房，两个中心级机房，持续推进云平台建设，实现公司绝大部分信息业务应用系统“云化”迁移，涵盖分公司勘探、开发、生产、经营、科研等业务的地震、生产、视频等各类应用系统和生产数据；逐步满足西南油气田下属单位和兄弟单位业务应用系统集中部署和管理。

2.3.2　宽带油气田

网络由过去依赖电信运营商租用链路为主转变为依靠自建光通信网络链路为主的方

式；至二级单位由原来155M提升至1000M，至三级单位由原来4M提升至100M。网络覆盖分公司所有二级单位和生产现场，干线网络具备40G交叉环网能力，构建支撑物联网业务发展的宽带网络。

2.3.3 无线油气田

随着分公司页岩气等重点生产场站日益增长，通信信息保障和网络联通迫在眉睫，由于大部分生产场站地处偏远，地形复杂，采用光缆敷设方式解决通信问题成本较高，并且维护难度较大。建立移动无线传输系统，利用运营商所拥有的基站资源和物理专线链路及无线传输技术，建设方式主要采用4G技术，将井场的实时数据（监控图像、录井数据等）传输至成都的管理平台，解决因井场地域偏远造成信息化传输实现困难的现状，实现西南油气田一线生产场站4G覆盖1845座，实现生产站场图片、数据和视频实时回传。

2.3.4 高清油气田

在重点场站/井站工艺区域部署高清编码方式的网络摄像机，实现对生产现场车辆进出跟踪监控，满足西南油气田所有生产现场的音视频高清画面采集和监控功能，接入摄像头点位多达2300余个，综合上线率90%以上，实现了生产作业现场视频画面的覆盖。

3 信息基础设施在西南油气田数字化转型的建设思考

西南油气田数字化转型的核心是建立在一个可全面感知的油气田信息基础设施之上，随着西南油气田“油公司模式”和“中心站+无人值守站”的推进，各类信息业务系统都将逐步“云化”，集中部署，最终油气田数字化转型的信息基础设施目标架构为“云、网、边、端”协同智能化（图1）。所有支撑这个基础设施架构协同智能化的技术，例如云、物联网等，本质上都是以网络为中心的，这意味着网络尤其是广域网对数字化转型的成败有直接影响。

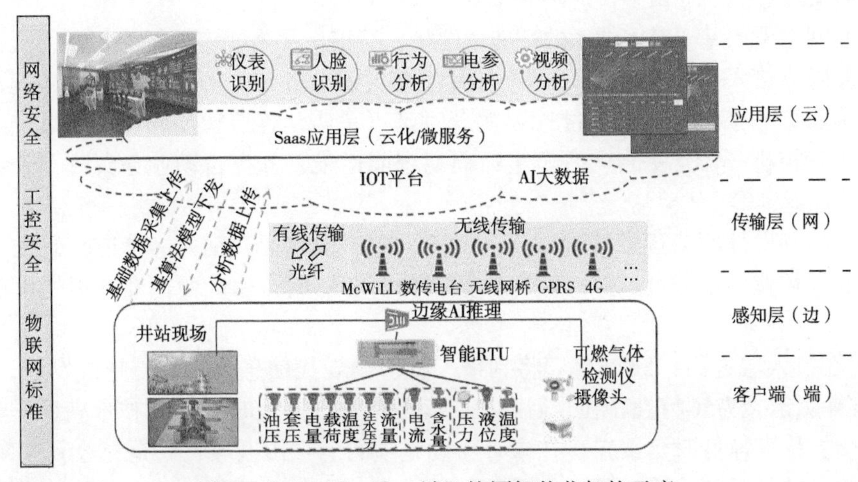

图1 “云、网、边、端”协同智能化架构示意

（1）西南油气田在华阳建设有区域数据中心机房，作为整个西南片区数据集中机房，服务器采用云平台建设模式，网络架构也采用虚拟化技术。这个是西南油气田所有信息业务系统的核心平台，数据存储平台。在容灾方面要充分利用油气田的资源，建设形成两地三中心（西南区域数据中心、西南区域数据灾备中心、北京昌平数据中心）的灾备体系，利用集群技术和负载均衡技术，实现数据中心级、平台/应用级、数据级，以及跨数据中心的灾备。在北京昌平数据中心进行数据的异地灾备，在同城数据灾备中心进行平台/应用级灾备。

在网络层面由于虚拟机迁移的网络属性要求是建立一个二层网络即虚拟机不间断业务的同时其IP和MAC地址等参数保持不变，与此同时，现在数据中心尤其是云化数据中心，要求网络本身具备多路径多链路的冗余和可靠性。西南油气田只有核心交换机间使用万兆以太网，其他链路都使用千兆以太网，网络现状无法支持云计算环境下多资源池之间的动态调度能力。在油气田西南区域数据中心和集团西南区域网络中心两个机房之间，部署支持大二层组网技术的云化交换机，为不同资源池之间资源的动态调度提供网络层面的支撑；改善核心网络设备互联带宽，提高核心设备的冗余度；采用Overlay网络技术的VxLAN技术路线，Overlay网络的本质是在三层网络中实现二层网络的扩展，三层网络可以通过路由的方式在网络中分发，是一种网络架构上叠加的虚拟化技术模式，其大体框架是对基础网络不进行大规模修改的条件下，实现应用在网络上的承载，并能与其他网络业务分离，并且以基于IP的基础网络技术为主，能够很好地兼容西南油气田已有的网络系统，由于它的底层依赖现存的IP网络，因此在西南油气田区域数据中心采用云计算大二层网络建设，并实现新旧两种网络技术的并存和融合。

（2）西南油气田光缆MESH网状传输结构也已经形成，在OTN层面引入ASON技术，同时采用MS-OTN平台，形成一个融合的干网平台，将原有SDH/PTN/PTN技术和设备产品都纳入该平台，形成统一的智能融合。持续应用技术创新，基于联接+计算协同能力，满足大带宽、低时延、移动连续性等网络要求，提供以业务应用为中心的全程全网确定性保障。打造西南油气田全光网络，构建油气生产设施“万物互联”的智能网络，由基础网转型为业务网，全面支撑智能油气田各类应用系统。

在核心网上引入基于SDN技术的智能IP网络，智能IP网络能实现智能超宽，支撑全场景覆盖、业务随需接入，并通过FlexE网络切片实现关键业务带宽可保障、灵活调配，支撑办公、生产全业务一张网承载；通过SRv6实现时延可承诺，打造智能联接，支撑全业务最优体验；基于管控析一体化平台实现全生命周期智能运维，支撑自动业务布放、分钟级故障定位、预测性运维等。

将原有的基础性网络逐渐演进成融合勘探、生产、储运、钻井、管道、研究、财务和销售等不同领域业务承载性网络，进行大数据分析和协同，驱动西南油气田的生产、决策和运营。

（3）在接入层方面，5G时代即将到来，将引爆现代信息技术的跨越式发展，3GPP将NB-IoT和eMTC定义为5G特性，在今后一段时间西南油气田适时引入5G技术满足作业生产现场的网络全方位高速低时延覆盖。在未有建设光缆的老气田区域，一是充分利用NB-IoT窄带物联网技术的低功耗、大连接和广覆盖特性，低成本、高可靠性的实时传回现场的各种生产数据，二是用小微波方案与4G LTE/5G eMTC形成点面结合，综合覆盖的立体网络，小微波可作为基站回传，亦可作为“容量补点”对油气田计量间、偏远井或新区块钻井现场进行接入。在建设有光缆的新气田区域，因信息化手段好，采用5G频段和技术实现站场内各生产设备的互联，实现基础的“万物互联”结构。

（4）在油气田层面有针对性地建立信息安全风险控制，建立多层次的防御策略，通过工控防护网关，工控主机防护系统，USB防护系统，工控审计系统等构建工业物联网威胁态势感知中心，实现网络安全威胁监测、态势感知、应急处置、追踪溯源等。

4 结论

西南油气田的数字化转型主要是利用AI+云+5G三大智能技术实现油气田的“云、网、边、端”协同智能化，最终实现“油公司模式”下的智慧油气田，而以广域网络为核心的信息基础设施是西南油气田数字化转型的底座。

石油企业数字化财务管理的发展策略

张浩宇
（中国石油西南油气田公司物资分公司）

摘　要：伴随数字化的来临，中国经济发展进入新常态，密切影响着社会的各行各业，也对企业的财务管理工作提出了更高的要求。从数字化和大数据的角度，解析现代石油企业财务管理的发展。结合数字化财务的思想，在中国石油企业面临的经营环境变化的基础上分析了石油企业财务管理面临的现状及存在的问题，并提出了相应策略。对数字化背景下企业财务管理面临的机遇和挑战进行深入探讨和分析，并有针对性地提出了应对措施，以期对提高现代企业财务管理的效率和效果提供一定的借鉴。

关键词：石油企业；数字化；财务管理；发展策略

中国越来越多的大型企业开始加速数字化发展变革，中小企业也开始重视数字化发展。在这种大背景下，实施数字化的财务管理对企业来说是十分有必要的。中国石油企业尽管在石油勘探开采、井下作业方面运用了数字化的管理，但在企业财务管理方面的数字化还做得远远不够，石油企业财务管理数字化势必是未来发展的一个大趋势。

1　数字化财务管理的定义

1.1　数字化与企业管理

数字化是指把许多复杂多变的文字信息，转变成简单易懂的数字、数据，再利用这些数字和数据建立模型并把它们转化成代码，最后把这些代码录入计算机中集中整理。

企业利用互联网技术对企业内的各方面管理内容加以数字化，同时在众多数据中提取有效数据，并通过数据挖掘等技术对其进行深度分析，使企业管理高层能够实时、迅速地了解企业的发展状况，并能够及时、准确地做出相关应对决策方案。

1.2　数字化财务管理的含义

数字化财务管理属于数字化企业管理的一部分。许多企业进行了数字化的企业管理，但数字化的财务管理体系一直都没有完善。

武海岩（2019）认为，财务管理数字化是公司财务工作者通过对公司的内部数据管理工作进行流程调整，并制定相关的财务控制组织形式，通过规范管理提高企业财务业务的信息管理水平，并提高企业经营效率，实现财务部门最优化的管理目标。何梓堃（2018）认为，数字化财务管理实质上就是运用互联网的大数据平台运营以及云端数据库矩阵关系，按照互联网思维方式实施互联网+预算管理、互联网+资源配置、互联网+绩效考核、互联网+财务分析、互联网+资本结构、互联网+模拟预判等来引领企业整体价值不断提升，助力企业转型发展再上新台阶。

数字化财务管理是在传统的记账模式的基础之上建立大数据系统，将财务信息进行统计、整理、提炼，为企业的决策分析提供有用的信息。一方面数字化财务管理可以提高会计核算和监督的职能，另一方面可以提高财务人员的工作效率。

2 石油企业数字化财务管理的发展现状

石油企业在数字化发展上有了很大的改变。石油企业主要分为生产和销售两种类型。

从石油生产型企业来说，主要进行的是石油的开采、存储和运输业务，基本属于石油行业的上游业务，上游业务领域是最先开始运用数字化、信息化的管理，通过数据分析、远程遥测和人工智能等技术，对石油井下的环境进行实时监测，预估其安全性系数，并与地面开采人员共享信息，让他们能够提前做好计划安排，从而大大减少繁复工序，降低人工成本。

从石油销售型企业来说，主要进行的是炼油、化工、销售的业务，基本属于石油行业的下游业务，企业数字化的应用多基于企业资源计划（ERP）系统，ERP系统对石油产品的储存、运输和销售进行了网络化集中管理，实现了物资、资金和物流信息的统一，同时保证了业务和财务数据的同步性，加强了销售管理过程中的管控力度，极大地提高了工作效率，减少了不必要的成本支出。

虽然大部分中国石油销售企业已经实现以ERP系统为基础的财务管理，但仍然存在个别企业还在用以前传统的财务管理方法，不愿意改变，造成了各区域间石油企业数字化财务管理的不趋同性，各企业之间数据不能共享，信息分散。

3 石油企业数字化财务管理的差距

石油企业距离真正的数字化、智能化还有差距，企业财务管理数字化的应用仍然需要进一步完善。

3.1 管理层对数字化财务管理理念认识不足

大型石油销售企业的财务管理体系非常复杂，管理层对数字时代的到来不够敏感，思想观念相对落后，不愿意接受数字化给企业带来的巨大的挑战与机遇。由于大型石油销售型企业国有企业的性质，相比较普通的民营企业来说市场竞争力较强，危机意识不够，导致管理层对市场的敏感程度降低。管理者的财务经验丰富，同时为经验所累。传统的记账方式已经不足以应对现在的市场对企业财务信息的要求。但是管理层往往不愿意放弃原有的财务经验。所以对于改革创新的必要性认识不够，导致整个财务部门对大数据财务管理理念的接受不充分。

3.2 实施数字化财务管理的基础成本较高

初期成本包括网络建设成本和财务系统软件开发成本。在这一个阶段，企业主要是选择购买已经成熟的财务系统。后期成本包括培训员工使用信息化财务系统费用以及维护财务系统的专业人员的工资薪酬，还有软件维护、机器维修等。

石油企业使用大数据财务软件的初期成本较高。企业高层对于信息化管理缺乏足够的认识，会造成很多资源的浪费，使得大数据财务管理的效率不高，并不能有效地支撑企业的决策系统，达到提高生产效能和质量、快速应变的目的，增强企业的市场竞争力。

另一方面，随着软件的更新升级，企业的财务人员也需要不断地学习进步，企业需要花费大量的成本用于培训员工学习使用财务软件。而且，如果企业出现优秀员工跳槽的情况就会增加企业重新招聘员工培养员工的成本。

3.3 财务管理人员运用大数据财务系统的能力不足

大型石油企业的财务人员流动性较低，内部竞争机制不够完善。一些财务人员的工作态度不够积极，不愿意主动学习新事物，学习大数据财务管理的效率很低。一些管理人员不愿意放弃自己多年的传统会计工作经验，对新的大数据软件操作学习缓慢。

目前石油企业对员工的培养力度不够，导致石油企业的财务人员专业知识单一，不能紧跟石油企业的发展变化。另一方面，企业的财务人员对大数据时代的认识不够，还没有意识到数字化和信息化在财务管理中的必要性。在财务工作中，财务人员对大数据平台的运用也不足，导致数字化财务系统目前还不能够为企业提供有效的财务信息。

3.4 数字化财务管理的数据泄露风险较大

企业对于大数据载体和财务信息工具的保密性要求非常高。目前，大数据环境下石油企业财务信息出现的问题主要有：数据失真，信息泄露。这两个问题很大程度上是人为的，所以企业需要花费大量的精力用于维护系统安全，防止黑客入侵。

企业财务信息系统必须具备可用性、完整性、保密性。可用性是指企业财务信息系统提供有效的信息给企业的管理者。完整性是要避免企业的信息资料泄露。数据内容不因人为操作而被破坏。保密性要求企业的财务机密只能通过特定的人员和账号才能查阅，将机密信息和普通信息分开处理。但是目前大部分石油企业的财务系统还停留在智能化的初级阶段。财务人员对于大数据的运用不够，只能做到信息录入，大部分信息还未经过系统的筛检和整理，因此也很难保证财务信息的可用性、完整性、保密性。如果企业信息资源丢失，会造成企业无法正常运转，日常管理功能混乱。病毒感染或者恶意攻击都会给企业带来恶劣的影响。

另一方面，企业财务人员在软件记账的同时没有做好手动备份。有些财务人员选择年终一次性打印凭证，明细账，科目汇总表，试算平衡表等重要文件。一旦软件的财务数据丢失，就没办法重新录入。其次，企业财务部门同一级财务人员中的软件账号信息不严密。企业在使用超级管理账户进行操作的时候，一旦有人操作失误，多录入或少录入凭证都无法追究到个人的责任。

3.5 数字化财务管理的数据分析有效性不足

通过大数据技术收集和分析数据，同时利用数字化将管理信息可视化，虽然企业可以据此得到大量的数据信息，但如何对这些数据进行有效分析并得出有用的结果成为企业的关注重点，数字化财务管理的有效性问题日渐浮出水面。大型石油企业在与其他有竞争力的国内外石油企业进行竞争时，时常会出现企业资产重组、企业并购、收购等情况，对于大量有关其他企业的数据，不能只是简单利用大数据进行定量财务分析后就做出相关财务决策，还需要对整个行业的宏观背景和被并购的企业进行定性分析，另外企业内相关财务人员对专业技能掌握的熟练程度也很重要，甚至有时一个决策者敏锐的眼光和感性的分析也十分必要。因此，如果完全依靠数据的定量分析，不去考虑市场和企业的实际情况，由此做出的财务决策就会失去有效性。

3.6 数字化财务管理与企业销售结合不足

随着互联网和云计算技术的快速发展，数字化、智能化的商业模式已经在许多企业中得以运行。但是据了解，在中国大多数石油销售企业中，企业进行油品销售时运行的客户关系管理（CRM）系统效果并不太理想，主要原因在于CRM系统不能满足企业的客户管理需求，企业的各项商业模式之间的黏合度不够。石油企业的数字化财务管理必须与企业的销售相结合，做到业财融合。

4 石油企业数字化财务管理的发展策略

4.1 管理层要树立正确的数字化财务管理理念

如果管理层能够意识到大数据时代来临，主动改革创新原有的传统记账模式，将会给企业的其他员工带来很好的领导作用。企业的财务管理要与销售和生产紧密结合，大数据可以提高财务人员的工作效率。企业可以定期组织管理人员去其他拥有成熟的数字化财务系统的企业进行学习，调研，考察。通过感受企业财务管理数字化带来的便利和高效，提高对数字化财务管理在企业中的运用。

4.2 提升企业财务管理人员数字化应用能力

第一，企业要加强对全体财务人员的培训工作，让员工掌握数字化财务程序的使用方式。要重视对员工的培训沟通，考核评估培训结果。在培训前要对受培训员工的基础水平进行分类，评估培训需求。培训过程中，要随时检查学习情况。后期在工作中要听取群众意见和建议，争取在最短的时间内尽可能多地让员工熟练掌握数字化财务管理的流程和技巧。

第二，企业要建立奖惩分明的管理制度，提高财务人员的薪资福利，这样可以有效提高管理人员工作的积极性和财务管理工作的效率。

4.3 加强企业数字化财务管理的安全防范

财务人员要重视财务数据的安全性，并且要将财务数据安全制度化、程序化，要保证企业财务数据的连贯性。财务人员用软件记账的同时要结合手动备份和自动备份。企业应当设置自动备份的时间。企业还应定期将财务数据刻录在硬盘中以便长期保存。每个月或者每个季度结账的时候，都要打印好相关凭证。

在安全防护技术方面，企业要加大技术层面的投入，从攻防两方面入手，密切关注大数据攻击和防御两方面的发展。建议聘请专业的计算机编程团队对企业的财务大数据网络进行定期维护。

财务人员要对个人的账号和密码加强保密，不能在员工之间交互使用财务软件的账号，以便出现错账漏账的时候快速查找问责。

4.4 降低企业数字化财务管理的成本

降低企业财务信息化成本要从两个方面入手。一是采集的财务数据标准化，要确定数据报送人和入账人的责任，数据及时报送及时入账。二是企业选择大数据财务软件的时候要提前做好调研，制定预算，选择最合适企业的财务软件。

在培训费用方面，企业需要放宽对员工的培训支出和奖励费用以及工资薪金，这样可以有效降低人才流失率，为企业留住有能力有发展的高水平人才，企业投入的培训费用发挥最大效率。

4.5 加强数字化财务管理与生产销售的结合

对于生产来说，财务管理人员要从细节入手，从生产环节中一级一级地确定预算数据，然后石油企业对生产的各个环节进行严格的把控，采取流程管理制度，对企业的各项工作进行记录，考核，以便以后的评估。

对于销售来说，一方面可以通过财务数据的统计，整理大客户的购买习惯，有针对性地推销。另一方面可以促进销售款项的收回。在销售部门，销售人员可以通过数字化财务管理系统，提出对赊账申请的公司进行调查考核，了解企业的财务信息；企业也可以通过大数据的分析整理出偿债能力不佳的购买方以及销售款很难收回的销售人员。在财务部门，加强对应收账款的日常管理，财务人员应建立分析制度，利用大数据网络实时观测应收账款的收款进度，对于高风险的应收账款，应该建立坏账准备并告知企业决策人员。

随着石油企业的不断发展和进步，数字化的财务管理在企业的管理和决策中起着不可忽视的作用。对于在数字化财务管理中日渐浮现的问题，应该及时解决。石油企业可以多与国内其他各行各业企业进行业务交流学习，尤其在数字化财务管理方面，还可以借鉴学习国外石油企业的优秀管理经验。

参考文献

[1] 武海岩. 企业财务管理信息化建设探讨[J]. 纳税，2019，13（27）：115.

[2] 何梓堃. 区域经济“互联网+”财务管理的数字化思考[J]. 纳税，2018，12（28）：79，82.

[3] 陈新. 中国石油集团公司IT管理研究[D]. 北京：北京交通大学，2013.

[4] 张先富. 我国石油企业财务管理现状及策略分析[J]. 企业改革与管理，2016（12）：148.

[5] 钟琼娥. 浅谈医院数字化建设中的财务管理[J]. 财经界（学术版），2016（35）：210，313.

[6] 杨军泽. 大数据背景下石油销售企业财务管理面临的挑战及其变革[J]. 商业经济，2018（1）：24–25.

[7] 米学博. 数字化时代下的财务管理探讨[J]. 中国乡镇企业会计，2019（1）：240–241.

[8] 王国奎. “互联网+”下石油销售企业财务管理模式的探讨[J]. 现代经济信息，2019（3）：155–156.

大庆油田致密油藏采油工程效益开发模式探析

张学婧　孙继红　赵红梅
（大庆油田有限责任公司采油工程研究院）

摘　要：大庆油田致密油开发存在剩余储量动用难度大，开发成本高的难题。在低油价和开发成本高的双重压力下，如何利用技术和管理多重手段，实现剩余储量经济有效动用，是油田开发面对的重要课题。基于一体化设计思想的开发部署是致密油降本提效的基础，采用工厂化施工模式的水平井大规模体积压裂、直井缝网压裂是致密油提产提效的技术关键，高效节能举升技术是致密油低成本生产的技术保障。实践证实，利用地上地下一体化设计理念科学部署、应用高效压裂技术、高效节能举升工艺，运用市场化运作管理的致密油开发模式，是致密油开发降本提效的有效途径。

关键字：致密油；采油工程；一体化；降本提效

2020年，全球性蔓延的新冠肺炎疫情导致石油需求锐减，国际原油价格将在一段时间内持续低迷，国内原油生产企业面临着巨大的压力和挑战。大庆油田经历了60年持续开发，长垣老区可采储量采出程度达到90%以上，长垣外围尤其是致密油储层成为潜力挖掘重点，但其具有低丰度、特低渗透、低产能、埋藏深的特点，存在剩余储量动用难度大、开发成本高的难题。在低油价和开发成本高的双重压力下，如何利用技术和管理多重手段，实现致密油藏经济有效动用，是油田开发面对的重要课题。笔者结合致密油开发新工艺研究成果和致密油采油工艺技术应用情况，从采油工程技术和管理多角度探索分析致密油效益开发模式。

1　致密油藏开发一体化设计

油田产能建设开发方案是一个集油藏工程、地质工程、钻井工程、采油工程、地面工程多领域学科的系统工程。转变原有的“从油藏地质开始，逐步开展钻井、采油、地面等工程方案设计的模式”，利用一体化设计理念[1]，建立油藏地质、钻井、采油、地面一体化交互式设计模式，各部门协调工作、信息共享、同步推进，根据项目实际情况随时进行调整，有利于降低投资和施工成本、缩短方案设计周期和施工周期[2-3]。

1.1　基于油藏采油一体化的井网优化

在常规开发方案设计过程中，通常是油藏工程方案编制在先，采油工程依据油藏工程方案设计结果进行相应的采油工程方案编制。而一体化开发设计模式中，需要油藏工程与采油工程充分结合，油藏工程考虑采油工程压裂增产改造能力，以满足砂体最大程度改造为前提，进行井位部署及优化，避免油藏井位部署与采油工程压裂工艺不协调的情况。

对于致密油直井缝网压裂布井设计，油藏方案以“保证有效控制砂体—优选合理井距排距—确定适宜压裂规模”为整体设计思路，充分考虑直井缝网压裂裂缝展布规模确定井排距，既要保证压裂规模不受限制，又要防止发生井间压窜。对于水平井体积压裂开发，油藏方案以提高单井控制储量、提高单井初期产量、提高最终采出储量为总体目标，在匹配水平井体积压裂改造规模、确保有效控制砂体、减少储量损失的前提下，优选合理水平井水平段长度及井距。有研究认为，缩小井距是水平井体积改造大幅提高储量动用率的必然选择，也是非常规储集层实现高效开发的技术方向[4]。这也充分说明，油藏与采油一体化设计是致密油非常规效益开发的必然选择。

1.2 基于油藏钻采一体化的平台优化

平台式布井通过增加平台井数实现单个平台有效动用储量最大化，同时减少了占地面积，节省征地费用。平台式布井与钻井技术进步、工厂化压裂技术之间的关系是相辅相成的。钻井技术进步使大平台布井设计模式越加成熟，进而促进了工厂化压裂技术的创新发展。平台式布井为钻井工程节约投资和钻井周期提供了可能，同时为工厂化压裂缩短施工周期，减少搬家次数、降低投资提供了基础。

大庆油田某T区块，采用直平联合布井开发，采用“大井丛、平台式、集约化”设计，单个平台钻井数达6～9口井，配合“优快钻井连续压裂”的工厂化施工模式，大幅度降低从钻井到采油的全过程施工成本，缩短施工周期，施工效率提高27%。这些提效成果都基于一体化设计思想的平台优化部署，没有平台式布井的前提，高效的工厂化施工技术就无地可施。

1.3 基于钻采一体化的井身强度优化

大庆油田外围致密油储层深度一般在1600～1800米，普遍采用外径139.7毫米套管，按照常规考虑井深和钻井液压力条件的套管强度设计方法，油层套管一般选用J55钢级（抗内压36.7兆帕）即可满足生产需要。然而，致密油储层采用的大排量压裂施工（按照最高施工排量8立方米/分钟），计算井底施工压力约为50兆帕左右，根据套管设计标准，抗内压安全系数须在1.1以上，因此则需要选用抗内压73.36兆帕的P110钢级油层套管才能满足生产需要，较J55钢级提高了两个等级。由此可见，方案设计的每个环节必须着眼全局，用一体化设计的思想保证方案设计结果的精准、高效。

2 高效低成本致密油压裂技术

压裂技术是决定致密油藏开发效果的关键。中国陆相致密油普遍具有低孔、低渗、低压等特征。由于储层物性差，常规压裂技术提高孔隙连通程度有限，改造效果不理想，必须采用大排量大砂量的压裂方式，使储层砂体得到充分改造，提高压后产能。然而，加大规模的施工方式带来的施工成本和材料成本增加对油藏开发效益无疑是不利的，因此，高效低成本的压裂技术应用成为致密油藏效益开发的关键。

2.1 致密油储层改造压裂技术

国内外针对致密油研究的结果普遍认为，水平井分段改造是提高致密油开发效果最有效的手段[5]。2008年，国内业界提出了“缝网”压裂技术构想，2009年1月正式提出“体积改造”技术理念，并逐步推进相关理论研究及实践，近几年还提出了“缝控储量”改造的概念[6]。国内致密油开发体积压裂改造工艺技术也不断取得新进展，形成了水力喷射、水力泵送桥塞、裸眼封隔器滑套压裂等多项水平井体积压裂主体技术。

大庆油田致密油主要分布于扶余油层和高台子油层，具有储层埋藏深，渗透率低，单层有效厚度薄，平面分布不均匀的特点。2011年开始，大庆油田开展以水平井体积压裂方式为主的致密油开发探索。由于开发成本高、产量递减快，加上2014年全球油价大跌的冲击，研发高效低成本的开发技术成为致密油藏可持续开发的关键。大庆油田经过不断创新实践，针对油田致密油储层实际特点，采取“水平井—直井联合”的开发模式，自主研发大规模水平井体积压裂技术及直井缝网压裂技术。通过技术攻关，形成了以坐压多层压裂工艺、连续油管压裂工艺为主的直井高效压裂技术系列和以连续油管水力喷射环空加砂压裂工艺、桥塞分段压裂工艺、固井滑套分段压裂工艺为主的水平井高效压裂技术系列，另外，还形成了以双封单卡分段重复压裂工艺、暂堵转向重复压裂工艺为主的老井重复压裂技术系列。

针对大庆油田致密油储层特性和现场施工需要而研发的高效压裂工艺技术，管柱耐温120℃，耐压70兆帕，直井最大排量可达8立方米/分钟，水平井最大排量可达14立方米/分钟。直井坐压多层压裂工艺可实现一趟管柱完成全井压裂，较常规工艺施工效率提高2倍；水平井连续油管压裂技术集射孔、封隔、压裂等多种功能于一体，施工效率可达每天15段，是国外引进技术的1.67倍，工具成本仅为国外引进技术的13%；自主研发的可溶桥塞压裂技术，实现核心技术突破，已成为大庆油田致密油开发的新型高效压裂工艺，单井施工周期减少3天，实现工具成本在国产复合桥塞基础上降低35%。新一代自主创新研发的压裂技术大大降低了压裂成本，满足大排量、高效率压裂改造施工需要。

2.2 高效工厂化压裂施工模式

工厂化压裂是在一个井场安排1套或1套以上的压裂机组，在压裂设备基本不动的情况下，对井场内的多口井集中、连续压裂的施工模式，与常规压裂的一套车组一次对应一口井的施工模式相比，具有加快施工速度、降低施工成本、提高设备利用率和增强改造效果等诸多优点[7-8]。目前工厂化压裂模式在国内致密油开发中应用已比较普遍，近几年施工技术迅速发展，施工效率显著提高，施工成本有效降低。

大庆油田工厂化施工模式经历了独井压裂阶段、模块作业阶段、平台交叉阶段、区域施工阶段，目前已进入自动控制阶段，施工成本大幅降低，施工效率大幅提高。一是提升自动控制能力，实现减员提效。通过自动化、信息化技术的深入应用，采用一体化联动控制模式，应用远程视频决策指挥系统，打造全流程自动化生产线，实现现场施工由“人工操作”向多区域无人值守的“自动控制”，现场施工人员由“独井压裂阶段”的单井215人减少到单井45人。二是储液配液设备升级，施工效率倍增。储配模式由最初的“大罐储水、手动配液、先储后注、倒运供砂”模式到目前的“远程供水、边配边注、连续输砂”模式，大大提高配液能力和效率。储液设备由最初的单井施工配备84个储液罐减少到目前的多井共用1个蓄水池，单井配备两个储液罐，设备用量显著降低。三是压裂施工效率显著提高。在供水配液效率显著提高的基础上，施工模式由最初的“单井施工”转变为“平台井交叉连续施工”，采取井组保证模式施工，压裂效率由最初每日压裂1段到目前的每日压裂5段，施工效率提高4倍。

2.3　低成本材料应用

在压裂施工中，最主要的也是用量最大的两种施工材料就是压裂液和支撑剂，其在直井缝网压裂费用中占比约为15%，在水平井缝网压裂费用中占比则高达35%左右，因此，降低压裂材料成本对于降低压裂整体投资具有重要意义。以往，大庆油田在压裂施工中，压裂液主要采用的是胍胶压裂液或“常规滑溜水+胍胶”压裂液体系，支撑剂主要采用的是陶粒和石英砂。但致密油压裂对压裂液性能和成本都提出了更高要求。

近几年，经过科研人员努力创新，研发出了以缔合压裂液和变黏滑溜水为代表的高性能低成本压裂液体系，不仅满足了大排量携砂、低残渣、低摩阻的施工要求，并且在成本上较“常规滑溜水+胍胶”压裂液降低40%左右。

在支撑剂选用方面，以往主要根据储层闭合压力水平采用全石英砂、覆膜砂、石英砂尾追陶粒、石英砂组合覆膜砂、全陶粒等方案。陶粒具有抗压性能较好、导流能力高的特点，但由于其成本较高，不利于致密油压裂成本控制。近年来，国外致密油压裂石英砂使用总量呈逐年上升趋势，2018年石英砂占比已达到90%以上，并应用模式呈40～70目、100～200目小粒径细砂化的趋势。经科研人员反复论证和实践，并借鉴国外致密油支撑剂应用经验，采用全石英砂替代陶粒、覆膜砂或石英砂尾追陶粒等方案。研究表明，小粒径支撑剂有利于降低沉降速度，降低砂堵风险，提高缝内运移距离。大庆油田在致密油压裂实际应用中，根据主缝、支缝和微缝不同级次，选用40目、70目、140目等不同粒径组合石英砂，在满足压后导流能力的同时，降低压裂成本。据测算，支撑剂优化后，与全井应用陶粒或覆膜砂相比，单井成本降低约60%以上。

3　高效节能举升技术应用

大庆油田致密油储层埋藏深，原油凝固点高，含蜡量高，且存在平台井井斜角大，杆管偏磨严重，产液量变化大等举升难点问题。为适应致密油藏特点，实现高效举升，大庆油田研究应用了一系列高效节能举升工艺及配套工艺技术，并根据产液变化规律制定合理抽吸制度，满足致密油现场生产需要的同时降低能耗、节约生产成本。

3.1 高效节能举升工艺

抽油机举升方式一直以结实耐用、可操作性强、适应范围广的优点被广泛应用。大庆油田致密油开发举升工艺综合考虑井深、产液量、流体物性及工艺适应性等因素，主要以抽油机举升为主。为提高举升系统效率，低渗透油藏举升工艺遵循“长冲程，低冲次”原则。在此基础上，研制了超长冲程抽油机、塔架式抽油机，及适应平台井举升的“一拖二”互平衡式超长冲程抽油机（图1），在提高系统效率、提高泵效和降低能耗方面效果显著，同时解决杆管偏磨和人工维护性量大等问题。

图1　不同抽油机类型

注：从左到右显示的分别为超长冲程抽油机、“一拖二”互平衡式超长冲程抽油机和塔架式抽油机

从三种举升工艺一次性投资和十年运行成本综合来看（表1），相比于常规游梁抽油机，超长冲程抽油机和塔架式抽油机设备一次性投资稍高，但节电效果更好，清防蜡、设备维护、生产管理等综合运行成本更低，整体运行成本更低，综合效益更好。

表1　三种举升工艺设备投资及十年运行成本对比（单井）

举升工艺	常规游梁抽油机	塔架式抽油机	超长冲程抽油机
设备投资（万元）	28.23	34.08	41.20
运行成本（万元）	119.34	96.43	85.24

3.2 节能间歇采油技术应用

目前，致密油水平井开发一般采用弹性能量开采，投产后油井产量呈现“先快后慢”的递减规律，且初期递减幅度较大。相对于水平井，直井初期产量递减更快。由于致密油投产早期和中后期产量相差悬殊的产量变化规律，尤其对于直井，后期会出现供液不足、甚至泵空抽现象，若一直采用常规连续拖动控制方式，不仅能耗大，还会影响油井供液恢复，加重井下设备磨损。针对这一问题，应用了抽油机变速驱动及智能控制技术，根据油井供液情况可分为连续工况、停机间抽和不停机间抽应用模式。当油井供液能力充足时，应用连续工况模式，可根据实际需要进行实时变速调节；当油井供液不足时，可根据制定的间歇采油周期长短选择停机间抽或不停机间抽，具体的间抽制度需要根据油井产量、液面恢复、流压等生产实际情况进行制定，常规间抽停机时间一般在8小时以上。不停机间抽技术实现了短周期间歇采油的技术突破，抽油机曲柄以“秋千式”低能耗小幅摆动运行方式，以30分钟为一个循环周期，全天候自动执行间歇采油，优点包括降低能耗，提高抽油机的生产效率，降低抽油机杆、管、泵及电机各机械部件的磨损、延长杆管泵的寿命，降低生产维护费用，消除频繁启停安全隐患等。不停机间抽技术现场应用结果显示，与连续运行的井相比，日节电52.8千瓦时，系统效率提高7.8个百分点；与常规间抽井相比，日节电22.14千瓦时，系统效率提高4.4个百分点[9]，节能效果显著。

4 市场化运作模式

面对低油价和开发成本高的双重压力，实现致密油效益开发不仅要依靠技术创新，同时还要管理创新，向管理要效益。一是，管理职能集中化。采用项目经理制管理，构建“项目部经理—生产经营办”两级组织架构，对区块资金计划、方案设计、商务运作和生产运行等工作实行全生命周期管理，实现全过程各环节无缝衔接。改变以往层层审核，逐级报批的管理模式，油田公司将造价审核权、招标管理权等相关管理权限下放至项目经理部，实施“简政放权”，提高管理运行效率。二是采取市场化运作机制。根据自主经营特点，引入竞争机制，充分发挥市场化优势，面向内、外部市场招标，选择服务方、承包商、供应商。统筹考虑服务质量、工期、价格等因素，实现效率和效益的最大化。

以某T致密油区块为例，项目仅用了5个月时间，就完成了全部百余项经营项目商务运作，引入承包商、局内企业及供应商近百家。与常规开发模式相比，项目整体运行时间缩短一半以上，最终实现钻井、压裂费用下降40%，射孔费用下降20%，地面费用下降30%。实践证明，市场化运作模式实现了项目运行周期有效缩短，项目投资大幅降低，使致密油开发效益实现质的突破，对于后续开发区块市场化运作实施具有重要的借鉴意义。

5 应用效果及效益

某T致密油区块，采用一体化设计思想，将井网部署与直井缝网压裂设计相结合，应用坐压多层压裂工艺进行高砂比缝网压裂，并开展了桥塞压裂、微缝加砂、缔合压裂液等压裂工艺现场试验，有效提高单井产量，初期平均单井日产油达到4吨。试验区平均单井施工周期节省13天，提高施工效率27%，平均单井节省施工费用580万元。采用市场化运作模式，项目通过强化组织管理，实现了“当年设计、当年组织、当年施工、当年建产”。与常规产能建设模式相比，节省投资5.54亿元。财务内部收益率由负值提高到7.4%，实现了致密油的规模效益开发。

参考文献

[1] 许建国，赵晨旭，宣高亮，等. 地质工程一体化新内涵在低渗透油田的实践——以新立油田为例[J]. 中国石油勘探，2018，23（2）：37-42.

[2] 杜金虎，刘合，马德胜，等. 试论中国陆相致密油有效开发技术[J]. 石油勘探与开发，2014，41（2）：198-205.

[3] 许正洪. 浅析油田一体化建设技术[J]. 化工管理，2015（33）：111.

[4] 胥云，雷群，陈铭，等. 体积改造技术理论研究进展与发展方向[J]. 石油勘探与开发，2018，45（5）：874-887.

[5] 孙海林，沈华，白田增，等. 致密油储层水平井体积压裂技术应用探析[C]// 全国天然气藏高效开发技术研讨会. 中国石油学会天然气专业委员会；北京石油学会；中国石油学会（北京），2015.

[6] 雷群，杨立峰，段瑶瑶，等. 非常规油气“缝控储量”改造优化设计技术[J]. 石油勘探与开发，2018，45（4）：719-726.

[7] 刘克强，王培峰，贾军喜. 我国工厂化压裂关键地面装备技术现状及应用[J]. 石油机械，2018，46（4）：101-106.

[8] 李军龙，何昀宾，袁操，等. 页岩气藏水平井组“工厂化”压裂模式实践与探讨[J]. 钻采工艺，2017，40（1）：47-50，7-8.

[9] 巩宏亮，戚兴，常瑞清，等. 抽油机不停机间歇采油技术研究与应用[J]. 石油石化节能，2017，7（10）：3-6，68.

中国油气供应安全形势与战略规划建议

冯金德　张虎俊　白喜俊
（中国石油勘探开发研究院）

摘　要：分析国内外油气供需及中国油气安全供应体系面临的形势，认为全球油气供需宽松，中国油气供应体系能够保障油气总体安全，但面临资源利用效率不高、油气进口国和进口通道的集中度较高、市场话语权较弱、国际合作抗风险能力不强以及储备能力不够等突出问题。"十四五"以及更长一段时间，为了促进油气供应体系能够可靠运行和高质量发展，有针对性地提出了建立油气安全供应一体化管理机构和运行机制、加快国家战略储备建设、提高油气勘探开发和节能替代关键技术攻关、加强国际合作和加快油气金融体系建设等对策建议。

关键词：油气安全；市场话语权；油气战略储备；油气金融体系

中国国民经济发展对油气需求越来越大，由于国内油气生产严重供不应求，造成进口油气规模持续快速增长。中国已经成为全球最大的石油和天然气买家，2019年进口石油5.34亿吨，天然气1374亿立方米，油气对外依存度分别达到了70.8%和45.2%[1]。持续高位的油气进口，引起国内社会对油气安全的高度关注。各种突发性的"黑天鹅"事件，加剧了全球油气供需的不确定性。例如，2020年年初暴发的新冠肺炎疫情已经席卷全球，使已不乐观的全球经济雪上加霜，油气需求大幅下降。持续低迷的油价又意外地遭遇史诗级暴跌，石油生产企业的生产经营举步维艰。当前世界正经历百年未有之大变局，"十四五"及更长一段时间，大国博弈将愈演愈烈，国际政治经济形势更趋复杂，油气行业发展风险加大，不确定性因素增多，中国油气供应安全将面临越来越大的威胁和挑战。

1　中国油气供应安全形势分析

中国一次能源具有"富煤、贫油、少气"的特点，而且油气资源品位不高，决定了必须坚持统筹国内国外两种资源、两个市场来保障油气安全的发展战略。分析认为，在目前的油气供需格局中，中国目前的油气供应保障体系能够保障油气供应总体安全。

1.1　全球油气资源丰富，供需总体宽松，正常情况下能够满足中国进口的需要

全球油气资源丰富，未来勘探开发潜力大。常规石油和天然气的可采资源量分别为5846亿吨和4882亿吨油当量，目前分别只采出了23%和12%，仍有巨大的勘探开发潜力。另外，非常规油气资源也很丰富，以非常规石油为例，可采资源量占常规石油的72%，勘探开

发技术突破后将成为常规油气资源的重要接替。

随着全球经济增速减缓，世界油气需求增幅放缓，供应略大于需求，总体保持宽松平衡。近3年，全球年均生产石油44.5亿吨，年均消费44.0亿吨，年均生产天然气3.95万亿立方米，年均消费3.66万亿立方米[2]。2019年全球原油和天然气进口量分别为23.3亿吨和1.24万亿立方米[2]，中国占比分别为21.6%和10.5%。在不发生大规模战争、不与主要大国全面对抗等情况下，中国油气进口环境还是相对宽松的，油气进口主要受价格影响。但需要引起高度关注的是，中国原油进口量目前已经高达全球进口量的五分之一以上，但对油价的影响力仍然不够强，而且要持续保持进口份额增长的难度将增大。

1.2 加大勘探开发力度，国内油气生产的“压舱石”作用不断提升

目前，国内油气生产保障了石油消费的29%和天然气消费的45%。而且从长远来看，国内油气资源虽然品位不高但资源量相对较丰富，预计通过加大勘探开发力度，在2035年前能够保障供应国内原油产量1.9亿～2亿吨，占国内石油消费峰值的28%左右，供应天然气峰值产量2700亿～3000亿立方米，占国内天然气消费峰值的50%左右。

1.3 油气国际贸易能力不断提升，进口来源和战略通道逐步多元化

根据中国石油集团经济技术研究院的数据，2019年中国进口石油5.3亿吨，进口地区从传统的中东、非洲扩大到独联体和中南美，来源国达到40个以上。进口天然气1374亿立方米，进口地区从亚太扩大到中东、非洲等，来源国达到近30个[2]。

中国油气国际贸易能力不断提升，进口来源和战略通道逐步多元化[3-5]。中国构建了横跨西北、东北、西南和东部海上的四大油气战略通道。目前陆上通道已建成原油输送能力6000多万吨、天然气输送能力1000多亿立方米，海上通道码头原油接卸能力5.0亿吨以上，LNG接收能力7600多万吨[2]，有力保障了油气进口。

1.4 全球油气资源合作规模不断扩大，战略储备应急保供能力稳步提高

中国石油公司实施“走出去”战略，建成了中亚—俄罗斯、中东、非洲、亚太和美洲五个油气合作区。海外油气权益产量连续多年保持快速增长。目前，中国企业海外油气权益产量达到1.7亿吨左右油当量，其中权益原油和天然气产量分别占比78%和22%。这些权益产量为中国公司掌控，在通过市场贸易方式难以购买到等极端特殊情况下设法可运回国内，保障国内供应。

中国已建成9个国家石油储备基地，加上中国石油、中国石化①已建成的商业储备库，石油储备能力按2019年石油净进口量计算，可储备近60天的石油净进口量。

① 中国石油全称中国石油天然气集团有限公司；中国石化全称中国石油化工集团有限公司。此处为简称。

1.5 目前油气供应体系能够保障中国油气总体安全

通过油气供需多情景研究，我们认为，在和平时期，目前的油气保供体系能够保障国内油气需求。在部分进口通道被封锁的极端情况下，通过加大国内应急生产，油气产量可在1～2年增加5%左右；利用体制优势，在保障基本民生和国家运行的前提下，较大幅度压缩油气消费需求至正常水平的三分之一左右；有序动用石油储备，年动储备量的三分之一至二分之一；加大相对可靠进口通道的进口规模；加快替代能源发展等。多措并举，可应对1～2年油气供应紧张的极端情景，但对国民经济发展影响较大，特别是对工业原材料和交通等影响较大。

2 油气供应安全需要重点解决的难题

同国际先进水平相比，中国目前的油气供应保障体系还存在薄弱环节和短板，影响油气供应的稳定性和可靠性。

2.1 油气资源采收率不高，制约油气生产可持续发展

受资源品位低、地质条件复杂等因素影响，油气采收率水平不高，全国油田采收率总体低于30%、天然气采收率总体低于60%。以石油为例，目前全国石油平均采收率为27.8%[6]，还有70%以上的石油储量滞留地下。中高渗砂岩油田采收率相对较高，但采收率也不到50%，致密油的采收率相对较低，在5%～10%。如果不突破技术瓶颈，大幅度提高采收率，随着新开发油田资源品位劣质化加剧，可持续发展难度越来越大。如果技术突破，按照保守测算，如果全国油田采收率能够提高5个百分点，可增加近20亿吨的可采储量，相当于新发现地质储量100亿吨以上规模的大油田。天然气主要靠区块接替和新井接替实现稳产上产，提高采收率难度更大，在加快发展与资源非常规趋势加剧的双重压力下，攻关相关瓶颈技术更为紧迫。

2.2 市场话语权较弱，不能体现油气进口大国的市场地位

国际油价主要受供应大国（如欧佩克减产联盟、美国）影响，虽然中国已经成为全球最大的油气进口国，但进口原油价格高度依赖国际油价，对国际油价的影响力很小，是国际价格的被动接受者，价格剧烈波动给中国经济发展带来巨大的风险和负担。天然气的议价能力也弱于发达国家，受制于天然气资源国。一直存在着比较突出的“天然气溢价”现象，尤其是LNG进口价格远远高于其他地区。另外，从国家层面缺少油气进口统筹协调和统一采购平台，国内公司之间相互竞争、多头采购导致国际采购环境恶化。

2.3 油气进口来源和通道仍然集中于风险比较大的区域

全球石油资源分布的集中性导致中国进口原油“闪转腾挪”的操作空间较小，石油进口来源主要集中于中东地区，进口量占比40%左右；进口主要依靠海上通道[7]，近90%的原油通过海上通道进口，近40%的原油经过霍尔木兹海峡，80%左右的原油经过马六甲海峡。中东政局的不稳定以及美国对伊朗制裁将加大中东进口和霍尔木兹海峡通道的风险。另外，马六甲海峡和陆上三大油气管线也存在一定地缘政治风险。随着美国对中国的政策不断恶化，油气进口受阻的风险正在加大。

2.4 国际合作风险加大，抵御风险能力有待提高

国际地缘政治更加复杂，资源国政治、安全环保和政策风险不断加大。另外，由于中国企业“走出去”参与国际油气合作的时间较晚，老牌国际石油公司已经占据了政局稳定国家的市场以及优质油气资源，中国油气海外项目大部分集中在高风险国家且高价值项目较少，而且部分购买的国外油气资产价格不占优势[7]。海外勘探开发资产结构过于单一，中低风险且高价值项目少，在资源国政局动荡或油价下降时，抗风险能力和赢利能力不足。

2.5 石油储备建设明显滞后，储备能力和水平有待提高

石油储备能力不足，是油气供应体系中急需弥补的短板。按照《国家石油储备中长期规划》，在2020年前形成相当于100天石油净进口量的储备规模，而现在国家储备库能力不足30天的净进口量，加上国有石油公司的商业储备库也仅有不到60天的净进口量。国际能源署（IEA）要求成员国的石油储备应相当于90天净进口量[8]。美国、日本、欧洲等国的石油储备都远超过了IEA的规定，多的达150天以上的净进口量。中国石油储备能力不足，一方面，造成应对“黑天鹅”事件频发对石油安全供应的冲击威胁的有效手段缺位；另一方面，在油价低迷时，由于没有充足的库容，错失了大量低价收购国外原油的机会。

3 对“十四五”战略规划的主要建议

3.1 建立和完善油气安全一体化组织协调管理机构和运行机制，加快油气体制改革和相关法律出台

一是建立涵盖国内外两种资源、两个市场的油气产供销储一体化安全保供体系的管理协调机构和机制。通过建立涵盖国内生产、国际贸易、国际合作、储备和运输以及炼化等方面的上中下游综合大数据信息系统、预警响应流程和机制，宏观调控和协调油气供需关键环节，预警油气供需异常，协调解决油气供需矛盾，不断优化油气安全保供体系，确保安全、可靠和高效运行。

二是持续加快油气体制改革，加强顶层设计，有序推进市场化进程，鼓励社会资本和力量参与，逐步建立以国有企业为支柱、多种经济成分企业为重要补充的产供销储运油气安全一体化保供体系，并加大政策支持激发各参与方的积极性与创造力。

三是出台《石油天然气法》等相关法律，完善油气保供安全法规和政策体系，有效引导和规范政府、企业和消费者的行为，保障和促进油气生产、贸易、合作、储备和运输等关键环节健康发展，优化产供销储结构，规范油气高效利用等。

3.2 加快国家战略储备建设，开辟战略运输新通道，提高油气应急供应能力

一是建立和完善石油战略储备体系，加快储备建设。加快完善石油储备相关法律法规。构建与完善国家石油储备应急动用决策与处置组织体系及协调联动机制。优化储备布局和结构，打造多元化的战略石油储备存储方式。确定战略石油储备收放储策略。建立健全储备库财政补贴与税收政策，探索盈利模式，促进石油储备良性循环。加快国家战略石油储备二期工程。

二是研究开辟新的油气战略输送通道，并努力提高通道安全运行保障能力。开通更为便捷的油气进口通道，大大拉近中国与新生油气市场的贸易距离，有效促进区域内国家的经济合作，大幅降低能源等货物运输成本。加强与战略通道周边国家的外交等方面的合作，确保油气运输通道安全[9]。

3.3 持续技术攻关和强化管理，提高油气资源利用率

一是依托国家油气重大科技专项，强化国家石油公司的技术引领作用，加强国际和国内技术合作，积极引进先进技术，攻关突破“卡脖子”技术。持续攻关老油田大幅度提高采收率技术，超低渗、致密油（页岩油）、油页岩、油砂等低品位资源低成本开发技术以及非常规、深水、深层等复杂油气藏高效勘探开发技术，提高地下油气资源的利用率，较大幅度地增加油气可采储量，夯实可持续发展基础。

二是对标国外先进水平，不断提高节能技术和管理水平。加快研发新型高效电力机车和高效能燃油发动机，提高交通运输电气化水平，提高能源利用效率。加强节能减排标准体系建设，尽快制定各类交通能耗和碳排放标准，同时加强节能管理，减少运输油品需求，控制大排量汽车快速增长。

三是继续深化供给侧改革，加强对炼油项目的调控，优化炼厂规模，淘汰落后产能，引导炼厂产品结构优化调整。调整炼厂产品结构，抑制高耗油产业无限制发展，推进燃料型炼厂向燃料—化工型炼厂转型，另外要做优、做特化工，实现异质竞争，大力开发下游高端新材料、专用化学品和精细化工。

四是发展石油替代技术，降低石油作为燃料油的比例。发展新型动力汽车，提高车辆非油基燃料比例，储备煤制石油、生物质制石油技术，开展规模工业化试验和推广。

3.4 加强“一带一路”油气国际合作，提高油气市场多元化和全球资源掌控力

一是推进建立“一带一路”制度性的能源合作机制或实体机构，共同探讨和参与全球能源治理，提高中国在全球油气市场上的地位与话语权。

二是依托“一带一路”倡议，加大对“一带一路”油气合作环境改善和政策支持。通过国家层面的顶层设计与高效沟通，高层互访和多边外交等契机，建立双边或多边能源沟通的国际合作机制，为石油进口和国际合作开创良好环境。探索与跨国管道沿线国家建立多边管道运行保护机制。国家相关部委建立统一协调机制，促进国内企业海外有序、良性竞争。持续实施多元进口和国际合作策略，重点加强与俄罗斯、中亚诸国与东南亚国家合作，作为补充中国能源缺口的首选来源。加强与加拿大、墨西哥等国以及北极圈沿岸国家油气合作。

3.5 加快油气金融体系建设，提高市场话语权和影响力

一是建立和完善以期货市场为核心的多层次石油交易市场体系，争夺商品定价的权利[10]。丰富石油交易品种，形成不同的石油交易方式、交易格局和交易类型以及健全的报价系统，融入国际石油定价体系。

二是加强与俄罗斯、沙特阿拉伯、伊朗等传统产油国合作，共同商讨建立新的原油定价体系，积极参与亚洲区域原油定价，力争成为未来亚洲地区石油基准价格定价中心。加强与亚洲主要天然气消费国的合作，建立“一带一路”天然气交易中心，提高中国乃至亚太地区天然气议价能力。

三是培育多元化的石油金融主体，建立包括石油政策性银行和商业银行在内的石油银行体系以及用于石油专业投资的石油基金体系[11]，分担石油企业风险。

4 结论

在世界百年未有之大变局背景下，国际政治经济环境更加复杂，新冠肺炎疫情和极端低油价等“黑天鹅”事件步频发，中国油气安全供应面临越来越大的挑战。要保障国内油气供应安全，实现油气供应体系的高质量发展，在“十四五”及更长一段时间，需要在不断完善和优化供应体系的基础上，重点加快国家层面的统筹协调机制和相关法律法规建设和石油储备能力建设，夯实国内油气生产基础，提高市场话语权和影响力，持续推进油气进口来源和进口通道的多元化，加强国际合作进一步提高对全球油气资源的控制力等。

参考文献

[1] 刘朝全，姜学峰. 2019年国内外油气行业发展报告[M]. 北京：石油工业出版社，2020.
[2] 2020中石油经研院能源数据统计[R]. 北京：中国石油经济技术研究院，2020.

[3] 王正明，杨阳. 我国石油进口来源结构的安全度分析[J].工业技术经济，2015，34（9）：99-105.
[4] 汪玲玲，赵媛. 中国石油进口运输通道安全态势分析及对策研究[J]. 世界地理研究，2014，23（3）：33-43.
[5] 邱研，郭谦，吴殿廷. 我国石油进口海陆统筹战略研究[J]. 世界地理研究，2012，21（3）：77-83.
[6] 2018年全国油气矿产储量通报[R]. 自然资源部，2019.
[7] 张众. 中国石油企业海外并购问题研究[D]. 北京：北京外国语大学，2019.
[8] 董秀成. 中国战略石油储备政策研究[M]. 北京：科学出版社，2016.
[9] 李嘉. 石油运输安全与远洋运输保障分析[J]. 中国石油石化，2017（2）：138-139.
[10] 蔡玲. 发展石油期货市场争夺石油定价权[J]. 国对外贸易，2008（7）：86-87.
[11] 刘馨烨，李东昕. 石油金融化与我国石油金融战略体系的积极构建[J]. 中国石油和化工标准与质量，2018，38（21）：113-114，116.

塔里木油田高质量发展形势与对策

张晨阳　顾乔元　缪长生
（中国石油塔里木油田分公司勘探开发研究院）

摘　要：塔里木油田已建成中国重要的油气生产基地，是中国石油天然气集团有限公司第三大油气田和西气东输主要气源地。面对新冠肺炎疫情、油价暴跌等国内外复杂形势的叠加冲击，必须坚定信心、积极应对。通过实施“3+2”系统工程，分层次抓好“三大新领域”风险勘探，加强“两大根据地”集中勘探和精细开发，加快落实战略接替资源，强化规模效益建产，加快乙烷制乙烯工程建设，实现上下游产量持续增长。深入开展“管理提升年”系列活动，研判并利用好税费改革和储气库建设等政策，从方案设计、效益评价、资金资产管理、产品销售等环节深挖成本控制，全面提质增效。持续开展叠合复合盆地油气地质理论和勘探开发配套技术研究与攻关，加快建设新一代数字化油田，努力建成中国超深层油气领域创新基地。总结经验教训，从严从实加强疫情防控和安全环保工作。通过凝心聚力、精准施策，塔里木油田一定能实现油气事业的高质量发展，为国家能源安全、集团公司稳健发展、新疆社会稳定及长治久安贡献出自己的一份力。

关键词：塔里木油田；高质量发展；形势；对策

1　认清形势，深刻理解高质量发展的重要意义

目前，中国经济已由高速增长阶段转向高质量发展阶段，国家提出要继续大力提升勘探开发力度，要求多措并举，增强油气安全保障能力。

中国石油天然气集团有限公司（以下简称“集团公司”）2020年工作会议上对突出发展主营业务，推动高质量发展，迈上新台阶做出了具体部署，一是保持50亿元风险勘探投入，加快风险目标评价和井位落实，力争获得3～5个战略性发现和突破；二是立足大盆地，强化富油气区带集中勘探、精细勘探和高效评价，努力增加规模效益可采储量，确保石油储量接替率大于1、天然气储量接替率大于2，持续夯实资源基础；三是科学组织油气开发生产，加强甲乙方密切协作，突出抓好重点油气田稳产上产，加大对递减油田的指导支持力度，稳步扩大国内对外合作。

塔里木油田是中国石油工业最重要的战略接替区，实现中国油气资源战略接替、保障国家能源安全是党和国家赋予我们的崇高使命，也是塔里木石油人始终不变的价值追求。当前，油田进入了加快发展的新阶段，面对新冠肺炎疫情和国际油价断崖式下跌带来的严重冲击，要丢掉国际疫情很快结束、世界经济会迅速逆转的幻想，丢掉油价会快速回升、油气行业将短期回暖的幻想，丢掉油田主营业务以天然气为主、低油价对生产经营影响不大的幻想，切实把思想和行动统一到集团公司党组和油田党工委决策部署上来，全力以赴抓好提质增效工作。

2 担当作为，实现高质量发展的主要对策

2.1 优化工作部署，向油气资源要效益

资源是油田生存发展的基础，获取优质资源是战略性、根本性的提质增效。面对需求锐减，国际油价大跌、投资压缩的现状，我们要毫不动摇地实施资源战略，继续打好勘探开发进攻战。通过部署的调整、结构的优化，多找优质资源，确保油田发展的质量和速度不降。

一是高效组织油气勘探。按照“3+2”（三大新领域、两个根据地）部署指导思想，分层次抓好库车新区、塔西南山前、台盆区深层碳酸盐岩三大新领域风险勘探，加强塔北—塔中、库车两大根据地滚动开发、精细勘探，加快落实战略接替资源和规模效益储量。新区新领域风险勘探要强化地震准备，组织开展地震采集处理会战和圈闭井位研究会战，加强地质研究和目标优选，强化地质与工程紧密结合，提高勘探成功率，积极寻求战略接替领域。两大根据地要精细落实构造，深化碳酸盐岩储集体成因研究，丰富“断溶体”立体成藏机理，高效组织库车地区克拉苏构造带、哈拉哈塘塔河南岸富源—果勒—玉科—鹿场等奥陶系上组合等区块的进攻性评价；持续推进老油田周缘碎屑岩的精细滚动扩边，寻找储量快速增长区。加强勘探全过程的精细管理，做好每一口探井、每一个物探项目的投资管控，把有限的勘探资金用在刀刃上。

二是要调整优化开发部署。老油气田持续开展综合治理，严格落实“三总师”会审机制（三总师指总地质师、总工程师、总会计师），在效益评价的基础上，结合开发成本与潜力分析，进行对策研究和产量结构优化。精细二次采油，强化三次采油，努力控制递减，提高采收率，开展碎屑岩滚动增储上产，总体实现老区产量相对稳产。区块调整和措施作业要坚持以效益为中心，杜绝低效无效工作量，适时关停无效区块。新区产能建设要突出产量规模效应和经济效益原则，工作量向储量品质好、单井产量高、建产效果好的富油气区带倾斜，集中资金、物资，发挥技术和管理优势，推动博孜—大北天然气和塔河南岸原油两大产能建设会战。加强地震工程和钻采工艺技术攻关，加强油气藏精细描述、开发方案研究和井位论证，做好经济评价和排序优选，强化地面工艺和骨架网管设计，力争新井成功率达到100%、高效井比例达到80%以上，高效建设博孜—大北气田年产152亿立方米天然气工程和塔河南岸油田年产600万吨原油工程。在2020年达油气产量当量3000万吨的基础上，预计“十四五”末建成3500万吨以上，瞄准4500万吨，谋划5000万吨。

三是加快炼化转型升级。把炼化业务作为重要的效益增长极，可充分发挥油田资源优势和上下游一体化优势，加快推进乙烷回收、乙烷制乙烯项目建设；以博孜—大北、塔河南两大会战为契机，深度谋划启动百万吨级乙烯二期工程的建设，持续推动低附加值产品向高附加值产品转变，实现资源创效。深化塔石化对标管理，找短板，促管理提升，做好装置的精细化管理；积极谋划装置冬季不停产，力争多产尿素，分摊加工成本，实现化肥装置的安稳长满优运行；紧盯市场，拓宽化肥产品组合，加快推进功能肥升级。通过以上举措持续降能耗、控成本、拓市场，努力实现增收增效。

2.2 推进管理提升，向精细管理要效益

从严管理出效益，精细管理出大效益，精益管理出最大效益。要立足管理创新推进提质增效，以“管理提升年”活动为契机，全面提高油田管理水平，实现管理创效。

一是精细投资管理。牢固树立“今天的投资就是明天的成本”理念，从源头上加强地质工程方案评价和优化，提高设计的科学性和经济性，不随意提高标准，不搞过剩功能。方案经济性评价以基准收益率倒逼方案相应投资成本优化，通过“反算账”指导油藏地质、钻采和地面工程优化调整投资，提高方案经济效益。加强投资项目管理，严格原油和天然气产能建设项目论证和经济评价，在产建区块效益评价优选基础上，强化对产建单井的经济效益排队，取消效益不达标开发井位，加强正钻井进尺和测录项目的跟踪优减等。加强投资过程管控，提高计划执行的严肃性，结合勘探开发最新认识和成果，项目之间需要动态调整，坚决杜绝超投资现象。加强投资结算管理，优化工作流程，加快工作节奏，严格审核确认，提高结算的及时性和准确性。

二是精细成本管理。要把低成本作为长期坚持的战略原则，牢固树立“一切成本皆可降”的理念，加强全过程、全要素成本管控，遏制成本增长。要牢固树立储量资产意识，搞清每一个油气藏的储量现状、损失情况及挖潜方向，增加剩余可采储量规模，分析市场油气价格和油气藏成本，有效降低折旧折耗，降低经济极限产量，升级、增加经济可采储量。在单井效益评价基础上认真开展成本写实，深入解剖分析完全成本、操作成本等各要素，细分油田、区块、单井成本构成，精细成本管控，提质增效。精准摸排价格压控空间，同时健全询价机构和制度，及时询价、及时公布、及时应用，建立科学合理的定额标价。加强资金管理，有序推进降杠杆减负债，大力压降“两金”占用，研究用好国家和新疆维吾尔自治区减税降费政策，提高资金运作水平。

三是精细资产管理。加强资产分类管理，精准识别高效、有效、低效、负效资产，制定实施差别化管控策略，管好用好高效、有效资产，统筹推进无效、负效资产关停并转，适时开展减值报废，进一步优化资产结构、提高资产质量。以推进资产轻量化为指引，开展资产管理情况专项检查，盘活存量资产，做好采油树、压缩机、油套管、钻工具等库存物资消化利用，提高资产使用率；加强物资设备采购和仓储管理，加大集中采购力度；加快物资设备国产化进程，台盆区装备、材料、工控系统全面推行国产化。

四是精细销售管理。销售是油田连接市场的纽带，要大力实施市场战略，强化市场意识和竞争意识，研究国家石油天然气管网集团有限公司成立、集团公司油气销售管理体制改革等政策对油田生产经营的影响，科学调整销售策略，积极推进扩销保价，实现油田效益最大化。原油销售要密切跟踪油价走势，加强与西部销售中心的沟通协调，优化产品结构和市场流向，做好分时分销、分质分销，把每吨油都卖出当期好价格；天然气销售要增强“抢市场”的意识，积极开发高效市场和直供用户，强化产销衔接，做好价值销售，提高天然气价值创造能力；另外，要结合油田发展规划，谋划推进油气存储设施建设，扩大油田库存容量，提高产销调节能力。

2.3 强化技术配套，向科技创新要效益

科技是第一生产力，创新是引领发展的第一动力。要坚持事业发展科技先行、技术立企，大力实施创新战略，持续攻关配套经济、安全、适用的勘探开发技术系列，发挥科技创新对提质增效和战略发展的支撑引领作用。

一是强化全盆地整体研究，发展和深化“前陆盆地超深油气地质理论”和“克拉通盆地超深油气地质理论”，进而完善“叠合复合盆地油气地质理论”，加强新领域、新类型、新层系综合地质研究，有效指导新区勘探突破。油气勘探上形成物探、单井综合评价、圈闭识别与评价、油区地质力学建模与应用、超深层高温高压复杂油气藏配套实验技术，夯实加快发展的基础。

二是完善碎屑岩油藏提高采收率配套、高压裂缝砂岩气藏高效开发、碎屑岩凝析气藏提高采收率开发、超深缝洞型碳酸盐岩油气藏高效开发技术系列，把降低递减率、提高采收率作为开发工作的重中之重，抓好库车山前高压气藏水侵研究和治理，全面推行碳酸盐岩注水注气开发，科学组织碎屑岩油藏注气开发试验，提高开发质量和效益。

三是聚焦两大根据地、三大新领域关键瓶颈技术难题，按照基础研究、攻关试验、集成推广、探索储备四个层次开展攻关，打造8000米以上超深复杂油气藏钻井、采油气和测录井工程技术利器，全力支撑油田公司增储上产。

四是加快建设新一代数字化油田，以信息化科研成果全面支撑智能化油田建设。加快专业领域信息化应用，推动勘探开发梦想云A6、视频会议等一批系统上线后的深化应用，有效提升了生产管理效率。

五是创建超深层复杂油气藏勘探开发技术研究中心，打造国家级科技创新平台，加强实验室建设，努力把塔里木建设成为中国“深地”领域创新高地。充分利用科研项目培养和使用人才，发挥好各级各类人才作用，调动好各级各类人才的工作积极性。

2.4 狠抓安全环保，向平稳运行要效益

安全是企业最大的效益，健康是员工最大的福利。要树牢红线意识和底线思维，从严从实加强疫情防控和安全环保工作。

一是巩固疫情防控成效。深入学习贯彻习近平总书记关于疫情防控工作的重要讲话和指示批示精神，认真落实集团公司和自治区各级党委政府的疫情防控要求，克服麻痹思想、厌战情绪、松劲心态，抓好常态化疫情防控工作。

二是强化安全生产管控。总结经验教训，动态抓好各类风险隐患排查治理，突出低油价下频繁调产作业的风险管控，“一井一策”制定防控措施，严防油气藏破坏和井筒完整性受损。特别是重点阶段，要严格落实升级管理要求，抓好安全环保、维稳安保工作。

三是抓好生态环境保护。抓住有利时机，加快协调生态红线和保护区调整事宜，争取有利矿权保护性开发。树立节约就是创效的意识，大力推广节能减排新技术，加强节能管理和监测，千方百计降低损耗，提高能源资源利用效率。

3 坚定信心，推动塔里木油气事业高质量发展

中国经济稳中向好长期向好的基本面没有变，国家在优化国内市场供给、推进企业减税降费等方面出台系列政策措施，经济社会发展活力有效激发，经济运行扭转下滑势头，油气市场正在逐步回暖。中国石油集团公司党组加快新疆油气业务发展的战略部署没有变，党组高度重视、全力支持塔里木油田发展，在大幅控减投资的情况下，油田投资得到了重点保障。塔里木油田加快发展的目标没有变，油田党工委在稳健推进3000万吨大油气田建设的基础上，立足盆地丰富的资源基础和勘探开发最新认识和成果，筹备博孜—大北、塔河南岸两大会战，谋划现代化大油气田建设。做实自主研发，持续攻关配套核心技术，通过开展技术攻关和规模化应用，形成了与塔里木盆地资源条件相适应的工程技术系列。干部员工团结协作、真抓实干的优良作风没有变，特别是近两年来，加强和改进党工委统一领导，形成了共谋共创共享塔里木油气事业的生动局面。

塔里木油田只要咬定目标不放松，坚定信心不动摇，凝聚一切发展力量，调动一切积极因素，振奋精神、攻坚克难，就一定能打好提质增效攻坚战，全力推动塔里木油气事业高质量发展。

参考文献

[1] 杨学文. 塔里木石油会战30年技术发展与创新[M]. 北京：石油工业出版社，2019.

[2] 杨学文. 塔里木盆地超深油气勘探实践与创新[M]. 北京：石油工业出版社，2019.

[3] 肖玉茹. 全球油气行业近年上游投资变化趋势[J]. 国际石油经济，2017，25（10）：35–41.

[4] 常毓文. 油气开发战略规划理论与实践[M]. 北京：石油工业出版社，2010.

[5] 袁庆峰. 油田开发规划编制方法[M]. 北京：石油工业出版社，2004.

[6] 鲁继通. 我国高质量发展指标体系初探[J]. 中国经贸导刊（理论版），2018（20）：4–7.

[7] 吕薇. 探索体现高质量发展的评价指标体系[J]. 中国人大，2018（11）：23–24.

[8] 李笑天. 中国企业文化经典案例[M]. 北京：中央编译出版社，2009.

[9] 王方华. 企业战略管理[M]. 上海：复旦大学出版社，1997.

[10] 郭彬. 创造价值的质量管理[M]. 北京：机械工业出版社，2014.

致力提供全球金融解决方案 打造国际化一流财务公司

——中油财务有限责任公司“十四五”发展形势与发展思路探析

王文忠　姚淑瑜　梁　潇
（中油财务有限责任公司）

摘　要：系统分析中油财务有限责任公司面临的宏观经济、金融市场、油气行业和集团公司发展以及财务公司行业发展趋势等外部环境，从公司现有的竞争优势、问题不足和面临的机遇、挑战等方面进行了SWOT分析，进而研究提出公司“十四五”规划的发展思路，即要聚焦高质量创建国际化一流财务公司这一根本目标，强化“两个坚持”，做好“六篇文章”，实现三个根本性转变，为集团公司建设世界一流综合性国际能源公司创造更大价值、做出更大贡献。

关键词：中国石油；财务公司；竞争优势；问题和挑战；发展机遇；发展思路

中油财务有限责任公司（以下简称“公司”）作为中国石油天然气集团有限公司（以下简称“集团公司”）的“内部银行”和“司库平台”，自1995年成立至今，始终坚守集团公司资金归集、结算、监控和金融服务“四个平台”这一定位，积极致力于协助集团公司资金集中管理，为成员企业提供优质高效的金融服务，以“服务内部化”实现“效益内部化”，主要指标连续17年在全国财务公司行业排名第一，得到了集团内外部的普遍认可和较高赞誉。站在“十三五”末期、高质量发展的新起点，未来公司如何发展，如何更好地服务集团公司实体企业，成为当前亟须思考的重要议题。

1　外部环境分析

1.1　宏观经济

当前国内外形势面临百年未有之大变局。2020年初突发的新冠肺炎疫情，对本就处于下行周期中的世界经济给以沉重打击。疫情的深层次影响将在“十四五”期间长期存在：世界经济政治格局将深度调整，多极化趋势更加明显，新兴经济体将加速崛起；全球产业链、价值链加速重构，不确定不稳定因素与日俱增。

对于中国经济，疫情和中美关系复杂多变等因素将使初期经济下行压力较大，但经济长期向好、高质量增长的基本面不会改变。伴随积极的财政政策和稳健宽松的货币政策不断发力，新基建、新经济快速带动，国内国际“双循环”积极赋能，中国经济长期来看将大概率企稳回升，经济增速波动性大为收窄。

1.2 金融市场

后疫情时期的金融市场震荡更加剧烈，“灰犀牛”和“黑天鹅”长期并存且日渐增多，金融形势越发错综复杂。受疫情影响，国内外未来货币政策宽松方向基本确定，各国逐步步入低利率时代，流动性充足和资金成本降低成为趋势，银行业息差有可能继续收窄。中国利率市场化和人民币汇率形成机制改革以及金融供给侧结构性改革将持续深化，人民币将更加国际化，金融市场体系将不断完善，金融市场在稳增长、调结构、促改革和防风险方面将大有可为。金融业对外开放步伐将不断加快，市场竞争愈发激烈的同时，将为国内金融市场注入新的活力，带来新的机遇。

1.3 油气行业与集团公司发展

受疫情影响，世界油气需求锐减，供应过剩，国际油价创纪录暴跌，世界将进入新一轮低油价时期。低油价和疫情双重打击下，油气行业面临前所未有的挑战。上游生产遭到巨大压力，许多石油公司被迫宣布大幅削减投资计划，全球未来几年油气上游投资将持续萎缩，但油气在全球能源消费中的主体地位将不会改变。油气行业将不断向清洁低碳方向发展，油转气趋势将更加明显；全球能源转型与技术创新步伐加快，油气行业数字化变革和转型也将更加紧迫。与全球油气行业相比，国内油气行业未来发展空间依然巨大，仍将处于重要的战略机遇期。一方面，面对潜在的能源安全威胁，中国确定了油气资源增储上产的重要战略定位，出台各种配套政策，鼓励支持油气资源勘探开发，未来在能源安全政策护航下，国内油气勘探开发将稳步推进，油气行业大概率将实现高质量发展；另一方面，油气消费在能源消费中依旧占据重要地位，特别是天然气消费将加快增长。另外，国家油气体制改革不断深化，国家石油天然气管网集团有限公司（以下简称“国家管网公司”）投入运营，外资、民营和地方国企加快布局油气产业，新技术、新能源快速发展，油气参与主体日趋多元，竞争性的市场机制有望形成，油气产业链的活力有望有效激发。

从集团公司总体形势看，“十四五”面临着新形势新任务新要求，机遇和挑战并存。政策环境总体有利，油气增储上产的政策导向增强了集团公司油气勘探开发的确定性；“一带一路”倡议下，集团公司的国际化将更加深入，这都将为集团公司高质量发展提供重要战略机遇。面临的挑战包括：低油价将长期存在，对集团公司的生产经营和现金流将产生重大影响；中美贸易摩擦未解，一些关键技术与装备、软件存在“卡脖子”风险，一些项目的运营可能受到冲击；国家管网公司成立后，油气管网的剥离导致集团公司业务链完整性被打破，整体效益受到影响等。“十四五”期间，集团公司势必将更加突出推动高质量发展，更加突出培育新能源新业务，更加突出加快数字化智能化等转型升级。

1.4 财务公司行业发展趋势

一是金融严监管，规范行业高质量发展。严监管将成为常态，防范化解金融风险尤其是防止系统性金融风险，将是中国未来金融工作的根本性任务；持续推进监管改革，力促金融回归本源、服务好实体经济将是未来监管重中之重。面对严监管，财务公司行业将狠抓风险管控，强化合规管理，注重回归金融服务本源，持续规范发展方向，坚守帮助企业集团加强资金集中管理和提高资金使用效率的基本职能，推动行业发展更趋规范、更加高质量。

二是产业链金融等新业务模式在规范中发展壮大。在国家对于金融回归本源的根本要求下，财务公司将更加聚焦集团实体产业链，深耕产业金融，丰富金融服务内涵，运用独特金融优势力促所属集团实现高质量发展。随着利率市场改革的持续深入以及投融资等外向化业务的逐步受限，具有鲜明内部化特征的企业集团财务公司面临核心竞争力减弱，盈利模式受冲击，进而逐渐被边缘化等困境。因此，未来财务公司很可能更加关注支持集团延伸产业链实体经济发展，以优化集团产业链金融生态环境和赋能延伸产业链上下游中小微等实体企业发展，以及更加关注中间业务等高服务增值业务，有望培育出新业务模式、新盈利模式和新核心竞争力。

三是金融科技赋能行业数字化、智能化转型。“十四五”期间，大数据、区块链、人工智能等科技将迅猛发展，并与金融深度融合，进入金融科技重塑金融业态的3.0时代。财务公司行业将借助金融科技东风，对标商业银行、互联网金融，不断加大金融科技投入，完善顶层设计，优化系统架构，推动前端金融科技与财务公司应用场景有机结合，赋能财务公司行业数字化转型、智能化发展。

2　财务公司SWOT分析

2.1　竞争优势

经过25年的健康发展，公司取得了丰硕成果，为未来发展积累了较好的竞争优势。

一是政策环境总体有利。其一，监管支持。财务公司作为服务实体企业最直接的金融机构，历来受到监管机构的鼓励和支持，“165号文”①“25号文”②和“52号文”③等系列文件，均明确支持财务公司切实服务好所属集团实体经济发展；同时，作为业内规模最大的财务公司和系统重要性金融机构，公司与中国人民银行、银保监会（局）等主要监管机构关系良好、沟通渠道畅通，在获取市场准入、业务开拓等方面具有显著优势。其二，集团支持。作为集团“内部银行”和“司库平台”，助力集团公司资金集中管理质效成果卓著，备受集团和成员单位认可，集团总部机关和主要领导均明确表示大力支持财务公司发展。其三，社会认可。连续多年获得行业A类评级和较高监管评级，荣获包括“年度最佳财务公司奖”在内的多项殊荣，香港子公司获得仅次于国家主权的高等级信用评级，公司良好品牌效应利好未来业务拓展和“朋友圈”扩容。

① 国资发评价〔2014〕165号《关于进一步促进中央企业财务公司健康发展的指导意见》。

② 国资发资本规〔2019〕25号《关于加强中央企业金融业务管理和风险防范的指导意见》。

③ 银保监发〔2019〕52号《中国银保监会关于推动银行业和保险业高质量发展的指导意见》。

二是发展基础坚实。（1）内部企业天然优势。凭借功能定位、股权关系、业务往来、人员交流、系统融合等方面，公司与外部金融机构相比具有独特的产业优势、信息优势、渠道优势、管理优势与合作基础，更能满足符合油气产业链特点的金融服务需求。（2）业务资质齐全。除具有基本的账户管理、结算、存贷款资质外，还拥有债券承销、集中结售汇、境内外衍生品、境内外投融资、跨境本外币资金池以及关税保函、延伸产业链金融和上海票据交易所会员等资质，以及2019年成功试点的财票业务，可为集团公司和成员企业提供全方位综合性金融服务。（3）海外资金管理平台成熟专业。香港子公司作为银监会批准的第一家且至今唯一一家企业集团财务公司境外子公司，在国际融资、外汇业务、套期保值等方面发挥先行优势，屡创第一，已成为规模实力强、业务多样、金融服务综合一体化的海外资金管理平台。（4）专业经验扎实丰富。多年来建成且运行良好的大司库体系、资金运行机制、风险管控模式等使公司积聚了丰富的管理经验，形成了具有中国石油特色的先进做法，也造就了一批既懂金融又熟悉产业的一流的产业金融专业人才。（5）行业地位和美誉度高。作为业内规模最大的财务公司和系统性重要的金融机构，在行业和集团内外均拥有较高的地位和美誉度，为公司业务拓展与合作打下良好基础。

三是党建、文化、制度助力企业发展。党的领导和先进企业文化有效发挥引领作用。公司旗帜鲜明地坚持党的领导，着力强化党建引领，打造了一支忠诚干净担当专业的一流人才队伍，形成了稳健进取、诚信合规、风清气正的经营管理企业文化。发展理念优化提升。公司明确提出要向更加注重质量效益转变，坚持专业化服务、精细化管理，不断强化服务意识、市场意识和竞争意识，引领公司未来高质量发展的能力不断增强。三项制度改革激发动力活力。坚持问题导向和市场化方向，扎实推进的公司三项制度改革取得阶段性成果，票据部、客户部和资金运营项目组相继成立并投入运营，组织架构得到优化，业务条线和管理机制得以理顺，有望更加有效引领公司高质量发展。

2.2 问题与不足

对照公司高质量发展要求和行业先进经验，公司在经营管理方面仍存在一些矛盾与不足。

2.2.1 因内部定位差异，公司发挥司库功能的成效存在差距

中国财务公司协会2019年度课题研究①表明，国内设立财务公司的企业集团的司库管理模式可分为两种：一为“集团型司库”，即集团资金部门履行司库管理职能，财务公司主要作为集团司库管理的执行部门和金融服务部门，例如中国石油集团；二为“财务公司型司库”，即财务公司作为集团司库管理职能部门，履行司库管理职能的同时提供司库金融服务，例如顺丰集团。“集团型司库”模式中财务公司通常作为利润中心，而“财务型司库”模式中财务公司通常作为“成本中心”。集团型司库的财务公司资金集中度、账户集中度和结算收支比等衡量资金管理效果的指标均低于财务公司型司库。

① 2019年度中国财务公司协会研究课题：财务公司与企业司库比较研究。

2.2.2 经营质效下滑

一是总体发展增速放缓，行业领先优势收窄。公司总资产自2013年以来持续下滑，与集团总资产持续上升形成日益扩大的“喇叭口”。从全行业看，公司规模效益总量指标的领先优势持续萎缩。资产方面，按照境内资产可比口径，公司对中国电力财务有限公司的领先优势明显下滑，2018年开始被其反超，失去行业“领头羊”位置；公司自营资产在行业前十大财务公司的比重也持续下降，2019年末跌至26.1%，较“十二五”末下降4.9个百分点。效益方面，境内营业净收入2018年和2019年相继被中国电力建设集团和上海汽车集团股份有限公司反超，跌至行业第二和行业第三；2019年公司境内资产净利率在全行业排名第86位，处于中等偏上位置，较中国石油化工集团有限公司（以下简称“中石化”）低；净资产收益率行业排名第113位，处于中等偏下位置。

二是主要业务量价齐跌，创效能力不及可比公司。贷款方面，2019年公司自营贷款平均规模较2015年减少366亿元；本外币贷款均面临成员企业加大议价力度等影响，其中人民币贷款因国内进入降息通道，导致贷款利率大幅下降，2019年平均税后利率较2015年下降，外币贷款因美联储利率处于加息周期消化了部分不利影响，贷款利率呈上升趋势，2019年较2015年上升。投资方面，受严监管影响，公司规模品种双双受限，高收益品种规模持续萎缩，叠加投资风险偏好较航天科技、兵工等财务公司偏低，导致投资收益率低于可比公司。票据和产业链业务方面，公司刚刚起步，业务规模、种类远低于中石化财务公司。

三是资金集中度偏低，与监管要求及行业先进的差距明显。受内外部金融机构存款分流、关联交易受限、境外外汇管制等因素影响，公司全口径资金集中度多年来徘徊在50%左右，略低于行业平均水平，位于行业中游，与央企财务公司平均水平相差近10个百分点，与行业领先财务公司90%左右的集中度差距更大，与监管评级60%以上的满分要求也有不小差距，已成为历年公司监管评级的主要扣分项。

四是本外币资金统筹管理缺位。本外币资金交易多年来分散在总部多个部门和境外子公司，2020年新成立的资金运营项目组虽将统筹境内流动性管理，但本外币资金调剂、跨境资金调剂、境内外投资统筹运作，以及是否有必要借鉴海尔和中信等财务公司经验建立本外币一体化交易室，开展本外币一体化交易，都还有待深入研究。

2.2.3 管理提升还有较大空间

一是三项制度改革亟待深化。机构职能方面，部门职责定位与岗位设置和人员配备的匹配性还有待优化；分支机构职能虽已确定，但与总部部门之间的新的归口管理模式尚需进一步明确。绩效考核方面，公司2020年首次施行公司与部门签订业绩合同，从考核模式、考核内容到考核指标均有待优化，还未能实现公司整体经营管理目标与部门目标、员工积极性之间的有机统一。队伍建设方面，人才培养培育和发展机制还不完善，人才梯队断档，结构不尽合理，员工干事创业的动力活力还未充分激发。

二是客户管理和资金定价亟待补强。客户管理方面，客户信息整合、客户管理系统开发等基础工作处于起步阶段；服务下沉和需求挖掘不足，产品定价和产品设计支撑不够，客户开拓和维护手段较为单一；分公司区域设置过于集中，未能有效覆盖长三角、粤港澳大湾区等业务资源更为丰富的地区。内部资金定价方面，相对简单、静态，未能有效发挥价格对内部资源配置的引导作用；产品定价方面，主要采用跟随商业银行竞价，未有效体现客户风险与贡献度等差异。

三是信息化建设亟待提速。公司信息化建设还处于追赶业务管理发展阶段，从顶层设计到业务系统、基础设施、底层数据等方面都与公司高质量发展要求和行业先进财务公司存在不小差距。现有信息化建设架构与业务发展要求还不匹配，业务系统的可扩展性和承载力较差；应用系统功能有待丰富，客户体验有待提升，资产负债管理、客户资源管理和风险管理等方面的系统建设和优化需加快推进；两地三中心和信息安全等级保护、系统监控及报告制度需加快建立，信息科技风险管理和治理体系有待完善。

四是风险管理亟待优化。风险偏好方面，公司还未建立与公司发展要求和市场环境相适应的风险偏好体系，具体业务的量化“尺度”不够清晰。管理手段方面，公司客户评级体系尚未有效建立，风险量化管理推进比较缓慢，风险管理更多依赖人工识别或手工操作，决策流程不够简洁高效。

2.3　发展机遇

公司面临的发展机遇，主要有五个方面。（1）后疫情时期货币政策逆周期调节下，财务公司存款准备金率有望进一步降低，同时市场融资成本有望下降，利好公司未来发债等市场融资；（2）集团公司加大上游勘探开发，加大培育新能源新业务，深入践行“一带一路”倡议和“走出去”战略，调整优化上存和付息资金等资金管理政策，以及国家管网公司成立前期存在较多金融服务需求，都有望带来新的增量业务；（3）金融科技浪潮下，集团对金融企业信息化的高度重视将有力推动公司数字化转型和智能化发展，公司经营管理的信息化水平有望跃上新台阶；（4）公司作为集团公司15家创建世界一流率先示范企业之一，有望在职业经理人、股权激励、薪酬分配管理和个性化考核等方面获得政策倾斜，进一步激发公司发展活力；（5）国家政策总体上支持财务公司在资金集中管理和产融结合中发挥更大作用，提升服务的广度和深度。

2.4　面临挑战

内外部环境的复杂变化，也将对公司的经营管理提出挑战。

一是稳增长难度巨大。未来国际油价大概率中低位运行，国家管网公司独立运行，集团公司坚守自由现金流为正底线，严控负债规模，资金趋紧将成常态，且两大总部资金挖潜空间有限，部分地区公司、参控股企业市场竞争激烈，稳定新一轮关联交易协议存款上限不降存在较大困难，境外资金归集存在诸多政策限制，公司存款和外部融资稳规模难度巨大；“十四五”后期国家管网公司或成立财务公司，公司很可能全面丢失其市场份额，成员企业存款加息、贷款降息诉求可能更加强烈，同时国内外市场利率可能持续走低，公司存贷息差可能进一步收窄，投资收益率和票据收益率可能持续下降，稳效益难度巨大。

二是发展竞争愈发激烈。在金融回归服务实体经济本源的要求下，商业银行将会进一步加大实体企业客户开发力度，加快布局产业链金融业务，大型银行利用低资金成本和多网点优势可能使财务公司在存贷款等重要业务的“价格战”中处于下风，叠加集团内部市场容量有限，公司业务守住领地和开疆拓土都将困难重重。

三是风险管控难度加大。后疫情、低油价、中美贸易摩擦下，全球经济下行，金融市场波动，公司贷款及同业业务面临的信用风险可能加剧，投资和外汇业务将面临更大的利率风险和汇率风险；司库二期上线后，资金结算量陡增和头寸资金紧平衡的矛盾越发突显，公司流动性压力加大；严监管下，监管新规发布和合规检查更趋频繁，公司合规管理面临更大压力。

四是严监管下业务开展不确定性增大。监管部门对于央企金融业务管控模式尚未达成一致，公司发展面临多头监管带来的政策导向还不够清晰，业务要求还不够统一；严监管下，公司重返监管评级1级挑战重重，延伸产业链业务何时解禁，发债和设立分支机构能否获批，其他业务是否再度收紧等存在较大不确定性，这些都将对公司提质增效形成较大掣肘。

3 “十四五”发展思路

在统筹把握外部宏观环境和公司SWOT分析基础上，站在高质量发展的新起点，要擘画公司发展蓝图，可考虑如下发展思路，即“十四五”期间，以习近平新时代中国特色社会主义思想为指导，坚持党的全面领导，深入贯彻新发展理念，积极弘扬石油精神，牢固树立服务为上、奋斗为本、守正创新的企业核心价值观，以高质量创建国际化一流财务公司为根本目标，强化“两个坚持”，做好“六篇文章”，现有业务做精做深做强，基础管理做实做专做优，积极挖掘新的增长点，积极探索智能金融，努力打造涵盖集团内外部产业链的“金融服务生态圈”，实现从提供金融产品向提供综合性服务方案，满足资金需求向满足全方位服务需求，创造财务价值向创造多元化服务价值的三个根本性转变，为集团公司建设世界一流综合性国际能源公司创造更大价值，做出更大贡献。

实现“六项能力”达到行业一流，即一流的资金管理能力，体现在资金归集能力、资金结算能力和资金监控能力；一流的金融服务能力，体现在服务覆盖面、服务价值、服务质量；一流的风险管理能力，体现在全面风险管理能力和监管合规；一流的金融科技能力，体现在系统有效性、系统投入度和系统安全性；一流的可持续发展能力，体现在创新能力、人员素质、公司成长性和发展活力；一流的品牌形象，体现在监管评价、集团评价、社会评价和行业排名。

发展原则即“两个坚持”：坚持功能定位和坚持底线思维。“十四五”期间，公司要坚持和强化集团“全球资金管理平台”“全球金融服务平台”和“服务价值创造平台”功能定位，以“定位+创新”驱动公司做大做强。坚持底线思维是指，要坚持依法治企、合规经营，坚守法律红线、监管合规不可逾越，制度流程全面规范，前中后台职责明晰，信息系统运行安全，风险管理科学高效，干部队伍风清气正，充分发挥党委纪检、风险管控和内控审计的保驾护航作用，确保公司发展行稳致远。

发展路径，即“六篇文章”：资金管理、服务提升、国际业务、科技赋能、创新驱动和发展活力。（1）做好资金管理。要着力提高资金归集和资金结算的业务覆盖面，强化内外部账户和资金监控，加强资金对内对外定价管理，探索和逐步实现境内外、本外币资金一体化统筹管理运作，不断提升资金管理的深广度和精细化。（2）做好服务提升。要深耕产业金融，以客户为中心，以需求为导向，以价值创造为目标；要面向包括集团总部、成员企业、上下游产业链企业在内的所有客户，借助包括银行、财务公司、基金、证券在内的交易对手，打造稳定和谐的“金融服务生态圈”；要从集团发展战略、集团财务管理、集团产供销等各个层面挖掘服务需求，服务需求要从资金需求拓展至业务运营、效率提升等全方位需求；要健全客户管理、客户营销和客户服务体系，优化金融产品体系，加快实现从提供产品向提供金融服务方案的转型升级，不断提升服务能力和服务价值。（3）做好国际业务。要聚焦集团国际化战略，密切跟进集团海外业务发展，充分发挥香港、新加坡和迪拜三个境外平台作用，优化境外机构布局，主动融入“一带一路”建设，不断扩大国际业务发展空间。（4）做好科技赋能。要加快信息化建设，加大资金投入，发挥金融科技引领作用，不断提高业务管理的信息化、智能化水平，推动公司数字化转型、智能化发展。（5）做好创新驱动。要加大业务创新、管理创新和科技创新，积极争取新资质、开发新产品，大力发展产业链和财票业务，做大中间业务，积极助力集团降“两金”，实现业务新亮点、盈利新增长；创新利用新思维、新理念，探索管理新模式、新方法，着力解决公司管理痛点难点；探索利用云计算、大数据、人工智能和区块链等新技术，实现与公司客服、营销、结算、产品、风控等的深度融合，以更加灵活、快速、精准的方式满足客户需求，充分发挥智能金融的成本、效率、用户体验和风险控制优势。（6）做好发展活力。要以市场化为导向，推动完善现代企业制度，持续深化人事劳动分配制度改革，优化部门定责定岗定编和全员绩效考核体系，加快推进人才培养和队伍建设，构建良好的员工成长及职业发展通道，积极培育特色企业文化，有效激发员工干事创业热情，激活公司发展内在动力活力，不断提升核心竞争力，增强发展后劲。

有效坚持上述发展思路，切实强化两个坚持，真正做好“六篇文章”，国际化一流财务公司的根本目标有望实现。届时，对集团公司油气产业链提供的金融服务将更加优质，客户将更加满意，市场影响力将更大，美誉度将更高。

参考文献

[1] 中国财务公司协会，中国社会科学院财经战略研究院. 中国企业集团财务公司行业发展报告（2019）[M]. 北京：社会科学文献出版社，2019.

[2] 中国人民银行. 2020年第一季度中国货币政策执行报告[R]. 2020.

[3] 中国人民银行. 2019年第四季度中国货币政策执行报告[R]. 2020.

[4] 刘朝全，姜学峰. 2019年国内外油气行业发展报告[M]. 北京：石油工业出版社，2020.

新冠肺炎疫情和低油价形势下物探公司的发展方向及应对策略

李　鹏　柳　溪　贾继兵
（中国石油集团东方地球物理探勘有限公司）

摘　要：2020年受新冠肺炎疫情的影响，全球经济迅速衰退，石油作为世界经济运行的基础原料，与经济运行紧密相关。石油总需求的急剧萎缩，造成国际油价呈断崖式下跌，导致整个石油行业进入寒冬。本文通过对石油物探行业内外部环境进行分析，提出了物探企业发展方向和当前应对策略的建议。

关键字：新冠肺炎疫情；油价暴跌；物探；发展方向；应对策略

1　引言

2020年的新冠肺炎疫情在全球暴发，这是世界经济全球化以来人类面对的最严重的危机。由疫情引发的全球消费需求严重紧缩，而油价的断崖式下跌，全球股市的动荡，进一步加速了世界经济的衰退。

据经济合作与发展组织（OECD）的预测，2020年世界经济增速可能会下降至自2009年以来的最低水平。2020年3月6日，“OPEC+”扩大减产谈判无果，引发了原油价格暴跌。3月9日布伦特原油期货下降超过31%，美股开盘仅4分钟就触发熔断机制。4月20日，WTI原油期货价格跌至-37.63美元/桶，创下历史纪录。原油作为世界经济运行的基础原料，与经济运行紧密相关。在世界经济下行、新冠肺炎疫情暴发持久并存的大环境下，能源总需求必将进一步萎缩。全球原油市场供大过求的态势在短期内恐难以改变。

2　疫情和低油价对物探行业造成的影响

由于本次新冠病毒的特殊和未知性，各国政府包括世卫组织都将其列为一种长期存在的疾病予以防治，这就说明短期内消灭新冠病毒是不可能的，必然会在疫苗成功研制以及普遍注射前长期与世界经济做斗争。而疫情的影响对中国石油集团东方地球物理探勘有限公司（以下简称“公司”）海外物探生产作业也造成巨大影响，众多海外一线员工受航班影响不能正常倒班，最长的已经连续工作10个月，最短的也已经连续工作6个月。而各国控制疫情措施的不同也造成了各国疫情情况的不同，生产所需要的人员无法补充和替换，长期野外作业高强度和长时间势必会随着时间的增加不断积蓄负面情绪，给人员管理带来挑战。

页岩油发现并成功开采后，打破了原有的世界能源格局，转为“三足鼎立”的格局。但页岩油开发成本较高，相对比中东产油国成本毫无优势。加上新冠肺炎疫情引发需求紧缩，国际油价出现了近20年来罕见的跌幅，并导致油气上游公司破产总数升至20余家，仅在6月，美国就有7家油气公司申请破产，切萨皮克这样的页岩龙头企业也位列其中。BP公司甚至宣布将在2020年全球范围内裁员10000人。供给方的不景气势必会使其勘探原油的计划进一步延后、缩减甚至取消投资。从公司2020年第一、二季度国际勘探市场就可以初见端倪，受疫情和油价影响中小型油公司减少物探投资，甚至裁减整个勘探开发部门，大石油公司推迟勘探项目甚至废标。石油公司将降本重心放在了勘探开发方面，2020年道达尔公布了削减预算支出达到33亿美元，其中25亿美元涉及勘探和开发领域。各大石油公司缩紧银根，对物探公司上半年生产经营带来巨大影响。另外，有分析师称，随着石油公司纷纷减少支出，对物探行业的投资减少也会是力度空前，行业寒冬即将到来。

3 疫情和低油价下的物探行业发展前景

虽然疫情和低油价影响下的油气行业不景气，行业寒冬随之到来，但这并不代表物探行业就成了夕阳行业。雷斯塔能源在2020年7月6日公布的数据显示，2020年上半年全球油气资源发现量相比2019年同期减少了42%，是近20年来最少发现。但伍德麦肯兹分析师认为，石油需求在2040年前不会大幅放缓，尽管世界各国大力推广新能源、清洁能源，但世界经济仍将依赖传统的石油和天然气。继续加大勘探开发对于满足世界未来30年的能源需求，至关重要。

根据2020年上半年数据统计，全球仅发现了49亿桶油当量的常规油气资源，平均每月8.1亿桶；2020年上半年共发现49个常规油气资源，其中天然气占55%。其中，俄罗斯、南美和中东地区的发现占全球发现的73%。而非洲和澳大利亚表现不佳，只占全球新发现总量的不到1%。

从长远看，世界经济仍然依赖于传统石油能源，未来30年世界经济发展对石油和天然气的累计需求至少1.1万亿桶。按照世界现有探明和已开发的油气资源能满足6400亿桶，仍将有4000多亿桶甚至更多的资源缺口。因此，为世界经济发展提供稳定的能源保障，继续寻找油气储量具有强劲的市场前景。

4 疫情和低油价下物探公司发展方向的探索及面临的问题

地球物理探勘如何发展一直是一代代物探人思考的问题。物探的作业模式、管理方法虽然相比以前有所进步，但是总体框架没有改变，相应弊端也无法消除。例如，传统物探作业采取金字塔管理模式，这种管理模式，层级多、管理幅度小，信息传递效率低。同时，由于各部门管理重点不同的原因，填报的表格模板各不相同，但基本数据相同，容易造成数据反复填报，降低工作效率。因此，公司的数字化发展将会是发展方向。

4.1 数字化发展和5G技术的应用

疫情下的世界经济大幅萎缩，但是以互联网为主的网络经济却应时而发，远程办公、大数据分析追踪等迅速融入我们的生产和生活中。因此，物探行业也需要搭乘数字化发展的快车缩减成本，提高效率。

尽管石油公司都有不同的发展战略，但智能化、网络化是所有石油公司共同追求的目标。而高科技公司可以运用人工智能、大数据以及云计算等先进技术，为油气企业提供全面的数字化解决方案。

地震勘探面临高精度、海量数据处理的挑战。地震勘探面积不断扩大，宽频带、宽方位、高密度的数据采集不断增多，采集量甚至达到每平方千米1TB以上。许多石油公司都存在数据云计算及网络设施建设的需求，与科技公司的强强联手不仅能节约成本，还能提高效率。以大庆油田为例，华为公司为大庆油田建设了油气勘探算力专属云，云数据中心数据处理算力对比之前提升了8倍，叠前地震数据处理能力提升了5倍，从前单次只能处理400平方千米，现在可以处理2000平方千米。同时，大庆油田利用华为提供的AI和大数据解析能力，重新分析了历史勘探数据，挖掘新价值，为进一步开采做出决策。针对安全性，可以利用数据加密保证安全，生产数据通过高速专用网传输到云数据中心进行处理运行，计算完成后数据自动回传到公司数据中心归档管理，保障了核心数据的安全。

大数据的共享也会给物探公司在不同国家地区的市场开发提供依据，不同数据的交叉对比不仅可以让决策者快速掌握不同地区的市场走向和需求，为赢得市场提供保障。同时也可以获取分析公司在地形地貌相同的地区成功生产的相关数据，这些都可以利用云数据和数字化来实现。

在地球物理勘探领域，5G技术也将改变传统地震数据采集业务的作业模式。5G网络相比4G网络具有大带宽、广联接、低时延等优势特性，在物探生产中可实现地震数据高速回传，极大地提升了作业效率。此外，5G网络还可以为测量、勘探复杂地区提供无人机技术、在巡线排查时提供无人机巡查。利用科技的进步在物探领域发挥强大的支撑作用。

4.2 公司数字化和实施5G面临的难题

（1）数据共享难，质量管控机制尚不完善。例如中国石油、中国石化①等国内大石油公司，本身就积累了海量的油气勘探开发数据，但是这些数据分散在集团公司统建系统和各单位的自建系统以及部分研究人员的手中，数据体量大、种类丰富繁杂。但在数据源头和传输环节中缺乏对数据质量进行严格管控，从而无法保证基础数据的权威性、统一性和有效性，从而间接影响了研究成果的准确性，降低了指导勘探开发实践的科学性。但是数据体量大不等于大数据，如何实现数据共享和协同研究，并做好数据保密是传统物探公司面临的难题。

（2）复合人才少。目前物探行业的人员构成都是基于物探专业，懂得物探的不懂大数据，懂得大数据的又不了解物探，缺少智能化和物探专业相结合的复合型人才，协同发展也是人才培养上面临的一大挑战。

（3）科研成果分散，整体优势发挥不充分。目前物探公司科研都是分散式研究，针对

① 中国石油全称为中国石油天然气集团有限公司，中国石化全称为中国石油化工集团有限公司。此处为简称。

各自的地形生产分别攻克难题，没有大数据依托，一定程度上造成资源重复浪费，只有加强顶层建设，数据统一，才能统筹规划攻克难题。

（4）5G专用设备不足。目前针对物探行业的5G专有设备很有限，由于物探行业的特殊性，多地形，复杂气候都是常规油田没有的。因此，联合5G通信公司共同开发适合自身行业特点的5G终端和移动设备应该作为物探公司的一项目标大力推动。

4.3 积极开拓国内市场，加大海上勘探开发

除了推动公司数字化和5G应用，抓紧国内和海上勘探也是公司发展近期摆脱困境的一大出路。

疫情使得国际经济重启迟迟不能完全开放，只有中国在严控疫情的同时已经完全开放了经济。2020年6月22日，国家能源局发布的《2020年能源工作指导意见》指出，2020年全国石油产量预期目标约1.93亿吨，同比微增1%。表达了中国持续保持油气勘探开发力度的总基调没有变化。2019年，中国石油国内风险勘探获得3项战略突破、4项重要发现，油气增储上产成效明显。国家将继续加大油气勘探开发力度，一方面是从保障国家能源安全的角度出发；另一方面，从保障就业的角度，还需要保障广大石油员工的稳定。因此坚决紧抓国际市场不放松，积极开发国内市场是我们度过严冬的最好保障。

在2020年上半年新发现资源中，近70%是海上发现。目前来看，海上石油勘探行业正处于行业的成长期，国际国内行业下游需求保持增长，行业内企业数量还处于上升阶段，海上油气的勘探开发仍是各大油气公司的重点。海上油气资源的进一步发现会大大增强油气公司的投资兴趣，疫情对陆地勘探影响较大，对人员、运输等都造成不同程度影响，海上勘探相对陆上来说影响较小，也会给油气企业在疫情常态化下海上勘探开发保证收益增强信心。

国内市场固然一片向好，但是我们也要看到面对的挑战。2019年12月31日，自然资源部印发了《关于推进矿产资源管理改革若干事项的意见（试行）》表示，开放油气勘查开采市场在中华人民共和国境内注册，净资产不低于3亿元人民币的内外资公司，均有资格按规定取得油气矿业权。也就是说中国将全面开放油气勘查开采市场，允许民企、外资企业等社会各界资本进入油气勘探开发领域。新规的发布使石油公司持有区块成本增加，对于勘探开发的投入的成本势必要有所控制，未来市场的竞争将更加激烈，物探公司要积极采取措施，适应改革的变化，继续突出公司在国内勘探领域的领军地位，稳定国内热点区块的勘探市场，迅速占领国内其他市场。

海上勘探作为公司发展的重点，需要不断储备海上勘探人才。海上石油勘探需要专业的技术人才，不同于传统陆上勘探技术，分属于不同学科，目前中国海上石油勘探专业的人才培养体系还不完善，行业内大多数企业还没有建立专门的人才培养机制，大多都是陆上勘探人员培养而来，缺乏兼具海上勘探操作、熟悉海洋环境的复合型技术人才。高素质的开发团队和技术人员都需要长时间的积累，新进入的企业缺乏经过长期生产实践培养出来的专业技术人员，人才缺乏成为限制其发展的重要障碍。海上勘探的关键技术仍掌握在欧美发达国家手中，我们暂时不具有完全自主知识产权的技术，可用的先进技术一般都是

国外公司换代产品，在高端市场竞争力面前相对较弱。

5 疫情和低油价下物探公司应对策略

5.1 推动科技进步，加快物探装备自主研发进程

从前物探地震采集所使用的勘探设备大多来自法国SERCEL公司和加拿大INVON公司所生产的408UL、428XL、G3i等有线采集设备；由于勘探区域地形及自然、社会因素的复杂性，有线仪器越来越不能满足高效生产的需要。近年来以中国石油集团东方地球物理探勘有限责任公司为代表的物探公司一直致力于研发具有自主知识产权的无线节点设备，并取得了丰硕成果。陆上Eseis和海上OBN节点设备全面投入使用，并取得了非常好的效果。预计2020年年底将有35万道Eseis无线节电设备投入全部国内采集勘探市场。2020年可以说是节点应用大暴发元年，未来两年，国内节点仪器将全面取代428等传统有线设备，从而打破多年国外设备的垄断。与无线设备相配套的各种新技术、新方法也在不断地研发推进中。

5.2 组织机构优化，发展一体化服务

由于疫情的影响造成国际项目很多岗位不能正常倒班，很多人身兼多职，这也为公司寻找科学的组织结构，进一步优化人员构成提供了条件。通过科学合理的人员结构分析，从而使组织结构更加合理，人员更加精干，工作更加高效，进一步降低管理成本。针对机关管理也要进行精简，将更多人力资源充实到生产经营中需要的地方；进一步减少管理层，根据实际情况可以横向精简部门也可以纵向减少管理层，有效实现扁平化管理，提高信息上传下达效率。

一体化服务将成为物探领域新的突破点，并逐渐成为主流。随着油气资源争夺竞争加剧，油气勘探开发不断向更加恶劣的环境进发，勘探风险随之增大，勘探成本随之增加。这就对油价暴跌后石油公司提出更高要求。在这一背景下，公司由传统的采集、处理、解释一体化，发展为勘探方案设计、物探采集处理、井中压裂监测的深层次一体化，业务不断向上下游延伸扩展。一方面，一体化服务极大地满足了客户更低作业成本、更高作业时效的需求，使客户的风险及费用得到了有效控制，提供全面的解决方案，为客户创造了更多经济效益；另一方面，可以满足石油公司拓宽市场、增加利润、降低成本、稀释风险的需求。

5.3 增进管理创新，落实降本增效

公司一直将管理创新，降本增效作为公司发展壮大的基本，2020年的疫情和低油价带来了新的契机。

互联网办公、数字化处理将逐步融入公司的生产生活中。由于疫情影响，公司很多培训、会议都转为线上，除了必要的实践，其他一些理论知识、精神传达等都可以通过线上

会议进行，这在很大程度上缩减了相关会议场地费、差旅费、伙食费等的支出。这也为公司管理层提供了新的管理思路，一些必要或者非必要的会议都可以采取线上形式进行。这样不仅国内人员可以参加，海外一线员工也可以适时参加，保证管理精神的及时下达和公司政策的及时宣贯。各部门管理上积极推动共享管理，例如中国石油集团公司提出了财务共享，依托大数据、互联网减轻一线财务人员的工作负担，提高工作效率。

成本控制进一步强化，全面执行预算管理，树立“一切成本皆可降”的思想，严格控制“五项费用”，强化“两金”压控工作。加强设备物资管理，降低设备运维成本。全面压缩采购规模，大幅度削减非生产性材料消耗；随时关注生产项目的变化，适时适量开展设备维修，在保障项目资源正常运转的同时，达到维修费用最小化的目的；加大修旧利废力度，强化可重复利用物资的管理；盘活现有配件资源，强化资源共享，杜绝呆滞库存物资的增长，实现压缩库存的目标；除了生产过程的成本控制始终如一，生活办公中也要加强管理，减少纸张使用，增强数字化存储；控制电力费用，机关办公室严格执行电费阶梯对比，人走断电，地震队营地有条件改造太阳能电力；要将在生产中进行成本控制逐步深化到生活中，减少不必要的支出。各个部室的成本节约控制纳入年度考核中，通过每月数据的对比监控成本控制效果。

5.4 开发多元化市场，加速业务转型升级

素有日本“经营之圣”之称的稻盛和夫曾说“萧条是企业成长的机会”，经济萧条给企业带来产品转型升级的机遇，低油价就是油气企业转型和升级的机遇。

从单一开发市场，到多元化寻求市场。之前物探公司的市场开发主要是围绕各个国家的石油公司、私人公司开展，主动积极维护客户关系寻找机会。疫情常态化和低油价时代，出门拜访成为难题。因此发挥全员主观能动性，发挥创意和点子，利用互联网等新媒体工具积极发布广告，宣传、推广新技术。一方面提高公司在物探行业知名度和影响力，另一方面让潜在市场主动上门，从公司找客户转变到客户主动找公司。组织特定部门人员深入研究勘探行业为投资者带来的长期收益率，为投资者提供完善的可行性报告和收益报告。让资本市场中的投资者可以更多关注油气方面的投资，增强投资者信心，增加对油田区块的投入，为勘探市场吸引更多潜在投资者。

保证核心业务，积极扩展其他业务。目前物探公司的业务都是以采集为主，其他解释处理等业务也是围绕核心服务进行。公司可以进一步发展核心技术，优化资源，利用5G时代的机遇，进而打造公司科技物探的核心竞争力。在稳定核心业务的同时要积极为新业务提供思路。从单一的服务型公司转变为有一定科技水平的物探科技公司，不光可以提供服务，也可以出售技术、设备。

优化产业供求链，增加自主知识产权投入。疫情全球暴发，物探行业产业链深受影响，提供物探设备和配件的公司生产受到很大冲击，如果不能及时按要求完成公司的设备和配件需求，将对公司未来的市场投资影响巨大。因此，公司要未雨绸缪，进一步优化产业链结构，不仅依赖于传统大的物探设备公司，也要积极扶持中小型公司，完善自身的供应体系。

世界经济全球化方便了物探公司的发展，但是欧美国家针对中国企业发展的限制也逐渐显现，一旦中国企业在行业内做大做强影响了欧美国家的利益，就会受到制裁。现在中国的物探公司已经走在世界前列，但是相关的核心技术和设备还是依赖于欧美，竞争过程中经常出现对手比我们先拿到领先设备的情况。从长远发展来看，要加大自主设备和自主科技产权的研发力度，并在世界范围内注册专利，真正成为物探行业的龙头，摆脱欧美的科技封锁和限制。

5.5 整合勘探市场资源，提高企业综合竞争力

每一次低油价都是行业重新洗牌的机会，以往低油价时期均发生并购案，例如，GE并购贝克休斯成为全球第二大油服公司进行了优势互补，延伸了产业链，增大了全球业务覆盖范围。由于限于国企制度的特殊性，收购并购的实际操作会比较受限。但是公司仍然可以在低油价时期寻找机会通过收购对方设备、技术以及专业人员来提高自己的竞争力。但是，并购过程中相关的专业人员和业务都比较缺乏和生疏，需要培养并购的业务人员并不断关注并购市场的各种动态信息。

5.6 弘扬艰苦奋斗精神，树立国际品牌

新冠肺炎疫情的影响和低油价的冲击造成许多油气勘探企业人员和资金的双重紧缺，很多中小型勘探公司无力经营甚至破产。对自身品牌影响较大，容易失去当地客户的信任。而这恰恰是我们不断坚守发挥石油人艰苦奋斗精神，打响公司品牌的最好时机。关键时刻可以冲在最前，主动为客户提供方案，解决客户烦恼，增强客户信心；疫情期间透明化管理，让客户充分了解到公司完备的防疫体系，展示公司在疫情的特殊时刻关注员工健康、注重生产成果，利用公司的良好信誉给客户在疫情期间吃颗定心丸，进一步牢固合作关系，树立优质品牌。在疫情和油价影响下，我们更应该加强主要业务地区的品牌建设和忠诚度，做好陆上和海上一面旗帜，全力打造公司国际品牌。

5.7 持续加强党组织建设，大力发挥党员作用

疫情和低油价严重影响了公司的生产经营，各项防疫措施和成本控制也造成了人员管理上的困难。但是国企相比国际物探行业的优势也恰恰在此时显现，党员的先锋带头作用凸显，优秀基层党组织的凝聚力进一步加强，不仅稳定了人心也稳定了生产。关键时期的党建工作逐步融入生产生活中，切实发挥党组织“把方向、管大局、保落实”的领导作用，为度过寒冬提供政治保证。大力弘扬石油精神和大庆精神、铁人精神，为度过寒冬激发内生动力，优秀的党组织领导永远是国企在海外战胜各种困难、提高竞争力的有力保障。

6 结束语

2020年的新冠肺炎疫情和突然到来的低油价给物探行业带来了巨大冲击。全球经济衰退、油气行业的寒冬为行业发展带来了前所未有的困难。但是互联网的发展和5G时代的到来为行业的发展注入新的血液，物探行业要充分利用数字化发展转型时机，利用大数据共享的优势提高行业效率和竞争力，利用5G的发展机遇提高物探野外的通信能力。

参考文献

[1] 刘绪全，祝新清. 低油价给石油企业管理创新带来六大机遇[J]. 国际石油经济，2017（9）：74–78.

[2] 柯晓明. 后疫情时代世界石油市场变化趋势研判[J]. 国际石油经济，2020（5）：35–42.

[3] 黄艳林. 新冠肺炎疫情和原油市场动荡对物探行业的影响分析与对策思考[J]. 物探企业管理，2020（1）.

[4] 罗佐县，刘红光. 供需格局变迁趋势下国家石油公司油气业务发展策略[J]. 当代石油石化，2020（5）：1–8，45.

对外工程承包企业 AEO 认证问题研究

周光芝
（中国石油川庆钻探工程有限公司）

摘　要：当前，中国对外承包工程企业的海关AEO认证水平普遍较低。本文介绍了AEO和AEO认证的历史沿革，分析了AEO认证的重要意义，指出了AEO认证给对外工程承包企业带来的好处，同时也提出了AEO认证企业所面临的挑战，最后对对外工程承包企业如何通过和提高AEO认证水平提出了主要措施。

关键词：AEO认证；对外工程承包企业；硬件系统；企业内控；关务系统

中国目前对外工程承包企业的海关AEO（经认证的经营者，Authorized Economic Operator的简称）认证水平普遍较低，高级认证企业只占进出口业务企业总数（40余万家）约0.68%。相当数量的企业无法享受到AEO带来的通关便利优惠，严重影响企业的货物通关效率，甚至对工程施工进度造成拖延。很多优秀的对外工程承包企业对AEO认证知之甚少，尚未认识到AEO认证带来的便利与政策红利，尚未意识到中国推动AEO认证已是大势所趋，对外工程承包企业要跟上发展潮流，不被时代淘汰。

1　AEO和AEO认证

为了应对世界多极化、经济全球化和贸易安全带来的挑战，世界海关组织（WCO）于2005年第105/106届理事会年会上通过了《全球贸易安全与便利标准框架》（以下简称“《标准框架》”）。2006年WCO进一步批准通过了《AEO实施指南》，细化完善了一整套关于申报AEO资格、安全措施、评估认证、互相承认等标准，以便与《框架》同步推进实施。AEO是WCO为了实现《标准框架》目标，构建海关与商界之间的伙伴关系，实现贸易安全与便利方面而引入的一项制度。AEO在《标准框架》中的定义是，在国际货物流通中，其职能已由海关确认符合世界海关组织或相应供应链安全标准的相关各方，包括生产商、进口商、出口商、报关行、承运商、理货人、中间商、口岸和机场各方、货站经营者、综合经营者、仓储经营者和分销商。

由于《标准框架》只是个框架性文件，各国需要将其转化为国内立法才能具体实施。2005年，中国海关积极响应WCO的倡议，签署了实施《标准框架》的意向书，开始了AEO制度转化的研究与实践。2008年，海关总署发布了《中华人民共和国海关企业分类管理办法》（海关总署令第170号），标志着中国海关建立了AEO制度，正式开始推进AEO国际互认。十多年来，海关AEO制度历经数次修订完善，直到现行的《中华人民共和国海关企业信用管理办法》（2018年5月1日实施，以下简称“《信用办法》”），形成了具有中国特色的海关信用管理制度体系。企业根据信用状况被分为高级认证企业、一般认证企业、一般信用企业和失信企业四大类，海关根据不同的企业评级实施不同的管理措施，其中高级认证企业与一般认证企业就是中国目前的AEO企业，享受AEO互认国家及地区的各种通关便利及优惠待遇。

2 AEO认证的重要意义

为了降低社会管理成本，提高政府管理效率，推进“小政府、大社会”建设体系，目前国家在战略高度积极推进“信用中国”建设，加快推进社会信用体系建设，构建以信用为基础的新型监管机制，更好激发市场主体活力，推动高质量发展。

AEO认证属于国家信用管理战略中重要的一环。AEO制度作为中国海关信用管理的重要制度安排，是中国社会信用管理体系的组成部分。海关AEO认证是海关将企业进行分类管理，让诚信守法企业处处便利，让失信企业处处碰壁的制度安排。通过联合激励、联合惩戒，获得AEO认证的企业不仅在海关获得方便，在银行、税务等也会处处方便，反之，失信企业寸步难行，无法获得银行贷款等。AEO认证对推进社会信用体系建设，建立企业进出口信用管理制度起到积极的促进作用。

AEO高级认证绑定的通关便利措施，给AEO认证企业在实施“合规经营、守法规范”上提供了强有力的保障，享受到合规经营带来的品牌溢价与经济收益，避免了“劣币驱逐良币”的尴尬。企业在选择商业合作伙伴的时候，在同等条件下必然优先选择AEO认证企业。非AEO企业必然在未来的激烈的商业竞争中丧失基本准入条件，失信者寸步难行必然成为现实。企业提升信用级别就是增加竞争筹码，“珍惜企业品牌、珍惜企业信用”必将成为主流共识。国家海关总署AEO高级认证是企业参与国际贸易提升竞争力的一个重要因素，帮助企业顺利与国际AEO实现接轨，为进一步做优做强海外市场夯实了基础。顺利通过AEO高级认证，不仅健全了公司进出口管理体系，加强了供应链安全管理，进一步夯实了公司持续有效健康发展的基础，同时大幅度提高对外贸易的通关效率，降低通关成本，助力企业在世界市场占有一席之位。

未来AEO认证必然成为优质企业与普通企业的分水岭。所以说做好AEO认证已不单单是企业本身的意愿了，更多的是大势所趋，AEO认证是对外工程承包企业的必然选择。

3 AEO认证的益处

3.1 从企业外部环境看

一是AEO认证可使对外工程承包企业通关更加便利化。最直接的表现就在于查验率的降低。如果对外工程承包企业获得AEO认证，高级认证的随机查验率为1%，一般认证的为1.5%，一般信用企业为5%。查验率的降低对于整个通关、物流效率的提升作用非常明显。

二是享有国内40个部门的联合激励。高级认证企业可用享受由国家发展改革委、中国人民银行、海关总署等40个部门于2016年联合签署的《关于对海关高级认证企业实施联合激励的合作备忘录》中规定的有关激励措施。

三是AEO认证能够为对外工程承包企业赢得更多的合作机会。在AEO的认证标准中，合作伙伴如果是AEO认证企业能得到加分，因此，准备通过或已经通过AEO认证的企业都会寻找高信用的商业伙伴开展合作，对于AEO认证企业来说这就是一种潜在的商业合作机会。AEO认证促进企业强强联合，譬如一些国际著名企业招标的条件之一便是获得AEO高级认证，如果没有此资质，甚至连参与竞争的机会都没有。对外工程承包只有自身达到了AEO高级认证，才能争取到优质客户资源。

四是AEO认证的互认方便货物国际通行，AEO高级认证企业享受进口国快速清关。不同国家的海关签署AEO国际互认协议，协议双方对认证企业的数据共享使用，中国AEO高级认证企业获得数据信息的共享，其出口货物在进口国享受快速清关的待遇。据统计，AEO高级认证企业的产品出口到韩国，在韩国海关查验率降低30%；出口到欧盟，在欧盟海关查验率降低70%。

五是AEO高级认证使得企业资金压力得到缓解。首先，如果企业具备AEO高级认证资质，能够降低港口通关、仓储等费用；其次，国税机关受理该类企业申报的出口退（免）税之后，经审核符合规定的，在5个工作日内办结出口退（免）税手续，相较于一般信用企业大约30～90天，退税周期大大缩短，有利于资金回流；再次，AEO高级认证企业享有免交保证金的优惠待遇，企业开展加工贸易、保税贸易、物资进口等业务时给予免交保证金的政策支持。

六是有助于开拓海外市场。AEO认证不仅为对外工程承包企业出口通关铺就了一条绿色通道，更增强了其在国际市场中的商业竞争力。AEO高级认证企业合理使用与中国开展AEO互认的国家和地区提供的通关便利条件，可以降低成本，提高产品的国际竞争力。

3.2 从企业内部管理看

一是改善供应链安全的管理。对外工程承包企业工程承包合同项下所需的设备和材料一般是以《对外工程承包》贸易方式出口，企业自身或其海外分公司就是出口商和进口商，对外工程承包企业的供应链除海关和银行外，一般包括生产商、供应商、报关行、承运商、理货人、口岸和机场、货站经营者、仓储业经营者等。经认证的对外工程承包企业要求对货物的接收和装运职责清晰，制度明确，有详细且能落实到位的收发货流程，有确保供应链中货物在运输、搬运和存放过程中的完整性和安全性的措施和程序；“商业伙伴安全”的认证标准要求对供应商、承运商定期测评和考察，实现供应链企业的互相监督；“贸易安全”的认证标准要求企业与供应商的合同里增加贸易安全的条款并加强对订单的监控及跟踪，AEO认证的这些要求都增强了企业供应链的安全性。

二是规范并完善对外工程承包企业的规章制度。由于海关对AEO认证企业的内部经营和守法状况有更为严格的要求和标准，《标准框架》对AEO企业提出了13个方面的具体要求。AEO认证进一步规范和完善企业进出口业务内部控制和贸易安全控制，促使企业内部形成一个守法合规、自查自检的管理体系。

4 AEO认证的挑战

4.1 AEO认证成本较高

AEO认证是一项系统工程，需要较大的人、财、物的支持，且耗时较长。海关认证标准对于软件和硬件要求都有着相当明确的规定，软硬件的改造费用就成为通过认证的一道门槛，软硬件的投入也不是一次性投入。关务系统的上线存在开发费用和维护费用，信息系统的完善本身就意味着不小的投入，同时系统上线后还会增加原有岗位的工作量，可能还要新增人手。硬件作为固定资产有折旧和为维护而增加的人力和资金成本。企业内部还有不少配套的运作或管理成本的增加。

4.2 成为AEO企业并非一劳永逸

获得高级AEO认证的企业，需要自主、有序、有效、持续的管理，应该对贸易合规与贸易安全常抓不懈。AEO认证通过后，高级AEO认证每三年复审一次、一般AEO认证不定期复审，企业内部也要每年审计。海关对AEO企业的信用状况会进行实时动态监控和评估，并对企业的信用等级进行动态调整。这就要求AEO企业要持续高度关注和加强自身的信用状况，始终保持自己的高信用状态。一旦触碰降级红线，出现无法达到认证标准的要求，必然失去进出口通关便利。

5 通过和提高AEO认证水平的主要措施

5.1 高层的重视和主导成立AEO认证小组

目前海关总署、各直属海关均高度认同“AEO认证是CEO工程”，只有CEO主抓AEO认证实施，才能够确保项目成功。AEO认证要求公司高管作为AEO认证的牵头人对公司贸易安全和内控体系负责，因为AEO认证是涉及公司多部门的全面规范工作，所以必须由公司高层主导成立AEO小组。而且小组成员的骨干力量必须是各部门的主管，另外由主管指定相应的具体对接人员。这样上中下三个层级都是通的，以便于快速落地实施。AEO认证是一项系统工程，AEO认证项目的成功实施，涉及进出口、物流、安保、行政、认证、信息化、采购等供应链诸多部门。只有各部门形成合力，高效协同，才能够确保项目有效实施。AEO认证也需要高管团队的大力支持，克服一切困难，保障顺利通过海关AEO认证。

5.2 从硬件和软件两方面满足AEO认证的要求

5.2.1 硬件系统

以海关AEO高级认证标准为例，其中涉及硬件改造的标准有：认证标准第4条“单证保管”、第11条“信息安全”、第24条“场所安全”、第25条“进入安全”，在认证标准

第24条场所安全中要求企业“装配报警系统和视频监控摄像机，监测以下区域：出入口，货物装卸和储存区，围墙周边及停车场/停车区域，防止未经许可进入货物存储以及装卸区。”企业可能涉及硬件改造的有监控系统、门禁系统、档案存储设备、信息备份系统、围墙和保安人数。

5.2.2 软件系统

（1）企业内控。

一是建立进出口单证复核或纠错制度并有效实施。在申报前或者委托申报前有专门部门或者岗位人员对进出口单证中的价格、种类、原产地、数量、品名、规格、境外收发货人、包装种类、货物存放地点、运输路线、储存条件、拆检注意事项、标签标志等内容的真实性、准确性、规范性和完整性进行内部复核。

二是建立关务审计制度。由本企业关务部门或外聘关务咨询机构承担此项工作，对一个年度内或一个工程项目建设周期内的全部通关数据进行复核审计。对于关务审计过程中发现的HS编码申报错误，且已经造成违规违法事实的报关单数据，应向海关申请启动“主动披露”程序予以纠正，做事后改单处理。对于年度内或一个工程项目建设周期内因HS编码申报错误而受到海关处罚的事例，必须进行专业分析，找到问题的成因所在，制定整改措施，并督促落实执行。

（2）建立关务系统。

海关总署在2019年1月1日起实施的新版海关AEO认证标准中要求，无论是高级认证企业还是一般认证企业，无论是收发货人还是报关企业，都必须具备规范化的信息系统。在此之前，一般认证企业是没有信息系统要求的。

海关AEO认证标准中的“信息系统”，俗称“关务系统”，是基于海关管理角度而开发的系统，其至少应包含以下几个要求。①满足海关功能要求：在海关AEO认证标准的信息系统中应包含客户管理、合同管理、财务管理、关务管理、物流管理功能；②满足海关监管要求：海关需要通过关务系统实现对企业信息的监管，这也就意味着关务系统不是个独立的系统，其数据要与ERP系统结合。但是，受限于ERP系统的闭合要求，关务系统不需要做到写入ERP，但是至少应当从ERP系统中采用只读的方式读取数据并在关务系统中生成所需功能。

（3）建立通关申报数据库。

对外承包工程项下的进出口货物种类繁多、数量巨大、报验状态复杂。目前，中国对外工程承包企业多采用项目部制，由于在同一个时期的不同项目部之间，以及同一个项目部在不同时期承建的工程项目之间，通关申报数据没有横向的沟通比对，也没有纵向的归纳积累，导致相同货物申报不同HS编码的问题较为严重，常因HS编码申报错误导致违规违法问题的发生，严重影响了企业的守法诚信，造成其无法通过海关AEO认证。可见，HS编码申报错误，是造成中国对外承包工程行业AEO认证整体水平较低的重要原因。对外工程承包企业应通过技术手段，建立通关申报数据库从而规范本企业HS编码申报。

（4）建立集装箱管理制度。

集装箱管理不规范，AEO认证将被一票否决。保证集装箱管理规范比较常用的方法是集装箱七点查验法，即在装箱前，要对空箱进行7个方面的检查。装箱操作时必须有工作人员监督及监控，重点监控区域的视频数据至少保留60天；装箱完毕，要使用高安全性封条，即封条的机械强度符合或超过ISO1772：2013“H”实验室报告/证书标准。

5.3 AEO认证资质的维护

企业贸易合规和贸易安全不是停留在应付检查式的流程表单、规章制度，而是要切实、持续、稳定地执行这些规章制度和流程表单，AEO认证资质的维护成本体现在：对员工的培训、对合作伙伴的管理、信息系统的更新迭代、每年一次有效的进出口审计、监控和其他硬件设备的维护和更换等。企业构建了完整的AEO认证体系之后，应该实实在在地运行和纠正，实事求是地实施和不断改善，只有这样，才能应对海关后续稽核验证，AEO认证也才能起到应有的作用——切实促进进出口企业的运营，降低企业的不合规甚至违法成本，保证企业获得稳定的海关等国家层面的政策支持，这对企业的整体发展至关重要。

当今世界面临百年未有之大变局，全球动荡源显著增多，世界经济增长持续放缓，贸易保护主义和单边主义持续蔓延，尤其是当前席卷全球的新冠肺炎疫情重创了世界经济。AEO制度在各个国家和地区海关及商界备受瞩目，AEO资质已成为全球贸易的“绿色通行证”。面对严峻的挑战和危机，对外工程承包企业要勇于抓住机遇、接受AEO认证的考验。在AEO认证“加持”下，信用良好的对外工程承包企业出口海外的通道会越来越通畅。

参考文献

[1] 王霆轩. 如何提高海关AEO认证水平[J]. 国际工程与劳务，2019（11）：73-74.

[2] 邓彬彬. 用好“AEO认证”利器[J] .中国外汇，2017（21）：60—61.

[3] 王伟，孙希. 供应链安全与便利视域下中国海关AEO信用制度建设的新思考[J]. 征信，2020，38（1）：35-39.

[4] 高亚凡，孔庆宇. AEO认证：供应链安全与贸易便利化[J]. 企业研究，2019（4）：13-15.

低油价形势下油气田企业应对策略

刘轩宇　曹雪刚　贾　林
（中国石油塔里木油田公司）

摘　要：2020年上半年新冠肺炎疫情导致原油、天然气供应端生产经营压力剧增，油气田企业进入"寒冬"。为应对严峻形势，油气田企业内部必须要在管理上采取革命性举措，大力开展提质增效活动。油气田企业需要从整体层面部署提质增效方案，包括：做好顶层设计，以整体效益最大化为目标统筹安排；开展主题教育，营造浓厚氛围；配套激励制度，提升全员行动力；固化典型经验，形成长效机制。同时油气田企业从细节入手细化提质增效措施，包括：立足长远发展，向油气资源要效益；突出整体效益，战略调整投资布局；优化设计，源头控制建设成本；强化技术配套，向科技创新要效益；强化市场机制，推动甲乙方抱团取暖；拓展周边市场，精细销售管理。

关键词：低油价；油气田企业；提质增效；开源节流

2020年一季度，受新冠肺炎疫情影响，世界经济贸易增长受到严重冲击，下行风险加剧，不稳定不确定因素显著增多；中国经济运行也受到较大影响，国内生产总值（GDP）比2019年同期下降6.8%。国际石油市场受宏观经济下行等因素影响，供过于求，国际油价大幅下跌。国内成品油消费同比大幅下降，供应过剩矛盾进一步加剧。国内天然气市场需求也同比下降。国内两大石油公司生产经营迅速遭受严重冲击，2020年一季度，中国石油营业收入比上年同期下降14.4%，净利润由2019年同期盈利102.49亿元下降至亏损162.30亿元；中国石化营业收入比2019年同期下降22.6%，净利润由2019年同期盈利147.63亿元下降至亏损197.82亿元，冲击迅速反映在企业生产经营关键指标。面对前所未有的国际国内经济和经营形势，油气田企业应落实新发展理念和高质量发展要求，积极开展提质增效活动，着力优化生产经营运行，大力加强投资和成本费用管控，努力降低油气完全成本，降低疫情和低油价造成的影响。

1　从整体层面部署提质增效方案

察势者明，驭势者赢。油气田企业应理顺思路，统一思想，集中力量，抓住核心，突出重点，有保有压，狠抓落实，从企业整体层面制定低油价应对措施。

1.1　做好顶层设计，以整体效益最大化为目标统筹安排

油气田企业围绕主营业务涉及的点多、面广，从公司到二级单位再到基层站队，从机关到生产部门再到后勤部门，每一个环节、流程都需要针对如何实现效益最大化进行深入

研究。同时，应由企业整体统筹各项措施，做好顶层设计，实现企业整体效益最大化。

首先，应厘清企业投资总体规模和匹配的工作量、全年成本总体规模、全年生产经营总目标三者之间的关系，同时应研究现在、明年、后年的将来三个时期之间的联系，从开源、节流两个方向寻找突破点，为管理层最终决策提供支持。

其次，应深入基层调研，了解真实的生产经营现状和问题建议，提供底层数据、措施支持，再由专业部门从底层数据、措施中提取数据，分析数据、措施的真实性、有效性，再结合企业整体层面，提出成体系的提质增效措施，避免各个基层单位提质增效措施遗漏、矛盾。

最后，应落实全员责任，确保提质增效举措有人落实、有人推进、有人协调，同时应凝聚甲乙方合力，形成共识，充分利用全油气田资源解决问题、挖潜增效。

1.2 开展主题教育，营造浓厚氛围

在低油价情况下，更要转变全员观念，提升全员经营意识，提高全员危机意识。开展主题教育活动，是推进提质增效专项行动的思想引领和有力抓手，可以引导全体员工增强对提质增效工作重要性的认识，引导员工摒弃陈旧观念、习惯思想，丢掉幻想，把思想和行动统一到企业总体部署安排上来，全力以赴推动提质增效各项工作落到实处。同时，应做好宣传引导，运用报纸、电视、网络、新媒体等宣传阵地，发挥宣传引导激励作用，营造全人员、全层级、全方位、全过程提质增效的良好氛围。

1.3 配套激励制度，提升全员行动力

提质增效工作重在狠抓落实，要形成全员上下联动，齐心协力朝着一个目标努力的氛围，还需要配套相应的激励制度。油气田企业应根据自身实际情况，加强过程激励，精准激励，制定科学合理的激励制度。

科学合理的激励制度有利于调动员工工作积极性，能够鼓励员工在开展提质增效工作中积极表现、创新思路、努力工作。员工努力取得的成效被认可时，也能在这个过程中体验到自我价值实现感和被尊重的喜悦，从而激发起员工的工作创造性；同时，科学合理的激励制度还可以加强企业凝聚力，让员工以极大的热情和认真的精神对待工作，加强员工对企业的信任度，提高其对企业的认知度和荣誉感，从而进一步提升油气田企业的软实力，形成良性循环。

1.4 固化典型经验，形成长效机制

每个企业在提质增效工作开展过程中，都会涌现一批好的经验做法，有的措施做法仅适用于当前低油价特殊时期，有的措施做法可以作为长期措施应用于整个企业基础工作中。

油气田企业应总结长效措施做法，在制度、流程、规范和标准中进行固化，形成长效

机制。同时也应总结适用于当前低油价特殊时期的措施做法，形成低油价等特殊时期的应急预案，在未来遭遇类似特殊情况时，可以迅速反应，迅速应对，同时在结合历史经验措施的情况下，有延续，有提升。

2 从细节入手细化提质增效措施

2.1 立足长远发展，向油气资源要效益

资源是油气田企业生存发展的基础，获取优质资源是战略性、根本性的提质增效。在低油价情况下，油气田企业应立足长远发展，既要保持定力，毫不动摇地实施资源战略，也要以变应变，通过部署的调整、结构的优化，多找优质资源、多建高效产能、多产创效产品，提升企业发展的质量和效益。

油气田企业应根据自身实际情况，适当保持勘探投入强度，加快落实战略接替资源和规模效益储量，坚持高效勘探，突出物探先行，加强地质研究和目标优选，强化地质与工程紧密结合，提高勘探成功率。在保持勘探投入强度的同时，更要加强勘探全过程的精细管理，做好每一口探井、每一个物探项目的投资管控，努力用有限的资金完成更多的工作。

证实储量（SEC储量）在低油价下对油价非常敏感，油气田企业应树立储量资产意识，充分挖掘SEC储量中证实已开发储量（PD）潜力，制定不同油价下未动用储量部署安排，根据油价变化适时实施。同时，应深化油气富集和高效井分布规律研究，提高储量动用程度，加强油气藏精细管理，有效控制递减，加大有效益的长停井治理，减少储量和产能损失。

2.2 突出整体效益，战略调整投资布局

应以经济效益为标尺，战略调整投资布局，将有限的投资用在效益最好的地方，暂缓实施辅助配套项目，保障生产投资需求，提高油气产建质量和效益。

为保证油气产量稳中有升，油气田企业需要投入大量资金新建油气产能。每一个产能项目建设之前，均需要进行效益评价，不同油价下，产能建设项目的效益排序可能会不一样。在油价突然暴跌的情况下，需要根据国际油价现状以及预期趋势，对每个产能建设项目重新进行效益评价排队，取消达不到最低效益标准的项目，优先实施效益排队靠前的项目。

2.3 优化设计，源头控制建设成本

对于物探项目，可通过细化地震采集技术设计，分区、分段优化采集参数，从源头上控减投资，同时优化采集生产组织，做到各工序、各项目之间无缝衔接，提高采集效率，降低运行成本。

对于钻井项目，推荐开展地质、工程、经济一体化审查，全面统筹各个阶段设计、成本，在达到目标的前提下，综合考虑安全、质量、生产、效益最优组合。资料录取应以全生命周期油藏科学管理为前提，在钻探过程中不断优化，实现提高产建效益和降低投资的双目标，在满足地质目的和保证开发质量的前提下，不多打一米无效进尺，不多测录一项非必要项目。

对于地面工程项目，推荐实施“五能五减”设计准则。在地面工程方案（可研）设计阶段，总结生产规律，模拟多类型工况，在确保安全质量的前提下，推广“五能”准则（能混输不分输、能自压不增压、能集中不分散、能国产不进口、能利旧不入库）；在地面工程初步设计阶段，总结以往经验，深化标准解读，在确保安全质量的前提下，精算细账，推广“五减”准则（精减功能，整合部分非连续生产容器功能，减少设备台数；精简阀门，减少阀门设置；精简仪表，通过工艺安全分析，减少配套的仪表；精简尺寸，满足合理沉降时间，缩减容器尺寸；精简面积，合理优化布置，以紧凑实用为原则，减少站场占地面积），精细控制工程投资。

2.4 强化技术配套，向科技创新要效益

科技是第一生产力，创新是引领发展的第一动力。在低油价下，油气田企业更应坚持科技先行、技术立企，大力实施创新战略，持续攻关配套经济、安全、适用的勘探开发技术系列，发挥科技创新对提质增效和战略发展的支撑引领作用，从技术上升级换代带动企业从根本上实现长期降本增效。

2.5 强化市场机制，推动甲乙方抱团取暖

甲乙方是利益共同体、命运共同体，低油价下双方辅车相依、唇亡齿寒。在低油价下，石油公司一般会根据油气田企业效益情况控减投资成本，突出资金向回报高、效益好的企业倾斜，如果不能采取有效措施控投资、降成本、增效益，部分油气田企业的资金投入就得不到保障，发展的步伐就会受到制约。如果油气田企业没效益、不发展，乙方油服公司就没市场、没工作量，就会产生设备闲置、队伍不稳甚至安全环保等一系列问题，陷入更加艰难的局面。在行业寒冬中，甲乙方只有同舟共济、抱团取暖，共同聚焦提质增效，把投资控下来、把成本降下来，高质量推动油气事业发展，才能实现互利共赢、共同发展。

2.6 拓展周边市场，精细销售管理

油气田企业要体现产品的价值，就要将产品销售出去，没有市场的产品是无法创造价值的。

同一地区的油气销售不一定只有一家企业，还面临着进口原油、天然气的强力竞争，市场容量有限，市场也在随着经济环境迅速变化。所以，要清楚地认识到油气产品随时都

有可能从卖方市场的紧俏产品变成买方市场的竞争非常激烈的产品，要清楚地认识到占领市场才能把握主动，要深入研究原油、天然气产供储销。

2018年全国天然气供应极为紧张，当时天然气是一种极为紧俏的产品。但是，2019年中俄东线天然气管道投产，年引进天然气将逐步增加到380亿立方米，2020年受疫情影响，进口LNG天然气价格大幅降低，国内天然气生产在成本上已无优势，同时天然气需求进一步乏力，所以油气田企业更要主动拓展市场。

油气田企业油气销售权限通常仅限于周边市场，其他市场由油气销售公司统筹，所以，油气田企业拓展周边市场就显得极为重要，可以有效应对低油价销路不畅。油气资源也通常作为一些企业的生产原料，这些企业对带动当地经济发展、就业有着非常重要的作用，地方政府也非常重视这些企业，为这些企业提供原料的同时，也可以带动油地关系持续向好，所以油气田企业应重视周边市场的拓展。

3 总结

面对前所未有的严峻形势，油气田企业应坚持降本增效，坚持着眼长远积极应对，坚持以效益为中心开展生产经营工作，深入开展提质增效活动，努力降低油气完全成本，提升企业核心竞争力。同时，应根据油价变动及时动态调整年度业务发展和投资计划，优化投资结构提升投资回报，强化产业链价值链统筹协调，严格管控成本费用，加大工效挂钩力度，发挥科技创新驱动作用，深入推进市场化改革，确保生产经营平稳有序运行。

参考文献

[1] 邓辉，张爱国，思娜，等. 国外石油企业应对低油价的新举措及启示[J]. 商业经济研究，2016（16）：114–116.

[2] 王敏生，光新军，皮光林，等. 低油价下石油工程技术创新特点及发展方向[J]. 石油钻探技术，2018，46（6）：1–8.

[3] 王震，赵东，郭庆方. 金融危机对全球石油工业的影响[J]. 经济与管理研究，2009（1）：69–74.

[4] 许进进，任玉林，凡哲元，等. 油价和成本对证实储量的影响[J]. 石油与天然气地质，2012，33（4）：646–649，654.

[5] 刘瑞聪. 浅谈薪酬激励在人力资源管理中的重要性及其应用[J]. 人力资源管理，2014（1）：94.

[6] 刘毅军，马莉. 低油价对天然气产业链的影响[J]. 天然气工业，2016，36（6）：98–109.

[7] 陈建军，王南，唐红君，等. 持续低油价对中国油气工业体系的影响分析及对策[J]. 天然气工业，2016，36（3）：1–6.

[8] 罗佐县，周新科，卢雪梅. 低油价下石油公司运营策略分析[J]. 国际石油经济，2015，23（4）：51–58，111.

中国油气田录井技术发展形势与“十四五”发展方向思考

吴 静
（中国石油集团西部钻探工程有限公司钻探地质研究院）

摘 要：“十四五”时期中国录井行业面临着机遇和挑战。当前，录井技术已经发展为传统石油产业与信息技术相结合的集声、电、磁、机械、化学、电子信息6大综合技术，涉及石油地质、钻井工程、地球化学、地球物理、传感技术、信息处理与传输等多学科、多领域的现代化专业技术，其特点是信息化和智能化。录井技术“十四五”时期的发展应当以录井大数据信息为核心，以多种录井技术手段为基础，不断完善现代化录井技术体系。

关键词：“十四五”；录井；信息化

1 “十四五”时期中国油气田录井技术发展面临的机遇与挑战

1.1 国家能源战略发展带来的机遇

当前石油行业处于大变革、大发展战略机遇期，中国石油天然气集团有限公司提出了“加快科技创新、驱动公司高质量发展”的科技发展战略，要求加快科技创新、转换发展动能，抢占发展先机，强调科技是第一生产力，创新是引领发展的第一动力。围绕科技创新，从科技创新发展战略、发展思路、主攻方向、发展目标、创新体系构建、创新激励机制等多方面建立部署了具体工作，有力指导了各专业科技创新工作，出台了有利于科技创新的系列政策，为科技创新搭建了良好的发展平台。

1.2 勘探开发对象复杂化、多专业融合带来的机遇

页岩油、页岩气非常规油气资源及致密储层油气藏领域逐渐成为主攻方向，油气富集机理、储层特征、油气评价标准、工程甜点与地质甜点评价、水平井地质导向、储层可压性评价等技术攻关为录井理论和新技术研发提供了发展机遇，深井、超深井钻探为工程录井技术升级发展带来了新的攻关方向，勘探开发以及油田开发后期“控水稳油”的工作深入，特色录井技术越来越受到重视，在提高油气层发现率、油气藏钻遇率及油气藏采收率等方面为录井行业带来了新的契机。地质工程一体化作为一种多专业融合手段，已经成为非常规油气藏勘探开发的一种有效工作模式，而录井业务作为井场信息枢纽，涵盖地质和工程两个领域，顺应专业融合的趋势，必将为地质工程一体化提供重要支撑。

1.3 勘探开发对象变化带来的挑战

当前油田勘探开发领域呈现6大新趋势：从构造圈闭向岩性地层圈闭发展；从简单构造向复杂冲断带发展；从中浅层向深层、超深层延伸；从碎屑岩为主向碳酸盐、火成岩勘探开发发展；天然气勘探进入快速发展时期；成熟盆地进入精细勘探阶段。作业施工面临“深、低、非”新的更为复杂地质条件，超深井、高温、高压、非常规储层、非常规油藏模式，在资料采集、处理及解释评价方面面临新挑战，主要有：定向井、大位移井、优快钻进条件下的准确录取，钻井取心层位卡取难度大；PDC钻头、岩性定名困难、复杂岩性潜山界面预测及精准卡取难度大；复杂储层物性评价利用录井资料进行定量评价尚属探索阶段；受成藏条件、储层物性、残余油等的影响，储层含油性评价难度大；油基钻井液影响，录井流体性质判断难度大；安全钻井窗口窄，精准压力预测难度大等。

1.4 钻井新工艺发展带来的挑战

钻井新技术新工艺的广泛应用以及复杂结构井数量增多，改变录井所依赖的物质基础，降低了岩屑、钻时、气测、工程等录井资料的采集品质，影响了剖面归位准确性、油气层解释符合率以及钻井风险监测和预报的时效性，对录井采集手段和施工能力提出更高的要求。

1.5 工程技术发展带来的挑战

从国外录井技术发展趋势来看，综合录井技术向多专业一体化发展，地质、工程参数采集向井下发展，随钻评价向定量化、智能化发展，需要加大追赶的步伐。随钻、物探、测井等相关工程技术的高速发展，需要我们跟上整体技术发展的步伐，充分发挥录井技术随钻评价的能力，提高录井在勘探开发的作用。

2 “十四五”时期中国油气田录井技术发展方向

油气勘探开发重点向深层、低渗透、非常规、海洋领域拓展，资源重点区的勘探开发对录井在非常规储层评价、安全高效钻井、钻井特殊工艺配套等方面提出新的挑战和需求，录井需加快发展关键核心技术，紧跟钻井等工程技术的发展速度，为建立地质工程一体化的工作模式提供高效的技术支撑。

2.1 技术攻关研究方向

2.1.1 开展随钻地质解释评价技术研究

开展录、测、钻、定、试多专业资料综合研究，融入大数据分析技术，向多元化和智能解释评价方面发展，提升油气解释和地质导向录井评价能力，为油田油气发现和试油建产提供技术保障。

一是开展智能化油气解释评价技术研究。针对新疆油田复杂油气藏、塔里木高压气藏、苏里格高含水气藏开展技术研究攻关，建立多因素流体解释评价方法，融合大数据分析技术，攻关解释评价计算模型，推动录井解释智能化。结合油藏建模分析，研发录井综合解释评价平台，实现油气解释评价技术的有形化。开展油基钻井液录井采集工艺和评价方法，欠平衡等特殊钻井工艺下配套技术研究，提高钻井新工艺下的油气解释评价水平。

二是开展非常规油气综合评价技术研究。开展储层实验室精细分析技术研究，建立微观孔隙精细描述方法、地质力学模型、流体识别技术，研究页岩油主控因素、流体赋存相态，提高产能预测精度。优化地质模型，精细刻画甜点体特征，开展脆性评价，建立工程甜点判断标准，以工程甜点地质甜点叠合区指导水平井轨迹优化，提高非常规资源开发的最终采收率。

三是开展随钻测录导一体化解释评价研究。针对水平井规模化高效开发需求，开展随钻测录导一体化评价研究。基于随钻测录资料和区域地质资料，构建构造、油藏、储层、裂缝地质模型及岩石地质力学模型，实时评价地质甜点和工作甜点，应用定向数据实时监测钻井轨迹姿态，地质评价指导钻井施工优化，钻测录导以提速增产为目标一体化协同决策，确保水平井轨迹最优、钻井效率最高、油田建产效果最好。

2.1.2 开展钻井工程提速提效录井保障技术研究

深井超深钻井和非常规资源钻探加快了工程地质一体化融合，录井着力于助力钻井打成、打好、打快开展技术攻关，研究领域向地下延伸，提升实时分析、实时评价能力，实现工程风险预警、智能化预报，协助降低钻井风险，优化钻井参数，提高钻井效率。

一是开展安全高效钻井评价技术研究。基于岩石力学、地层压力监测评价、钻井液体系及性能、钻井参数分析开展井壁稳定性研究，形成井壁失稳预警技术；基于地层研磨性、可钻性、井下钻压、扭矩、振动监测分析研究，形成钻具失效预警技术；基于岩石力学、地层压力、环空压力、流体及温度检测分析研究，形成安全窗口评价及早期井涌井漏预警技术，基于地层可钻性评价和机械比能实时分析技术研究，指导深井、复杂结构井钻井参数优选。通过地质风险预测和钻井优化的录井技术研究攻关，为钻井提速提效提供有力支撑。

二是开展井下随钻录井技术研究。钻井新工艺快速发展、井身结构复杂化，以及实时流体评价、工程安全评价需求愈加迫切，采用地面录井方式，信息源失真、滞后的问题愈加凸显，开展井下随钻录井技术，通过近钻头地层信息、气测数据、工程数据资料采集分析，更及时地评价地层特征、流体性质、井筒状况及钻井状态，保证钻井过程精确控制，提高钻井风险预测与防控能力，优化钻井施工。

2.1.3 开展录井高端装备研究

录井装备引领着录井行业发展，加快录井装备高端化发展，将大幅提高录井服务能力、开拓录井市场空间、降低企业运营成本，促进公司稳健发展。

一是开展智能综合录井仪研发制造研究。录井装备向高端发展是国内录井追赶国际知名企业的根本保障，也是适应复杂地质条件、非常规油气钻探、钻井新工艺应用下油田技术发展的必然趋势。加快综合录井仪信息化、数字化、自动化研究，气测检测定量化、连续化、实时化，新技术集成应用，录井装备油气发现、工程监控、地层评价功能模块化，录井装备向井场数据中心和应用平台方向发展，为工程地质一体化协同作业和未来远程录井、无人值守录井行业发展变革奠定坚实基础。

二是开展岩屑自动采集分析系统研究。钻井新工艺、新技术发展及应用下，人工采集的可靠性、连续性、系统性无法保证，进而引起实验室分析资料失真，录井作业面临发展困局。研发岩屑自动采集分析装备，集成岩样自动采集、荧光、成像、元素与矿物分析功能，保证样品质量，实时进行岩性识别、油气显示评价，降低现场录井作业劳动强度，推动录井行业机械化、自动化发展进程，满足现代勘探开发技术需求。

2.1.4 开展信息化技术研究

大数据、云计算、人工智能等新技术推动了录井行业信息化发展进程，业务数字化与信息化有助于企业资源整合，加快了钻完井工程地质一体化融合。研发工程地质一体化应用平台，钻完井实现全生命周期的数据集成共享与协同作业，建立专家知识库，通过大数据分析技术发挥数据的核心资源作用，挖掘行业数据价值，加快技术迭代优化，促进录井技术水平整体突破。

2.2 发展目标、路径及资源保障

2.2.1 开展随钻地质解释评价技术研究

不同区块油气富集规律和成藏条件的认识还需要不断提高，通过开发与新地层配套的录井方法研究，以提高信息采集量和资料品质，丰富和完善油气层录井判别标准和评价方法。通过开展智能化油气解释评价、非常规油气综合评价及随钻测录导一体化解释评价3项技术研究，建立一套随钻地质解释评价系统，实现智能化随钻解释，将进一步提升录井解释评价水平，提高油气发现保障能力。

2.2.2 开展钻井工程提速提效录井保障技术研究

主要开展安全高效钻井评价技术研究和井下随钻录井技术的调研工作。通过开展安全高效钻井评价技术研究，形成一套钻井地质风险预测技术体系，实现提速提效目标。井壁稳定性研究内容已经立项，其余钻头优化、钻具失效、早期溢漏监测技术研究内容将有序进行申报。针对井下随钻技术研究难度大等问题，开展项目前期调研储备，择机参加中国石油天然气集团有限公司或油服统筹项目，联合各大钻探单位共同攻关。钻井工程录井技术提升，将对复杂区块钻探提供有力技术支持，保障钻井安全、提速提效，增强油田复杂区块勘探开发效益。

2.2.3 开展录井高端装备研究

计划开展智能综合录井仪研发制造、岩屑自动采集分析系统研究2项装备研究。录井高

端装备研究难题大，中国石油集团油田技术服务有限公司做了集团项目和油服统筹项目规划，可积极参与项目研究，承担部分研究内容，联合攻关实现装备提升，缩短与国外装备差异。项目研究符合技术发展趋势，具有较广阔的应用空间。研究成果将大幅提高现场作业的智能化、自动化发展，改变录井作业模式，提升发展短板。

2.2.4 信息化技术研究

主要开展数据融合和数据应用研究，预计建立工程地质一体化应用平台，促进钻探信息化发展。通过申报西钻项目予以实施，研究成果将加快实现多专业数据共享，推动工程地质一体化协同作业，提高钻探整体管理能力和管理效率。各专业RTOC系统已经建立，急需应用平台提供有效支持。

2.3 业务发展方向

立足于录井地质、工程、信息三大技术服务，围绕西部钻探工程有限公司钻探地质研究院“为油田提供技术服务支撑，为钻探业务全产业链提供服务保障，为合作区提供地质研究支撑”专业发展定位，统筹部署“十四五”录井业务发展。

做强常规服务，延伸高端业务链，形成多元化业务市场，发展现场服务+特色技术+地质研究+信息服务+装备研发业务模式，增强企业竞争力，拓展企业发展空间。

加快技术创新，强化技术管理，全面提升录井业务能力，保障油田效益勘探开发和钻探业务主营业务发展。

2.3.1 现场录井服务

推进现场服务标准化操作和标准化管理，提升技术管控能力，通过业务培训、新技术应用、专家指导等，提升资料采集、处理及解释评价能力，提高地质剖面建立、地质认识、油气发现、工程监测、工程评价能力，保障地质基础资料翔实准确，及时发现油气显示，准确评价流体性质，钻前地质风险预警，钻中实时监测预警，提出钻井优化施工建议，降低工程复杂，助力钻井提速提效。

2.3.2 特色技术服务

地化分析及岩矿分析：完善实验室技术系列和实验装备，加强标准化实验室建设和管理，通过设备升级和标准化操作提高分析数据质量，夯实地质理论和实验分析理论基础，提高实验数据分析解释能力，为现场录井、地质研究、油气评价提供技术支撑。拓展实验分析技术应用市场，增强技术盈利能力。

地质导向：提高地质建模、随钻地质评价及轨迹跟踪评价能力，综合运用钻录测定资料综合地质导向，保障准确入靶，轨迹优化及油层钻遇率，提高钻井效率，增强开发效果。提升地质导向能力，扩大地质导向市场。

地层压力评价：提升“三压力”评价、井壁稳定性评价、钻井优化评价能力，指导现场准确预测和监测钻井风险，科学指导钻井施工，实现精准控制和优化，保障钻井安全高效。建立系统工程评价体系，支撑油田勘探开发，争取服务纳入油田工程计价定额，成为公司新的盈利增长点。

2.3.3 地质研究服务

提升构造、沉积、储层等油藏地质研究能力，掌握油藏精细描述方法和相关地质分析软件应用，了解油田前期地质研究、开发方案制定、施工部署评价、生产动态分析等全生命周期的地质评价流程，发展配套地质研究技术，增强地质设计、老井复查、开发方案部署、合作区块地质研究能力，拓展地质研究业务市场。

2.3.4 装备研发制造

加强录井理论和录井方法研究，提升录井装备高端化研究能力，通过软硬件升级，实现数据连续实时采集，应用多功能软件实现地层、油气水、工程监测技术服务，发挥井场数据中心的作用，形成现场一体化决策平台。装备研发制造产业化，凭借高性能装备开发国内录井装备市场，实现增值创效。

2.3.5 信息服务

提升远程链路建设、井场网络组建、数据传输、数据管理、数据应用能力，增强信息应用架构设计和平台开发能力，为油田提供高质量的数据服务，为钻探业务链工程地质一体化数据共享和专业协同提供信息应用平台。发展信息新技术，扩大信息服务市场。

3 认识与思考

科学制定“十四五”规划实施方案，创新录井技术发展体系，凸显人才队伍引领作用，抓好重点项目研究攻关，强化规划实施效果过程评估等是确保“十四五”发展规划高质量实施的关键。

3.1 制定发展规划实施方案

抓好发展规划的推进落实工作，针对发展规划部署，详细制定实施方案，明确阶段实施任务，合理安排各项工作进度，加强时间节点要求和检查，强化实施的组织管理，确保发展规划工作有序开展。

3.2 建立创新发展体系

围绕录井专业发展定位，加快录井业务转型升级，增强西部钻探工程有限公司钻探地质研究院“一分院、三所、三中心”研发实力，联合院校和专业化公司，打造产学研资源共享互赢互利的创新发展体系，提升发展能力。

3.3 做好技术人才队伍保障

以“管理技术型”企业发展和科技创新需求为导向，发挥学科带头人、公司专家的示范引领作用，加强科技攻关骨干人才培养，形成科技人才梯队，打造一支业务精良的高素质科研队伍，为“十四五”录井向高端业务发展提供可靠的人才队伍保障。

3.4 做好科技项目立项与研究攻关工作

做好技术发展规划研究项目的科技立项申报，保障重点研究项目及时实施，加强项目研究质量，在录井新技术、高端装备等前沿技术上取得突破，形成研究成果，指导现场生产和地质研究，推动录井技术快速突破，取得技术领先地位，占据市场竞争优势。

3.5 健全激励保障机制

从科技奖励、成果创效、精神激励等方面入手，以科技创新质量、贡献为导向，推进项目长负责制，持续完善科技创新激励机制，加大重点激励、精准激励力度，最大限度激发科技人才的创造活力。

录井技术正处在一个机遇与挑战并存的大发展时期，油气勘探开发的发展和相关行业的技术进步，为录井技术提供了广阔的发展空间。录井技术“十四五”时期的发展应当以录井大数据信息为核心，以多种录井技术手段为基础，不断完善现代化录井技术体系，为油气勘探实现大发现提供强有力的基础保障。

参考文献

[1] 方锡贤. 专业录井技术的定位及发展思考[J]. 录井技术，2004，15（3）：8-12.

[2] 刘树坤，王少祥，等. 录井技术文集[M]. 北京：石油工业出版社，2002.

[3] 刘志刚. 录井技术创新探讨[J]. 石油科技论坛，2009，28（6）：31-35.

中国地热能发展形势及“十四五”发展建议

黄嘉超　梁海军　谷雪曦
（中国石化新星（北京）新能源研究院有限公司）

摘　要：在可再生能源中，地热能的勘探开发与油气行业关联度最大，均采用地质分析、地球物理与化学勘探、探井的方式勘探，采用钻井的方式开发。中国很多油田也是地热水田，一些中东部老油田采出液含水率甚至超过90%，但是长期以来油田地热能未得到足够重视和有效开发。地热能勘探开发利用的巨大发展动能以及与油气企业的紧密关联度，将成为中国油气企业“十四五”发展转型的重要契机。研究结果表明，“十四五”期间，地热能在推动雄安新区清洁能源利用、助力北方地区冬季清洁取暖、满足冬季寒冷地区供暖制冷需求、补齐农村地区清洁能源取暖短板等方面具有巨大的发展潜力，将成为实现碳达峰、碳中和承诺的有机组成部分。

关键词：地热能；发展形势；清洁能源供暖

2020年9月22日，习近平总书记在第七十五届联合国大会一般性辩论上的讲话中郑重提出中国碳达峰、碳中和的宏伟发展目标，举国响应。2021年1月27日，国家能源局发布《关于因地制宜做好可再生能源供暖工作的通知》，将地热能作为可再生能源供暖的重要方式，积极鼓励推广和应用；2月23日，就《关于促进地热能开发利用的若干意见（征求意见稿）》公开征求意见，系统性地提出了地热能发展目标、重点任务，强调要编制地热能开发利用规划，营造有利于地热能开发利用的政策环境。本文研究了国际地热能发展的背景形势，分析了中国地热能产业现状以及面临的机遇与挑战，提出了“十四五”期间的发展建议，希望能够引起广大的地热工作者思考，带来启发。

1　全球地热能利用现状

全球地热资源分布广泛，富集程度差异较大，主要集中在4个高温地热带，分别是环太平洋地热带、大西洋中脊地热带、红海—亚丁湾—东非裂谷地热带、地中海—喜马拉雅地热带，可利用量相当于4948万亿吨标准煤[1]。

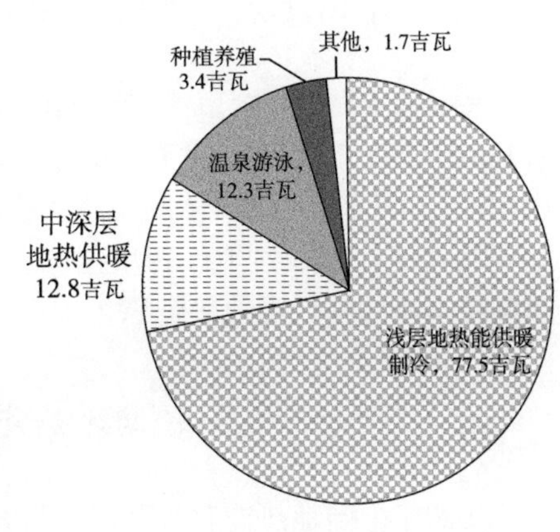

图1　2020年地热能直接利用装机容量

地热能直接利用方式主要包括浅层地热能供暖（制冷）、水热型（中深层）地热能供暖、温泉游泳、温室种植、水产养殖、工业利用等。其中，浅层地热能供暖（制冷）、水热型地热能供暖、温泉游泳等占比总计高达95.3%（图1）。2020年全球已有88个国家对地热能进行直接利用，装机容量为108吉瓦，比2015年增长52%，年利用量为10.2亿吉焦，比2015年底增长72.3%[2-3]。中国、美国、瑞典、德国、土耳其分别位居全球地热能直接利用装机容量前5名。

2020年，全球共有46个国家利用地热进行发电，装机容量达到15.9吉瓦，较2015年增长3.7吉瓦，增速27.7%[4-5]。美国作为全球地热发电装机第一的国家（3.7吉瓦），十分重视技术研发投入。近年来，美国能源部地热技术研发支出不断增加，2020年达到8400万美元[6]。土耳其是地热发电增长最快的国家，2020年地热发电装机容量达1.549吉瓦[7]，10年间增长了19倍（图2），这一快速增长得益于《可再生能源法》，明确水热型地热发电上网电价为10.5美分/千瓦时（折合人民币约0.74元/千瓦时），电站享受10年电价政策。冰岛是世界上地热发电占比最高的国家，2018年冰岛地热发电量为6010吉瓦时，占其全国总发电量的30%[8]，其余70%来自可再生能源（主要为水电）。

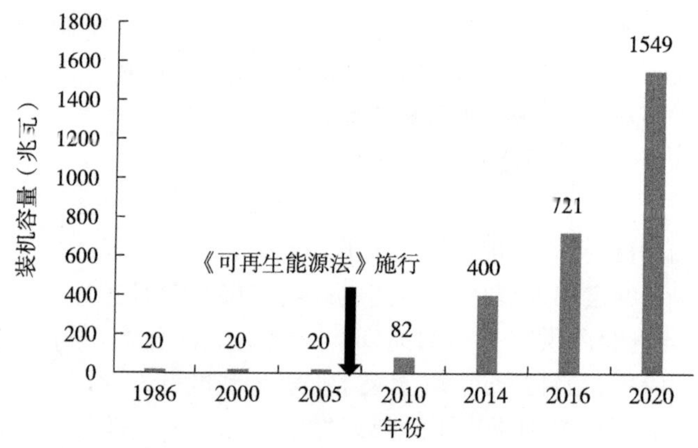

图2　土耳其地热能发电装机容量变化

2　中国地热能利用现状

2.1　中国地热资源潜力巨大

中国336个主要城市浅层地热能年可采资源量7亿吨标准煤；水热型地热能年可采资源量18.65亿吨标准煤；深度3～10千米范围干热岩年可采资源量856万亿吨标准煤[9]，足够支撑中国能源消费和经济社会发展。在板块内部地壳沉降区，广泛发育了中新生代沉积盆地，如华北盆地、松辽盆地、四川盆地、鄂尔多斯盆地、渭河盆地、苏北盆地等，这些盆地中蕴藏着丰富的中低温地热资源[2]。

2.2　“十三五”时期地热能产业

2020年中国地热能直接利用装机容量达40.6吉瓦，连续多年居全球首位。其中，水热型地热能供暖装机容量为7.0吉瓦，比2015年增长138%；浅层地热能供暖（制冷）装机容量为26.5吉瓦，比2015年增长125%[2,10-11]。2020年中国地热发电装机容量仅49.1兆瓦，与地热能供暖（制冷）产业发展相比发展较慢。

2.2.1 水热型地热能供暖集中度进一步提高

2020年京津冀鲁豫水热型地热能供暖面积快速增长，由2015年的35%提高到74%，成为北方地区清洁供暖的重要绿色替代能源。

（1）河北省水热型地热能供暖面积稳居首位，2020年地热能供暖面积占全国水热型地热能供暖面积的41%，占河北省城镇集中供暖的15%（总面积10.5亿平方米），主要分布在燕山以南、太行山以东的广大平原地区，为打赢“蓝天保卫战”做出重要贡献。

（2）河南省水热型地热能供暖增速迅猛。“十三五”期间，河南省政府对地热能推动力度大，频出利好政策，地热能发展环境得到较大改善，地热能供暖面积占比由2015年的7.4%提高至2020年的23%。

（3）天津市继续引领中国城市地热发展，2020年水热型地热能供暖面积为4000万平方米，是中国利用水热型地热能供暖规模最大的城市，成为当之无愧的“地热之都”。天津地热开发验证了分布式能源规模化应用在建筑密集的大城市的可行性，为大中型城市地热开发积累了经验。

（4）山东省砂岩地热开发促进新旧动能转换，2020年水热型地热能供暖面积达到6100万平方米。山东省坚持长期开展砂岩热储技术攻关和项目建设，形成了以砂岩地热能供暖为特色的地热开发方式，分布在鲁西、鲁北的东营、德州、济南、菏泽等市。

（5）山西省省会太原引领全省地热开发。地热规模化开发由省会太原市率先开始，而后逐渐向临汾市、运城市等地扩展，水热型地热能已成为山西省能源转型的重要助力。

2.2.2 浅层地热能供暖（制冷）在一批重大项目建设中发挥作用

中国浅层地热能应用区域重点分布在北方清洁取暖需要的华北地区和供暖（制冷）需求的长江中下游夏热冬冷地区，其中环渤海地区发展最好，其邻近省市次之。“十三五”期间，中国建设了一批重大的地热能开发利用项目，浅层地热能技术的成熟性和可靠性得到验证和认可。北京世界园艺博览会采用深层地热+浅层地热+水蓄能+锅炉调峰方式，体现绿色园艺的主题，为29万平方米的建筑提供供暖（制冷）服务；北京城市副中心办公区利用地源热泵+深层地热+水蓄能+辅助冷热源，通过热泵技术，率先创建“近零碳排放区”示范工程，为237万平方米建筑群提供夏季制冷、冬季供暖以及生活热水；北京大兴国际机场地源热泵系统作为“绿色机场”的重要组成部分，向大兴机场257万平方米的末端用户提供冷、热能源；江苏南京江北新区利用长江水源和热泵技术，实现供暖制冷面积1400万平方米。这些项目在重大工程中的示范应用进一步促进了浅层地热能开发和利用，展示了浅层地热能作为绿色清洁能源的广泛应用前景。

2.2.3 温泉利用、温室种植、水产养殖自发式发展

《地热能开发利用“十三五”规划》没有纳入温泉利用、温室种植、水产养殖等地热

能利用方式，但是在市场需求的驱动下，这几种地热能利用形式自发地快速发展，形成了一定规模。

（1）2020年中国温泉游泳开发利用地热能装机容量为5.7吉瓦，是水热型地热能直接利用方式中仅次于集中供暖的方式，比2015年增长129%[10-11]。温泉旅游疗养几乎遍及中国各省(区、市)，尤其近些年来，开发商将重点放在温泉养生、温泉文化、温泉度假村及建设温泉小镇等项目上，受到消费者的青睐。

（2）2020年中国温室种植开发利用地热能装机容量为346兆瓦，比2015年增长125%[10-11]，这主要得益于人民生活水平的提高，对高端花卉、反季节蔬果、特色农产品需求的增长。但温室种植仅占中国地热能直接利用总装机容量的0.4%，未来发展空间依然很大。

（3）2020年中国水产养殖开发利用地热能装机容量为482兆瓦，比2015年增长122%[10-11]。中国地热能水产养殖已遍布20多个省的47个地热田，建有养殖场约300处，养殖池面积550万平方米。

2.2.4 地热发电进展未达预期

“十三五”期间，中国在西藏羊易完成建设16兆瓦地热电站，这是继羊八井电站后又一具有里程碑意义的事件，其余多为1兆瓦左右的实验性发电项目。地热发电完成情况与“十三五”规划新增500兆瓦的目标差距仍然较大，主要是资源分布与市场匹配较差，以及上网电价较低等因素所致。

2.3 地热能标准体系初步建立

2016年国家能源局批准组建能源行业地热能专业标准化技术员委员会，主要开展地热资源勘查与评价、地热钻完井工程、地热供暖（制冷）、地热发电和采出水综合利用与资源保护等领域标准化工作，并研究建立地热能标准化体系。2017年中国第一个地热能标准体系正式发布，现已经研究制定了19项行业标准，由国家能源局发布实施。

2.4 地热能国际化发展水平进一步提高

2019年中国成功获得2023年世界地热大会主办权，将加速中国地热能产业的国际化发展进程，促进地热能产业实现新的飞跃。科研合作方面，中国石油大学（北京）与英国帝国理工大学在深层钻井和干热岩研究方面共同合作，中国科学院地质与地球物理研究所携手德国亥姆霍兹联合会在热储可持续开发技术领域强强联合，促进了中国地热科技研发与国际共轨并行。产业合作方面，中国科瑞石油成功签订埃塞俄比亚国家电力公司地热能源开发合同，中国石油化工天然气集团有限公司承揽土耳其地热井钻探工程，中国核工业集团有限公司与中国石油天然气集团有限公司携手签订肯尼亚项目地热资源综合开发利用合作协议，中国地热能产业发展正在走出国门。

3 面临的机遇与挑战

3.1 地热能供暖（制冷）发展迎来新机遇

3.1.1 雄安新区发展建设迫切需要地热能供暖（制冷）

雄安新区地热资源丰富，是中国中东部地热资源最丰富、开发利用条件最好的区域。《河北雄安新区规划纲要》明确提出科学利用区内地热资源，综合利用城市余热资源，合理利用新区周边热源，形成多能互补的清洁供热系统，确保新区供热安全。目前，容东片区提供1200万平方米建筑已经确定采用地热能供暖（制冷）。

3.1.2 大气污染防治和北方地区清洁供暖政策促进地热能发展

在中央财经领导小组第十四次会议上，习近平总书记强调推进北方地区冬季清洁取暖，这是关系到雾霾天能不能减少，是能源生产和消费革命、农村生活方式革命的重要内容，要按照企业为主、政府推动、居民可承受的方针，尽可能利用清洁能源，加快提高清洁化供暖比重。中央财政连续3年拨付专项资金支持清洁能源供暖建设，2019年大气污染防治专项资金达到250亿元。随着“煤改电”“煤改气”发展难度越来越大，以及地热项目实施条件不同，地热能供暖越来越受到国家和地方政府的重视。中国地热资源分布与北方清洁能源供暖地区高度重合，地热能供暖将在中国大气污染防治中扮演更加重要的角色。

3.1.3 夏热冬冷地区的供暖（制冷）需求越来越强烈

近年来，针对计划经济时代遗留下的淮河以南不供暖的规定，中国淮河以南和长江流域地区冬季供暖问题成为突出议论，随着经济发展和人民生活水平的不断提高，以长江流域为代表的夏热冬冷地区的冬季供暖和夏季制冷需求提上日程。武汉、南京等一些地区已经率先开始地热能集中供暖（制冷）探索和实践。长江流域水系发达，浅层地热能将在解决这一需求过程中发挥独特的优势。

3.1.4 解决农村供暖短板需要地热能源

农村建筑一般远离城市集中供暖管网，供暖常采用燃烧散煤方式，烟气排放没有经过处理，是中国北方地区雾霾的主要污染源。截至2016年，北方农村地区供暖年消耗约2亿吨标准煤，占北方供暖用煤年消耗的1/2[12]。地热能具有分布式能源的特点，特别适合人口密度较低、又相对集中居住的村镇地区，尤其对于燃气管网覆盖不到、电网负荷难以承受的地区，地热供暖可以作为主要的清洁供暖方式加以推进。

3.2 地热能行业发展秩序有待继续加强

3.2.1 地热的法律定位和管理主体不明确

在中国现行法律体系中，《中华人民共和国矿产资源法》《中华人民共和国水法》和

《中华人民共和国可再生能源法》分别强调了地热的矿产、水资源和可再生能源属性，具体到地方管理层面，地热能开发利用在不同地方接受不同部门主管，有自然资源部门、水利部门、城建部门、发展改革能源部门、园林部门等，也存在多个部门一起管、或都不管的现象。地热能开发管理需要顶层设计，由上而下理顺地热开发管理。

3.2.2 地热能供暖（制冷）项目开发亟须规范

一些地热能供暖企业社会责任感有待提高。规范采水与回灌平衡的地热能开发利用是清洁、可持续的能源利用方式。但是，部分企业环境责任心不强，少钻或不钻回灌井，浪费了地下水，影响了社会各界和部分地方政府对于开发地热能的态度。地热能行业需要坚决执行地热尾水完全回灌，需要各级政府严格监管。

3.2.3 地热能发展法规和政策亟须统一梳理和修订

地热能发展晚、总量小，各级政府和社会对于地热能作为可再生能源的地位和推进清洁能源供暖的方式没有深入的了解和认识。一方面，国家出台多项法规确认地热能的可再生能源地位，并给予优惠政策和资金补贴。另一方面，新的《中华人民共和国资源税法》已施行，明确将地热纳入能源矿产类别税目，税率为从价计征1%～20%或者从量计征1～30元/立方米，又加重了地热企业的负担。

4 地热能“十四五”发展建议

4.1 助力雄安新区清洁能源发展

统筹部署，协调开发雄安新区地热资源，把地热打造成雄安新区特色产业之一，在“雄县模式”基础上，打造技术革新、管理升级、服务细致的“雄安模式”，建成全球地热产业发展的样板，占领世界地热行业制高点。以水热型地热能供暖和地埋管地源热泵为基础热源，以污水余热、垃圾发电余热、太阳能为补充，建成多能互补的清洁能源供热系统。建设智慧集中型能源站，通过大数据分析用能需求、天气情况，确保建筑恒温、用能最少。

4.2 助力完成北方地区冬季清洁取暖

中国华北地区地热资源、供暖需求、政策激励3项要素齐备，具有水热型地热能供暖发展的良好环境。“十四五”期间，重点发展中央财政支持北方地区冬季清洁取暖试点城市——京津冀及周边地区大气污染防治传输通道“2+26”城市、张家口市和汾渭平原城市。采取“先灰岩、再砂岩”的开发策略，优先发展回灌工程和技术难度较小的灰岩热储，随着砂岩回灌技术更加成熟和经济性提高，适度加大砂岩热储开发比重，拓展可用资源范围。

4.3 满足夏热冬冷地区供暖制冷需求

冬冷地区浅层地热资源丰富，特别是江河湖泊等地表水系发达，居民对集中供热制冷的需求十分高涨，支付和消费能力旺盛。在地表水源方面，统一规划，集中开发，在长江流域、珠江流域、沿海地区建立一批依靠大江、大海、大湖泊的成规模的地表水源浅层地热能供暖（制冷）项目，形成集群化利用示范区，带动中国浅层地热能发展提质增效。在地下水源和土壤源方面，基于各地浅层地热资源赋存条件，在华北平原、长江中下游平原，利用浅层地热能的分布式能源特点，在大、中、小城市、乡镇、农村全面推进，建设浅层地热能开发利用能源站系统，满足各型建筑的供暖制冷需要，助力绿色低碳城市发展。

4.4 补齐北方农村清洁能源供暖短板

农村基础设施差、农民支付能力低是解决北方地区清洁能源供暖问题的主要难点。“十四五”期间，在远离城市集中供热管网的农村地区，发挥地热能供暖的分布式能源和低运行成本特点，与农村土地广阔、支付能力较差的特点充分互补结合，建设分布式地热能供热系统，打造让乡镇和农村居民真正用得起的清洁取暖方式，为改善农村居民生活环境和治霾减碳做出贡献。

参考文献

[1] 周总瑛，刘世良，刘金侠. 中国地热资源特点与发展政策[J]. 自然资源学报，2015，30（7）：1210–1220.

[2] LUND J, TOTH A. Direct utilization of geothermal energy 2020 worldwide review [C]// Proceedings of World Geothermal Congress 2020. Reykjavik: Iceland, 2020.

[3] 郑克棪，陈梓慧. 地热供暖世界现状及中国清洁供暖的地热选择[J]. 河北工业大学学报，2018，47（2）：102–107.

[4] HUTTRER G W. Geothermal power generation in the world 2015–2020 update report [C]// Proceedings of World Geothermal Congress 2020. Reykjavik: Iceland, 2020.

[5] BERTANI R. Geothermal power generation in the world 2010–2015 update report [C]. Proceedings of World Geothermal Congress 2015. Melbourne, Australia, 2015: 01001: 1–13.

[6] ROBERTSON–TAIT A, HARVEY W, HAMM S, et al. The United States of America country update 2020 - power generation [C]. Proceedings of World Geothermal Congress 2020. Reykjavik, Iceland, 2020: 10–11.

[7] MERTOGLU O, SIMSEK S, BASARIR N. Geothermal energy use: Projections and country update for Turkey [C]//Proceedings of World Geothermal Congress 2020. Reykjavik: Iceland, 2020.

[8] RAGNARSSON A, STEINGRIMSSON B, THORHALLSSON S. Geothermal development in Iceland 2015–2019 [C]//Proceedings of World Geothermal Congress 2020. Reykjavik: Iceland, 2020.

[9] 自然资源部中国地质调查局，中国国家能源局新能源和可再生能源司，中国科学院科技战略咨询研究院，等. 中国地热能发展报告[M]. 北京：中国石化出版社，2018.

[10] TIAN T, DONG Y, ZHANG W, et al. Rapid development of China's geothermal industry: China national report of the 2020 world geothermal conference [C]. Proceedings of World Geothermal Congress 2020. Reykjavik: Iceland, 2020.

[11] 郑克棪，董颖，陈梓慧，等. 中国加速地热资源的产业化开发：2015世界地热大会中国国家报告[J]. 地热能，2015（3）：3–8.

[12] 关于印发北方地区冬季清洁取暖规划（2017—2021年）的通知[EB/OL].（2017–12–20）[2020–11–20]. http://www.gov.cn/xinwen/2017–12/20/content_5248855.htm.

石油化工企业数字化工厂建设及其应用探索

郑兴周
（海洋石油工程股份有限公司）

摘　要：随着油田智能化需求的不断提高，网络化、数字化、智能化已成为时代大潮，油田数字化、智能化将会改变我们的生产操作方式，油田生产设施的数字化和智能化是未来的发展趋势。数字化工厂是实现油田生产设施数字化和智能化的重要途径，数字化工厂在油田的深入应用，能够评估油气生产工艺的合理性，统筹规划建造资源和生产计划，基于虚拟模型仿真和验证物理生产系统中各组成部分的数据交互及运行情况，对生产过程进行精准实时控制，从而优化生产工艺过程，降低生产成本。

关键字：数字孪生；模型仿真；数字化；智能化

随着大数据时代的到来，数字化工厂已成为智能制造的数据基础。目前，世界知名石油化工企业已经开始着手数字化交付与三维应用技术的建设，并取得了显著的成效[1]。埃克森美孚托伦斯市（洛杉矶）炼油厂运用三维数字化技术，创建智能化三维实体模型，通过与工厂现有的可靠性管理系统、工艺和仪表流程系统、设备资产维护系统数据连接和集成，构建了三维数字化智能模型，主要应用在资产改造方面，改造流程得到了很大程度的改善和优化，并节省了至少10%的固定资产投入，大幅度加速工程改造时间周期；BP公司怀廷（Whiting）炼油厂运用三维数字化技术，将装置的PDS模型转化为智能模型，主要应用在员工培训、设备检维修等方面，显著提高了工作效率，缩短了企业从事故中恢复的时间，极大降低了成本，其19套装置单元3年节省成本达1000万美元；壳牌加拿大阿尔伯塔（Alberta）炼油厂采用三维数字化技术，通过三维实体模型与用户现有的检测、腐蚀管理数据库等相关系统进行集成，创建了腐蚀和厚度检测等业务管理功能，优化腐蚀检测工作流程，平均每天可节约1～2个小时的工作时间，明显提高了维护效率和精度。直接使用已有的数字化工厂的三维模式，避免起草图纸的需求，仅此一项就节省成本超过100万美元。

国内项目中，中石油①兰州石化公司数字化工程项目、中石油云南石化公司三维数字化工厂项目、中石化②镇海炼化公司数字化工厂项目等，都已经投入正常运行。三维数字工厂实现了检修计划、方案编制、工单管理、检修记录、辅助计量、腐蚀管理、特种设备检验检测、资产管理、动土管理以及设备运行管理、高清视频集成、运维培训管理等功能。中海油③南海乐东油气田也已经开始仪表设备数字化管理的尝试。

① 中石油全称为中国石油天然气集团有限公司，此处简称“中石油”。
② 中石化全称为中国石油化工集团有限公司，此处简称“中石化”。
③ 中海油全称为中国海洋石油集团有限公司，此处简称“中海油”。

1 数字化工厂的意义

1.1 市场与业主的需求

首先在现代科技的推动下，智能化制造、数字化工厂必然会替代传统制造业应运而生，这是社会自然发展的走向，人力不可改变。其次，在经济全球化，产业国际化的大背景下，诸多生产建设项目中的参与者越来越多元化、异域化，而传统的生产模式和管理模式在此背景下必然会极大地增加项目运行成本，同时也降低项目管理效率。任何企业如果想增强自身竞争力，都将别无选择地往数字化方向转型，以求适应市场潮流和满足业主需求。

1.2 数字化工厂的优势

数字化工厂的优势就是将原始的生产资料参数（机械设备、物资材料等参数）转化成模型，将原始的生产力（人工）转化成计算机，通过特定的软件、平台和程序用计算机代替人工来处理数据。同时，其强大的查询管理能力，设备运营监测能力、预警反馈能力又远远超过人工处理水平。因此在降低成本的同时，又提高了工作效率，实现了智能化管理，减少了误差，推动了企业的高质量发展[2]。

2 数字化工厂建设路线

数字化工厂是利用创新的虚拟现实方法获得代表工厂现状的全热点三维模型，以该模型为核心集成工厂全生命周期（如设计、安装、生产、检维修、腐蚀等）的动静态数据，形成工厂资产、生产、安全管理的数据生态环境，实现对企业生产运营维护的各个领域提供数据、模型服务，以及对企业管理与维护过程提供仿真、评估和优化的技术支持，是流程行业新型生产组织与管理方式。数字化工厂模型建设有两条技术路线，即逆向建模和数字化交付。其中逆向建模是利用激光扫描技术获得精确代表工厂现状的三维模型；数字化移交是把不可编辑的三维设计模型转换为可编辑的三维数字工厂模型。

2.1 逆向建模

在石油化工领域，针对老旧设施数字化工厂建设，获取老旧设施的数字模型是关键，但存在以下三种困难：其一是因年代原因，设计手段停留在二维形态，一旦在三维空间内建模会出现管线碰撞等错误；其二是设施被改造多次，且没有及时对资料进行升级更新，导致图纸与实际工程设施不一致；其三是因设计年代久远导致资料品相劣化，甚至残缺丢失。逆向建模又称三维扫描，是指集光、机、电和计算机技术于一体的高新技术，主要利用三维扫描设备对物体空间外形和结构及色彩进行扫描，以获得物体表面的空间坐标，可以摆脱对原设计图纸的过度依赖。逆向建模技术是最近新兴起的一种高精度立体扫描技术，它主要用在高精度逆向工程的三维建模上，及时通过三维的坐标方式，把扫描所获得的点精确投影在计算机模型中，从而达到三维复制，实现逆向建模。而现有的传统测绘技术主要是进行单点精确测量，获得坐标多为二维坐标，难以满足精确建模对三维的需要，三维激光扫描技术成功地解决了这一难题。其原理是根据存在的产品实物模型，通过各种测量手段及三维几何建模方法，将原有实物转化为计算机可识别的三维数字化模型，反向推导产品设计模型的过程[3]。

三维扫描可以对复杂的现场环境进行多方位扫描取点，将各种大型、复杂、不规则的实体的三维数据完整地采集到电脑中，通过点云处理软件，去除干扰点，从而快速重构实体三维模型，实现实体和三维模型对应，极大地方便了各种后续工程的跟踪进行。张德海等[4]在逆向工程中，使用可以将三维物体几何信息转换为计算机能直接处理的二维数字信号的三维光学扫描技术，对三维逆向建模进行模拟，结果表明三维扫描设备扫描建模相似度达到原始数模的98%，基本满足在逆向建模中的应用。

三维扫描测量数据的获取，受周围环境影响较大，原始点云在三维扫描的获取过程中，因为受环境因素的客观条件限制，不可避免地存在噪声点、飞点、重叠点云等现象，这就导致逆向建模过程中点云密度大、计算周期长、过程运算复杂等问题，所以在逆向建模过程中最大的挑战就是如何保证点云的处理精度和处理时间问题，如何在最短的时间内获得尽量多的准确的点云数据，是衡量和评价扫描数据是否成功的根本。

2.2 数字化交付

狭义的数字化交付是将业主所需的生产建设项目设计数据模型、采办信息数据、设备单元可分解数据模型、项目改造数据、项目管理信息等各项工程数据加载到可兼容多元化数据的交付平台，实现结构化、有序化的数据移交。而广义的数字化交付是帮助业主实现对项目建设过程中全部信息的采集、整合以及生产运营过程中对数据的输入输出、双向检验、实时监测、运维操控等功能的系统性交付[5]。

数字化交付过程应涵盖工程设计、采办、建造、检验、调试等工程建设全过程，数字化交付过程是由业主（生产方）、工程建设方协同作业的系统工程[6]。数字化交付过程需要在项目设计阶段制定数字化交付规范，约定项目各阶段、各参与方提交的数据文件内容及格式要求。项目建设完工后，由数字化交付服务商代表生产方对项目进行数字化接收并对数据的完整性、准确性、一致性进行检查[7]。

2.3 数字化交付标准的制定

由于项目参与者（设计方、施工方、供货商、工艺分包商等）的多样性，技术（结构专业、工艺配管专业、电气专业、暖通专业、舾装防腐专业）的多专业性，过程（EPCI或者EPC等）的多阶段性，导致各方的交付数据存在差异性，所以制定统一的交付标准对于打通数据关联性和提高数据兼容性至关重要。目前国标有《GB/T 51296—2018石油化工工程数字化交付标准》，但为了增强市场竞争力，打造个性化服务，应该根据服务理念和技术水平制定自己的企业标准。

2.4 搭建数字化交付平台

数字化交付平台是从源头上实现对生产建设项目的数据资产进行全生命周期的精准管控。不能只停留在整合竣工数据的层面上，必须保证后期运维改造的数据能及时准确地反馈到平台。所以必须要求其平台上每一个孤岛数据的完整性、准确性、与现场一致性，以及操作的可靠性、合规性。数字化交付平台需要提供开放的数据接口，接收工程后期运行、维护、改造等工厂全生命周期的信息数据[8]。目前国际主流的数字化交付平台有海克斯康SPF（Smart Plant Foundation）平台、AVEVA平台、西门子数字化平台COMOS等，国内也有北京绥通的SeaLINx平台等，这些平台均支持多种主流文件格式，可将不同的数字模型组合在一起。

2.5 建立统一的通信协议接口

数字化工厂需要获取物理工厂的静态数据和动态数据，静态数据主要通过逆向建模或者数字化交付获得，动态数据主要通过与物理工厂中的PCS、ESD、F&G、PLC等系统的通信联系，但现役物理工厂的中控、EMS（能量管理系统）、防腐监测、结构震动监测等，各系统之间互不联系或联系较少。品牌不同，使用的接口协议不同，无法实现相互通信。因此需要建立一套统一的接口协议，为各系统与平台的监控从站之间通信提供统一的软硬件基础。

3 数字化工厂的总体架构与应用探索

3.1 数字化工厂的总体架构

数字化工厂技术应该包含数据保障层、建模计算层、数字孪生功能层和沉浸式体验层[9]。数据保障层是整个数字化工厂的基础，主要包含数字化交付、逆向建模、传感器数据采集、工厂数据维护等为数字工厂提供静态和动态数据。数据采集的准确性和及时性直接影响到数字化工厂的应用深度和准度。建模计算层是数字工厂的核心，在企业全生命周期内由数据保障层输入的数据格式是多样性的，因此需要数字工厂平台支持多种数据源的导入，需要考虑多尺度三维数据集成与融合，数字孪生内涵特征、运行机制与模型的融合技术。数字孪生功能层与沉浸式体验层属于数字化工厂的应用，数字化工厂可为企业提供高效的数据管理、远程诊断、腐蚀管理、虚拟培训等智能管理。

3.2 资产实物管理

数字化工厂是物理工厂的数字投影，在虚拟的数字世界里，可以浏览、查询每一个设备的资产属性、设备信息以及设备部件的基本信息，可以动态的维护设备部件的基本信息，查看所有部件的历史维护记录等。数字化工厂以“资产”为核心，集成了工程设计资料、供应商文件、建筑施工文件、安装调试资料、运行维护数据等，可以实现基于资产的一站式数据查询。

3.3 腐蚀风险管理

基于三维数字化工厂可以极大地简化RBI分析，并可以三维展示RBI分析结果。在三维腐蚀回路知识视图上，根据风险等级、检测点数量规划等，规划设计检测点的位置；检测后，数字化工厂保存腐蚀检测数据，可以根据历史壁厚、腐蚀速率、剩余寿命等数据，对资产的腐蚀情况进行分析研究。

3.4 VR场景应用

利用VR技术在三维数字化工厂中，依据用户应急预案制作应急演练计划，可通过多角色场景同步协同演练。联机演练过程中，不同用户扮演不同角色，系统分配不同任务，通过演练可以让用户熟悉应急操作流程，演练互相配合流程。另外，利用三维数字化工厂模型以及VR技术可以对动设备拆装进行仿真培训。

3.5 工程仿真

基于与现场完全一致的三维模型，可在办公室内实现设备拆装工程、脚手架搭设工程、设备吊装等方案的仿真，评估方案的可行性，优化方案，记录并分发解决方案。

参考文献

[1] 孙发亮. 数字化交付在智能制造中的位置及发展趋势[J]. 中国仪器仪表，2019（5）：32–36.
[2] 黄靖丽. 三维数字化技术在数字化工厂的应用[J]. 中国管理信息化，2018，21（1）：55–57.
[3] 郑臣，朱目成. 影像测量技术在叶尖间隙测量中的应用[J]. 应用光学，2014，35（5）：835–840.
[4] 张德海，李艳芹，谢贵重，等. 三维光学扫描技术逆向工程应用研究[J]. 应用光学，2015，36（4）：519–525.
[5] 杨娜，贺宏伟，王立凯. 数字化交付在智能制造中的位置及发展趋势[J]. 时代农机，2019，46（9）：13–14.
[6] 曹建新. 浅谈化工工程项目数字化交付设计[J]. 天津化工，2019，33（4）：69–70.
[7] 李英敏，孙帅帅，李旭光. 化工企业建立工程项目数字化交付标准探析[J]. 化工管理，2019（19）：184–185.
[8] 肖龙. 浅谈油气地面建设工程数字化交付[J]. 化工管理，2018（36）：218–219.
[9] 刘大同，郭凯，王本宽，等. 数字孪生技术综述与展望[J]. 仪器仪表学报，2018，39（11）：1–10.

低油价下大庆油田主力采油厂持续生存能力的探索与实施

李广浩　刘丹华　姜　虹
（大庆油田有限责任公司第二采油厂）

摘　要：效益是企业的生命线，2020年以来，国际油价一路走跌，对油田效益造成巨大冲击。在这种形势下，采油厂作为油田创效主力军，面临着严峻考验，需要在效益开发上拿出更有力的变革性措施。本文对大庆油田第二采油厂近几年在开展建设经营效益型采油厂工作进行了剖析，力求为推动全油田效益开发提供参考与借鉴。

关键词：低油价；效益；采油厂

1　背景

大庆油田第二采油厂成立于1964年，截至2019年年底，累计生产原油4.58亿吨，为大庆油田的开发建设做出了突出贡献。目前，油田整体处于“双特高”开发阶段，综合含水93.08%，地质储量采出程度57.72%，可采储量采出程度89.17%，地质储量采油速度1.0%左右。随着油田开采难度逐年加大，设备、设施老化日益严重，生产规模逐年扩大，低油价下成本与效益的矛盾也愈加突显。近五年，桶油成本年均上升8.75%，如何降低运行成本，控制效益下滑速度是眼下的重点研究方向。

2　探索与实践

近年来，随着油价低位震荡，针对持续降本增效减少常规挖潜余地的实际，第二采油厂深入践行“控制主动权”“挑战不可能”“居家过日子”等观念，积极转换挖潜思维，摒弃单纯在战术层面被动防守的“压”“控”措施，向战略层面主动进攻的“调优”“激活”转变，把效益开发视为一个有机的生态系统，向优化结构要效益，有保有压，努力谋求整体效益最大化。2019年，结构优化创效7.08亿元，控制吨油操作成本贡献132.43元/吨，实际吨油操作成本900.39元/吨，吨油利润1692.13元/吨，均处于油田前列。

2.1　优化产量结构出效益

为找准产量结构调整依据，对2018年两驱产量结构和吨油生产成本进行分析。从成本构成看，水驱未措施成本最低，为1107元/吨，其次是化学驱见效高峰期1457元/吨，这两部分应全力调增；水驱措施产量、化学驱见效初期产量及后续水驱产量比较接近，均在1700元以上，应全力调减优化。从产量结构看，水驱未措施产量占比52.44%，但同时递减率也大，应尽量保持规模，减缓递减；化学驱见效初期产量占比3.04%，见效高峰期产量占32.54%，后续水驱产量占比10.88%，应尽量延长高峰期，缩短见效初期和后续水驱的周期（表1）。

表1　2018年两驱产量结构和吨油生产成本情况

项目	水驱		化学驱		
	未措施	措施	见效初期	见效高峰期	后续水驱
产量占比（%）	52.44	1.10	3.04	32.54	10.88
吨油生产成本（元/吨）	1107	1785	1707	1457	1726

2.1.1　对高效益的水驱未措施产量坚定不移调增向稳

调增高效益水驱未措施产量比例，针对影响水驱未措施产量的注采规模、生产管理等因素，抓住精细注入和高效采出两个环节，深挖潜力，大打进攻战。提升注采规模。全力推进各类井层产液量比例与地质储量比例相匹配的注采调整新对策，对储量占比大的基础井和一次井网提高注水强度，使注水比例企稳回升，控制井区递减率近1个百分点。同时，通过精细成因分析，完善技术界限，节点目标管理，个性治理低注井545井次，其中38口井通过洗井达到酸化效果，注水合格率达到90.2%，比2018年提高1.2个百分点。深挖管理潜力。立足保证开井率，通过强化综合治理，使油井利用率上升到98.77%，生产时率达到97.85%，分别比2018年提高0.35和0.07个百分点。立足高产井多采，优化方案设计和施工队伍，使高产井躺井时间不超过48小时。精细高产井培养。做到分析到位、调整及时，提高高产井生命周期。2019年高产井井数保持在638口，生产时率达到95.9%，同比提高了0.07个百分点，实现了用13%的井完成33.2%的产量。通过以上举措，2019年水驱未措施产量达到273.15万吨，自然递减率6.78%，产量占比只下降0.81%，相当于多产油10.5万吨，同比措施产量节省6605万元。

2.1.2　对中高效益的化学驱见效高峰产量不遗余力调优向上

针对影响见效高峰期的注入体系、动用状况、调整措施等因素，从药剂、技术、管理三个维度叠加发力，争取更高的效益产量。创新药剂体系，提升驱油效果增效。面对储层品质劣质化的不利情况，创新应用了石油磺酸盐+脂肽复配体系，规模应用4个区块，动用地质储量2460万吨，累计多增油4.92万吨，节约表面活性剂费用8%左右，阶段节约费用4160万元。创新挖潜技术，改善动用状况增效。通过精准参数匹配、精细配产配注、立体压裂提效，使化学驱调整更到位、更精准、更合理。实现了1米以下薄层有效动用，参数匹配率达到92.1%，配产配注合理率88.2%，分别提高4.7和19.2个百分点，立体压裂单井日增油7.0吨，同比增加1.0吨。创新管理模式，提高精细程度增效。通过实施贯穿开发全过程的分类井组对标分析，借助动态分析及方案管理一体化平台，形成了注入质量过程化管理保注入、节点化管理控粘损、专业化管理提时率、信息化管理提效率的精细管理模式，系统粘损控制在21%以内，注剂时率达到95%以上。通过“三管齐下”，化学驱提质提效明显，已实施化学驱9个区块有8个达到公司标杆区块水平，2019年化学驱见效高峰期产油178.81万吨，产量占比提高1.28个百分点，相比措施产量，相当于节省1957万元。

2.1.3 对低效益的后续水驱产量千方百计调低向优

立足“效益优先，源头控制，注采兼顾，提控结合”，着力开展低效无效循环识别和治理，使超高含水产量得到合理控制。针对零散井点区域，且厚度相对较薄、平面上呈条带状分布的低效无效循环层，采用单卡停注或控注；层段内存在低效无效循环层且不可细分的井，实施化学浅调剖；低效无效循环部位厚度占比较大，且存在部分低含水潜力油层，采取堵水或高含水实施关井。针对连片低效无效循环区域，实施规模排间周期注采，将注采井距由175米扩大到391米；实施周期注水，优化不同油层注水强度，有效控制低效无效循环注采。2019年，实施各类调整措施778井次，控注219万立方米，控液119万吨，节约成本费用1446万元。高成本的水驱措施产量占比和吨油成本双下降，化学驱见效初期产量占比下降0.98个百分点，同比高峰期产量吨油成本节省5096万元。

通过优化产量结构，控制高效益产量递减，扩大中高效益产量规模，降低高成本产量占比，2019年，产油542.16万吨，超产10.16万吨，实现结构优化增效1.38亿元。

2.2 优化成本结构出效益

成本是最现实的效益，而操作成本是其最可控的部分，是通过自身努力可以实现有效调节的部分，因此是效益挖潜的关键环节。随着油田开发难度加大，开采方式、增产措施、地层条件等因素变化，操作成本持续升高，对油田效益的影响越来越大，只有优化成本结构，尤其是操作成本结构，把有效的成本落到最大产出措施上，才能增强应对低油价的持续生存能力。近年来，第二采油厂坚持做好压能耗成本、保措施费用、控材料费用的优化文章，在保持产量目标受控下，操作成本得到有效控制，近三年，上升比例控制在2.5%以内，其中运行成本年均降低2.2%，员工费用年均增长12.75%。2019年，在新建产能井329口、站5座的情况下，操作成本总额同比增加2.57%，其中运行成本同比降低1.87%，员工费用同比增长11.62%。吨油操作成本0.089万元/吨，在老区采油厂中排名第一。

2.2.1 对事关增产增效的措施费用全力以赴保，应增尽增

措施作业是油水井增产增注的主要手段，是保持产量水平的关键所在。2019年，在年初预算操作成本同比下降3419万元情况下，措施费用达3.36亿元，同比增加5000多万元。而且通过优化控制，用计划费用的106.7%完成了计划工作量的111%，措施工作量同比增加321口，措施增油达10.47万吨（表2）。

表2 2018—2019年井下作业施工费用情况

年份	措施计划工作量（口）	措施实际完工（口）	完成计划比例（%）	措施计划费用（万元）	措施实际费用（万元）	费用比例（%）
2018	1000	1033	103.3	28000	28460	101.6
2019	1220	1354	111.0	31520	33640	106.7
差值	220	321	7.7	3520	5180	5.1

以“两个倾斜”优化结构增效。针对目前水驱措施程度高、井层条件变差、保持效果难度大的实际，为控制数量提高效果，措施重点对象实施两个倾斜。向三次采油区块倾斜，化学驱开发具有明显的见效快、变化快、开发周期短的特征，为提高三次采油区块的见效程度，牢牢抓住见效高峰期，有针对性地将措施施工向三次采油区块倾斜，充分发挥措施在三次采油开发过程中的引效、促效作用，确保三次采油见效区块开发效果保持最佳状态。2019年，三次采油区块的措施占比56.3%，较2018年提高了7.0个百分点。向注水井端倾斜，注水是水驱开发的根本，为保障“注够水、注好水、有效注水”，强化注水井措施改造，充分发挥薄差油层接替潜力，确保水驱注水质量最优。2019年，注水端压裂井数80口，措施占比24.6%，累积增注60.43万立方米。

以“三个转变”优化设计增效。转变措施思路，从源头上优化对象、工艺、管柱的设计，措施效果得到有效改善。对象优化由水驱向化学驱薄差油层转变。根据三次采油区块不同阶段见效特点，以各类油层均衡动用为原则，优化压裂时机和挖潜对象，将水驱压裂向化学驱薄差油层适度规模压裂转变，确保化学驱薄差油层连续有效驱替。工艺优化由单井固定设计向精准常规压裂转变。针对层间矛盾导致的注采剖面不均衡，层内砂体发育相变剧烈难以建立有效沟通的情况，将工艺参数优化由单井固定设计向单层精准控制优化转变。通过精细支撑剂规模控制，优选个性化添加剂及助排剂，适度应用规模压裂、立体压裂、压驱等特殊工艺，解决注采剖面不均衡矛盾。管柱优化由小规模、常规井向套变井小直径压裂转变。为解决单井压裂层缝数逐渐增加，套损井剩余油潜力难以有效挖掘，工艺管柱及工具需求增高的难题，通过将管柱优化向套变井小直径压裂转变，挖掘套损井剩余油潜力。2019年油井压裂初期单井日增油6.1吨，措施有效率始终保持在92%以上，油价按照50美元/桶计算，阶段投入产出比达到1：6.2，按照40美元/桶计算，阶段投入产出比达到1：5.0。

以“三个突出”优化组织增效。以提高效率为努力方向，通过超前组织、畅通渠道、考核激励实现施工组织优质高效。突出一体化管理，做到“组织协调一体化、目标考核一体化、信息平台一体化”，重点保障上产区块，实现每年上半年完成全年措施工作量60%以上的目标。突出多环节协调，结合各作业区产量形势，严控方案编制、施工组织、质量监督等关键环节，及时整改问题，队伍定向施工，把控运行进度，使单井措施周期缩短1.2天。突出自主化施工，发挥经营机制导向作用，鼓励开展高附加值作业项目，变外委为自营，顶驱修井设备实施“1拖3管理模式”，即3个队伍共用1套顶驱修井设备，顶驱修井设备利用效率大幅提高，年施工180口以上，降低修井作业成本3200万元。

2.2.2 对事关节支增效的材料费用合情合理压，能修尽修

近几年，年均新增油、水井300余口、各类站所5座，且伴随着设施老化加重、安全环保压力增大，材料费呈逐年上涨趋势。为深挖材料费潜力，践行“居家过日子”的观念，大打效益战。出台管理办法，规范“交、修、管、用”流程；制定奖励政策，引导多修尽修；完善厂、区、队三级修旧体系，提升修旧能力。2019年，节省材料采购资金近1.1亿元，年创效9838万元，单井材料费指标同比下降近1个百分点。

靠“正规军”打攻坚战，要规模效益。发挥机械维修大队、工程技术大队、特车大

队、电力维修大队等“正规军”的专业优势，打造专业性强、修旧量大的设备维修及保养基地，提升修旧规模效益。依托机械维修大队成立管杆泵专业化修复基地，充分利用闲置厂房与场地、人员与技术优势，全面提升厂作业主材修复能力，修复油管60.29万米、抽油杆18.2万米、抽油泵451台，质量合格率达到99.3%以上，年减少外部采购6651万元。依托工程技术大队成立仪器仪表修复基地，针对仪器仪表基数大，置换费用高昂的情况，打造仪器仪表自行维修力量，负责全厂5万余台数字化仪表的维修，全年共修复2114台，节约采购费用2506万元。依托特车大队成立设备专业化保养示范基地，建立完善的设备润滑管理信息系统、设备修保信息系统、回场检查信息系统，发挥“润滑油站、保养站、回场检查站”三站一体化优势，提升设备维修和润滑能力，设备完好率全年达到97%以上，年均节约维修成本675万元。依托电力维修大队成立电力设备专业化维修基地，组建电器设备专业化修理班，专项开展变压器修复、绝缘导线修复、变压器油再生等工作，年修理变压器200余台、过滤变压器油150桶，直接经济效益355余万元。2019年，四大专业化基地累计创规模效益9834.6万元。

靠“武工队”打游击战，要零散效益。以“8+2”创新工作室为载体，设置专业化修旧班组，以点带面辐射全厂。发挥工作室示范作用，以“刘丽劳模创新工作室”“刘广军劳模创新工作室”等8个公司级、2个厂级工作室为引领，积极推进班组专业化修旧，通过修复阀门、螺栓、皮带等零小部件，年均节省各类材料费340万元。全面提升修旧水平，组织经验交流会，推广高效的修旧方法，带动专项修旧水平提升。如，推广第六作业区采油3-5队“减速箱八字治漏法”，每台治漏成本由原来的4000元左右下降到100元左右，全厂年节省成本数百万元。2019年，累计修旧创效622万元。

靠“淘平台”打运动战，要流转效益。借鉴“大庆油田资产淘宝系统”快捷方便的线上选购模式，搭建“修旧利废淘平台”，发挥线上管控优势，提高修旧物资流转效率。三级管理，协同管好“淘平台”。设置厂、矿、队三级管理权限，物资管理部等相关业务部门协同参与跟踪管理，按照《厂修旧利废及废旧物资管理实施细则》，做好物资的回收、保管及购置等管理，确保闲置物资合理流动、快速调剂。信息共享，全力搭好“淘平台”。对于短期内无法利旧的和作业区、大队内部长期闲置的物资，及时上报汇总、发布信息，保障利旧物资信息沟通渠道顺畅，目前，平台共有修旧物资39类1112件，三年累计流转11331件。出台办法，鼓励用好“淘平台”。各单位将盈余的已修旧物资上传至“淘平台”，其他单位按需购置，并按照修旧物资厂内结算管理办法结算，实现了“足不出户、旧物变现”，激发了基层单位修旧利废热情。2019年，通过“淘平台”调剂修旧物资37885件次，流转效益达277.32万元。

靠“清抽屉”打歼灭战，要处置效益。规范闲置物资，应收尽收，保证源头供给充足完整，精细资产拆除过程管理，依据合同和图纸，做到拆除物资如实入库，避免流失。对有直接利用价值的物资，做好数量统计，入库保存，并及时将物资信息上传至“淘平台”，以供内部调剂流转。对有修旧利用价值的物资，做好分类统计，按类别派送给相应的专业化修旧基地，待修后加以利用。对没有修复价值的废旧物资，通过了解市场行情计算剩余价值，招标销售处理。2019年报废处置废旧物资金额436万元，最大限度获取剩余价值。

2.2.3 对事关降耗增效的电力费用多措并举降，可控尽控

电费是操作成本的重要组成部分，坚持挖掘管理潜力，逐步健全完善了分业务、全方位、常态化的电量消耗管控机制，同比2017年，2019年电费占比下降4.3个百分点（表3）。

表3 2017—2019年吨液耗电情况

年份	耗电量（千瓦时）	产液量（万吨）	吨液耗电（千瓦时/吨）
2017	216457	9909	21.84
2018	196423	9807	20.03
2019	190078	9680	19.64

健全三项制度，推动用电运行全过程严管。通过对2017年电量运行管理情况综合分析，着力解决用电管理“指标宽、任务松、考核软”的问题。抓源头，设立刚性电量指标。2018年，在公司21.6亿千瓦时的指标基础上，设立厂内管控硬指标20.5亿千瓦时，并根据比例分系统、分区域设立电量硬下降5%的目标。重分解，层级压实节电任务。以作业区为责任主体，层层压实电量分配计划，分层级确立节电刚性任务。通过在电网线路侧加装分区计量装置，实现电量在作业区层面的分解。通过完善油井能耗分析和量化方法，确定不同区块、不同产液级别合理工况下单井标准电流值，利用经验公式计算单井耗电量，实现井用电量指标分解到基层队。铁腕抓，强化节电运行考核。根据厂、作业区、基层队年度、季度、月度自用电量考核指标，实行月度考核打分，季度奖金考核兑现，确保电量指标刚性控制。同时，明确作业区、基层队干部、岗位员工三级节电工作职责。通过量化分解电量指标，实施分级分责管理，厂对各作业区季度自用电量指标考核28次；各作业区对基层站队实施月度考核扣罚378次，奖励294次，有效发挥了电量运行考核的导向激励作用。在完成厂内管控硬指标20.5亿千瓦时基础上，节余0.9亿千瓦时。2019年，继续强化严格考核，总量和单耗持续下降。

实施三项方案，推进生产用电全系统严控。全面分析注入、集输、机采节电潜力，通过优化参数、调整工艺流程和运行方式，实现油气生产全过程节能降耗。注采节电重点在“控”上做文章。水驱开发以细分调整、周期注水为主，三采开发主要在五个后续水驱区块实施大规模周期注采、注入井细分调整等措施。2018年以来，控注590.77万立方米，控液402.89万立方米，节电约6081万千瓦时。集输节电重点在“降”上做文章。降温度，结合气温变化和技术界限，提前实施低温集输，年均对40座站所进行夏季全面停掺，停掺水泵105台，节电554万千瓦时；降压差，准确掌握各区块、各套井网全程压力变化，科学调整泵管压差，推进节能改造项目，平均注水单耗下降0.04千瓦时/立方米，累计节电5422万千瓦时。机采节电重点在“提”上做文章。紧盯供排关系调整潜力，实施参数优化、管柱优化、举升方式调整等措施10777井次；运用能耗分析系统，治理低效区和潜力区井447井次，安装各项节能产品4851台套，使机采系统效率提高2.52个百分点，累计节电5141万千瓦时。

应用两项技术，推进村屯周边全方位严防。落实“止损也是潜力”的理念，发挥电网

监测技术优势，严厉防控，精准打击。应用线路负荷监测系统，严查变电所出口电流。在电力调度集控中心平台上增加出线负荷动态分析功能，通过对变电所出口电流每日分析，累计发现日环比电流增幅大于10A的线路4547条次，依次核对电网运行方式、负荷接入变化和排查现场设施，重点查找非生产用电变化因素，经现场回访核实打击窃电处182次。应用单井电流监测装置，严防村屯周边窃电。在村屯周边易窃电井加装830套单井电流监测装置，通过每日监控三项电流曲线和电量统计变化，结合现场单井停机测电流等方式，重点治理村屯非居民生活用电，打击周边井窃电。2018年以来，累计打击油井窃电4508井次，收缴电线、电缆74779米，终止用电手续19户，依法立案110起，治安拘留69人。同时，加强地企协调沟通，对村屯“费用结算方式由定额改为按计量收取”，从根本上堵住了偷窃电漏洞。

通过优化运行成本，工程支出费用提高5.4个百分点，材料、电费等下降了5.4个百分点，相当于控制成本10.8个百分点，实现结构优化增效3.6亿元。

2.3 优化人员结构出效益

人工成本占操作成本的30%，且呈逐年上升趋势。近年来，井站规模增大，员工总量平均每年以2.2%的速度自然递减，井组用工尤为紧张。从2016年人员结构看，站所用工占比27.2%、后线用工占比11.2%，井组用工占比17.2%，明显表现出站所用工比例大而井组用工比例低，优化结构的潜力在于调减后线、调优站所、调增井组，以保证在目前总量下满足增量需求因素。通过调整人员结构，2019年单井综合用人从2016年的0.87人/口井下降到0.75人/口井。同时，实际井组用人从2137人增加到2489人，油水井精细管理得到人员保证。

2.3.1 优化产能布局省一块

在产能建设过程中，立足“少建站、建大站”的原则，统筹考虑产能区块能力和规模，打破区域界限，临近站所合并规划。新建大型站场按照集中监控模式设计，注入站按照无人值守模式建设，优化工艺，简化流程，集中建站，在减少产能对用工硬性需求的同时降低建设投资及运行成本。2018年以来，对南七区、南八区相邻的5个三元驱产能区块统筹布局，集中建设东西2座大型站场，与传统建站方式对比，节省建设投资1.3亿元，减少新建站场7座，节省用工164人，年节省用工成本3001.5万元、节省运行费用1740万元。

2.3.2 优化运行方式省一块

2017年以来，紧跟数字化油田建设步伐，本着“岗位设置集约化、生产运行协作化”的原则，在老区块探索实施联合站集中值守、注入站无人值守，节省用工46人；将21座变电站全部实行无人值守，节省用工147人；在三元产能区块探索实施调配站集中监控、注入站无人值守，节省用工23人。通过多站合一、集中监控、无人值守，站所节省用工216人，占全厂站所值守人员总数的8.3%，年节省人工成本3953.3万元。

2.3.3 优化管理机构省一块

按照“充实一线、精干二线、压缩三线，所有岗位满负荷工作”的思路，修订完善厂劳动定员标准，深入挖掘内部人力资源潜力。2017年以来，通过精干辅助生产队伍，优化后线服务岗位，压缩后线人员，先后从机械维修大队、特车大队、生产准备大队等后线单位及各作业区的后线岗位挖潜197人充实到一线岗位，劳动用工效率不断提升。

2.3.4 优化劳动组织省一块

针对原有运行模式下内部挖潜已不能从根本上解决一线缺员矛盾的实际，打破按计量间设置班组的传统，在新增产能区块推行“主干专业精细分工、服务专业协调运作、保障专业统一管理”的大班组管理模式，按专业分设主干、服务、保障三类精干高效的专业化大班组。2017年以来，先后在4个新增产能区块组建采油、集输、注入主干专业化大班组12个，维修、测试生产保障专业化大班组8个，综合服务专业化大班组4个，相比传统模式，节省用工57人，组织运行效率提高51%，用工效率提高33.7%。

通过持续优化，井组用工提高4.2个百分点，增加352人，站所用工下降3.8个百分点，减少667人，后线用工减少135人，相当于结构优化节省用工8.4个百分点、1154人，节约人工成本2.1亿元（表4）。

表4　2017—2019年用工结构变化情况

年份	井组员工		站所员工		后线员工		管理技术及辅助员工	
	人数	占比（%）	人数	占比（%）	人数	占比（%）	人数	占比（%）
2016	2137	17.2	3380	27.2	1392	11.2	5517	44.4
2017	2158	17.7	3248	26.7	1331	10.9	5443	44.7
2018	2248	18.9	3169	26.6	1291	10.9	5184	43.6
2019	2489	21.4	2713	23.4	1257	10.8	5158	44.4
差 值	352	4.2	−667	−3.8	−135	−0.4	−359	0

4　启示与结语

近年，第二采油厂通过对低油价下建设效益型采油厂的有益探索实践，取得了以上经验与做法，同时在此过程中也产生了以下几个方面的启示与体会：

一是精心下好思想教育这招“先手棋”。要把树立效益意识作为效益开发的灵魂性举措，入脑、入心。要发挥“抓生产从思想入手，抓思想从生产出发”的传统优势，提高效益首先解决人的意识问题，彻底扭转“完成产量一好百好”的旧观念，树立“效益开发才有贡献”的新观念，一切围绕效益算，全员围绕效益干。

二是强力打造激励机制这个“驱动器”。要把效益考核作为效益开发的革命性手段，实行重奖、重罚。对采油厂的考核政策强化效益导向，加大对操作成本和内部利润的奖惩力度，真正使效益指标成为左右采油厂业绩贡献的最关键指标，把效益开发摆在高于一切的位置。

三是有效发挥标杆管理这个“螺旋桨”。要把对标工作作为效益开发的进攻性武器，真对、真改。通过各项关键指标的对比分析，找差距、挖根源、定措施、促提升，形成“比学赶帮超”的良性循环，实现经营能力的螺旋上升。

四是着力夯实经营分析这个“基本功”。要把经营分析作为效益开发的基础性工程，抓实、抓深。采油厂要分系统、分区块、分要素、分对象、分周期进行经营分析，找准挖潜增效的着力点，及时调整经营管理策略，使经营管理工作有的放矢，不断提高开发效益。

基于综合指标法的大庆长垣老区油田产能建设项目后评价效果统计评价

张　静　张博文　何　荣
（大庆油田第二采油厂规划设计研究所）

摘　要：以2016—2020年“十三五”期间大庆长垣老区油田产能建设项目详细后评价实际数据为基础，构建后评价效果评价指标体系，建立后评价效果评价模型，实现对后评价效果的综合统计评价分析，提炼出从项目的决策、设计实施、经营管理等方面评价的关键因素，从而全面客观地反映出各区块项目的后评价结果。

主题词：综合指标法；项目后评价；效果评价；统计分析

产能建设项目后评价是指对产能项目的前期论证决策、设计施工、竣工投产和生产运营等过程，以及项目目标、投资效益、影响与持续性等方面进行的综合分析和评价，是项目管理工作的一项重要内容。目前，国内外研究主要集中于对某个项目的后评价分析，并没有对多个区块产能建设项目的多个后评价结果进行分析研究。本文针对大庆萨南油田近5年多个区块产能建设项目的后评价结果，构建后评价效果评价指标体系，建立后评价效果评价模型，实现对后评价效果的综合评价分析，从而全面、客观地反映出各区块的后评价结果。

1　项目后评价效果评价指标体系构建

1.1　项目后评价效果的表达维度

产能建设工程项目后评价涉及范围广，是一项极其复杂的分析工作。针对产能建设项目投资额大、生产工艺技术复杂的特点，对产能建设项目进行后评价时，要围绕项目的整个过程，对项目前期工作、地质油气藏工程、钻井工程、采油工程、地面工程、生产运行、经济效益、影响与持续性等方面进行综合分析评价。以评价各区块产能建设项目的后评价效果为出发点，结合产能项目在实施过程中的特点，将项目后评价效果以3个维度进行表达，即过程维度、效益维度、影响与持续性维度（图1）。

图1　项目后评价效果的表达维度

1.2 项目后评价效果评价指标体系的构建

根据合理性、科学性、适用性、通用可比性的原则，结合产能建设项目的特点，在查阅大量资料的基础上，依据中国石油天然气股份有限公司油气田开发建设项目后评价报告编制细则（2008版），构建了项目后评价效果评价指标体系，如表1所示。

表1 项目后评价效果评价指标体系

一级指标	二级指标	三级指标
过程维度G	前期工作评价G_1	立项条件是否满足建设需要G_{11}
		开发方案的科学性、合理性G_{12}
		决策程序的规范性G_{13}
	建设实施评价G_2	施工质量优良率G_{21}
		施工进度按期完工率G_{22}
		标准化施工覆盖率G_{23}
		竣工验收及时率G_{24}
	生产运行评价G_3	开发指标符合率G_{31}
		地面系统能力符合率G_{32}
		产能建设规模符合率G_{33}
		产能到位率符合率G_{34}
效益维度X	投资指标评价X_1	建设投资符合率X_{11}
		开发井投资符合率X_{12}
		地面工程投资符合率X_{13}
	基础评价参数X_2	基准收益率符合率X_{21}
		原油增值税率符合率X_{22}
		原油商品率符合率X_{23}
		销售价格符合率X_{24}
	经济效益评价X_3	百万吨产能建设投资符合率X_{31}
		开发成本符合率X_{32}
		操作成本符合率X_{33}
		内部收益率（税后）符合率X_{34}
		财务净现值符合率X_{35}
		投资回收期符合率X_{36}
影响与持续性维度Y	环境影响评价Y_1	对大气环境的影响程度Y_{11}
		对水环境的影响程度Y_{12}
		对声环境的影响程度Y_{13}
	社会影响评价Y_2	对企业发展的影响程度Y_{21}
		对地方经济的影响程度Y_{22}
	持续性评价Y_3	内部条件因素影响Y_{31}
		外部条件因素影响Y_{32}

该指标体系基于后评价效果的3个表达维度进行分解，划分为9个二级指标和31个三级指标。定性指标与定量指标相结合，保证了指标体系的系统、客观、全面，从而保证了项目后评价效果评价的规范、科学、合理。

1.3 项目后评价效果评价指标的内涵

在过程维度G中，按照项目的全生命周期划分为三个阶段，即前期工作、项目实施和生产运行，其中包含3个定性指标和8个定量指标。在前期工作评价G_1中，评价项目建设地区的自然条件、社会依托条件、市场条件和技术经济条件等是否满足项目建设需要；开发方案的科学性、合理性，依据资料是否全面、准确，研究方法是否科学、适用；决策程序的规范性、完整性，是否符合国家产业发展政策、行业发展方向和公司总体发展战略等。在建设实施评价G_2中，评价项目的质量、进度、竣工验收是否及时、规范（包括环保、消防、职业卫生、劳动卫生、安全设施、工业卫生和档案资料等专项验收、决算、审计和总体验收）等。在生产运行评价G_3中，评价动用地质储量、新增可采储量、最大年产油量、生产期累计产量、提高采收率等开发指标符合率；转油能力、一段脱水能力、二段脱水能力、污水处理能力等地面系统能力符合率；产能建设规模以及产能到位率符合率等。

在效益维度X中，从投资指标评价、基础评价参数、经济效益3个方面评价项目的投资控制水平和总体效益水平，共包含13个定量指标。评价竣工决算投资与批复的开发方案估算、初步设计概算，以及下达计划投资的差异程度；评价平均单井投资、平均单位钻井成本、地面工程设备和材料价格的差异率；基准收益率、原油增值税率、原油商品率、销售价格的符合程度；百万吨产能建设投资、开发成本、操作成本、内部收益率（税后）、财务净现值、投资回收期等经济评价指标符合率。

在影响与持续性维度Y中，对项目安全、环保、节能减排和持续性进行综合评价，共包含7个定性指标。评价项目能否满足今后一定时期的环保要求；项目建成后对所处地区经济、文化等方面的贡献与影响；以资源接替为前提，评价油田稳产、提高整体开发效果；目前的开发技术是否适应油田的持续生产需要；市场、油气价格，安全、环保、节能、减排等各项政策法规，以及其他外部条件对油田持续生产的影响程度等。

2 项目后评价效果评价模型构建

2.1 评价指标权重的确定

如何确定评价指标的权重系数，是项目后评价效果评价的核心问题，它的合理与否将影响评价结果的准确性。结合产能建设项目规模大、工艺技术复杂，设计专业多，生产运行专业化程度高等特点，后评价效果评价指标体系中指标数量庞大，涉及范围较广，通过咨询多位项目后评价领域有关专家对效果评价指标进行赋权，得到项目后评价效果评价权重系数表（表2）。

表2　项目后评价效果评价指标权重系数

一级指标	权重	二级指标	权重	三级指标	权重
过程维度G	0.30	前期工作评价G_1	0.30	立项条件是否满足建设需要G_{11}	0.30
				开发方案的科学性、合理性G_{12}	0.40
				决策程序的规范性G_{13}	0.40
		建设实施评价G_2	0.40	施工质量优良率G_{21}	0.25
				施工进度按期完工率G_{22}	0.25
				标准化施工覆盖率G_{23}	0.25
				竣工验收及时率G_{24}	0.25
		生产运行评价G_3	0.30	开发指标符合率G_{31}	0.30
				地面系统能力符合率G_{32}	0.30
				产能建设规模符合率G_{33}	0.20
				产能到位率符合率G_{34}	0.20
效益维度X	0.40	投资指标评价X_1	0.35	建设投资符合率X_{11}	0.40
				开发井投资符合率X_{12}	0.30
				地面工程投资符合率X_{13}	0.30
		基础评价参数X_2	0.30	基准收益率符合率X_{21}	0.20
				原油增值税率符合率X_{22}	0.20
				原油商品率符合率X_{23}	0.30
				销售价格符合率X_{24}	0.30
		经济效益评价X_3	0.35	百万吨产能建设投资符合率X_{31}	0.15
				开发成本符合率X_{32}	0.10
				操作成本符合率X_{33}	0.10
				内部收益率（税后）符合率X_{34}	0.25
				财务净现值符合率X_{35}	0.20
				投资回收期符合率X_{36}	0.20
影响与持续性维度Y	0.30	环境影响评价Y_1	0.40	对大气环境的影响程度Y_{11}	0.40
				对水环境的影响程度Y_{12}	0.30
				对声环境的影响程度Y_{13}	0.30
		社会影响评价Y_2	0.30	对企业发展的影响程度Y_{21}	0.50
				对地方经济的影响程度Y_{22}	0.50
		持续性评价Y_3	0.30	内部条件因素影响Y_{31}	0.60
				外部条件因素影响Y_{32}	0.40

2.2 效果评价模型的建立

根据石油化工项目后评价内容、行业特殊性，进行后评价时要既要进行定量指标分析，又要对定性指标进行量化处理分析。首先对指标体系中各个评价指标分析评价，建立各个定性、定量指标的判断标准。然后依据标准对其评价打分，在此基础上，计算指标权重与得分之和，最后进行项目效果综合评价。

2.3 效果评价指标评分标准

在定性指标中，依据后评价的实际结果是否满足方案要求、是否科学、规范、合理、完整，各个指标的评价分值为0～10分，若每个指标有不符合项，视情况严重程度减少1～3分。

在定量指标中，依据后评价的实际结果与批复方案的指标符合率进行评分，其中符合率=（批复方案指标-实际指标）/批复方案指标×100%，评价分值按0～10分的原则评分，参照指标评分标准如表3所示。

表3 定量指标评分标准

符合率	<±5%	[±5%，±10%]	[±10%，±15%]	>±15%
分值	8～10	6～8	4～6	0～4

3 产能建设项目后评价效果统计评价

萨南油田于1964年11月投入开发建设，位于大庆长垣萨尔图构造南部，开发面积182.85平方千米。以2016—2020年该油田5项产能建设详细后评价实际数据为基础（表4），应用已构建的项目后评价效果评价模型，评价产能各区块的后评价结果。

表4 2016—2020年详细后评价项目概况

序号	年份	项目名称	建成产能（万吨/年）		井数（口）	
			方案	实际	方案	实际
1	2016	A区西部二类油层聚驱及水驱加密井产能建设工程	33.2	42.1	534	533
2	2017	B区三次加密及井网优化调整产能建设工程	4.7	4.8	141	141
3	2018	C区弱碱三元复合驱产能建设工程	17.0	24.6	437	437
4	2019	D区三次加密及中块井网优化调整产能建设工程	6.6	6.8	246	245
5	2020	E区弱碱三元复合驱产能建设工程	10.02	10.02	328	328

3.1 典型指标统计分析

3.1.1 施工质量优良率

施工质量优良率以各单项工程的平均优良率评价打分，在2020年E区弱碱三元复合驱产能建设工程项目后评价中，累计下发《质量问题整改通知书》6份，编制《工程质量监督周报》2期，通报质量问题53个，实现工程实体质量进一步提升，项目的质量核定等级均达到了合格标准，并在质量回访过程中未出现明显质量问题。

3.1.2 施工进度按期完工率

在2018年D区弱碱三元复合驱产能建设工程中，所涉及施工项目多数为跨年施工项目，在各职能部门积极配合下，完成了进度指标和投产任务，个别工程项目受图纸下达时间、交叉作业因素影响造成施工延期，使得部分项目超出了合同工期。

3.1.3 开发指标符合率

在2018年D区弱碱三元复合驱产能建设工程中，方案阶段预计产油61.19万吨，实际累计产油量58.70万吨，低于方案2.49万吨，符合率95.9%；评价全周期累计产油366.11万吨，与方案对比，多产油21.46万吨，实现方案符合率106.23%。

在2020年E区弱碱三元复合驱产能建设工程中，各项指标与方案设计基本一致，取得较好开发效果。与其他同类区块相比，各阶段含水处于一个较低水平。注入聚合物0.26PV时，含水率下降到最低点84.41%，与空白水驱相比，含水率降幅为9.78%。截至2019年12月含水率为86.96%，低于同期南A区东部二类油层含水率，高于南A区西部二类油层含水率。

3.1.4 建设投资指标符合率

2016—2020年产能建设项目详细后评价投资如表5所示，虽然投资指标符合程度较低，但是项目节省了投资，各经济效益指标均优于方案。

表5 产能后评价项目投资对比

单位：万元

序号	年份	建设投资		开发井投资		地面投资	
		方案	实际	方案	实际	方案	实际
1	2016	227486	222864	86203	109684	74497	74419
2	2017	27204	28506	18372	21348	8833	7158
3	2018	235757	234254	111486	122267	124272	111988
4	2019	34227	31520	25564	24538	8663	6982
5	2020	169446	134726	83444	68219	86002	66508

3.1.5 成本指标符合率

产能后评价项目成本指标对比见表6。成本指标包括开发成本指标和操作成本指标，造成开发成本差异的主要原因，一是建设投资的差异；二是新增可采储量的差异。造成操作成本差异的主要原因为材料、燃料、动力、员工费用的差异。

表6 产能后评价项目成本指标对比

单位：元/吨

序号	年份	开发成本			操作成本		
		方案	实际	符合率	方案	实际	符合率
1	2016	926.6	1015.9	111.27%	479.80	482.90	100.65%
2	2017	963.33	1024.28	106.33%	745.37	855.68	114.80%
3	2018	2368.23	2195.86	92.72%	685.56	496.94	72.49%
4	2019	808.96	731.31	90.40%	1316.80	856.81	65.07 %
5	2020	1929.25	1588.76	82.35 %	560.50	615.40	109.79%

3.1.6 经济效益指标符合率

经济效益指标符合率见表7。内部收益率产生差异的原因主要为原油价格的差异；净现值产生差异的主要原因，一是建设投资的差异，二是现金流量的时间差异，三是基准收益率的差异。

表7 产能后评价项目经济效益指标对比

序号	年份	内部收益率		净现值（万元）		投资回收期（年）	
		方案	实际	方案	实际	方案	实际
1	2016	50.8%	42.3%	185536	159259	2.8	3.0
2	2017	49.2%	21.9%	32114	11642	3.9	5.4
3	2018	13.2%	10.5%	11756	57884	8.7	9.4
4	2019	21.5%	22.7%	9681	16731	4.3	4.1
5	2020	10.6%	15.6%	14085	50312	14.1	5.9

3.2 效果评价得分结果

以“十三五”期间后评价项目实际数据为基础进行评价打分，应用已构建的项目后评价效果评价模型，评价产能各区块的后评价结果，得出2018年D区弱碱三元复合驱产能建设工程项目后评价效果最好，最终得分为8.567。

4 结语

油田产能建设工程是一项大的系统工程，相对来说，其涉及部门及决策程序多，基建投资及开发成本高，规划、设计、基建的周期长，带来的利润收益高，对建设区域自然、社会影响较大。通过项目后评价，对项目全过程中的成功和失误进行归纳和总结，通过对项目后评价效果进行统计评价，提炼出评价项目决策、设计实施、经营管理等方面的关键因素，能够更好地总结出项目成功背后的经验和教训，提出解决问题的具体办法和建议，为后续项目提供可参考和借鉴的依据。

参考文献

[1] 赵美多. 石油化工工程项目后评价研究[D]. 青岛：中国石油大学（华东），2013.

[2] 李净薇. 油田地面工程项目效益评价研究[D]. 大庆：东北石油大学，2014.

[3] 周娟，钟海. 谈石油工业建设项目经济评价指标体系的改进[J]. 天然气经济，2006（5）：57–59.

[4] 张云鹏. 针对石油开发投资经济评价指标的探讨[J]. 石化技术，2015，22（5）：176.

[5] 易树平，任强，曾立平. 投资项目经济评价不确定性分析方法及其应用[J]. 重庆大学学报（自然科学版），2003，26（5）：10–13.

EPCC 项目采购计划数字化高效管理

杨祥祥　王　强　徐海涛
（中国石油工程建设有限公司）

摘　要： 采购计划的准确性和及时性是高质量完成一个项目的基本条件，加强对采购计划的管理，采取有效材料平衡措施，不仅可以提高项目的经济效益，增强企业的良性循环和持续健康发展，更能够提高企业的国际竞争力。

关键词： 采购计划；材料平衡；平衡流程；单期；多期

随着全球石油天然气市场的不断复苏，各大石油工程公司对国际EPC项目的竞争日益激烈，如何在规定的工期内，以更低的成本，交付给建设方更高质量的产品，是企业竞争力的核心。随着市场上制造商的价格日趋透明，仅通过压低制造商供货价格，来降低成本提高利润的方式难以为继。其中，加强采购环节的计划管理，已经被越来越多的企业当作降本增效、提高企业竞争力的最有效途径之一。

1　采购计划管理

所谓采购计划管理，就是根据详细设计文件里提供的技术参数和数量来编制采购计划，随着设计深度的不断加深，在后续设计文件升版的基础上，对已出版的采购计划进行材料平衡、增补和删除等一系列活动，构成了企业采购计划管理的内容[1-2]。采购计划管理对于降低物资供应成本起着至关重要的作用，采购计划要准确反映实际项目需求，有助于提高物资采购的针对性，控制项目的采购成本，还能防止错买误买以及防止出现库存积压，从而达到降低生产及运输成本，减少资金占用，防范经营风险的目的[3-4]。

2　采购计划编制的原理及流程

石油天然气工业的国际工程建设项目有着自身的特点：项目风险高，例如法律、政治、经济、市场等风险要远大于国内的工程建设项目；技术危险性高，工艺条件苛刻，设备材料均为高温高压；材料专业性强，使用的大宗材料类型繁多。采购计划的编制原理及流程主要针对大宗材料来论述[5-6]。

2.1　单期材料平衡原理

同一项目不进行分期，针对某一专业，设计院仅需提交一个MR/MTO（即Material Requisition/Material Take-Off，请购单/材料表）；后续随着设计进程不断深入，设计院仅更新MR/MTO的版次，不再出版新的MR/MTO，在此基础上编制采购计划。当采购追加增补计划时，首先进行同期材料平衡。例如，基于01版MR/MTO编制了采购计划；当02版MR/MTO出版时，无须重新编制采购计划，仅需要编制采购增补计划，其中采购增补是对原采购计划的增减；以此类推，根据每一次MR/MTO的升版文件，编制采购增补计划，即为单期材料平衡原理。

2.2 单期材料平衡流程

单期某材料平衡原理及工作流程如图1所示。

首先进行材料定义（Material Define），定义材料类型（Material Type）、材料编码（ID Define）及技术描述（Technical Description），其中材料编码在整个项目执行的过程中具有唯一性，一般以位号和尺寸信息作为唯一编码。

其次进行余量定义（Allowance Define），等级类型定义（Class Type）、百分比（Contingency）及圆整量（Rounding），其中一般对管道长度向上圆整为6米或者12米，而元器件向下圆整为1。

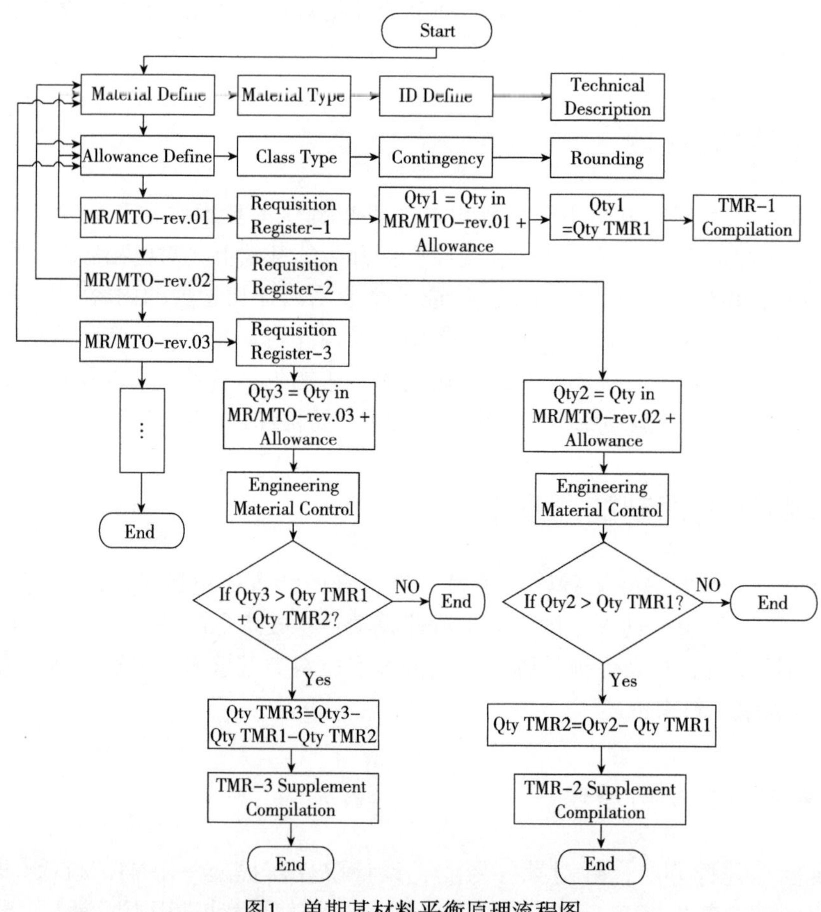

图1 单期某材料平衡原理流程图

然后对01版MR/MTO进行材料需求登记，MR/MTO数量和余量之和Qty1为第一次采购计划数量（Qty TMR1），编制第一个采购计划TMR。

当MR/MTO版次升为02版，02版MR/MTO数量和余量之和Qty2，Qty2和第一次采购计划数量（Qty TMR1）进行对比，如果Qty2小于等于第一次采购计划数量（Qty TMR1），则不进行增补，如果Qty2大于第一次采购计划数量（Qty TMR1），采购增补计划数量（Qty TMR2）为Qty2减去第一次采购计划数量（Qty TMR1）的差值，此过程为第一次材料平衡增补计划，编制第一次采购增补计划；

当MR/MTO版次升为03版，03版MR/MTO数量和余量之和Qty3，Qty3与采购计划数量（Qty TMR1）和采购增补计划数量（Qty TMR2）之和进行对比，如果Qty3小于等于采购计划数量（Qty TMR1）和采购增补计划数量（Qty TMR2）之和，则不进行增补，如果Qty3大于采购计划数量（Qty TMR1）和采购增补计划数量（Qty TMR2）之和，采购增补计划数量（Qty TMR3）为Qty3减去第一次采购计划数量（Qty TMR1）和采购增补计划数量（Qty TMR2）的差值，编制第二次采购增补计划（TMR Supplement）。此过程为第二次材料平衡增补计划；随着MR/MTO的不断升版，按照上述原理滚动进行材料平衡，直至满足项目采购需求。

2.3 多期材料平衡原理

单期材料平衡的过程中只有一个MR/MTO，但是在多期的工程建设项目中，以期为单元，就会同时出现多个MR/MTO。在此基础上编制采购计划时，多期之间的采购计划需先进行整体平衡，某材料的所有MR/MTO的数量之和（加余量）与此材料的所有采购计划的数量之和进行对比平衡后进行增补。例如，1期多采购的材料A，材料A也在2期MR/MTO之中，此时1期多采购的数量将和2期的数量进行平衡，2期采购材料A时先扣减1期多采购材料A的数量，以此类推，即为多期材料平衡原理。

2.4 多期材料平衡流程

多期某材料平衡原理及工作流程如图2所示。

首先采取与单期材料平衡流程一样的设置，进行材料定义和余量定义；接下来按照单期材料平衡原理，根据1期的MR/MTO，编制1期采购计划，当开始进行2期的采购计划编制时，首先与1期的采购计划的数量进行平衡。

当进行2期的采购计划编制时，某材料的1期和2期的MR/MTO的数量之和Total QtyP（加余量）与此材料的所有采购计划的数量之和Total QtyTMR进行对比：如果Total QtyP小于等于Total QtyTMR，则此材料不进行增补；如果Total QtyP大于Total QtyTMR，则进行2期该材料MR/MTO QtyP2（加余量）与Total QtyP和Total QtyTMR之差对比。如果QtyP2大，则2期采购增补计划的数量为Total QtyP和Total QtyTMR之差，反之，则2期采购增补计划的数量为QtyP2。

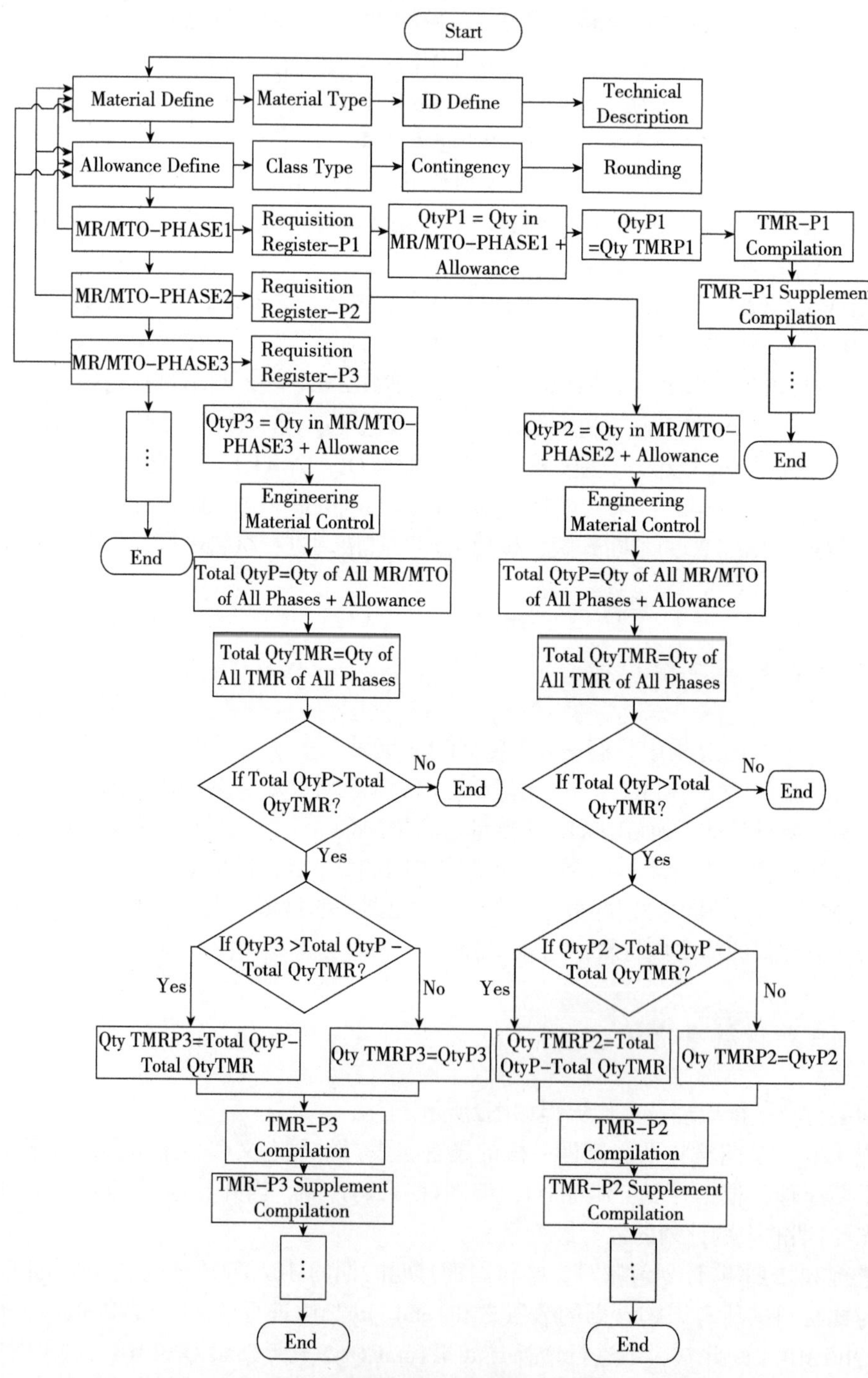

图2 多期某材料平衡原理流程图

当进行3期的采购计划编制时，1期至3期的MR/MTO的数量之和Total QtyP（加余量）与此材料的所有期采购计划的数量之和Total QtyTMR进行对比，后续的平衡原则与2期相同。

2.5 材料规格取消计划

对于单期材料的MR/MTO，每次升版后编制采购增补计划，需将采购计划和MR/MTO进行对比，若发现个别规格不在MR/MTO内，则将此规格与设计院进行确认后，编制材料取消计划，告知采购部门尽快通知厂家取消或暂停生产该种规格材料。

同样，对于多期材料的MR/MTO，类同。

3 应用实例

以俄罗斯某天然气处理厂项目为例，该项目分5期进行，对材料要求可承受最低温度为-52℃，最高温度为350℃；采购工作各期交叉进行，在定义了1万多条材料编码的基础上，依次采用单期材料平衡原理和多期材料平衡原理进行核对，在整体平衡的基础上编制采购计划，各期之间多余的材料相互弥补平衡，大大降低了材料的误采和多采。例如，通过单期及多期材料平衡原理的工作流程，及时发现1期48寸不锈钢管道管件壁厚由19.05毫米改为XS，及时编制此规格的材料取消计划，指导2期到5期的采购工作，该取消计划节省成本三百余万元，经济效益明显。及时编制完成材料规格的取消计划，可加强物资采购的准确性，降低采购、运输及仓储成本，对于国际工程建设项目提高效益尤其显著。

4 结语

采购计划管理作为采购工作的源头，其准确性和及时性是高质量完成一个项目的基本条件；同时，对于国际工程EPC项目而言，积极加强对采购计划的管理，采取有效材料平衡措施，不仅可以提高项目的经济效益，增强企业的良性循环，持续健康发展，更能够提高企业的国际竞争力。

参考文献

[1] 刘剑华. 谈石油化工企业物资需求计划管理[J]. 石油石化物资采购，2012（1）：84–85.

[2] 冯静，苏晓麒，韩巍. 实施ERP的物资计划管理问题探讨及建议[J]. 石油石化物资采购，2015（9）：14–16.

[3] 孔琳. 加强需求计划管理把好采购源头[J]. 石油石化物资采购，2013（5）：26–27.

[4] 赵国来. 如何保证工程采购计划的准确性[J]. 石油石化物资采购，2010（Z1）：114–115.

[5] 高彦飞，王晓娜，林自然. 关于海外工程项目采购管理的探讨[J]. 国际石油经济，2016，24（2）：78–80.

[6] 甘福元，杨重尉，李斌. 加强物资计划管理，提高年度计划的前瞻性[J]. 石油石化物资采购，2015（12）：44–45.

石油企业关键指标、岗位评价、薪酬制度相结合的绩效体系构建探索

陈　昱　李巧珍
（中国石油青海油田公司采油五厂）

摘　要：绩效考核工作的有效开展、岗位评价模型的科学合理、薪酬制度的有效激励，是保障员工工作效率的关键。本文主要针对油田基础单元采油厂绩效体系的构建进行探索，对现阶段油田基层单位绩效体系存在的主要问题进行简单论述，在此基础上说明绩效体系构建时应遵循的原则，并对提出绩效体系的构建方案。

关键词：关键指标；岗位评价；薪酬制度；绩效体系

随着国际油价的断崖式下跌，石油企业的生存发展环境也发生深刻的根本性变化，石油行业改革力度空前。面对当前的新形式、新任务，油田企业应进一步优化管理体系，完善分配机制，进一步提高企业劳动效率。这就需要进一步深刻认识绩效体系构建的重要价值，要坚持问题导向，采取更加符合实际的措施，推动绩效体系更加完善和有效。

1　问题概述

1.1　关键指标未完全遵循效益优先

绩效考核是油田生产经营的指挥棒，绩效考核工作的开展应以效益为核心。目前油田企业考核逐渐加强了对效益类指标的重视，但针对现阶段油田基层绩效的展开模式来说，存在以下问题：

1.1.1　效益类指标定义狭隘

效益包括项目本身得到的直接效益和由项目引起的间接效益。目前效益指标的设置停留在对直接效益关注，如效益指标设置为油气单位操作成本、利润，未体现职工稳定、教育培训、管理创新、安全生产等工作带来的间接效益，间接效益未得到充分重视。

1.1.2　效益类指标设置烦琐

效益类指标烦琐，指标过多过细，相互影响。如效益类指标包含油气单位操作成本、利润，营运类指标包含石油液体产量、措施、投资等，根据利润公式：

经营利润=销售收入–经营支出

=石油液体商品量×油价–石油液体商品量×吨油操作成本–折旧折耗及摊销

=石油液体商品量×油价–（基本运行费+人员费用+折旧折耗摊销+分摊费用）

（公式中未包含其他业务收入、营业外收支、资产减值损失等）

由公式可得出：石油液体产量、吨油操作成本固定情况下，只有油价发生变化，才会使利润发生变化，在油价浮动情况下采油厂完全无自主调整权力，利润指标不可控。其次，措施、投资等指标均对利润指标产生影响，如以利润指标为考核核心，以上指标存在部分重复考核，加大了考核程序、考核成本。同时指标过多过细，极大地消弱了采油单位的自主管理能力，导致经管人员作用未充分发挥，不利于采油企业的长期发展。

1.2 岗位评价未完全挂钩关键指标

岗位价值，实质为岗位贡献度，是组织中岗位贡献程度的具体体现。不同岗位在贡献程度上也极为不同，要求以岗位性质进行贡献度大小的判断。目前存在以下问题：

1.2.1 人岗界定模糊

岗位评价的中心是“事”不是“人”。应以岗位任务在整个工作中相对重要程度的评估结果为标准，以某具体岗位在正常情况下对企业发展起到的效果进行的系统分析和对照为依据，而不考虑岗位的任职要求，或个人的工作能力及在工作中的表现。目前油田岗位偏向于对“人”的评价，相同岗位工作内容，但由于技能等级、专业技术职称、学历的不同，导致岗位评价不同，从而致使收入不同，削弱了薪酬的激励作用。

1.2.2 指标设置陈旧

岗位评价主要有排列法、分类法、评分法、因素比较法4种基本方法，但目前岗位评价思路、指标过于陈旧，也未结合采油单位工作性质，依然以传统的学历要求、工作职责、工作条件等指标为主，未挂钩效益相关指标。

1.3 薪酬制度未完全关联岗位评价

薪酬制度的建立离不开岗位这个要素，岗位的设置体现了岗位的工作性质、任务、责任、相互关系以及贡献大小。目前，部分石油企业薪酬制度未完全与岗位评价挂钩，存在以下问题：

1.3.1 薪酬等级划分较为粗糙

部分石油企业薪酬等级划分采取“一刀切”模式，如薪酬序列分为管理序列、专业技术序列、技能操作序列，各序列根据职务、职称、技能等级划分，如专业技术序列，划分为高级职称、中级职称、助理级职称、员级职称，相同单位不同岗位如职称相同，则收入相同，划分过于粗糙，未与岗位职责挂钩。

1.3.2 薪酬等级划分缺少支撑

部分石油企业薪酬等级划分时，论证不充分，划分无理论支持。以Q油田Y采油厂为例，除划分个人系数外，同时划分单位系数，如管理科室系数为1～1.1，一线单位系数为1.2～1.25，划分结果无具体数据支持。

2 建议措施

2.1 建立遵循效益优先的考核制度

绩效指标突出效益优先，优化关键指标，减少考核程序。关键指标分为效益类、安全类、补充类三大类指标。其中，效益类指标分为直接效益类、间接效益类，直接效益类以考核企业利润为主或以考核产量、吨油操作成本为主，增加企业自主管理权力，突出重点指标；间接效益指标以政治学习、职工稳定、教育培训、管理创新为主，突出管理创效，重视企业全面发展；安全类指标以风险双重防控、标准化队站建设、违章管理及事故考核、安全专项、环保及职业健康等方面为主；补充类指标以特殊责任、其他要求类指标为主。

2.2 设置挂钩关键指标的岗位评价

岗位评价突出关键指标，优化评价模型，强化价值贡献。岗位评价以岗位与关键指标的关联度，设置各项工作关联系数，确定贡献程度，将岗位贡献度与岗位要求分别考虑。以油田企业为例，以各职能部门与关键指标挂钩度设置部门系数（部门贡献=各项关键指标占比×关联程度），如表1所示，与关键指标关联程度越高，贡献度越高，部门系数越高。

表1 职能部门贡献度计算

指标分类		指标占比	关键指标	关键指标占比	关联程度	贡献度
效益类	直接效益类	40%	利润	40%	1	0.4
	间接效益类	20%	政治学习	6%	0.5	0.03
			培训效果	4%	0.5	0.02
			管理创新	4%	0	0
			职工稳定	6%	0.8	0.048
安全类		30%	标准化队站建设	30%	0.5	0.15
补充类		10%	产能投资	5%	0	0
			油水井维护率	5%	1	0.05
合计						0.698

也可直接根据与上级部门所签订绩效合同中所列指标，设置关联系数确定部门系数。

职能部门关键指标通过厂级指标进行分解，如利润指标相关因素由石油液体产量、投资费用、吨油操作成本等因素组成，通过对厂级关键指标的分解，设置职能部门关键指标，通过岗位与职能部门关键指标的挂钩程度确定岗位贡献度，设置岗位系数。

2.3 编制关联岗位评价的薪酬办法

薪酬办法突出岗位评价，优化薪酬分配，加大激励效果。激励奖金分配设置三大系数，即部门系数、岗位系数、其他系数，部门系数根据与厂级关键指标关联程度确定，岗位系数根据与部门关键指标关联程度确定，其他系数根据其他相关因素确定，如职称、学历等。将激励奖金部分与贡献结合起来。

3 结束语

关键指标、岗位评价、薪酬制度并不是单独存在，而是以企业核心目标为依据的相结合的绩效体系。绩效体系的构建直接关系到企业的生存和发展，因此必须要结合自身实际情况有针对性地进行设计。通过企业核心目标确定关键指标，根据与关键指标的关联度进行岗位评价、明确岗位价值，根据岗位价值确定薪酬待遇，通过绩效体系使职工价值导向与企业核心目标结合，促进企业更好更快发展。

参考文献

[1] 温建基. 对提高油田企业劳动效率的几点思考[J]. 管理创新，2013（10）：27.
[2] 成俊涛. 企业人力资源管理存在的问题及对策研究[J]. 经济师，2019（1）：255-256.
[3] 周敏. 论企业人力资源绩效管理体系的构建[J]. 中外企业家，2020（13）：99-100.

大庆油田配电网盗电防范与解决对策

李宪宝　张洪军　张化庆
（大庆油田有限责任公司第十采油厂）

摘　要：对大庆油田配电网盗电情况的发生原因展开分析，并从对大庆油田生产发展中的经济利益以及电力系统运行安全方面总结配电网盗电的危害，总结大庆油田配电网盗电的主要方式，并对大庆油田配电网盗电方法与解决的对策进行深入研究，以降低大庆油田配电网盗电情况发生的概率，保证大庆油田配电运行的稳定性和安全性，推动大庆油田的发展。

关键词：大庆油田；配电网盗电；反盗电管理

2020年以来，大庆油田受新冠肺炎疫情影响和油价暴跌冲击，生产经营形势面临严重的挑战和考验。作为中国最大的油田，大庆油田生产过程中需要大量的电力资源来保证油田开采设备运行的稳定性。但是近年来大庆油田配电网盗电情况时有发生，特别是大庆油田的外围油田，盗电愈加严重，不仅影响了油田配电系统运行的稳定性，也增加了石油开采的成本，降低了经济效益。因此，对大庆油田配电网盗电情况进行深入分析，并落实盗电防范与解决对策，对于大庆油田石油开采产业的发展具有重要意义。

1　大庆油田配电网盗电发生的原因

近年来，大庆油田配电网盗电情况时有发生。2017年，警方破获了大庆市红岗区宏利达电修厂特大盗电案，在案发厂房里发现了1000台盗用大庆油田配电网电力资源的机器。警方根据现实情况计算，一台机器每天24小时需要耗电20多千瓦时，每千瓦时电按0.8元计算，一台机器每天就消耗20多元的电费，1000台机器每天就消耗2万多元的电费。光电费一项，一个月就消耗近50万元。从2016年12月到案发之日，这一厂家用电388万千瓦时以上，偷电费达321万元以上，给大庆油田造成了巨大的经济损失。2020年5月26日，大庆警方根据大庆油田提供的电力数据，再度破获了一起盗用大庆油田配电网电力资源的案件。盗电给大庆油田造成了严重的经济损失，并且严重影响了大庆油田电力系统运行的稳定性和安全性，给开采设备运行埋下了配电系统的运行隐患，引起了油田的高度重视。大庆油田配电网盗电情况发生的主要原因包含三个。

第一，大庆油田电力系统运行内部监管力度不足。在大庆油田配电网电力资源输配中，由于内部关于配电网安全管理工作制度建设的不完善，导致了配电系统管理人员管理疏忽的情况发生。并且在大庆油田开采中，内部监管力度也有待提升。这给了不法分子可乘之机。

第二，不法分子铤而走险。电力资源作为一种时代发展中产生的社会商品，其本身具有较高的经济价值。不法分子通过对大庆油田配电网的盗电行为，满足自身的经济利益需求。

第三，法律体制有待完善。首先，从大庆油田本身来说，相关先例负责人对中国已经颁布的《电力法》相关条款内容了解不足，在发生盗电情况时，无法通过相关法律法规及时维护自身的利益，无法起到该有的警醒作用[2]。其次，从社会群众方面来说，社会群众对于电力资源是社会商品的理解与认知还有待提升，部分社会群众对于配电网盗电的严重性程度认识较为不足，这就埋下了配电网盗电的发生隐患。再次，从法制建设方面来说，当前时期中国对于配电网盗电以及电力相关的法律法规建设还有待完善，配电网盗电的盗窃成本并不足以改善盗电的现实情况[1]。这有待国家公职部门加强有关电力保护和配电网盗电相关的法律法规建设，提升配电网盗电行为的违法成本。

2 大庆油田配电网盗电的危害

配电网盗电具有严重的社会危害，如果大庆油田配电网作为被盗窃对象，产生的危害可能将更大。大庆油田配电网盗电行为的危害需要从电力系统运行方面和经济利益方面进行综合分析。

第一，大庆油田配电网盗电行为对电力系统运行产生危害。大庆油田作为中国最大的石油出产基地，在油田开采工作中，需要大量的电力资源保证油田开采设备的稳定运行，为了充分保证开采工作的稳定性和安全性，就需要保证大庆油田内部配电网系统中电力资源输配的稳定性[3]。然而在配电网盗电过程中，盗电分子会对大庆油田配电网系统中的电能表、供电线路或者供电设备进行违规操作与处理，这就严重增加了大庆油田配电网系统运行的安全隐患。一旦电力系统发生故障，不仅会导致供电设备以及油田开采设备的损害，更容易导致电力系统发生火灾，形成巨大的安全隐患。此外，现代电力系统建设复杂程度逐渐提升，为了充分保障配电网系统电力资源输配的稳定性，往往需要在电力资源输配中充分保证供电秩序的规范性。盗电会打乱大庆油田内部的供电秩序，给大庆油田的供电系统运行造成巨大的安全隐患，增加了大庆油田电力系统运行的风险[4]。而且对盗电者本身而言，由于其并不具备非常专业的电力知识，在盗电的过程中，也容易发生触电事故，给自身造成安全风险。

第二，大庆油田配电网盗电行为会给大庆油田造成巨大的经济损失。电力资源作为一种社会商品，随着社会经济发展中对其需求的不断提升，内在价值以及社会价值属性都在不断提升。大庆油田配电网盗电行为会造成大庆油田大量电力资源的流失，例如上述大庆油田的配电网盗电案件，给大庆油田造成三百多万元的电力资源损失，并且尚未统计其在盗电过程中对电力系统造成损坏以及对油田机械设备产生的影响。

3 配电网盗电的常见方式

在大庆油田配电网盗电防范和解决对策的研究与落实中，需要对常见的配电网盗电方法进行研究，以保证配电网盗电防范与解决对策的科学性和有效性。现阶段大庆油田配电网盗电的常见方式主要包含以下几种。

第一，欠流法盗电方式。欠流法盗电是通过对计量电流回路接线方式的改变，或者采用故意造成计量电流回路故障的技术方式，使电力系统中的电能表电流回路只能够检测到少量电流，甚至达到没有电流通过电能表的情况，进而实现对配电网系统的盗电[5]。配电网系统的接线原理如图1所示，图中A、C为配电网系统的入线端口，B、D为配电网系统的出线端，并且A线端连接火线，C线端连接地线。

第二，移相法盗电方式。移相法也是较为常见的盗电技术方式，其主要是通过改变电能表的主接线方式，进而使计量电流与电压的相位发生变化，最终达到电能变计量电能较小的目的，实现盗电[6]。移相盗电法不仅能够在传统机械电能表系统中使用，而且也适用目前阶段的智能电能表，是一种应用范围较为广泛的盗电技术方式。常见的移相法盗电方式主要包含了通过串并联电容或者电感，采用辅助变压器、移相器的方式改变计量电流及电压之间的相位关系，改造电流互感器，产生涡流电，使电表停转或反转，其原理如图2所示。

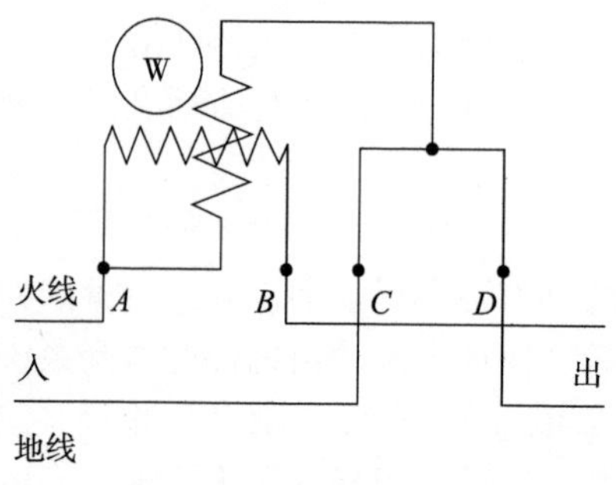

图1　配电网系统电能表接线原理示意图

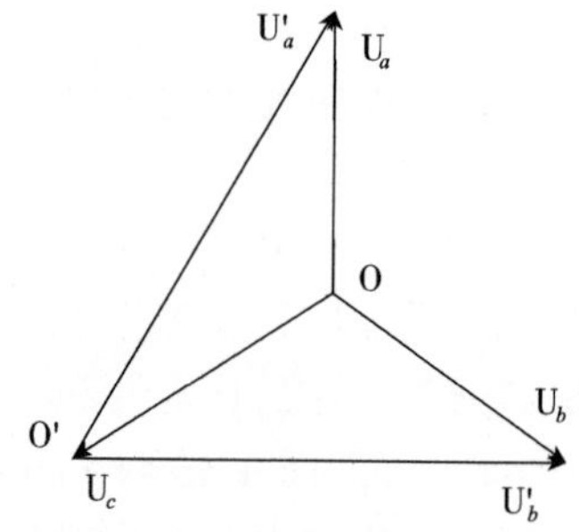

图2　移相法盗电的原理示意图

第三，扩差法盗电方式。扩差法窃电就是指窃电者私拆电能表，通过各种手法改变电能表内部结构性能，致使电能表本身的误差扩大；或者利用电流或机械力损坏电能表，改变电能表的安装条件，致使电能表少计电量，最终实现盗电行为的一种技术方式。

第四，借零法盗电方式。借零法盗电的原理如图3所示，主要是通过输入的方式，将电能表的火线与零线进行置换，进而使电网系统中的电流线圈悬空，没有电流通过，电网系统的电能表就不会转动，以此达到盗电的目的。借零法盗电方式是一种较为隐蔽的盗电方式，也是电力系统运行中较为常见的盗电技术。

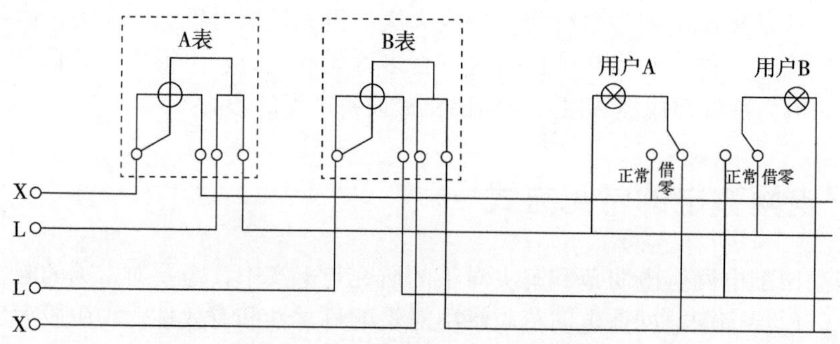

图3　借零法盗电方式原理示意图

第五，高科技盗电方式。随着科技的发展，配电网系统盗电的技术手段也愈加完善，采用高科技盗电法，不仅盗电的隐蔽性更高，并且盗电的效率也更高，盗电过程中的操作也较为简单。常见的高科技盗电方法主要包含两种：第一，大功率无线干扰盗电法。该方式主要是通过大功率无线信号设备的使用，通过其发射的无线功率干扰，使配电网系统的电能表无法正常运转，最终实现盗电目的。第二，遥控盗电法。现代配电网工程建设中，高压计量箱应用愈加广泛，而遥控盗电法就是不法分子针对高压计量箱研究出来的盗电技术方式，在高压计量箱打开后，使用无线遥控手段改变其电能计量回路的电压和电流，可达到少计电甚至不计电，还有些窃电者甚至在电压绕组上放置一个可遥控开关，远程控制计量回路故障，以此实现盗电的目的[7]。相较于传统的盗电方法，高科技盗电方式的社会危害更大，给企业或者个人所造成经济损失也更大。

第六，电缆盗电方式。大庆油田的变压器的低压开关到油井配电箱采用电缆供电方式，电缆采用直埋方式，盗电挖开土壤，在电缆上接线，再把土回填。盗电的隐蔽性更高，极不易被发现，由于盗电致使变压器偏载，烧毁变压器，是当前盗电行为防范与治理的重点内容。

4　大庆油田配电网盗电防范与解决对策

对大庆油田配电网盗电的防范与解决已经成为推动大庆油田用电安全发展的关键所在。为了充分保证其开展的质量，需要采用科学的对策，主要包含以下几种方式。

第一，制定完善的油田配电网电力管理制度，加强内部监管。内部监管不足是导致大庆油田配电网盗电情况发生的主要原因之一。因此，在大庆油田配电网盗电防范与解决的过程中，首要的任务就是改变大庆油田内部监管模式。而完善的管理制度则是大庆油田配电网内部管理工作开展的重要基础，因此需要建立完善的配电网盗电管理制度[8]。首先，通过完善的配电网盗电管理制度建设，能够全面提升内部管控人员对配电网盗电防范的重视程度，而内部管控正是预防配电网盗电情况发生的主要方式。其次，盗电管理行为作为大庆油田配电网盗电防范工作开展的主要形式，只有充分保障其规范化才能够全面提升配电网盗电防范与管理的整体效果。与此同时，完善的配电网盗电管理制度也能够给予配电网盗电防范工作以指导，全面提升配电网盗电管理的时效性。

第二，以配电网运行数据为基础，加强用电分析。电力产业在发展中与数据存储技术的完美结合，使电力系统运行中数据分析的精准性不断提升，更在电力系统防盗电领域发挥了巨大作用。配电网盗电数据分析防范方法的原理就是通过对大庆油田配电网系统运行的历史数据信息与最新的用电数据信息进行对比，利用配电网盗电行会导致用电数据异常的现象，从大庆油田海量的用电数据信息中，有针对性地获取配电网盗电行为数据信息，进而实现对配电网盗电行为的防范与解决。并且能够通过数据信息对比与分析，为违法盗电分子的客观处罚提供真实、有效的数据事实。以大庆油田2020年5月26日破获的配电网盗电案件为例，大庆油田电力系统的技术人员通过数据分析得出了存在盗电行为的结论，并报警处理，最终破获了该案件。

第三，利用现代科学技术成果，高科技防范盗电行为。随着中国电力产业的逐渐发展，电力产业与现代信息技术体系以及自动化技术体系的结合应用愈加深入，电力系统的智能化程度逐渐提升，电力系统本身具备了一定的配电网盗电防范与预警能力，这将给予大庆油田配电网盗电防范与解决工作以重要的技术支持。例如，在大庆油田配电网盗电防范过程中，可以对配电网系统进行革新，建立自动化输配电系统。进而在配电网输配电过程中对大庆油田的日常用电数据信息进行不断的收集与储存，建立大庆油田内部配电系统数据库。并通过配电系统的自动化监管能力，对配电网运行的实际情况进行实时监管。大庆油田自行研制防窃电远程报警器，主要是使用Air202 GPRS模块，对其进行二次开发。安装在单井变压器电线杆上，报警器箱上三只发光二极管监测三相电源，当盗电断开变压器电源时，报警器发出无线信号到预设的手机上，可以实现拨打电话报警、短信报警、微信报警等功能，工作人员能第一时间到达现场处理情况。同时由于线路停电报警器也会发出报警信号，来电后能及时的启动抽油机。报警器箱上三只发光二极管时时监测有无盗电现象，当正常生产时，断开变压器带的单井抽油机电源，没有用电电流发光二极管不发光，发光二极管发光时说明有用电电流，可以判断为有盗电行为。一旦发现异常的用电数据信息，及时发出系统预警，给予工作人员以提示，并通过与建立的电力系统运行数据库资料对比，分析配电网是否存在盗电情况，给予大庆油田配电网盗电防范与解决工作以现代自动化技术体系的支持，全面提升大庆油田配电网盗电防范工作的质量和实效性。

配电网盗电行为给大庆油田造成了巨大的经济损失，也埋下用电安全隐患。在大庆油田现代电力系统管理工作开展中，需要针对配电网盗电的现实情况，采用科学化的配电网盗电防范与解决方法，降低配电网盗电情况的发生概率，保证大庆油田配电网运行的稳定性和安全性，为大庆油田的用电安全提供保障。

参考文献

[1] 孟文璐，张效华，王玲，等. 装表接电及防盗电分析[J]. 科技风，2018（6）：174.

[2] 王鹏凯，孙宇. 如何加强用电检查反窃电工作的建议[J]. 区域治理，2019，（5）：219.

[3] 李培，胡国平，黄耀廉，等. 基于集成ELM的配电网窃电嫌疑用户智能识别[J]. 科技通报，2018，34（12）：159-163.

[4] 孔晶，梁波，田晓. 配电网反窃电措施的研究[J]. 低碳世界，2019，9（1）：55-56.

[5] 蔡耀年，唐杰，马燕玲，等. 基于无线通信的配电网用户实时防窃电系统设计[J]. 计算机测量与控制，2019，27（5）：173-177.

[6] 李植鹏，侯惠勇，蒋嗣凡，等. 基于人工神经网络的线损计算及窃电分析[J]. 南方电网技术，2019，13（2）：7-12，50.

[7] 范可，李晓军，张金金，等. 防窃电分界开关监测系统及其实现[J]. 工程建设与设计，2018（6）：55-56.

[8] 何咏然. 浅析装表接电及防窃电管理[J]. 中国战略新兴产业（理论版），2019（11）：1.

公司战略转型动因量化研究
——以壳牌天然气业务组合为例

贾京坤　邱　晓　谈　捷
（中国石化集团经济技术研究院有限公司）

摘　要：从“行业吸引力”“公司竞争力”和“相对贡献”3个维度出发，构建公司战略量化模型，作为研究公司战略转型调整与动因的分析工具。以壳牌天然气业务组合为例，成功利用量化模型定量剖析了其战略定位从“未来机遇”到“增长优先级”，再从“先进引擎”到目前“引领转型过渡”的升级调整过程及动因影响情况。基于对壳牌天然气业务组合的战略演变分析，为面临外部环境变迁、内生因素作用的企业战略转型提供相应的参考建议：企业应强化洞察外部环境变化能力，合理预判行业前景，主动调整战略规划，并坚定不移地推动战略实施；调整举措上可灵活运用资本运作手段，利用资本市场优化配置资源，实现优势互补，稳固业务组合的领先地位。

关键词：公司战略；量化模型；壳牌；天然气业务组合；资本运作

1　公司战略研究量化模型的提出

公司战略是企业行为决策与经营生产的指导框架。当前外部环境的复杂变迁以及企业内部资源、科技、市场地位等竞争实力的不断改变，使得战略转型成为能源公司面临的重要课题。本文尝试建立一个较为完善的理论体系，对公司战略转型实践加以指导，即对转型的动因、过程、关键要素和要素间的相互作用，以及关键要素如何发挥影响作用，进行量化评价剖析，形成较为系统的方法论。

当前国内对公司战略与发展动因方面的相关研究多以定性分析为主，常见的评价方法有波士顿矩阵、SWOT分析法等。近年来，这些分析方法尝试结合指标体系加强定量研究，但数据获取仍主要采用调查问卷法，由相关专家为指标打分、赋予权重，形成的数据过于主观化，影响定量分析的准确性[1-4]。本文提出的公司战略量化模型则是从“行业吸引力”“公司竞争力”和“相对贡献”3个维度出发，不同维度变量皆包含一系列评定因素，各因素与客观定量指标相对应，具体数据来源于公开数据或咨询机构数据库。同时，本模型借助因子分析法将复杂的评定因素归结为少数不相关的综合因子，并计算赋予相应权重，这样既克服了权重人为确定的随意性，也解决了指标设计的差异性及指标间的非独立性。

近年来，作为最清洁的化石能源，天然气在低碳化转型过程中发挥重要的桥梁过渡作用，全球天然气消费大幅升温，促使该行业开发力度加大[5]。以壳牌、道达尔为代表的国际石油公司积极布局天然气业务，壳牌天然气在上游总产量的占比甚至高达50.73%。2005年以来，壳牌多次动态调整天然气业务组合战略定位，使其稳居天然气产业链的霸主地位，整体经历了从“未来机遇”到“优先增长级”，再到“现金引擎”，以及目前“引领转型过渡”的调整过程（图1）。该企业数据完整、透明且可获取性较强。

因此，本文选取壳牌的天然气业务组合作为公司发展战略动因的研究案例，应用公司战略量化模型，深入剖析其战略调整的动因，验证并完善本研究模型，同时为企业战略调整提供启示与借鉴。

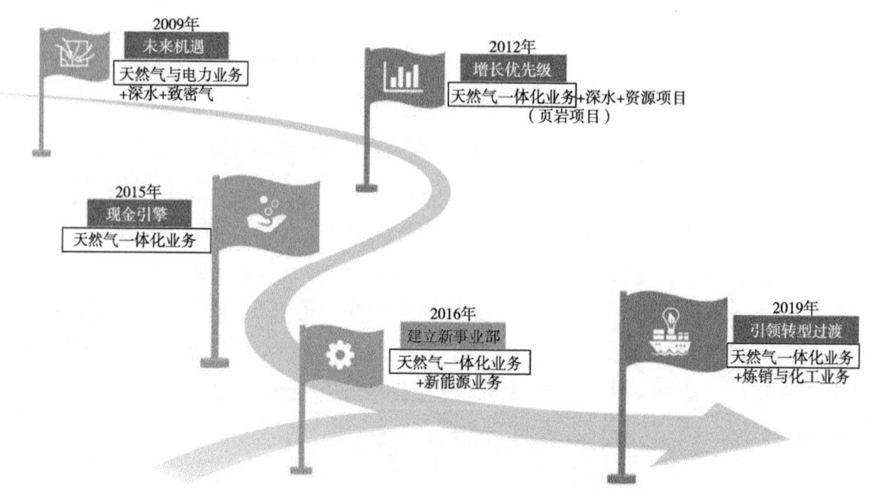

图1　壳牌天然气业务组合战略调整历程

2　公司战略量化模型构建

2.1　评价指标体系

本研究构建的公司战略量化模型从“行业吸引力”“公司竞争力”和“相对贡献”3个维度共同评估公司战略调整与定位，每个维度的一级指标各自包含系列评定因素，即二级指标（表1）。在评定企业业务组合之前，首先需确定3个维度中各一级指标所包含因素及各因素权重。需注意的是，企业所处行业不同、其某项业务组合所处的市场情况不同时，构成三维变量的具体因素以及各因素所应赋予的权数应存在差异。

表1　公司战略量化模型评价指标体系

一级指标	行业吸引力	公司竞争力	相对贡献
二级指标	市场规模及增长因素 行业质量因素 资源状况因素 环境因素	市场地位 品牌与形象竞争力 生产能力 盈利能力 研发与投入能力	业务占总营业收入的比重 业务占总盈利的比重 业务占总经营净现金流的比重

行业吸引力，由影响公司发展的系列外部因素组成，离散型变量，其值越大表明行业对某业务组合的期待值越高，该业务越有发展前景。对于行业吸引力的具体测定，考虑市场规模及增长、行业质量、资源状况与环境4个二级指标因素。

公司竞争力，由影响公司经营生产的系列内部因素组成，离散型变量，其值越大表明公司在某业务组合上的竞争力越高，其优势越明显。对于公司竞争力的具体测定，考虑市场地位、品牌与形象竞争力、生产能力、盈利能力和研发与投入能力5个二级指标因素。

业务相对贡献，是以公司该业务组合的具体经营业绩为指标因素，从企业自身出发，评估业务组合相比于公司内其他业务的相对地位及战略利益关注程度，以及在不同行业情景下所研究业务对企业相对贡献能力的强弱。对于业务相对贡献的具体测定，考虑业务占总营业收入的比重、占总盈利的比重和占总经营净现金流的比重这3个二级指标因素。这些指标反映其在发展过程的相对变化程度，有助于企业分析该业务的市场与潜力，为其战略调整提供客观有力的依据。

2.2 研究方法

在明确公司战略量化模型中行业吸引力和公司竞争力两大变量所包含的重要因素后。考虑到影响因素的评价指标繁多，各指标间可能存在复杂的多层次非线性影响[6-7]。为减少因素的重叠和冗余，本文采用因子分析法，该方法从研究指标相关内部的依赖关系出发，将信息重叠的变量归结为少数若干不相干的公共因子，能有效克服指标间存在的非独立性和指标权重确定的主观性等问题。

数学基础模型：$X_i = \mu_i + a_{i1}F_1 + a_{i2}F_2 + \cdots + a_{im}F_m + \varepsilon_i \quad (i=1, 2, \cdots, p)$

式中，F_1，F_2，…，F_m为公共因子；ε_i为X_i的特殊因子；a_{ij}为因子载荷，是第i个变量在第j个因子的复合；$E(X)=\mu$。

（1）原始数据皆进行标准化处理（Z-score标准化，均值为0，标准差为1），以消除变量间数量级和量纲上的不同，因而结果数值上将会存在负值现象。而后获取标准化处理后矩阵的相关系数矩阵，且采用Bartlett球体检验或者KMO检验。

（2）建立因子载荷矩阵，并确定公共因子个数。通过主成分提取法提取特征值大于1的公共因子，其累计方差贡献率需大于80%方为有效，利用各公共因子方差贡献率占累计值的比重来计算权重系数。

（3）建立主因子综合得分模型，采用回归估计法获取因子得分系数矩阵，结合各因子权重，由各因子的线性组合得到综合评价指标函数，从而获取研究变量的离散型数据。

应用因子分析法确定行业吸引力和公司竞争力两个维度中各因素的权重，并计算出一级指标的总得分，根据分数确定该业务组合不同时点在量化矩阵上的位置；再结合该业务对公司的相对贡献，分析出该业务组合的发展阶段和战略定位，解释其战略演变进程。

另外，只需在量化评估中考虑未来某一时点各因素的变化趋势及程度，该模型可被构建成预测矩阵，用于预测企业某业务组合的产业吸引力和公司竞争力，从而为公司发展战略调整提供方向与决策指导。

2.3　模型优势

相比于常用方法，本模型除通过选用公开数据提升分析的客观性，应用因子分析法克服权重主观确定和指标间关联性强的缺陷。公司战略量化模型实际上是一系列影响战略定位与调整的因素综合反映，可以通过增减某些特定因素或改变动因考虑的重点，较为便捷、灵活地使公司战略量化模型适应企业的具体意向或某业务组合特殊性的要求。该模型不仅规避了常用方法的局限性，还结合业务组合相对贡献从3个维度出发，衡量其内外动因影响特征，为企业战略调整提供详细的分析判断结构框架。

3　例证分析

本文以壳牌天然气业务组合战略转型作为案例，针对该公司的天然气业务板块自2005之后经历的4次战略定位调整，分析全部过程及影响动因。在高质量发展背景下，壳牌加速调整天然气业务发展战略，最终成为全球最大天然气生产供应商，其战略调整和业务组合演变路径，对中国企业战略转型具有指导意义。

3.1　2009年战略定位：未来机遇

2005年壳牌提出“上游扩张，下游盈利”的公司发展战略。按照量化模型测算，2005—2008年天然气行业稳定发展，行业吸引力年均复合增长率达到20.39%（图2中a～b段）。与此同时，壳牌天然气业务也逐渐开始扩展，业务组合竞争力年均复合增长率为16.19%（图3中a～b段）。2008—2009年，受金融危机、油价下跌影响天然气行业吸引力和业务竞争力都存在一定程度的回撤（图2、3中b～c段）。基于当时情况，2009年壳牌做出战略调整，将自身业务划分不同层级。由于天然气行业吸引力与业务竞争力皆表现为下降状态，且业务相对贡献能力较弱（图4），公司将盈利重点仍放在传统的上下游业务上，但此时仍将包含天然气与电力业务在内的新领域作为“未来机遇”，特别是重点关注天然气板块中LNG业务，体现了壳牌对天然气业务未来发展的信心。

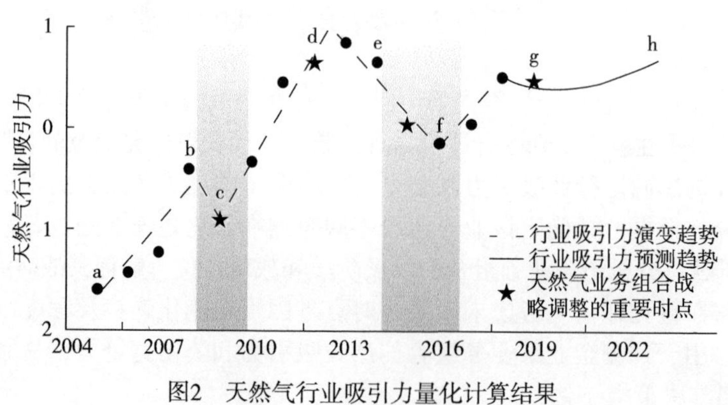

图2　天然气行业吸引力量化计算结果

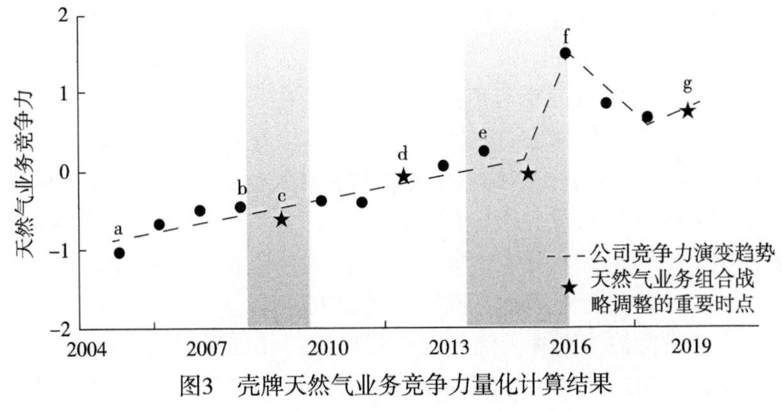

图3 壳牌天然气业务竞争力量化计算结果

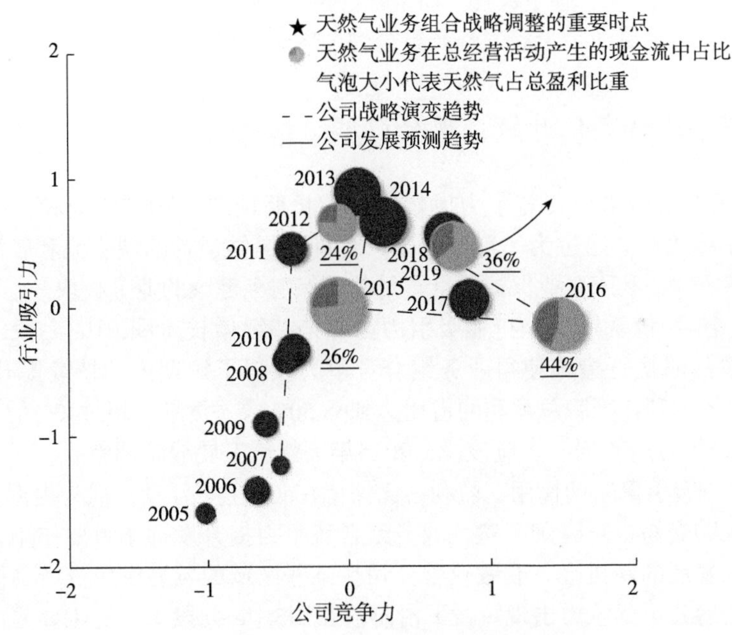

图4 壳牌天然气业务量化模型测算结果

3.2 2012年战略定位调整：优先增长

2012年天然气行业吸引力在短暂下行后重回快速的增长轨道（图2中c～d段），据模型测算发现，2009—2012年年均复合增长率高达39.63%。与此同时，在运营环境受金融危机恶化的背景下，壳牌经营业绩有所下降，2012年壳牌年度净利润相较于2017年下降15.93%，但天然气业务的利润大幅增长，天然气业务盈利在壳牌总盈利的占比首次超过40%，并贡献了23.69%的经营活动净现金流（图4中2012年时点数据）。而且，天然气业务组合的公司竞争力持续提升，从模型测算出其年均复合增长率达23.82%（图3中c～d段）。

2012年可谓壳牌天然气业务组合发展历程中关键的一年，公司将该业务战略规划升级至“增长优先级”。量化模型测算结果显示的此时外部环境（行业吸引力）、内生动因

（公司竞争力）以及业务相对情况（相对贡献）3个维度的良好态势，与壳牌天然气业务战略定位升级呈现完美的逻辑关系。此次调整可体现出决策层重点发展天然气业务的共识，坚信在具有潜力的天然气领域进行可负担的投资，可在不久将来实现自由现金流和回报率更高的提升。而该业务板块名称也由2009年的天然气与电力业务（Gas & Power）更改为天然气一体化业务（Integrated Gas），揭示了壳牌对天然气业务产业链完整重要性的前瞻。

紧扣2012年定下的“增长优先级”的战略定位，为实现业务组合的快速增长，壳牌利用多种手段进行业务扩张。2014年，“价格战”的暴发重挫石油行业，同为大宗商品的天然气波及显著，整个天然气行业吸引力骤降（图2中d～f段）。但行业吸引力下降和油气价格低迷带来的资产价格低估为壳牌天然气业务战略的持续推进提供了机会。2015年4月壳牌抓住英国天然气集团（BG）股价大幅缩水的良机，以700亿美元并购BG，成为油气行业进入21世纪以来规模最大的一笔并购案。而本次并购并不像20世纪90年代末石油巨头并购潮是为了壮大规模，而是更注重天然气资产组合的全球化布局和整合以及效益的再提升。

3.3 2015年战略定位升级：现金引擎

基于并购BG交易带来公司竞争力大幅提升的长期预期，2015年壳牌作出新的战略调整：将天然气一体化业务定位为“现金引擎”，即可提供强劲的现金流和较高投资回报、具有竞争力和稳定性，利于企业保持股息支付并确保财务健康的业务板块。

2014—2016年油价暴跌后，行业吸引力虽然未持续增长（图2中e～f段），但之前有力的并购交易等战略执行措施使得业务组合竞争力获得了短期内的持续提升（图3中e～f段）。天然气业务盈利在壳牌总盈利的占比达到68.50%，并贡献了超过40%的经营活动净现金流（图4中2016年时点数据）。应该说，2015年天然气发展战略调整后，天然气业务组合的确发挥出了“现金引擎”的作用，盈利占比保持在50%上下浮动，成为提振公司经营业绩的重要板块。并购交易也对壳牌天然气业务组合竞争力提升发挥了重要作用，给予壳牌北美、东非等地区发展的新机会，有效改善公司在某些区域的贸易供应资产。模型测算结果显示，2016年之后公司竞争力出现短暂下滑阶段（图3中e～f段），这主要是由于2014年后处于油价中低位震荡的外部环境中，壳牌持续采取削减资本支出等措施来保障财务弹性，加上并购BG所带来的整合成本，共同导致了其竞争力指标在快速增强后出现下滑。

2016年《巴黎协定》的正式签署标志着全球能源向低碳化转型，而此时壳牌调整业务组织架构，将天然气一体化业务与新能源业务整合，成立新事业部，预示着天然气业务组合发展战略调整的到来。

3.4 2019年新战略定位：引领转型过渡

从量化模型来看，经过短暂下滑后，壳牌天然气业务组合竞争力重回稳定增长趋势，2019年同比增加9.97%，综合多年对天然气业务组合的精准定位及有力的战略执行，公司已完成天然气生产供应市场的全球化多元化布局，形成了有利的竞争局面。

天然气行业近年来保持着较强吸引力，据模型测算结果，行业吸引力2016—2019年年均复合增长率高达77.74%（图2中f～g段）。业务组合的战略定位不仅是基于业务发展现状的考虑，更要将对未来的预期考虑在内。为解释2019年壳牌天然气业务的再一次战略调整，本文选取多家机构与国际石油公司2019年对天然气行业展望的相关数据，进行以2019年为基点的天然气行业发展趋势预测。模型结果显示，天然气行业吸引力虽然会受经济增长放缓、碳排放要求更加严格等因素影响而于2020年开始短暂下调，但长期看仍深具发展潜力。经测算，至2023年行业吸引力年均复合增长率为19.68%（见图2中g～h段虚线部分）。

测算的行业吸引力趋势与当前国家和投资者不断向清洁能源侧重、低油价的常态化和行业震荡情形基本一致，随着传统化石项目的资本回报率与风电、光伏项目的差距越来越小[8]，经济效益与行业稳定性驱动新能源领域的发展，内外动因共同倒逼国际石油公司加速能源转型。在此行业变迁与能源转型趋势下，2019年壳牌业务战略层级重新划分，将公司业务划分为“上游核心”“引领转型过渡”及“新兴力量”，其中“上游核心”主要是深水、页岩油气勘探开发及传统油气业务。“新兴力量”则是响应能源转型、高电气化水平的新能源业务板块，而将天然气业务组合重新战略定位为“引领转型过渡”层级。壳牌的天然气业务组合是已处于领先地位的市场导向型业务，也成为公司实现能源转型的基石，公司将天然气业务产业链视为由“大石油”公司向“大能源”公司转型的关键。

4 结论与建议

通过提出公司发展战略量化模型，选取定量指标，以壳牌天然气业务组合为例证，应用因子分析法计算各因素权重，并获得“行业吸引力”“公司竞争力”和“相对贡献”3个维度的数据信息，定量研判内外部动因影响程度，客观解释了迄今为止壳牌对天然气业务的战略定位与调整。当前面对外部环境剧烈变化，企业战略调整与转型的难度不断升级，通过上文所述的模型构建与例证分析，提出以下启示与建议。

4.1 强化对环境变迁的洞察能力，综合内外部动因主动调整公司战略

从公司战略量化模型分析发现，壳牌以对外界环境敏锐的洞察能力和长远的忧患意识，认识到天然气业务组合的战略重要性，但也并非一步到位提升至最重要的战略地位，而是综合各阶段的内外部动因逐步升级调整。一旦发现原先战略层级与产业架构已无法适应外部环境变迁趋势时，壳牌便会及时调整战略层级划分。因此，为实现公司的可持续发展，企业需要强化对复杂因素动态变化的洞察力和前瞻性，积极地适时调整公司发展战略。

4.2 合理预判前提下，坚定不移推动战略执行

不仅要从长期大趋势中认清并合理预判未来形势，公司更需要在变局中保持战略定力，坚定不移地执行战略决策。从前述模型测算与分析中可见，壳牌并未因行业吸引力或公司业绩的暂时降低而动摇公司持续聚焦天然气相关业务的决心。面对21世纪逐步走向低碳化的能源未来，壳牌凭借其丰富的行业趋势研判经验，把握发展机遇，在转型风险挑战

中坚定执行战略规划，提出了不同阶段的业务转型策略与层级变迁，但其总的战略方向把握准确、坚定不移。

4.3 把握良好时机，善用资本运作加速战略调整

借助资本运作来优化资产组合、完善产业链，有效提高公司运营效率，是加速战略调整的有效途径之一。对于能源行业，面对当前油价低迷、市场需求疲软，行业前景不乐观，这既是挑战，也是寻求跨越式发展的机会窗口。

随着疫情相对缓解，2020年下半年全球油气行业乃至能源行业的并购活动将重拾升势。历来油价低迷时期，国际大石油公司虽然以剥离资产为主，但仍有战略性及增强性的巨额收并购交易，因此下半年收购风格或将从收购少数股权或提供融资，转变为更激进的收购全部业务和股权，而交易类型继续以天然气资产为主。例如，巴菲特旗下伯克希尔-哈撒韦能源公司2020年7月斥资近100亿美元收购道明尼能源公司的天然气传输和储气资产；2020年7月20日，雪佛龙与美国独立勘探和生产公司诺布尔能源（Noble Energy）达成最终协议，通过全股票交易的形式，以50亿美元价格收购诺布尔能源，包含债务在内这笔交易总价值高达130亿美元。收购符合雪佛龙专注于国际天然气业务和美国页岩油生产的战略计划。各能源企业应密切关注投资并购机会，筛选目标企业，特别是能够推进新能源、新材料、新领域加速发展的并购目标，把握机遇，适时出手，实现跨越式战略发展。

面对外部环境不断变迁与公司内部现金流紧缺等情况下，如何把有限资源配置到为公司带来最大价值的业务组合之上，是各公司都需面对的问题。公司战略量化模型融合了一系列内外部因素指标综合分析，将行业吸引力、公司竞争力与业务经营相对优势和贡献3个维度的变量统一起来，使得战略研究更为有效和准确。利用该模型可更加效率、灵活和直观地剖析内外部动因，指导业务组合的战略定位与调整，为企业面对外部环境变迁时指导推动战略转型提供依据。

参考文献

[1] 崔和瑞，葛静. 基于SWOT-PEST分析范式的新疆电力公司发展战略研究[J]. 电力学报，2013，28（3）：203-210.

[2] 戴志申. 关于波士顿矩阵局限性的再思考[J]. 商业经济研究，2010（14）：78.

[3] 吴天来. SWOT分析的改进方法及其在企业战略制定中的应用[D]. 长春：吉林大学，2007.

[4] 张慧. GS公司发展战略研究[D]. 长沙：中南大学，2010.

[5] 贾京坤，朱英. 国际石油公司上游业务发展及战略动向分析[J]. 当代石油石化，2020，28（5）：46-54.

[6] 穆西，马宝玲，常毓文，等. 基于因子分析法的石油公司竞争力评价研究[J]. 中国石油大学学报（社会科学版），2014（30）：5-10.

[7] 部峰. 中国石油公司提升国际化经营能力研究[D]. 北京：中国地质大学（北京），2014.

[8] Could clean energy be the winner in the oil price war? [EB/OL]. WoodMackenzie, 2020-03-20. https://my.woodmac.com/document/395750.

基于油价的国际能源工程公司适应性研究

何 欢 王梦川 李 涛
（海洋石油工程股份有限公司）

摘 要：近年来国际油价波动较为剧烈，全球能源工程行业因此受到较大的冲击。为减少国际油价波动对中国能源工程企业的影响，选取10家国际一流能源工程企业，运用定量分析的方法，详细分析了国际油价波动和能源工程企业销售收入之间的相关关系，深入研究了不同类型的能源工程企业在油价波动情况下的价值创造能力，为中国能源工程企业规避油价波动风险，制定科学的发展路径提出有效建议。

关键词：油价波动；能源工程企业；资产类型；相关系数；盈利能力

2014年下半年原油价格大幅度快速下跌，7月1日布伦特原油报112.3美元/桶，同年12月31日布伦特原油报每桶57.3美元，油价跌幅每桶55美元，下跌约49%，截至2016年7月1日，油价仍在每桶40美元左右低位震荡。此轮油价断崖式下跌幅度大、跌速快、回升慢、周期长，对全球能源行业造成了深远的影响。全球最大综合型物探公司Dolphin股价跌幅超过90%，新加坡海工巨头Swiber申请破产，据美国《油田破产监控》报告显示，2015年美国共有36家石油公司相继申请破产。

为了研究能源工程行业对油价波动的适应性，从全球能源工程企业中选取10家典型的具有EPCI总包能力的企业作为研究对象，通过计算企业销售收入与油价两个变量之间的数学关系，挖掘不同类型企业在低油价下盈利能力，为中国能源工程公司未来的发展路径选择提供有效的建议。

1 Pearson相关系数

在统计学中，采用Pearson相关系数来度量两个变量X和Y之间的相互关系，它是由Karl Pearson在19世纪80年代从Francis Galton介绍的想法基础发展起来的。两个样本变量之间的相关系数定义为这两个样本变量的协方差和二者标准差积的商，即

$$r=\frac{\sum_{i=1}^{n}(X_i-\bar{X})(Y_i-\bar{Y})}{\sqrt{\sum_{i=1}^{n}(X_i-\bar{X})^2}\sqrt{\sum_{i=1}^{n}(Y_i-\bar{Y})^2}} \quad \text{（公式1）}$$

从上述公式可以看出，相关系数的计算排除了两个变量均值差距的影响，只计算两个变量变化趋势的相关性。相关系数数值的大小反应两个变量线性相关性的强弱，取值范围在[+1，-1]之间。相关系数的绝对值越大，相关性越强，相关系数越接近1或-1；相关系数

的绝对值越小，相关性越弱，相关系数越接近0，一般情况下，采用表1的取值范围判断两变量的相关强度。

表1 相关系数与相关强度的关系

相关系数	相关强度
0.8 ~ 1.0	极强相关
0.6 ~ 0.79	强相关
0.4 ~ 0.59	中等相关
0.2 ~ 0.39	弱相关
0.0 ~ 0.19	极弱相关

利用样本相关系数推断计算总体中两个变量是否相关，可以用T统计量对总体相关系数为0的原假设进行检验。若T检验显著，则拒绝原假设，即两个变量是线性相关的；若T检验不显著，则不能拒绝原假设，即两个变量不是线性相关的。

图1表示美国福陆公司（Fluor）近15年销售收入和历年基准油价[1]的散点分布图。图中数据点紧密地落在一条直线上，两个变量之间具有极强的线性相关关系，且两个变量倾向于同时增加，利用SPSS软件，计算福陆公司销售收入和基准油价的Pearson相关系数为0.938（表2）。

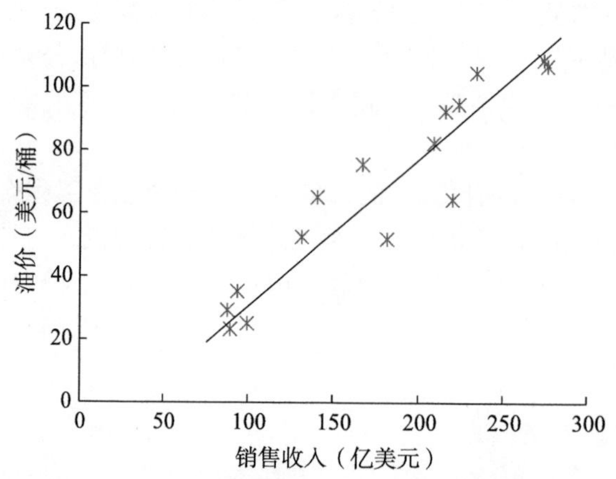

图1 美国福陆公司销售收入、历年基准油价散点

资料来源：美国能源信息署（EIA）、Fluor公司财务年报

表2 Pearson相关系数计算结果

		国际油价	Fluor
国际油价	Pearson相关性	1	0.938**
	显著性（双侧）		0.000
	N	15	15
Fluor	Pearson相关性	0.938**	1
	显著性（双侧）	0.000	
	N	15	15

**：在0.01水平（双侧）上显著相关。

资料来源：美国能源信息署（EIA）、Fluor公司财务年报。

Pearson相关系数并不随着变量的位置或大小变化而变化，企业销售收入和国际基准油价均属于符合基本正态分布的连续变量。因此，我们认为能源工程公司销售收入和历年基准油价存在一定的相关关系，可以采用Pearson相关系数大小来衡量两个变量的相关强弱。

2 年平均油价的定义

本文选取历年3个关键交易日（1月第一个交易日，7月第一个交易日，12月最后一个交易日）纽约商品交易所布伦特原油收盘价的平均值代表当年的平均油价（以下简称“油价”）。从表3可以看出，单日最高油价出现在2008年7月1日，油价达到140.7美元/桶，年平均油价最高为2013年，油价达到108.8美元/桶，2011年至2014年上半年，油价保持高位运行。

表3 2001—2015年纽约商品交易所关键交易日布伦特原油价格 单位：美元/桶

交易日期	2001	2002	2003	2004	2005	2006	2007	2008	2009	2010	2011	2012	2013	2014	2015
1	24.3	21.0	29.4	29.3	41.0	61.4	60.4	97.8	46.9	80.1	94.8	112.1	112.5	107.8	56.4
2	25.6	25.6	28.3	36.1	57.5	73.4	72.6	140.7	68.8	72.3	111.8	97.3	103.0	112.3	62.0
3	19.9	28.7	30.2	40.5	59.0	60.9	93.9	45.6	77.9	94.8	107.4	111.1	110.8	57.3	37.3
平均	23.3	25.1	29.3	35.3	52.5	65.2	75.7	94.7	64.5	82.4	104.7	106.9	108.8	92.5	51.9

注：“1”一月第一个交易日；“2”七月第一个交易日；“3”十二月最后一个交易日。

资料来源：美国能源信息署（EIA）。

按照15年油价涨跌规律，将15年年平均油价分为6个阶段，针对每个阶段计算出该阶段油价涨跌率。2001—2015年，将油价划分为4个上涨阶段：第一阶段（2001—2004年）、第二阶段（2004—2008年）、第四阶段（2009—2011年）和第五阶段（2011—2013年），其中第二阶段油价快速大幅上涨，上涨率达168.42%。两个下跌阶段：第三阶段（2008—2009年）和第六阶段（2013—2015年），两个阶段油价下跌率分别为31.85%和52.28%（图2）。当前，油价仍处于低位震荡，预计这种状况未来还要持续一段时间。

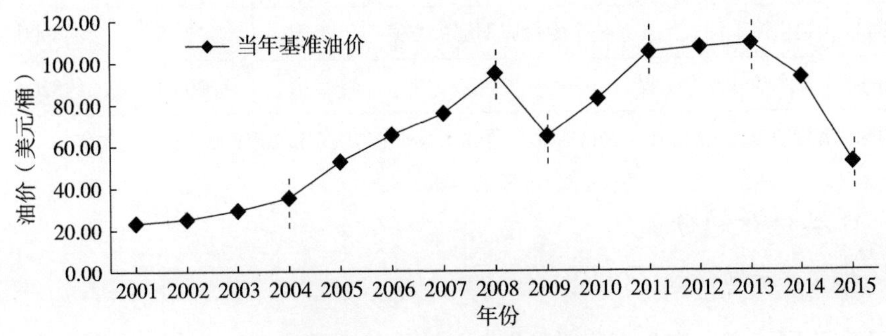

图2 2001—2015年年平均油价

资料来源：美国能源信息署（EIA）

3 样本企业

3.1 样本企业的确定

根据企业主营业务、企业规模、企业销售收入、国际化水平等指标，在全球能源工程行业选取10家典型的能源工程企业（以下简称“样本企业”）作为研究对象。在10家样本企业中，既有综合实力国际一流的大型能源工程企业（Flour），也有在某一领域拥有绝对竞争实力的技术型企业（Oceaneering），还有依靠装备打造核心竞争力的装备资产型企业（SBM Offshore），所有样本企业均为不断发展的优秀能源工程上市企业（部分企业上市时间晚于2001年），企业详细情况见表4。

表4 样本企业基本情况及选取理由

企业名称	主营业务	公司总部	2015年销售收入（亿美元）	员工数量（人）	国际化程度*
Saipem	陆上石油工程、海洋石油工程（深水铺管业务）	意大利	125.73	约49580	0.955
Technip	陆上石油工程、水下工程（世界引领）、海上石油工程	法国	133.40	约34000	0.990
McDermott	海上大型结构物制造、海底管线铺设	美国	30.70	约10600	0.799
Worley Parsons	石油天然气工程、电力工程等咨询服务	澳大利亚	87.47	约31000	0.850
Subsea 7	水下工程全生命周期服务	英国	47.58	约9800	0.648
Petrofac	陆上石油工程（主业）、海洋石油工程、政府服务等	英国	68.44	约18000	0.770
KBR	政府设施、碳氢化合物工程	美国	50.96	约25800	0.620
Fluor	陆上海上油气工程、基础建设、政府服务、电力工程	美国	181.43	约50000	0.652
SBM Offshore	提供海上浮式生产系统全生命周期解决方案	美国	27.05	约4900	0.881
Oceaneering	深水油气开发工程	美国	30.63	约8200	0.682

注：*国际化程度表示企业2013年、2014年和2015年3年国外销售收入和总销售收入商的平均值。

3.2 样本企业的分类

3.2.1 按资产类型分类

为了研究不同资产类型企业的销售收入和油价的相关关系，定义企业资产类型系数A为当年企业非流动资产和销售收入的商。同时，选取近5年企业资产类型系数A的平均值$\overline{A}$，作为样本企业资产类型的参数。当$\overline{A}$>0.65时，企业类型为重资产企业；当$\overline{A}$≤0.65时，企业类型为轻资产企业。按此分类方法，10家企业中，共有4家重资产，6家轻资产企业（表5）。

表5　样本企业按资产类型分类情况

样本企业	资产类型	样本企业	资产类型	样本企业	资产类型
Saipem	0.73（重）	Subsea 7	1.11（重）	SBM Offshore	1.20（重）
Technip	0.70（重）	Petrofac	0.37（轻）	Oceaneering	0.57（轻）
Mcdermott	0.56（轻）	KBR	0.28（轻）		
Worley Parsons Parsons	0.30（轻）	Fluor	0.10（轻）		

资料来源：各大上市公司网站和企业财务年报，作者整理。

3.2.2　按核心竞争力分类

为了研究不同核心竞争力企业的销售收入和油价的相关关系，将10家样本企业分为工程技术型企业、项目管理型企业和装备资产型企业三大类（表6）。需要强调的是，该分类仅仅表示该企业的核心竞争力，不表示该企业不涉及另外两类企业的服务领域。

表6　样本企业分类情况

样本企业	核心竞争力	分类原因
Technip	工程技术型	引领海上和水下工程产业，在产品开发和工程技术方面世界领先
Worley Parsons		在油气工程技术咨询领域世界领先
Oceaneering		引领水下工程产业，深海遥控驾驶技术和自动化控制技术世界领先
Fluor	项目管理型	大型工程项目管理能力堪称世界一流，管理理念先进的跨国企业
KBR		
Petrofac		
McDermott		
Saipem	装备资产型	船舶数量：31艘，2015年非流动资产：95.66亿美元
Subsea 7		船舶数量：40艘，2015年非流动资产：58.28亿美元
SBM Offshore		FPSO数量：19艘，2015年非流动资产：55.91亿美元

注：以上数据均截止于2015年12月31日。

资料来源：各大上市公司网站和企业财务年报，作者整理。

3.3　样本企业财务数据

表7列举了10家样本企业2001—2015年销售收入基本情况。10家样本企业中，美国福陆（Fluor）公司销售规模最大，2012年销售收入达到峰值275.78亿美元；美国SBM Offshore公司销售规模最小，2015年销售收入达到峰值27.1亿美元。表8列举了样本企业因并购剥离导致销售收入剧烈变化的情况。

表7　2001—2015年样本企业销售收入　　　　单位：亿美元

样本企业	2001	2002	2003	2004	2005	2006	2007	2008	2009	2010	2011	2012	2013	2014	2015
Saipem	18.0	33.9	53.5	58.9	53.8	99.8	141.2	145.4	147.9	145.8	163.6	177.0	168.7	156.7	125.7
Technip	31.4	46.7	59.1	70.1	63.7	91.4	116.1	105.5	92.5	79.3	88.2	108.4	128.5	130.4	133.4
Mcdermott	18.9	17.3	23.4	19.2	18.6	41.2	56.3	65.7	61.9	24.0	34.5	36.4	26.6	23.0	30.7
Worley Parsons	2.8	4.4	3.8	3.8	12.5	24.0	35.3	48.8	62.2	49.7	59.0	73.9	88.1	95.6	87.5
Subsea 7	—	—	—	8.1	12.9	16.7	21.9	23.7	24.4	20.2	54.8	63.0	63.0	68.7	47.6
Petrofac	—	—	—	9.5	14.9	18.6	24.4	33.3	36.6	43.5	58.0	62.4	63.3	62.4	68.4
KBR	—	—	—	119.6	102.1	96.3	86.4	114.9	120.6	99.6	91.0	77.7	72.1	63.7	51.0
Fluor	89.7	99.6	88.1	93.8	131.6	140.8	166.9	223.3	219.9	208.5	233.8	275.8	273.5	215.3	181.4
SBM Offshore	9.6	9.3	18.5	10.7	15.2	19.9	28.7	30.6	29.6	30.6	31.6	36.4	48.0	54.8	27.1
Oceaneering	5.2	5.5	6.4	7.8	10.0	12.8	17.4	19.8	18.2	19.2	21.9	27.8	32.9	36.6	30.6

资料来源：各大上市公司网站和企业财务年报，作者整理，部分企业2004年以前没有上市。

表8　样本企业并购剥离导致销售收入增加减少事件

样本企业	时间（年）	事件
Saipem	2002，2006	并购Bouygues Offshore和Snamprogetti
Technip	2005	剥离非核心业务，主攻深水和水下工程
Mcdermott	2005，2010	2010年剥离政府与电力业务
Worley Parsons	2005，2007	并购SEA EngineerinG和INTEC
Subsea 7	2011	Acergy S.A.和Subsea 7合并
Petrofac	2005，2013等	一系列小规模并购，2013年并购KW
KBR	2008，2010	并购Alabama-Based和Energo Engineering
Fluor	—	没有大规模并购剥离
SBM Offshore	2014	新增两艘FPSO，总价值45亿美元
Oceaneering	—	没有大规模并购剥离

4　相关性分析

采用IBM公司推出的SPSS软件计算样本企业销售收入和油价两个变量的Pearsons相关系数。为了更好地反映油价与企业销售收入的内在关系，辨别油价对于企业销售收入影响的滞后性，本文共设定了3种一一对应关系，分别是：当年油价对应当年销售收入（关系一），当年油价对应后一年销售收入（关系二）和当年油价对应后两年销售收入（关系三）。分别计算10家企业各自和总体销售收入与油价的相关系数（表9和图3）。

表9 对标企业销售收入和油价不同对应关系的PEARSON相关系数

企业名称	关系一		关系二		关系三	
	相关系数	Sig.	相关系数	Sig.	相关系数	Sig.
Saipem	0.929	0.000	0.923	0.000	0.794	0.001
Technip	0.724	0.002	0.867	0.000	0.789	0.001
Mcdermott	0.414	0.125	0.361	0.205	0.033	0.914
Worley Parsons	0.771	0.001	0.973	0.000	0.955	0.000
Subsea 7	0.711	0.010	0.873	0.000	0.748	0.005
Petrofac	0.637	0.026	0.893	0.000	0.904	0.000
KBR	–0.310	0.327	–0.593	0.042	–0.671	0.017
Fluor	0.938	0.000	0.917	0.000	0.780	0.002
SBM Offshore	0.845	0.000	0.893	0.000	0.821	0.001
Oceaneering	0.788	0.000	0.944	0.000	0.929	0.000
总体销售收入	0.663	0.007	0.907	0.000	0.882	0.000

注：Sig.表示显著性水平P值，当P<0.05时，表示两个变量具有显著性关系。

从表8 Pearson相关系数计算结果和图3样本企业总销售收入和油价散点图可以看出，10家国际能源工程企业各自销售收入和总体销售收入与油价基本存在显著极强相关性。其中，Worley Parsons企业当年油价对应后一年销售收入（关系二）相关系数绝对值最大，值为0.973；KBR企业当年油价对应当年销售收入（关系一）相关系数绝对值最小，值为0.310。同时横向对比发现，当年油价对应后一年销售收入（关系二）相关系数最大，当年油价对应当年的销售收入相关系数最小，不管哪种对应关系，销售收入和油价均存在一定的相关关系。

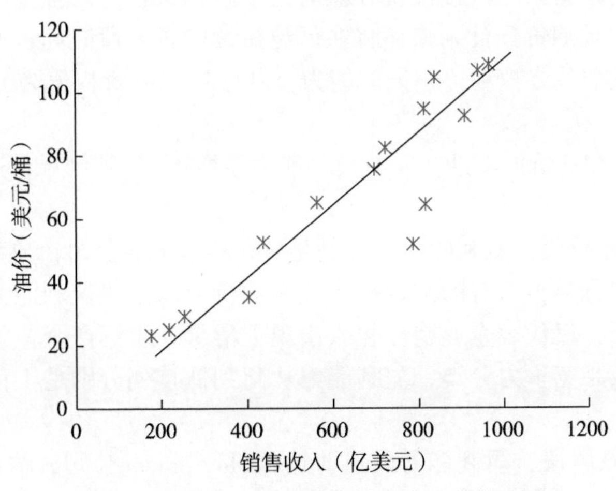

图3 10家样本企业总销售收入和油价散点图

5 盈利能力分析

为了进一步研究10家样本企业在油价波动情况下盈利能力大小，结合前文对15年油价的阶段划分，定义企业盈利能力系数B为某一阶段企业销售收入涨跌率和该阶段基准油价涨跌率之比的绝对值，销售收入上涨数值为正，销售收入下跌数值为负，系数B值越大，企业在油价波动情况下盈利能力越强，反之盈利能力越弱（表10）。

表10 油价波动情况下企业盈利能力系数B

企业名称	油价上涨阶段					油价下跌阶段		
	第一阶段	第二阶段	第四阶段	第五阶段	平均值	第三阶段	第六阶段	加权平均值
Saipem	4.42	0.87	0.17	0.80	1.57	0.05	–0.49	–0.33
Technip	2.39	0.30	–0.07	11.66	3.57	–0.39	0.07	–0.07
Mcdermott	0.04	1.43	–0.71	–5.82	–1.27	–0.18	0.30	0.16
Worley Parsons	0.66	7.14	–0.08	12.56	5.07	0.86	–0.01	0.25
Subsea 7	*	1.14	2.01	3.80	2.32	0.09	0.47	0.30
Petrofac	*	1.48	0.94	2.32	1.58	0.31	0.16	0.21
KBR	*	–0.02	–0.39	–5.29	–1.90	0.15	–0.56	–0.35
Fluor	0.09	0.82	0.10	4.33	1.34	–0.05	–0.64	–0.46
SBM Offshore	0.17	0.06	0.19	0.16	0.16	0.73	–1.23	–0.64
Oceaneering	0.95	0.91	0.33	12.74	3.73	–0.25	–0.13	–0.17

注：*表示该企业还没有上市，无法查询到相关财务年报。

在油价上涨的4个阶段，采用算术平均值表示企业在油价上涨期最终盈利能力。在油价下跌的两个阶段，因为第三阶段油价在短时间下跌后又快速反弹至高点，而第六阶段油价出现断崖式下跌，且油价预计未来还将在低位持续较长一段时间，所以采用加权平均值表示企业在油价下跌期最终盈利（止损）能力，其中第三阶段权值为0.3，第六阶段权值为0.7。

图4、图5表示了在油价波动期，企业盈利能力系数B的计算结果，通过散点分布，我们可以得出以下结论。

（1）在油价上涨阶段：盈利能力最强的是Worley parson公司，盈利能力最弱的是KBR公司；按照资产类型分类，所有的重资产企业在油价上涨阶段盈利能力均为正（盈利能力为负不代表企业亏损，仅代表企业销售收入出现下滑），重资产企业的盈利能力整体强于轻资产企业；按照核心竞争力分类，盈利能力从高到低排列分别是工程技术型、装备资产型、项目管理型。

（2）在油价下跌阶段，盈利能力最强的是Worley parson公司，盈利能力最弱的是Sbm offshore公司；按照资产类型分类，所有的重资产企业在油价下跌阶段盈利能力均为负，轻资产企业的盈利能力整体强于重资产企业；按照核心竞争力分类：盈利能力从高到低排列分别是工程技术型、项目管理型、装备资产型。

（3）整体来看：当油价下跌时，所有样本企业盈利能力均出现较大降幅；从资产类型分类来说，相对于重资产企业，轻资产企业盈利能力对油价波动适应性较强；从核心竞争力分类来说，工程技术型企业在油价波动情况下始终能保持较高的盈利能力，项目管理型和装备资产型企业在油价波动情况下企业适应性能力较差。

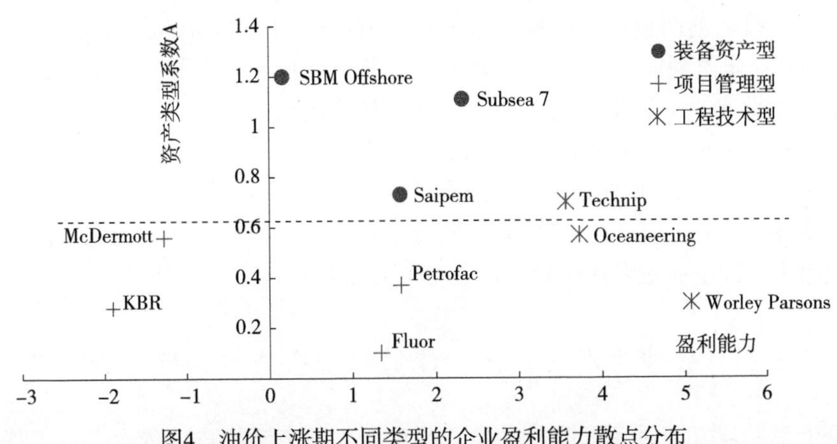

图4　油价上涨期不同类型的企业盈利能力散点分布

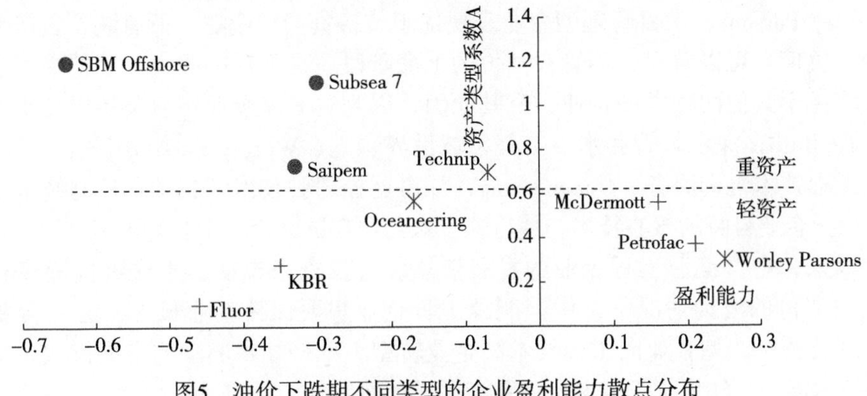

图5　油价下跌期不同类型的企业盈利能力散点分布

6　中国能源工程企业发展路径的启示

6.1　国际原油价格走势是能源工程企业战略的风向标

前述相关性分析表明，国际能源工程企业销售收入与油价之间存在较强相关关系，且当年油价和能源工程企业次年销售收入相关性最强。在第六阶段油价断崖式下跌过程中，各种类型的企业均受到一定的影响。由此可见，中国能源工程企业应重点关注国际原油的价格走势，充分考虑油价给企业自身经营带来的滞后影响，及时调整企业战略，提早布局。同时，对于准备收购的目标企业，可根据该企业类型的特点，选择合适的并购时机。

6.2 在油价波动的情况下，轻资产型能源工程企业具有更强的抗风险能力

在油价上涨阶段，样本企业中一共有8家企业盈利能力为正，其中轻资产型企业有4家，且盈利能力排名前两位的是轻资产型企业Worley Parsons和Oceaneering。在油价下跌阶段，一共有3家企业盈利能力为正，且全部是轻资产型企业，而所有重资产型企业盈利能力均为负值。由此看来，轻资产型企业不仅具有较高的盈利能力，还具有较强的抗风险能力，而以大型资产见长的企业面临着更大的风险。

在油价下跌过程中，中国能源工程公司可以选择“变轻”，用最少的资源撬动最大的事业，赚取更多的利润，提高优势资源获取及整合能力，以价值驱动为基本战略，将非核心业务外包出去，让企业更专注于做有核心竞争力的业务。

6.3 以技术引领作为发展方向，能够保证企业在国际市场上长盛不衰

在油价上涨阶段，三种不同类型的企业盈利能力从大到小排序依次是：工程技术型企业、项目管理型企业和装备资产型企业。在油价下跌阶段，盈利能力最强的也是工程技术型企业Worley Parsons，项目管理型企业表现优于装备资产型企业，所有装备资产型企业盈利能力均为负值。可以看出，不管在油价的上涨阶段还是下跌阶段，工程技术型企业销售收入表现均优于其他两种类型企业。究其原因，因为这三家企业一直坚持以技术引领为发展模式，Technip在深水软管和水下工程领域世界领先、Worley Parsons引领全球陆上和海上油气田工程技术咨询服务、Oceaneering在深海遥控驾驶技术和自动化控制技术上绝对垄断，正是依托企业自身的核心技术，使得这三家公司在国际市场上长盛不衰。

长期以来，中国能源工程企业的发展依靠装备投资来拉动，不注重打造核心技术能力。在此轮油价的波动情况下，中国能源工程企业想要保持基业长青，必须转变发展模式，逐步从装备资产型企业向工程技术型企业转型，秉持技术驱动的发展模式，持续强化企业核心技术能力，注重工程技术发展和产品设计研发。

6.4 资本运作是企业实现跨越发展的必经之路

随着国际能源企业千方百计寻求更低成本，部分国际能源工程企业盈利能力大幅下降，面临经营困境之际，中国能源工程企业迎来一个在国际市场整合资源的好时机。在保持稳定现金流的情况下，投资方向应从大型装备资产投资向金融资本运作方向转变，通过合资并购等手段，快速获取关键技术和市场，借全球能源工程产业动荡调整之际，进入高附加值能源工程领域，促使企业实现跨越式发展。

参考文献

[1] 各能源工程公司. 2000年至2015年企业年报.

[2] 美国能源信息署. http://www.eia.gov/.

[3] 温晓倩. 国际油价与我国能源公司股价的相关性测度及其在风险管理中的应用[D]. 成都：西南交通大学，2015.

[4] 刘金全. 轻资产商业模式探析与应用[D]. 武汉：华中科技大学，2009.

[5] 郎莹. 国际油价波动情况下的跨国石油企业适应力研究[D]. 武汉：武汉大学，2010.

[6] 刘芳，邓英江，冯付燕. 油价波动对我国石油企业资产盈利能力的影响研究[J]. 现代经济信息，2011（5）：79.

[7] 樊嵘，孟大志，徐大舜. 统计相关性分析方法研究进展[J]. 数学建模及其应用，2014（10）：1–10.

固体泡排技术在川东地区大斜度井水平井应用效果分析

巫　扬　刘世常　熊兰琼
（中国石油西南油气田分公司重庆气矿）

摘　要：川东地区大斜度井水平井井深大多超过4500米，且安装有井下封隔器，油套管之间不连通，最适合的排水采气工艺是从油管加注固体泡排剂。MX005-H1井在实施了固体泡排加注工艺后，产气量和产水量大幅度增加，油套压差明显降低，成功带出了井底积液。通过对比棒状和球状固体泡排剂的排水采气效果可知，球状固体泡排剂可以下入大斜度井水平井靶点位置以下，进入造斜段，排水采气效果更佳。

关键词：大斜度井；水平井；球状；固体；泡排

1　大斜度井水平井泡沫排水采气适应性

现阶段大斜度井水平井排水采气主要有泡沫排水、气举排水、水力活塞泵排水、水力射流泵排水、电潜泵排水和有杆泵排水等几种[1-2]。截至2019年年底，川东地区共开发部署了60余口大斜度井水平井，大部分气井的井深超过4500米，诸如水力活塞泵、水力射流泵、有杆泵等作业深度有限，因此适用于川东地区大斜度井水平井排水采气只有泡沫排水和气举排水两种[3]。

川东地区自20世纪90年代初期首次实施泡沫排水采气工艺，目前已有200余口井实施了泡沫排水采气，成为一套成熟的适用于川东地区的主力排水采气工艺技术[4]。泡沫排水采气工艺有固体及液体加注两种方式[5-8]，液体泡排剂主要通过油套环空加注，而固体泡排剂主要是通过安装在采气树7号阀顶端的固体专用加注装置向油管内加注。固体泡排剂又分为棒状和球状泡排剂[9]。

由于川东地区的大斜度井水平井大多下有井下封隔器，油管与油套环空不连通，无法从环空加注液体泡排剂。若要实施液体泡排技术，只有通过两种方式实现，一是从油管内部下入打孔工具，对油管进行打孔，连通油套环空；二是进行修井作业，取出井下封隔器。两种方式都需要进行井下作业，存在施工工艺复杂且花费较高的缺点。相比之下从油管加注固体泡排剂不但工艺简单，且成本较低，更适用于大斜度井水平井的排水采气。

2 固体泡排技术在大斜度井水平井应用效果

2.1 气井基本情况

川东地区MX005-H1井开采层位为石炭系，油层中部深度5585.02米，完钻井深5912.00米，裸眼完井，4000米左右开始造斜，5365.07米开始进入水平段，垂深4976.33米。MX005-H1井身结构见图1。

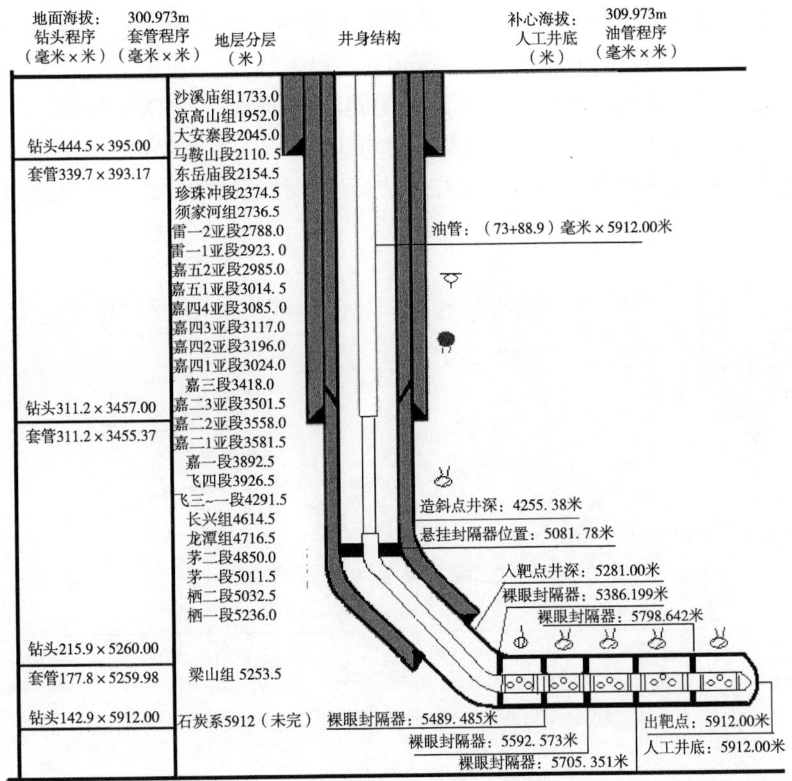

图1 MX005-H1井井身结构

MX005-H1井套压6兆帕左右，油压3.4兆帕左右，油套压差在2.6~2.8兆帕。在此之前该井未实施过泡排工艺，气井采取间歇生产方式，气井自身能量充足时日产气量能维持在4万立方米左右，产水量在1.1～1.4立方米。

2.2 固体泡排工艺实施情况

从图1可知，MX005-H1井油套环空安装有井下封隔器，无法通过环空加注液体泡排剂，因此采用固体泡排加注工艺。固体泡排工艺分两阶段实施，第一阶段采用球状固体泡排剂，第二阶段采用棒状固体泡排剂。

MX005-H1井在连续生产13天后出现带液困难，关井复压。关井之前气井产量0.89万立方米/日，产水0.1立方米/日，套压6.33兆帕，油压3.55兆帕，油套压差2.78兆帕。第一阶段在关井第二天，向井内加注100颗UT-9型球状固体泡排剂（直径30毫米），第三天开井恢复生产。开井初期产气量达到11.54万立方米/日，产水量3.1立方米/日，连续生产23天后产气量降低至4.16万立方米/日，产水量降低至1.1立方米/日，再次关井。第二阶段在关井第二天向井内加注UT-9型棒状固体泡排剂3根（约为泡排球90粒），加注后第三天开井生产，开井初期产气量达到8.62万立方米/日，产水量2.5立方米/日，连续生产18天后产气量降低至4.13万立方米/日，产水量降低至0.7立方米/日，再次关井。

MX005-H1井未加注泡排剂、加注球状固体泡排剂、棒状固体泡排剂3种情况下的产气量、油套压差、产水量对比情况见下图4～图6。

从图2～图4三组对比曲线可以看出，加注固体泡排剂后，MX005-H1井产气量比未加注泡排剂时增加1.3万～4.7万立方米/日，产水量增加0.6～1.6立方米/日，油套压差则降低0.3～1.1兆帕，说明加注固体泡排剂后气井成功带出了井底积液，排水采气效果较好。

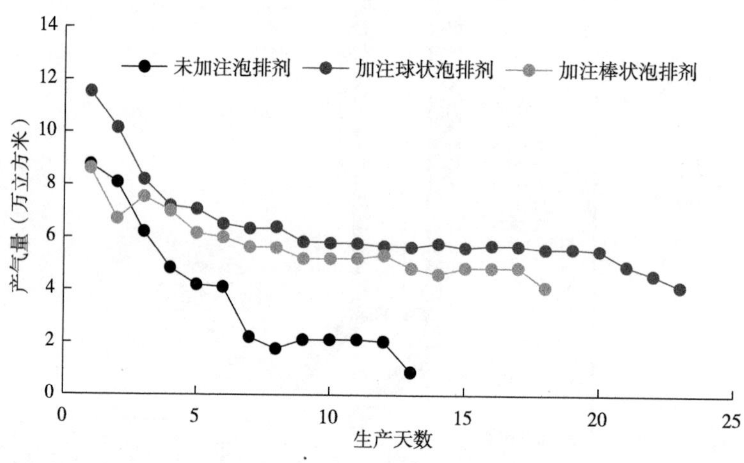

图2　MX005-H1井三种情况下的产气量对比

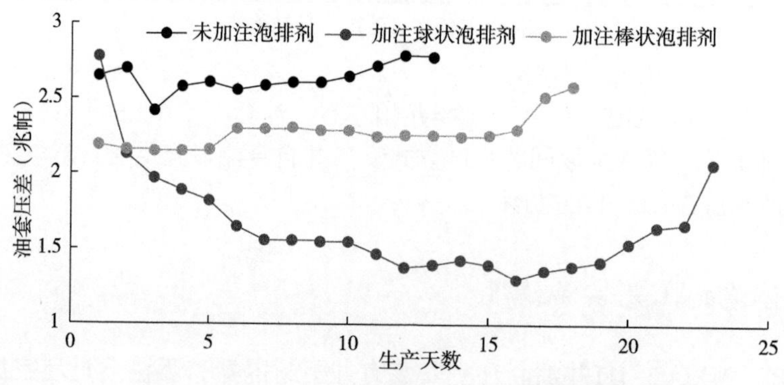

图3　MX005-H1井三种情况下的油套压差对比

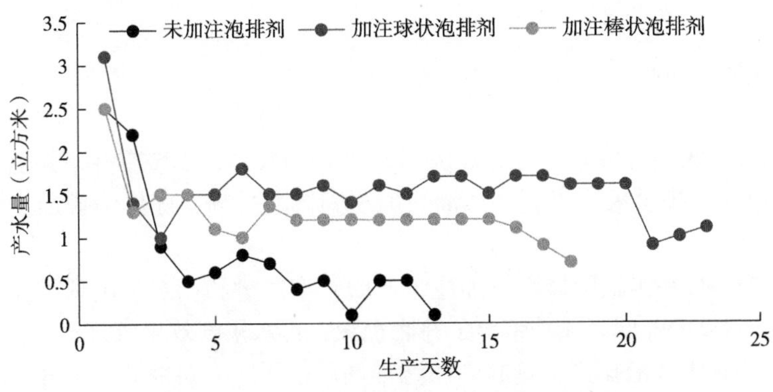

图4　MX005-H1井三种情况下的产水量对比

通过三组对比曲线还可以看出，关井复压时间相同，药剂相同，近似同等剂量条件下（球状泡排剂100颗，棒状泡排剂3根约90颗），加注球状固体泡排剂相比棒状固体泡排剂排水采气效果更好，气井产气量增加0.2万～3.4万立方米/日，产水量增加0.1～0.9立方米/日，油套压差则降低0.2～1.2兆帕。经分析，加注球状固体泡排剂后，油套压差最低降至1.3兆帕，液体在油管中的高度比套管中高约130米。MX005-H1井水平段垂深4974.77米，通过计算得出，下入位置约为井筒垂深4844.77米处（图5）。

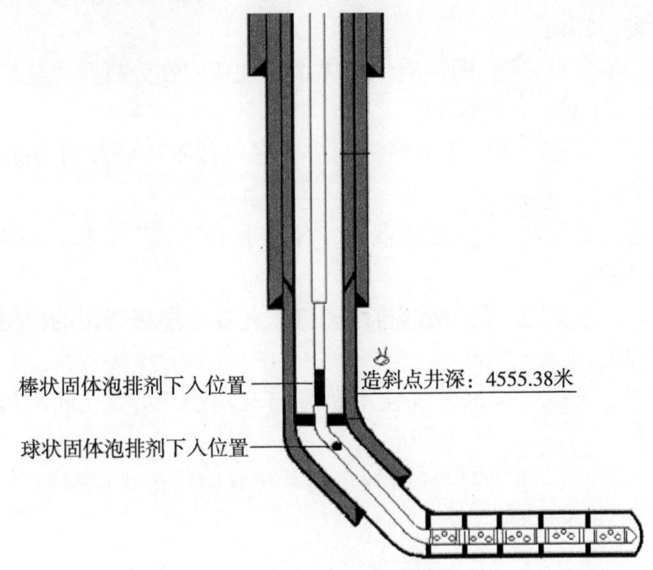

图5　球状固体泡排剂和棒状固体泡排剂下入位置示意

加注棒状固体泡排剂后，油套压差最低降至2.15兆帕，液体在油管中的高度要比套管中高约215米，可以估算出下入位置约为井筒垂深4759.77米处。从图5可以看出，相比棒状固体泡排剂，球状固体泡排剂可以下入大斜度井水平井靶点位置以下，进入造斜段，排水采气效果更好。

3 结论与建议

（1）川东地区大斜度井水平井井深大多超过4500米，且安装有井下封隔器，油套管之间不连通，最适合的排水采气工艺是从油管加注固体泡排剂，固体泡排加注技术不但工艺简单，且成本较低。

（2）MX005-H1井实施固体泡排加注工艺后，产气量和产水量出现了大幅度增加，而油套压差出现了明显的降低，成功带出了井底积液，排水采气效果较好。

（3）相比棒状固体泡排剂，球状固体泡排剂可以下入大斜度井水平井靶点位置以下，进入造斜段，排水采气效果更佳。

（4）建议下一步对川东地区大斜度井水平井推广应用球状固体泡排加注工艺。

参考文献

[1] 谭娇，钟海全，孙昌花. 大斜度井/水平井排液技术研究[J]. 广东化工，2014，41（6）：99-100.

[2] 朱其秀. 国外大斜度井和水平井的采气（油）工艺技术[J]. 钻采工艺，1998，21（2）：22-28.

[3] 张凤琼，刘波，卢邹，等. 川东地区主力排水采气工艺技术集成[C]//2018年全国天然气学术年会论文集，2018.

[4] 陈依，张凤琼，韦元亮，等. 固体泡沫剂排水采气适应性分析及优化措施[J]. 天然气勘探与开发，2019，9（42）：116-121.

[5] 张春，金大权，李双辉，等. 苏里格气田排水采气技术进展及对策[J]. 天然气勘探与开发，2016，39（4）：48-52.

[6] 张书平，白晓弘，樊莲莲，等. 低压低产气井排水采气工艺技术[J]. 天然气工业，2005，25（4）：106-109.

[7] 田发国，冯朋鑫，徐文龙，等. 泡沫排水采气工艺在苏里格气田的应用[J]. 天然气勘探与开发，2014，37（3）：57-60.

[8] 薛方刚，薛刚计. 天然气排水采气技术研究与应用[J]. 天然气勘探与开发，2014，37（3）：49-51.

[9] 倪攀，王茜，刘红兵，等. 四川气田板东某井球状固体泡排试验效果分析[J]. 非常规油气，2016，3（6）：83-86.

智慧油田建设助推中国石油上游企业“油公司”模式改革

姚尚林　时付更　李　欣
（中国石油勘探开发研究院）

摘　要：智慧油田是油田可持续发展的必然趋势，中国石油“油公司”模式是实现更高质量、更有效率、更具活力、更低成本、更可持续的现代化“油公司”的必由之路，智慧油田建设将为中国石油“油公司”模式改革插上腾飞的翅膀。智慧油田建设在上游全领域助力科学决策、提高勘探效率、优化开发流程、转变生产组织模式、降本增效、增储上产。文章从油田自身生产特点出发，梳理出了“智慧油田”建设业务流程框架，探讨了中国石油智慧油田建设目标、智慧油田建设面临的挑战、智慧油田建设策略。

关键词：智慧油田；“油公司”模式；大数据；人工智能；数字化；智能化；物联网；油田开发

1　引言

中国石油天然气集团有限公司（以下简称“中国石油”）油气田勘探开发业务的总体工作思路是：坚持稳健发展方针，立足长期低油价，围绕打赢生存与发展攻坚战，突出高效勘探、低成本开发、加快天然气和绿色安全发展“四大任务”，推进从重产量向产量效益并重、从重地质储量向重经济可采储量、从靠投资拉动向靠创新驱动、从传统生产向精益生产的“四个转变”[1]。抓实技术创新、深化改革和党的建设“三个保障”，确保“十三五”原油1亿吨有效稳产、天然气产量达到1200亿立方米以上，为实现集团公司高质量发展、保障国家能源安全做出新贡献。

为实现以上工作目标和任务，油气田企业大力推进“油公司”模式改革，既是提升经济效益和管理效率的必然选择，也是实现高质量发展的必由之路。智慧油田建设将为中国石油“油公司”模式改革插上腾飞的翅膀，将在上游全领域助力科学决策、提高勘探效率、优化开发流程、降本增效、增储上产、转变生产组织模式，对保障中国能源安全有着重要而深远的意义。

近几年，国外油气企业通过与IT巨头联手，在多个领域寻求合作，推进数字化转型。据《BP技术展望》预测，到2050年，油气行业通过数字化可实现1/4的增长和1/3的成本削减，油气公司将更多地通过信息化手段实现增储上产、降本增效。

贝克休斯和英伟达（NVIDIA）合作，针对油气行业海量数据，采用AI和GPU技术进行加速实时提取，从而减少了石油勘探、开发、运输、加工、分发成本；BP建立了人工智能公司，通过地球物理、地质和油藏项目信息创建独特的“知识体系”。AI能将这些信息结合起来，再识别新的工作流程和连接；哈里伯顿与微软签署战略合作协议，在油气行业数字化转型领域进行通力协作，利用深度学习模型，可实现钻井和油气生产优化，降低了客户的作业成本；道达尔与谷歌云签署战略合作协议，在人工智能技术领域进行紧密合作研究攻关，使全新智能解决方案应用于石油天然气的勘探开发[2]。

《“十三五”国家信息化规划》以云计算、大数据、物联网、移动应用、人工智能、区块链等新技术作为关键引擎，深化结构性改革和推动可持续发展，事实证明该战略取得了显著成效。面对当前低油价和新冠肺炎疫情的严峻形势，加快信息技术创新、加快数字化转型、建设智慧油田、最大程度释放数字红利，是石油行业走出困境、逆境求生的重要途径。

2 中国石油智慧油田建设目标

基于先进的云计算、大数据/认知计算、物联网、移动应用、人工智能等新技术，通过多专业跨部门协同工作，实现生产动态全面感知、变化趋势自动预测、生产过程自动控制，业务（节点）分析实时优化，辅助科学决策，提升效益效率；建成覆盖勘探开发、生产经营、安全环保的全领域业务链的智能化应用平台，支持智能生产管控和智能协同研究的智慧油田，有效支撑增储上产、稳油增气和提质增效。

2.1 中国石油上游业务组成

油气田上游生产的主要业务组成由勘探、评价、开发、生产、储运等业务类型组成，具体见图1。

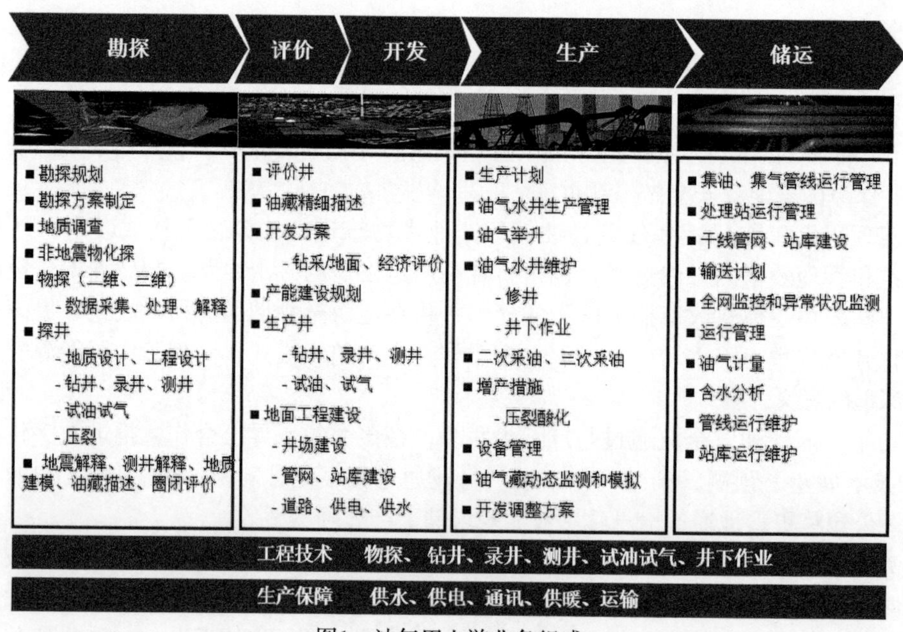

图1 油气田上游业务组成

油气田企业的主营业务实现过程分为规划计划、方案制定、实施与控制等几个主要阶段，具体见图2。

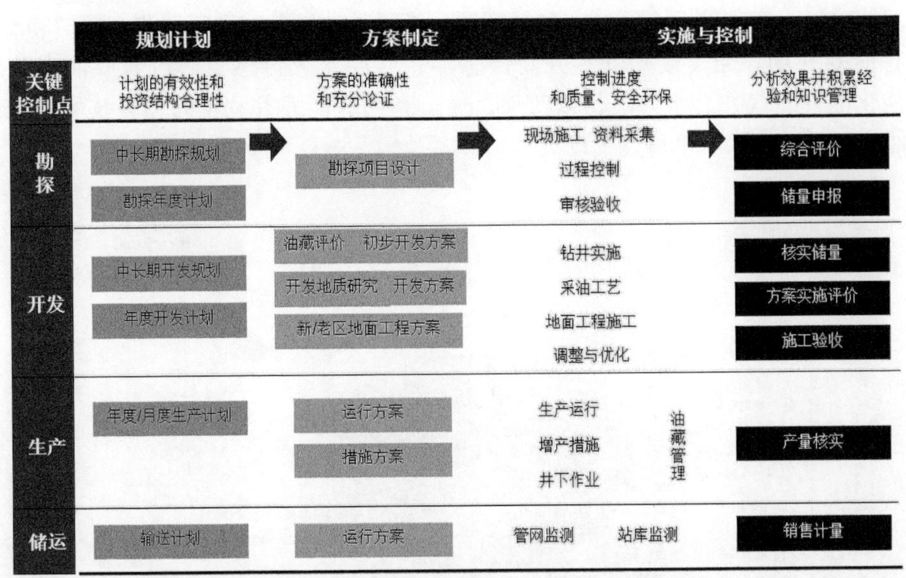

图2 油气田企业的主营业务实现过程

2.2 智慧油田的总体框架

2.2.1 智慧油田的组成

智慧油田建设覆盖八个应用领域（战略决策、勘探与评价、油藏管理、生产管理、油气井管理、井场管理、生产保障、储运），建设两大管理中心（面向管理的一体化运行中心、面向IT的基于云计算的数据中心），完善三类基础设施（全面的传感网络、自动采集设备、自动控制设备），先进的IT基础设施，提供三种工作环境（自动操控环境、主动优化环境、虚拟专家辅助研究环境），用于三个业务层次（决策层、管理层、操作层）。

（1）智慧油田建设覆盖的八个关键智能化应用领域[3]（图3）。

①智能战略决策。利用诸如SWOT矩阵、波士顿矩阵、GE矩阵等决策模型，归纳决策信息，仿真分析决策效果，跟踪执行情况，协助宏观生产经营决策。

②智能勘探与评价。地质勘探专家系统辅助勘探地质研究、评价和勘探领域目标优选、地质勘探专家系统辅助油气探井井位优选；智能多井对比、智能油气资源战略选区。

③智能油藏管理。进行油藏动态跟踪模拟、自动更新、历史拟合、预测和优化；利用油藏数值模拟技术和油气开发专家系统辅助生产计划，调整和优化注采关系，辅助优选措施井、评价和分析措施方案效果。

④智能油气井管理。开展单井运行动态数值模拟和监测、单井产能预测分析和优化、单井产量关键影响因素分析。

⑤智能生产管理。建设生产运行指挥环境，可视化实时钻井跟踪环境等一体化协作环

境；现场操作和生产过程的自动预警、自动研判和自动处理，提高反应精确性，最大程度地减少人为因素影响；形成智能应急指挥管理系统。

⑥智能生产保障。智能化的水质、用水量、用电量管理和用水、用电优化得以实现。

⑦智能储运。实现储运全系统（包括产源、管线、站库）的动态监测、模拟和剖析。

⑧智能的井场。通过规划安装井筒传感器、储层永久传感器，可获取油水井地下信息；智能化油井、气井、水井、得以实现；通过利用智能完井和实时钻井技术，从而储层的控制能力和钻井跟踪水平得以提高。

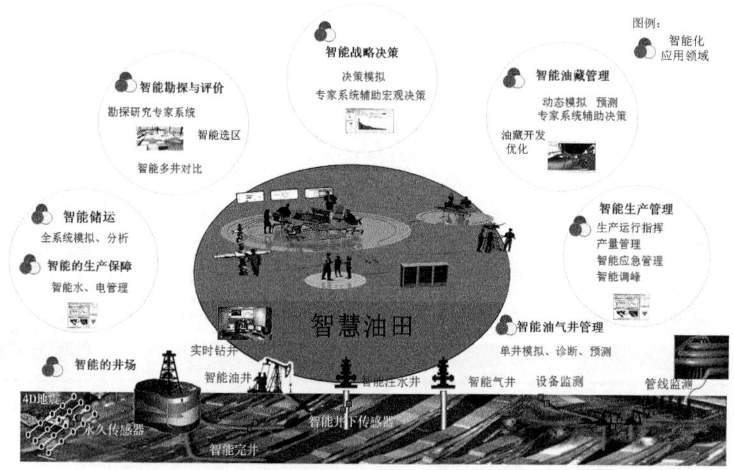

图3　智慧油田建设覆盖的8个关键智能化应用领域

（2）建设一体化运行中心。

一体化运行中心提供全油田公司各业务的协同工作环境，涵盖勘探、评价、开发、生产、储运、工程技术以及生产保障等多个环节。通过设立一系列专业组，多学科人员（业务专家/IT专家/外部专家）的参与，提升智慧油田的专业技能（图4）。

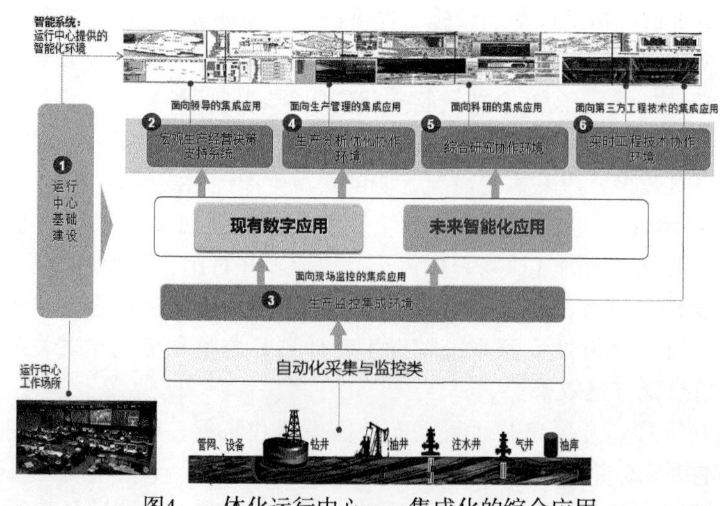

图4　一体化运行中心——集成化的综合应用

①集成创新组。根据用户的反馈及前瞻性设想，持续设计新的智能化应用系统，改善用户体验，提升系统功能。

②数据分析组。提供油藏/单井/管网设备等方面的数学模型以及勘探/开发/生产等各业务数据的分析和处理。

③决策支持组。面向生产经营的决策支持。

④数据管理组。提供数据搜集、数据整理、数据加载、数据验证和标准化服务。

⑤自动化监控组。提供实时观测、自动预警和判断、快速决策和自动处理的服务。

（3）三种智能化工作环境。

基于云计算的数据中心为业务人员提供三种智能化工作环境，自动操控油田活动（图5）、主动优化生产管理（图6）、虚拟专家辅助勘探综合研究（图7）。

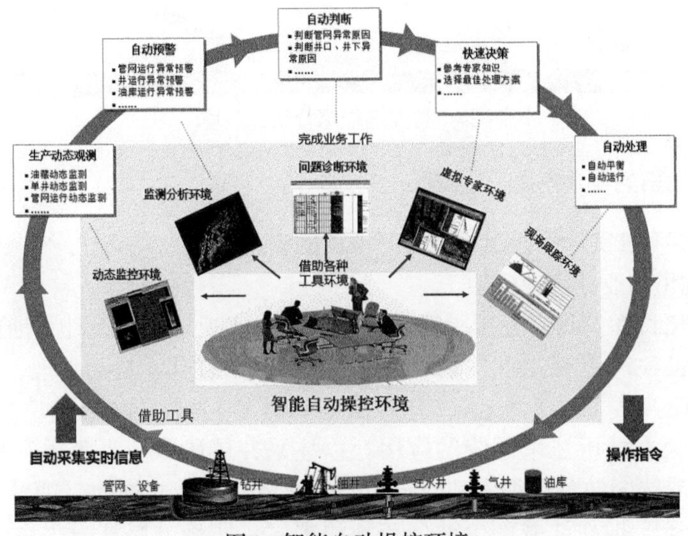

图5　智能自动操控环境

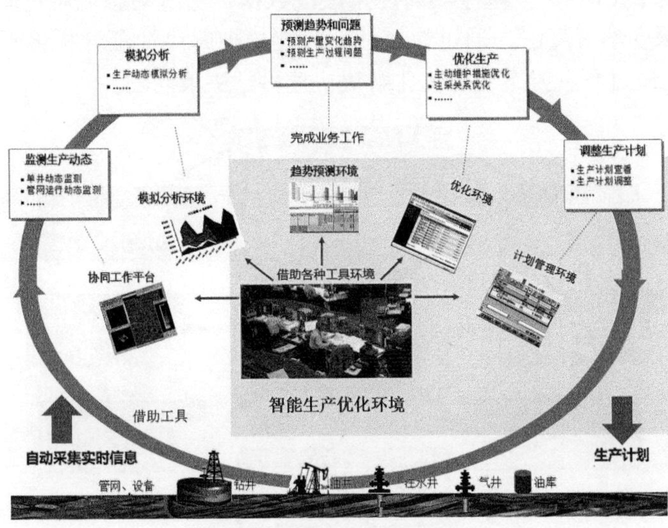

图6　智能生产优化环境

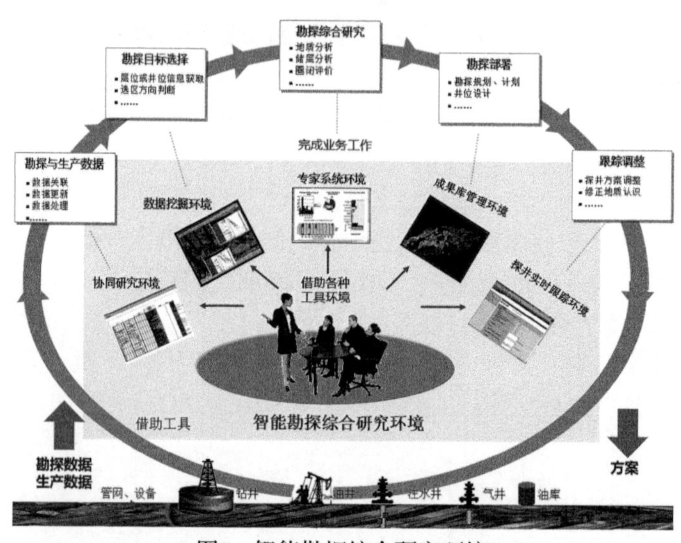

图7 智能勘探综合研究环境

2.2.2 智慧油田的实现框架

业务实现框架和IT实现框架组成了智慧油田的实现框架[4]。

（1）智慧油田的业务实现框架。

为实现智能化目标，我们分析了智慧油田的业务实现层次，设计了油田业务智能化的基本实现框架。包含5个关键层次：辅助决策、模拟分析优化、自动处理、一体化协作、全面监测和数据管理。

业务实现框架在油田注采系统的应用。以注采井层段以及人工举升自动采集“硬数据”为基础，形成智能油藏精细、实时分析与优化方法，建立地质、油藏、工程多专业相结合的一体化系统，提高油藏剩余油分布预测精度，明确分层注采关系，降低无效水循环，最终提高采收率（图8）。基于实时注采层段数据，通过动态地质建模解决地质模型准备性问题；基于深度学习算法，通过快速油藏智能模拟解决油藏分析诊断实时性问题；基于智能优化算法，通过开发方案智能优化解决快速科学决策问题。

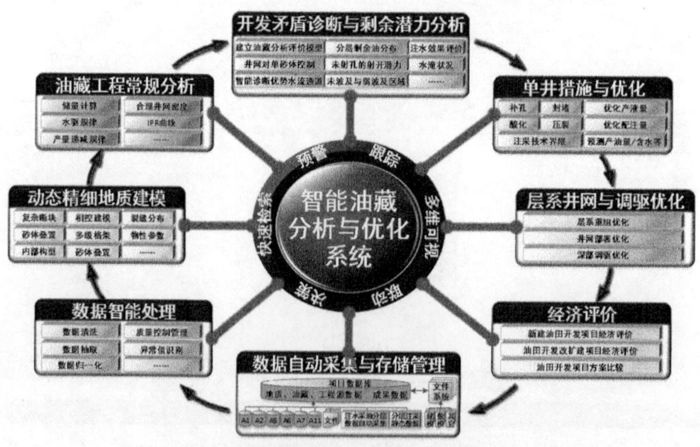

图8 业务实现框架在油田注采系统的应用

（2）智慧油田的IT实现框架。

智慧油田的IT实现框架包括面向服务的基础设施、智能技术模式（图9）。

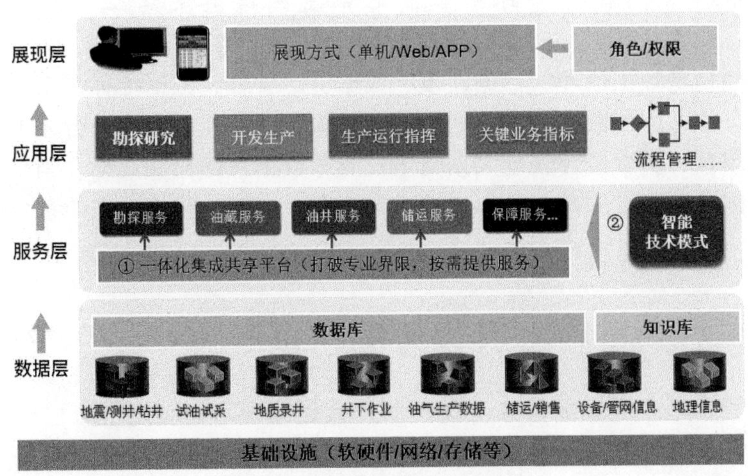

图9　智慧油田的IT实现框架

对中国石油上游业务来说，智慧油田的建设，针对当前油气田公司面临的人多油少、传统管理模式管控效率较低以及安全综合治理等突出矛盾的解决，一条可实施的发展转型之路已经探究成功，并在一些试点形成了智慧油田建设方案模型，已在“油公司”模式改革试点单位进行了实施，实现了生产效率与效益的整体提升。

石油行业进入经济“寒冬”期，面对严峻的生产经营形势，通过以智慧油田建设为代表的数字化转型推动产业升级，实现石油企业“战寒冬、创效益”，逐步走出困境，已经成为行业共识，但是，要实现石油行业数字化转型，全面实现“油公司”模式改革仍面临巨大挑战。

3　中国石油智慧油田面临的挑战

智慧油田建设虽然取得了部分成绩，我们也应该清醒地认识到智慧油田建设的形势严峻性和复杂性。虽然中国三大石油公司先后都进入了智慧油田建设，但尚都处于试点阶段，较难大面积普及推广，在智慧油田建设过程中问题仍然突出。换言之，从“数字油田”到“智慧油田”的进程中依然挑战重重[5]。

3.1　规划缺乏企业架构设计，条块分割、孤岛丛生

缺乏企业架构导入，导致IT规划与企业实际业务存在一定的脱节问题；IT系统建设与业务主数据不统一、业务流程未打通、跨系统的系统数据不同步。系统仅能满足用户提出的业务需求，而不能从业务全流程的视角出发来设计业务和提出系统解决方案。由此产生了“烟囱式”系统，打通“烟囱式”系统间交互的集成和协作成本昂贵，并且不利于业务的

沉淀和可持续发展。

3.2 数据资源规划方案缺失，业务元数据标准不统一，是极大缺陷

数据资源规划是数据治理、数据建模、数据资产管理、数据指标体系规范等工作的前置环节和必要条件，因此数据资源规划的作用至关重要。建立集团（行业）统一的数据分类标准与编码体系，实现经营管理数据与主营业务数据一体化和共享，辅助决策分析，是集团型企业数据资源建设的基本目标。缺乏数据资源规划，将给未来的系统集成留下无限隐患。

3.3 缺乏标准化的流程与业务规则，业务逻辑混乱，推广难度大

麦当劳、肯德基之所以能够在全球复制，就是因为它们制定了流程标准。流程标准化，是管理软件开发的基础。但如何梳理流程并做到流程标准化，是目前管理信息系统开发混乱和失败的根本原因。

实际上，没有管理学理论指引以及行业或企业标准的应用，梳理出来的流程大多数都是混乱的，不可复制的。比如，业务流程，我们通常引用价值链的方法论指引梳理业务流程，一般引用生命周期理论指引梳理科研流程。

在大型信息化项目中，没有标准的流程，很容易引起混乱，造成边界模糊不清，比如某企业的勘探开发管理信息系统项目，就是经典的案例，开发与生产业务相互混杂，致使在各部署单位无法推广实施。

3.4 IT治理结构仍不完善，深层次问题依然突出[6]

智慧油田建设成功与否关键在于是否具有有效的IT治理机制。目前，IT治理结构仍不完善；IT与业务缺乏一致性；虽然在集团层面强化了“六统一”（即统一规划、统一标准、统一设计、统一投资、统一建设、统一管理），却弱化了企业层面的IT职能；强化了业务驱动，却又忽略了统一的IT标准。IT需求难以在整个组织内容统一管控；难以衡量IT投资的业务价值；难以持续降低IT成本；IT风险控制机制不健全等。不解决这些制度层面的问题，智慧油田建设就难以持续深入。

一般而言，以业务为主导的智慧油田建设，缺乏统一标准、各自为政的情况比比皆是；以IT为主导的智慧油田建设，IT与业务的脱节现象司空见惯。IT治理就是为了确保业务与IT的深度融合。

4 中国石油智慧油田建设策略

智慧油田建设是一项系统工程，需组织石油专业、管理、IT等多领域的专家，联合研发技术、建立科学发展的体制与机制；并注意规范相关概念和名称，统一制定标准，加强

互联互通[7]。

一是聚焦核心业务过程优化与精细化管控，树立近短期及中长期信息化应用目标，逐步实现各类业务实时优化与生产自动控制。二是中国石油智慧油田建设要将信息技术、业务过程和组织管理充分融合起来。关注信息技术平台、业务拆分与过程优化、组织管理创新，实现实时智能生产优化与高效生产管理协同。三是智慧油田建设要采用顶层设计、整体规划、分步实施的原则，以用促建，打造样板智慧油田。四是建议将人工智能、区块链技术作为智慧油田建设的重要抓手，开展系列攻关，逐步实现全行业数字化转型。

智慧油田是工业化和信息化融合在油气田企业建设应用的工作愿景和发展目标。智慧油田建设引发的不仅是改变管理流程、提升管理效率，尤为重要的是会引发管理思维、管理方式的变革，以质量提升推动油气田构建现代化“油公司”模式的步伐，助力建成更高质量、更有效率、更具活力、更低成本、更可持续发展的现代化“油公司”，推动油气田企业在中国石油创建国际一流示范企业进程中打头阵、立新功。

参考文献

[1] 刘斌. 油藏经营管理模式探讨[J]. 国际石油经济，2018，26（7）：31–37.

[2] 姚园. 与数字化跨界合作[J]. 新能源经贸观察，2018（Z1）：122.

[3] 孙少波. 油气田勘探开发生产中的数据治理方法与技术研究[D]. 西安：长安大学，2018：65–67.

[4] 王爱民，徐喜庆. 华北油田“智慧油田”建设研究[J]. 信息系统工程，2012（9）：120–122.

[5] 原磊. 智慧石油渐行渐近[J]. 中国石油企业，2019（3）：58.

[6] “十三五”信息化规划建议[J]. 中国信息界：E制造，2015（5）：62–65.

[7] 李斌，刘伟，毕永斌，等. 智慧油田建设与发展[J]. 石油科技论坛，2018，37（3）：47–51.

疫情与低油价条件下油田企业生产管理模式的创新与实践

孙浩清　林振锦　刘继楠
（中油辽河油田公司）

摘　要：通过分析疫情与低油价下各大石油公司的应对举措，结合兴隆台采油厂生产特点，分析采油厂面临的阻碍和困难，归纳出几项应对措施，并简要分析了各类措施的应用效果，基于以上分析对国内其他油田在低油价下生产管理提出若干建议。

关键词：低油价；应对措施；生产管理；油田企业

在国际油价暴跌和新冠肺炎疫情席卷全球的叠加效应下，石油行业再次迎来重大挑战。国际油价自2020年3月9日创下29年来的最大跌幅，疫情来势汹汹，全球石油需求骤减，低油价常态化已成定局，在疫情肆虐及低油价影响下，国际各大石油公司纷纷加大改革力度，做出相应调整来应对石油行业的“严冬”。

1　国际石油公司应对疫情及低油价的举措及效果

一是削减投资。埃克森美孚已经通知其合同商和供应商，近期将宣布大幅度减少支出；道达尔宣布将2020年的资本支出削减30亿美元，减幅超过20%，净投资则减至150亿美元以下；壳牌称将在其2019年的基础上，将经营成本减少30亿～40亿美元，资本支出减至200亿美元或以下；BP计划将2020年的勘探支出减少20%，还将减少资本支出和暂停待批油田开发项目；挪威国家石油公司计划减少成本30亿美元。油气公司的减资举措很快传导到了油气服务公司，斯伦贝谢、哈里伯顿也拟大幅削减投资。斯伦贝谢表示将在2019年投资额度的基础上削减30%的投资，北美的活跃钻机数也将减至2016年的水平。哈里伯顿的首席财务官也表示将削减投资，将对部分业务痛下重手，削减幅度或高达60%～65%。

二是降薪裁员。面对低油价和疫情的冲击，国际石油公司现金流吃紧，为了挽回局面，国际石油公司往往会采取降薪裁员的方式。例如雪佛龙表示裁员15%，裁员人数在4500～6750人之间；BP在全球范围内裁员1万人，占其全球员工总数的14%。除此之外，埃克森美孚及Apache石油公司也宣布了裁员和降薪计划。

就以上实施效果而言，国际石油公司采取的这些应对措施起到了一定的作用，一定程度上节约了公司的开支，保证了公司正常运行所需要的现金流。就削减投资而言，国内石油公司可以参考借鉴，但是降薪和裁员作为管理手段而言并不是良好的解决方案，若低油价持续低迷下去，会导致人员流失和队伍建制破坏，给公司未来发展带来隐患。

2 疫情及低油价下采油厂面临的困难

一是利润下滑严重。受到油价大幅下跌的影响，石油企业由于营业方式单一、销售主体固定，利润空间被不断压榨，甚至面临入不敷出的困境。利润下滑严重直接导致一系列后果，例如削减项目投资、降低企业运维成本、暂缓新井实施等。

二是油气产量呈下行态势。由于运行成本及投资的大幅下降，导致新井不能按时开工、按时投产；部分高产井未能及时采用有效措施恢复正常产能水平；部分低产井也因经济效益的原因而暂时被迫关井，导致油气产量呈下行趋势。

三是办公效率低下。由于新冠肺炎疫情的影响，为充分响应国家号召，一季度普遍开展居家隔离，导致工作进展缓慢；除此之外，在开始全面复工复产后，由于疫情始终未能消除，导致办公人员不得不因防疫工作的开展而分散精力；疫情防控情况下，开会条件有限，部分重要会议被迫延期或取消，导致工作效率明显降低。

3 兴隆台采油厂的应对措施

兴隆台采油厂在面临利润下滑严重、油气产量呈下行态势、办公效率低下三个难题的情况下，通过压缩管理层级、开展降本增效、弘扬科技创效、发展自主创新、实施弹性销售、优化生产模式、推广网络办公七项措施有效应对当前局面，为其他单位提供了可借鉴的方法。

3.1 压缩管理层级

随着世界性经济结构的调整、科技的进步、竞争的加剧，未来，企业规模已不再是决定企业最终命运的决定性力量，灵活性和适应性将成为决定企业参与市场竞争成败的关键。特别是兴隆台采油厂面临的管理层级臃肿、一线人员缺失的局面。当前，一线人员缺失、人员老化问题迫在眉睫，部分基层单位管理层的管理作用不是很明显，造成管理资源和人力资源的浪费，管理效率低下。兴隆台采油厂充分借鉴2018年荣兴屯油田扁平化管理模式的经验，在全厂范围内推广“扁平化管理”，本着服从管理幅度和层级匹配、集分权相结合、责权利相对应和循序渐进的原则，稳步推进六家基层单位的“扁平化管控”模式的机构调整。

管理模式调整方面，由原来的“采油作业区—采油中心站—采油自然站”三级管理模式调整为“采油作业区—采油班站”两级模式。调整中心站和自然站机构和职能，原中心站干部优化调整到班站长岗位。根据井站规模，结合地下独立的地质单元、开发层系等因素，重新整合为新的片区；作业区机关部门职能随着两级模式做相应调整，重新划分管理职责和权限。例如将职能相近调度室、地质队合并至采油作业区生产组，最大限度地避免职能交叉、多头管理，形成界面清晰、职责明确、规范高效的管理模式，管理效能有效提升。

3.2 开展降本增效活动

降本增效是适应低油价环境的必然选择。兴隆台采油厂积极响应油田公司“战严冬、转观念、勇担当、上台阶”的主题教育工作部署，结合油田公司出台的降本增效活动方案，充分考虑采油厂自身生产情况编制了《2020年开源节流降本增效工程实施方案》，并在全厂范围内组织实施开源节流降本增效活动。以活动的方式让广大员工树立长期过“紧日子、苦日子”的思想，引导和教育广大干部员工坚定发展信心，深入开展“降本增效”工作。本次活动以厂领导为领导小组，下设十大工程：人力资源创效工程、生产运行升级工程、资金运营创效工程、高效勘探开发工程、科技成果转化提效工程、全员挖潜创效工程、市场开发创效工程、水电气节能降耗工程、专项整治防流失工程、作业提质增速工程。每项工程由厂主管领导、牵头部门和配合部门组成，每个部门都有各自职责，确保活动有序推进。同时，为保障活动的有效性和真实性，活动设立专业考核组用于考核各项工程工作完成进度，并通过考核组每月收集各自小组工作进展和阶段成果，每季度收集各自小组的工作总结和相关证明材料。由考核小组依据考核情况出具建议报告，最终报送领导小组审批后表彰。通过此项活动2020年兴隆台采油厂涌现出23个优秀降本增效项目，预计创效1.08亿元。

3.3 弘扬科技创效

兴隆台采油厂一直秉承现代化科技是实现降本增效重要保障。兴隆台采油厂不仅吸收外界先进的科学技术，在采油厂开展先导性实验，取得了一定成果。

首先是一体化橇装技术的应用。所谓的一体化橇装设备，就是集缓冲罐、外输泵、控制装置于一身的泵输平台（图1）。它最大的优点是节约资金和节省空间，能够取代转油站的功能，同时因为它采用的是液位联动的控制装置，可以根据罐内液位调整外输泵的排量，大大降低了人员的劳动强度，减少人工成本。兴隆台采油厂在分析所属各个井场的生产情况后，决定在双229-34-66井场开展实验。在安装一体化橇装设备后，该地区相当于建立一座转油站，既可以让周围新井进入该设备实现油气分离，同时还可以借助该井场附近的外输油、气管线直接输送到系统中生产，节约了管线铺设费用。据统计建立相同规格的转油站需1000万元，而建立一体化橇装则需160万元，光建设费用就可节约840万元。

图1 一体化橇装设备

其次是信息化管道管理技术的应用。兴隆台采油厂在2018年实施智能化管道管理平台后，结合管道检测单位，将管道走向数据转换成电子数据，不仅将管道走向存储到服务器端，更可以借助奥维地图软件，将管道走向储存到手机端。如果管道发生泄漏，便于现场巡线人员快速定位管道所在位置，判断泄漏管线，节约应急处置时间，降低管道泄漏带来的维修及赔偿成本。

最后是智能间抽技术的应用。所谓智能间抽技术是指用抽油机加装智能控制装置，根据油井的不同条件，通过传感器自动采集数据，软件自动计算和制定间抽周期，自动控制抽油机开展间抽工作的一项技术。就是替代人工实现“有油即抽，无油即停”的目标，达到节能降耗的目的。兴隆台采油厂在2020年期间引入智能间抽技术用于低效井的治理，不但有效地提高了油井产量，同时还节约了大量的电力消耗，取得了一定的效果。

2020年兴隆台采油厂先后试验5口抽油机井，平均单井日增油0.7吨，日耗电降低97.6千瓦时，试验期间累计增油630吨，累计节电8.78万千瓦时。2019年兴隆台采油厂通过科技提升生产管理效率，直接或间接创效1000万元。

3.4 发展自主创新

兴隆台采油厂创新提出奖励资金、技术扶持、强化培训三项政策用于激活广大基层员工的自主创新热情。在奖励资金方面，兴隆台采油厂通过工会成立专项奖励资金用于奖励在自主创新、节能降耗方面做出突出贡献的基层员工。在技术扶持方面，兴隆台采油厂早期成立创新工作室，在创新工作室内有多名各行各业的专家，通过定期在基层单位开展技术交流研讨会帮助指导广大基层员工的创新工作、支持员工创新。在强化培训方面，兴隆台采油厂紧密围绕广大员工的培训需求，以提高员工素质和能力为重点，完善培训工作的管理机制和运行机制；通过微信小程序、微信公众号等方法借助外部资源对员工进行培训，使得员工得到的教育资源更加丰富、专业，同时对员工开阔眼界具有很大的帮助，激发员工对创新工作的思考。在此背景下，2019—2020年，基层单位先后自主发明了消除光杆环向应力装置和电力杆上作业吊运装置，分别解决了抽油井现场悬绳器不水平和电力人员爬电力杆时搬运装备的难题，有效提高了工作效率，降低员工劳动强度；除此之外，在优化改进现有工艺技术方面，基层单位对高真空隔热水循环装置加装电磁阀及嵌入式液位计，使得高真空隔热水循环装置运用得更加合理、安全、高效，年节约用电量2.6万千瓦时。2020年期间，员工自主创新方面共创效500万元。

3.5 实施弹性销售

为了实现原油分质分销效益最大化，兴隆台采油厂密切跟踪原油价格走势，合理调整存、销结构，合理利用成品油价格波动，采用低价多储、高价多销的“弹性销售”策略，增加价差收益。以8～10天为一个价格周期，周密制定外销计划，调节管输节奏，在原油价格1400～2500元/吨的上浮过程中，公路销售量从700吨/日增加到1300吨/日，期间累计增加效益130余万元。

3.6 优化生产模式

3.6.1 以效益为基准，重新优化油井清防蜡方式，降低清防蜡运营成本

兴隆台采油厂通过对2018年全年清防蜡工作分析，发现全厂同一区块内存在多种清防蜡方式，不同清防蜡方式运营成本大不相同。为此，兴隆台采油厂同钻采院结合，完成全厂141个区块油井取样分析原油物性、含蜡性质，以分析结果为基础，细致论证区块清防蜡方式有效性，重新优化各区块、各井组的清防蜡方式，并根据各种清防蜡方式的运营成本和实施效果，指导各作业区清防蜡工作。2019年调整清防蜡方式和周期210井次，累计减少入井水量7600立方米，清防蜡运营成本控制在1753万元，对比2018年同期减少220万元。

3.6.2 优化注气工艺，降低注气运行成本

兴隆台采油厂每年注气成本是全厂生产运营成本的大部分，如何有效控制注气成本成为兴隆台采油厂降本增效的重点。2019年兴隆台采油厂通过优化注气工艺，实现了注气运营成本的高效运行。兴古7-26-40井场位于兴隆台采油厂资产库南侧，共有油井13口，其中开井9口（其中自喷井3口、抽油井6口），保护气顶关井1口（兴古7-19-34），低压低产关井3口（兴古7-H211、兴古7-H305、兴古7-H406）。单井通过井场内两个计量装置计量后混输至兴60站生产。为保持潜山油井自喷生产，延长自喷期，目前对该井场的兴古7-26-40井和兴古7-26-38井实施注氮气工艺，采用2台车载柴驱制氮设备进行一对一连续氮气生产气举。

从生产角度考虑，2口气举井每口井每日仅需1万立方米的气就能够达到注氮气的效果，由于车载制氮设备没有变频，为保持连续气举，导致每口井每日注氮气2.8万立方米，这样会浪费氮气资源和服务费用。投入方面，按照车载柴驱制氮设备服务费单价1.38元/立方米计算，2口井每天氮气服务费用就高达7.73万元，全年费用为2821.5万元。因此，兴隆台采油厂在充分分析现有生产情况下，提出采取氮气气举“一拖二”的工作模式，有效降低氮气气举费用。即取消现有车载柴驱一对一氮气气举模式，通过租用的方式，在该平台安装一套可变频的固定式制氮设备，由原有一对一注氮气工艺模式，改为“一拖二”工艺模式，即一台制氮设备对应二口气举井注氮气。在不影响油气生产的前提下，合理降低服务费用，有效压缩成本。采用“一拖二”工作模式后，每日成本为1.45万元，相比原有一对一氮气气举每天服务费用7.73万元，每日节省成本支出6.28万元。按照实施135天计算，全年节约成本847.8万元。

3.6.3 以污代清，降低注水成本

兴隆台采油厂下属黄金带、于楼、热河台、欧力坨区块是采用注水开发的生产模式，原注入水为清水，来源是各自地区的水源井。采油厂用的清水均从其他单位购买，成本较高，并且采出液中的污水需要通过22千米管线输送至兴二联处理，增添了管道泄露的风险。为降低运营成本，同时解决污水长距离输送的问题，兴隆台采油厂提前谋划，组织相关单位在于楼联合站内建立污水处理站，将采出液就地脱水，就地处理，就地回注，节省

了运营成本。于楼污水处理站的建立，标志着兴隆台采油厂黄于热欧地区污水实现有效回注，该区域的注水站实现了以污代清，减少了于楼至兴二联污水外输任务，缓解了兴二联处理污水及回注负荷，降低了设备损耗及人工维护成本。黄于热欧四座注水站日节约清水量1200立方米，全年共节约清水8万立方米，节约费用19.52万元。

3.7 推广网络办公

为加强疫情防控工作，遏制疫情蔓延，同时确保疫情防控期间各项工作有序推进，兴隆台采油厂积极组织，科学防治，主动施策，积极探索有效工作模式，大力推行“网上办公”。要求在疫情防控期间各单位、各部门通过工作群等形式保持密切沟通，保障工作正常运转；尽量减少会议，确需召开会议时，采取电子会议的形式；居家隔离期间的职工在家网上办公。确保疫情防控期间战“疫”不松，工作不停，有效保障了工作的顺利开展。

4 对疫情和低油价下油田企业生产管理的建议

面临疫情和低油价的双重影响，油田企业在保障人员安全的情况下，实现利润最大化，保障企业平稳度过寒冬。至于选择哪种方式，就要视具体情况而定，可以使用某一种也可以是多种组合。当下虽然油田企业遭受冲击，但不能因此否定石油企业的发展机会。对于油田企业下一步的工作调整，我们要立足企业发展现状，借鉴其他油田企业的做法，提高自身经济效益，适应低油价环境下的发展，使企业生产管理工作更加简洁、高效、合理。

参考文献

[1] 张抗. 低油价下我国石油工业战略新方向[J]. 中国石化，2020（6）：34-39.
[2] 孙奉哲. 低油价下国内石油企业降本增效策略探讨[J]. 中国中小企业，2020（6）：83-84.
[3] 刘合. 新冠肺炎疫情及低油价情景对我国油气工业发展的挑战[J]. 科技导报，2020，38（10）：47-49.
[4] 柯晓明. 后疫情时代世界石油市场变化趋势研判[J]. 国际石油经济，2020，28（5）：27-34.
[5] 赵春燕. 低油价下石油企业基层工会工作有效途径初探[J]. 企业文明，2020（5）：109.

胜利油田220千伏电网的优化及调整策略探讨

姚继荣　王炳国　黄兴民
（中国石化胜利石油管理局有限公司电力分公司）

摘　要：胜利油田电网是以220千伏网络为构架，110千伏网络为主网，35千伏网络遍布胜利油区的大型企业电网。油田电网在运行40多年后，早期建设的大部分电力线路存在一系列问题，包括220千伏电网线路不满足N-1原则，新孤变电站不满足双电源供电要求。为保障油气生产，根据现行的设计标准规范，结合电力行业主流技术水平及油田电网的实际情况，按照“总体规划、分步实施、先急后缓”的原则，针对胜利油田220千伏主网构架提出优化及调整策略。

关键词：胜利油田电网；企业电网；220千伏电网；电网构架；优化调整

1　胜利油田电网现状

1.1　电网概况

胜利油田电网是20世纪60年代开始逐步建立发展起来的，集发、输、变、配电一体的大型企业自备电网。经过五十余年的建设，目前已建成以220千伏网络为构架，110千伏网络为主网，35千伏网络遍布胜利油区的大型企业电网。其中电力分公司所辖变电站181座，总容量501.85万千伏安，包括220千伏变电站3座，110千伏变电站44座，35千伏变电站134座；输配电线路695条，长度5846.3千米。主要分布在东营、滨州、淄博、潍坊、德州、济南6个市、16个县区，工作面积达3.28万平方千米。胜利发电厂是胜利油田的自备电厂、油田电网主电源，也是中国石油化工集团有限公司最大的发电企业，担负着胜利油田生产生活用电和集中供热任务。一期工程为2台22万千瓦机组，分别于1992年、1993年投产；二期工程为2台30万千瓦热电机组，分别于2003年、2004年投产；三期工程为1台66万千瓦热电机组，2015年投产。5台热电机组装机总量为170万千瓦，供热能力2500万平方米。

目前全油田用电最大负荷约110万千瓦，2017年电力分公司完成转供电量64.87亿千瓦时，总用电量已经达到中等地区供电网络的规模。随着220千伏九分场变、新孤变、盐镇变3座枢纽变电站的投产运行，油田电网220千伏系统逐步形成了以胜利发电厂为电源支撑、与3座枢纽变电站四角环网运行的网络构架。油田电网220千伏主构架网络见图1、表1。

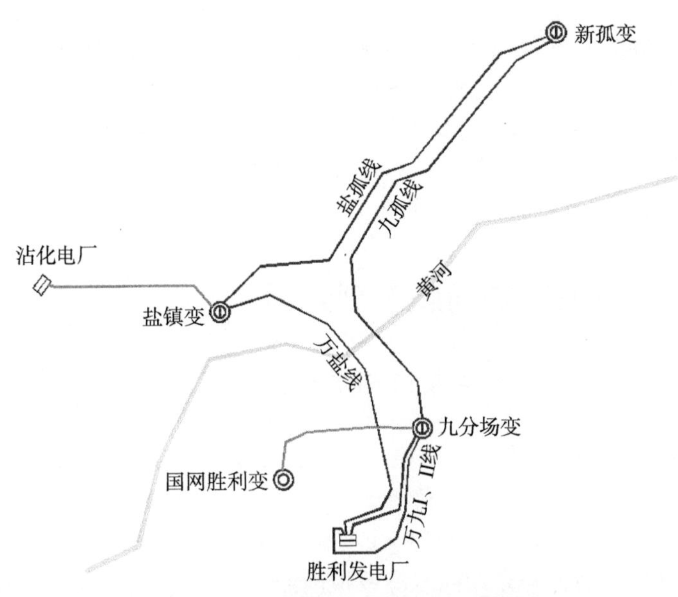

图1 油田电网220千伏主构架网络图

表1 油田电网220千伏主构架线路现状表

序号	线路名称	线路起点	线路终点	建设时间	运行年限（年）	线路长度（千米）	导线规格
1	220千伏九孤线	九分场变	新孤变	1988	31	74.9	LGJ-400
2	220千伏盐孤线	盐镇变	新孤变	1986	33	61.1	LGJ-400
3	220千伏万九Ⅰ线	胜利电厂	九分场变	1991	28	20.50	2×LGJ-300
4	220千伏万九Ⅱ线	胜利电厂	九分场变	1987/2003	15/32	28.30	LGJ-400
5	220千伏万盐线	胜利电厂	盐镇变	1993	26	51.14	LGJ-400
6	220千伏沾盐线	沾化电厂	盐镇变	1986	33	24.23	LGJ-400
7	220千伏万杨线	胜利电厂	杨家变	1987	32	51.33	LGJ-400
8	220千伏胜九线	胜利变	九分场变	1990	29	24.06	LGJ-400
9	220千伏辛杨线（停用）	辛店电厂	杨家变	1987	32	40.77	LGJ-400

1.2 新孤变电站及其电源线路的重要性

新孤变电站主要担负着黄河以北地区的孤岛、孤东、海洋、桩西等单位供电，是目前该区域内唯一提供系统电源的胜利油田220千伏变电站，担负着油田南电北调的生产重任，地位极其重要。2017年新孤变实现转供电量18.05亿千瓦时，为胜利油田黄河以北油气生产和开发建设做出巨大贡献。2017年胜利油田原油产量2341.61万吨，其中由新孤变供电完成的原油产量935.56万吨，占整个胜利油田的40%。

根据胜利油田下属、位于渤海的埕岛油田“十四五”规划，到2025年，埕岛油田新增加负荷约30兆瓦。新孤变电站现有正常负荷200兆瓦，高峰时达到220兆瓦，而陆上油田负荷基本趋于稳定，因此到2025年，新孤变电站负荷将达到230～250兆瓦，地位更加重要。

220千伏九孤线是九分场变至新孤变的电源线路，220千伏盐孤线是盐镇变到新孤变的电源线路，两条线路均为胜利油田220千伏网络构架的主要线路，是220千伏新孤变与油田主电力网相连的重要线路，是油田主电力网相连的“大动脉”，是整个电网安全可靠运行的基础，是胜利油田黄河以北油气开发的动力保障。

2 胜利油田电网存在问题及制约因素

2.1 220千伏电网线路不满足N-1原则

根据电力行业标准《电力系统安全稳定导则》（DL 755-2001：4.2章节），电力系统静态安全分析应用N-1原则，逐个无故障断开线路、变压器等元件，检查其他元件是否因此过负荷和电网低电压，用以检验电网结构强度和运行方式是否满足安全运行要求。所谓的N-1原则，是指环网内的任何一条线路故障或检修停运时，其余运行的线路都不能过负荷，从而保障负荷的正常供电和电网的安全运行。胜利油田薄弱点是，其220千伏的电网，只有万九II线故障时满足N-1原则，环内线路不会出现过负荷现象，其余四条线路均不满足。

随着负荷的日益增长，“负荷对新孤变供电能力和可靠性要求越来越高”与“新孤变电源点能力不足”之间的矛盾已经成为主要矛盾，已经到了必须要解决的关键时刻。我们采用ETAP软件，对胜利油田的四角环网网络架构建立模型进行潮流分析，模拟各条线路发生故障跳闸下N-1的运行状况，发现220千伏电网线路不满足N-1原则。潮流分析（高峰负荷560兆瓦）图2。

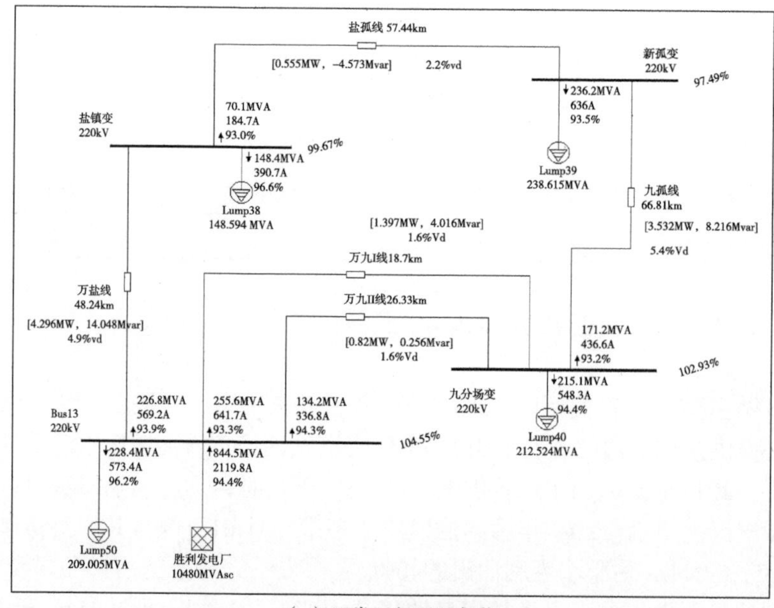

（a）正常运行不过负荷

图2 改造前潮流分析图

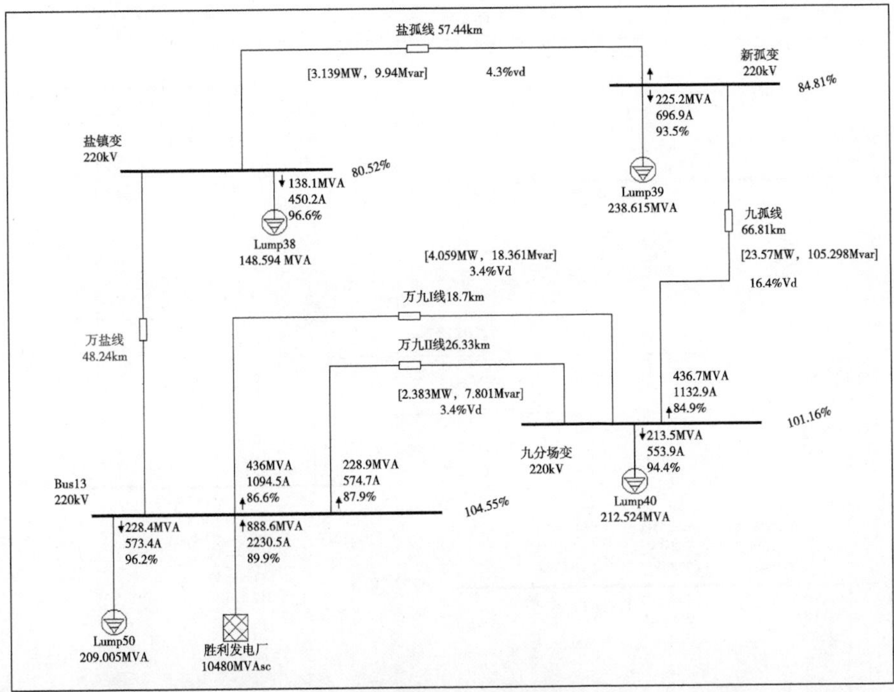

（b）万盐线跳闸，九孤线过负荷

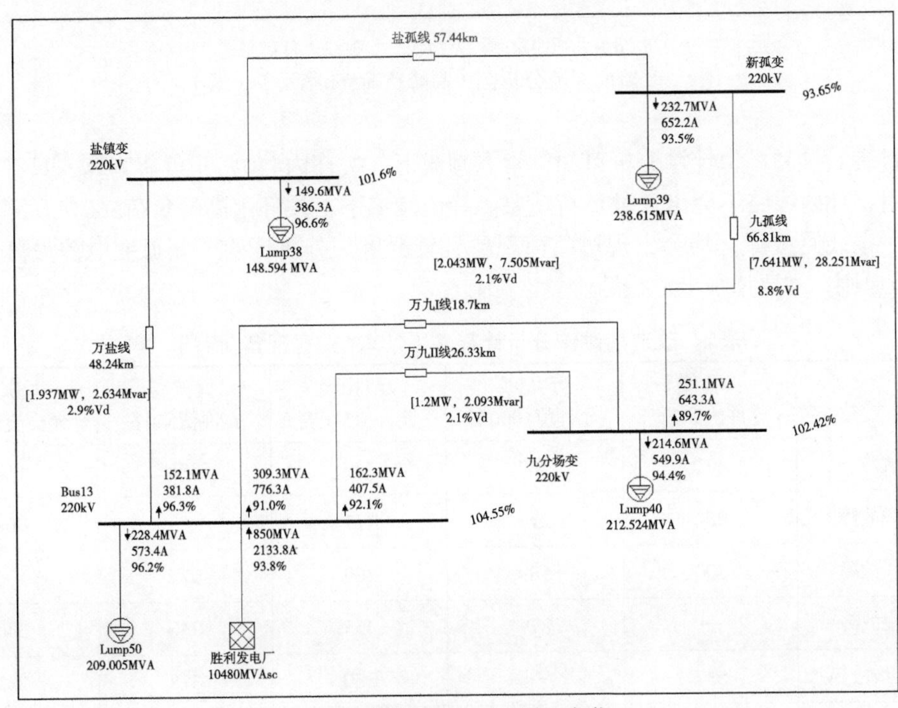

（c）盐孤线跳闸，九孤线过负荷

图2　改造前潮流分析图（续）

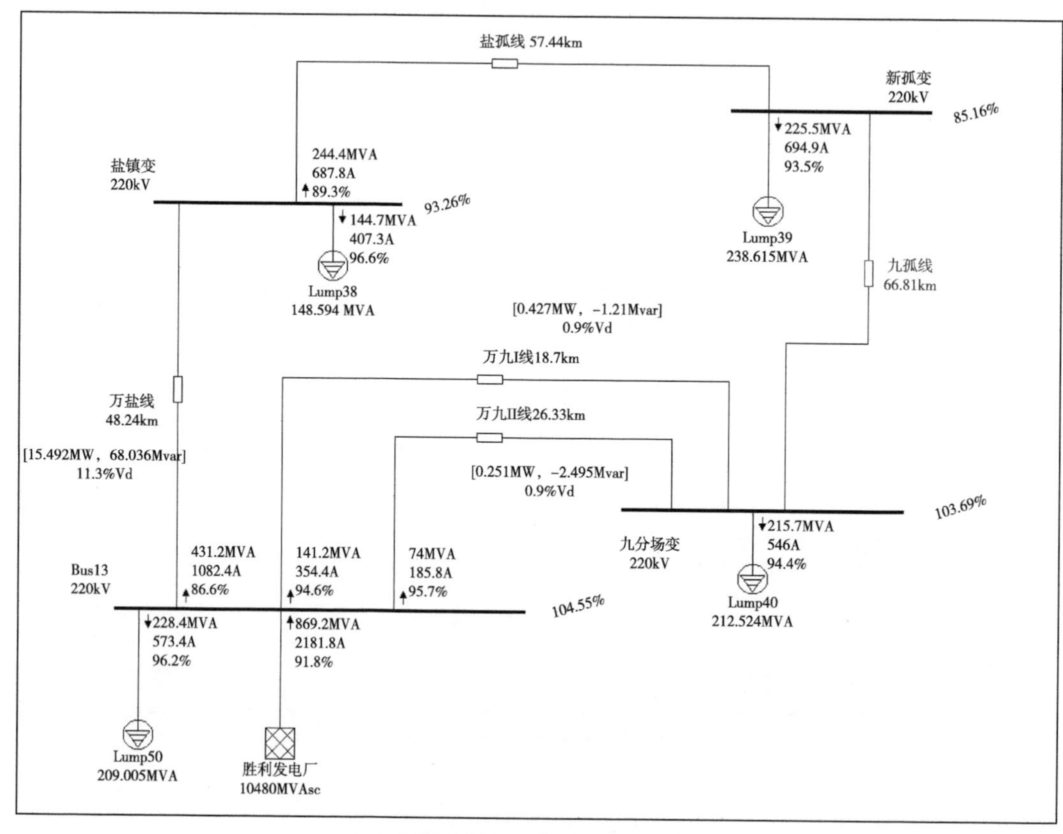

（d）九孤线跳闸，万盐线、盐孤线过负荷

图2　改造前潮流分析图（高峰负荷560兆瓦）（续）

通过表2、表3模拟计算分析可知，常态潮流下，按环内450兆瓦负荷测算，只有万九Ⅱ线故障时，环内线路不会出现过负荷现象。峰值潮流下，按环内高峰负荷560兆瓦测算，环内任何一条线路故障，均会出现过负荷现象且较严重。分析证明，新孤变电源最薄弱，不满足N-1原则，需要增加电源线路。

表2　改造前潮流分析计算表（常态450兆瓦负荷时）

运行工况	万盐线 允许值540安	万九I线 允许值1000安	万九II线 允许值540安	九孤线 允许值540安	盐孤线 允许值540安
无故障	471	467	245	388	168
九孤线故障	921	213	111	—	609
盐孤线故障	300	589	309	574	—
万盐线故障	—	829	435	943	340
万九Ⅰ线故障	537	—	660	328	233
万九Ⅱ线故障	490	699	—	370	187

表3　改造前潮流分析计算表（高峰负荷560兆瓦）

运行工况	万盐线 允许值540安	万九I线 允许值1000安	万九II线 允许值540安	九孤线 允许值540安	盐孤线 允许值540安
无故障	**569**	642	337	437	185
九孤线故障	**1082**	354	186	—	**688**
盐孤线故障	382	776	408	**643**	—
万盐线故障	—	**1095**	**575**	**1133**	446
万九I线故障	**661**	—	**909**	355	275
万九II线故障	**596**	960	—	412	211

2.2　新孤变不满足双电源供电要求

根据国家标准《供配电系统设计规范》（GB 50052—2009）：“一级负荷应双重电源供电”“二级负荷的供电系统，宜由两回线路供电”“同时供电的两回及以上供配电线路中，当有一回路中断供电时，其余线路应能满足全部一级负荷及二级负荷”。新孤变供电的油气生产单位中，孤岛、孤东、桩西、海洋等采油厂油气生产主要用电负荷等级为一、二级（主要负荷是海上油气生产，陆上原油处理及外输、高压注水及注聚、井排井组、安保负荷等），新孤变的电源线路目前只有九孤线和盐孤线，不论哪一条线路故障停电，都无法满足其所供电区域的一、二级负荷用电需求。因此，为了满足国家标准要求，必须要加强新孤变的电源线路建设。

3　调整优化策略

国家电网山东省电力公司是国家电网有限公司的全资子公司，其电力网络健全，发展迅速，在东营市已经建成了以500千伏网络为主构架的电网。寻求与国家电网山东省电力公司的深度合作，是一个具有前景的调整优化方向。胜利油田和山东省电力公司应本着互惠互利、合作共赢的原则，树立长远发展、协同发展意识，进一步深化交流与合作，携手推进共同事业发展。

第一步实施方案，为满足油田滨海油区尤其海上产能供电安全可靠性，需要先实施220千伏新孤变调整，再按照轻重缓急顺序实施盐镇变、九分场变调整改造。国网500千伏海口变主变容量为2×1000兆伏安，于2015年投运，是国网山东省电力公司在东营市黄河以北区域重要的电源点，其电源来自黄河以北大唐发电厂，并与省网其他500千伏变电站进行联络。第一步实施方案，从海口变建设220千伏双回线路接入新孤变的两个备用间隔，由于国网海口变与胜利发电厂分属于黄河南北不同的电磁环网，不能并网运行，因此要求新孤变调整运行方式，即国网海口变带着新孤变的一部分变压器运行，九孤线和盐孤线继续带着新孤变的一部分变压器运行，胜利油田220千伏四角环网保持运行。为了满足此种运行方式，新孤变内部需要进行调整改造。调整后的网络图见图3。220千伏新孤变间隔调整布置见图4。

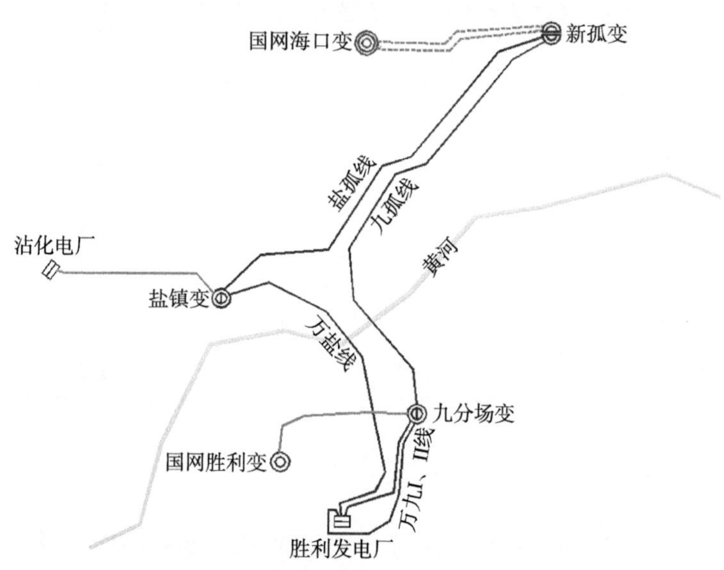

图3　第一步实施后的220千伏系统网络图

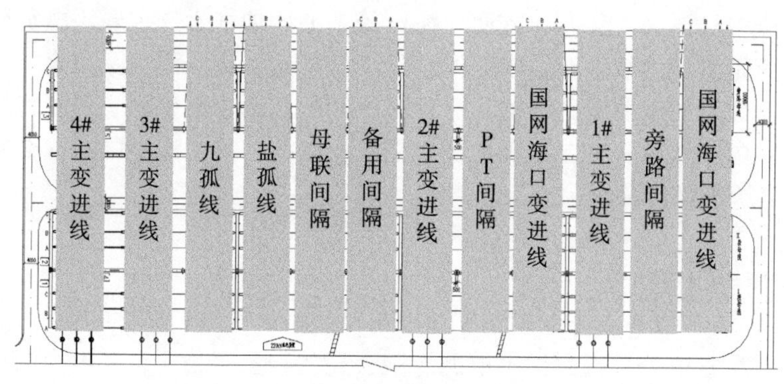

图4　220千伏新孤变间隔调整布置图

第二步实施方案，开断国网陈庄变和国网新港变间的陈新线接入新孤变，九孤线、盐孤线退出运行。为保证220千伏盐镇变可靠稳定运行，在黄河以北九孤线、盐孤线平行排列处短接，短接点后盐孤线退出运行，短接点后九孤线作为备用，利用九孤线为盐镇变提供电源，形成胜利电厂、九分场变、盐镇变三角环网运行。结合沾化电厂退运情况，沾盐线适时退出运行，开断国网褚家变与国网陈庄变之间的褚陈线接入盐镇变；为保证为盐镇变提供一级电源，开断富国—车王220千伏线路，利用沾盐线线路路径自架设同塔双回线路接入盐镇变。调整后的网络图见图5。

第三步实施方案，自垦东变架设2个同塔双回线路分别接入九分场、金湖，开断胜利电厂—九分场东侧线路π入金湖站2回。为保证九分场变电源的支撑，建议在黄河以南220千伏万盐线和九孤线同塔位置处连接，由胜利电厂出线的万盐线给九分场变提供一新电源，胜九线保留运行，最终油田黄河南北220千伏电网分列运行。调整后的网络图见图6。

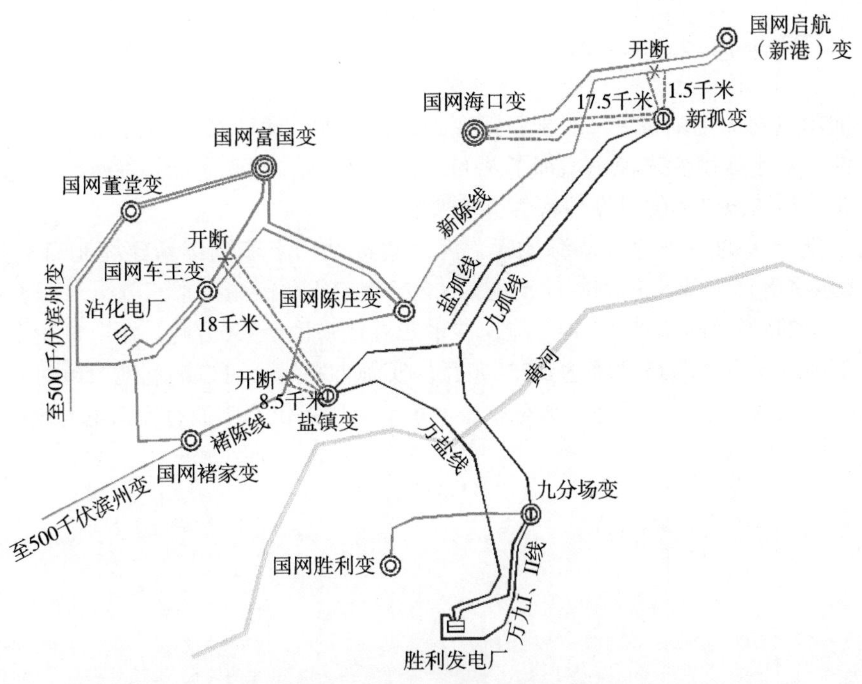

图5　第二步实施后的220千伏系统网络图

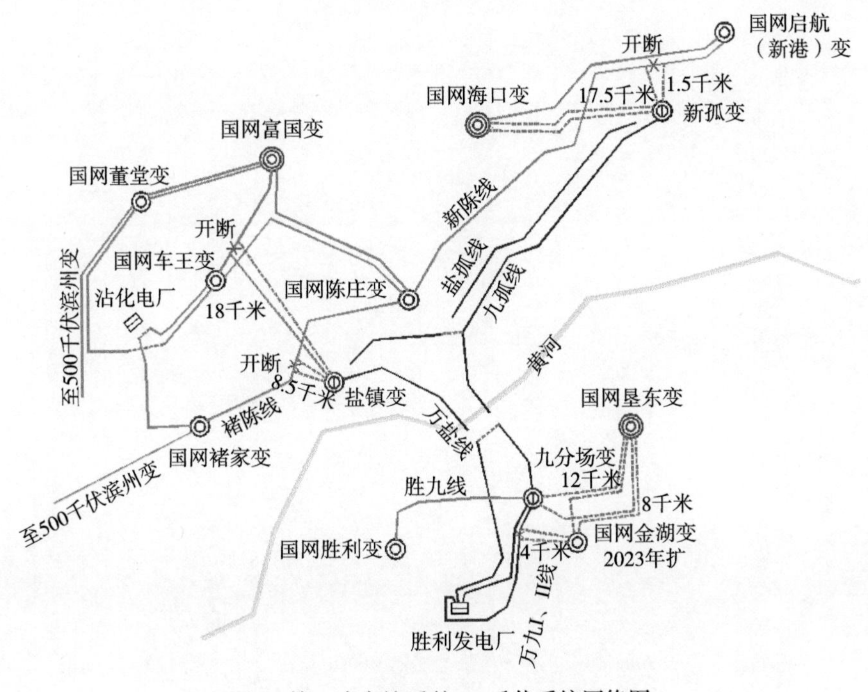

图6　第三步实施后的220千伏系统网络图

4 结束语

胜利油田电网优化调整后，对于新孤变来说，增加了两回220千伏电源，提高了新孤变运行可靠性；对于盐镇变来说，增加了两回220千伏电源，提高了盐镇变运行可靠性；对整个黄河以北胜利油田电网的可靠性将会有较大的提升。

今后产能建设的主阵地是滩海地区，海上埕岛油田下步陆续新建埕北313、埕北30-306、埕岛东区等产能块，预测新建产能145.7万吨，开发预测“十三五”末海上油田原油产量由2018年的328万吨增加至340万吨，“十四五”末稳产350万吨，用电负荷增加约30兆瓦，预计新孤变用电负荷最高将达到250兆瓦。实施方案后，可以顺利地为黄河以北胜利油田的原油稳产保驾护航，尤其是对孤东和海上负荷可以提供坚强而有力的电力供应保障。

深化“三项制度”改革，探索油公司发展新模式

曾云丽　李清英　薛　超
（西南油气田分公司输气管理处）

摘　要：国企深化改革、天然气发展迈入黄金时代和企业外部发展环境变化的必然要求，是西南油气田公司输气管理处“三项制度”改革实施的背景。改革围绕输气管理处建设“平安输气”品牌发展目标和“固机制、重提升、强管控、抓落实”工作基调，遵循业务引领、价值导向、机制牵引、配套推进的基本思路。主要措施及做法包括明确发展定位，调整业务结构；突出精干高效，优化组织机构；优化资源配置，盘活用工机制；完善薪酬机制，激发员工活力；实现能上能下，建设干部队伍。“三项制度”改革实施后，输气管理处组织架构得到优化，全处整体管理效率得到有效提升；打破“大而全”业务架构，安全平稳输供气能力得到显著提升。

关键词：“三项制度”改革；人力资源管理；提质增效

1　“三项制度”改革实施背景

1.1　公司概况

西南油气田公司输气管理处成立于1967年，是国内最早从事净化天然气长输管道管理和运营销售的专业化企业，坚持以“安全平稳输供气”为第一要务，历经50余年发展，建成了东抵重庆、西达成都、南接赤水、北通巴中，横跨四川盆地云、贵、川、渝三省一市，融入全国的5000余千米“三横、三纵、三环”输气管网系统，管网输配气能力达350亿立方米/年，承担着西南油气田公司天然气年产量85%以上的管输任务和45%的销售任务。输气管理处全处共设置职能部门17个、直属单位25个。截至2020年3月，有在册员工近2000人，其中管理人员占比24%，专业技术人员占比8%，操作服务员工占比68%。

“三项制度”改革是指：人事、劳动、分配制度改革。深化“三项制度”改革是新形势下中央对国有企业深化改革的重要部署，是西南油气田公司加快推进转型升级和高质量发展的重要举措，也是输气管理处贯彻落实公司深化“三项制度”改革要求，有效解决制约输气处高质量发展突出问题和矛盾，主动适应推进平安输气发展新形势的迫切需要。

2020年3—5月，西南油气田公司输气管理处组织开展了“三项制度”改革宣传动员工作；2020年5—12月，推进实施工作；2020年12月，评估分析持续推进；2021—2025年，实现目标。

1.2　国企深化改革的必然要求

进入“十三五”，中央对国企改革作出重要部署，更加强调机构高效、效益优先，国资国企改革向纵深推进，进入“瘦身健体”、提质增效关键时期，压缩管理层级、精简管理部门和人员成为国企改革重头戏。国资委选定中国石油天然气集团有限公司等10家单位作为创建世界一流示范企业，要求3年内出成效。集团公司加快推进公司制改革，完善公司治理和专业重组，深化“三项制度”改革（劳动、人事、分配制度改革）、混合所有制改革和“瘦身健体”。西南油气田公司明确了“职能定位明晰化、组织机构扁平化、甲方主导高效化、要素保障市场化”为“油公司”模式改革基本思路。作为公司产运销储重要一环的输气管理处，无法置身事外。

1.3　天然气发展迈入黄金时代的必然要求

进入“十三五”，得益于世界能源向清洁低碳转型、国家政策支持和经济发展需求、资源靠实、技术进步，四川盆地迎来天然气发展黄金时代，西南油气田公司成为国内最大的现代化天然气工业基地。随之而来，输气管理处所辖川渝骨干管网规模快速增长，与全国干网互联互通从下载为主向上载为主转变，压气站投产形成完整输气产业链，管网运营需要质的飞跃。预计到“十六五”，年输配能力将跃升至千亿输配、百亿外输；管网结构将从平面的“三横、三纵、三环”升级为立体的“高、中、低压”三套管网。超常规的发展规模和速度下的刚性增员需求，与集团公司从上至下控制用工总量的改革要求、管理处未来几年员工大规模退休带来的人力资源紧缺现实存在尖锐矛盾，使得传统的人力资源与运营规模成比例增长的发展方式难以为继，需要变革传统发展模式。

1.4　企业外部发展环境变化的必须要求

进入“十三五”，全球油气进入长期低油价时代，传统能源企业面临着经营压力前所未有、市场开拓难度持续加大、盈利空间不断缩小的风险挑战，天然气作为传统能源企业新的经济增长点，既面临国内外同业竞争的压力，也面临着跨行业的能源竞争压力，这需要企业建立更加高效的管理架构，最大限度降低企业运营成本，提高企业运营效益。川渝地方经济建设不断加快，地方规划建设与管道相交相遇日益增多，管道第三方破坏风险从重点建设区域向川渝大部分地区扩展，安全管控压力倍增；国家和地方更加强调依法合规，更加强调安全生产企业主体责任，对管道建设、运维管理要求更严，安全“零容忍”、环保“严监管”成为当前及今后一个时期安全环保工作的总基调，这对企业安全管控能力提出更高要求。信息化技术迅速发展，信息化成为时代大潮，两化融合推进为推进企业管理方式变革创造了有利条件。

2 改革思路

围绕输气管理处建设“平安输气”品牌发展目标和“固机制、重提升、强管控、抓落实”工作基调，按照业务引领、价值导向、机制牵引、配套推进的基本思路，把“油公司”作为业务和组织机构的调整方向，把市场化作为人力资源配置的主要手段，把“去行政化”作为单位和领导人员岗位分级分类管理的目标，把专业化作为领导班子岗位及职数配置的重点，把忠诚干净担当和年轻化作为干部队伍建设的主旨，把效率效益优先作为薪酬分配的导向，把人才通道建设作为激发员工干事创业的动力，进一步增强员工创新活力，提升全员创效动力和企业市场竞争力，为油气田公司建设300亿战略大气区、实现“三步走”战略目标提供坚实的输销保障。

3 主要措施及做法

3.1 明确发展定位，调整业务结构

3.1.1 发展定位

实施业务“归核化”发展，准确把握输气管理处在油气田公司产运销储完整产业链中的定位，将工作重心聚焦到输销保障上，明确了围绕“平安输气”品牌建设一个目标，把控生产运行、管道管理、市场销售、工程建设四大核心业务，打造科研、信息化、应急抢险三大平台，促进劳动组织及用工方式两个转型的“1432”发展思路，有序退出非主营、非核心、低端低效及社会化程度高的业务，满足油气田公司快速上产、管网输送规模快速上升的高效调控需求。

3.1.2 调整业务

“管理+专业技术+核心技能岗位”或“管理+专业技术”直接用工，其他（或所有）操作服务岗位依托社会资源推行业务外包，积极梳理出核心业务与生产辅助业务，逐步退出管线巡护、通信网络维护、汽车驾驶等非主营和低端低效业务，实现主辅业务分离，不断促进提质增效发展。摸索管理经验，形成《输气管理处业务外包实施细则（试行）》，固化实施。

3.1.3 剥离社会职能

加快剥离国有企业办社会职能，完成职工家属区“三供”（供水、供电、供热）分离移交，石油小区社区管理职能、市政设施全面移交地方，推进了矿区服务业务转型，实现了输气管理处和川西片区石油小区公益服务业务回归政府和社会。

3.2 突出精干高效，优化组织机构

遵循“小机关、大部门、大共享、专业化支撑”的思路。剥离机关操作执行职能，构

建“精干适度、权责统一、协同高效”的机关架构。尽可能减少企业的决策层和操作层之间的管理层，压缩职能部门和机构，快速地将决策权延至企业生产、营销的最前线，提高企业效率。

3.2.1 剥离

剥离机关操作职能。集中整合全处财务核算、报销和资金支付等操作职能，取消处属单位财务操作职能，撤销资金结算管理部，设立财务共享中心，业务归口财务部门管理；在规划计划管理部门增加概预算工作的归口管理职责，将概预算业务剥离出机关，取消基层输气作业区的造价职能，撤销概预算管理部，设立直属单位工程项目造价中心，承担全处造价操作职能，业务归口规划计划部门管理；将行政事务中心从办公室中剥离出来，承担机关事务管理、档案管理及年鉴编纂工作。

3.2.2 调整

调整优化管理职能。将信息化管理职能从科技管理部门进行剥离，成立单独的科技部门、信息管理部；将长输管道地灾日常管理职能由生产运行部门移交至管道管理部门；将承包商管理业务由生产运行部门移交至法律管理部门；将科研单位的汽车服务业务调整到汽车服务中心；将科研单位的分析化验室机构及人员整体划转到计量管理部门；将计量管理部门的采购物资入库、现场质量抽检业务调整到抢险维修部门。

3.2.3 简化

简化基层机构设置。撤销科研单位、辅助生产单位内设的股级机构，机关直接设置岗位、基层设置班组；调整作业区机构类别，撤销作业区下属的维修管理站、经营管理办公室、行政事务站等股级机构，将作业区机关原来的党政办公室、生产运行办公室、管道管理办公室、QHSE办公室、维修管理站合并设置为综合、生产技术、HSE三个办公室，后辅设置运维保障班；设立合署办公机构2个：信息管理部与信息站、生活后勤服务中心与离退休管理中心。

3.2.4 专业化

专业化技术支撑。按照油气田公司上产规划，输气管理处将陆续新建压气站，为了突出专业化的技术支撑，新成立机动设备管理部门，负责全处机动设备的运维管理，可集中专业化力量对全处天然气压气站的设备设施进行集中管理与运维，在天然气压气站只设立技能操作人员，负责压气站日常生产管理工作；成立培训中心，专门负责开展输气管理处培训需求识别和分析工作；成立汽车服务中心，承担处机关和华阳片区辅助生产单位生产指挥、抢险救灾、工程建设和日常事务等运输保障任务。

3.2.5 扁平化

压层级，主辅岗。推进楚攀管道管理部“扁平化”管理模式，各项具体业务直接落实到岗位，摸索出“大岗位”[①]+“A/B岗”[②]的工作模式，梳理主辅与协同工作职责，着力培养一岗多职、一岗多能的跨专业、跨领域的复合型人才，形成“管理+专业技术+核心技能岗位”的直接用工，其他操作服务岗位依托社会资源推行业务外包的人力资源配置模式。

控定员，提效率。成都输气作业区输供管理工作覆盖了成都、德阳、绵阳、资阳经济快速发展带，管道管理长度达1000多千米，站场达70多座（含清管站、橇装站）、阀室阀井50余座。2020年管线预计接近1500千米左右，其生产经营规模将达到2个A类输气作业区的标准。拟新成立绵阳输气管道管理部承担绵阳地区管道、站场管理业务。编制参照C类输气作业区并坚持“精干高效”和“扁平化”管理原则，不设置股级机构，着力培养一支数量精干、素质优良、结构合理、工作高效、适应力强的复合型技能人才队伍。

3.3 优化资源配置，盘活用工机制

3.3.1 实施“五定”

定方案。输气管理处在摸清了单位人员、机构设置现状的基础上，成立了以处领导班子为核心的“五定”（定岗、定人、定职、定责、定量）及“三项制度”改革工作领导小组和办公室，全面贯彻落实分公司“五定”及“三项制度”改革工作安排部署。综合考虑新增压气站业务、大岗位管理、中心站管理、辅助生产业务外包等新情况，召开领导小组会议制定了《输气管理处深化人事劳动分配制度行动方案》《输气管理处“五定”机构编制实施建议方案》，明确了处“三项制度”改革的重点工作。

重宣传。以会议座谈、调研交流等形式分层次多角度组织学习改革精神及要点，对推进改革的总体安排部署进行详细解读。在处主页开辟了改革专栏，以4个静态栏目（改革总体思路、基本原则、工作目标、组织机构）加3个动态栏目（通知公告、工作动态、学习交流）的“4+3”模式及时宣传改革重点工作及好的经验做法。采用电梯海报、宣传展板等方式，巩固扩大改革舆论高地。从机构编制、人员配置、薪酬与绩效、“大岗位”管理、生产作业制度等9个方面，开展现状及存在问题意见与建议收集，现场问卷400余份。为“三项制度”实施基础依据。

定编制。通过“拆、建、并、转”的“五定”工作后，机关部门压减11%、机关人员编制压减12%，有效提升了机关运行效率和管控水平。减少基层单位股级机构31个，压缩近43%，组织机构更加精干高效，实现了管理架构扁平化。

通过自然减员、依法办理提前退休、内部退养、离岗歇业等措施，规范管理长期不在岗相应情形员工，精准补充核心业务、关键岗位紧缺人员，对非主营、低端低效、社会化程度高的业务和人均劳动效率低的单位实行“只退不补”等方式逐步缩减人员配置，为薪酬分配制度改革奠定基础。

---

① “大岗位”指将现有操作技能主体岗位与业务密切相关、工作任务相近岗位的工作职责和工作内容进行融合归并，并明确岗位任职条件，从而建立的生产作业单元操作技能“岗位管理方式”，所涉及的“大岗位”适用人员范围包括输气处所有操作技能人员。

② “A/B岗”是指设置一个主岗及一个副岗，日常工作以主岗为主，但需要配合和学习副岗的工作内容，一但有人休假，副岗能直接履行原本休假主岗职责的工作，确保工作不断档，不滞后的一种岗位管理方式。

3.3.2 盘活用工

以岗位编制定员为基准，通过岗位聘任和劳动组合方式，严格按岗位需求和任职条件，适度从紧配置合适的员工，利用精准激励措施，鼓励富余人员向人员紧缺岗位流动。

战略合作。充分利用分公司的人力资源，同时采取“校企合作”和“院企合作”方式，按市场契约为企业提供专业技术支撑，输入专业人才，化解核心人才紧缺矛盾。

内部调剂。在企业内部，通过组织选拔、公开竞聘、行政调动等方式进行人才流动及调剂。在内部挖潜的同时，根据业务的发展，深入分析潜在的人力资源需求，编制新增新建机构优化建议方案，尽可能地向上级部门做人力资源方面的争取。2019年因新增产能、工作量共计调剂员工100余人，包括：不同单位之间的调整，同一单位之间的调整，管理、专业技术人员之间调剂。

业务外包。在企业外部，对存在岗位员工余缺、新增用工和业务外包需求的，采取借聘、调动、劳务输出（外借外派）等方式，充分盘活现有人力资源存量，通过业务外包形式有序退出管线巡护、驾驶业务、物业服务等低端低效或非核心业务。目前，在已经实施多年的仓储、物业、保安、驾驶四类服务业务外包的基础上，扩大了业务外包范围，在全处所有基层输气作业区全面实施管线巡护业务外包，充实管线巡护力量；输配气辅助业务外包在单个输气作业区试点；压气站压缩机日常运维和检维修、35千伏变电站及电力线路运维外包给专业公司管理。2019年输气管理处在油气生产辅助、物业服务、保安服务、驾驶服务等方面开展的业务外包项目，极大程度节约了人工成本，不仅达到了降本增效的目的，而且保障了全处管线的安全平稳运行。

3.3.3 开辟通道，双序并行

依托数字化油气田建设，将信息化建设与生产需求深度融合，提升自动化、智能化水平，通过业务调整、生产组织模式创新和业务流程再造，优化人力资源配置。

双序列实施。按岗位属性合理设置管理、专业技术、操作服务岗位编制定员，编制《输气管理处机构编制定员表》，构建起天然气储运与计量、HSE与节能减排、信息技术三大专业领域，运行、管道、工程、HSE与计量、信息五大专业分领域，运行技术、工艺技术、地面建设工程等九大专业子领域，企业二级技术专业岗位2个、一级工程师岗位5个、二级工程师岗位20个、三级工程师岗位74个的双序列架构体系，按照“先科研后生产”“纵向先高级后下级”“同级横向先序列转换后竞争选拔”原则实施，二级工程师、三级工程师选聘于2016年在工艺技术研究所试点，2019年扩展到生产单位和机关科（部）室，逐步打通三支队伍成才转化通道，促进管理人员向专业技术人员转换，拓宽了技术人才发展空间。规范操作技能人员向管理、专业技术人员转换流程，有序调整三支员工队伍比例结构，试点采取“一年一签”的聘任方式开展将优秀的操作服务人员聘任到管理与专业技术岗位，其人员身份保持不变，岗级工资不变，绩效方面采取易岗易薪的方式。

“大岗位”管理。输气管理处发布了《输气管理处操作技能“大岗位”管理办法》《输气管理处操作技能员工“大岗位”管理目录》以及《输气管理处操作技能员工“大岗位”岗位规范》，积极推行“大岗位”管理，鼓励员工持双证和多证。在绩效奖金等内部薪酬分配政策上对持双证和多证的给予倾斜。对获得第二或第三工种职业技能等级证书或特殊职业（工种）上岗证的人员，给予一次性奖励，激励广大操作技能员工学习技术、钻研业务，立足本职、拓宽技能。

3.4　完善薪酬机制，激发员工活力

“一次分配讲公平，二次分配凭贡献”。量化绩效考核，完善精准激励政策，把实际收入与岗位价值、能力水平、业绩贡献、环境优劣以及单位业绩挂钩，促进收入分配更合理、员工生产更高效，实现薪酬“能增能减”。

3.4.1　量化考核，全员评估

薪酬分配体系。理顺岗位工资、上岗津贴与绩效奖金三者之间关系，建立完善的薪酬分配体系。在充分考虑各单位、部门生产业务特点基础上，选取能反映效益效率、工作量大小，体现管理幅度、管理难度、地理位置和单位贡献的评价指标，分别设立权重和标准，对各单位、部门进行分类，建立健全分类管理体系；根据各单位综合绩效实施差异化的薪酬分配方案，在年终进行考核兑现。建立了月度、年度考核机制，内容涵盖生产运行、管道管理、现场安全、QHSE管理、OA和档案管理等方面，强化全过程考核。

全员履职评估。细化考核规则，对不同业务工作内容设置不同的业绩指标和考评规则，增强考核合理性、操作性。开展全员绩效考核，建立以岗位价值为基础，以业绩考核为重点的薪酬激励机制，以岗定薪、按绩取酬，将员工收入与岗位价值、工作业绩紧密挂钩。采用业务主导的原则开展全员履职能力评估，建立全员履职能力评估岗位对照表，将“五定”确认的各个岗位对应到业务主管部门，全面专业评估各类业务人员综合素质及业务能力，将考核结果与员工绩效奖金紧密结合，拉开内部收入分配差距，为实现员工收入能增能减提供实施依据。对全处全岗位全员的履职能力进行评估，把能力评估结果为优秀的员工与一般员工的绩效水平差距拉大到10%以上，充分发挥了薪酬分配的杠杆和导向作用，增强了业务核心骨干人员的创效活力。

3.4.2　薪酬导向，精准激励

正确薪酬导向。探索“工资总额包干”的模式，通过内部挖潜盘活内部人力资源。在现有员工人数不大于岗位定员编制的前提下，各单位通过内部挖潜盘活员工存量，特别是在新建工程项目、“急、难、险、重”生产任务等用工需求中成效明显的，按消化新增员工需求及人均业绩奖金的一定比例增加工资总额。对特别偏远的单位，设置环境艰苦岗位津贴，通过适度的薪酬倾斜，正面引导员工理性地进行就业选择，确保各单位人员的稳定性。

实施精准激励。从人均薪酬增量中拿出一定数量作为变动薪酬，用于精准激励。以业绩考核为基础和依据，对贡献突出的单位领导班子、管理人员、技术技能骨干、中心站站长、基层班组长以及高端紧缺人才等制定差异化的薪酬激励政策，充分体现核心骨干员工的价值。加大对解决生产经营中的重点难点和短板瓶颈问题、参与完成重点项目等做出突出业绩人员的激励力度，同时对参加国家级、省部级等技能竞赛获奖的人员给予特别奖

励。仅2019年就实施精准激励涵盖基层领导人员、一般管理与专业技术人员、班组长、高技能人才、优秀操作员工、兼职党务工作者等在内的共计1000余人次，通过绩效杠杆强化对核心骨干员工和突出贡献人员的激励，引导各单位和部门结合实际搞活内部分配拉开收入差距达到10%以上，将员工收入与工作业绩和实际贡献挂钩，有效拉开差距，形成“重实绩、凭贡献”的分配导向，充分发挥薪酬分配的导向作用和激励约束作用，为推动全处高质量发展提供坚实的人才保障。

3.5 实现能上能下，建设干部队伍

树立重实干重实绩的鲜明导向，明确高素质专业化是选人用人的首要标尺，锤炼干部的政治担当，提高政治能力，大力培养选拔优秀年轻干部，持续优化健全完善选人用人和考核评价机制，实现干部能上能下。

3.5.1 民主测评

完善“双向进入、交叉任职”的领导机制，推进党群与行政岗位的领导人员轮岗交流，优化领导班子和领导人员综合考核评价体系，合理拉开评分差距和评价档次，加强考核评价结果与薪酬分配、评先选优、任用调整等工作的挂钩力度。量化测评方式，提升履职能力。坚持从“素质”“能力”“业绩”“团结”“作风”五方面对基层单位领导班子、领导班子成员进行民主测评。关注干部群众对领导人员政治品质、道德品质和清正廉洁等方面的评价。同时，采取填涂机读卡量化打分的方式，使测评结果更具有针对性。持续改善领导班子年龄、文化结构，促进干部换位思考，增强大局意识和全局观念，更好地加强机关与基层之间的沟通、理解，促进工作上的协调共振。

3.5.2 民主推荐

选拔敢抓敢管、勇于担当的干部，加大干部交流力度，完善干部刚性交流机制。大力培养和旗帜鲜明地使用忠诚干净担当、谋改革促发展实绩突出的年轻干部，树立优秀年轻干部先进典型，畅通成长渠道，在干部调整工作中，合理使用各层级干部，有针对性地选配部分成熟优秀年轻干部充实到各单位领导班子。加强后备干部队伍建设并严格执行科级干部退出制度，为年轻干部脱颖而出创造条件、搭建平台。让年轻干部在群众的监督、公正的环境下，比能力、比业绩，建立优秀年轻干部成长的“绿色通道”。树立了重德才、凭实绩、看公论的用人导向，增强了各级领导班子和干部队伍的活力，形成了全处公开、平等、竞争、择优的选人用人机制，提高了选人用人的公信度。

4 取得的效果

4.1 组织架构得到优化，整体管理效率得到有效提升

“三项制度”改革实施后，全处组织架构得到优化，“小机关、大部门、大共享、专

业化支撑”组织架构基本形成。处机关部门压减11%，与直属单位实现管办分离，机关科（部）室的管理职能得到更加充分的发挥，有效提升了机关运行效率和管控水平。培训、机动设备、造价等直属单位的设立，尤其是基层单位的造价、财务等操作职能集中于对口直属单位，有效实现了全处相关资源共享，提高了操作效率。作业区实现了大部门制，辅助生产单位领导直接管理至岗位，有效压缩了管理层级，实现了机构和管理扁平化。基层单位弱化了经营管理职能，强化了技术安全保障职能，打破了“小而全”的组织架构，定位更加精准。全处整体管理效率得到有效提升。

4.2 打破“大而全”业务架构，安全平稳输供气能力得到显著提升

“三项制度”改革实施后，全处打破了“大而全”的业务架构，将精力集中于输销保障核心业务；全员活力迸发，实现人少能干事、人活多干事、人优愿成事，有效提升了全处整体安全平稳输供气能力。2019年与2015年相比，在人员数量、在役管道、年输配气能力、年输气量、销售量方面同比增幅分别为3.25%、5.97%、16.67%、74.13%、50.64%。在人员小幅增长的情况下，实现管网管理里程、输销气量、利润的大幅增长。

电商化目录式采购助力实现降本增效

范 为
（中油物采信息技术有限公司）

摘 要：2020年疫情形势下中国石油降本增效压力不断增加，带给采购者的问题是如何既能便捷高效地买到物美价廉的产品，又能降低采购成本。当下电商化采购模式普及趋势明显，中国石油一级物资目录式采购应用多年。本文从中国石油采购特点出发，讨论目录式采购与电商化结合可带来的优势与不足，从数据角度分析目录式采购趋势和存在的问题，对框架协议中需要引入价格调控机制给出实践举例，对当前物采系统电商化集成案例进行分析。最后从采购降本增效角度，给出电商化与目录式采购结合带来的助力点，并给出下一步发展建议。

1 电商化趋势

2019年工业和信息化部赛迪研究院、中国国际电子商务中心研究院发布的《中国企业电商化采购发展报告（2018）》[1]显示，2018年中国企业电商化采购市场规模约为3600亿元，同比增速80%。未来几年，企业电商化采购交易规模还将进一步扩大，到“十三五”末期有望超过万亿元。

中国石油天然气集团有限公司（以下简称“中国石油”）“能源一号网”是中国石油企业采购门户，自2001年至2011年1.0系统升级，10年间实现网上交易2700余亿元。经过2012年、2019年两次系统升级改造，“能源一号”系统在全集团公司推广应用，通过完善供目录上载管理、供应商管理、计划管理等采购基础模块，逐步提高一站式采购体验，优化并规范采购业务流程，提高采购管理水平，规避产品质量事故，实现采购商和供应商的双赢。

电商化是利用数字信息手段助力采购管理流程优化升级，为采购商实现一站式采购体验，给管理者提供统一管理、较低风险、较高管控度的管理模式，同时达到降低企业采购成本、管理成本的效果。

2 中国石油采购特点

中国石油采购显著的特点是采购量大、物资品类多，其所属企业的生产物资都在采购平台采购。采购平台承担交易的物资不但包括生产性物资，还包括生活类物资，例如帽子、手套、办公用品等，集团各企业经营活动所需的物资。中国石油的品类编码体系包括8位码和11位码，8位码按两位划分代表大类、中类、小类和品名，11位编码是8位码下更加细化商品规格的物料编码。目前中国石油60余个大类有约2万多个八位码，涉及近200万个11位码。

中国石油采购的痛点是采购组织机构分散、重复智能多。中国石油是伴随新中国诞生的国有企业，其内部有大庆油田、玉门油田这样的“老单位”，也有像浙江油田、南方石油这样的“新成员”。老企业因历史原因形成单位机构多、组织职能垂直化特点，新企业管理机构设计则倾向扁平化管理，最终造成采购管理、供应商管理组织职能在各企业组织机构划分标准不同、职能交叉、管理成本增加等现象。

为解决采购多品种、专业化、集中管理目标，降低采购管理成本、需求单位采购学习成本，中国石油建立了组长单位制度。组长单位是负责管理某类物资的供应商准入、目录维护、标准制定等业务的专业部门，在一级、二级物资管理中均有设置组长单位。组长单位可以利用自身专业优势管理采购价格、供应商质量。

重视供应商管理是中国石油采购另一特点，也是区别于中国石化、中国海油采购管理的优势。中国石油供应商采取资格准入审核形式进入，一级供应商需要通过资格准入招标进入，入库后的供应商还需要定期审核资质。供应商管理可提高采购物资供应质量，降低采购风险。同时对战略供应商和长期合作供应商的管理，也可提高采购环节中谈价议价能力，降低采购成本。

中国石油在经历长期的采购实践探索，逐步形成了“框架协议+订单”的采购模式，解决大宗商品大批量采购、集中管理和节约采购成本等难题。“框架协议+订单”组合成的采购模式，即通过采购企业和供应商在采购合作战略角度签订一定时期的服务框架协议，协议的执行一般通过目录文件（供应商、物资和价格清单）上载至采购系统。在具体的生产采购中，采购商只需要进入采购系统点选生效的目录商品即可买到优惠、有质量保证的商品。

随着集团物资统一管控程度加强，采购降本增效要求不断提高，目录式采购已经逐步成为中国石油采购业务（包括二级物资）最重要的组成部分。

3　数据分析

目录式采购是链接“框架协议+订单”采购模式与电商化一站式服务的纽带。框架协议从后端保证采购到的商品物美价廉，电商平台从前端提供所有品种一站式采购的良好体验。

目录式采购在中国石油采购份额占比正在逐年增加。根据中国石油物资采购管理系统1.0报表下载的订单作为数据来源，统计2015—2018年全年采购额中目录式采购交易额占比情况（图1），2019年因物资采购2.0上线数据不完整未做统计。

图中展示的目录式采购占比包含两个角度——全品类物资目录式采购和一类物资下目录式采购，目录式采购额占比趋势反映出两个特点和一个问题。

特点一是目录式采购形式占比总体趋势是逐年增加的。尤其自2016年开始，目录式采购无论在一级物资采购还是全物资采购占比不断上升。这个现象与企业降低采购成本和信息化价格管理不无关系。

特点二是目录式采购形式在一级物资交易中占比较高，而且相比全物资采购，一级目录式采购的应用趋势正在逐年扩大。从数据上可以看出中国石油集团公司在大宗商品采购中推行目录式交易的趋势。

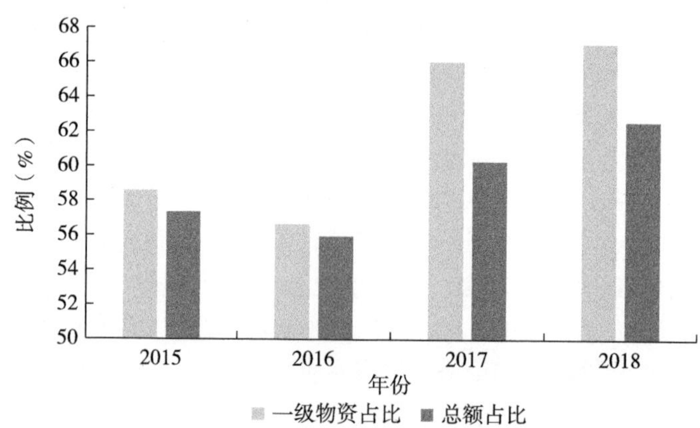

图1　2015—2018年中国石油目录式采购交易额占比情况

除以上特点外一个问题是2016年的目录式采购占比相对2015年不升反降。其中原因本文仅从框架协议价格调整角度给出分析思路。2016年铁矿石与钢材价格波动，中国石油与战略供应商框架协议中的调价机制还在建立初期，其中的价格调整滞后等因素可能是2016年目录式采购占比下降的原因。该现象还可以从单品价格数据统计给予佐证。

下面我们以中国石油物资采购量较大的02040101无缝钢管为例，尝试分析目录式采购的价格优势。数据来源于物采系统1.0确认订单数据报表，对比目录式采购和寻源采购每年订单平均含税单价走势（图2）。

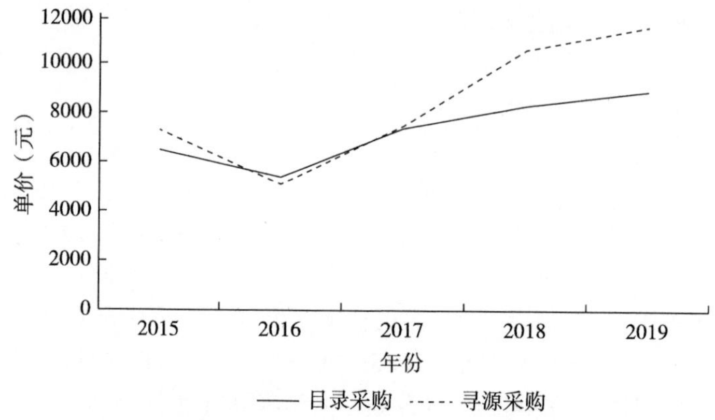

图2　目录式采购和寻源采购每年订单平均含税单价走势

由图2可见目录式采购价格仅在2016年高于寻源价格，而这一现象佐证了前文所述目录式采购额占比下降原因——由于价格高减少使用目录式采购（详见上节）。自2017年以后，目录式采购的无缝管平均含税单价均低于寻源采购价格，而且价差有逐年增加的趋势。这一趋势又与中国石油金属价格调价机制的建立健全周期相吻合，说明调价机制为框架协议应变市场调节起到了作用。

2019中国石油物资采购管理系统2.0上线，新系统带来一个新采购形式——参考目录。

参考目录是对供应商相同8位码下的物料，参考该目录价格采购。参考目录式采购形式依托目录价格，又延展了目录价格的影响范围，也是目录式采购的变相应用。将2019年物资采购管理系统2.0一级物资目录式采购与参考目录式采购交易额合并计算，广义下的2019年目录式采购形式交易额对比历史数据占比上升趋势明显（图3）。

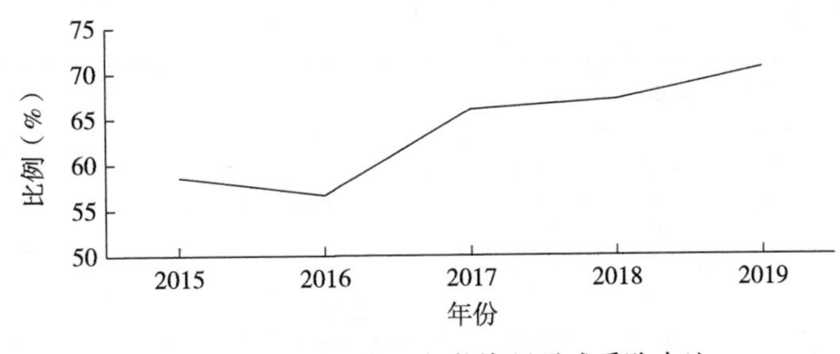

图3　2015—2019年一级物资目录式采购占比

以上数据可以体现目录式采购在物资采购管理系统2.0的应用程度进一步提高，非目录式采购份额正在逐步缩小。因此，采购平台电商化是推进目录式点选的主要动力。

4　最佳实践

4.1　建立市场调价机制

目录式采购是支持一站式采购的基础，应用目录式采购实现采购降本增效的最佳实践是“框架协议+调价机制+订单”的优化组合。由前文数据可见目录式采购的单价具有优势，但若市场价格变化剧烈，采购的调价机制无法即时调整，仍可能造成目录式采购单价低于非目录式采购的现象。基于中国石油相对完善的供应商管理制度和统一的采购平台，管理者还需要在框架协议签订的基础上，不断完善价格调整机制，才能更好地发挥“框架协议+订单”的模式在电商化平台中的应用。

金属材料目录价格建立调价机制实践已愈加成熟。在中国石油一级采购物资中各类钢铁管材采购量较大，而钢材价格受国际期货市场波动明显，如果不能即时根据市场价格指数调节，采购、供应双方必将有一者吃亏。无论是中国石油的所属企业，还是作为中国石油战略合作的中国宝武钢铁、天津钢铁企业，都是本着长期共赢的目标开展合作，只有建立市场价格有效调节机制才能实现双方利益平衡。

经过不断磋商，中国石油针对金属材料主要品种建立了市场监测系统和调价模型，同时该调价计算模型得到供应商的认可，与框架协议结合形成随市场变化的价格目录，实现供需双方利益平衡。

调价模型是基础，调价机制是核心。金属材料组长单位对7个品种实施不同的预警和调价计算模型，同时为支持价格计算实时采集市场相关大宗商品指数，表1列出了这7个品种计算模型与相关采集指数。

表1 计算模型与相关采集指数

品种	无缝钢管价格指数	中厚板	钢丝绳指数	铁矿石	废钢	焦炭	合金
石油专用管油管	监测			监测	监测	监测	监测
石油专用管套管	监测			监测	监测	监测	监测
中厚钢板		监测					
一般无缝钢管	监测						
焊接钢管	监测						
炼化用钢管（合金）	监测						
石油专用钢丝绳			监测				

调价机制是指从市场数据采集、预警监测、目录价格调整到最终价格目录在采购系统生效的整个流程。金属材料品种的调价流程逐步成熟，并建立了信息化平台实现线上监测、预警和调价。图4为调价系统功能流程图。

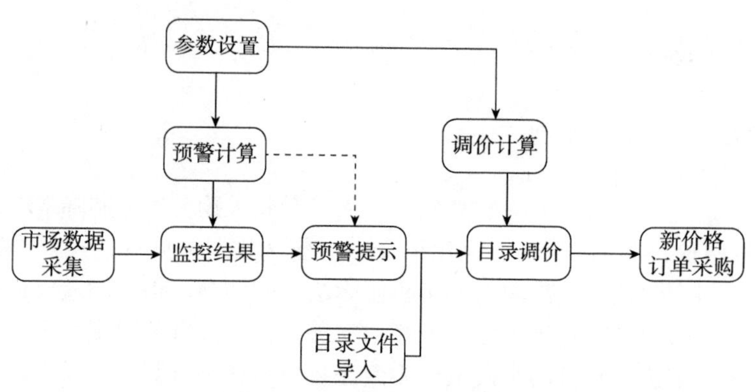

图4 调价系统功能流程图

2017年以来目录价格变动与市场价格日趋同步，其直接的反应是价格合理下降与目录式采购量占比的提高。依据无缝钢管订单统计，2018年目录式采购和寻源采购平均单价差2200余元，按当年无缝钢管采购额比例计算节省采购资金约23.7亿元。

4.2 电商化系统集成

中国石油物资采购品种广泛，不仅包括大宗生产物资，也涵盖日常使用的生活物资。作为一站式服务的电商化平台，最佳的实践是让用户无论采购大宗商品还是生活物资，一样具有便捷、高效和满意的体验，与京东电商的合作就是一个具体实践。

2019年中国石油物资采购系统2.0联手京东，将其电子商务网络购物平台上种类丰富的自营商品接入系统，目的是解决中国石油采购频次高、交付周期短、单价低基数大的低值易耗品、办公用品、小劳保用品以及五金工具等品类的商品，满足中国石油集团公司管理扁平化、流程标准化、系统集成化、服务专业化和运营信息化的要求，同时通过技术支撑，助力中国石油实现商品管控，数据监控，实现物资采购管理的降本增效。

据了解，中国石油集团下属的华北油田、塔里木油田、辽河油田、冀东油田均已与京东展开合作，将信息技术、智能技术、互联网技术融入生产和管理等全业务、全流程的实践中，来促进石油流通企业的市场化高质量发展。

作为中国石油电子采购2.0系统上线的试点单位，中国石油西南油气田分公司主要负责四川盆地油气勘探开发、管网集输和终端销售。电商化采购在西南油气田实施具有示范带头作用，促进集团公司进一步推广各分公司将其生活物资采购需求不断搬到线上。

京东通过智能采购解决方案，为中国石油采购系统提供定制化服务，从前端的商城系统搭建，到后续的履约流程设计，打通全流程信息流，发挥商品、仓储、物流、配送、售后模块协同作用，利用100%覆盖全国行政区县等物流优势，打造商品丰富、物流快捷的一站式服务体验，高效解决供应链管理、采购成本与效率问题。

京东作为电商化的先行者已经实现了采购成本与采购周期下降。使用京东采购平台，在商品价格不变的情况下，综合采购成本下降了15%，整体采购效率至少提升了50%，原来21天的采购周期现在3天就能完成。

5 采购业务降本增效点

5.1 框架协议降低采购额

框架协议采购因企业整合需求形成规模效应，依靠批量优势吸引优秀供应商，通过招标、谈判进行充分竞争，形成优惠的价格直接降低采购交易额实现采购成本的降低。中国石油物资采购首要解决的问题是大宗生产性物资采买，配合完善的供应商管理，框架协议采购可以稳定货源和成本，减少经济方面的不稳定因素就显得更为重要[2]。

首先，需要注意的是，框架协议不是为了降低成本一味榨取买方利润。框架协议是买、卖双方对未来一定时期内的供需关系签订的规则协议，协议的目的一定是保证双方共赢的目标。相比传统的“一单一招、一单一谈、一单一签”的重复性工作模式，框架协议让采购执行节约时间，为公司节约人力成本。

其次，框架协议不代表价格锁定。框架协议中的价格约定可以随市场变化，这可以很好地解决买卖双方因原材料价格波动带来的利益不均的问题。在实践中，电商化目录价格调价机制已证明通过框架协议确定的供应商产品，价格随市场变动的情况下依然物美价廉。

5.2 框架协议降低管理成本

供应商管理是中国石油采购工作实践较好的一块业务，也投入了较多人力、物力管理。框架协议可以利用供应商管理业务成果，筛选库内符合资质、考察优良的供应商，发挥采购业务中供应商管理的沉默成本创造价值。利用中国石油库内长期积累的供应商资源，框架协议可指定更多备选方案，当供应商出现合同履约困难或较大质量问题时，由辅助供应商和备选供应商进行补充。

同时，框架协议可以降低采购风险[3]。框架协议可以是约定也可以是合同，都具有法律意义，根据内容强制力不同[4]。中国石油从集团层面与战略合作伙伴签订的框架协议，解决矛盾深度合作。所属企业采购大宗物资时无须单独寻源、谈判，遇到争端时可依据框架协议相关规定执行，或由集团出面统一协调，降低采购风险。

5.3 电商化系统需求汇总

精准预测采购需求，对于中国石油庞大的采购体量具有一定难度，也是采购业务降本增效的攻坚点。搭建统一电商化采购系统，可以助力集团公司统一管理采购物资，全盘掌握采购计划的实施结果，亦可做出即时有效的需求调整。

从采购组织机制来看，各油田和所属企业采购需求不尽相同，常出现采购分散难智能交叉等问题。从采购计划来看，传统采购往往依据不完全数据和经验，通过手写采购需求、制作Excel表单、电话报单等方式来制定采购计划，容易造成物料重复、资金积压、效率低下等问题。

中国石油采购系统已有的计划管理模块包括预测计划和需求计划。通过集成京东电商化系统，可以实现生活类商品采购大数据分析，掌握物品消耗、采购趋势。采购需求单位可快速提交、审核、追溯采购计划，提供快速比对商品价格信息服务。

6 结束语

电商化采购系统理念是站在采购商角度提供采购物资一站式服务，而支持一站式服务需要全供应链的业务管理整合、技术支持整合。作为管理者除了整合供应链优化采购流程外，更关心的是如何提高采购执行效率、全生命周期采购成本的降低。如前文所述，框架协议提供了寻源到合同层面的降本增效助力点；目录式采购为采购到订单的执行提供了解决方案；电商化采购平台实现了大宗商品、生活物资采购无缝集成服务。

目前中国石油采购系统前端引入京东优化电商平台体验，后端和ERP系统集成逐步实现全供应链整合。从管理者角度思考，下一步可以提高全生命周期采购成本分析和管理能力，包括管理成本、使用成本、折旧成本等[5]。从采购单位角度看，平台下一步可对物流信息跟踪、仓储管理方面进一步加大信息化力度，完善全供应链条整合。

参考文献

[1] 工业和信息化部赛迪研究院，中国国际电子商务中心研究院. 中国企业电商化采购发展报告（2018）[R]. 2019.

[2] 王芳. 框架协议采购在国际EPC工程中的应用[J]. 科技创新导报，2019，16（7）：

25–26.

[3] 肖敏. 提升效率全面推进框架协议采购[J]. 中文科技期刊数据库（全文版）经济管理，2019（6）：97.

[4] 张石岩李瑶. 基于《非招标方式采购代理服务规范》的框架协议采购模式设计[J]. 招标采购管理，2019（7）：27–29.

[5] 方儒麟. 全过程工程造价管理与全生命周期工程造价管理[J]. 绿色环保建材，2020（6）：177，179.

物资标准化采购启动构想

蓝　强　万　东　丁　婕
（中国石油西南油气田公司）

摘　要：在低油价和新冠肺炎疫情下，如何有效降低企业采购成本，快速启动标准化采购，本文针对能源型企业，从企业物资流和采购业务链两方面展开分析。提出了从新建、改建项目入手，以标准化设计，规范化需求为起点，加强对设计计划环节的管控，并结合集中采购实现标准化采购经济效益最大化，初步形成标准化设计、规范化需求、集中化采购的标准化采购流程，循序渐进逐步启动企业标准化采购的构想。

关键词：标准化采购；集中采购；目录采购；标准化设计

“兵马未动粮草先行”，采购问题一直是影响企业生产经营的核心问题之一。随着经济全球化的进一步深化，企业生产经营竞争方式发生深刻变化，物资采购向标准化、集中化、战略化、信息化发展已是大势所趋。在目前低油价形势和新冠肺炎疫情影响下，有效降低企业经营成本已是刻不容缓。近年来，标准化采购在集团化企业或者大型物资企业中日趋流行。标准化采购是一种能够整合企业采购资源，实现标准化需求、阳光采购的高效采购模式。它能节约企业大量采购成本，完善企业供应商体系，有效满足集团化企业生产建设物资需求。

标准化采购是通过建立设计标准、产品标准、服务标准、管理标准、工作标准、采购标准、工艺标准、操作标准、服务标准等完整的企业标准体系，从全方位、全过程、全生命周期加强物资采购过程及供应商制造环节的管控，实现企业采购效益最大化的过程。标准化采购涉及点多面广，其启动工作千头万绪，如何有效启动标准化采购是摆在企业经营者面前的难题。本文以能源型企业为例，从企业物资流和采购业务链两个方面展开分析。

1　企业物资流分析

物资是标准化采购实施的本体。企业物资流是反映在一定时间范围内，企业生产经营所需物资的流动方向，它包括物资的流入、留存和流出，是一个动态的过程。企业每项物资都是“标准”的载体，因此物资流动的方向代表其附属标准的流向，如图1所示。

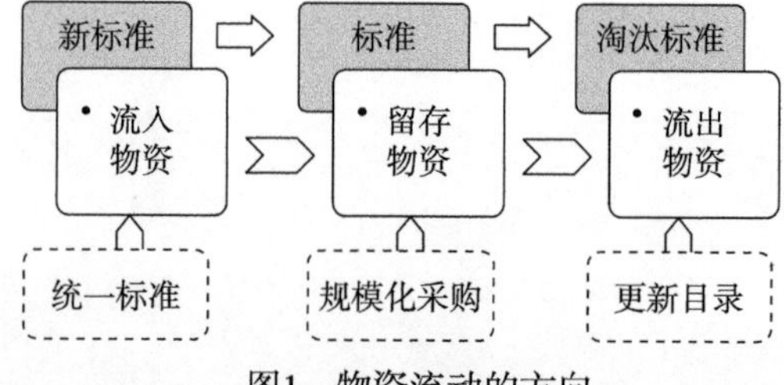

图1　物资流动的方向

企业流入新物资（流入新标准），并在一定时期内留存企业形成固定资产（标准），同时企业逐年更新淘汰和报废物资，形成流出物资（淘汰标准）。从企业物资流来看，标准化采购的源头在物资流入阶段。实施标准化采购需从三方面入手：一是对流入物资，规范需求管理；二是对留存物资，整合需求形成规模；三是对流出物资，及时更新剔除。对能源型企业而言，流入物资主要是新建或改建项目，对新建和改建项目统一物资需求标准，规范物资采购种类，尽可能形成规模化采购；留存物资主要为企业日常维修物资，加强物资标准信息的收集和整理，整合企业物资需求，实行规模化采购；对报废淘汰物资，及时从规模化采购中剔除，减少企业后期人力物力的投入。

2 采购业务链分析

标准化采购是针对物资采购全业务流程进行标准化管控，追求采购效益最大化的一种采购模式。其业务链不仅涵盖采购环节，还包括前端设计、计划等相关环节，如图2所示。

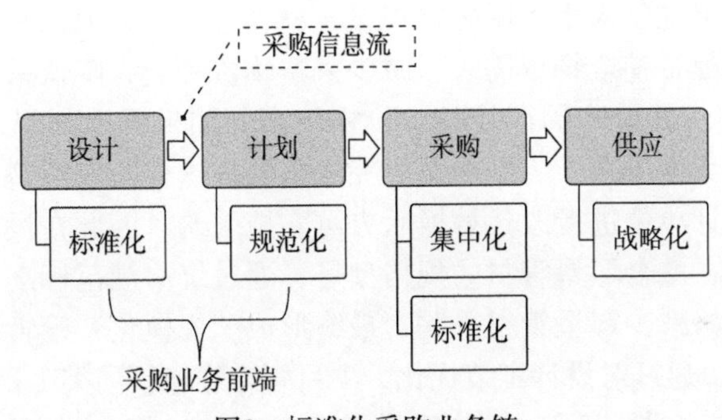

图2 标准化采购业务链

采购信息的产生和传递：物资采购信息从设计环节传递到计划环节，再传递到采购环节，最后传递到供应环节。简而言之，设计、计划环节解决“买什么”的问题，采购环节解决“怎么买”的问题，相对设计、计划环节而言，采购环节仅为标准化采购的执行层，前端设计、计划环节是标准化采购信息产生和承载的源头，其标准化程度高低和规范与否将直接决定标准化采购的成败。因此标准化采购的关键在于设计、计划环节尽可能规范物资需求，统一物资标准，形成少而精的采购种类，后期采购环节通过集中规模化采购，降低采购成本，提高采购效率。反之，如果需求、设计环节物资采购标准不统一或部分采购标准缺失，将直接导致同种物资规格多样，物资需求难以集中，严重制约后期集中采购的规模和效率。

同时从采购业务链可以看出，标准化采购有以下特点：

一是标准化采购的源头在设计、计划环节，实现标准化采购需要设计、技术和采购部门紧密配合。

二是标准化采购是直接从源头减少物资采购种类，无论集中采购实施与否，都能提高采购效率，有效降低后期采购工作量。

三是标准化采购和集中采购是相辅相成、相互促进的关系。集中采购是实现标准化采购经济效益最大化的最佳途径之一，集中采购通过发挥规模效应和批量优势，能有效把控采购议价能力，降低采购成本，提高结算效率；标准化采购能够从源头上促进物资形成规模化，它是集中采购进一步规模化的基础。标准化采购要求从源头上统一规范物资标准，直接减少物资采购种类，它能够有效提高企业集中采购度，减少集中采购工作量，也是避免后期采购物资形成“万国牌”的有效手段。

3 启动构想

由上可知，能源型企业标准化采购启动应从新建或改建项目入手，以标准化设计和规范化需求为起点，通过规模化集中采购降低采购成本，实现企业经济效益最大化。

3.1 标准化设计

标准化采购能否有效实施的关键是在采购信息产生阶段就导入有效标准化机制。初期可以先从设计细节标准化入手，明确常规设备材料选型，采取以高代低、化零为整的方法，统一规范设计标准，整合物资需求，减少采购物资种类，降低采购难度。零星管材一直是物资采购的难点。其采购周期较长，价格较高，如果再遇到规格型号材质特殊的管材，常常导致采购“无商可选”，不能及时完成采购，这样不仅浪费前期大量采购时间，而且最终仍需联系设计单位进行改代替换后方可实施采购，因此在设计之初就要考虑统一标准，优化管道等级，整合零星管材的规格型号，通过统一规范标准，系统性优化管道材质，简化整合壁厚规格减少零星管材采购，最终形成“规模化”钢管种类。例如在某油气田净化厂项目建设中，通过对设计细节优化，项目管道规格较同类工程减少25%，其中抗硫管材规格数量降低26%，非抗硫管材规格种类降低19%，大量减少零星采购，节约采购总成本，降低后期采购难度。

从长远看，应全力推行装置整体设计标准化，才能达到标准化采购最佳实施效果。在满足工艺要求的前提下，综合考虑技术经济因素，尽量选用成熟工艺方案，确立性价比最佳结合点，优化整合设计方案，化繁为简，最终形成按工艺范围划分，通用性更强的装置整体标准化设计方案。通过整体标准化设计将大量减少采购物资种类，并能形成长期稳定的标准化物资需求，最终达到以标准化促进物资采购规模化、集中化、模块化的目标。

从制度上规范设计行为。目前因设计标准化程度不高或者个性化设计导致采购物资规格种类繁多是制约后期集中采购再提升，实现规模效益最大化的短板和瓶颈。因此对设计环节进行标准化考核十分必要，同时项目部门应重视设计方案评审，在设计审查阶段严格把关，切实落实标准化设计。

3.2 集中采购

全面推广集中采购。采取以集中采购为主，标准化采购方案为辅的采购模式，全面提高物资采购效率。

集中采购能发挥规模化采购的优势，有效降低物资采购成本。同时其采购结果直接生成采购目录，使用单位可以直接选用集中采购结果，生成采购订单，省去选商、谈判等中间环节，加快物资采购进度。同时集中采购还可以与传统代储代销模式相结合，构建既能满足企业日常物资供应，又能保障紧急采购需求的物资保供体系。最终打造集中采购、目录采购、代储代销等多种采购模式相结合的物资供应新格局。

在集中采购实施过程中，应注意以下两点：一是尽可能扩宽集中采购目录形成渠道，增加集中采购物资种类，扩大集中采购覆盖面。灵活选用定商定价、带量采购、定商采购、框架采购等多种模式，快速形成集中采购目录。二是重视物资技术规格书的编制工作，通过技术规范的指导制约和保护，避免在集中采购中由于专业技术知识缺乏而误入不良供应商设下的技术陷阱。

对非集中采购物资，通过积累形成标准化采购方案，提高采购效率。由于企业采购物资的种类具有一定重复性，结合供应商考核，建立细化到物资品名的“优秀供应商选商库”，并通过不断积累和完善，形成针对不同种类物资的初步采购方案。一旦收到物资采购计划，结合最新制度要求和供应商考核情况，就可以快速形成采购方案，从而加快物资采购进度，同时也为今后类似物资的采购提供参考。

3.3 计划管理

强化物资需求计划管理。在需求计划环节重视集中采购结果的执行和非集中采购物资需求计划的管控。严格执行按采购目录提报需求计划，禁止目录物资非目录采购。把按目录提报需求计划纳入部门考核。同时严格控制非目录物资需求计划的数量，减少个性化需求计划提报。

加强物资需求计划提报及时性考核。计划人员第一时间将物资需求计划提报至采购部门，采购人员及时将通用性强、使用频率高的物资纳入集中采购，并快速形成采购目录。这对项目建设尤为重要，后期项目建设所需同种物资可以直接选用集中采购结果，省去中间环节，实现高效采购，从而加快项目整体建设进度。例如在某油气田净化厂项目建设中，项目部先后把抗硫阀门、桥架等多种物资在第一时间快速形成集中采购目录，在降低采购成本的同时，也极大地缩短了后期项目物资采购周期。

4 结论

综上所述，能源型企业标准化采购启动，应从新建或改建项目入手，以标准化设计和规范化需求为起点，加强设计计划环节的管控，并结合后期集中采购，初步形成标准化设计、规范化需求、集中采购“一条龙”物资标准化采购流程，后期再逐步完善构建标准化采购体系。对新建企业而言，标准化采购启动是一个相对简单的过程，从设计计划源头统一标准、规范物资需求，然后开展集中采购形成采购目录。但对有一定历史的企业而言，除对新建或改建项目推行标准化采购外，还要除旧布新，逐步淘汰前期留存未从设计源头规范的物资，这将是一个长期的过程。同时企业还应该依据自身特点，因地制宜结合其他多种物资采购模式，多管齐下加快标准化采购启动。

标准化采购是一项长期、复杂、覆盖面广的系统性工程，它的实施不可能一蹴而就，而是一个循序渐进的过程。标准化采购不仅涉及对采购标准的确立，还包括对采购相关环节、全业务流程、采购制度和采购组织构架实施标准化管控，以及后期供应商战略化管理。此外，实现标准化采购还需要注重从业人员的素质标准化，重视采购人员的业务技能培训，加强对物资标准规范的学习，全面提升从业人员的综合素质，打造复合型人才，实现业务人员从采购从业者到专业者、精业者的转变，多措并举，最终实现真正意义上的企业物资标准化采购。

参考文献

[1] 王娟. 标准化采购及其推进研究[J]. 现代经济信息，2017（12）：61.
[2] 李铁君. 浅谈标准化建设和集团化采购[J]. 企业家天地旬刊，2013（5）：28–29.
[3] 张辑伟，于涛. 浅谈采购需求标准化与集中采购[J]. 石油石化物资采购，2015（11）：27–29.

新冠肺炎疫情和低油价形势下牙哈气田应对策略

徐程宇　王焰东　成荣红
（中国石油塔里木油田公司勘探开发研究院）

摘　要：自2020年1月以来，突如其来的新冠肺炎疫情以及国际原油价格暴跌，导致牙哈气田经营发展深受影响。牙哈气田作为中国最大的循环注气高效开发整装高压凝析气田，如何在不利条件下对其开发进行有效研究，以最大限度增加气田的经济效益与社会效益，是每位牙哈气田开发研究人员都需要认真思考的问题。本文探讨在新冠肺炎疫情和低油价背景下牙哈气田的应对策略，包括提高气藏研究精细程度；深挖现场作业潜力，多措并举提质增效；优化承包商结构，促进管理提升；开展岗位练兵，提升员工整体素质。

关键词：新冠肺炎疫情；低油价；循环注气；牙哈气田；应对策略

2020年，由于新冠肺炎疫情在全球蔓延和低油价席卷全球，二者叠加效应可能存在较长时期，国内外石油企业出于沉重的经营压力，纷纷缩减投资，国内油气稳定生产面临巨大挑战。

牙哈气田位于塔里木盆地塔北隆起，是目前中国最大的循环注气高效开发整装高压凝析气田。牙哈气田依托国家“863”“973”及中国石油天然气集团有限公司相关重大科技专项，系统开展凝析气藏相态、组分、开发机理等研究，攻克了凝析气田循环注气开发及配套工艺技术，编制完成开发方案。2000年10月，牙哈凝析气田整体投产，在国内首次实现了高压循环注气保压开发。通过近20年的循环注气开发，牙哈凝析气田年产凝析油50万吨，并持续稳产15年，目前年产凝析油规模尚接近30万吨。延长循环注气至2024年，预测最终凝析油采收率将达到51.5%。本文结合牙哈气田的实际状况，探讨在新冠肺炎疫情与低油价背景下的牙哈气田应对策略。

1　提高气藏研究精细程度

加大攻关试验力度，探索高含水区块合理开发技术政策。深挖潜力，科学组织“躺井”扶正工作，并优化实施措施增产计划，暂缓风险大效益低的措施，降低成本。强化滚动开发工作，杜绝部署只提高采油速度不提高采收率的井位。深化气藏精细注气，找准剩余油气富集的潜力区，精准注气，减少无效注气，提高地下存气率，在最终采收率影响最小的情况下降低注气量，达到最优配置[1]。同时，制订详细的研究计划，责任到人，力求最低的投资、最少的人力、最短的时间达到最高的效益。

针对牙哈2气田开发井网不完善、合注合采层间矛盾突出、注气驱替效果差等开发问题，科研人员进一步深化开发规律研究，扎实做好气田开发管理调控，按照“细分层系、强化注采”的调整原则，全力实现气藏精准注气。当注采比低于1时，气藏水侵就会发生，而牙哈气田的注气井大部分位于气藏的低部位，当注采比短期低位运行时，影响相对较小。随着开发时间的延长，低部位的气井逐渐被水淹没，这时再想提高注采比会面临无井可用的局面，而注采井网不完善，又会大幅影响注气效果。从国际油价的长期态势看，大部分的油价区间还是处于40美元/桶甚至更高的运行区间，按照经济评价结果，油价43美元/桶以上时可按注采比0.96回注。因此，建议在低油价下（30～40美元/桶），短期内可考虑将注采比优化至0.5～0.8，实现经济效益最大化；当油价处于较高（40美元/桶以上）运行区间时尽可能按照0.96注采比运行。

积极开展牙哈气田开发潜力评价、分层注气井优选、开发机理及注入压力等研究，为牙哈气田下一步精细注气及效益开发提供技术支持。牙哈气田新近系吉迪克组发育上下砂体两套含油气砂体。上下砂体层间矛盾突出，开发效果存在差异。科研人员通过对比研究发现，下砂体储层物性优于上砂体，在笼统注气情况下，下砂体吸气量明显大于上砂体，进而导致两个砂体开发效果存在差异[2]。为解决这一难题，科研人员优选牙哈A-3井开展分层注气先导试验。数值模拟研究显示，实施分层注气后较笼统注气可提高凝析油采收率2%左右。

2 深挖现场作业潜力，多措并举提质增效

2.1 设备国产化助力降本增效

2020年6月13日，牙哈A-5井新装液控柜调试成功，试运行12小时无异常报警，系统运行平稳，标志着牙哈气田13口注气井液控柜全部实现数字化和国产化。液压控制系统可通过集中传输井口通信信号、控制井口液压阀门，实现远程关井操作[3]。以往牙哈气田注气井原液压控制系统采用手动控制，当系统压力低时，需要频繁进行打压，而且无法实现远程一键关井，存在一定的安全风险。

2020年牙哈气田以装置检修为契机，通过实施项目改造，将13口注气井液控柜全部更换为国产的数字化系统，实现了信号集中上传至主控室和远程关井操作的功能，并且可以自动控制液压系统压力，维持系统压力平衡。国产的液压控制系统，人机界面友好，操作简单，很容易上手。更重要的是，国产化的系统维护成本低，材料、配件等都可以快速采购到，相比进口的系统要实惠很多。目前，一方面牙哈气田物资、设备等逐渐向国产化转变，另一方面，员工通过对原有的进口物资进行修旧利废，以达到提质增效的目的。2020年通过维修利用旧阀门已节省材料费86.8万元。

2.2 处理站压缩机总承包项目提质增效

打破专业界限，实行运维一体化管理。以往，总承包项目中运行、维护是两类不同班组，工作中容易产生推诿扯皮、职责不分现象[4]。经过长期观察，决定将两组部分功能合并，从维护组中抽调一人安置在运行组中形成值班应急岗，而运行组相应核减一人。

如此一来，运行岗和维护岗联系更加紧密，一个指令之下，真正实现了多岗联动，运维保障能力得到增强。同时，运维人员总数实现优化核减。运维一体化管理犹如鱼缸里的“鲶鱼”，激发了全员的竞争意识。

打破地域界限，实行“一岗多能、一专多技”。将成压厂下属的原牙哈和迪那两个项目部合二为一，并进行工作量写实，逐个考核进行核减。调整之下，两套班子变为一套，管理更简洁，岗位竞争后人员进一步核减，竞聘上岗人员待遇得到优化，工作积极性明显提升。

两次变革后，牙哈处理站压缩机总承包项目管理提升更上台阶。成压厂是油田范围内唯一建有专业维修队伍和配件库的压缩机承包商，他们利用这一有利优势，持续推进提质增效工作，牙哈处理站16台压缩机组平均运行时间已超10万小时，综合运行时率和运行稳定率处于塔里木油田领先水平。

2.3 物尽其用提效见“真章”

检修期间，为进一步节省生产成本，将创新成果最大化服务生产，牙哈气田运用“金点子”成果解决各项生产难题10余项，有效提升了运行效益和安全生产水平。自2020年5月20日开始检修以来，牙哈气田坚持从细节着手，精挑细选实施效果佳、可推广性强的“金点子”指导日常安全生产，通过工具改进、优化工艺流程，有效推动了提质增效专项行动措施落地。

检修中，1号阀组间更换阀门时拆装空间不足，需对计量管线上移，而计量管线受阀门的牵引力无法上移。对此，牙哈采气作业区合理改造拆装工具，采用“自制管托+千斤顶”的方式，使管线缓慢上移，并在管托上设置橡胶垫，有效避免了管线损伤。使用改造后的工器具在提高安全的同时，加快了阀门拆装的进度。拆装1号阀组间内的8台高压阀门也是此次检修工作中的一大难题。高压阀门体积大、质量大，安装位置高，拆装作业风险大。对此，牙哈气田根据现场位置空间，将手动叉车与手拉葫芦配合使用，进行阀门拆装作业，降低了操作风险，提升工作效率，提前2天完成拆装工作，为单井放空气回收装置投产赢得了主动。此外，牙哈气田在清理牙哈7污水处理站双滤料过滤器内部滤料时，物尽其用自制导流槽，将含油的滤料通过导流槽直接输送到回收桶中，极大提高了施工效率，同时避免了油污落地造成的环境污染，实现了安全、清洁、高效施工。

目前，牙哈气田发明的新型高压气井可泄压式堵头已成功应用到牙哈凝析气田站外44口采气井和注气井，预计可节省材料费用近22万元，确保了运行成本的硬下降。

2.4 算好“检修账”，实现“瘦身”计划

节约成本，让“瘦身”赢在起点。开展装置检修前，牙哈采气作业区全面梳理承包业务，调整检修方案，坚持“自己能干的自己干，别人能干的抢着干”，收回采气树阀门注脂、集输干线清管等作业，全年节省劳务费用104万元。在保证检修质量和安全的前提下，通过优化检修流程和工作量，提升工作效率，大约可缩短检修工期4天。

修旧利废，让“瘦身”循序渐进。牙哈采气作业区注气井采用的是进口旋塞阀门，存在采购周期长、采购费用高的难题。经过讨论研究，牙哈采气作业区决定对库房内11只闲置旋塞阀修旧利废，经过试压测试，本次检修能利用4只旧阀门，预计节约成本69万元，有效控制了成本支出。

节能减排，为“瘦身”锦上添花。检修期间，牙哈A–7、牙哈A–9等5口井的放空天然气先后通过牙哈A–11井回收站处理后顺利外输，实现了站外“零放空”、环境“零污染”、效益“最大化”。预计牙哈装置检修期间可实现回收天然气912万立方米，增加产值482.4万元，真正实现“节能、减污、降耗、增效”的提质增效目标。

2.5　严把设计控减投资

针对产能建设项目，以用户身份提前参与，主动建言献策[5]。牙哈5–7井区寒武系初步开发地面工程全线处于农田中，考虑到该区块单井压力和产量下降较快，地面工艺部提出在井区中心位置设置计量阀组和计量分离器橇，将计量分离器所在井场放喷池改为该井区单井的公用泄压点，以钻井阶段的通井路基为基础，适当进行铺垫、修缮，一举就核减1条5千米的埋地计量管线和4座新井放喷池，减少新建通井路5.2千米，实现节约投资530万元。

针对普通投资项目，充分做好物资利旧，不多花一分“冤枉钱”。地面工艺部坚持“废旧物资再利用，节约成本树新风”，在2019年综合治理配套地面工程、牙哈A–13井采气管线隐患治理和牙哈5集中试采点高架油罐更换项目等工程建设中，主动利旧物资，通过利旧RTU、管线，修复8座高架罐，实现节约投资共计129.5万元。

2.6　聚焦“三提三控”，总体目标深入挖潜

牙哈气田聚焦“三提三控”总体目标，刀刃向内、深入挖潜，全业务链梳理提质增效有力措施，成熟一个实施一个，见效一个推广一个，全面推动提质增效攻坚战向深里走、实里走。

延伸工作界面，收回注脂业务。牙哈气田坚持“自己能干的自己干，别人能干的抢着干”，全面梳理现有承包业务，精准识别收回采气树注脂业务。作业区现有13口常关井需要优化阀门注脂保养，业务收回后，每年可节约费用35万元。同时，牙哈气田开展阀门注脂作业培训11人次，现场评估合格后方可上岗操作。

坚持效益导向，关停低效资产。牙哈气田全面核算属地内现有单井的基本运行费，统筹考虑年度生产运行计划，在确保安全平稳生产的前提下，有序关停5口低效井、注水井和试采点，累计节约拉运费、电费、注水费等共计350余万元。

2.7　废旧物资进行修复再利用

对废旧物资进行修复再利用，是牙哈气田开源节流、降本增效的一大法宝。面对当前形势，牙哈气田充分开展挖潜增效、修旧利废活动，从精细处入手，加强油管的回收管

理。技术人员结合气密封扣油管的库存和牙哈5井完井需要，决定将“沉睡”于库房的旧油管重新利用。

技术人员通过多次到专业修复检测公司进行现场考察和技术交流，对油管修复全过程进行质量把控，并积极与气密封扣油管生产厂家进行沟通，严格按照先检测、后利用的要求，成功唤醒这些“沉睡”的油管[6-10]。完井过程中，专业修复检测公司派工程师到现场协调指导油管上扣、检测工作，确保每一根入井油管都符合标准，有效提高了修复油管工作效率。7月13日，牙哈A-15井使用超级13铬气密封修复油管作为完井管柱，下至5094米，顺利完成坐封、验封作业，作业过程安全高效，标志着牙哈气田在措施井完井作业中首次成功应用超级13铬气密封修复油管。截至牙哈A-15井完井，共使用超级13铬气密封修复油管547根，相较于直接使用新油管，节约资金251万元。

下一步，牙哈气田将继续开展消库利旧工作，计划在牙哈A-17井分层注气作业中，使用积压油管111.85吨，预计节约材料费420.79万元。

3　优化承包商结构，促进管理提升

优化现场用工人数。坚持实事求是的原则，全面细致地开展承包商现场工作量写实工作，并开展承包商员工能力评估，将天然气回收加工处理服务和前线公寓空调、锅炉、消防报警、生活供水、排污运行维护服务合同工作量进行系统梳理，撤销能力评估靠后的不必要工作岗位11个，减少合同费用100余万元，推动承包商瘦身健体、提质增效。

调整岗位工作内容。牢固树立“过紧日子”的思想，在确保前线生产服务质量不降的前提下，优化调整卫生清扫频次，将公寓客房清扫由每日2次缩减为1次，将体育场馆清扫由每日1次调整为每3日1次，减少合同人数21人，减少合同费用近百万元。优化调整后勤服务模式，将保安食宿由自理模式变更为统一提供，减少厨师、服务员合同人数7人，减少合同费用40余万元。

延伸甲方工作界面。坚持“自己能干的自己干、别人能干的抢着干”的原则，全面梳理现有合同工作内容，积极收缩外包服务业务，将牙哈采气作业区采气树注脂等外包业务收回，由牙哈采气作业区甲方员工独立承担，节约成本近百万元。

合并同质同类业务。以提升管理效率为出发点，积极整合业务相近、资质要求相同的合同，将原有的道路维护的三家承包商队伍整合为一家，同时将井间道路维护费用结算模式由年度总包变更为按实际工作量结算，减少合同费用60余万元。将牙哈处理站负责装置与压缩机运行维护的两家承包商进行整合，统一运行管理，减少合同人数7人，减少合同费用40余万元。

推行区域统一管理。转变管理模式，打破区域壁垒，将5家承包商在牙哈片区和迪那片区分设的不同项目部进行整合，由一个项目组、一套管理团队对两个片区人员进行统一管理，减少合同人数20人，减少合同费用400余万元。将试采井总承包、天然气回收处理、污水回注运行服务合并为一个项目进行总包，减少合同人数23人，减少合同费用100余万元。

推进数字化场站改造。推广数字化、智能化应用，对牙哈7低压集气站、牙哈A-19井等未实现无人值守的场站、单井加装视频监控、周界报警、自控阀门等设备，后期应用机器人开展巡检工作，预计可减少值班人员26名。

4 开展岗位练兵，提升员工整体素质

导师带徒薪火传。牙哈气田管辖着牙哈23、牙哈5、牙哈7三个气藏的47口单井。面对单井出水出砂、井筒情况复杂、气藏水侵形势加剧等诸多问题，坚持问题导向、生产导向、效益导向，以培养“厚基础、强能力、高素质”的技术人才为目标，结合人员结构偏年轻、管理区块复杂等问题，深入查找短板不足和薄弱环节，研究制定有针对性和可操作性的“1对1+”双向选择导师带徒制度。技术骨干为青年员工量身定做周密的培训计划，一对一进行培养，主要从精细化气藏描述、动静态资料结合、生产动态分析等方面，帮助大家厘清气藏地质特征、动态特征、剩余油气潜力大小等，在边干边学中帮助青年员工快速成长。

工欲善其事，必先利其器。油气田开发过程中，为精确计算各项参数、预测气藏开发效果，各类油气藏工程软件的熟练掌握成为每一名油气田地质研究人员不可或缺的重要能力，既能提高手工计算精度，又能大大提升工作效率[11]。结合导师带徒培训计划，采用内找骨干、外请专家的方式，已开展了Resform、双狐、Mapview、RTA、Saphir、石文等一系列油气藏地质与动态分析相关软件的培训，大家课上认真听讲，课下刻苦钻研，由小区块开始搭建了数据体或工区使用平台，营造了做行家、当能手的浓厚氛围，一批软件小能手脱颖而出，下一步将逐步完善各主力区块软件工区。

竞赛归来见真知。通过导师带徒活动，初步掌握部分软件使用后，为检验学习成果，以单井动态分析比赛为契机，开展岗位大比拼活动，员工纷纷坚持问题导向、生产导向，把问题找准、把数据吃透、把情况弄明，立足岗位深挖潜力，对单井开展了系统的分析，提出了有效的出水出砂治理对策，员工业务水平不断提高。

5 结语

新冠肺炎疫情在全球蔓延和低油价席卷全球叠加效应可能存在较长时期，国内外石油企业均面临沉重的经营压力，作为中国最大的循环注气高效开发整装高压凝析气田，牙哈气田油气稳定生产面临巨大挑战。为进一步化“危”为“机”，牙哈气田主要在提高气藏研究精细程度、深挖现场作业提质增效潜力以及优化承包商管理、提高员工业务能力等方面开展提质增效应对策略。

牙哈气田在新冠肺炎疫情及低油价情况下的应对策略，可为其他油气田降低运行成本以及推动油气事业高质量发展提供借鉴。

参考文献

[1] 曾兴球. 中国石油石化企业如何应对低油价形势下的市场挑战[J]. 国际石油经济，2015，23（12）：1-9.

[2] 大庆油田发展关键期开发态势思考，中国石油新闻中心，2016-1-14.
[3] 陈欢庆. 低油价背景下油田开发研究的几点思考[J]. 西南石油大学学报（社会科学版），2016，18（3）：19-26.
[4] 李艳文. 低油价下石油企业的求生模式初探[J]. 财经界（学术版），2016（13）：155.
[5] 张宛楠. 浅谈低油价形势下石油企业如何开展形势任务教育[J]. 中国石油和化工，2016（6）：76-77.
[6] 孙龙德，苏新亮，朱兴珊，等. 低油价下石油业面临的形势与关键技术方向[J]. 国际石油经济，2016，24（1）：2-9.
[7] 曾兴球. 中国石油石化企业如何应对低油价形势下的市场挑战[J]. 国际石油经济，2015，23（12）：1-9.
[8] 陈欢庆. 低油价背景下油田开发研究的几点思考[J]. 西南石油大学学报（社会科学版），2016，18（3）：19-26.
[9] 张映霞. 低油价背景下油田开发研究的几点分析[J]. 化工设计通讯，2018，44（4）：53.
[10] 高苗苗. 低油价背景下油田开发研究的几点思考[J]. 石化技术，2018，55（5）：63-65.
[11] 许坤，胡广文，王世洪，等. 低油价下我国石油企业发展策略探讨[J]. 石油科技论坛，2015，34（4）：1-4.

谈油气工程建设企业在经济震荡中转型升级

张思维
（中国寰球工程有限公司）

摘　要：2020年是世界经济发展跌宕起伏的一年，新冠病毒、贸易摩擦、油价暴跌，全球经济步履蹒跚。国际油气工程市场竞争激烈，空前严峻的形势使工程建设企业失去了更多的话语权、主动权。在此形势下，工程建设企业如何在逆全球化浪潮下化危为机、危中择机，实现发展目标是当前乃至今后一段时间生存发展的重要课题。本文以ENR排名信息和国际一流工程公司对标分析为基础，研究油气工程市场的生存法则，为具有中国特色的传统油气工程建设企业的发展把脉，推动企业精准识变、主动应变，倒逼求变、变中求进，以对质量效益不懈追求的“不变”和对有效应对内外部环境“万变”的哲学思维，为助力企业在后疫情时代跻身国际一流工程公司行列谏言献策。

关键词：新冠肺炎疫情；低油价；ENR数据；油气工程公司；转型发展

1　新冠肺炎疫情和低油价重塑行业发展态势

1.1　新冠肺炎疫情全球蔓延，油气企业经营面临严峻挑战

2020年开年以来，新冠肺炎疫情对全球经济造成了前所未有的负面影响，以美股熔断为标志，全球航空运输、旅游、零售业进入“急性休克”状态，世界经济出现短期停摆和中期衰退。未来相当长的一段时间，全球疫情仍将持续大范围流行，区域性的“动态清零”可能成为一种新常态。疫情的蔓延对油气市场带来冲击，甚至将加速能源供需格局的重大调整。尽管国内油气企业已基本复工，政府也为油气企业应对疫情影响出台了相关支持政策，但在全球市场需求减少、资金链紧张、产业链上下游制约的大环境下，中国油气企业经营与发展将长时间面临严峻的挑战。

1.2　国际油价持续低位徘徊，油气工程建设企业发展前景不容乐观

油气行业处在供需两侧同时挤压的艰难处境中，新冠肺炎疫情和“OPEC+”谈判破裂的效应叠加，造成需求急剧缩水和供给严重过剩的双重危机，导致国际油价崩盘。国际大石油公司纷纷启动应急预案，切换“生存模式”：埃克森美孚考虑推迟莫桑比克LNG项目，并硬性下调15%的营业费用；雪佛龙计划推迟一批非常规和深水项目，并正在考虑通过裁员削减成本；道达尔宣布于年内缩减8亿美元运营成本；壳牌则计划通过优化业务运营，压减30亿～40亿美元的成本。

作为油气行业的关键服务领域，油气工程建设业务的经营受到生存性威胁。已开工项

目面临更多困难和限制，工程总承包项目受到较大冲击，项目延期明显；国内外业主纷纷调整投资计划，多个在谈项目停滞、推迟或取消。未来三年，油气工程建设企业将面临生死存亡的重大考验。

1.3 “逆全球化”浪潮袭来，中国企业跨国经营举步维艰

2018年以来，中美两国间新一轮贸易摩擦给世界经济带来巨大的不确定性，一些不负责任的西方国家借疫情大肆进行政治炒作，“逆全球化”浪潮卷土重来。多家国际研究机构于近期指出：全球贸易壁垒增多，多边协调机制失灵，世界经济新格局正在形成。同时，经济层面的摩擦蔓延演变到政治、军事、外交等多个领域，世界地缘政治也随之发生深刻变化。对中国企业而言，涉足海外市场将会面临20年以来最严苛的投资限制和监管措施，道路更加艰辛。因行业特点，国际化发展是油气工程建设企业提升竞争力的必由之路，在当前多个领域“逆全球化”趋势影响下，引进和使用国外技术面临更多不确定性，开拓国际市场则可能受到更多限制，企业不仅需要前瞻性地预判，重新思考海外业务发展的方略和布局，更需要做好打持久战的思想准备。

2 国际油气工程建设企业成功应对行业下行压力的轨迹

油气工程行业发展趋势也与国际油价高度关联。进入21世纪以来，油价的四次大幅度波动都对油气工程市场产生了巨大而深远的影响。根据《工程新闻纪录》（Engineering News-Record，以下简称“ENR”）[①]历年来对油气工程市场公布的数据，油气工程国际市场营收规模随油价的不断攀升而稳定增长，于2012年达到近20年以来的行业顶峰，此后市场营收规模不断萎缩（图1）。2018年年底，已回落至765亿美元，仅相当于2007—2008年期间的水平，行业发展经历了“失去的十年”，不仅“蛋糕”没有做大，而且竞争日趋激烈。

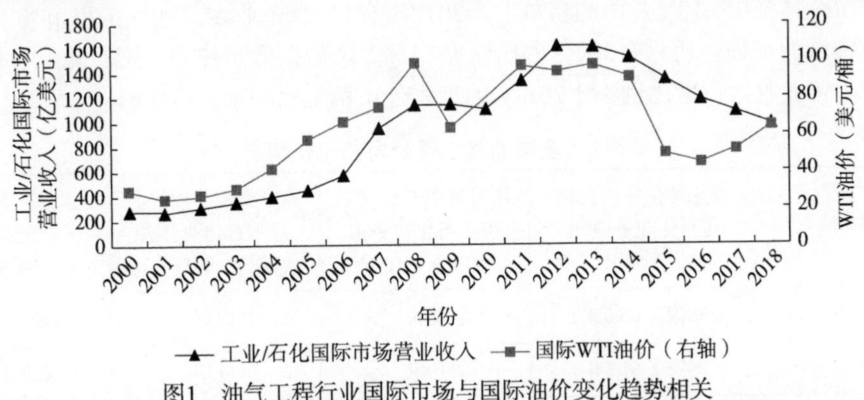

图1 油气工程行业国际市场与国际油价变化趋势相关

① 《工程新闻纪录》（Engineering News-Record，ENR）每年以工程建设企业的国际营业收入和全球营业收入为依据，发布国际/全球250强工程公司榜单，是工程建设行业内最权威的排名。该榜单覆盖建筑、油气工程、制造、电力、交通、电信等工程板块。其中，油气工程包括炼油厂、石化厂、离岸和管道工程等业务。全球营业收入是指公司在国际市场和公司所在国的国内市场的经营收入。国际营业收入是指公司在其所在国以外的国际市场的经营收入。

本文从ENR 2016—2018年国际250强承包商榜单和全球250强承包商榜单中筛选出涉足油气工程行业的企业，对其发展态势深入分析后发现以下特点。

2.1 强强联手消灭竞争，市场不断向龙头聚拢

在ENR国际250强工程公司的榜单上，约120家国际工程公司涉足石化行业工程建设市场，其中排名前10位的企业基本占据50%的国际市场份额（表1），行业内部资源持续向龙头企业聚拢。近年来的低油价催生了一系列大规模的并购案例：例如Technip与FMC，Wood、AMEC与FosterWheeler，AECOM与URS，Mcdermott、CB&I与Shaw，Jacobs与CH2M、WoleyParsons与Jacobs的化工和能源业务板块等的并购，数额超过数十亿美元。

表1　油气工程行业国际工程公司集中度

年份	前10家企业市场份额	前20家企业市场份额	前30家企业市场份额	前40家企业市场份额
2018	48%	69%	81%	88%
2017	52%	71%	82%	89%
2016	50%	71%	81%	88%

低油价下，龙头企业的合并重组，一方面是实现了强强联合，更重要的是有效消灭行业内部更多的竞争对手，避免了两强相遇陷入低价竞争的恶性循环。龙头企业通过重组使核心业务更加突出，高、精、尖人才比重增大，从而实现共享服务、精简机构、压缩成本、裁减冗员、剥离低效资产、瘦身健体、突出规模优势和发挥协同效应等目的。

2.2 业务多元化亮点频现，着力对冲行业下滑势态

在ENR全球250强工程公司的榜单上，2018年有147家企业涉足油气工程市场，而100%专注于该领域的工程公司只有6家，占比仅为4.1%，该数据低于往年；把石化业务作为部分业务领域（营业收入贡献比例小于20%）的工程公司稳定在89家，占比61%（表2）。

表2　全球油气工程公司多元化情况

年份	业务充分多元化（石化业务占比<20%）	相对集中于油气工程（石化业务占50%～79%）	高度集中于油气工程（石化业务占80%～99%）	专注于油气工程（石化业务占比100%）
2018	89家（60.5%）	18家	13家	6家（4.1%）
2017	89家（61.8%）	19家	11家	7家（4.8%）
2016	89家（58.9%）	14家	14家	12家（7.9%）

表中数据充分展示，行业巨头通过业务结构多元化和服务链延伸来对冲油气工程建设业务下滑的态势。KBR公司通过技术咨询的优势获得更高的利润回报；Fluor公司将“业务

多元化”纳入企业战略，逐步进入“工业、基础设施及电力”行业，并不断渗透“政府服务项目”；加拿大兰万灵公司积极向“承包商+投资商”模式转型，注重打造投融资业务板块，占营业收入3%的投融资业务，贡献出50%的利润。多家国际工程公司向传统工程总承包（EPC）的前后环节延伸，包括前期可行性研究、前端工程设计（FEED）、项目管理/资产管理、培训、投融资、项目改进等，通过完善服务链布局，创造更多的增值环节。

2.3 规模优势发挥作用，业务核心化凸显优势

由于项目利润空间被持续压缩，工程公司需要通过规模效应和资源整合共享来控制成本。与此同时，根据经营需要剥离非战略资产，处置不良资产也是在行业下行压力下走出困境的重要举措。在TechnipFMC的发展史中，不断地并购重组、资产剥离是公司在关键时刻提高抗风险能力的救命稻草和业务快速发展的助推器。Technip在与FMC公司合并前，主动将员工规模由4万多人压减到3万人，提出三年内压减成本8亿欧元，同时退出了四个非核心业务，把“现金为王”放在企业生存与发展更加突出的位置。2016年，Technip与FMC公司合并，成为市值约130亿美元的行业巨头，两家公司抱团取暖，度过油价寒冬。而2019年，由于上下游缺少协同联动，TechnipFMC在当年商誉减值24亿美元后，决定将公司分拆为两个独立运作的上市公司，从而更好地关注各自战略目标，寻求发展的灵活性和增长空间。

这些例证从实践的角度展示，在严酷的市场竞争中，企业生存发展的法则是：突出核心、走向高端、灵活应对、多元拓展。

3 国际工程建设市场正在发生深刻变革

纵观近几年油气工程市场，跨界而来的竞争者和越来越大的风险压力使绝大部分工程公司陷入存量市场的激烈竞争之中。越来越多的行业巨头结合自身优势开启了商业创新模式，同时紧紧把握新一轮信息化革命的趋势，在新兴业务领域开疆拓土。

3.1 跨界经营加剧竞争，带资融资成为新型竞争力

全球债台高筑，特别是新兴经济体债务持续攀升，使主权担保受到制约，资源国及其业主面临融资瓶颈。在此大背景下，市场越来越青睐带资、融资能力强的工程建设企业，商业合同模式也需要更多的灵活性和弹性。中国交建、中国建筑、中国能建、中国铁建、中国中铁五大国内工程建设企业依托规模和融资优势，以带资建设和股权投资的方式，涉足国际市场，生动演绎着跨界竞争的现实画面，跨界竞争成为油气工程行业一支不可忽视的力量。中国建筑与埃及签订61亿美元炼油及石化厂项目、中国电建签署埃及SRPC炼油厂项目EPC总承包合同等。多家企业根据项目特点和风险等级，设立多种计费模式，比如TechnipFMC的分阶段交钥匙合同、Fluor公司的不定期交付不确定数量（IDIQ）协议以及JGC公司的成本加费用合同。在激烈的国际市场竞争中，并非外企公司更加专业，但其占有体

制机制灵活性与带资、融资能力的双重新型竞争力确是生死关头跨越腾飞的助推器。

3.2 存量市场高风险低利润，促使企业培育壮大新型业务

随着国际工程建设市场的风险和压力不断上升，大型国际工程公司为争取项目苦苦挣扎，不得不以更低的价格、更严苛的合同条款承担更多的风险。2019年，Fluor公司因不良项目亏损2亿美元，随即紧急成立董事会级别的风险评估委员会，用以监督公司成本超支风险；加拿大SNC-Lavalin公司也在经历了重大亏损后宣布不再签署固定价格业务。存量市场竞争激烈，促使国际工程公司持续在科技研发和技术商业化方面投入巨资，Fluor等欧美工程公司开展碳捕捉与储存工程化试点工作；Chiyoda、JGC等公司持续关注大型LNG处理项目；三星工程则积极争取LNG接收站、LNG处理、浮式生产储卸油装置（FPSO）、浮式LNG设施（F-LNG）等项目。即使在各大公司持续收缩成本的时期，新业务所获得的投入力度依然不变，足见国际工程公司寻求可持续发展新动能的决心和步伐。

3.3 信息化、智能化发展势头强劲，助力工程建设行业加快转换发展动能

疫情的蔓延在短时间内迅速激发并加速了行业的信息化发展进程，国内多数工程公司规模化地实现了远程办公，越来越多的工作走向“线上”，传统的工作模式已开始改变。以物联网、大数据、云计算为代表的新一轮信息化革命浪潮，催生了模块化、远程化、共享化、智能工程服务和数字化交付等新兴业务，欧美日韩工程公司已明显加快了数字化转型步伐，JGC、Chiyoda、Toyo三大日本工程公司都提出数字化转型规划，Chiyoda组建人工智能事业部，运用大数据为热电厂、化工厂提供技术服务。全球科学技术保持着高速的发展，油气工程领域的“智能解决方案”必将被具有坚实信息化背景、高度重视且紧跟智能化发展趋势的企业重新定义。

4 新时代中国油气工程建设企业生存和发展的必由之路

习近平总书记在中国企业家座谈会上指出，企业家要立足中国，放眼世界，提高把握国际市场动向和需求特点的能力，提高把握国际规则能力，提高国际市场开拓能力，提高防范国际市场风险能力，带动企业在更高水平的对外开放中实现更好发展，促进国内国际双循环。中国油气工程建设企业筑梦新时代，目标跻身国际一流，应大力投入技术研发，积极创新商业模式，全面强化风险管控，深化打造一流团队，并进一步加大改革步伐。

4.1 向技术要效益，以创新求生存

对于传统的国内工程公司而言，想要在后疫情时代的激烈竞争中存活，必须释放出科技创新的最大效能，强化科技创新，打造核心竞争力，以技术带领工程公司走出存量竞

争的困局。企业应从市场需求出发，重点关注并努力探索在化工新材料及新能源技术领域的技术合作与开发，注重创新的经济价值，注重在研发成果转化成现实生产力中起主导作用和重要的推动作用。对内，要深入研究激发科技创新活力的方式方法，配套完善体制机制；对外，应加大与科研院所、高新技术企业的技术合作，创新合作方式，加深合作纽带。同时，企业须持续提升自身能力，加快实现全专业的三维协同设计、数字化交付、智能化工厂设计；紧跟“新基建”发展趋势，在数字化和智能化转型、5G应用等技术领域与传统工程建设行业的结合上持续发力，打造发展的新引擎。

4.2 创新商业模式，赋能高质量发展

越来越多的业主青睐使用建设、运营、转交（BOT）或交钥匙（Turn Key）的商业模式，越来越多的传统工程公司在带资、融资能力方面培育竞争力，此举已成为企业转型升级向高质量发展，突破存量市场惨烈价格竞争的重要方向。

近年来，不少中国工程建设企业跨界经营，开拓市场。结合国际一流工程公司的发展经验，中国建设团队应寻求更广泛的跨界合作，通过经验和技术的共享，以及带资、融资能力的优势互补，组建联合舰队，联合出海。对于初学者而言，在国内市场寻找合适的项目，探索与金融机构或其他工程公司组成带资、融资或战略联盟是相对稳健的跨越。借鉴国际工程公司的经验，一是与具有较强带资、融资能力的工程公司签订合作协议、组成合资企业或联盟，解决资金瓶颈，打破壁垒，创新生存模式；二是与金融机构、专项基金形成带资、融资联盟，降低自身出资风险，保障自身资金流动性，提高项目带资、融资运营能力。对于已经上市的工程公司，还可以大胆借助资本市场的力量，定向发放股票募集资金，探索以投资市场的资金支持项目建设的商业模式。

4.3 提升风险意识，强化风险管控

在当前国际市场不稳定因素显著增多、错综复杂的形势下，企业应以全员、全过程、全要素、全方位的“四全”要求，提高风险意识，强化风险管控。全员就是公司上下每一名员工都要牢固树立风险意识，立足岗位防微杜渐；全过程就是将风险管控融入市场营销、投标报价、合同签订、项目执行等生产经营的方方面面，配套风险预警和应对体系；全要素就是对经济、政治、社会安全、经营活动、合同条款、货币汇率等风险因素进行充分考虑，最大程度化解、规避、转移各种潜在风险。全方位体现在国内国外、集团内外、生产一线和职能机关等方面，应实现时间和空间的无缝衔接，风险管控的全覆盖。中国油气工程建设企业必须建立超前的风险预警、识别、管理，以及规避机制，将风险管控融合嵌入到企业“安全、廉洁、经营”的三条生命线之中。

4.4 打造一流团队，激发潜能聚变

人才资源是第一资源，人才资本是最宝贵的资本。疫情和低油价进一步激发了企业

对人力资源体系建设的新思考。在人工智能快速发展的驱动下，公司的转型升级需要新技能、新视野，因此，大力推进人才强企，制订实施人力资本提升计划，培育更多领军人才、青年人才，打造创新团队，是公司生存发展的必然举措。

企业要长期坚持培养并组建三支团队。一是一支高水平的国际市场开发团队，这个团队需要有全球视野、大局思维、懂商务、懂法务、懂国际惯例，熟悉项目策划与执行、市场开拓能力强；二是一支走在行业技术前沿的技术研发团队，不仅能够对已有技术进行优化提升，能够聚焦“卡脖子”技术，还要具备识别和研究重大战略性超前技术的远见和能力；三是一支复合型经营管理团队，懂工程、懂管理、业务强、外语好，具有强劲的执行力和组织协调力。有了这样的三支团队，企业通过给平台、给锻炼、压担子、引路子，打磨出一批中坚力量，切实推动企业高质量发展。而这三支队伍的最终目标是在越来越严苛的经营环境下，带领中国工程公司走向国际市场，制定并推广“中国标准、中国技术、中国制造、中国装备”。

4.5 加大改革步伐，突破发展瓶颈

国内传统的油气工程建设企业大多为国有企业，在激烈的国际竞争中依然不同程度地保留有计划经济的烙印。这些企业在充分的市场竞争环境中，与民营资本和国际巨头开展激烈较量。在当前疫情与低油价的双重冲击下，应以“完善治理、强化激励、突出主业、提高效率”为目标，进一步突出市场主体地位，最大限度释放其发展活力和动力，探索打造增量市场，突破发展瓶颈。

混合所有制改革，是企业搞活机制，激发活力的重要抓手之一。油气工程建设企业可以选择改制上市，通过上市实现混改；或在上市后以定向增发等方式引入战略投资者，优化股权结构，规范公司治理。借鉴国内外工程公司成功上市的经验，通过融资上市帮助企业实现产权多元化，为公司快速发展提供资金保障，有助于在促进自身做大做强的同时，有效分散降低运营风险。同时，企业还可以通过股权转让、增资扩股、合资新设等方式，引入在业务、技术、管理等方面具有协同作用的战略投资者，做到优势互补互利，国有资本有进有退。积极探索和实践混合所有制改革，有助于充分调动员工积极性，有助于企业建立灵活高效的市场化经营机制，激发企业高质量发展的新动能。

5 结语

习近平总书记在企业家座谈会上强调，当今世界正经历百年未有之大变局，新一轮科技革命和产业变革蓬勃兴起。2020年新冠肺炎疫情和低油价的冲击使得油气工程建设企业遭遇了前所未有的困难局面，工程建设企业或主动或被动地开启了转型升级的新引擎。对于国内传统的油气工程公司而言，必须紧跟科技发展趋势，积极创新商业模式，提升风险管控水平，加大技术研发投入，加速建设配套的高水平人才队伍，加快改革步伐，多措并举提升企业的核心竞争力，强化创新驱动，全力推进提质增效，坚决“做强做优做精做特”，推动企业迈上发展新台阶。

参考文献

[1] Engineering News-Record[EB/OL]. 2000–2019. https://www.enr.com/toplists.

[2] 陈航，夏侯遐迩，李启明，等. 基于2000～2015年ENR年报的国际工程承包市场结构分析[J]. 建筑经济，2017，38（8）：29–35.

[3] 陈烁，张伟明，邓小鹏，等. 2019年度ENR国际承包商250强解析[J]. 工程质量，2019，37（9）：1–8.

[4] 付勇生. 国际承包工程市场复苏曲折——2019年度ENR全球最大250家国际承包商业绩解读[J]. 建筑，2019（21）：26–29.

[5] 精准分析疫情影响 多措并举积极应对——“新冠肺炎疫情对工程勘察设计企业的影响”专题调研报告[J]. 中国勘察设计，2020（3）：10–14.

[6] 中国银行研究院. 如何预判2020年中国经济的下半场[R]. 2020–07.

[7] 张勇，周娟，石卉，等. 新冠肺炎疫情及低油价影响下的天然气生产企业应对措施——以川渝地区为例[J]. 天然气工业，2020，40（4）：166–171.

[8] 贺新春，吴谋远，殷冬青. 新冠肺炎疫情全球蔓延叠加超低油价，国际大石油公司经营策略如何调整[N]. 中国石油报，2020–05–12（06）.

[9] 中国企业改革与发展研究会. 关于新冠肺炎疫情对企业经营发展影响的跟踪调查分析报告[R]. 2020–06–01.

[10] 翁杰明. 积极有序推进新时代国有企业混合所有制改革[EB/OL]. 人民网–中国共产党新闻网，http://theory.people.com.cn/n1/2018/1119/c40531-30408783.html.

主要石油公司及美国新能源产业发展概况

郑兴扬　武军利　吴秋南
（中国石油国际事业公司）

摘　要：新能源是全球增长最快的能源类型，对于解决当今世界严重的环境污染问题和资源（特别是化石能源）枯竭问题具有重要意义。随着技术进步和规模优势不断提升，风能发电及太阳能光伏发电等新能源已初具成本优势。为应对传统石油业务的萎缩趋势，谋取业务转型，全球各大石油公司均在加大对新能源领域的投资和布局，各国政府也推出了众多促进新能源产业发展的补贴或税收优惠政策。美国电力市场的市场化运行机制决定了美国天然气业务与可再生能源业务的天然竞争关系，认为"气电联营"国际事业美洲公司兼顾战略与战术的最优策略组合。

关键词：新能源；可再生能源；风能发电；太阳能发电；美国电力市场

1　全球新能源市场现状

1.1　新能源的基本概念

新能源又称非常规能源。包括太阳能、风能、生物质能、地热能、水能和海洋能以及由可再生能源衍生出来的生物燃料和氢所产生的能量，即新能源包括各种可再生能源和核能。相对于传统能源，新能源普遍具有污染少、储量大的特点，对于解决当今世界严重的环境污染问题和资源（特别是化石能源）枯竭问题具有重要意义。

新能源通常最终以电能为输出形式，使用千瓦时作为度量单位，其与传统化石能源的换算关系为：1吨石油≈7.3桶≈1.5吨硬煤≈12兆瓦时（1.2万千瓦时）。我们做如下比较：三峡电站的总装机容量22.5吉瓦（2250万千瓦），年设计发电量882亿千瓦时，相当于88太瓦时或8.8万吉瓦时≈735万吨石油。2018年中国总发电量6.8万亿千瓦时，美国总发电量为4.2万亿千瓦时，分别相当于77个和48个三峡电站的年设计发电量。

1.2　全球及美国新能源市场规模及成本

可再生能源是全球和美国增长最快的能源。2017年，全球用于取暖、电力和运输的能源消耗中有18%来自可再生能源。其中近60%来自现代可再生能源（即生物质，地热，太阳能，水力，风能和生物燃料），其余来自传统生物质能（发展中国家的住宅取暖和烹饪）。可再生能源在2018年占全球发电量的26.2%，预计到2040年将增长到45%，增长的大部分可能来自太阳能，风能和水力发电。

国际可再生能源机构（以下简称“IRENA”）的数据显示，2018年所有可商用的可再生能源发电技术的成本均大幅下降。集中式太阳能（CSP）的全球加权平均电力成本同比下降26%，其次是生物能源（-14%）、太阳能光伏（-13%）、陆上风能（-13%）、水电（-12%）、地热和海上风能（均为-1%）。IRENA的数据显示，在没有经济补贴的情况下，目前陆上风能和太阳能光伏发电已比化石燃料便宜，随着技术的不断革新及规模效应日益提升，太阳能光伏和陆上风电的成本将继续大幅降低。

根据国家可再生能源实验室（以下简称“NREL”）的2019年度技术基准，可再生能源价格预计在未来3年内价格会进一步下跌。NREL预测，在乐观情景下，到2050年风能技术的LCOE至少会再下降64%，在中性预期情景下，至少会下降44%。在相同的情况下，到2050年，太阳能的LCOE将分别下降74%和47%。

1.3 全球可再生能源市场的增长趋势预测

国际能源署（以下简称“IEA”）对2019—2024年可再生能源和技术的市场分析和预测认为，在太阳能光伏发电的带动下，可再生能源发电能力将在2019—2024年间增长50%。增加1200吉瓦光伏，按照光伏25%的平均发电效率（年发电2190小时）进行假设，每年发电量可以达到2.6万亿千瓦时（约2.19亿吨原油），相当于2020年美国发电量的63%。

其中，仅太阳能光伏发电就占预期增长的近60%，陆上风能占25%。海上风电将贡献4%的增长，预计到2024年其容量将增加3倍。生物能发电量的增长与海上风能的增长一样快，其中最大的扩张是在中国、印度和欧盟。水力发电增长放缓，占可再生能源发电总量增长的10%。

2 主要石油公司的新能源发展策略

2.1 主要石油公司投资新能源领域分析

作为对可再生能源领域增长潜力和油气开采成本上涨的战略响应，埃克森美孚、壳牌等8大石油公司在过去20年都在新能源领域有不同程度的投入。目前除埃克森美孚外，其他7大石油公司都有对风电和太阳能的投资，已经有6大石油公司成立了专门的新能源风险投资基金，专门投资新能源相关技术公司。

壳牌（Shell）：壳牌公司于2016年5月宣布成立新能源部门，并将新能源投资预算从2016年起3次调增，从2亿美元/年增加至12亿欧元/年，其中约80%将进入电力部门，为世界逐步摆脱化石燃料做准备。近年来壳牌进行了一系列新能源项目的投资及收购。

埃克森美孚（ExxonMobil）：埃克森美孚对新能源的参与度较低，没有任何新能源方面的愿景和投资计划。埃克森美孚的战略仅限于减少温室气体排放，推进生物燃料以及碳捕集与封存（CCS）技术。埃克森美孚公司持有全球约1/3的CCS能力，并于2015年捕获了690

万吨二氧化碳用于封存。

雪佛龙（Chevron）：雪佛龙没有有关可再生能源的目标、愿景或路线图。雪佛龙于2000年建立了专门的可再生能源业务，专注于太阳能、风能和地热项目，但在2014年和2016年退出了该计划。该公司投资了两个世界上最大的二氧化碳注入项目：加拿大油砂中的Quest CCS项目和澳大利亚的Gorgon项目。

道达尔（Total）：道达尔的可再生能源投资计划为每年投资5亿美元，约占总资本支出的3%，目标是在未来20年使可再生能源项目占其总资产的20%。近年来，道达尔通过收购多家公司的股权快速进入新能源领域，成为行业领跑者。

BP：BP是可再生能源领域的先驱，在1980—2010年，BP在太阳能和风能组件制造上做出了卓越贡献，2001年BP甚至将其重命名为Beyond Petroleum，强调其向新能源的过渡的愿景。然而由于过于超前，BP早期在新能源领域投入的80亿～100亿美元目前已尽数亏损。2010年深水地平线漏油事件之后，BP逐渐退出可再生能源业务，并于2011年关闭BP太阳能业务以退出低利润业务。BP于2013年开始寻求出售风能业务，截至目前，仅在美国，BP的风力发电总容量仍超过2200兆瓦。即在2020年宣布将在2030年完成500吉瓦的新能源发电项目，预计需要投资600亿美元。

埃尼（Eni）：埃尼公司在新能源领域投资意愿较强，将可再生能源作为企业3大支柱战略之一。其近期目标是通过投资12亿欧元，在2018—2021年期间获得1GW装机容量，其远期目标是在融资和与上游运营协同作用之后，项目内部收益率达到8%～12%，到2025年获得5吉瓦的可再生能源发电能力。

巴西国家石油公司（Petrobras）：巴西国家石油公司目前对可再生能源的重视程度较低。该公司仅拥有包括风能、小型水力发电和太阳能在内的0.7吉瓦新能源发电资产。巴西国家石油公司最近与道达尔签署了一项非约束性协议，共同评估巴西在陆上太阳能和风能领域的未来潜在商机。

挪威能源公司（Equinor）：挪威国家石油公司为明确发展新能源的战略方向，更名为Equinor（艾奎诺）。挪威能源公司于2015年成立独立的新能源解决方案部门，近两年来用于新能源的投资达到其年度资本支出的3%～5%，该公司计划至2030年，将对新能源的投资提升至总资本支出的15%～20%。

2.2 主要石油公司投资新能源领域的战略动机

根据国际能源署及知名咨询机构DNV GL的预测，全球对一次能源的需求将在2030年左右达到峰值，其中对石油的需求将在2025年左右达到峰值，对天然气的需求将在2035年左右达到峰值，风电及太阳能发电仍将保持高速增长势头。在发电领域，天然气与新能源是此消彼长的直接竞争关系，新能源发电量提升时，直接打压天然气价格，反之当新能源发电供应不足时，推助天然气价格上涨（图1）。为应对传统石油业务的萎缩趋势，各大石油公司均未雨绸缪。

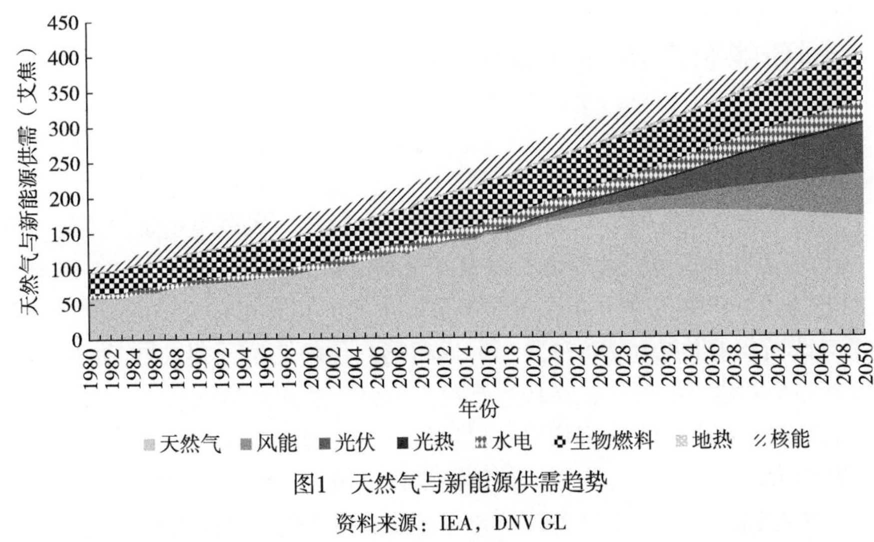

图1 天然气与新能源供需趋势

资料来源：IEA，DNV GL

2.2.1 享受政府支持鼓励新能源产业的优惠政策

为支持和鼓励新能源发展，美国及欧盟各国均出台了新能源汽车补贴政策。美国政府还推出了两项力度极大的联邦税收抵免政策，以促进美国新能源产业发展。

（1）生产税收抵免（PTC）：1992年首次颁布，随后进行了修订，是一种企业税收抵免，可用于包括风能、垃圾填埋气、地热和小型水力发电在内的各种可再生技术。对于合格的技术，该公用事业公司在运营的前10年中产生的所有电力获得2.2美分/千瓦时的税收抵免额度。该政策从2016年开始逐步开始减少，2020年年底前开工的项目将获得1.5美分/千瓦时的抵税额。

（2）投资税收抵免（ITC）：合格的设备（包括太阳能热水、光伏和小型风力涡轮机）在投产当年，将获得30%的投资税收抵免（ITC）。《合并拨款法》（2016年）将ITC延长了3年，到2022年投资税收抵免比例将从2019年的30%降至10%。

PTC/ITC为二选一关系，通常风电选用PTC，光电选择ITC。2020年5月28日，美国宣布由于疫情影响，PTC/ITC在原有基础上延长一年。

2.2.2 获取稳定的现金流和较高的项目收益率

近年来，风电和太阳能发电技术得到长足进步，发电效率持续提升，建造成本逐年降低。同时因为发电量预测准确度高，运营维护成本低廉，没有燃料波动风险，还可签订长期可预测的电价合同（行业惯例为20年）锁定售电价格，故可实现长期稳定的现金流。同时美国政府的两项税收抵免政策和可再生能源证（REC，Renewable Energy Certificate）吸引了大量金融机构，通过股权投资的方式为新能源行业实质提供低息甚至无息贷款（金融机构以获取税收抵免额度为盈利方式）。新能源项目在不计入税收抵免时内部收益率可达到年化7%左右，若计入税收抵免因素，则项目资本金收益率可达到年化14%左右。

3 美国新能源产业发展概况

3.1 美国风电产业概况

风能是仅次于水力发电的第二大可再生能源。2018年，风电发电量占全球总发电量的5%以上；2019年美国的风电发电量为3000亿千瓦时，风电装机占比9.55%，风电发电量占比7.2%。截至2019年年底，全美共有1160个风电项目，总装机105591兆瓦，约6万台风机在运行。得克萨斯州总共装机28871兆瓦，远超第二位的艾奥瓦州10201兆瓦。2019年年底，全美国有55个新建风电项目，在19个州投入运营，总共9137兆瓦。

在过去30年中，风电机组的平均涡轮机尺寸一直在稳定增长。如今，新的陆上涡轮机的典型功率范围为2～5兆瓦，专为近海使用而设计的最大机组可产生12兆瓦；未来几年，一些正在开发中的创新涡轮机模型预计将在海上项目中产生超过14兆瓦的发电量。

受益于技术进步带来的综合成本快速下降，受益于美国电力市场的长期售电合同（PPA）模式，加之美国政府的税收抵免政策，美国的风电项目得以获得较为稳定的项目收益率和融资。除了电力公司和发电企业外，谷歌、微软、亚马孙、宜家家具、玛氏糖果，以及各种基建私募基金和退休基金也均投资于风电项目。

3.2 美国太阳能发电产业概况

太阳能发电是增长最快的新能源资源。2018年，全球新增容量约100吉瓦，使总容量达到505吉瓦，发电量约占世界总电量的2%。太阳能发电分为两种方式。

（1）太阳能光伏发电：利用光电效应将阳光转化为电能。公用事业电力公司建造的大型（大于100兆瓦）光伏设施，每兆瓦需要5～13英亩的土地（1英亩大约为6亩）。小型商用光伏电站（10兆瓦以下）或住家光伏电站也很普遍。（2）太阳能光热发电：使用透镜或镜子将阳光聚光成狭窄的光束，从而加热流体，产生蒸汽来驱动涡轮机发电。集中式太阳能发电项目的规模大于住宅或商用光伏发电项目，通常由电力公司拥有和运营。

美国能源信息署（EIA）估计，美国的太阳能使用量从1984年的约0.06万亿英热单位增加到2019年的约1044万亿英热单位。太阳能发电总量从1984年的约500万千瓦时增加到2019年的约1040亿千瓦时，其中64%来自规模的光伏电站，其中33%来自小型（或分布式）光伏系统（发电能力不足1兆瓦的系统），3%来自公用事业规模的太阳能热电厂。

根据新冠肺炎疫情暴发之前的预测，随着价格下降和开发商在投资税抵免下降之前加快建设速度，太阳能在2020年和2021年在所有细分市场的安装量都将增长。在未来5年内，太阳能总装机容量将增加一倍以上，到2021年累计部署量将超过200吉瓦（图2）。

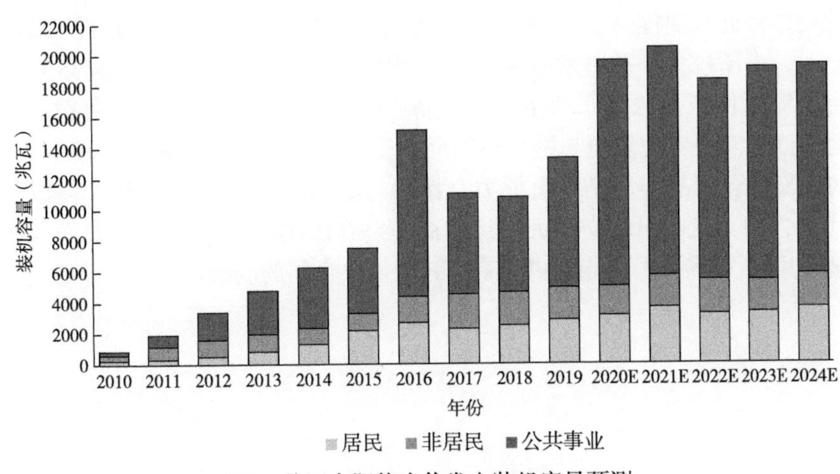

图2　美国太阳能光伏发电装机容量预测

资料来源：麦肯锡咨询

3.3　美国电力市场运行机制及其对新能源的影响

美国电力市场具有多主体参与，全面市场化的特性。美国84%的电力企业由私人投资者所持有，仅4%由联邦政府管理的公司供应，另外的12%由州政府企业和合作企业供应。在输配电端，市场呈现相同的多样和分割态势，共有超过3200家公司民用输配电力公司，其中2200家是政府所有公司。

经过长期市场化改革后，美国电力市场打破了垂直电网体系，形成割裂的区域化市场。1996年，联邦能源管理委员会FERC颁布了888号法令，明确电网的拥有者不能同时拥有发电和供电企业，鼓励建设RTO（区域电网运行中心）/ISO（独立系统运行中心）。在此框架下，美国形成了加利福尼亚州、中西部、新英格兰、纽约、西北、PJM/东南、西南、SPP、得克萨斯州10个区域电力市场。在区域化市场内部，电网系统运营商（RTO/ISO）不参与发电环节，各发电企业上网权力平等，竞价上网，统一调配。

在由电网运营者管理的自由发电市场中，发电企业需要提供自己的供应时段、供应量以及竞标价格，业内将其称为DA（Day Ahead）市场。系统运营者则将发电企业所承诺的电量按竞标价格进行排序，根据各个时段所预测的需求和各个时段的供应曲线，确定市场清算价格，所有该时段的发电企业按照市场清算价格进行结算。

图3为发电市场的供应与需求曲线示意图。每段深色线代表一个发电厂（例如风电厂）在某一时段竞标上网的电力总量，其对应的纵坐标代表该发电厂竞标上网的电价；浅色线代表当前时段的电力需求总量。各发电厂给定某时段计划竞标的电力生产量和竞标价格，系统运营商根据当前时段电力需求量决定最终能够上网的发电厂和市场清算价格，即供应曲线深线和需求曲线浅线的交点所对应的纵坐标价格。图中最终决定市场清算价格的发电厂是生物质发电站，所有在需求曲线左侧的企业均按照该价格结算，在该时段发电上网。值得注意的是，在图中我们将核电和风电的竞标价格设定为“零”。这其中的原因是核电和风力及太阳能发电站在任何清算价格下都愿意发电上网，因为其运行成本极低，主要成

本为初期投资，因此只要能够发电都是在减少损失。对于采用PTC政策的新能源项目（绝大部分是风电），由于税务补贴由发电量决定，因此风电的竞标价格往往为-35美元/兆瓦时，而光伏项目的竞标价格为-2美元/兆瓦时。实际的系统运营比该逻辑更为复杂，在市场竞争逻辑之外运营商还需要考虑发电机的启动时间、安全性和可靠性等诸多问题。

由于PPA长协合同的实质是没有能力直接参与DA市场交易的中小生产商以长期让渡部分利润为代价，将其发电量转交给大型运营商最终在DA市场交易，故当自身规模及能力达标时，直接采用DA市场交易必定可获取高于PPA长协合同的利润。

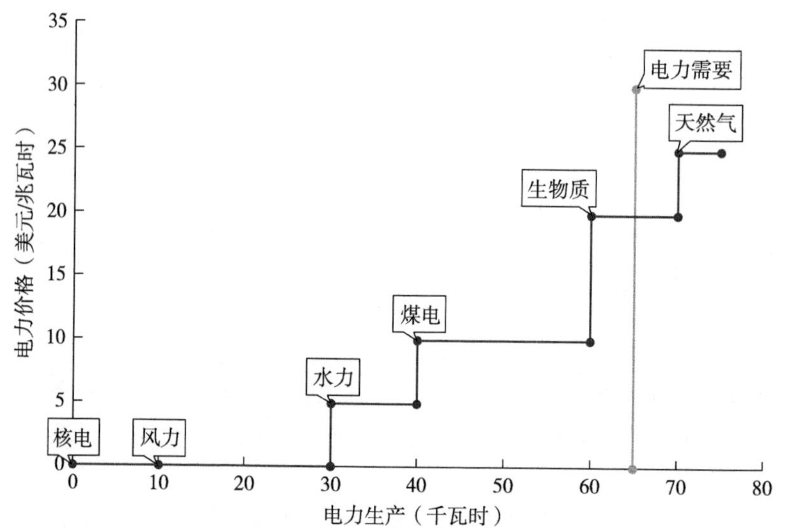

图3　美国电力市场电价竞标示意

注：横纵坐标数字仅做展示，非市场实情

4　国际事业美洲公司布局新能源的发展战略

国际事业美洲公司计划以“三步走”战略稳步进入美国新能源领域。

第一步，通过投资获取新能源发电资源，进入电力实货市场。拟与在美国已开展或拟开展新能源项目的中资企业合作共赢，以股权投资的方式参与新能源项目，快速获取新能源发电资源，进入美国电力实货市场。

第二步，以出售自产电力为起点进入电力交易市场。在成功运营新能源项目，完成人才和知识储备后。设立新能源交易部门，尝试对新开发项目下的发电量不使用PPA长协合同出售，改由新能源交易部门在电力现货市场上出售，以实现优化操作。

第三步，以电力市场为纽带，形成“气电联营”的优势互补格局。新能源业务与天然气业务实现资源、市场、信息、分析和人力资源的全方位共享，互为依托，形成“气电联营”的最优格局。BP、壳牌、道达尔、麦格理等能源公司和银行的交易部门都是同时进行气电交易，互为依托。

从战略层面：首先，传统石油业务的萎缩和枯竭是大势所趋，而天然气与新能源方兴未艾，全球各大石油公司均已开始提前布局，未雨绸缪，谋求转型。其次，天然气和新能源在现在及今后很长一段时间都将是直接竞争对手，根据专业机构的预测，全球天然气需求或将在2035年左右触顶，因此能源公司即使做强天然气业务，也难以在更长的时间周期保持优势。

从战术层面：美国天然气资源的5大用途中，电力部门需求占比超3成，由于其他3个用途部门对天然气的需求相对稳定，故出口市场及电力市场对天然气的需求变动是影响美国天然气供需的最主要因素。

美国独有的电力市场结构和电力现货市场规则，客观上形成了在电网日常运营中，天然气发电永远处于替补其他发电类型的位置。由于核电和可再生发电的边际成本最低，故电力现货市场永远对其优先排序，同时从发电机组的启动时间和可靠性角度考虑，虽然水电机组优于天然气发电机组，但美国水力发电装机容量有限且成本占优排序靠前，故电网主要依靠天然气发电调峰。

综上，美国的天然气业务与新能源业务以电力市场为纽带，客观上被紧密地捆绑在一起，不了解美国电力市场，就不可能真正了解和进入美国的天然气市场。

5 结束语

全球石油需求长期增速放缓，需求峰值更早到来已逐渐成为行业共识。社会生产力断档、世界政治和经济秩序重构叠加疫情扰动，加速供应链本地化和区域化，减少远距离运输，引发居家办公风潮，限制商务旅行，影响全球尤其是发达国家交通燃料需求。专业机构预测全球石油的需求将在2025年前达到峰值。另外，新能源凭借技术创新和规模优势方兴未艾，全球各大石油公司均已开始提前布局，未雨绸缪。全球主要石油公司均在布局天然气业务和新能源业务，谋求对抗传统能源行业萎缩的战略转型。我们认为“气电联营”是在美国经营的能源公司兼顾战略与战术的最优策略组合。

参考文献

[1] BP. BP Energy Outlook: 2018 edition.

[2] BP. BP Energy Outlook: 2019 edition.

[3] The renewable energy strategies of oil majors–From oil to energy?

[4] Energy Transition Outlook 2019, DNV GL.

[5] KREPS B H. Energy Sprawl in the Renewable—Energy Sector: Moving to Sufficiency in a Post-Growth Era. 2020.

[6] TWIDELL J, WEIR T. Renewable energy resources[M]. Routledge, 2015.

[7] QUASCHNING V. Understanding renewable energy systems[M]. Routledge, 2016.

[8] MATHIESEN B V, LUND H, CONNOLLY D, et al. Smart Energy Systems for coherent 100% renewable energy and transport solutions[J]. Applied Energy, 2015, 145:139–154.

[9] GIELEN D, BOSHELL F, SAYGIN D, et al. The role of renewable energy in the global energy transformation[J]. Energy Strategy Reviews, 2019, 24:38–50.

[10] BECK F, MARTINOT E. Renewable energy policies and barriers[J]. 2016.

[11] YANG Y, BREMNER S, MENICTAS C, et al. Battery energy storage system size determination in renewable energy systems: A review[J]. Renewable and Sustainable Energy Reviews, 2018, 91:109–125.

[12] EMEIS S. Wind energy meteorology: atmospheric physics for wind power generation[M]. Springer, 2018.

[13] LI K, BIAN H, LIU C, et al. Comparison of geothermal with solar and wind power generation systems[J]. Renewable and Sustainable Energy Reviews, 2015, 42:1464–1474.

[14] WAN C, LIN J, WANG J, et al. Direct quantile regression for nonparametric probabilistic forecasting of wind power generation[J]. IEEE Transactions on Power Systems, 2016, 32(4):2767–2778.

[15] XIONG P, JIRUTITIJAROEN P, SINGH C. A distributionally robust optimization model for unit commitment considering uncertain wind power generation[J]. IEEE Transactions on Power Systems, 2016, 32(1):39–49.

[16] CANNON D J, BRAYSHAW D J, METHVEN J, et al. Using reanalysis data to quantify extreme wind power generation statistics: A 33–year case study in Great Britain[J]. Renewable Energy, 2015, 75:767–778.

[17] BAI X, QU L, QIAO W. Robust AC optimal power flow for power networks with wind power generation[J]. IEEE Transactions on Power Systems, 2015, 31(5):4163–4164.

[18] CASTILLO C P, E SILVA F B, LAVALLE C. An assessment of the regional potential for solar power generation in EU–28[J]. Energy policy, 2016, 88:86–99.

[19] XU X, VIGNAROOBAN K, XU B, et al. Prospects and problems of concentrating solar power technologies for power generation in the desert regions[J]. Renewable and Sustainable Energy Reviews, 2016, 53:1106–1131.

[20] MCTIGUE J D, CASTRO J, MUNGAS G, et al. Hybridizing a geothermal power plant with concentrating solar power and thermal storage to increase power generation and dispatchability[J]. Applied energy, 2018, 228:1837–1852.

[21] YANG Y, GUO S, LIU D, et al. Operation optimization strategy for wind–concentrated solar power hybrid power generation system[J]. Energy Conversion and Management, 2018, 160:243–250.

[22] KHAN J, ARSALAN M H. Solar power technologies for sustainable electricity generation—A review[J]. Renewable and Sustainable Energy Reviews, 2016, 55:414–425.

[23] MACKAY A, MERCADAL I. Shades of Integration: The Restructuring of the US Electricity Markets[J]. Harvard Business School, Working Paper, 2019, 18.

[24] Cicala S. Imperfect markets versus imperfect regulation in US electricity generation[R]. National Bureau of Economic Research, 2017.

[25] CULLEN J A, MANSUR E T. Inferring carbon abatement costs in electricity markets: A revealed preference approach using the shale revolution[J]. American Economic Journal: Economic Policy,

2017, 9(3):106–33.

[26] KNITTEL C R, METAXOGLOU K, TRINDADE A. Natural gas prices and coal displacement: Evidence from electricity markets[R]. National Bureau of Economic Research, 2015.

[27] ZUGNO M, CONEJO A J. A robust optimization approach to energy and reserve dispatch in electricity markets[J]. European Journal of Operational Research, 2015, 247(2):659–671.

[28] WOO C K, MOORE J, SCHNEIDERMAN B, et al. Merit–order effects of renewable energy and price divergence in California's day–ahead and real–time electricity markets[J]. Energy Policy, 2016, 92:299–312.

[29] OSENI M O, POLLITT M G. The promotion of regional integration of electricity markets: Lessons for developing countries[J]. Energy Policy, 2016, 88:628–638.

深入整治形式主义官僚主义问题的对策及建议

李　睿　殷永正　薛相才
（中国石化中原油田分公司纪委监督部）

摘　要：形式主义、官僚主义是阻碍上级和油田决策部署贯彻落实的大敌。力戒形式主义、官僚主义，必须从讲政治的高度来审视，从思想和利益根源上来破解，始终保持高压态势，既打攻坚战、又打持久战，精准施策、靶向治疗。

关键词：整治形式主义官僚主义；减轻基层负担；长效机制；政治监督

习近平总书记强调，要“以党的政治建设为统领，坚决破除形式主义、官僚主义。”油气企业认真贯彻落实习近平总书记关于坚决整治形式主义、官僚主义的一系列重要讲话和批示精神，从政治纪律和政治规矩的高度，通过开展主题教育、自查自纠、专项督查等方式，大力推进集中整治工作，企业干部队伍作风持续向上向好，为企业改革发展营造了良好政治生态。在肯定成绩的同时，也必须看到，当前，形式主义、官僚主义在企业个别领域和个别单位还“树倒根存”，成为影响企业决策部署贯彻执行的“拦路虎”，必须进一步提高政治站位，深入整治并一抓到底。

1　当前油气企业存在的形式主义、官僚主义突出问题

在“不忘初心、牢记使命”主题教育中，油气企业围绕“反对形式主义、官僚主义”课题，组织人员深入7个直属单位、21个基层党支部开展专题调研，共发现四类形式主义、官僚主义突出问题。

1.1　在贯彻落实油气企业决策部署方面，还存在“中梗阻”现象

个别单位政治意识不强，对上级决策指示、文件、会议精神，只当“收发室”和“传声筒”，“以会议落实会议、以文件落实文件”问题尚未得到有效解决。个别单位领会上级精神不深刻，结合工作实际不紧密，存在层层发文、照搬照抄上级文件、缺乏针对性的问题。个别基层单位重显绩轻潜绩、重面子轻实效，还存在有搞“形象工程”“盆景工程”的冲动。比如，中原油田个别单位要求抽油机2～3年必须全部刷一遍油漆，既影响了正常生产，也占用了基层大量人力和物力。

1.2　在减轻基层负担方面，还存在过度留痕的现象

基层单位普遍反映，安全生产领域过度留痕问题比较突出，加重了基层工作负担。比

如，周一安全会要求照相留资料，安全文件要求原文传达学习并做记录，安全检查偏重于查看领导批示、开会发文、台账记录、工作方案、阶段记录等资料，帮助基层现场发现解决问题不够。个别机关部门安排工作还习惯于“拍脑袋、定工期”，未充分考虑基层必要的工作流程及层层落实的实际，留给基层落实的时间短，造成基层疲于应付。个别机关部门要求基层报送材料，却没有明确填报要求，出现多次返工，无形中加大基层的工作量。个别部门和系统热衷于搞微信答题、网络投票，并要求各单位全员参与，占用基层大量时间和精力。

1.3 在精文简会规范检查考核方面，还存在变相发文、层层陪会、检查过多等现象

在油气企业严控发文数量的前提下，各单位、各部门发文数量明显减少，但依然存在以工作表单代替红头文件、以网络指令代替下发通知等变相发文现象。同时，发文对象的针对性还不强。如利用“钉钉”工作群安排工作，代替正式发文；与业务无关的单位，也照样发文等。有的专业会议安排不够合理，仍存在陪会、会议时间长、会议效率低等现象，比如个别部门牵头承办的企业层面会议，在无特殊要求的情况下，会议安排意见中依然要求参会单位负责人参加，或将单位主要领导是否参会列入工作量化评价内容。个别机关部门到基层检查调研工作，还习惯于打招呼、要材料、听汇报，存在“为了检查而检查、为了扣分而检查”的现象，影响基层干部职工工作积极性。另外，安全检查、装备检查、节能检查等各类检查名目依然较多，基层反应强烈。形势任务宣讲“政出多门”，宣传部门已全覆盖，工会、团委也进班组和系统宣讲，宣讲内容与基层单位结合不紧，形式大于内容。

1.4 在精准服务基层方面，还存在不担当、不作为、慢作为现象

有的机关干部主动作为不足，对基层单位提出的涉及政策性问题，不愿主动汇报协调争取，简单以政策规定推责，存在“门好进、脸好看、事难办”现象。有的对职工群众利益重视不够，职工群众关心关注的一些难点问题得不到及时有效解决，比如，中原油田某采油厂职工反映的宿舍空调老旧损坏问题和厂区门口道路维修问题，长期没有得到解决。有的践行“马上就办”不到位，办事程序烦琐、效率不够高，比如，油气生产单位反映的老井工程改造项目审批环节多，进度慢；采油工程技术研究院反映的钻测录专业人才支持问题，企业主要领导已经批示，但仍没有进展。有的政策实施缺乏连续性，比如在高技能人才引进上，一方面基层单位急缺优秀管理技术人才，另一方面，合资公司员工因身份限制，无法进入管理岗位。在安全生产方面，政策措施变化较快，往往原来的部署还没有落地，新的部署又开始，存在“头疼医头、脚痛医脚”现象。

2 形式主义、官僚主义问题产生的原因剖析

形式主义、官僚主义问题看似是作风问题，实质是思想问题、制度和体制机制问题。

经过深入分析，主要有四个方面的原因：

2.1 政治意识有待增强

习近平总书记明确指出，形式主义实质是主观主义、功利主义，根源是政绩观错位、责任心缺失，用轰轰烈烈的形式代替了扎扎实实的落实，用光鲜亮丽的外表掩盖了矛盾和问题。近年来，油气企业持续加强思想政治理论教育，引导党员干部增强政治意识，树立新发展理念，但在实际工作中，个别领导干部政治站位不高、政治视野不宽，新发展理念树得不牢，观大势、谋全局的能力不强，推崇单位和部门利益，缺乏从企业改革发展全局看问题的胸怀，喜欢搞“短平快”，不愿做打基础、利长远的工作，导致贯彻执行上级决策部署上打折扣、做选择、搞变通。

2.2 制度标准有待完善

企业在减少文件会议、减少检查评比、减少基层报送资料等方面虽专门制定下发相关通知，并对控制“红头”文件、企业层面的会议、企业层面的检查评比都有明确规定，但对非正式的“黑头”文、部门性会议、部门性检查评比，以及基层需要报送什么资料、不需要报送什么资料，没有详细、具体的规定。有的部门借制度的“漏洞”，打“擦边球”，在减少“红头”文件的同时增加“黑头”文件，在减少文本通知的同时增加网络指令，在减少系统会议的同时增加部门单项会议，这些现象是以往的靠文件会议推动工作的惯性思维在作祟，重过程、轻实效的新形式主义在抬头。这需要企业进一步扎紧扎牢制度标准的笼子，杜绝这种不良行为的发生。

2.3 担当本领有待提高

不担当、不作为、慢作为等问题，归根到底与担当精神不足、担当本领不高有关。个别干部一方面，没有真正了解基层所需所盼，找不准服务的关键点和着力点，不能有效帮助基层化解主要矛盾，解决关键问题。另一方面，还存在主动担当、服务本领不够的问题，老办法不顶用，新办法不善用，协调整合其他资源也不力，达不到基层满意的效果。同时，个别机关人员存在“老好人”思想，对于该管、该办的事情，不大胆管理，不尽心办理，致使“马上就办”速度虽快但质量不够好。

2.4 监督惩治力度有待加大

形式主义、官僚主义问题不同于奢靡之风和享乐主义特征明显，危害具体，往往表现形式复杂、难以区别定性，给监督和问责带来一定难度，致使集中整治的力度深度和监督问责不够有力有效，震慑作用没有显现，客观上助长了形式主义、官僚主义问题发生。

3 深化形式主义、官僚主义整治的对策建议

习近平总书记在十九届中央纪委三次全会上强调，要把力戒形式主义、官僚主义作为重要任务，从讲政治的高度来审视，从思想和利益根源上来破解。形式主义、官僚主义问题不仅是作风问题，更是严肃的政治问题，必须始终站在政治纪律和政治规矩的高度，保持高压态势，既打攻坚战、又打持久战，精准施策、靶向治疗。

3.1 突出决策执行，强化政治监督

把整治形式主义、官僚主义作为一项重要的政治任务，围绕油气企业集中整治形式主义、官僚主义的工作方案中明确的4个方面13类突出问题，坚持定位向政治监督聚焦，力量向政治监督倾斜，采取切实有效的针对性措施强化政治监督，坚决纠治空泛表态、应景造势、敷衍塞责、出工不出力等问题，大力整治不担当、不作为、慢作为、假作为。坚持油田重大决策部署落实到哪里，监督就跟进到哪里，紧紧围绕油气企业“稳油增气降本、整体扭亏为盈”“两个三年、两个十年”发展目标任务，强化监督检查，督促推动上级和企业重大决策部署落实落地。抓住主体责任这个“牛鼻子”，督促各级党组织扛起整治形式主义、官僚主义政治责任，细化形式主义、官僚主义问题具体情形，建立负面清单，定期研究部署、检查推动，做到敢管敢严、长管长严。

3.2 突出从严从实，真正减轻基层负担

牢固树立起担当作为的实干风尚，认真执行企业文件会议、报送资料和检查评比等管理规定和减文减会指标，严格落实归口负责、分级管理、预算控制、精简高效的原则，持续减文减会减少检查评比。加快推进信息化建设，提升管理效能，整合台账报表，减少资料的上报数量。注重提升会议和检查考核质量，提倡少开会、开短会、开管用的会。持续减少没有实质效果的检查考核、评比表彰，真正为基层减负。坚持“自律”与“他律”相结合，压实机关部门党支部日常监督主体责任，定期开展自查自纠，及时发现问题、纠正问题。把机关部门反对形式主义官僚主义、减轻基层负担情况纳入党委巡察、专项治理内容，坚持常态化、形成制度化，加大监督检查力度，督促各部门真正把为基层减负落到实处。

3.3 突出教育引导，持续优化干部作风

深入贯彻落实《关于进一步激励广大干部新时代新担当新作为的意见》和企业党委实施意见，持续强化思想教育，进一步健全完善正向激励机制和容错纠错机制，大力教育引导干部担当作为、干事创业。发挥领导干部“头雁效应”，带头履职尽责，带头担当作为，带头承担责任，一级带着一级干，一级做给一级看，以担当带动担当，以作为促进作为。加大“马上就办、办就办好”理念和措施宣贯，引导激励机关干部持续提高“马上

就办”的思想自觉和行动自觉，让“马上就办、办就办好”内化于心、外化于行、固化于制，形成企业“马上就办、办就办好”特色管理文化。完善机关作风建设考核办法，强化量化考评、日常考核、基层评价、领导评价和横向互评五种考核方式，形成有效管用、简便易行的长效机制。严格按照严考核、硬兑现的原则，将考核结果纳入机关员工年终绩效考核序列，作为干部任免、考核机关部门（单位）负责人的重要依据，推进机关作风建设制度化、规范化、常态化、长效化。

3.4 突出惩戒震慑，强化执纪问责

整治形式主义、官僚主义，必须始终保持高压态势，用好纪律戒尺，发挥惩戒震慑效应。各级纪检监察机构创新监督方式，积极探索运用科技手段，注重区别不同单位、不同领域、不同岗位的特点，做实做细日常监督，着力提高发现问题的能力。畅通来电、来信、来访、微信等监督渠道，鼓励职工群众参与监督。加大执纪审查力度，把查处形式主义、官僚主义问题作为纪律审查的重点，注重发现典型问题线索，注重查处案件背后的形式主义、官僚主义问题。贯通运用监督执纪“四种形态”，特别是充分用好用足“第一种形态”，对热衷搞形式主义、官僚主义的党员干部及时“咬耳扯袖”“红脸出汗”，抓早抓小，防微杜渐。对严重影响中央、集团公司党组和企业党委重大决策部署贯彻落实，群众反映强烈、舆情聚焦的，坚决严肃查处，典型问题点名道姓通报曝光，形成震慑。用好问责“杀手锏”，对搞形式主义、官僚主义，导致出现重大违规违纪甚至违法问题的，坚决实行“一案双查”，既追究当事人责任，又追究有关党组织和领导干部的责任，让失责必问、问责必严成为常态。

3.5 突出标本兼治，形成长效机制

坚持在“常”和“长”上下功夫，对自查自纠和监督检查中发现的形式主义、官僚主义突出问题，扎实开展“主题式”“点题式”“常规式”以案促改，逐项查找原因，剖析思想根源，查找制度漏洞，补齐责任短板，推动相关单位建立起遏制形式主义官僚主义问题的长效机制。结合“不忘初心、牢记使命”主题教育，把反对形式主义、官僚主义作为党性党风党纪教育和日常教育管理的重要内容，教育引导党员干部提高党性修养，牢记党的宗旨，树立正确政绩观。常态化开展警示教育，梳理执纪审查、党委巡察、专项治理等发现的形式主义、官僚主义问题，召开警示教育大会，在一定范围内容通报，教育党员干部引以为戒、吸取教训。完善作风建设长效机制，制订出台《营造风清气正、干事创业良好政治生态实施意见》，把优化作风作为基础性、经常性工作，浚其源、涵其林、固根本，大力营造干事创业的新风正气。

疫情防控之下的油气生产经营对策

杨建华
（中原油田分公司濮城采油厂）

摘　要：2020年突如其来的新冠肺炎疫情导致全球经济受到影响，引发诸多问题。油气企业面对疫情防控和低油价“常态化”形势下带来的不利因素，作为油气开发单位，需要转“危”为“机”，夺取疫情防控和生产经营“双战双胜”的主动权。建立疫情防控机制，发扬石油人优良传统，以科学创新工作方式，深挖油田稳产上产潜力，针对油田生产“瓶颈”问题强化采油工艺科技攻关项目研究，完善工艺配套技术，主攻关键技术，通过这些应对策略，夯实了油田稳产基础，确保油气生产经营工作高质量发展。

关键词：新冠肺炎疫情；疫情防控；油田生产；经营对策

2020年年初，新冠肺炎疫情暴发。2020年1月27日，习近平总书记对疫情防控工作再次作出重要指示，要求各级党组织和广大党员干部，团结带领广大人民群众坚决贯彻落实党中央决策部署，紧紧依靠人民群众坚决打赢疫情防控阻击战。

疫情是命令，防控是责任，刻不容缓，在这场没有硝烟的战斗中，中原油田濮城采油厂科技工作者上下同心，众志成城，以“铁”一般的理想信念、“铁”一般的责任担当，一手抓好疫情防控，一手力保防控期间工艺上产措施不断档，形成了“在抗疫中并进复工、在复工中科学抗疫”的良好局面，以积极的心态、科学的对策，在疫情防控和低油价“常态化”的形势下，转“危”为“机”，为夺取疫情防控和生产经营“双战双胜”打下坚实的技术保证。

1　战疫情，保安全，建立疫情防控机制

面对新冠肺炎疫情，工艺研究所按照上级部署，快速响应，迅速成立了以党组织书记、所长任总指挥的疫情防控工作领导小组，制定所里的工作预案、运行方案及相应措施，为防控工作奠定了坚实的基础。同时，建立“所指挥部+防控工作小组+技术科室人员”三级完备的联防联控制度，压实疫情防控工作责任，确保各项防控措施及时、准确地传达到每一位员工，取得了防控疫情、工艺措施上产阶段性成果。

为更科学、快捷、精准地掌握员工的动态，提高联防联控管理效率，按照“快、全、准、严”四字方针，防控领导小组加班加点做好单位“五清”排查、员工家属“5+1”情况排查，建立健全员工动态各类相关防疫台账工作，对每名职工及家庭成员的情况摸底排查，做到入网入格入家庭。要求单位职工承诺不瞒报、漏报、谎报，确保每名职工和家庭成员的信息准确无误，保障了单位人员信息的完善性和可靠性。

2 战疫情，促上产，实施网络设计会审

疫情防控期间，油水井工艺措施难以实施，工艺技术人员及时转变思路，转“危”为“机”，变“油气上产”为“技术储备”，加大工艺研究、措施方案编制等工作。防控指挥部为减少“面对面”长时间接触，并保证各项工作落到实处，利用钉钉、微信等平台，定期向广大职工传达上级文件、宣传疫情防范相关知识，并教育引导员工严格遵守和配合单位与属地关于疫情防控的相关规定，在防控疫情和开展工作的同时注意自身防护，更要注重自身营养，提高自身免疫力。

在所疫情防控小组指挥下，充分运用“濮城油田油气生产指挥系统”“开发数据库管理系统”“濮城采油厂生产井产能效果分析系统”，积极构建互联网+生产运行模式进行远程检查，实施网络编制、讨论、审批采油工程方案168井次，实时监控生产参数，组织技术人员采取视频方式“会诊”异常情况，精准施策525井次，实时跟踪低产低能、高回压和边远井346井次，指导管理采油区及时实施扫线、灌水、加药、洗井、调配等措施655井次，确保油水井的正常生产与精细注水。同时，先后完成了“注水工艺配套技术研究”“高含水油藏二氧化碳驱提高采收率技术研究”及“油水井自配堵剂研究”等15项重要科研任务。

3 战疫情，攻难题，实施科技攻关创效

工艺技术人员以“战时状态”应对疫情和低油价双重挑战，成立“躺井治理”“精细注水”“三次采油”技术攻关项目组。对项目成员制定年度责任目标，明确工作流程，对各项经济技术指标和精神文明建设责任目标进行细化分解，逐项落实。针对高含水油田开发生产过程中“瓶颈”技术难题，紧紧围绕“低油价”生产科研难题，细化了65项专业技术人员科技攻关个性责任目标。按照“准、广、实”的选题原则，相继成立了“发挥专业技术人才优势，解决高压水井结垢难题”“运用科学发展观点，解决电泵井落物打捞难题”等15项技术人才立项攻关技术课题项目。

濮城油田已进入高含水注水开发后期，长期回注开发过程中产生大量偏碱性含油污水，且水质配伍性较差，十分容易在井筒内部和地层近井地带结垢，致使注水井及其生产配套系统结垢严重。针对这一问题，开展了“发挥专业技术人才优势，解决高压水井结垢难题”攻关，研制出了CGJ-1新型除垢剂，并在生产中得到使用，项目期内实施25口水井，除垢后注水井均取得了不同程度的效果，平均单井日增注水73.5立方米，平均有效期91天，井均增加注水33天，有效地补充了地层能量。所对应的37口油井，有23口油井见到了增油效果，累计增液13500立方米，累计增油2988.5吨，达到了预期的责任目标。

为解决常规水泥挤封中堵剂不能长期驻留在封堵层位，导致施工后有效期短，封堵成功率较低的问题，通过成立“瞄准封窜技术难题，实施科技创新攻关”课题，研究推广实施了KT-1可调式封窜堵漏技术。由原单一浓度堵剂配方，改进实施了以油井水泥、超细水泥为主体的堵剂配方研究，通过改进堵剂配方，使水泥浆流变性及悬浮性变好，挤入封堵

层后，不易产生漏失和沉淀，封堵成功率高，有效期长，实施井累计增油845吨，创效200余万元，投入产出比1：3.79。

针对濮城油田笼统酸化效果差、层间矛盾突出的问题，进行了“围绕精细注水，完善分层酸化工艺”课题研究。通过不断配套和完善分层酸化工艺管柱，提高了工艺成功率和措施有效率，最大程度地满足了地质要求，地层能量得到有效补充。

针对常规酸化技术的不足，从酸液的基本配方着手，提出酸化复合解堵技术。通过大量室内试验，筛选出了适合本油田开发需要的解堵配方体系，酸化解堵过程不对地层造成新的损害，避免产生二次沉淀，残酸可以直接注入地层，关井反应后直接投注，依靠注入水将残酸推向地层深部，实现地层深部长时间反应作用距离，避免返排残酸不安全因素及环境污染的问题，通过创新配方研究，筛选添加强氧化剂、多元酸复合解堵配方体系，实现残酸注入地层深部免返排，延长酸反应时间与作用距离，提高了酸化效果。实施45口措施井，节约废液处理成本20万元，水井增注125834立方米，油井增油7571吨，保护了环境，确保安全生产。

针对濮城油田地层条件复杂，机采井易躺井，采油成本居高不下的问题。工艺技术人员精细分析每口油井的示功图，确定每口井应采用最合理的冲程、冲次等和地层供液能力相匹配的工作参数，把成本低、效果好的机采工艺作为主导工艺措施。通过加装低速电机、变频控制柜等设备，调节出比常规冲次更大或更小的冲次，让每口特殊井的泵效达到最佳状态，在控制躺井、延长检泵周期、节能降耗等方面收到明显成效。

4 战疫情，勇创新，夯实油田稳产基础

为切实做好疫情防控期间油水井生产稳产工作，濮城采油厂工艺技术人员坚持疫情防控、油气上产同步推进，紧紧围绕效益产量目标，强化综合治理挖潜，提升油藏开发效益，切实做到战疫情、保生产两不误。

工艺技术人员清醒地认识到，油井生产在继续，科研工作就不能停滞。因此，在做好疫情防控工作的同时，工艺技术人员努力发扬团结协作精神，聚焦“油增气升降本，扭亏为盈”目标，充分发挥科研单位的技术优势，勇于献计献策，克服重重困难，优化值班人员，同时采取远程办公等多措并举，确保科研人员“停步不停工”、科研工作“掉网不掉队”，各项科研工作目前进展顺利，争当上产“排头兵”。强化科技创新和工艺优化，为油气上产提供了技术支撑，针对后备资源不足，根据油井不同单元、区块的生产特点，实施油水井“一井一策一卡、一区一块一法、一人一案一优”精细管理法，积极研发和应用成熟配套技术，根据油井出砂、偏磨、结盐等方面的问题，开出良方开展专项治理。针对出砂严重造成油井存在砂卡、泵漏等不能正常生产的问题，技术人员开展技术攻关，相继采用双层滤砂管、激光割缝筛管、长柱塞防砂泵等工艺；针对井身斜度大、小泵深抽，引起油管、抽油杆偏磨问题，选用强度高、抗腐蚀性强的管杆设备，通过下扶正活塞、热固塑扶正器、上提泵挂等技术；对结垢（盐）油井，通过完善地面掺水除盐流程，对结盐油井油、套管环行空间不间断定量、定期掺水除盐。通过各项创新工艺措施的正确实施，确保各抽油机井正常生产，有效延长检泵周期84天，截至目前累计增油4045吨，实现了“长

寿增产”的目的。

5 战疫情，强管理，提高工艺质量

5.1 加强检测，分类管理，把好作业井管杆泵质量关

成立联合质量检验管理小组，加强管杆泵质检工作。疫情期间，濮城采油厂扎实做好设备管理工作，创新设备管理方法，实施设备点检制工作法，按照定设备、定岗位、定标准、定周期、定考核等“五定”原则，把设备运行、设备保养、设备维修、设备检查、设备督查责任落实到人。同时，结合修复油管、抽油杆、机泵生产实际和状况，对设备管理分期目标进行量化考核，考核结果与评优树优挂钩，有效调动职工设备管理积极性。在现场施工方面，引进先进的油管、抽油杆探伤检测设备，发挥油藏管理区监督作用，在作业施工与监督现场，对下井管、杆全井检测，落实责任到人，提高作业一次合格率。

5.2 优化油井生产，治理管杆偏磨、断脱

建立油井偏磨基础资料，整理与分析偏磨井的井史和作业现场资料，形成系统的检索与查询系统，为制定防偏磨措施和优化设计提供准确的基础数据。针对不同的井采取不同措施，优化抽油杆组合，采取管柱锚定、底部加重、杆柱扶正、管柱与井口旋转等治理油井偏磨措施；应用旋转封隔器、扶正器、防偏磨井口等成熟的配套工艺，推广应用无管采油和连续抽油杆等新工艺技术，提高油井偏磨治理水平。另外，开展专项治理大沉没度油井工作，降低泵挂深度，减少抽油杆的下井用量，控制偏磨油井数量的上升。在低渗油藏要求沉没度较大的，进行大泵低冲次生产参数试验，弥补小泵深抽工艺的不足，解决低渗区块油井偏磨与杆断的问题，同时降低油井作业成本。对油井抽油设备不匹配的情况，尤其对高压低渗区块油井抽油机配套不合理问题，通过加大更换和改造力度，解决“小马拉大车”现象，减少因生产参数不合理而造成的抽油杆断脱躺井，提高低渗区块的油井泵效。

5.3 优化设计，合理匹配设备，提高机采效率

随着油田开发形势的变化与生产技术需要，针对不同区块、不同生产特点的油井，选配相适应的抽油泵，降低因下井泵不匹配造成的躺井。对结蜡井、出砂井的治理与防范，通过优化设计，严格执行相关的管理规定与标准，加强结蜡井、出砂井的定期洗井工作。电泵井沉没度过大造成其躺井，对此问题，首先加强对大沉没度电泵井的治理工作，对沉没度大于600米的电泵井，以减少电泵生产井数为出发点，优化设计，上提泵挂，用ϕ70或ϕ83大规格有杆泵代替大沉没度的电泵井生产，同时将部分供液能力强、沉没度大的井及时提液升级，提高油井抽吸效率。

6 战疫情，勇担当，彰显革命优良传统

面对防疫和生产的双重考验，中原油田濮城采油厂科技工作者不等不靠、主动作为，在全力抓好疫情防控的同时，统筹兼顾，精心安排，全面抓好措施增产工作，确保疫情防控、生产两手抓，两不误。在工作中牢固树立“技术创造财富，创新引领未来”的观念，树立“与企业同甘苦、共命运”的观念，在孙健初、陈俊武等老一辈榜样力量的影响下，坚守责任担当，激发整体专业人才队伍活力，增强广大技术人员、职工群众的责任感和奉献精神。一大批员工像对待孩子一样对待油水井方案，像对待家一样眷恋每一口井。有周末抱着2岁的幼子，在电脑前加班编写修井方案的杨迎光；有妻子生子，因濮3-226、濮7-25等夜间作业需要施工，舍去休假日，主动上班的翟祥龙。在新的形势和任务下，“油在地下、更在心中”已深植于石油科技工作者的心中，并指导创新工作，形成独具濮城油田特色的开发技术。

随着复工复产“百日会战”号角吹响，科技工作者凝心聚力提产量，大打科技措施增效攻坚战，确保油田稳产增产，为我厂争取到了上产主动权，把耽误的工作补回来，把失去的效益夺回来。工艺技术人员组成的现场技术组，从措施方案讨论、方案的优化编制、生产工序安排，到防疫施工安全措施的制定、施工过程跟踪监督、标准化验收，均能保质保量、高效率工作。

P4-C30、P7-C149、P85-C8、W51-C53、V79-6等5口井是濮城采油厂复工后优先实施的压裂增产措施井。项目长领到任务后，首先认真分析各井生产现状，将地质甜点与工程甜点相结合，优化压裂工艺和参数，编制出“合口对胃”的压裂施工方案；其次，提前组织对接压裂、作业施工队及相关协助单位；再次，严格执行领导干部带班制度，严格进行督导检查，确保防疫措施到位与生产施工安全；最后，工艺技术人员全过程进行现场监督指导，仅用5天时间就顺利拿下5口重点措施井，日增油25吨，努力挽回疫情损失的时间，争取油气上产主动权。

防控疫情工作期间，为有效降低油井检泵率，控躺技术人员建立单井治理档案和控躺方案，对每口生产油井，建立科学的评价体系，按照“一井一策一卡”管理方法，对特殊井况井制定工艺配套治理方案，优化工艺设计，完善“八防”工艺配套技术，连续跟踪，做到控躺治理有依据、措施改进有效果，有效地控制了躺井，为完成“油增气升降本”做出突出贡献。为巩固控躺效果，培养高效“长寿井”，技术人员建立“会诊”制度，查找历次躺井原因，总结躺井规律和治躺经验，有效延长了检泵周期。截至目前，累计培养“长寿”高效井346口，占开井数的44.4%。免修期大于1000天的井有158口，其中濮侧2-217井免修期长达3685天，是濮城采油厂生产周期最长的“长寿井”。

7 结束语

在全球疫情仍在肆虐的当下，我们每一个人必须携起手来，树立“与企业同甘苦、共命运”热爱油田的正确观念，激发整体专业人才队伍工作活力，以高度责任感和奉献精神，加强工艺技术创新，实现油田可持续发展，以必胜之信念，坚持遏制疫情蔓延态势，齐心协力打赢这场疫情防控阻击战、安全环保保卫战、科研技术攻坚战、生产经营突围战，为濮城油田的振兴与发展出力献策，把握油气生产主动权。

多层系气藏开发有效储层厚度经济界限探讨
——以苏里格气田中区为例

尹　涛　罗旻海　姚　莉
（中国石油西南油气田分公司天然气经济研究所）

摘　要：从经济效益角度，基于建井投资、生产指标以及运营数据，采用动态法评价内部收益率6%时对应的最低经济可采储量，结合苏里格气田中区开发井网、采收率等资料，对多层系气藏开发开展有效储层厚度经济界限进行探讨，评价不同层系开发的界限值。研究结果表明：（1）最低经济可采储量随销售气价升高而降低，在目前建井投资、销售气价以及评价参数条件下，直井、水平井最低经济可采储量分别为1390亿、4000亿立方米。（2）采用直井“多层合采”能增加单井储量动用程度，研究区合采有效储层厚度界限为7.4米；若盒$_{8下}$有效储层厚度大于5.4米，可考虑部署水平井建产。（3）对有效储层厚度经济界限值的探讨，一定程度上能指导水平井部署；若气价提高0.1元/立方米，预测直井、水平井有效储层厚度下限可分别平均下降0.9米、0.6米。

关键词：多层系；有效储层厚度；经济界限；单储系数；可采储量；苏里格气田中区

如何对多层系气藏尽可能多的动用地质储量，一直是气田开发人员的奋斗目标，若采用直井“合层开采”或水平井单层开采，纵向上受隔层、有效储层厚度以及工程费用的影响，使部分层位在开发过程中并没有进行射孔改造。本文所研究的苏里格气田中区属于典型的致密砂岩气藏，主要受砂岩横向展布和储集物性变化所控制，沉积相为辫状河和曲流河沉积体系[1]，砂体内部结构存在差异，表现为纵向上多期叠置、横向复合连片，形成宽条带状或大面积连片分布的复合砂体。区内三套主力含气层系（盒$_8$、山$_1$和山$_2$）[2]，直井采用“多层合采”方式开发，水平井主要开发层位盒$_{8上}$、盒$_{8下}$、山$_1$。区内纵向上，虽然储层厚度大，但个别层系受隔层有效，有效厚度差异大，由此，对多层系气藏开发开展有效储层厚度经济界限的研究，探讨各层系有效储层厚度经济界限值，对提高单井储量动用程度和实施水平井部署具有重要现实意义。

1　评价方法

目前经济效益评价主要依据《中国石油天然气集团公司建设项目经济评价参数（2020）》和有关新的财税政策，内容要求当项目财务内部收益率高于或等于行业基准收益率时，认为项目财务上是可行的。按照储层物性和开发特征，苏里格气田属于致密砂岩气藏，属于陆地非常规油气开采项目，要项目达到财务上可行，按照2020年评价参数要求，最低基准收益率为6.0%[3-4]。

首先，评价目前运营条件下气井废弃时的经济极限产气量[5]。当天然气生产的经营成本、税金及附加等于销售收入时的产量即为经济极限产量，评价公式为：

$$q_{g(经济极限产量)} = \frac{C_{(经营成本)} + T_{(税金及附加)}}{J_{(销售气价)}\eta_{(商品率)}} \quad (1)$$

式中：q_g为气井经济极限产量，立方米/日；C为经营成本，元/日；T为销售税金及附加，元/日；J为井口气价，元/立方米；η为商品率，%。

其次，按气井递减方式预测分年产气量，并基于当年或上年度的商品率、销售气价测算未来年份的现金流，通过调整气井初期配产使财务内部收益率（FIRR）到达6.0%，求取评价期内最低经济可采储量。

$$\sum_{t=1}^{n}(\mathrm{CI}-\mathrm{CO})_t(1+\mathrm{FIRR})=0 \quad (2)$$

式中：CI为现金流入量；CO为现金流出量；（CI–CO）$_t$为第t期的净现金流量；n为项目评价期。

最后，根据容积法储量公式，结合研究区内开发井网、预测单井采收率以及目的层的单储系数[6]等开发资料，求取不同井型对应有的效储层厚度经济界限值。

$$\alpha_{\min} = \frac{G_{\min}}{\varphi D_r D_1} \quad (3)$$

$$q_{gi} = 0.01\frac{\phi S_g T_{sc} p_i}{Z_i p_{sc} T_i} \quad (4)$$

$$h_{\min} = \frac{\alpha_{\min}}{q_{gi}} \quad (5)$$

式中：$h_{\min}$为有效储层经济下限，米；$\alpha_{\min}$为储层丰度经济下限，亿立方米/平方千米；$G_{\min}$为最低经济可采储量，亿立方米；φ为单井采收率，%；D_r为井距，千米；D_1为排距，千米；q_{gi}为单储系数；ϕ 为储层孔隙度，%；S_g为储层含气饱和度，%；T_{sc}为标准状态温度，K；p_i为储层原始地层压力，MPa；Z_i为偏差系数；p_{sc}为标准状态压力，MPa；T_i为储层地层温度，K。

2 单井操作成本变化规律

油气生产过程中操作和维持井及有关设备和设施所发生的成本总支出即是油气生产成本[7]，根据成本费用与产量的关系可将生产成本分为固定成本和可变成本。由公式（6）（7）可知，固定成本不随产品产量的变化而变动，可变成本随产品产量的增减而成正比例变化[8]。不考虑费用上涨率，气井连续生产，随着单井产量逐年递减，固定成本基本保持稳定，可变成本受产量影响呈逐年降低趋势，且可变成本的年变化率大于固定成本。

$$Fc = \sum_{t=1}^{n} [\sum_{i=1}^{m} (Ci) \cdot W] \tag{6}$$

$$Vc = \sum_{t=1}^{n} [\sum_{i=1}^{m} (Ci) \cdot Q \cdot \eta] \tag{7}$$

式中：Fc为固定成本；Vc为可变成本，元/立方米；W为生产井数，口；Q为产气量，亿立方米；η为商品率，%；Ci为某一项目费用，万元；m为项目数量；n为项目评价年限。

相反，单位操作成本变化则是呈逐年上翘的趋势，它在一定程度上能反映企业经济效益、开发技术水平及经营管理水平[9-13]。研究区内气井递减类型属于衰竭式递减规律[14, 15]，依据气田直井、水平井的生产动态分类标准[16]，直井配产大于2.0万立方米/日、水平井配产大于5.0万立方米/日为Ⅰ类井，直井配产1.0万～2.0万立方米/日、水平井配产3.0万～5.0万立方米/日为Ⅱ类井，直井配产小于1.0万立方米/日、水平井配产小于3.0万立方米/日为Ⅲ类井。

$$\bar{C}_t = \frac{\sum_{i=1}^{m} (Ci) \cdot W + \sum_{i=1}^{m} (Ci) \cdot Q_t \cdot \eta}{Q_t \cdot \eta} \tag{8}$$

式中：$\bar{C}_t$为某年度的单位操作成本；Q_t为某年度的产气量；t为评价期中某一年。

由式（8）可知，Ⅰ类井初期年产气量和操作成本费用都高，但单位操作成本最低；Ⅲ类井则相反，初期年产气量和操作成本费用较Ⅱ类井低，但单位操作成本最高；随着开采进入末期，不同类型气井的单位操作成本变化随着生产时间延长，呈逐年升高，且最终呈收敛的趋势，如图1所示。鉴于苏里格气田开发原则采用单元（井间）接替，直井与水平井统一管理[19]，因此，直井与水平井的单井经济极限产量认为是同一数值。

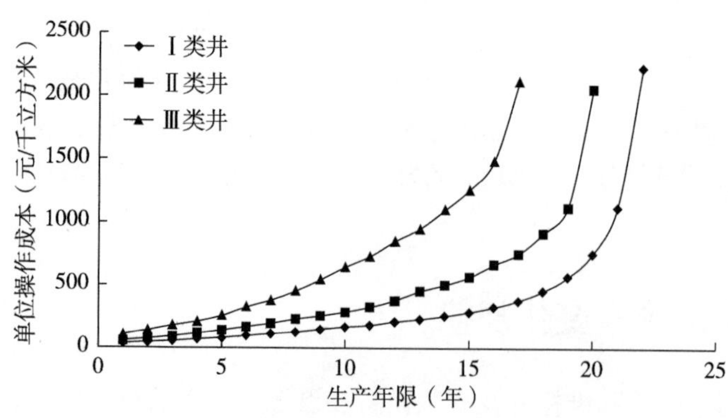

图1　Ⅰ、Ⅱ、Ⅲ类井单位生产成本变化趋势

3　最低经济可采储量评价

参照2019年气田开发井钻完井系统工程技术服务市场价格，钻井工程主要考虑钻前准

备、进尺费、数据远传、综合录井、测井、固井，压裂试气、钻井液处理及材料费用等；地面工程主要考虑征地、井口设备及地面配套等。研究区内直井平均完钻井深3500米，建井投资720万元/口；水平井平均完钻井深度4800米，投资约为直井的3倍，建井投资约为2160万元/口；新井单位操作成本按投产第三年达到2019年开发成本水平进行预测[17]。

3.1 单井经济极限产量

依据2019年气田生产与财务数据，评价单元气井为3665口，2019年商品气量为76.5674亿立方米（商品率93.05%），扣除财务费用，维持气井开发生产的最低运行费用为42.78万元/口，见表1。

表1 评价单元商品气量与生产成本统计

评价单元	井数（口）	商品量（亿立方米）	税金及附加（亿元）	操作成本（亿元）	折旧折耗（亿元）	期间费用（亿元）
A单元	1727	27.08	1.67	3.38	10.38	2.86
B单元	529	15.07	0.93	1.37	5.5	1.59
C单元	1409	34.42	2.12	4.2	19.64	3.63
合计	3665	76.57	4.72	8.95	35.52	8.08

研究区气井产量自投产后逐年递减，开发后期主要采用间开制度生产[18]，开井时率逐渐降低（统计气井前5年的平均开井时率为0.75～0.9，后10年的平均开井时率为0.4～0.5），加之单井经济极限产量[19]受时率影响，为保持评价的一致性，评价过程中认为气井为连续生产井，气井的开井时率按0.9考虑。在目前开发和经济条件下，运用公式（1）评价单井经济极限产量为1120立方米/日。

由于目前条件下的财务和生产数据是新井与老井、好井与差井的综合表现，因此，该时间点评价的经济极限产量为静态瞬时值，由评价公式可知单井的经济极限产气量随生产经营成本、销售气价以及开井时率的变化而变化。

3.2 直井最低经济可采储量

在相同建井投资条件下，评价期15年，反算直井达到内部基准收益率6.0%时，得到对应的气井年生产气量。通过单因素分析还可回归得到直井最低经济可采储量与销售气价的关系，如图2所示。由此可知，直井建井投资按720万元/口考虑，参考2020年气田实际销售价格（销售气价1120元/千立方米），达到基准内部收益率6.0%的最低经济可采储量为1390万立方米。

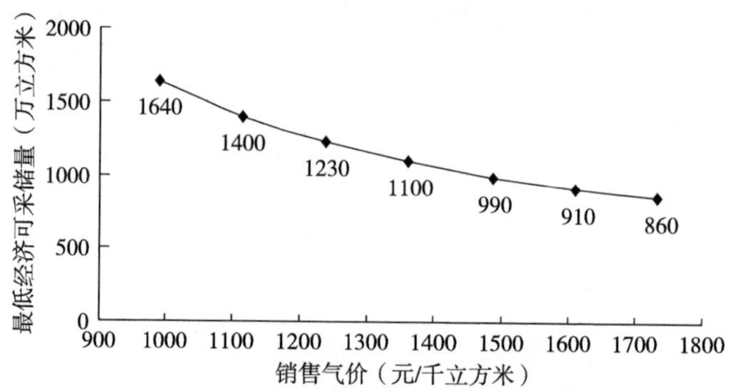

图2 销售气价与最低经济可采储量关系（直井）

3.3 水平井最低经济可采储量

同理，水平井建井投资按2160万元/口、评价期15年进行测算，回归得到水平井最低经济可采储量与销售气价的关系，如图3所示。参考2020年气田实际销售价格（销售气价1120元/千立方米），达到基准内部收益率6.0%的最低经济可采储量为4000万立方米。

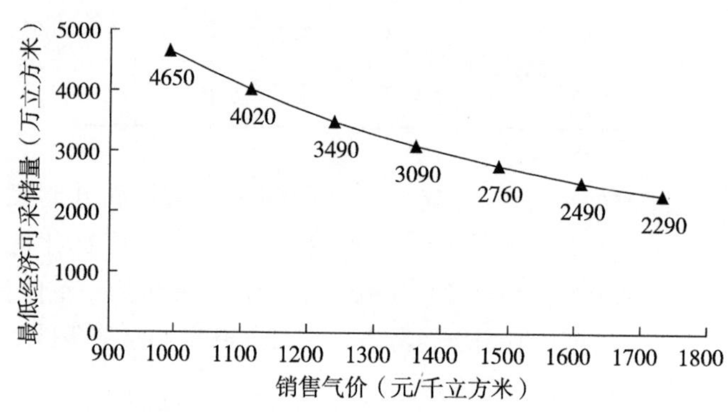

图3 销售气价与最低经济可采储量关系（水平井）

4 有效储层厚度经济界限

研究区内直井开发井网经过三次调整，目前直井井网为500米×650米，单井控制面积0.33平方千米，预测单井采收率49.6%；水平井采用骨架井（丛式井）与水平井联合布井方式[20]，井网为（450~550）米×（1500~1800）米，单井控制面积0.68~0.99平方千米，预测单井采收率80.4%。

为弄清研究区内不同层系的生产情况，对研究区内投产的886口直井和212口水平井进行统计，其中直井采用“合层开采”方式生产，射孔打开的层段中生产层位盒$_{8下}$、山$_1$占总样本数的69.2%；水平井开发层位主要是盒$_{8下}$，占总样本数的89.6%，如图4所示。

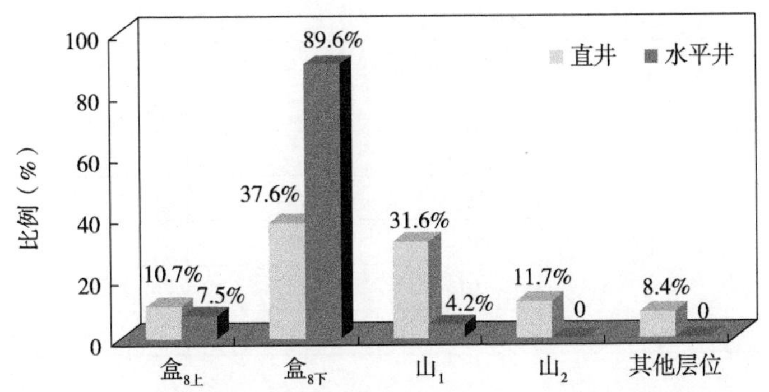

图4 研究区内直井和水平井主要开发层位柱状分布

结合单井电测资料，进一步统计各主力生产层位的储层物性，盒$_8$储层的孔隙度好于山西组，平均视孔隙度在9.35%～9.76%，山西组的平均视孔隙度在7.65%～8.07%；储层盒$_{8下}$、山$_1$的含气饱和度好于盒$_{8上}$、山$_2$，盒$_8$储层的平均视含气饱和度在61.7%～71.0%，山西组的平均视含气饱和度在62.9%～68.3%。

运用式（3）至式（5）得到直井、水平井在不同层位开发所要求的有效储层厚度界限值，见表2。由表2可知，对研究区内盒$_{8上}$、盒$_{8下}$、山$_1$、山$_2$储层的单储系数计算，其中以盒$_{8下}$为最优，适合开展水平井建产；直井单层开发储层的有效厚度下限为6.3～8.7米，合层开采储层的有效厚度下限为7.4米；水平井开发要求储层的有效厚度下限为3.7～5.1米。因此，纵向上多层系气藏分布，且各开发层系间具有良好的隔层，为动用更多地质储量，选用直井最优；有效储层厚度大于经济下限值的，可适时选用水平井开发。

对销售气价单因素分析后认为，若销售气价上涨0.1元/立方米，对应直井、水平井的最低经济可采储量分别下降9.2%、12.3%，在同等条件下，有效储层厚度下限可分别平均下降0.9米、0.6米。

表2 不同开发层系对应有效厚度经济界限

项目名称	单位	生产层位	井型		
			水平井		直井
建井投资	万元/口	—	2160		720
最低经济可采储量	万立方米	—	4000		1390
开发井网	—	—	450米×1500米	550米×1800米	500米×650米
控制面积	平方千米	—	0.68	0.99	0.33
采收率	%	—	0.804		0.496
最低控制储量	亿立方米	—	0.73	0.50	0.85
单储系数	亿/平方千米·米	盒$_{8上}$	0.098		
		盒$_{8下}$	0.135		
		山$_1$	0.118		
		山$_2$	0.109		
		平均	0.115		

续表

项目名称	单位	生产层位	井型		
			水平井		直井
有效厚度下限	米	盒$_{8上}$	7.5	5.1	8.7
		盒$_{8下}$	5.4	3.7	6.3
		山$_1$	6.2	4.3	7.2
		山$_2$	6.7	4.6	7.8
		平均	—	—	7.4

5 结论与认识

（1）低经济可采储量随销售气价升高而降低，在目前建井投资和销售气价条件下，反算内部基准收益率为6.0%时，直井、水平井的最低经济可采储量分别为1520亿立方米、4450亿立方米。

（2）采用直井“多层合采”能增加单井储量动用程度，在目前经济条件下，合采的有效储层厚度界限值为7.4米；若盒$_{8下}$有效储层厚度大于5.4米，可考虑部署水平井。

（3）评价各层系有效储层厚度的经济下限值，一定程度上能指导气田产能建设，若致密气补贴能达到0.1元/立方米，预测直井、水平井的有效储层厚度下限可分别平均下降0.9米、0.6米。

参考文献

[1] 李柱正，李开建，等. 辫状河砂岩储层内部结构解剖方法及其应用——以鄂尔多斯盆地苏里格气田为例[J]. 天然气工业，2020，40（4）：30-39.

[2] 李宪文，肖元相，陈宝春，等. 苏里格气田致密砂岩气藏多层分压开采面临的难题及对策[J]. 天然气工业，2019，39（8）：66-73.

[3] 中国石油天然气集团有限公司投资项目经济评价参数[M]. 北京：中国石油规划总院，2020.

[4] 国家发展改革委和建设部. 建设项目经济评价方法与参数（第三版）[M]. 北京：中国计划出版社，2007.

[5] 李天才，郝玉鸿，殷树根，等. 榆林气田废弃条件的确定[J]. 特种油气藏，2006，13（6）.

[6] 李柱正，李开建，李波，等. 辫状河砂岩储层内部结构解剖方法及其应用——以鄂尔多斯盆地苏里格气田为例[J]. 天然气工业，2020，40（4）：30-39.

[7] 高华，李丽红，等. 项目可行性研究与评估[M]. 北京：机械工业出版社（第二版），2019.

[8] 刘丹. 油气生产作业成本动因分析[J]. 合作经济与科技，2016（1）：88-89.

[9] 李秀生，王灵碧. 油气操作成本动因分类方法研究[J]. 天然气工业，2008（1）：146-148，179.

[10] 王亚莉，孔金平. 天然气开发投资现状分析及政策建议[J]. 天然气工业，2009（9）：110–112.

[11] 刘先涛，张淑英. 油气田生产经营活动经济效益分析方法研究[J]. 西南石油学院学报，1999（2）：96–99，8.

[12] 郝上京，王焰东，陈明强，等. 低渗透气藏产量递减规律分析[J]. 新疆石油地质，2009，30（5）：616–618.

[13] 李鹏，范倩倩，霍明会，等. 苏里格气田气井配产与递减率关系研究及应用[J]. 西南石油大学学报（自然科学版），2020，42（1）：126–132.

[14] 赵涛，孙新亚，李文鹏，等. 苏里格气田天然气气井分类方法的研究[J]. 长江大学学报（自然科学版），2011，8（8）：66–69.

[15] 杨震，孔令峰，杜敏，等. 国内致密砂岩气开发项目经济评价和财税扶持政策研究[J].天然气工业，2016，36（7）：98–109.

[16] 冀光，贾爱林，孟德伟，等. 大型致密砂岩气田有效开发与提高采收率技术对策——以鄂尔多斯盆地苏里格气田为例[J]. 石油勘探与开发，2019，46（3）：602–612.

[17] 张吉军，尚友民. 低渗透气藏开发经济临界产量分析方法及其应用[J]. 天然气工业，2012，32（1）：104–107，129.

[18] 长庆油田分公司苏里格气田研究中心. 苏里格气田水平井开发技术与实践[M]. 北京：石油工业出版社，2017.

国有控股上市公司治理实践分析

魏 方 孙 博
（中国石油天然气股份有限公司董事会秘书局）

摘 要：基于调研和理论文献研究了国有控股上市公司的公司治理现状，从独立董事制度、机构投资者参与公司治理、“环境保护、社会责任和公司治理”信息披露三个方面对提升公司治理水平的探索实践进行分析，为国有控股上市公司探索公司治理最佳实践提供理论参考和经验借鉴。

关键词：国有控股；上市公司；公司治理；发展现状；最佳实践

1 提升国有控股上市公司治理水平的要求

国有控股上市公司在中国资本市场占据着举足轻重的地位，其公司治理水平不但对其自身业绩有重要影响，也直接关系着中国资本市场的稳定健康发展乃至经济社会整体发展水平。近年来，中国证监会一直致力于持续提高上市公司治理水平，完善公司治理的制度体系，对于上市公司的规范运作提出了更加具体细致的要求，并联合其他有关部门出台了一系列规范性文件。国有控股上市公司积极遵守境内外监管法规，结合自身实际建立了较为规范的公司治理架构，得到了资本市场的普遍认可。然而，一方面一些公司由于业务和规模的快速发展，在公司治理方面不能完全适应监管要求和监管重点的变化，公司的治理水平和治理能力需要进一步提升。另一方面，随着资本市场的不断发展成熟，公司股东和潜在投资者参与公司治理的意愿越来越强烈，要求公司治理更加透明、规范及市场化。因此，进一步完善公司治理架构、提升公司治理水平不但是监管要求，更是全体股东和资本市场的要求。

此外，许多国有控股公司特别是大型央企多采用多地上市的形式，积极利用境外资本市场促进业务发展和公司治理水平的提升。不同上市地监管标准和要求的差异给国有控股上市公司的公司治理和合规运作带来了挑战。在研究国有控股上市公司在公司治理方面的现状中，通过比较分析探索解决问题的途径，有助于探索更加适合国有控股上市公司特点的公司治理模式。

2 国有控股上市公司治理现状

截至2019年年底，A股市场共有3777家上市公司，其中1114家为国有控股上市公司，占比29.49%。国有控股上市公司A股市值约为318641亿元，占A股市场总市值的53.36%。

改革开放以来，中国国有企业以市场化为改革方向，建立现代企业制度，不断完善公司法人治理结构和公司内外部治理机制。1993年通过的《中华人民共和国公司法》中明确把法人治理结构表述为股东大会、董事会和监事会三个公司架构及其相互关系。2003年，国务院国资委设立，职责主要包括履行国有企业出资人职责，推进国有企业改革和重组、监管国有企业保值增值、强化国有资产经营管理、指导国有企业现代企业制度建设等；派出监事会并负责企业监事会的日常管理和运作；建立并完善国有企业经营者激励和约束制度，负责国有企业人事制度、考核制度的建立和实施；维护国有资产出资人的权益、建立完善并实施国有资产保值增值指标体系等[1]。2017年，国务院办公厅下发《关于进一步完善国有企业法人治理结构的指导意见》[2]和《国务院国资委以管资本为主推进职能转变方案》[3]文件，要求进一步改进国有企业法人治理结构，完善国有企业现代企业制度。

在国有企业治理水平逐渐提升的同时，国有控股上市公司由于其特殊性，在实践中面临更高标准的治理要求。

（1）国有控股上市公司在国民经济中占有重要地位，特别是涉及煤炭、石油、钢铁、航空、航运、军工、制造、通信、电力、金融等行业的大型国有控股上市公司，其发展直接关系国计民生，具有战略意义，同时对中国资本市场发展具备重要影响能力。

（2）国有控股上市公司同时负有社会责任、经济责任和股东责任，需要综合考虑和保障各相关方（包括控股股东和中小股东、投资者、职工、供应商、客户等）利益，如何通过一系列制度安排和实践来保障各方利益，对于国有控股上市公司是一个严峻考验。

（3）国有控股上市公司在资本市场和社会舆论上的影响力较大，不仅投资者对公司有较高关注度，公众对于公司的各方面动向也会保持一定聚焦，这无疑对公司的信息披露水平提出了更高要求。

3　国有控股上市公司治理实践

为提升国有控股上市公司治理水平，国有上市公司在建立和完善独董制度、探索投资者参与公司治理、加强信息披露方面形成了丰富实践。

3.1　独立董事制度

中国从英、美等国家引进了独立董事制度，这些制度内容起初为证监会发布的一些指导性意见，后在实践基础上逐步完善并确定法律地位。1997年，证监会发布《上市公司章程指引》，首次对独立董事做出规定，提及公司根据需要可设立独立董事。2001年，证监会发布《关于在上市公司建立独立董事制度的指导意见》，提出上市公司应当聘任适当人员担任独立董事，独立董事人数占董事会的比例必须达到1/3。此后，《上市公司治理准则》《公司法》等法律法规对独立董事制度做出进一步规定。独立董事可以在重要决策的事前、事中、事后，例如关联交易、对外担保、利润分配和财务审计等方面发挥监督制衡的作用，发挥专长和经验参与公司战略决策，优化公司经营发展，促进公司治理的内外完善，维护中小股东权益。

国有控股上市公司均按照法律法规要求聘用独立董事，很多上市公司独立董事占比也远超法定要求。许多国有控股上市公司专门制定了独立董事工作细则或在公司章程中做出明确规定，董事会能够积极配合独立董事履行职责，通过向独立董事定期发送资讯、定期或不定期组织现场调研、与董事长等高管定期沟通等方式，保证独立董事的知情权和调查权。在涉及重大事项决策时董事会能够充分听取独立董事的意见，尤其在年报编制期间，独立董事能够与审计师积极沟通并出具意见。

应该看到，经过多年实践，独立董事制度仍需进一步完善，以充分发挥其监督作用。近年来，由于中国环境、制度、文化等方面原因，独立董事的监督作用在一定程度上被严重削弱[4]。大多数独立董事决策影响有限，主要表现为：一是独立董事异议率偏低。有关调查显示，2011—2013年A股上市公司董事会数万次的投票表决中，独立董事投出反对票次数总计47次，弃权票次数94次[5]。这种占比极低的反对票和弃权票反映了中国上市公司的独立董事尚未充分发挥“看门人”作用。独立董事明确表示反对意见的情况很少，或仅以弃权的方式表示异议，即便独立董事提出异议，也难以对公司董事会决策产生决定性影响。二是独立董事未亲自出席股东大会的情况较为常见。三是独立董事在公司董事会中处于少数派的地位，获取信息的渠道有限。

3.2 机构投资者参与公司治理的现状

机构投资者的投资经验、信息收集和处理等能力，结合其资金优势，使其有更强的动机来监督公司行为或提供策略建议，形成对国有股东的“补位”，发挥其在公司治理中的独特作用。近年来全球范围内股东积极主义的兴起，以及中国在股权分置改革后机构投资者规模的壮大，增强了机构投资者参与公司治理的可行性[6]。证监会2018年9月修订的《上市公司治理准则》新增“机构投资者及其他相关机构”章节，鼓励社会保障基金、企业年金、保险资金、公募基金的管理机构等机构投资者，通过依法行使表决权、质询权、建议权等相关股东权利，合理参与公司治理。

结合中国资本市场发展情况和文化环境等特点，实践中机构投资者较少采取激进的方式参与公司治理，例如公开建议施压、提交股东议案或股东诉讼等，而是通过调研、拜访、会议等方式，与公司董事会和管理层对话，私下沟通态度和建议。研究显示，机构投资者参与公司调研有助于提升公司信息披露质量，改善公司治理水平[7]。此外，机构投资者通过行使表决权介入公司治理、参与企业经营决策。不过，在国有控股上市公司股权高度集中的情况下，中小股东的意志很难通过表决权体现。在控股股东或关联股东需回避表决的议案中，例如再融资、关联交易等，机构投资者参与意愿和监督作用相对更强。

由于机构及投资者存在异质性，不同机构投资者的投资风格理念、资金来源、委托要求、投资限制、持股周期等因素各有不同，对于介入公司治理的意愿和能力也不尽相同。一些境外学者将机构投资者划分为潜在积极的机构投资者和潜在消极的机构投资者[8]。有研究通过分析不同类型机构持股比例与公司股权融资成本的关系，提出证券投资基金作为独立的投资者且在中国机构投资者中占主导地位，相较社保基金和保险基金更能发挥监督作用[9]。不过从实践中看，由于A股市场投资者投资行为更偏短期，参与公司治理通常并不能直接带来收益，因此机构投资者参与意愿不强。

此外，法律制度是影响机构投资者参与公司治理的重要外部因素。出于防止机构投资者操纵股价的考虑，中国的法律法规对机构投资者的持股比例施以不同程度的限制，制约了机构投资者在参与公司治理方面的话语权。另外，投资者保护程度也影响机构投资者参与公司治理的积极性。与美国等地成熟资本市场相比，中国资本市场上投资者保护形势较为严峻，诉讼制度等有待完善。

3.3 “环境保护、社会责任和公司治理”信息披露

近年来，“环境保护、社会责任和公司治理”（简称ESG）已成为国际投资机构决策的重要因素，即除了财务回报以外，投资者还要充分评估其社会责任的履行。目前，中国也正着力推动环境保护、社会责任和公司治理发展，越来越多上市公司在发布年度财务报告的同时披露环境保护、社会责任和公司治理信息。

上市公司环境保护、社会责任和公司治理信息既可刊载于年报中，也可独立编制，多命名为环境保护报告、社会责任报告或可持续发展报告。近年来，发布环境保护、社会责任和公司治理报告的上市公司数量稳步增加。香港联合交易所2015年12月发布的《环境、社会及管治报告指引》，将其中部分内容由一般披露要求提升至“不遵守就解释”。2019年，联交所再度修订指引，进一步加强在港上市公司环境保护、社会责任和公司治理方面的披露。

由于环境保护、社会责任和公司治理在中国仍属于较新的理念，上市公司披露的相关信息质量较国际同行仍有差距，例如信息实质性、完整性等。以油气行业上市公司为例，国际石油公司环境保护、社会责任和公司治理量化指标披露情况普遍好于国内公司。壳牌、BP、埃克森美孚、雪佛龙和道达尔五大国际石油公司普遍参照全球报告倡议组织《可持续发展报告指南》《油气行业可持续发展报告指南》、联合国可持续发展目标等编制报告，披露的定量业绩数稳步增长，关键业绩指标大多完整覆盖《油气行业可持续发展报告》指南的12类指标，而国内石油公司存在指标覆盖不全或无定量披露的情况。国际同业公司普遍采用第三方审计为披露的环境保护、社会责任和公司治理数据提供独立有限保证。尽管数据第三方审计并非监管强制要求，但监管政策已释放信号鼓励开展。目前，国内石油公司中仅有中国海油开始采用第三方审计。从国际石油公司的实践来看，环境保护、社会责任和公司治理已上升至战略高度，理念深刻融入公司运营管理，包括在董事会下设专业委员会监督管理环境保护、社会责任和公司治理事务，制定相关管理制度，建立适合公司的环境保护、社会责任和公司治理管理体系。而国内公司对此的重视程度虽已大幅提升，但在管理架构、目标制定和战略决策方面仍有提升空间。

4 国有控股上市公司治理发展趋势

4.1 独立董事制度

从国有控股上市公司的实践探索来看，独立董事制度的发展趋势包括多元化建设以及

完善各类制度以增强独立性和积极性等。例如，中国石油积极推进董事会多元化建设，董事会成员构成充分考虑了公司情况、业务模式和工作需要，形成了专业知识、国籍、性别等方面的多元化董事会团队，其独立董事团队包括经济、金融、法律、战略规划等领域的专家，提升了公司治理能力，确保科学决策。

在激励和问责机制方面，部分国有控股上市公司探索了适合自身的考评方式，主要包括：（1）独立董事互评和自评相结合的考评方式。例如，招商银行进行独立董事年度述职和相互评价、监事会对独立董事的年度履职情况评价，并向股东大会报告。（2）注重对独立董事勤勉履职的考量。例如，福田汽车在公司章程中独立董事工作制度部分，明确提出“独立董事不勤勉即撤换”，即：连续3次或一年内超过3次不出席董事会和股东大会，一年内连续2次不发表独立意见或发表意见与事实明显不符，或出现影响其独立性情况隐瞒不报等[10]。（3）对独立董事的定性和定量指标予以细化并建立考核的后评价机制。例如，南京银行单独设立条款对独立董事的定性和定量指标予以细化，董事会根据独立董事的自述报告，结合平时的履职表现，实行回避方式打分，分值与应付报酬挂钩。建立了考核的后评价机制，一旦发现独立董事失职，将严格问责[11]。

4.2 机构投资者参与

目前机构投资者的发展是中国资本市场和上市公司治理质量提升的一个重要突破口。李维安和李滨等人通过CCGI^{NK}治理指数研究机构投资者介入公司治理的效果，结果表明中国机构投资者如今投身到上市公司治理状况的改进之中，以往“用脚投票”的情况有所改善[12]。

国内资本市场上存在一些机构投资者参与公司治理的实践。典型案例包括格力电器公司的机构股东主动提出涉及董事任免的提案，联合行使表决权并获得通过。这是首次机构股东代表进入国有控股上市公司董事会，也成为国有控股上市公司治理模式向前探索的标志性案例[13]。

4.3 环境保护、社会责任和公司治理信息披露

国有控股上市公司环境保护、社会责任和公司治理信息披露正朝以下几个方向发展，一是规范性，报告遵守上海证券交易所、联交所等上市地监管机构“环境保护、社会责任和公司治理”指引、全球报告倡议组织发布的《可持续发展报告指南》（GRI）、联合国可持续发展目标（SDGs）及行业协会建议等。另外，部分国有控股上市公司环境保护、社会责任和公司治理报告开始使用第三方独立鉴证。二是全面性，相关披露指标逐步提升，覆盖范围更广。三是以信息披露为契机，把社会责任理念融入发展战略、运营管理和企业文化中。

环境保护、社会责任和公司治理信息披露不仅仅是公司信息披露的强化，更是以信息披露为契机，促使上市公司履行社会责任，优化价值增长方式，推动公司高质量发展。

5 结语

经过多年实践，中国上市公司普遍形成了较为完善的治理模式和组织架构，其中国有控股上市公司已成为公司治理最为规范的群体。国有控股上市公司是中国特色资本市场的重要组成部分，完善和提升公司治理水平对中国资本市场发展具有重要意义。国有控股上市公司遵循法律法规和监管指导，结合自身的性质和特点，初步建立了独立董事等制衡机制，保障和促进独立董事和独立股东参与公司治理，不断提高环境保护、社会责任和公司治理信息披露透明度。公司治理模式不存在完美唯一的情况，国有企业在提升公司管治和运作水平的进程中会不断面临新的挑战，只有积极研判趋势，不断探索创新，才能形成具有中国特色国有控股上市公司治理的最佳实践。

参考文献

[1] 孙方，李维安. 国有企业改革40年回顾与展望[J]. 现代国企研究，2018（13）：36-44.

[2] 国务院办公厅. 国务院办公厅关于进一步完善国有企业法人治理结构的指导意见（国办发〔2017〕36号）[S]. 2017-05-03.

[3] 国务院办公厅.《国务院办公厅关于转发国务院国资委以管资本为主推进职能转变方案的通知》（国办发〔2017〕38号）[S]. 2017-05-10.

[4] 王兵. 独立董事监督了吗？——基于中国上市公司盈余质量的视角[J]. 金融研究，2007（1）：109-121.

[5] 中国独立董事生态调查：被疑不廉不勤不独不懂[R/OL]. http://finance.sina.com.cn/stock/s/20140729/025119843956.shtml.

[6] 伊志宏，李艳丽. 机构投资者的公司治理角色：一个文献综述[J]. 管理评论，2013，25（5）：60-71.

[7] 谭劲松，林雨晨. 机构投资者对信息披露的治理效应——基于机构调研行为的证据[J]. 南开管理评论，2016，19（5）：115-126+138.

[8] Almazan A，Hartzell J，Starks L. Active Institutional Shareholders and Cost of Monitoring：Evidence from Executive Compensation[J]. Financial Management，2005，34（4）：5-34.

[9] 范海峰，胡玉明. 机构投资者持股与公司股权融资成本的实证研究[J]. 经济与管理研究，2010（2）：44-50.

[10] 北汽福田汽车股份有限公司章程[S]. 2019年第四次临时股东大会修订. 2019-11-15.

[11] 严小莹. 南京银行公司治理分析[R/OL]. https://wenku.baidu.com/view/684e2aeea58da0116c174990.html.

[12] 李维安，李滨. 机构投资者介入公司治理效果的实证研究——基于CCGINK的经验研究[J]. 南开管理评论，2008（1）：4-14.

[13] 格力电器董事会选举：机构投资者“完胜”大股东[EB/OL]. https://finance.qq.com/a/20120528/000992.htm.

河南油田“十四五”转型发展对策研究

李建国　王岩明　杨宇辉
（中国石化河南油田分公司）

摘　要：通过对油田“十四五”转型发展的背景和向油气服务商转型发展的优劣势进行分析，提出了相应的对策、策略及模式建议，为河南油田拓展“十四五”业务空间和市场区域，全面提升油田国际化资源配置能力和国际化经营水平，实现油田高质量发展夯实基础。

关键词：老油田；转型；国际化；“十四五”；河南油田

1　河南油田“十四五”转型发展背景分析

1.1　转型发展的必要性

一是开采成本居高不下。近年来，河南油田产量结构变化较大，稠油、三次采油、低品位储量产油比例不断增加。河南油田2007年稠油、三次采油、低品位储量产油占当年油气总产量的53%，首次超过50%，以后不断上升，2016年上升到65%，油气开采成本高。河南油田油气单位完全成本远高于中国石化其他油田。

二是原油产量不断下降。油田保持了长达30多年的产量硬稳定，但稳产难度越来越大。2014—2019年原油产量不断下降的主要原因，一是产量递减速度加快，近5年年均自然递减率为15.61%，2019年自然递减率为18.96%；二是油价低，效益配产减少了高成本油的生产。

三是经营亏损大幅增加。2016年河南油田油气板块实现销售收入和利润总额大幅下降，2017年河南油田分公司资产负债率超过100%，企业净利润、经营现金流、自由现金流大幅下滑。

针对油田资源利用程度高、成本居高不下、原油产量不断下降的困难，中国石油化工集团有限公司（以下简称“中国石化”）总部召开了郑州会议，提出要深入研究可持续发展的问题，主动融入“一带一路”建设，努力开发一批有规模、有前景、有潜力的市场项目，实现由“油气生产商”向“油气服务商”转型发展。

1.2　转型发展的可行性

1.2.1　海外市场有潜力

从海外市场分析，油田近年来加强面向海外市场的平台建设，建设满足海外市场规律要求的快捷高效的市场开发和运行模式，做到一切以市场为导向、贴近市场、融入市场，海外市场实现收入大幅增加。2019年油田重点对伊拉克、阿尔巴尼亚及哈萨克斯坦油气服务市场进行多层次沟通、对接、技术与商务交流，与安东石油等两个大型海外集团签署了战略合作协议，并达成多个项目及业务的合作意向。

海外技术服务市场近年来成功实现由系统内市场为主向以系统外央企和大型民企海外市场、由方案部署为主向以油田综合服务为主、由以阶段技术支撑为主向以长效规模为主的三大转型，为海外市场持续良性发展打下了坚实基础。

1.2.2 国内市场有基础

油田近几年增强危机意识、市场意识、责任意识、效益意识，进一步发挥油田人才、技术、资源优势，完善体制机制激发全员动力和合力，破解一切阻碍开拓市场的障碍，着力打造“河南油田”品牌，全力拓展市场、发展市场、占领市场、赢得市场，在激烈的油气市场竞争中占据主动。河南油田外部市场实现了收入快速增长，年均收入增长率在30%以上，技术服务类项目收入占比提升快，企业的综合创效能力得以提高。

1.3 转型发展成为“十四五”规划确定的战略任务

河南油田发展战略明确：坚持“走出去”发展战略，全面提升油田国际化资源配置能力和国际化经营水平，实现由“油气生产商”向“油气服务商”转型发展，为建成行业一流能源化工企业奠定基础。确定深化改革、外创市场、转型发展是河南油田生存发展、可持续发展和高质量发展的战略任务。

2 河南油田“十四五”转型发展优劣势分析

2.1 优势

2.1.1 中国石化成立国际合作部，为加快布局海外市场奠定体制基础

2018年6月28日，中国石化国际合作部正式挂牌成立。成立中国石化国际合作部，是从体制上解决国际化业务发展统筹不足、管理分散、职责不清、合力不强、风险较大等问题，为推进中国石化国际化经营提供体制保障。以此为契机，优化中国石化全球产业布局，统筹推进海外油气勘探开发、炼油化工、工程技术服务、国际贸易等各项国际化业务发展，全面提升中国石化全球资源配置能力和国际化经营水平。

2.1.2 中国石化“一带一路”倡议，为油田大力开拓海外市场提供新机遇

中国石化油气勘探开发在“一带一路”沿线有11个国家和18个油气合作项目，累计获得权益油气6100万吨油当量。2017年中国石化海外市场按规模化的原则，明确重点做大中亚—俄罗斯—东欧战略合作区、提升中东（西亚）—北非战略合作区和拓展东南亚南亚战略合作区。油田采取积极追随的市场策略，关注三大战略合作区提供的巨大市场机会。

2.1.3 中资企业海外油气市场蓬勃发展，成为重要的目标市场

近年来，部分非油气主业的中资公司开展多元化经营，利用各自优势，积极拓展海外油气市场，获得了较多的油田区块。特别是振华石油，2003年成立以来，依托母公司中国兵器工业集团公司和中国北方工业公司的雄厚实力，充分发挥市场、资本、人才、机制等优势，利用军工销售换取油气勘探开发区块，目前已经在6个国家运营11个油气勘探开发区块，拥有地质储量12.9亿吨，每年生产包括天然气和凝析油在内共1600万吨左右的石油当量。安东石油、惠博普等国内民营企业，充分利用资本和体制优势，积极抢占海外石油资源，大量购入或参股油田区块，取得了一定数量的海外权益油和油气田的开发经营权。上述中资公司在海外油气田勘探、开发、石油工程及经营管理等方面普遍缺乏人才、技术、管理等支撑，为油田开拓中资公司海外市场带来了新机遇。

2.1.4 油田在管理、装备、技术等方面具有相对优势，具备全方位开拓外部市场的能力

河南油田储备了一支懂管理、专业强、操作精的高素质人才队伍，研发了一批国际领先水平的优势技术，具有完备的资信资质和装备精良的工程队伍，具备承担油气勘探开发区块评价、基础研究、规划部署、方案设计、工程配套工艺设计和施工服务、工程监督/监理、现场生产管理、专业技术培训、后勤服务等全链条一体化服务的能力。技术储备不断增加，科技支撑作用不断提升。油田三采、低渗透开发、稠油开发等特色技术在行业内都具有较高水平，对推进油田发展和外创市场的支撑作用不断增强。

2.2 劣势

2.2.1 油田外创市场整体创效能力不足，难以形成规模效益与品牌优势

目前，河南油田尚未规模进入高端技术和高附加值市场，研究院、工程院的专业技术优势，采油厂、油服中心的生产管理和工程技术服务优势在市场开拓方面没有得到充分发挥，尚未形成“技术+服务”模式开拓国内外油气服务市场的局面。外创市场呈现出项目散、产值小的特点，整体创效能力不足，目前亟待对专业技术服务进行专业整合，形成系列化、规模化、品牌化，急需培育勘探开发特色技术和特色品牌。

2.2.2 人才、技术、装备优势尚未充分发挥，国际化经营能力有待进一步提升

河南油田目前共有3848名技术人才和496名高技能人才。在油气开发等方面拥有丰富的实践经验，科研单位一些技术也处于国内领先地位，但目前油田的外创市场项目以低端劳务输出为主，技术型市场份额较小，人力、技术资源优势没有得到有效发挥。海外工程项目国际化经营能力不足，亟待加强国际化人才培养力度，急需采取到同业海外优秀企业挂职学习、集中培训的方式，快速积累海外市场管理经验和提升海外工程项目经营能力。

2.2.3 部分员工外创市场意识不强，缺少"走出去"主动性

经过寒冬的洗礼，油田干部员工的思想观念有了较大转变，但还不能完全适应形势的需要，了解外创市场紧迫性和必要性，危机意识、对标意识和责任意识不强，缺少"走出去"的主动性。仍有少数领导干部缺乏开拓创新的思想，缺乏市场化的思维方式和管理方式，仍停留在传统的思维模式；部分员工外创市场意识不强，还存在"吃大锅饭"想法。激励政策不到位、技术水平有待提高等。

3 向"油气服务商转型"的对策研究

3.1 指导思想

解放思想，坚持"走出去"信心不动摇，通过人才、队伍的培养与锻炼，开展多种资源综合勘探开发，形成多层次油气服务队伍和知名品牌，拓展业务空间和市场区域，全面提升油田国际化资源配置能力和国际化经营水平，实现河南油田由"油气生产商"向"油气服务商"转型发展，实现油田高质量发展。海外市场以中东、中亚、东南亚、非洲、南美5大海外服务市场为目标。

3.2 总体战略

根据对标情况，分析目前的市场结构，在构筑SWOT分析矩阵的基础上，油田整体上应采取增长型发展战略。积极追随中国石化"一带一路"的市场战略，重点开拓中国石化海外市场，可采取密集型成长战略，进行市场渗透或重点市场开发。中资企业海外油气市场蓬勃发展，成为河南油田重要的目标市场，可采取与中资企业组成战略联盟的形式共同开发。国内积极追随国家能源安全战略，进一步开拓国内市场，采取一体化成长战略或者多元化成长战略，培育先进技术和品牌优势，实现规模、效益双增长。

3.3 市场定位

3.3.1 市场定位以区块开发权或区块承包经营管理权为重点

市场定位要关注中国石化在海外市场通过购并公司、合资经营、投标区块、购买区块等模式取得的油田，力争获得有潜力优质区块，以取得海外权益区块开发权或区块承包经营管理权为重点，采取"管理+技术"或者"管理+技术+劳务输出+产品销售"的油公司模式。

3.3.2 市场定位以特色技术服务和技术区块整体承包为次重点

以特色技术服务和技术区块整体承包为次重点，全面提升油田勘探开发技术整体支撑能力。市场定位要突出"竞争性定位"，通过油田展现特色技术服务和技术支撑能力，树

立品牌和对需求的竞争优势。

3.3.3 市场定位要注重品牌建设

品牌建设对市场定位构成支撑。近年来油田技术储备不断增加，科技支撑作用不断提升，油田三次采油、低渗透开发、稠油开发等特色技术在行业内都具有较高水平，具有品牌优势。全面接管中国石化国际勘探公司Addax加蓬项目的技术支持及运行工作，对进一步打造知名品牌，对油田全面走向海外规模市场具有重要的现实意义。

3.3.4 重点开拓中国石化内部市场

培育“豫油”品牌形象，打造油田特色服务品牌，牢固占领西部新疆和华北陕甘宁蒙等成熟市场，积极介入东北市场和南方市场，不断聚焦拓展国内新兴市场，渗透进入中国石油、中国海油服务市场。

4 向“油气服务商转型”的策略及模式

注重油气勘探开发与油气技术服务并举发展，成为国内外公认的有品牌、有实力的“油气生产商”+“油气服务商”，力争油气技术服务收入占到分公司总收入的半壁江山。

4.1 “借船出海，依托进入”的市场开发策略

依托中国石化国际合作部、中国石化资本和金融事业部优化全球产业布局，开拓海外市场的时机，对由中国石化投资的海外油田，采取合同承包或者联合承包的进入策略，进行项目运作，实现利益分享。采取合同承包或者联合承包的进入模式，积极寻求海外油气勘探开发突破，力争再取得 3 ~ 4 个海外油气新区块，再造若干个具有现有规模、具备持续超额盈利能力的高质量发展的油田。采取“借船出海”的进入策略，积极参与海外炼化工程EPC项目，采取集中性的营销策略，实行合资合作开发，降低经营风险，提升市场开发能力，积极参加总部EPC总承包项目。以沙特阿拉伯、伊拉克、科威特、哈萨克斯坦等国家为重点，采取渗透进入、品牌创优的策略，大力拓展石油工程服务业务，逐步由单一承包商向综合服务商发展。

4.2 “专业联合，捆绑进入”的市场开发策略

紧盯“三大业主”，大型石油央企、中型石油央企、大型民企；聚焦“三个区域”，中亚、中东和南美，实现一体化技术服务的突破。针对发展潜力大的海外市场，积极争取与惠博普、安东石油达成战略联盟，共同开发市场。各专业全方位开展工作，开拓新市场，逐步扩大市场份额。推动勘探、开发、工程服务等在外创市场中形成专业化、系列化的高端技术和特色技术。在海外市场树立河南油田高端技术服务品牌，推动分公司全业务链条协同，进行品牌化经营，合力开拓海外市场。

4.3 “突出优势，自主进入”的市场开发策略

根据目标市场的要求，培育自身优势，超前介入，以“品牌”和“专有技术”为依托，以集中性营销策略和差异性市场营销策略为手段，分析比较优势，突出竞争性，自主开发市场，争取市场开拓上的新突破。巩固并拓展西部新疆和华北陕甘宁蒙等成熟市场，积极介入南方市场和东北市场。市场管理处要加强统一管理，明确管理职责，分公司各个单位要根据目前市场变化情况，成立相应的组织工作机构，在全局层面形成一个强有力的外创市场组织机构，上下合力外创市场。各相关单位要协同配合联动，整合优势，集中力量，构建市场信息网络，密切跟踪外部需求，全力捕捉市场信息，加强对信息的筛选、评价和处理，对有价值的信息紧追不舍，及时跟进开拓市场。

5 保障措施

5.1 建立管理体系，明确管理职责

要求各个单位要根据目前市场变化情况，成立相应的组织工作机构，主要领导要亲自挂帅，亲自安排，亲自部署外部市场工作，明确1～2名副职领导主管本单位外创市场工作，在全局层面形成一个强有力的外创市场组织机构，上下合力外创市场。

5.2 深入信息分析，强化前期决策

要强化项目前期决策研究，根据收集到的市场信息，对地区经济、文化、资源、政策、承包商资信等情况，进行深入分析，综合各种因素，量化评价结果，对目标市场进行排序，明确重点，主动攻关。对于不同的目标市场，采取不同的市场策略，实行不同的经营政策，积极抢占国内外市场。

5.3 建立月度报表制度和定期分析机制

定期统计、分析、通报油田外部市场总体情况。一是建立月度报表制度。进一步完善月度报表的规范格式，做好月度外部市场情况的统计、分析、反馈、协调、服务等工作，汇总外部各项目详细情况，定期在外部市场信息专栏发布。二是定期分析外部市场经营情况。半年和年度按业务类别和区域，同期对比分析整体和局部经营情况，指出存在问题，做出下步安排。

5.4 搭建三个平台，优化资源配置

深化机制改革、搭建三个平台。一是搭建信息共享平台。坚持把市场开发当作第一

要务，收集、整理国内外油气开发及相关产业信息，对相关产业进行风险评估，发展潜力市场，开拓高效市场，不断优化外部市场布局。二是搭建人力资源共享平台。配套完善人员借聘政策，进一步打破单位之间的行政壁垒，形成举油田之力服务外部项目的优秀人才快速汇聚机制。三是搭建设备资产共享平台。建立需求调剂平台，支持内部资产流转和使用，支持外部项目开发，盘活低效资产，提高生产设施、设备利用效率。

5.5 强化考核激励，激发创效动力

在外部市场队伍中树立“基本薪酬自己挣”的理念。每个基层单位都是利润中心，每个班组项目都是创效单元，每名员工都是一个价值创造主体，突出“干与不干不一样、干多干少不一样、干好干坏不一样”，强化激励，充分调动广大干部职工开拓市场、创收创效的积极性。

浅议中国油气企业实施能源转型绿色发展

陈　瑶
（中国石油西南油气田分公司重庆气矿）

摘　要：能源转型是全球能源结构的重大改变，是一场绿色革命。中国油气企业应秉承绿色发展理念，加大技术创新力度，加大国内勘探开发力度，紧紧抓牢油气主营业务，积极实施油气增储上产、提质增效重大举措，以稳油、增气、储能建设、安全环保、新能源开发和加强国际能源合作为主线，保障能源供给和国家能源安全，积极推进智能油田建设，不断提高油气勘探开发效率，实现企业的可持续、高质量绿色发展。

关键词：油气企业；能源转型；生态环境保护；绿色发展

1　新发展理念助推中国油气企业能源转型绿色发展，并提供了坚实的政治保障

习近平总书记高度重视中国能源发展与改革工作，做出了一系列重要论述和指示。明确提出推动能源消费革命、能源供给革命、能源技术革命、能源体制革命和全方位加强国际合作的“四个革命一个合作”的重大发展战略，为中国能源转型绿色发展指明了方向。党的十八大以来，习近平总书记围绕生态文明建设提出了一系列新理念、新思想、新战略，如“保护生态环境就是保护生产力，改善生态环境就是发展生产力；绿水青山就是金山银山”等。特别是在党的十九大报告中明确提出构建市场导向的绿色技术创新体系，推进能源生产和消费革命，构建清洁低碳、安全高效的能源绿色发展体系。

近几年来，中国强化环境治理、推进清洁低碳、倡导节能降耗、调整能源结构、大力扶持新能源发展，积极推进能源生产和消费革命，构建清洁低碳和安全高效的能源绿色体系，使中国的自然生态环境得到了很大改善。但是，2020年年初以来，国际油气行业市场形势突变，新冠肺炎疫情全球蔓延扩散，全球油气消费需求显著放缓，特别是国际油价断崖式下跌，加剧了全球油气企业的经营压力。在习近平总书记亲自领导下，经过全国人民团结一心，艰苦努力，中国的疫情防控形势发生了积极变化，得到了有效控制；各级政府出台的复工复产措施见到明显成效，经济社会发展加快恢复，油气市场需求正在逐步回暖。因此，在当前的国际国内新形势下，探讨中国油气企业能源转型绿色发展具有重大意义。

2 当前中国油气企业实施能源转型绿色发展的相关对策

2.1 坚定不移地精心做好生产石油天然气的主营业务，必须担当起能源转型绿色发展主角地位

2.1.1 加大石油勘探开发力度，增储上产，降本增效，确保主营业务发展质量稳步提升

根据有关公报[1]，中国近10年生产石油产量由2.03亿吨下降至1.91亿吨，进口石油由2.39亿吨上升至5.06亿吨；进口成品油由3688.0亿吨降至3056.0亿吨；能源消费总量由32.5亿吨标准煤上升至48.6亿吨标准煤，其中石油消费量占能源消费总量由17.1%上升至18.9%。截至2019年年底，中国汽车保有量达2.6亿辆，尽管新能源汽车的发展速度非常快，但仅占汽车总量1.46%[2]。以上数据说明，石油在中国能源转型绿色发展中无可替代，且在未来相当长的时间内将继续保持相对稳定，消费量仍将保持增长，依然是需要大力发展的战略能源。

近期国家对油气增储上产、降低对外依存度、国内石油年产量重上2亿吨提出了要求。因此，油气企业要坚持稳油增气方针，坚定以原油天然气生产业务为本，进一步加大油气勘探开发力度，着力推动国内增储上产，切实降低中国油气对外依存度。同时通过技术创新、管理创新、国产化、商业模式创新等手段，降成本、降风险，实现油气企业高质量发展。

2.1.2 牢固树立安全生产和环保意识，确保油气生产本质安全

油气生产是一个高危产业。在过去的一段时期里，由于在发展理念与指导思想上出现了偏差，过分追求经济效益而忽视企业安全环境保护工作，在油气生产、炼油加工等过程中曾经发生了一些安全责任事故和严重的污染事件，给生态环境造成了巨大破坏，给当地人民的生产生活带来了严重影响。因此，油气企业要严格贯彻和履行社会责任；牢固树立安全与生态环境保护的红线意识；狠抓安全环境保护责任归位、过程考核和隐患问责，不断增强责任感和使命感；进一步加强企业全员培训教育，不断提高企业员工的生态环境保护意识；大力推广应用CCUS（碳捕集利用与封存）等绿色环保技术，实现能源转型绿色发展目标，切实担当起实现人与自然和谐发展的企业责任。

2.1.3 加快推进智能油田建设，助推油气企业提质增效

当前，中国油气企业正面临着石油资源品位劣质化、老油田高含水、低油价、安全环保压力等方面的严峻挑战，造成开采难度和开发成本日益增大，要实现勘探开发低成本、油气生产能力和效益提高，智能油田是油气企业发展的必然趋势。

智能油田是一个面向应用和服务的油田，智能油田的目标是建立一个由新工具、新技术支持的涵盖油田生产、管理及服务全生命周期的新油田生态系统。智能油田是油气藏勘探开发技术、油气开采配套产业、油气田生产及决策、现代信息技术应用等多种业务智能化协同发展的必然结果。智能油田是油田企业生产、科研、管理和决策的综合基础信息平台，它对油田的各级信息化建设起着统领和导向的作用，能大幅度降低石油生产成本，提

高油田平均采收率，提升企业经营管理效益。特别是对自然环境恶劣，生产管理难度大的区域，可以实现对油气生产领域的全面感知、自动操控和集中集成，可以实现问题及时动态诊断，优化管理流程，提高工作效率，实现精细管理、降本增效的目的。

2.2 加快储气库建设步伐，确保中国能源战略实施和能源安全

2.2.1 加快建成与天然气消费、能源安全相匹配的储气库规模

天然气在中国能源战略、能源安全和能源转型绿色发展中担当重要角色，而天然气储能的最佳方式就是建设地下储气库。地下储气库具有储气量大；安全系数高，不易引发火灾及爆炸；经济效益好，与金属气罐相比储气成本低；其隐蔽性和安全性适于战略储备等特点，特别是在用气高峰时用以补充管线供气的不足，满足用户需求，保障国家能源安全。

中国2019年国内天然气产量为1736.2亿立方米；天然气表观消费量为3067亿立方米，比上年增长9.4%[3]，且每年都在快速增长。2019年中国天然气对外依存度近45.2%[4]。按照国际经验，天然气对外依存度一旦超过30%，储气库工作气量需占全年消费量的12%以上。目前中国储气能力相当于年消费量的5.7%，世界水平现在是12%～15%，这严重威胁着中国的能源安全。截至2019年，中国仅建成27座地下储气库，仅为美国储气库总量（419座）的6%、俄罗斯（46座）的59%以及德国（50座）的54%[5]，作为全球第三大天然气总消费国，中国加快加大储气库建设刻不容缓。根据《天然气发展“十三五”规划》，到2020年中国形成地下储气库工作气量148亿立方米。2020年，国家将规划建设地下储气库30座以上。特别是在2020年4月10日，《关于加快推进天然气储备能力建设的实施意见》出台，有利于破除储气库分散建设规模小、安全风险大、选址困难、经济性差、成本难以传导等制约因素，推动中国天然气储气库建设进入“快车道”。

2.2.2 加强地下储气库选址评审工作，规避地下储气库开发风险

目前，世界上典型的天然气地下储气库类型有枯竭油气藏储气库、含水层储气库、盐穴储气库、废弃矿坑储气库4种。枯竭油气藏由于人们对其油气藏面积、储层厚度、盖层气密封、原始地层压力和温度、储气层孔隙度、渗透率、均质性等地质情况以及气井运行制度等已准确掌握，不再重复进行地质勘探。特别是油气田开发的气井和地面设施可重复利用，建库周期短，投资和运行费用低。因此，枯竭油气藏地下储气库是目前最常用、最经济且也应是重点建设的一种地下储气库形式。

建设地下储气库要充分考虑建设地点的地质条件、区域地理位置、法律、市场、环境保护和国家能源战略要求等因素，特别是要结合LNG接收终端，考虑地下储气库在未来的经营管理和经济效益，做好翔实的风险评估，从而建设成一个更加合理高效的地下储气库。中国石油率先于2020年6月11日在京挂牌成立国内首个储气库评估中心，此举标志着储气库业务向专业化建设与管理迈进一步，将发挥科研机构对储气库业务的技术支撑作用，推动中国储气库业务高速发展。

2.3 依靠技术创新，大力研发页岩气非常规新能源，助推能源转型绿色健康发展

2.3.1 不断深入研究与页岩气相关的地质理论以及资源预测与评价技术

页岩气属于低品位非常规天然气。页岩气藏的储层一般呈低孔隙、低渗透率的特征，需实施储层液压破碎才能开采。页岩气开发具有开发周期长、投资大、风险大的特点。由于中国页岩气形成的地质条件更加复杂，有海相、陆相和海陆过渡相；埋深平均在2000~4500米；资源地区地貌多山、沟壑，对复杂构造带常压页岩气保存机理不明，造成钻完井和压裂成本较高。根据中国页岩气发展规划，2015年中国页岩气技术可采资源量已达21.8万亿立方米[6]，页岩气资源储量巨大。根据页岩气发展规划，中国力争2020年实现页岩气产量300亿立方米，2030年实现页岩气产量800亿~1000亿立方米[6]。因此，我们必须进一步加强页岩气测井、页岩岩性及储集参数评价、岩石力学参数解释、裂缝识别等技术研究，进一步完善海相、海陆过渡相和陆相的页岩气理论，为勘探和开发页岩气提供坚实的理论基础。

2.3.2 继续加大对页岩气开发产业的财税政策支持

中国在页岩气开发上起步较晚，基础薄弱，页岩气开发投资大、产出周期长、投资回收慢。中国政府已出台多项关于页岩气行业的政策。从税收减免上来看，2015年，国家财政部与国家能源局将补贴政策延长至2020年，但补贴标准调整为前3年0.3元/立方米、后两年0.2元/立方米。2017年3月出台的《关于对页岩气减征资源税的通知》要求，2018年4月1日至2021年3月31日将页岩气资源税（按6%的规定税率）减征30%。建议国家继续给予或延长页岩气行业补贴和减税政策，使油气企业在国家政策大力扶持下，页岩气产量和经济效益实现稳定增长，行业得到稳定绿色发展。

2.3.3 加大环境保护和监管力度

现阶段中国开发页岩气区域主要是在四川盆地等丘陵地区，油气企业要高度重视页岩气开发可能造成的环境危害，提前做好防范。大力开展水力压裂法和地质灾害预防的基础研究，研制环保的压裂液，避免在地质敏感地区进行开发。在页岩气开发前期，因地制宜地充分研究制定相应的环保法规和标准，加大开发过程中的监管和检查力度，坚决避免重蹈“先污染后治理”覆辙，实现页岩气产业绿色发展。

2.4 全方位加强能源国际合作，全面提升新时代中国油气企业市场竞争力

全方位加强能源国际合作是习近平总书记关于中国能源重大发展战略体现，是中国能源新发展理念变革的需要，是中国对外依存度持续攀升而确保国家能源安全的需要，是中国油气企业自身发展的需要。党的十八大以来，在习近平总书记共建“一带一路”倡议和“四个革命，一个合作”能源安全新战略的正确指引下，中国全方位推动能源国际合作，着力拓展合作领域，不断扩大合作规模，持续提升合作质量，取得了重大成效。在2019年《财富》500强排行榜中，中国石油、中国石化和中国海油分别位列第4、2名和63名。能源

转型是一场绿色消费革命，中国油气企业要坚决排出地缘政治的干扰，跨区域跨行业全方位开展国内外能源项目合作，走出具有中国特色的能源转型道路。

2.4.1 大力加强油气联合勘探开发、工程服务等主营业务领域合作

中国油气资源探明程度低，非常规油气开发还处于起步阶段，当前中国石油探明率31%，天然气探明率10%左右，中外企业资源及技术合作空间巨大。特别是在页岩气、煤层气、页岩油、致密油等非常规油气和海洋油气资源勘探开发合作具有极大发展潜力。

2.4.2 大力加强油气国际贸易和基础设施建设领域合作

2019年中国进口原油5.06亿吨，同比增长9.5%，原油对外依存度升至72.5%；进口天然气9656万吨，同比增长6.9%，天然气对外依存度近45.2%[4]。目前，中国是世界上最大的能源生产国，同时也是世界上最大的能源消费国，随着中国油气需求量的逐年攀升，更是一个油气进口大国。因此，中国油气企业应广泛地开展国际贸易合作，加强LNG基站的设施建设，实现双赢。

2.4.3 加强与新能源企业合作，形成资源、市场一体化产业链

中国油气企业要发挥资金、技术装备优势，对内与高校、科研机构合作降低技术创新成本与风险，对外加强与国外先进公司的合作与交流，注重学习其能源绿色发展的管理制度和经验，引进、消化、吸收其先进的低碳技术、高能效技术和可再生能源技术，不断提高中国油气企业参与国际能源市场竞争的能力和水平。

3 结语

能源转型是一场绿色革命，是能源结构的重大改变。中国油气企业只要秉承绿色发展理念，依靠科技创新，不断加大国内勘探开发力度，不断提升主营业务发展质量，保障能源供给，积极实施油气增储上产、提质增效重大举措，以稳油、增气、储能、安全环保、开发新能源和加强国际能源合作为主线，积极推进智能油田建设，不断提高油气勘探开发效率，一定能实现企业的可持续、高质量发展。

参考文献

[1] 2010—2019年中国国民经济和社会发展统计公报. 国家统计局.

[2] 公安部：2019年中国汽车保有量达2.6亿辆 同比增长8.83%. https://www.sohu.com/a/374138235_2422723.

[3] 中国能源发展报告2020编著组.中国能源发展报告2020.

[4] 2019年中国石油年度报告[R]. 2019-12-31.

[5] 带你了解储气库[N]. 石油商报. 2017-11-08.

[6] 国家能源局关于印发页岩气发展规划（2016—2020年）的通知（国能油气〔2016〕255号）.

船舶燃料供应企业数字化营销的探索

王鲁星
（中国船燃公司信息管理部）

摘　要：数字化的应用领域正从互联网行业向各行业发展。国内各行业的企业纷纷进行数字化转型，传统的营销也开始被贴上数字化的标签，企业需要进行数字化转型。船舶燃料供应企业开展数字化营销的手段如下：对外构建企业智能供应链数字化平台、加深企业在营销环节的数字化应用、构建客户服务电商平台，通过网络推广企业品牌，扩展商机，实现精准营销；对内构建企业财务管理风控一体化平台，进行大数据分析，在帮助满足客户需求的同时，获取市场红利。

关键字：船舶燃料企业；数字化；营销

近年来，随着社会的不断进步以及信息技术的快速创新，国内数字化的应用领域正从互联网行业向政府、金融、农业、工业、交通、物流等行业发展，各行业的企业纷纷进行数字化转型，传统的营销也开始被贴上数字化的标签，并正在改变着人们对营销的认识。本文将探讨什么是数字化营销、船舶燃料供应企业应该怎样开展数字化营销。

1　营销的定义

人们对营销的定义众说纷纭，简单地说是人们俗称的买卖，指双方通过实物或者货币进行交换以换取自己所需物品，是最基本的交易行为；广义而言是指企业发现或发掘准客户的需求，让客户了解该产品进而购买产品的过程，它包括产品的生产和采购、仓储和运输、配送和验收、促销和推广、结算和售后服务等等围绕交易产生的所有相关行为。随着社会财富的增加和商品数量的丰富，商品供不应求的时代逐步远去，企业营销的重点也陆续从厂家产品的供给侧向客户的需求侧转移，并开始强调客户服务的重要性，强调企业与客户的共赢与共同发展。

2　什么是数字化营销

2014年，麦肯锡全球研究院（McKinsey Global Institute）提出过“数字化转型”（Digital Transformation），其主旨是利用数字技术提升企业内部运营效率，驱动业务流程的自动化。随着物联网、大数据、人工智能、区块链等技术的成熟和应用，很多企业尝试将数字化理念充实到传统的营销活动中，并与上下游企业进行数据的协同与共享，以促进业务的开展。简而言之，数字化营销是将营销活动数字化，是指企业借助互联网、移动通信等信息技术，有效调动各方资源开展的营销活动。数字化营销没有改变营销的本质，是营销数字化应用的过程，是伴随着现代信息技术不断发展的产物，尤其数字化营销对互联网的广泛应用，其内容已经涵盖企业通过互联网进行的调研、销售、促销、广告、数据分析、电子结算等营销全过程。它将企业各部门、各区域、甚至商务伙伴的信息通过数字化、标准化的计算机处理和网络传输，整合各类信息资源，帮助企业实现业务流、资金流、信息流的协调统一，通过提升自身的服务水平来满足客户及供应商的需求，最终目的是促进业务的开展。

3 船舶燃料供应企业数字化营销的探索

当前，数字化营销理论还不是十分成熟，在船舶燃料供应行业的应用也还不够深入，不同企业对自己营销特性的理解也会有差异，所以船舶燃料供应企业需要辨识出符合企业实际的营销特性，并加以关注、研究，结合企业信息化项目的建设开展数字化营销实践。一般来说，船舶燃料供应企业想要做好数字化营销，应区分对外和对内两个方面。对外应涵盖采购、销售、客户服务等业务环节，对内应涵盖企业组织、风控、财务等管理环节，同时要对企业营销所涉及的油品、库存、价格、船舶、成本、运费等各个方面进行梳理，提炼出企业所需的关键业绩指标，通过建立采购、管理、销售等数字化管理平台，对营销涉及的各方面指标逐个研究进行数字化加工处理，利用对汇总提炼出来的大数据分析来了解客户需求，提升营销水平，促进业务的开展。

3.1 构建企业智能供应链数字化平台，取得资源和物流供应的成本优势

船舶燃料供应企业的主业是燃料的采购和供应，降低采购成本是企业用来开拓市场、实现利润，提升竞争能力的根本，企业的采购端主要是与柴油和燃料油的供应商打交道，及时掌握供应商的真实资源对企业降低采购成本非常关键。企业应发挥下属各网点的网络优势，与所在地周边的资源供应商或市场中的分析机构保持实时沟通，构建资源报价展示的数字化平台，把国内资源甚至全球资源的最新报价汇总并展示出来，让采购人员看清国内南北方市场价格的差异，了解国际市场上东西方价格的区别，掌握不同供应商的报价信息，在此基础上根据中间客户和终端客户的需求变化，快速摸清船供油市场脉搏，从容把握采购节奏，既要从市场波动中发现商机，又通过掌握不同供应商对价格的诉求，提升公司的市场采购议价能力，实现采购规模化的经济效益，推动公司采购成本的持续优化，同时研究实现对资源供应商、物流服务商、仓储商、服务商，采购成本、物流成本、采购单据、物流跟踪、采购合同、采购信息的数据化管理，实时数据监控和查询。

3.2 加深企业在营销环节的数字化应用，构建营销数字化平台

企业通过在网上发布消息，推销产品，缩短了分销环节，节省了促销费用，降低营销成本，企业还可根据网络的订单情况来调整产量或者采购进度，优化产品库存，降低仓储

费用，优化成品油物流，提高库存周转率，增强产品价格竞争力。美国专家Mary Meeker在2019年发布的互联网报告中提到，截至2018年，全球互联网用户达到了38亿人，互联网普及率第一次超过了50%，电子商务在零售销售中所占比例现已达到15%；电商巨头亚马逊创始人杰夫·贝佐斯称，亚马逊商品交易总额（GMV），即包括公司自营以及第三方卖家在内的总销售额，从1999年的17亿美元增长到2018年的2770亿美元，说明企业利用网络开展营销的前景广阔。2020年全球暴发的新冠肺炎疫情一方面打击了实体经济，另一方面却促进了全球网络营销的发展，大批国内的互联网企业，例如每日优鲜、叮咚买菜等，借助实体生鲜批发市场受限制的机会，得到了快速发展，也不断改变了人们的生活方式。2020年7月6日，中远海运与阿里巴巴、蚂蚁集团签署战略合作协议，共同推动航运物流区块链合作和应用，推动航运业数字化转型升级，提升了数字化营销的高度。

3.3 构建客户服务电商数字化平台

电商平台是以信息网络技术为手段，以商品交换为中心的商务活动，是传统商业活动各环节的电子化、网络化、信息化。近年来，互联网公司已经把客户体验提高到了前所未有的高度，他们围绕客户的体验和行为数据来开展营销活动，把“以客户为中心”的理念落实到企业的运营规则里面，确保客户满意，在同业内形成了竞争的门槛。通过构建用于客户服务的电商数字化平台，一方面增加企业对客户信息的获取途径，允许企业发布行业动态和新闻，加强企业与客户的互动，有利于建立服务导向的营销思路，提升服务品质；另一方面通过电商与内部管理平台的对接，实现订单信息的数字化，可以提升企业对客户订单的管理能力，加强企业对客户风险的管理；此外，电商平台通过信息化的工具将设施设备管理、流程固化在系统中，让物流过程可视、可控、可追溯，大幅提升了企业的管理水平，也提升了客户体验。近年来，船舶燃料供应企业也进行了不少尝试，利用网站、电商平台、企业公众号、APP等多渠道，让客户通过互联网就可以了解到企业详尽的油品种类、型号、数量、价格、使用方法等信息，同时还能对常见问题找到解决方法，方便省事，不受时间、空间以及库存的限制，使客户快速了解企业，方便与企业建立联系，帮助客户解决对船用油品的一揽子需求，这是企业实现数字化转型的基础。此外，企业通过网络实现24小时不间断运营，无论售前、售中还是售后，客户都能够得到企业提供的全方位的便捷服务，允许客户根据习惯和爱好，向企业订制个性化的产品，享受到企业提供的一对一讲解和服务。中国石化燃料油销售有限公司的“我要加油”APP和长江燃料有限公司的网络集采等方面做了很好的探索，也值得业内企业向其学习。所以，船舶燃料供应企业应尽快利用信息化的手段满足客户对供油数量和质量的查询需求、对应付油款的管理需求等，进一步提升客户满意度。

企业在搭建以上对外三大数字化平台的基础上，进一步研究如何实现利用网络推广企业品牌以及精准营销。企业通过提升信息技术水平，时时收集、分析用户的采购行为数据，掌握客户的关注点和兴趣爱好，依据用户行为数据判断用户的消费习惯，有针对性地推荐商品，吸引客户的参与。企业还可以邀请客户参与到产品设计中来，并把对品牌的评价通过客户口碑传递出去，让目标客户不仅成为消费者，还成为帮助企业传播品牌的主体，当前比较受欢迎的买家秀、卖家秀、网络直播等方式，用户参与度很高，让企业的品牌通过网络迅速得到推广。不同的企业往往拥有自己独特的目标客户群体，企业通过电商平台或者公众号等方式，将客户和潜在客户集中管理起来，面向这些对企业产品感兴趣的人群精准发布信息，有效避免无用的信息传递，同时收集掌握客户对企业的需求和对产品的喜好，经过对大数据的分析，建立与市场同步的快速反应机制，帮助企业快速调整战略部署，满足客户的个性化需求。

以长江流域的船舶燃料供应企业为例，进行市场调研的传统做法是安排员工在江边手工记录长江上来往的船只，营销的做法一般是按照电话表的顺序挨个给船东打电话了解其加油需求，而数字化营销企业能够从电脑上通过查询海图监控系统，看到往来船只的运行轨迹，其监控系统可以及时发现进入敏感区域的目标船舶，并对业务主管人员发出提醒，帮助企业分析和预测每个潜在客户的加油需求，根据需求向客户推荐相应的促销信息，往往能能够达到较好的效果，实现精准营销。

3.4 构建企业财务管理风控一体化数字平台

内部管理是支持对外营销的基础，数字化管理帮助企业实现前台与中后台的紧密结合，在企业内部实现标准统一的商品信息、收付款、物流、计质量控制、风险管理和售后服务一体化等功能，尤其是对于大中型集团企业来说，可以尝试将数字化涵盖完整的营销过程，既促进数据在企业内部的共享，也有利于实现与客户的数据共享；不仅能快速响应客户的需求，还能提高自身管理效率。自从2015年阿里巴巴基于共享服务理念启动“中台”战略之后，通过多年努力，在业务的不断催化滋养下，将自己的技术和业务能力沉淀出一套综合能力平台，具备了对于前台业务变化及创新的快速响应能力，这为广大企业数字化道路的探索点亮了明灯。船舶燃料供应企业应该认真研究中台管理，打造既能支持企业前台灵活拓展，又能服务后台高效管理的数字化大中台，具体包括建立贯通业务流、资金流、物流三位一体的企业ERP管理系统为落脚点，实现立企业全业务过程数据化和信息化全过程周期管理，在这一过程中，实现业务、财务、物流的标准化、精准化和互联贯通的信息管理。为企业持续提升业务精益化的管理水平、提升业务管理效能奠定坚实的数据基础。

3.5 企业利用数字化的成果进行大数据分析

在企业数字化管理平台的基础上，建设企业大数据分析查询系统，利用对企业内外部数据（基础数据、财务数据、业务数据、市场数据、供应商数据、客户数据）的汇总整合，为企业提供有价值的参考和决策支持。通过对企业关键绩效指标（KPI）进行梳理，提炼出企业领导层面、业务中层管理、业务操作执行三个层面的大数据查询方案。例如企业领导一般会关注企业生产经营全局，企业数字化管理平台要尝试在对采购成本、物流成本以及销售价格分析后及时预测企业的经营利润；业务中层关注的重点更多的是产品的价格策略和促销管理，平台要汇总并提炼相应的指标数据，满足中层的查询需求；业务执行层面更加关注油品数量和质量、发票和付款情况等，希望能对企业的订单进行查询和物流跟踪，企业因此要整合船、库、流量计等物联网（IOT）数据，持续提供智能分析大数据，持续推进大数据管理平台建设、全球集中监控管理平台、商务智能分析系统的持续优化、生产运营物联网系统的持续优化、智能调度管理系统的持续优化，方便业务人员对产品进行实时管理和客户对订单物流进行查询的需求。企业利用数字化手段，还可以广泛收集大量资源和市场的动态信息，通过对资源变化和客户需求变化的大数据分析，预测未来市场发展的趋势，预估客户可能采取反映以及对企业经营带来的预期，选择合适的时机进行商品采购和商品销售的提前布局，在帮助满足客户需求的同时，获取市场价格波动所带来的红利。

4 船舶燃料供应企业数字化营销的实施策略

企业数字化营销的道路漫长，不是一朝一夕可以完成的，往往需要引入当代先进的信息化技术，加上企业顶层的精心设计、中层的大力实践、基层的反复推敲和应用才可以完成，具体需要注意以下问题。

（1）标准为基、集成共建。企业的数字化营销应该首先考虑建立数据标准，数据标准是作为各类应用系统建设，搭建国内外信息交流平台的基础，标准是基石，然后才能考虑与其他系统的集成和共建。

（2）业务优先、持续共建。数字化营销工作要与企业业务发展阶段相匹配，根据各阶段业务重点和数字化需求的重点，进行全局性的统筹规划，逐步推进，在推进中适时进行改进和调整，关乎核心业务的数字化要优先建设，同时，按照企业的共性系统实施计划，以及股东方或者关联方统筹建设步伐，稳步推进各类管理类系统的落地。

（3）敏捷创新、降本增效。企业的数字化建设要敏捷创新，根据业务发展的步伐，信息化项目建设方式敏捷实施，支撑业务的发展。致力于建设行业一流的公司，数字化建设要立足长远、提高效能、分布式实施，实现数字化建设的跨越式发展。标准化系统的建设也应该考虑后建系统与已建系统的集成。

（4）统筹集团、整合高效。统筹集团对下属公司统建的要求，充分考虑各系统之间的融合。整合企业现有的管控模式与业务发展方向，对现有的系统采取保留、废除或逐步替换的实施策略。

随着市场竞争加剧，传统企业的营销工作难度加大，越来越多的企业需要从市场波动中和对客户数据的分析中寻找商机，对数字化营销的需求将会越来越多，对数字化营销的要求也会越来越高，希望其他企业也可以借鉴上述思路进行实践，促进业务开展的同时，不断丰富数字化营销的相关理论。

参考文献

[1] 王兴山. 数字化转型中的企业进化[M]. 北京：电子工业出版社，2019.

[2] 钟华. 企业IT架构转型之道：阿里巴巴中台战略思想与架构之战[M]. 北京：机械工业出版社，2017.

新冠肺炎疫情对中国能源发展规划的影响

王祖纲[1] 刘 芳[2] 贺 江[3]
（1.中国石油集团经济技术研究院；2.大庆油田有限责任公司采油工程研究院；3.中国石油国际事业巴西公司）

摘 要：2020年以来，中国采取了严格的检疫与隔离措施以应对新冠肺炎疫情，一定程度上影响了经济的发展，并引发未来能源供需结构的变化，进而影响未来能源发展的规划。为更好地研判未来能源发展趋势，助力能源产业稳定健康可持续发展，基于能源供需变化、工业活跃程度及交通运输等因素，剖析新冠肺炎疫情对能源发展规划的影响。短期来看，交通运输疲软对石油需求的冲击最大，工业活跃水平决定能源消费复苏程度。对于“十三五”规划目标，除天然气、核电以外，其他能源规划的目标大多有望实现；“十四五”期间，煤炭在一次能源中的占比有望上升，可再生能源的机会与挑战并存，内陆核电获得建设的机会渺茫。

关键词：新冠肺炎疫情；能源规划；煤炭；石油；天然气；可再生能源；核电

新冠肺炎疫情在中国和全球多地造成了大量的人员伤亡，为应对疫情，中国实施了严格的检疫与隔离措施，在一定程度上影响了中国的经济运行，加之全球部分地区冲突不断、贸易摩擦旷日持久、债务水平不断上升以及国内需求不断降温，中国经济复苏态势具有一定的不确定性，进而使新冠肺炎疫情在未来相当长的一段时期内，不仅在能源行业，而且在提升气候与生态环境上都将产生深远的影响。本文通过分析新冠肺炎疫情对当前能源经济的主要影响，进一步预测其对“十三五”能源目标完成情况与“十四五”能源规划的影响，为相关企业更好地研判未来能源发展趋势，制定合理的发展规划提供参考。

1 新冠肺炎疫情对能源经济的影响

2009年，中国超越美国成为全球第一大能源消费国[1]，2010年又超越日本成为全球第二大经济体[2]。与此同时，中国经济越来越以服务业为导向，能源密集型产业占国内生产总值（GDP）的比重从2003年（“非典”暴发之年）的46%降至2019年的不到39%，服务业从42%上升到的54%[3]。煤炭在中国能源结构中仍占主导地位，但呈下降趋势，截至2019年，煤炭仅占能源一次消费的58%[4]。由于服务业受到疫情的冲击更大，新冠肺炎疫情对中国经济活动的影响将超过能源消费的影响。2020年一季度，中国工业生产同比下降8.4%，零售额同比下降19%，固定资产投资同比下降16.1%。GDP同比下降6.8%[5]。但由于中国采取了强有力的抗疫措施，新冠肺炎疫情得到了有效的控制，2020年二季度，GDP由负转正，同比增长3.2%[6]。因此疫情影响应是阶段性的，而且这一阶段并不会持久。受此影响，能源经济的增速在一段时间走低之后，也迎来反转，呈现前低后高的“V”型走势。

1.1 对能源供需的影响

经济活动下降对能源使用的影响是必然的，但也是不对称的。由于疫情暴发引发的冲击具有独特性，经济增长和能源需求之间的传统关系已被打破，例如航空燃油需求的下降幅度远远大于GDP的下降幅度；另一方面，居民用电需求和网上购物的快递服务导致的货运能耗却有所上升。尽管国家统计局公布的2020年一季度的能源需求同比下降2.8%[5]，但在中央统筹推进疫情防控和经济社会发展各项政策措施的大力推动下，中国能源生产加快恢复，进口快速增长，供应保持充足，为经济社会秩序持续恢复提供有力能源保障；清洁能源比重稳步提高，能源需求逐步回暖，能源消费降幅明显收窄，占全社会能源消费六成以上的规模以上工业能源消费同比下降0.4%，降幅比一季度收窄3.9个百分点。其中，电力、钢铁、化工、石化、建材、有色6个主要耗能行业（合计能源消费占规模以上工业八成以上，合计增加值占三成左右）能源消费增长0.8%，增速由负转正，一季度为下降3.2%；其他行业能源消费下降6.0%，收窄3.8个百分点[6]。

在供给侧，近年来中国能源行业发展呈现一次能源不足、二次能源过剩以及清洁能源结构不合理等特点。中国的石油、天然气的对外依存度分别超过70%和45%[7]，煤炭虽然储量丰富，但对外依存度也接近10%。中国的煤电、水电、风电、太阳能装机容量位居全球第一，核电经济规模位居全球第三。炼油加工能力仅次于美国，位居全球第二，产能严重过剩。2019年，中国燃煤发电装机容量为1045吉瓦，接近全球总量的一半，占全国火电装机容量的90%以上，占全国发电装机容量的52%和发电量的62.3%。相比之下，较为清洁的燃气发电装机容量仅为90.2吉瓦，清洁发电比例不高[8]。此次疫情造成的劳动力短缺，短期影响了中国能源产业的产能，而且受复工后隔离政策，以及防护物资短缺的影响，能源行业复产也受到一定限制。并且由于中东确诊病例不断增加，未来将会对中国原油供应产生影响。另一方面，由于石油、煤炭等企业受需求不振、价格承压、库存成本攀升等影响，现金流压力上升，部分企业生产经营将会面临困难。

在需求侧，新冠肺炎疫情使经济活动水平下降，导致电力、交通能源等需求减少，进而影响煤炭、石油等主要一次能源的需求。煤炭、石油等能源需求减少又通过价格反过来影响能源项目的投资、建设以及生产。因此，预计在未来相当长的一段时期内，中国能源经济的轨迹将主要由需求驱动，而工业活动水平和运输周转率是分析疫情影响的关键。

1.2 工业活跃水平决定能源消费复苏程度

GDP计算具有一定的局限性和偏差，随着电力输电网以持续计量和平衡的方式将发电和终端用户连接起来，电力行业指标，尤其是电力消耗，对跟踪经济增长的效果明显。2019年，中国电力消耗7.25太瓦时，同比增长4.5%[9]。

根据国家能源局的数据，2020年1—2月，中国用电量同比下降7.8%，3月同比下降4.2%。因此，与2019年一季度5.5%的增速相比，2020年一季度中国用电量同比下降6.5%（图1）。换句话说，2020年一季度中国的用电量甚至低于2018年一季度[10]。2020年4月，中国电力消费同比增长0.7%，表明经济开始反弹[11]。

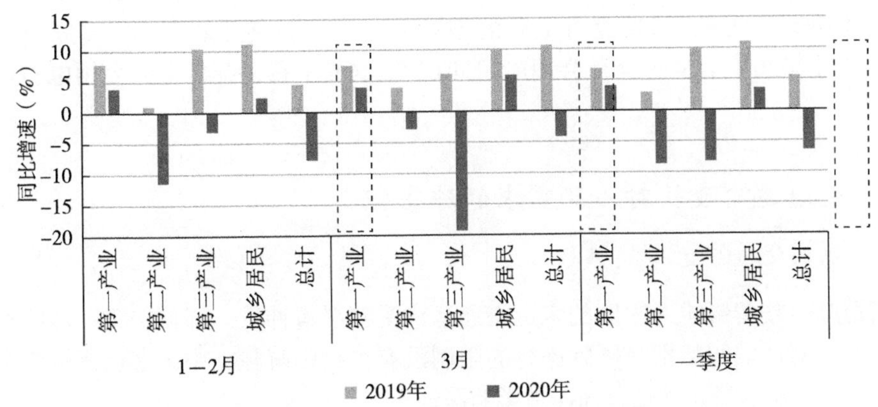

图1 2020年一季度中国各产业耗电量变化

注：国家统计局经常合并1月和2月的数据进行报告，以避免春节假期可能造成的异常

（1）第一产业，以农业为主的各产业，包括畜牧业、狩猎业、渔业、游牧业、林业等。2020年一季度，农业用电量同比增长4%，而2019年同期为6.8%。由于农业仅占全国电力消耗的1.1%，其总体贡献有限。

（2）第二产业，包括制造业、采掘业、建筑业和公共工程、水电油气、医药制造等工业部门。2020年上半年用电量为2.25太瓦时，同比下降2.5%，一、二季度增速分别为−8.8%、3.3%[12]。2020年一季度工业用电量同比下降8.7%。由于能源密集型制造过程通常是24小时运转的，一旦下游需求反弹，它们的利用率下降可以相对容易地通过赶上生产来弥补，这一点可以从二季度第二产业用电量同比增长2.5%的事实中得到证明。而且由于工业用电量占全国总用电量近70%，工业活动在2020年剩余时间的复苏程度将在很大程度上决定中国2020年的电力需求轨迹。另外，中国制造业活动的很大一部分为出口导向型，因此全球其他地区的经济复苏也是中国工业用电的一个关键因素。

（3）第三产业，包括商业、金融、交通运输、通信、教育、服务业及其他非物质生产部门。2020年上半年用电量为0.53太瓦时，同比下降4.0%，一、二季度增速分别为−8.3%、0.5%；随着复商复市的持续推进，6月增速回升至7.0%。依托大数据、云计算、物联网等新技术的服务业快速发展，2020年上半年信息传输/软件和信息技术服务业用电量增长27.7%。随着中国经济越来越以服务为导向，服务业电力消费年增长占全国总量增长的份额也越来越高。但由于新冠肺炎疫情对服务业活动水平的冲击比对工业活动水平的冲击大得多，预计2020年第三产业耗电量恢复将比第二产业更为艰难。

（4）居民用电，2020年1—2月同比增长2.4%，3月、4月分别同比增长5.3%、6.5%。在疫情暴发期间，大多数中国人被迫居家防护，由于做饭、取暖和娱乐活动更加密集，城乡居民的用电量有所增加，这部分弥补了服务部门的需求减少。2020年上半年，城乡居民生活用电量为0.53太瓦时，同比增长6.6%，一、二季度增速分别为3.5%、10.6%[12]。

根据中国电力企业联合会（CEC）的数据，2020年上半年，中国全社会用电量为3.35太瓦时，同比下降1.3%，一、二季度增速分别为−6.5%、3.9%，二季度经济运行稳步复苏是当季全社会用电量增速明显回升的主要原因。4—6月，全社会用电量增速分别为0.7%、4.6%和6.1%，增速逐月上升的态势反映出社会复工复产、复商复市持续取得进展[10]。预计2020年下半年全社会用电量同比增长6%左右，全年全社会用电量同比增长2%～3%[12]。

1.3　交通运输疲软对石油需求的冲击较大

1.3.1　客运交通运输

受新冠肺炎疫情影响，中国的客运交通运输受到严重冲击。即使在第一波疫情基本得到控制之后，对区域间特别是国际旅行的限制没有大范围解除，中国客运运输恢复困难重重，这对中国能源消费尤其是石油需求影响深远。

2020年上半年，中国中心城市累计客运量较2019年上半年累计客运量同比下降48.1%，其中2020年2月同比降幅高达86.5%（图2）[13]。2020年上半年中国铁路、公路、水路、民航的完成客运量39.58亿人，同比下降54.8%；完成旅客周转量7670.85亿人千米，同比下降55.9%[14, 15]。

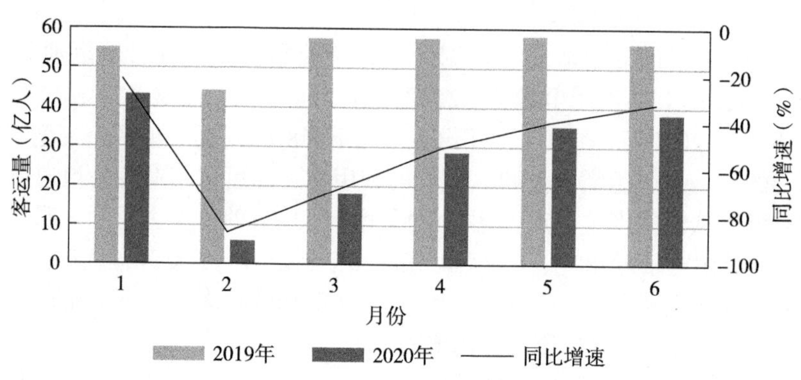

图2　2019年和2020年中国中心城市客运量对比

资料来源：中华人民共和国交通运输部

1.3.2　货运交通运输

从货运的角度来看，由于很大一部分劳动力不能跨地区流动，截至2020年2月23日，75.4%的样本卡车司机在疫情暴发后便不再跑车[16]。2月高速公路货物周转量同比下降39.4%，3月同比下降11.7%[3]，这对2020年一季度中国复杂的供应链造成了不利影响。但3月以后中国卡车货运活动强度强劲反弹（图3），主要有三个原因：从2月17日到5月6日中国免收全国公路和高速公路过路费；3月以来的工业活动增加强于预期；消费者更多地依赖网上购物，导致更高的道路运输服务的需求。

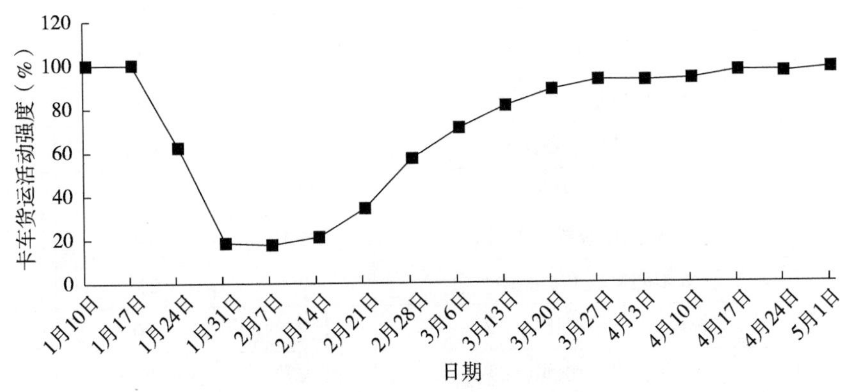

图3　中国卡车货运活动强度

注：指数是基于卫星图像大数据分析，以2020年1月10日中国卡车活动强度为100%

资料来源：国金证券，卫星专题分析报告，存取2020年5月12日

值得注意的是，2020年2月，航空公司和水路货运营业额同比分别下降19.4%和16.5%。3月，航空公司货运量同比进一步下降23.3%，水路货运量反弹迅速，但同比仍下降6.1%。2020年2月，铁路货物周转量同比略微增长3.8%，这反映出铁路通常用于煤炭和焦炭等大宗商品运输，因此在新冠肺炎疫情期间更具弹性。然而，3月铁路货物周转量同比下降5.2%，这表明在新冠肺炎疫情的大背景下，中国对大宗商品下游的需求可能难以稳定[3]。

2　对实现“十三五”能源目标的影响

2016年3月，中国发布了“十三五”规划纲要，确定了2016—2020年经济社会持续发展的目标和总体方针[17]。根据总体方针，相关部门为每个领域制定了详细的规划。2016年12月，国家发展改革委与国家能源局发布了“十三五”能源规划[18]，以及涵盖煤炭、石油、天然气和电力等14个细分行业的规划。表1详细列出了“十三五”期间能源相关的主要目标，以2015年为基准年，并结合可获得的2019年最新数据与2020年目标进行对比。

表1　中国“十三五”期间能源相关目标

类别	指标	2015	2019	2020目标
一次能源生产	一次能源生产（亿吨标准煤）	36.2	39.7	40
	煤炭产量（亿吨）	375	385	390
	石油产量（亿吨）	2.15	1.91	2
	天然产量（亿立方米）	1350	1762	2070
发电	发电装机能力（吉瓦）	1525	2011	2000
	煤电装机（吉瓦）	900	1045	<1100
	核电装机（吉瓦）	27	48.75	58
	水电装机（吉瓦）	296.5	356.4	340

续表

类别	指标	2015	2019	2020目标
发电	水电发电量（太瓦时）	1112.7	1301.9	1250
	风电装机（吉瓦）	130.75	210.05	210.00
	风电发电（太瓦时）	185.6	405.7	420
	太阳能发电装机（吉瓦）	43.19	204.68	110
	太阳能发电（太瓦时）	39.6	223.8	150
	非化石发电装机比例（%）	35	40.8	39
	非化石发电比例（%）	27	31.1	31
	煤电发电比例（%）	49	49.9	55
能源消费	一次能源消费（亿吨标准煤）	43	48.6	<50
	煤炭消费（亿吨）	39.6	39.3	41
	电力消费（皮瓦时）	5.69	7.23	6.8 ~ 7.2
	非化石能源消费比例（%）	12	15	15
	天然消费比例（%）	5.9	8.4	10
	煤炭消费比例（%）	64	57.7	58
其他	能源自我储存度（%）	84	81.7	>80
	能源强度下降幅度（%）	—	−17.8	−15
	碳强度下降比例（%）	—	−18.4	−18

资料来源：国家发展改革委和国家能源局。

2.1 一次能源生产

在能源安全担忧日益加剧的背景下，2015年，化石燃料占中国能源行业的主导地位，占一次能源生产的86%，此后，一次能源产量每年增长约2.3%，2019年达到39.7亿吨标准煤。对于这项指标，“十三五”规划目标仅比2019年高0.7%，尽管受疫情的影响，但仍然有实现的可能。

在上游化石燃料行业，新冠肺炎疫情的影响因部门而异。2015年以来，中国原油产量连续3年下降，2018年达到1.89亿吨。2018年，中国的国家石油公司加大对国内上游勘探和生产活动的投入。然而，中国相对不利的资源禀赋和高生产成本使2019年的产量维持在1.91亿吨，仅比2018年高1%。2020年1—7月，原油产量1.1293亿吨，同比增长1.4%[19]。考虑到国际市场的油价有所回升，预计有望实现2亿吨的“十三五”石油产量目标。

天然气方面，“十三五”期间，国家能源局计划将天然气产量从2015年的1350亿立方米增加到2020年的2070亿立方米，相当于每年增长9%。然而，由于传统天然气和页岩气开发进度均低于预期，中国2019年的天然气产量比“十三五”规划目标低15%。2020年1—7

月，天然气产量1092.5亿立方米，同比增长9%[20]。由于新冠肺炎疫情导致需求减弱，中国2020年前4个月的天然气进口768.8亿立方米，同比仅增长2%。预计难以实现“十三五”天然气产量目标。

2.2 发电

2019年年底，中国电力部门已经完成了“十三五”规划的大部分目标。例如，“十三五”规划的装机容量目标是2000吉瓦，但中国2019年的装机容量已经达到了2010吉瓦，比目标高出0.6%。作为全球最大的清洁能源市场，中国在可再生能源发展方面表现优异。例如“十二五”时期的太阳能装机容量只有1.1吉瓦，但截至2019年的装机容量几乎是“十二五”时期目标的2倍。

当然，电力行业也有一些例外。一个值得注意的例外是发电用煤的比例。中国的钢铁和水泥产量约占全球的一半，而中国逐渐提高发电用煤比例的目标，在推动中国经济低碳转型方面适得其反。

2.3 能源消费

各行业能源消费目标不同。2019年，中国能源消费达48.6亿吨标准煤[3]。为实现“十三五”期间全国能源消费不超过50亿吨标准煤的目标，2020年全国能源消费年增长率应低于2.9%。鉴于新冠肺炎疫情对中国经济发展特别是制造业活动造成严重影响，中国有望实现“十三五”期间的全国能源消费目标。

由于中国经济电气化的持续推进，“十三五”期间中国用电量年均增长6.2%，2019年达7.249太瓦时，略高于2020年设定的7.200太瓦时的全国用电上限。2020年一季度，中国用电量同比下降6.5%。除非2020年全国用电量同比下降0.4%以上，否则中国将超额完成“十三五”规划的全国用电量目标。

中国在清洁能源投资方面处于全球领先地位，“十三五”期间，非化石燃料特别是可再生能源的发展也令人瞩目。中国已经实现了“十三五”期间非化石能源消费和煤炭消费在全国能源结构中所占比重的目标。然而，由于中国常规天然气和页岩气开发进展未能达到预期，以及国际市场上天然气价格相对较高，“十三五”期间国内天然气消费并没有像计划的那样强劲增长。2019年，天然气消费在全国能源结构中所占比重仅为8.4%[3]，明显低于“十三五”规划中10%的目标。因此，中国将无法实现“十三五”规划中天然气在全国能源结构中所占比重的目标。

3 对“十四五”能源规划的影响

3.1 煤炭占比或有所抬头

2019年煤炭占中国一次能源消费的58%[3]。燃煤电厂的燃煤量占全国总使用量的一半左右，其发电能力占全国总发电能力的52%，发电量占全国总发电量的62%[3]。仅中国的燃煤电厂就占全球碳排放的11%以上，这对中国应对气候变化将是一个关键挑战。

在新冠肺炎疫情暴发之前，燃煤发电产能已经严重过剩，中国平均每年有一半的燃煤电厂处于闲置状态。2019年，中国超过50%的燃煤电厂处于亏损状态，有的甚至破产[21]。

从经济上看，企业不太可能投资燃煤电厂，因为严重的产能过剩已经破坏了这些项目的财务可行性。然而，在某些情况下，只要投资与规划基本一致，这些项目仍有获批可能[22]。这在很大程度上解释了为什么2019年燃煤电厂的新增装机容量仍然保持在29.9吉瓦，因为中国到2019年年底的燃煤发电装机容量为1045吉瓦，还没有超过“十三五”规划中1100吉瓦的目标[3]。中国电力企业联合会建议，2030年前应增加中国的燃煤发电能力，达到1300吉瓦的装机上限，这与中国在《巴黎协定》承诺在2030年左右达到全国碳排放峰值是一致的。

新冠肺炎疫情的暴发使2020年煤炭消费总量下降的不确定性越来越大。随着中国寻求重新启动经济活动，如果利用储量丰富且价格合理的煤炭来刺激经济增长，煤炭消费和碳排放可能会增长。据不完全统计，2020年上半年，已有35个60万千瓦及以上、总装机达6736万千瓦的煤电项目取得重要进展，或开启环评、勘察设计，或签约、开工[23]。另一方面，新冠肺炎疫情严重影响了全球油价和煤化工项目的融资。

在对经济增长和能源安全日益担忧的背景下，煤炭在中国能源结构中或有所抬头，这对全球碳排放有着潜在长期不利影响，并有可能危及中国可再生能源发展的前景。因此，如何平衡依赖碳密集型煤炭支撑经济增长显得越来越紧迫。

3.2　可再生能源的挑战与机遇并存

2019年中国可再生能源装机794吉瓦，居全球首位，其中水电356.4吉瓦、风电210.1吉瓦、太阳能204.7吉瓦、生物能源22.5吉瓦[3]。中国制造的多晶硅、硅片、电池片和组件，全球占比分别为69.0%、93.7%、77.7%和69.2%[24]。此外，2019年全球前10大风力涡轮机制造商中，有6家是中国企业[25]。“十三五”期间，中国可再生能源取得了重大进展，弃风率从2016年的17%下降到2019年的4%，太阳能弃用率从2015年的12.6%大幅降至2019年的2%[3]。

中国在可再生能源发展方面的成功，很大程度上归因于政府的协同支持，国家鼓励发展水电、风能、太阳能、地热、太阳能、海洋能等可再生能源；鼓励城乡发展可再生能源，建设能源统筹发展的分布式能源体系。另外，可再生能源发展与中国巨大的电力市场规模、对空气污染控制的迫切需求，以及中国对《巴黎协议》的承诺密切相关。

尽管新冠肺炎疫情导致的需求疲软造成2020年上半年发电量同比下降1.4%，但风能和光伏发电量却同比增加5.7%和10.9% [11，26]。风能和太阳能的表现说明，近年来政策驱动的调度规则变化和对先进传输基础设施投资的推动，确实为可再生能源创造了更有利的环境。

可再生能源已经被确定为中国能源发展的优先领域。在补贴减少、新冠肺炎疫情持续的背景下，中国可再生能源发展既存在风险，也存在机遇。“十四五”期间，如果燃煤发电装机容量进一步增加，中国可再生能源发展的潜力将不可避免地受到抑制。相比之下，如果可再生能源可以实现电网平价，再加上进一步消除壁垒，中国可再生能源的份额或将大幅增加。

3.3 内陆核电建设机会渺茫

中国“十三五”核电目标为58吉瓦。在大幅收紧安全标准之后，中国大陆只允许建造第三代核反应堆。到2019年年底，中国运行核电装机容量仅为48.75吉瓦。根据中国电力委员会的数据，到2020年年底，中国的核电装机容量预计将达到53吉瓦，大大低于“十三五”规划的目标[27]。

为探索中国的清洁能源转型，并实现《巴黎协定》的气候目标，核电需要发挥重要作用。鉴于核电的低碳特性，部分学者认为这是中国低碳发展不可缺少的组成部分[28-29]。为防止全球平均气温比工业化开始前上升超过2℃，中国的核电装机容量预计到2050年将达到430吉瓦。在更雄心勃勃的1.5℃的情景下，到2050年，中国的核电装机容量需要进一步增加到554吉瓦。相比之下，全球核电装机容量在2019年仅为399吉瓦[30]。

与美国和法国等其他主要核电经济体不同，中国只允许在沿海地区建设核反应堆。新冠肺炎疫情造成的发电量过剩，对新增核电建设的必要性也造成一定的冲击，此外，此次疫情主要发生在湖北，该省是中国几个内陆核电站的选址地之一。因此，在新冠肺炎疫情的大背景下，能否承受住核电所带来的极低概率、但风险极高的内地放射性工业灾难所产生的冲击还需考验中国的智慧。

4 结论

（1）经济活动的下降对能源使用的影响是必然的，但也是不对称的。随着中国经济越来越以服务业为导向，新冠肺炎疫情对中国经济活动的影响将超过能源消费的影响。预计未来相当长的一段时期，中国能源经济的轨迹将主要由需求驱动，而工业活动水平和交通运输周转率是分析疫情影响的关键。

（2）中国的客运受新冠肺炎疫情的影响尤其严重。即使新冠肺炎疫情基本得到控制之后，对区域间特别是国际旅行的限制也难以轻易解除，中国客运运输反弹困难重重，交通运输疲软对石油需求的冲击最大。

（3）新冠肺炎疫情对实现“十三五”能源目标的影响因目标不同而影响不一，总体而言，在天然气生产与消费、煤炭发电比例等方面难以完成规划的目标，但在可再生能源方面可超额完成。

（4）出于对经济增长和能源安全的担忧，煤炭在中国能源结构中或有所抬头，为避免以牺牲环境完整性为代价来获取短期经济收益的常见陷阱，中国迫切需要一个绿色刺激方案来引导经济复苏朝着环境可持续的方向发展。

参考文献

[1] 中国超过美国成为第一大能源消费国[J]. 化工管理，2010（8）：3-4.

[2] 中国超越日本成为全球第二大经济体[EB/OL].（2011-02-14）[2020-06-16]. http://www.chinadaily.com.cn/dfpd/2011-02/14/content_12004499.htm.

[3] 国家统计局. 国家数据[DB/OL].[2020-06-16]. https：//data.stats.gov.cn/index.htm.

[4] 国家统计局. 中华人民共和国2019年国民经济和社会发展统计公报[EB/OL].（2020-02-28）[2020-06-16]. http://www.stats.gov.cn/tjsj/zxfb/202002/t20200228_1728913.html.

[5] 刘文华. 能源供应充足 结构继续优化[EB/OL].（2020-04-19）[2020-06-16]. http://www.stats.gov.cn/tjsj/zxfb/202004/t20200419_1739672.html.

[6] 刘文华. 能源供应保障有力 清洁能源比重稳步提高[EB/OL].（2020-07-17）[2020-08-10]. http://www.stats.gov.cn/tjsj/sjjd/202007/t20200717_1776632.html.

[7] 刘朝全，姜学峰. 2019年国内外油气行业发展报告[M]. 北京：石油工业出版社，2020.

[8] 中电联行业发展与环境资源部. 中电联发布2019—2020年度全国电力供需形势分析预测报告[EB/OL].（2020-01-21）[2020-07-07]. https://cec.org.cn/detail/index.html?3-277104.

[9] 中电联行业发展与环境资源部. 2019年电力行业基本数据一览表[EB/OL].（2020-06-12）[2020-07-07]. https://www.cec.org.cn/detail/index.html?3-284225.

[10] 国家能源局. 1—3月份全国电力工业统计数据[EB/OL].（2020-04-23）[2020-07-07]. http://www.nea.gov.cn/2020-04/23/c_139002144.htm.

[11] 国家能源局. 1—4月份全国电力工业统计数据[EB/OL].（2020-05-21）[2020-07-07]. http://www.nea.gov.cn/2020-05/21/c_139075313.htm.

[12] 中电联电力统计与数据中心. 2020年上半年全国电力供需形势分析预测报告[EB/OL].（2020-07-29）[2020-08-06]. https://cec.org.cn/detail/index.html?3-286176.

[13] 中华人民共和国交通运输部. 城市客运[EB/OL].（2020-07-20）[2020-08-06]. http：//www.mot.gov.cn/tongjishuju/chengshikeyun/.

[14] 李如意. 2月：全国铁路、公路、水路、民航客运量下降近80% [EB/OL].（2020-03-06）[2020-08-06]. https://ie.bjd.com.cn/5b165687a010550e5ddc0e6a/contentApp/5b16573ae4b02a9fe2d558f9/AP5e61b80de4b00ca727d7251e?isshare=1&app=9ca3764ea5f70b78&contentType=0&isBjh=0.

[15] 中华人民共和国国家发展和改革委员会. 2020年6月铁路公路水运民航客运情况[EB/OL].（2020-07-30）[2020-08-06]. https://www.ndrc.gov.cn/fggz/zcssfz/hysj/202007/t20200730_1234911.html.

[16] 传化慈善基金会公益研究院“中国卡车司机调查”课题组. 疫情下的卡车司机：逆行者、坚守者和忍耐者[EB/OL]. 澎湃新闻，（2020-03-10）[2020-07-27]. https://www.thepaper.cn/newsDetail_forward_6435075.

[17] 中华人民共和国国民经济和社会发展第十三个五年规划纲要[EB/OL]. 新华网，（2016-03-17）[2020-07-27]. http://www.xinhuanet.com/politics/2016lh/2016-03/17/c_1118366322.htm.

[18] 能源发展“十三五”规划[EB/OL].（2016-12-26）[2020-07-27]. http://www.nea.gov.

cn/135989417_14846217874961n.pdf.

[19] 中华人民共和国国家发展和改革委员会. 2020年7月份成品油运行简况[EB/OL].（2020-08-28）[2020-08-29]. https://www.ndrc.gov.cn/fggz/jjyxtj/mdyqy/202008/t20200828_1237057.html.

[20] 中华人民共和国国家发展和改革委员会. 2020年7月份天然气运行简况[EB/OL].（2020-08-28）[2020-08-29]. https://www.ndrc.gov.cn/fggz/jjyxtj/mdyqy/202008/t20200828_1237061.html.

[21] 张振兴. 2019年电力市场建设提速与煤电企业大面积亏损等矛盾并行[EB/OL].（2020-01-19）[2020-07-27]. http://news.bjx.com.cn/html/20200119/1037641.shtml.

[22] MYLLYVIRTA L，ZHANG S，SHEN X. Analysis：Will China build hundreds of new coal plants in the 2020s?[EB/OL].（2020-03-24）[2020-07-27]. https://www.carbonbrief.org/analysis-will-china-build-hundreds-of-new-coal-plants-in-the-2020s.

[23] 北极星电力. 2020年获推进大型煤电项目清单出炉[EB/OL].（2020-06-16）[2020-07-27]. http：//www.hydropower.org.cn/showNewsDetail.asp? nsId=27873.

[24] 中国光伏行业协会. 全球与中国2019年多晶硅、硅片、电池片、组件和装机容量数据[EB/OL].（2020-06-16）[2020-07-27]. http://finance.eastmoney.com/a/202006161523348054.html.

[25] 彭博新能源财经. 2019年全球风电整机制造商市场份额排名[EB/OL].（2020-02-24）[2020-07-27]. http://news.bjx.com.cn/html/20200224/1046688.shtml.

[26] 国家能源局. 2020年上半年光伏发电并网运行情况[EB/OL].（2020-07-31）[2020-08-27]. http://www.nea.gov.cn/2020-07/31/c_139254346.htm.

[27] 路透社.中国2020年核电装机容量预计达到53吉瓦低于目标[EB/OL].（2019-04-02）[2020-07-27]. https://baijiahao.baidu.com/s?id=1629706185754485154&wfr=spider&for=pc.

[28] 周蓝宇，齐实，周涛.论中国发展内陆核电的必要性[J]. 科技创新与应用，2017（2）：72-73.

[29] 夏凡，廉超，王明煌，等. 空气污染排放视角下中国核电的健康效益[J]. 核安全，2020，19（1）：50-57.

[30] KRIKORIAN S. Preliminary nuclear power facts and figures for 2019[EB/OL].（2020-01-01）[2020-07-27]. https://www.iaea.org/newscenter/news/preliminary-nuclear-power-facts-and-figures-for-2019.

高温高压气井管柱完整性一体化管理探索与实践

赵密锋　马　磊　胡芳婷
（中国石油塔里木油田分公司油气工程研究院）

摘　要：塔里木库车山前高温高压气井相比墨西哥湾、北海等，油管柱服役环境最为恶劣，管柱失效控制属于世界级难题，管柱断裂事故时有发生，造成了巨大的经济损失。2015年起，为保障高温高压气井安全平稳生产，塔里木油田创新建立了高温高压气井管柱完整性一体化管理模式，并取得了良好的成效。围绕高温高压气井管柱一体化管理变革展开了论述，从管理理念的创新、管理架构的搭建、管理团队的成立到规范标准流程、强化质量管控、做好技术攻关、加强知识产权保护等一系列措施，保障了国内最大高温高压气田群的安全平稳生产，在提升油田管柱管理水平的同时降低了成本，实现了社会效益和企业效益双赢。

关键词：塔里木油田；高温高压气井；管柱完整性；一体化管理

1　油田推进油气井管柱完整性一体化管理的必要性

1.1　保障国家“西气东输”安全平稳运行战略的需求

“西气东输”工程是西部大开发宏伟战略的一项重要内容，对保障国家能源安全、改善民生、促进节能减排和带动新疆地区以及中西部沿线地区的经济发展意义重大[1]。塔里木油田作为西气东输的主力气源地，管理着国内最大的高温高压气田群，管柱完整性一旦出现问题，将严重影响国家能源安全[2]。

保障高温高压气井安全平稳生产，管柱完整性尤为重要。截至2015年，塔里木油田高温高压气井管柱失效率高达10%，修井费用约4.2亿，损失产能约4176万立方米，修井后产能平均降低13.4万立方米，造成了巨大的经济损失。近几年的管理实践表明，仅仅在油井管材质优选、管柱设计、生产制造、质量控制、规范作业等各环节单独进行技术把控，不能有效保证管柱完整性。以往各部门“各司其职”“各为其政”的管理模式已不再适用，需从单打独斗的“接力赛”向协同作战的“团体赛”进行转变，“全方位、多元化”的管理才能保障管柱的安全性和可靠性。

1.2　适应油田“十三五”高水平、高效益发展的需求

塔里木油田库车山前高温高压气井相比国内外油气田，油管柱服役环境最为恶劣，表现为极端的作业工况（高泵压、大排量改造施工），恶劣的生产工况（高产对油管柱造成的交变载荷）和苛刻的腐蚀环境（Cl^-含量超80000毫克/升、CO_2分压超1兆帕，鲜酸、残

酸、凝析水、地层水交替腐蚀环境），给管柱的安全服役造成极大挑战，管柱完整性管理属于世界级难题[3-5]。

随着勘探开发的深入，油田整体勘探开发重心正逐步向深层、超深层复杂油气藏转移，油田面临的形势和任务较以往更加严峻。因此，必须强化改革创新，优化生产运行、突出效益勘探，从源头夯实高质量高效益发展的基础。推行管柱完整性一体化管理，正是打赢提质增效攻坚战、推动稳健发展持久战、保障油田高效开发的重要抓手。

2 推进油气井管柱完整性一体化管理的主要做法

围绕“不因管柱完整性问题损失产能”这个目标，油田通过创新管理理念、健全组织架构、组建全能团队、规范标准流程、强化质量控制、做好技术攻关、加强产权保护等一系列措施，紧跟生产实际，解决现场技术难题，使油田高温高压气井新投产井管柱失效率降为零，不仅节约了大量的修井费用，同时也避免了修井带来的产量损失，为油田高水平高效益发展提供了有力保障。

2.1 创新管理理念，明确管理目标

20世纪70年代至80年代初，国际上提出完整性的概念，随后形成相应的标准并不断发展完善，并在核工业、炼化管道、压力容器、大型焊接结构、油气输送管道等工业领域得到成功应用。20世纪90年代初，国际上首次提出了管柱完整性的理念并开展相关研究。国内油田对油气井管柱管理起步较晚，理念相对落后[6-8]。

2015年，塔里木油田借鉴国外完整性管理理念，对影响管柱安全的因素进行综合考虑，首次对油气井管柱的管理模式进行创新，提出管柱完整性一体化管理理念。近年来，随着塔里木油田勘探开发的深入，工况日趋复杂苛刻，高温高压气井管柱失效事故时有发生，根本原因在于对油气井管柱的完整性和可靠性缺乏系统全面的认识和管理。为解决这一难题，塔里木油田先后多次组织技术人员赴国内外知名油套管生产厂家、科研院所、兄弟油田进行考察交流，学习先进的油气井管柱管理经验。

2.2 健全组织架构，明确职责定位

2.2.1 架构搭建更全面，职责划分更明确

组织架构是一体化管理的基础，是推动其研究和应用的必要条件。为实现对油气井全生命周期内所有影响管柱安全的因素进行综合全面管理，全方位考虑与管柱相关的管理部门、业务部门，以及与油田有业务往来的单位，搭建了全面的组织架构（图1）。

在油田行业管理、生产单位、技术部门等各单位的协同工作的模式下，采用管理团队和技术团队的双螺旋组织架构推动管柱一体化全面管理，技术团队为管理团队提供决策支撑，管理团队为技术团队进行组织协调、宣贯及监管，两团队间相互促进、相互补充（图2）。

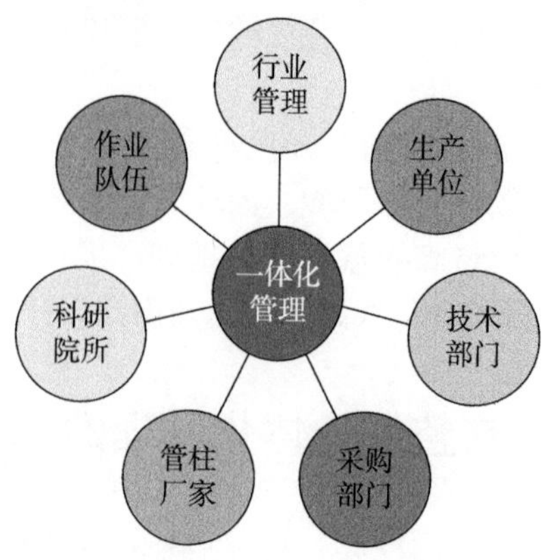

图1　油气井管柱一体化管理组织

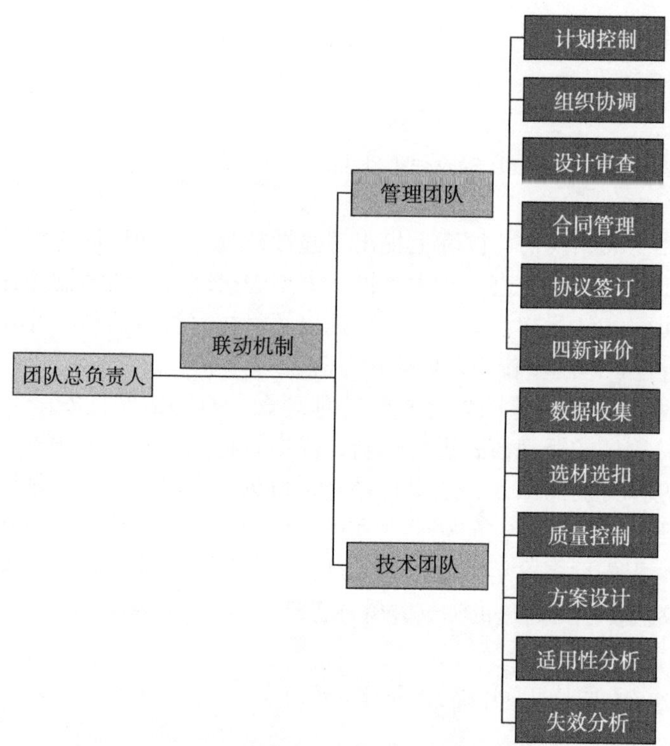

图2　油气井管柱一体化团队组织

油气井管柱一体化管理组织以生产问题为导向，以小组为单元，在团队总负责人的指挥下，根据生产问题特点，启动一体化管理流程（图3）。

油气井管柱一体化管理团队在流程的指引下，启动联动机制，组织周、月度生产例会，明确各单位、各部门、各岗位的职责，实现工作内容清晰，按照体系要求开展相关工作，油田的生产单位、管理部门、技术部门和采购单位与油田协作方管柱厂家、作业队伍、科研院所建立了动态网络型结构，创建了协同工作模式，共同制定措施并及时落实，解决油田管柱现场问题。

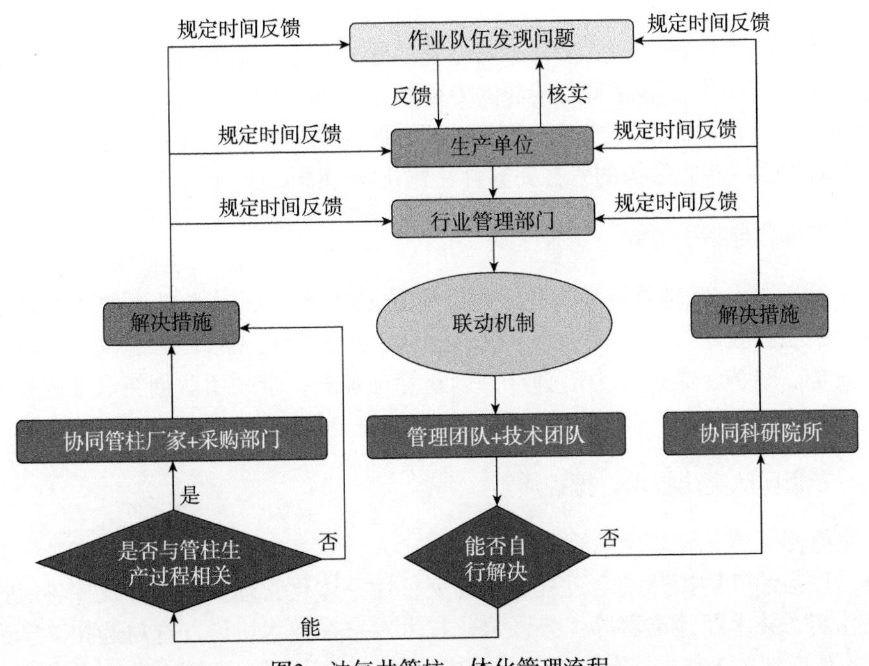

图3 油气井管柱一体化管理流程

2.2.2 联动机制促落实，奖惩办法提质量

为确保一体化管理体系和组织架构的有效运行，推动生产科研联动，使各单位之间协调顺畅、高效反馈，油田采用了“多奖少惩、奖惩有据、奖惩及时、奖惩公开、有功必奖、有过必惩”六大奖惩原则，建立合理且具有挑战性的考核体系，切实营造了团队勤奋进取，拼搏向上的良好氛围。

在油田内外部两种考核机制的推动下，油气井管柱一体化管理模式提升了各单位的服务质量和工作效率，加强了各团队的责任心和执行力，简化了以往烦冗的流程，以往一种特殊规格管柱的订货技术协议签订往往需要长达一年时间，而实行油气井管柱一体化管理模式后，整个协议签订流程仅需一个月，大大提高了工作效率。

2.2.3 专家团队保决策，人才培养促发展

油气井管柱一体化管理是一个综合复杂的过程，需要多样化、专业化、高端化的技术人才，在核心专业的基础上要求“一专多能”。油气井管柱一体化管理专家团队由各单位企业级专家、一级工程师等专家组成，拥有丰富的现场经验和解决事故隐患能力，为油田提供技术支撑和决策支撑；同时油气井管柱一体化管理非常重视对人才的全面协调可持续培养和发展，采用“科研人员去现场、现场人员参与科研课题研究”等模式，以老带新，以熟带生，以优促新，互学互补，为团队长效发展提供保障。

2.3 组建全能团队，突出能岗匹配

管柱完整性一体化管理是多学科、多专业的管理方法，对管理团队人才的需求更加多样化、专业化、高端化，不仅需要精深的专业技术、娴熟的操作技能，还需要精通管理、擅长策划、懂得经营。为此，按照专业相近能力匹配的原则，油田组建了一支学历高、经验丰富、创新力强、斗志昂扬的管柱完整性一体化管理团队。

2.3.1 管理领导指引方向、掌控全局

井完整性一体化管理领导具有很强的组织协调能力，面对塔里木盆地复杂恶劣的地质工程条件给工程技术带来的世界级难题，围绕“不因管柱完整性问题损失产能”为出发点，以“安全、经济、高效”为落脚点，创新管理理念，带领团队创新形成的技术系列有力保障了油田勘探开发生产需要，为油田推行管柱完整性一体化管理打下了坚实的基础。

2.3.2 专家团队突出技术、把控质量

管柱完整性一体化管理团队现有技术专家10人，业务专长涵盖钻井、完井、采油气等多个专业，贯穿油气勘探开发全过程。管柱完整性一体化管理团队充分发挥各级技术专家理论功底扎实、技术经验丰富等优势，强化技术专家在技术协议、选材选扣、产品质量控制等过程的精准把关工作，充分发挥了技术专家的“智囊团”“思想库”的作用。

2.3.3 团队成员协同作战、高效保质

一体化管理团队在引进现场经验丰富的工程师及不同专业的高校毕业生的基础上，依靠各专业的技术专家，广泛开展形式多样的交流、培训和指导，提高广大团队成员多学科综合实践能力，增强各专业间的技术支持力度。目前一体化管理团队以塔里木油田油气工程研究院青年科研骨干为主体，共吸收青年人才31名，组建8个创新小组，本科及以上学历100%，其中博士4人，硕士20人。

2.4 规范标准流程，强化质量管控

为提高油气井管柱一体化管理效率，油气井管柱一体化团队严格按照标准和制度等规范流程，细化工作环节，层层落实，科研攻关借力高校院所，方案设计充分发挥专家作用，质量检验采用最严格的标准，数据收集按需求进行模块化管理，现场管柱失效问题集成化分析并指导生产各环节，创建了全方位系统化闭环的管理模式。

2.4.1 科研项目流程化

油田管柱一体化管理团队根据自身特点，采用引进外来先进技术和自主创新两种模式。每年一体化管体团队技术专家对科研项目进行顶层设计规划，确定科研项目的任务、目标、性质和方向，管理团队组织各单位专家对科研项目的必要性和科学性进行充分论

证，确定项目负责人、参与者及分工，明确各阶段的主要工作内容和目标。对于自研项目，管柱一体化团队定期对团队负责人进行季度、年度汇报。对于外协课题，开展立项、开题、招标、合同签订等科研流程，管理人员对科研项目的经费进行审核把关，项目负责人和参与者按照合同约定的各个节点进行细化管理，管理人员组织专家对科研项目各阶段成果进行验收、评价，最终进行成果转化与应用。

2.4.2 方案管理过程化

管柱防腐方案是现场管柱选材的重要决策依据。在联动机制的带动下，管理人员按照油田管理架构组织召开科室级、所级、院级、油田级4级专家审核会议，主要集中解决方案各部分内容的衔接和数据分析的一致性，提高管柱的可靠性和针对性，各级专家深入参与方案的制定、修订和审核过程，对结果进行把关。在方案审核环节，不同单位的技术专家角度和立场不同，会出现意见分歧，管理人员进行组织协调，对现场工况进一步核实，和生产单位进行对接，技术专家再次核定，选择最优方案，同时管理团队做好会议记录，以便备查和类似问题的发生。

2.4.3 质量控制标准化

油气井管柱一体化管理团队围绕“订货、制造、监造、商检、使用”5大关键环节，对入井管柱质量进行严格把控，实行闭环管理。在订货期间，技术协议中提出的材料技术指标和质量要求不仅要满足实际工况，还要超过API标准要求；在制造期间，材料必须通过ISO 13679IV实验和特殊工况补充试验；在监造期间，每年飞检1 ~ 2次，对监造队伍进行履职能力评估，对制造商过程质量进行突击检查；在商检期间，材料到货后，技术部门与采购部门联动商检，及时处理不合格产品；在使用期间，通过规范气密封检测操作程序，确保每道扣密封性，推行两级清单检查制度，确保入井管柱万无一失。同时建立了过程管控制度和单井信息档案，做到入井油管具有可追溯性。

2.4.4 数据收集模块化

管柱完整性一体化管理是以风险分析为基础的管理方法，而风险分析是建立在大量的数据基础之上的。团队制定了各种数据的收集计划，如选材选扣小组收集油套管设计数据，质量控制小组收集检测评价数据，方案设计小组收集相应区块老井管柱使用数据，同时指定专人建立数据收集表与清单，如失效分析人员进行现场调研前会将数据清单和表格进行梳理，对于不能确定的参数和工况在现场进行核实，再进行整理上报、数据交接，使工作清晰、快捷、方便，杜绝数据误报和遗漏。数据模块化管理高效的支撑了专家对管柱的风险分析，更利于信息共享和一体化管理模式的推进。

2.4.5 失效分析集成化

塔里木库车山前高温高压气井油管柱服役环境极其恶劣，管柱失效时有发生，为确保失效分析的科学性、及时性，建立了失效分析流程和反馈机制（图4至图5）。

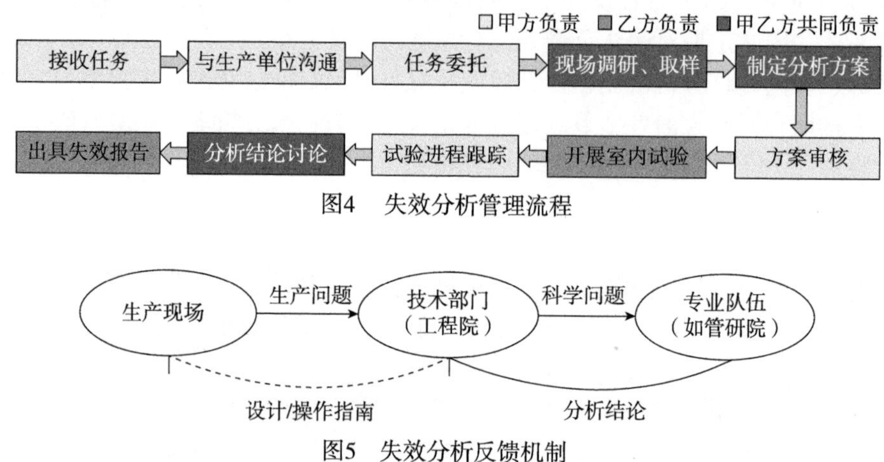

图4 失效分析管理流程

图5 失效分析反馈机制

同时油气井管柱一体化管理团队将失效分析过程进行了集成化，将同等工况、区块的管柱失效案例进行归类，形成了失效分析案例库，为失效事故的预防、预测措施的迅速反馈提供保障。

2.5 重视前瞻研究，做好技术攻关

塔里木油田油气井管柱完整性一体化管理团队多年来持续保持与国内外同行及科研院所的密切合作关系，同时不断提高自主创新水平，以技术创新带动管理创新和制度创新，提高了科技创新效率及科研成果转化效率，创造性地走出了一条“用人少、效率高、效益好”的新路。

2.5.1 前瞻性研究确保油田高效益上产

随着塔里木油田高温高压油气田的开发，“三超井况+极端工况+苛刻的腐蚀环境”给井完整性带来巨大挑战。自2010年以来，管柱失效时有发生，给油田造成了巨大的经济损失。针对这一技术难题，管柱完整性一体化管理团队以油田自主研发项目为依托，联合科研院所集中攻关，经过多年实践，明确了油管断裂原因，并且制定了更换完井液的防护措施。自2015年开始，库车山前新井完井均使用优选的甲酸盐完井液，同时制定甲酸盐相关企业标准，形成高温高压气井用甲酸盐完井液优选、质控和应用的技术规范体系，全面指导甲酸盐完井液的科学选用和管理，目前已有111口井使用甲酸盐完井液，至今未见油管柱断裂失效问题。

油管柱完整性是高压气井完整性的第一道屏障，是油田降本增效的关键环节。管柱完整性团队形成的高温高压气井管柱失效分析技术已推广至库车前陆盆地143口超深高温高压气井的设计、建井和生产维护中，在气井地质条件越发恶劣、数量不断增加的情况下，可有效提升高温高压气井的井完整性，支撑库车前陆盆地气田群的安全生产和效益开发，确保国家西气东输和南疆利民工程的平稳供气。

2.5.2 前瞻性储备助推油田可持续发展

随着塔里木油田勘探开发不断向纵深发展，管柱服役工况将更加苛刻，对新材料新技术的需求将愈发迫切。因此，必须开展前瞻性研究做好技术储备以应对未来超深、超高温、超高压井的开发。

针对塔里木油田库车山前区块“三超”气井油管选材，管柱完整性一体化管理团队联合国内知名耐蚀合金油管生产厂家提出全新合金设计思路，采用冷变形强化工艺生产耐蚀合金油井管。目前已完成合金成分设计、冶炼锻造、制管工序，试制成品性能各项指标满足API 5CRA标准要求，力学性能优于15Cr、17Cr等国外同行产品。待完成产品耐蚀性能验证试验后，根据试验结果决定是否试用。

2.6 加强产权保护，推进成果转化

2.6.1 专利保护有方法

知识产权保护已成为国际经济秩序的战略制高点，并成为各企业激烈竞争的焦点之一，也是企业技术进步的核心武器。一体化管理团队在技术创新的同时，注重知识产权保护，制定了专利战略实施三部曲：提升专利储备量；在量的基础上逐步提升专利质量；在质与量并重前提下，逐步增加核心专利的储备比例。

2.6.2 专利储备有内容

一体化管理团队对管柱完整性探索与实践过程中形成的新技术、新成果及时申请专利。在专利储备阶段，已申请专利56项，其中发明专利22项，实用新型专利34项，目前已授权10项。一体化管理团队大量的专利储备为塔里木油田成为国内各大油气田井完整性专业翘楚奠定了坚实的基础。

2.6.3 专利应用有效果

管柱完整性一体化管理团队注重专利现场应用，曾获国家发明专利1项和实用新型专利2项授权的套管防腐短节已在油田试验应用4口井，目前应用效果良好。使用套管防腐短节，每口井可节约因套损导致的修井费用及因修井导致的停产损失近800万元。作为塔里木油田套管防腐的有效手段和预防套损的重要技术措施，支撑了多个区块方案的编制工作。

随着管柱完整性技术创新的不断深入，知识产权保护范围将继续增大。管柱完整性一体化管理团队将不断提高自主创新能力，致力申请高质量、高水平的核心知识产权，为塔里木油田可持续发展保驾护航。

3 取得的成效

油气井管柱完整性一体化管理创建了全方位、系统化闭环的管理流程，并制定了统一化标准规范，涵盖油套管订货技术协议编制、选材选扣、评价试验、产品质量控制、使

用维护、风险评估、失效分析等各个环节，进行了油套管从“生”到“死”全生命周期的系统化管理，实现了“三个规范”（流程规范、业务规范、资料规范）、“三个提升”（质量提升、观念提升、人才素质提升）和“一个改善”（管柱作业现场管理的改善和优化）。

油田引入国际管柱完整性理念，聚焦管柱生产质量和生产管理，系统开展选材选扣、设计校核、质量控制和管理维护关键技术研究，形成高温高压气井管柱完整性一体化管理技术，有力保障了库车前陆国内最大高温高压气田群的安全平稳生产，保障了西气东输和南疆利民工程平稳供气，为塔里木300亿立方米大气区建设提供有力支撑，创造了巨大的经济效益。

塔里木恶劣的工况和油气井管柱一体化管理手段也促使国内生产厂家对管柱质量提出更高要求，不断研制新产品，促进技术进步，拉低了与国外产品的差距，推进了高性能以及特殊螺纹接头的管柱国产化进程，为同行业起到了良好的示范作用，提供了宝贵的经验借鉴。

参考文献

[1] 史兴全，陈永武. 绿色能源，世纪工程—西气东输工程[J]. 第四纪研究，2003，23（2）：125-133.

[2] 李彬.塔里木油田天然气产量累计突破千亿方[J]. 炼油技术与工程，2011（10）：37.

[3] ZHANG F , YANG X , PENG J , et al. Well Integrality Technical Practice of Ultra Deep Ultrahigh Pressure Well in Tarim Oilfield[C] // International Petroleum Technology Conference, 2013.

[4] 赵密锋，付安庆，秦宏德，等. 高温高压气井管柱腐蚀现状及未来研究展望[J]. 表面技术，2018，47（6）：44-50.

[5] 冯耀荣，韩礼红，张福祥，等. 油气井管柱完整性技术研究进展与展望[J]. 天然气工业，2014，34（11）：73-81.

[6] 孙莉，樊建春，孙雨婷，等. 气井完整性概念初探及评价指标研究[J]. 中国安全生产科学技术，2015，11（10）：81-86.

[7] 赵永安，丁维军，张忠铧，等. 复杂井况条件下的管柱完整性研究及产品开发[J]. 宝钢技术，2015（1）：66-71.

采购物资供应链视角下的入库质量控制管理研究

陈阳利
（中国石油西南油气田公司物资公司）

摘　要：通过对国际供应链理论的进一步研究，分析中国石油油田物资供应企业现有物资供应链管理，认为现阶段的物资入库质量控制存在人员技能、质控效果、经济效益上的不足。将预定检验和终极检验思想融合于供应链管理灵活运用，把固定地点的入库验收转换为结合物资特性选择供应链上最适宜环节确定检验地点，不仅能实现及时质控，更能最大限度地发挥入库验收功效，实现质量的有效管控。需从组织管理层、专业技术层、操作流程层对油田物资企业供应链视角下的物资入库质量控制管理体系进行建设。

关键词：采购物资供应链；生产端质控；预定验收；终极验收；入库办理

以全球供应链为模型基本，对标世界一流，着力高质量发展，是物资供应类企业发展之根，品牌缔造之源。将质量管控放于关键核心地位，杜绝不合格产品的进入，是考核物资供应类企业履行本职工作情况的重要指标之一。传统的物资质量管控往往局限于入库时的质量检验，未充分发挥供应链的整体效能，本文将借助于中国石油油田物资供应企业的供应链管理研究，从采购物资供应链的角度出发，打破传统的入库质量控制理念，重塑供应链视角下的物资入库质量控制管理。

1　物资企业采购物资供应链及物资入库质量控制现状介绍及不足

1.1　采购物资供应链及物资入库质量控制现状介绍

供应链管理是一种集成化的管理模式，是一个复杂的系统，涉及众多目标不同的企业，牵扯到企业的方方面面，它以顾客需求为经营导向，采用集成的思想和方法，将供应链上的全要素、全过程进行统一、集成、一体化管理，是一种新的管理策略。与传统的经济管理模式不同，它把所有的节点企业看作一个整体，将不同企业、不同部门联合集成起来以增加整个供应链的效率，注重的是企业之间的合作以及企业内部各部门之间的协作，以达到全局最优、成本最低，实现全过程战略性管理。供应链管理的导入，吹响了现代经营理念对传统经营观念的挑战号角，从供应链视角出发重新审视和研究物资入库质量控制管理工作，力求实现高效率、高效益、高质量的物资入库质量控制，杜绝收入不合格产品，是入库质量控制的根本。

中国石油各油田物资供应企业的物资供应链存在着或多或少的差异，此次研究所针对的是以“集中共享”为理念所搭建的采购物资供应链，整个链条涵盖了采购、仓储、配送、质控、结算五大专业，打通了从采购、生产、运输、入库、仓储，再到出库使用全环节的物资供应链条，按照“专业细分+专业联合”的运行模式开展工作。五大专业根据专业细分原则，明确各专业在供应链中所承担的工作范围和职责，并根据职责划分发挥主体专业的能动性。在专业细分的基础上，通过建议专业需求坐标，明确各专业联合过程所需的专业间支撑，并以采购为专业龙头，统筹制定专业联合的流程与规则，指导各专业间有效地相融合作。到现阶段物资企业的整个物资供应链已按照最初设计理念和运行模式完成了链条和模型的搭建工作，同时在总体模型建设基础上，各专业亦实现了自我专业模型的设计建设。此链条虽将质控作为独立专业进行设置，但就物资入库质量控制却仍保留传统思想，将其定位于仓储专业主体负责，质控专业作为支撑专业，辅助仓储专业完成入库质量控制工作。

按照现有专业分工，物资入库质控制仍然是由仓储专业人员对数量、规格型号、尺寸大小、资料等基本性信息进行核对，再依据必检物资手册，属于必检物资的委托第三方检验机构检测合格后办理入库，与传统的非供应链下的物资入库质控制相比并未发生根本性改变，只是委托路径由原有的直接委托第三方检验机构，变成了经质控专业转委托的方式，从形式上强硬地将质控专业加入物资入库质量控制的环节中，并未真正从供应链和专业融合的角度去发挥新设质控专业的作用。

1.2 物资入库质量控制现状的不足

通过对国际供应链理论的进一步研究，分析中国石油油田物资供应企业现有物资供应链管理，现阶段的物资入库质量控制存在以下不足。

在人员技能上，仓储专业人员着重于库存管控、出入账管理、实物储备保养等方面素养的培养，而供应链视角下的入库质量控制则在入库基本操作的基础上更偏向于质量管控（以下简称“质控”），需要有对质控理念有深入理解、懂得质量判定、会灵活运用质控手段和方法、拥有产品技术知识的质控专业人员做主导。

在质控效果上，现有入库质量控制的项目属于基础性项目，即便是必检物资，由于受检验成本、检验条件、检验设备等的限制，所设的检验项目也较为基础，无法从根本上对产品的质量起到把关管控作用。

在经济效益上，影响产品质量的因子游离于整个供应链，但是实际发生的关键环节、项目却具有普遍性，部分甚至固定于某一点，例如油套管的化学成分在炼制胚料过程中就已固定，在后续加工不会再做变化。不从供应链全环节的角度，寻求适当的环节进行质量控制，则会出现多环节重复项检测，造成质控成本上升，甚至部分项目错失检验时机，在后续入库时已无条件可以实施了。

采购物资供应链已搭建完成，如何真正站在供应链的视角下，发挥质控专业效能，打破传统的入库质量控制，建立新的、科学可行的、真正意义上的入库质量控制体系，是本文章研究的最终目的。

2　供应链视角下的物资入库质量控制管理理念的转换

按照传统意义上解释，入库业务就是货物到达指定交货地点后完成检验和入库手续的工作，此概念限制了入库质量控制的发生地。随着全球供应链的发展，“定点+简单验收项目”的入库检验已不能适应高质量发展的需要，从根本上打破传统的入库质量检验理念，形成全局性的入库验收观已迫在眉睫。

根据供应链环节，在传统入库的基础上，将入库业务进行二重分割，首先分割为“检验+入库手续”，再将检验分割为“预定检验”和“终极检验”。预定检验对应发生在合同约定交货地点以前的检验工作，以最佳质控点为标准，根据关键质控指标进行设定。通过预定检验可办理物资预入库验收，并作为物资物权锁定的依据，利用示踪原则完成质控信息的传递，使终极检验确认物资和预定检验结果，并以结果为依据，完成终极检验。预定检验和终极检验分别对自己所负责的检验内容负责，终极检验不对预定检验项做重复检验工作。

以京东、苏宁、国美等企业为例，其所售家电在送往用户时，除数量、型号以外，质量验收的唯一内容便是包装是否破损。只要包装无损，物资正确，那么用户验收职责便完成，无须再开箱进行实物验收，即便送货人员离开后再开箱发现质量问题，仍可向商家反映，由商家进行质量处理。家电送到用户手上之前，先后经历了厂家生产过程包括零配件检验，组装检验、成品检验、包装检验等多个过程，在配送时，承担配送的人员仅负责对整体包装数量和外观检验，只要满足送到用户手上时未对包装造成损伤，用户检查完包装即完成入库。其实厂家生产过程和配送单位的检查均属于预定检验，用户承担的便是终极检验工作，各环节责任的有效划分，均是依靠示踪原则进行控制完成。

参照京东等企业的质量传递的成功经验，再结合油田物资企业供应链实际情况，将预定检验和终极检验思想融合于供应链管理灵活运用，把固定地点的入库验收转换为结合物资特性选择供应链上最适宜环节确定检验地点，不仅能实现及时质控，更能最大限度地发挥入库验收功效，实现质量的有效管控。

3　供应链视角下的物资入库质量控制管理的体系建设

任何体系的搭建均离不开管理、技术和操作，下面将结合第二部分所述的新理念，对油田物资企业供应链视角下的物资入库质量控制管理体系建设进行探讨研究。

3.1　组织管理层

术业有专攻，采购专业主攻合同商务、物流专业主攻货源运力、仓储专业主攻仓储保管库存调配、结算专业主攻财务资金，质控专业主攻质量控制，因此在物资入库质量控制体系建设的初级阶段，建议将预定检验设置于生产环节，终极检验仍设置于仓储入库环节，无论是预定检验还是终极检验均由质控专业进行负责，仓储专业将在原有基础上将入库环节的检验工作剥离给质控专业，仅负责入库手续部分，如图1所示。

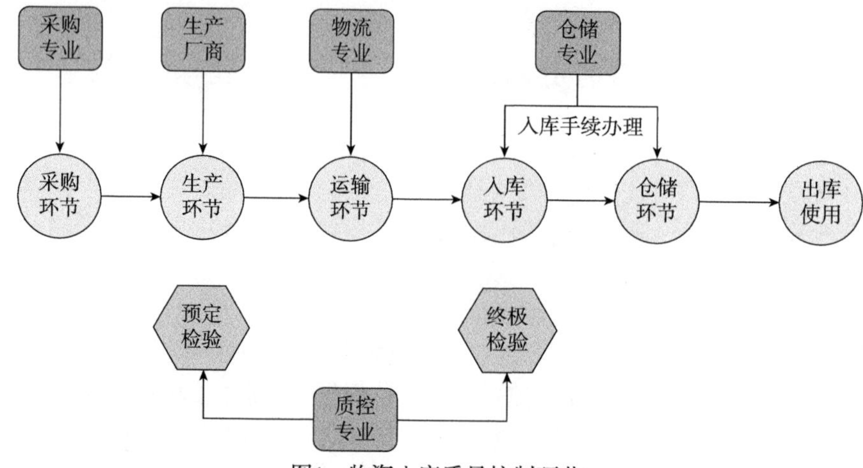

图1　物资入库质量控制环节

在此组织结构下，入库质量控制从传统仅有入库环节一个点，变为了生产环节和入库环节两个点，入库质量控制的负责专业从传统仓储专业负责转变成了质控专业负责。质控专业将是整个物资供应链的质量总指挥，管理的统筹性、技术性、专业性均将大幅提升。

3.2　专业技术层

入库质量控制的根本目的就是要杜绝不合格产品的入库，以此作为质量控制的出发点和落脚点。如图2，将成功通过终极检验获得办理入库手续资格作为质控工作的中心枢纽，以快速发现问题和准确判定问题为技术根本，以杜绝不合格产品入库为技术目标，通过“三步研究、一步整合”技术，精准把控质量控制要求，制定预检验验收记录单和终极检验验收记录单。

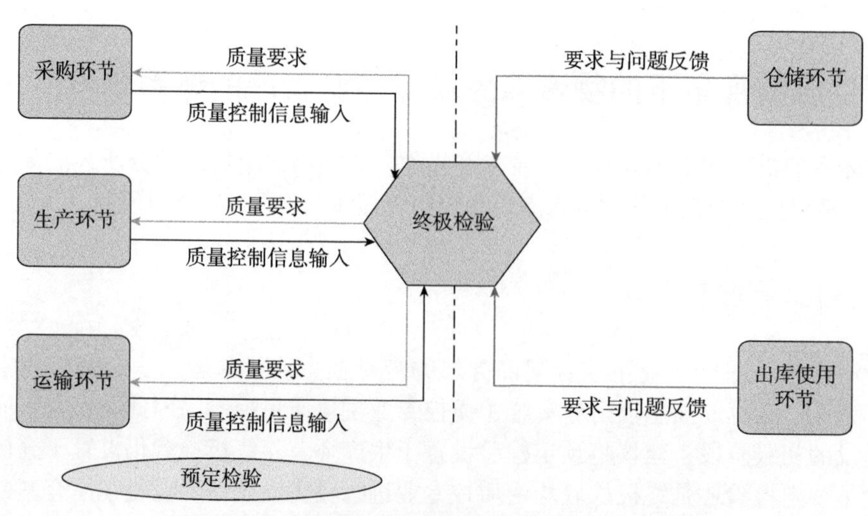

图2　将成功通过终极检验作为质控工作的中心枢纽

一是分析同类物资过去所签订的采购合同有关技术和质量的要求，了解生产工艺技术，掌握运输装卸包装要求，将供应链采购、生产以及运输环节有关于质量的相关约定如质控项目、点、方法、力度、比例等信息，顺向传输至终极检验环节.

二是重视供应链仓储和出库使用环节在实际运行过程中，所出现的质量问题，收集整理出相关信息，传入终极检验环节。

三是以办理终极检验为起点，逆向分析物资在各环节应达到的质量要求，并与前面两步所收集到的信息加权汇总，得到全面的质量控制环节、项目、点、方法等内容。

四是结合物资料性和生产工艺，对汇总所得的质控内容等，从稳定性、可控性、操作性、核心性、关键性等多方面分析，按照避免重复质控、综合质控成本最优化、及时质控、精准质控、有效质控的标准，充分考虑质控因子稳定性、物资购买价值和量比等因素，预判预定检验和终极检验所能实现的入库质量控制效果，整合形成包含检验环节、项目、标准、方法、比例（结合企业质控目标需求和GB/T2828要求制定）、判定结论等信息的预检验或终极检验物资验收记录单。

3.3 操作流程层

质控专业作为质量控制的主体专业，对整个供应链条上各环节的质量管控工作起着指导、提要求、下指令、执行、监督等多重职责，是质量管理中的龙头专业。如图3，质控专业通过运用“三步研究、一步整合”技术对具体物资分析判定后，将该类物资是否采取预入库验收模式、检验环节、检验项目、检验标准、检验方法、检验比例要求等内容作为通用性质控要求，再针对单独型号的物资具体的技术参数作为专有技术要求，以协议的形式

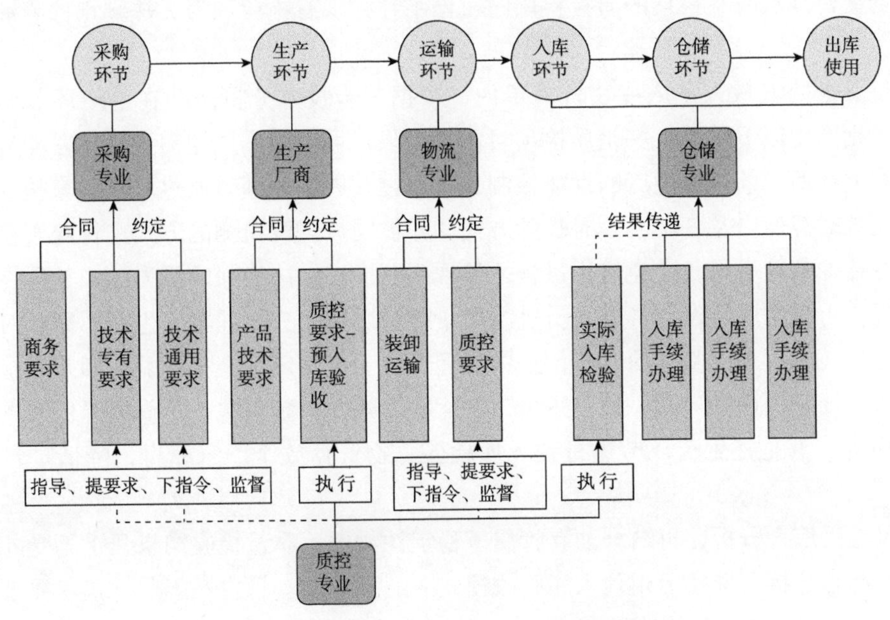

图3 质控专业在供应链条上各环节中的质量管控工作

签入合同中，实现法律约束。采购环节质量控制准备工作的好坏，直接决定整个供应链的质量控制，却是最容易被忽视的环节，采购环节虽不属于本文所研究的入库质量控制的环节，却是执行入库质量控制的源头，检验和质量要求，均在此阶段以法律形式约束和黏合供应链上的各方企业。

质控专业统筹企业资源和社会资源，依照预定检验或终极检验验收记录的要求，选定自检或委托检验方式开展检验工作，当验收合格后，给予物资和验收记录用以传递预入库结果的身份证明示踪号，若为预定检验环节，供需企业双方将以预定检验验收记录作为物权锁定的依据。在办理完终极检验以后，对合格物资，质控专业将向仓储专业下达办理正式的入库手续的指令，入库物资的质量控制将严格由质控专业负责。

4 油套管案例

以大宗物资油套管为例——在全年钻井物资需求中，油套管的资金占比高达85%左右，同时按照中国石油的相关规定，油套管属于必检物资。油套管具有体量大、投资金额高的特点，就油套管在钻井项目中，本体质量甚至会影响到整口井的质量和安全。基于油套管质量控制的重要性，若不突破旧有格局，仍按照传统入库质量控制方式，可能会出现以下弊端：一是从工厂到库房再到生产现场，发生多次吊装，产生划伤等损伤风险；二是经过二次运输，运距增加，运输成本增加；三是必检物资手册所规定的检验项目包括外观检查、管体和接箍几何尺寸检测、无损探伤、螺纹检测、化学成分，未涉及油套管最关键核心的热处理后的性能控制，而这除了在生产厂家端控制，只能以破坏性试验方式进行，显然当送到交付地点时，最佳的质控检验时机已不在，现有检验项目无法真正保障油套管入库质量。

相反，若将其放入预入库物资清单内，根据三步技术分析法，在生产环节设置预入库检验，则产生以下效益：一是质检项目不再受限，可以根据质控需要设置在相应的检验环节，如上述所说的热处理后的性能控制，可以在开展热处理时通过对比厂家技术文件与实际热处理时温度以及各温度段时长的方式，外加同炉试段检测的方式进行双管控。从核心上管控住油套管质量，避免使用过程才发现问题造成无法挽回的损失；二是质控设备也不再受限，可借助厂家设备甚至人员进行质量检验操作；三是油套管生产厂家相对较为集中，可通过“一厂一检验”的方式，集中处理检验工作，创造共享效益；四是经检验后可直达需求现场办理最终入库手续，减少二次运输，减少吊装频次，不仅可降低成本还可减少吊装伤害；五是在生产环节进行预入库检验，物资存放于厂家库房，降低了自我仓储费用。

通过上诉综合分析，再结合油套管属于稳定性物资，质量检验结果几乎不受外界环节影响，故综合分析后选择运用预入库验收模式。通过对油套管生产工艺、技术要求、质控要点的分析，制作了表1预定检验验收和表2终极检验验收表单样板，以做参考。

表1　预定检验物资验收记录单

		供货单位：			供货案据号：			验收单号：					
序号	物资名称	1级验收环节	2级验收环节	验收项目	验收标准	检验方法	验收记录	验收判定（合格、不合格）	检验比	验收人	验收时间	验收地点	示踪号
1	油套管	炼钢	管坯原料	各元素含量	按订单要求填写	光谱成分分析对比材质书			待定				验收合格才编制示踪号，进行货权锁定和质检结果的传递
2		轧管	定减径	直径		数值测量							
3				壁厚		数值测量							
4		热处理	热处理	温度、时间	工艺卡规定	对比热处理记录							
5			矫直	直度	按订单要求填写	数值测量							
6			探伤	缺陷情况	无	探伤报告							
7		螺纹加工	扭接箍	J值	按订单要求填写	上卸扣							
8			通径	内径	可通径	通径规通							
9			试压	试压	按订单要求填写	试压报告							
12		包装	—	管端护丝	完好	目测							
13				管体垫材		目测							

表2　终极检验物资验收记录单

<table>
<tr><td></td><td>供货单位</td><td colspan="3"></td><td>供货案据号</td><td colspan="2"></td><td>验收单号</td><td colspan="3"></td></tr>
<tr><td>序号</td><td>物资名称</td><td>验收项目</td><td>验收标准</td><td>检验方法</td><td>验收记录</td><td>验收判定（合格、不合格）</td><td>检验比</td><td>验收人</td><td>验收时间</td><td>验收地点</td><td>备注</td></tr>
<tr><td>1</td><td rowspan="5">油套管</td><td>预入库单</td><td></td><td>单与示踪号对比</td><td></td><td></td><td>100%</td><td></td><td></td><td></td><td></td></tr>
<tr><td>2</td><td>数量</td><td>合同量</td><td>称或数</td><td></td><td></td><td>100%</td><td></td><td></td><td></td><td></td></tr>
<tr><td>3</td><td>资料</td><td>合同约定</td><td>逐一清单</td><td></td><td></td><td>100%</td><td></td><td></td><td></td><td></td></tr>
<tr><td>4</td><td>管端护丝</td><td>完好</td><td>目测</td><td></td><td></td><td>100%</td><td></td><td></td><td></td><td></td></tr>
<tr><td>5</td><td>管体包装</td><td>完好</td><td>目测</td><td></td><td></td><td>100%</td><td></td><td></td><td></td><td></td></tr>
<tr><td colspan="2" rowspan="2">验收结论说明</td><td>入库合格</td><td colspan="2"></td><td rowspan="2">不合格处理记录</td><td colspan="2" rowspan="2"></td><td rowspan="2">结论人</td><td colspan="3" rowspan="2"></td></tr>
<tr><td>入库不合格</td><td colspan="2"></td></tr>
</table>

5　总结

质量是企业发展的基石，是企业效益的源泉，是安全生产的保障。一个企业安全生产离不开质量、稳健成长离不开质量、高速发展更是离不开质量，质量是一切生产活动的保障与基础。随着中国石油生产建设发展，质量管控意识不断强化，质量管理理念、内容和方法也在不断地创新和提升。

采购物资的质量管控和保证是生产建设质量的起点、前提和基础，因此站在供应链管理角度，以生命周期质控理念为指引，打破传统的单点式入库质量验收，建立新的入库验收技术、管理、操作体系，将是企业发展的一大突破点。借助于供应链视角下的创新入库质量控制思维，供应链下的各个质量控制点得以综合管理，以更为系统、全面、准确的设置检验环节、检验点、检验项目，不仅将会为企业带来效率、效益和管控能力的提升，更将为企业创造出品牌价值。供应链的灵活、准确驾驭，是展示企业全方位、全流程、综合性的市场驾驭能力，供应链视觉下的入库物资质量控制，将成为衡量企业硬实力指标之一。